Wolf Wucherpfennig

Deutsche Literaturgeschichte

Von den Anfängen bis zur Gegenwart

Ernst Klett Verlag
Stuttgart · Leipzig

1. Auflage   1 ^{8} ^{7} ^{6} | 2020

Alle Drucke dieser Auflage sind unverändert und können im Unterricht nebeneinander
verwendet werden.
Die letzte Zahl bezeichnet das Jahr des Druckes.

Autor: Wolf Wucherpfennig, Birkerød (Dänemark)
Texte Marginalienspalte: Bert Sander, Leipzig

Redaktion: Bert Sander, Leipzig
Herstellung: Dea Hädicke, Carina Riehl

Gestaltung: one pm, Petra Michel, Stuttgart
Satz: Köhler & Köhler, Taucha
Reproduktion: Meyle & Müller Medienmanagement, Pforzheim
Druck: PASSAVIA Druckservice GmbH & Co. KG, Passau

Printed in Germany
ISBN 978-3-12-347411-8

Vorwort

Die Neubearbeitung der bewährten „Geschichte der deutschen Literatur" führt die Darstellung der deutschsprachigen Literatur in zwei weiteren Kapiteln bis zur unmittelbaren Gegenwart. Dabei rücken die Besonderheiten der österreichischen und Schweizer Literatur noch stärker als bisher ins Blickfeld.

In zeitgemäßer Anmutung werden anhand von wichtigen Stichworten die entscheidenden Epocheninhalte leserfreundlich und schnell auffindbar dargestellt. Aussagekräftige Gemälde und Fotografien bilden den Einstieg in die jeweilige Epoche; die Bildkommentare lassen wesentliche Aspekte der Zeit bereits plastisch aufscheinen. Im Kapitel stellen Verweise in der Marginalspalte wichtige Zusammenhänge heraus oder sie geben weiterführende Erläuterungen. Als „Exkurs" gekennzeichnete Abschnitte bieten literatur- und kulturgeschichtliche Vertiefungen, historische Längsschnitte oder Aktualisierungen an. Der Zeitstrahl auf der Seite oben erleichtert die Orientierung. Wichtige Fachbegriffe werden zusätzlich im Text hervorgehoben und erläutert. Zum Kapitelabschluss bindet ein grafischer Überblick die wichtigsten Epochenmerkmale noch einmal in den kulturhistorischen Rahmen ein.

Ob als Unterstützung für Unterricht und Studium oder als Vorbereitung auf Klassenarbeiten und Prüfungen: Die Literaturgeschichte informiert gründlich, anschaulich und kompakt.

Ernst Klett Verlag

Inhalt

1 Antike (9. Jh. v. Chr. – 5 Jh.)

AUF EINEN BLICK

Das Theater von
Epidauros.

Heutige Theaterformen und selbst die uns heute bekannte Bühne haben ihren Ursprung in der Antike. Das berühmteste, am besten erhaltene antike Theater Griechenlands ist dasjenige von Epidauros, wo in der Sommersaison auch gegenwärtig wieder antike Stücke zu erleben sind. Es wurde Anfang des 3. Jahrhunderts v. Chr. erbaut, hatte zunächst 34 Sitzreihen und bot etwa 6 200 Zuschauern Platz. Hundert Jahre später wurde dieses Theater um einen zweiten Rang erweitert und konnte dann etwa 12 000 Zuschauer aufnehmen. Ursprünglich lehnte sich die Anlage an einen bestehenden natürlichen Hang an, erst für den zweiten Rang wurde eine künstliche Aufschüttung nötig. Die hervorragende Akustik macht selbst den leisesten Ton bis in die letzten Reihen hörbar. Vom mächtigen, vorne mit Säulen geöffneten Bühnengebäude sind nur die Fundamente erhalten, die Portale auf beiden Seiten sind rekonstruiert. Im Mittelpunkt der kreisrunden Orchestra stand, wie in jedem griechischen Theater, der Altar. War die Theateraufführung doch aus Festen zu Ehren des Gottes Dionysos hervorgegangen, bei denen zunächst Chorlieder, bald auch Tänze aufgeführt wurden, schließlich Solosänger hinzukamen, die auch als Schauspieler auftraten. In klassischer und spätklassischer Zeit agierten die Schauspieler in der Orchestra, später blieb nur der Chor dort, während sich das Geschehen auf die Bühne verlagerte.

Das Brandenburger
Tor (1788–1791).

Auch die Architektur kennt vielfältige Bezüge zur Antike. Das Brandenburger Tor, ursprünglich ein Berliner Stadttor, lehnt sich an die antiken Triumphbögen an. Triumphbögen hatten römische Kaiser sich nach siegreicher Rückkehr aus dem Krieg erbauen lassen. In der Neuzeit hat man das vielfach nachgeahmt, so Napoleon mit seinem Arc de Triomphe in Paris.

Das Brandenburger Tor, von Carl Gotthard Langhans (1732–1808) im Auftrag des preußischen Königs Friedrich Wilhelm II. errichtet, sollte an die Kriege des Preußenkönigs erinnern. Die Siegesgöttin oben auf dem Triumphbogen lenkt ihren von vier Pferden gezogenen römischen Streitwagen (Quadriga) ins Zentrum der Stadt. Während Frankreich sich vorzugsweise in der römischen Antike spiegelte, erkannte Deutschland sich eher in der griechischen wieder. Dementsprechend ist das Brandenburger Tor den Propyläen (Tempeltor mit Vorhalle) der Athener Akropolis nachgebildet. Es ist mit Reliefs geschmückt, die teils allegorische Figuren (Freundschaft, Staatsklugheit, Personifizierungen von Künsten und Wissenschaften) darstellen, teils Taten des Herkules, des tugendhaften Helden. Zwei Skulpturen, die ebenso wie die Siegesgöttin von Johann Gottfried Schadow (1764–1850) entworfen wurden, stellen Mars und Minerva dar. Mars, der Kriegsgott, steckt sein Schwert wieder in die Scheide, Minerva beschützt Handwerk und Gewerbe, die nur in Friedenszeiten blühen können.

DAS ERBE DER ANTIKE

Religion und Mythen

Das Denken der Griechen und Römer sowie die jüdisch-christliche Religion sind die Quellen der abendländischen Kultur. Mit der Bibel – seit der Aufklärung auch teilweise gegen sie – hat jede nachantike Epoche ihre Ziele und Werte zu begründen gesucht. Das „Buch der Bücher" enthält nicht nur religiöse Lehren. Es liefert zusammen mit den griechisch-römischen Göttermythen die Bilder und Handlungsmuster für zahlreiche künstlerische Visionen. Die Grundformen menschlichen Fantasierens finden in Religion und Mythos ihren typischen Ausdruck.

Griechisches Menschenbild

Im Rückgriff auf die Antike sucht die deutsche Klassik harmonische Individualität und harmonisches Zusammenleben der Menschen zu verbinden. Sie erweitert das Idealbild des Menschen um den Begriff der Humanität. Siehe S. 94.

Die Adligen der griechischen Frühzeit suchen in beständigem Wettstreit ihre kriegerische Tüchtigkeit zu erweisen. Daraus entwickelt sich allmählich das Idealbild des harmonischen Menschen, der körperlich wie geistig tüchtig ist und ohne Zögern zwischen Gut und Schlecht zu wählen weiß. Dieses Erziehungsziel wird in griechischer Spätzeit eingebettet in die Vorstellung von der Gemeinsamkeit aller gebildeten und weltgewandten Menschen. Der Bildungsgedanke der deutschen Klassik, der zum Teil noch bis heute auf die Schulen und Universitäten einwirkt, empfing von dort entscheidende Anregungen.

Philosophie

Die Griechen schaffen die Grundlage der abendländischen Philosophie. Aus ihrer Vorstellung von der Einheit alles Seienden und einer dementsprechenden geistigen Ordnung in der Welt leiten sie die beiden fundamentalen Denkmethoden ab, nämlich die Dialektik, die Lehre vom Kampf und gleichzeitiger Einheit der Gegensätze, und die formale Logik, die davon ausgeht, dass zwei Dinge nicht zugleich dasselbe und etwas anderes sein können. Sie begründen neben der Metaphysik, die nach den ersten Ursachen allen Seins fragt, die Erkenntnistheorie, welche die Bedingungen der Möglichkeit von Erkenntnis untersucht. Mit der Auffassung von einem angeborenen Wissen über das Gute und Schlechte und der Überzeugung, dass gutes Handeln zu einem glücklichen Leben führt, stehen sie am Beginn der Ethik. Schließlich erarbeiten sie auch Grundbegriffe der Ästhetik, der Lehre vom Schönen.

Redekunst

Philosophie und die Kunst der wirkungsvollen Rede sind die beiden Säulen der Bildung in der Antike. Die Redekunst (Rhetorik), die sich in der Demokratie Athens bei politischen Versammlungen und beim öffentlichen Lob von Mitbürgern sowie in den öffentlichen Gerichtssitzungen Athens und Roms entfaltet, gilt als Ausdruck der geistigen Ordnung der Welt, die sich in der menschlichen Sprache manifestiert. Darum steht die Redekunst auch in der römischen Spätantike, lange nach dem Ende der Republik, noch immer in hohem Ansehen. Bis hin zur Aufklärung bestimmt sie die Art, zu dichten und Dichtung zu deuten. Die Einteilung der Redelehre in *inventio* (Lehre vom Finden der Argumente), *disposito* (Lehre von der Gliederung), elocutio (Lehre vom Stil), *actio* (Vortragstechnik) und *memoria* (Technik des Auswendiglernens) hat in der schulischen Aufsatzlehre, in Predigt und politischer Rede Spuren hinterlassen.

Heute gebraucht man Elemente der Rhetorik auch zum Anpreisen von Waren oder politischen Programmen; dabei greift man mit Vorliebe auf die zur *actio* gehörende Lehre von der Körpersprache zurück, wobei man psychologische Tricks einbaut und Erfahrungen im Umgang mit den Massenmedien berücksichtigt.

Wissenschaften und Künste

Mit den Griechen beginnt auch die abendländische Wissenschaft. Das gilt für die Mathematik, mit deren Hilfe die Griechen die babylonische Astronomie weiterentwickeln, sowie für Medizin, Geographie und Geschichtsschreibung. In der physikalischen Theorie kommen sie spekulativ zu Ergebnissen (z. B. Atomistik), die erst in neuester Zeit experimentell bestätigt und vertieft bzw. in ein erweitertes physikalisches Weltbild eingefügt wurden (Krise der Physik Ende des 19. Jhs., Relativitätstheorie).

Insgesamt neun Wissenschaften und Künste werden unterschieden. Ihnen sind verschiedene Göttinnen, die Musen, zugeordnet: Kalliope (heroische Dichtung, Epik), Klio (Geschichtsschreibung), Melpomene (Tragödie), Euterpe (Flötenspiel), Erato (Gesang und Tanz), Terpsichore (Lyra), Urania (Sternkunde), Thalia (Komödie), Polyhymnia (Tanz, Pantomine, Geometrie).

Architektur und Skulptur

In der griechischen Plastik tritt uns zum ersten Mal der menschliche Körper als harmonische Einheit im Augenblick der Bewegung gegenüber, entweder nackt oder so, dass sich das Gewand der harmonischen Einheit einfügt. Die Bautypen des griechischen Tempels, der römischen Basilika und Villa werden in der Renaissance wieder aufgenommen. Der Klassizismus des 18. und des beginnenden 19. Jhs. orientiert sich an der antiken Skulptur, so wie *Johann Joachim Winckelmann* sie deutete und an der antiken Architektur, wobei man weitgehend dem Renaissancearchitekten *Andrea Palladio* (1508–1580) folgte.

Ende des 18. Jahrhunderts entdeckte der Gelehrte Johann Joachim Winckelmann die griechische Skulptur neu und erhob sie zum Maßstab für künstlerisches Schaffen. Siehe S. 96.

Dichtung und Dichtungstheorie

Die Griechen unterscheiden zwischen den drei Grundgattungen der Dichtung: Lyrik, Epik, Dramatik (Gedichte, erzählende Dichtung, Schauspiele). Von ihnen stammen auch die beiden immer wieder diskutierten Wesensbestimmungen der Dichtung: schöpferisches Hervorbringen (*poiesis*) oder Darstellung der äußeren Welt in idealtypischer Weise (*mimesis*). Der Streit über den Wert der Dichtung, der vor allem mit ihrer Verurteilung durch den griechischen Philosophen Platon beginnt, führt bei dem Römer Horaz zu der folgenreichen Funktionsbestimmung: Die Dichter wollen nützen (belehren) oder unterhalten. Die großen Dichtungen des gesamten Altertums werden bis heute als Vorbilder und Prototypen betrachtet, an denen Künstler und Gelehrte Grundformen menschlichen Verhaltens und menschlicher Weltdeutung zu fassen suchen.

Politik und Recht

Auf die griechische Demokratie, von der die Frauen, die Unfreien und Sklaven freilich ausgenommen waren, berufen sich politische Denker seit dem 18. Jahrhundert. Die Verwaltungsaufgaben des riesigen römischen Imperiums veranlassen die Römer, ein wirksam funktionierendes Recht zu erarbeiten, auf das man in Europa nach dem Mittelalter wieder zurückgreift.

GESCHICHTLICHER ABRISS

Griechische Frühzeit (ca. 9. Jh. – 6./5. Jh. v. Chr.)

Von den Anfängen bis zu den Perserkriegen propagieren die griechischen Versepen das aristokratische Ideal des kriegerischen Helden. Verfasst sind sie in dem Dialekt, den man am Ufer des Ionischen Meeres sprach. An ihrem Beginn stehen ‚Ilias‘ und ‚Odyssee‘, die beiden Epen *Homers* (8. Jh. v. Chr.), die zu den Mustern abendländischer Ependichtung werden, sowie die ‚Theogonie‘ (Göttergeschichte) des *Hesiod* (um 700 v. Chr.). Mit *Aisopos* (Äsop, 6. Jh. v. Chr.) beginnt die Fabeldichtung, die Kritik an der aristokratischen Gesellschaft übt.

Im 7. und 6. Jh. entsteht die erste bekannte Lyrik. Von der Dichterin *Sappho* (um 600 v. Chr.) geht die Liebeslyrik aus, in der das Gefühl als persönliches bewusst wird, von *Anakreon* (Mitte 6. Jh. v. Chr.) stammen Lieder heiteren Lebensgenusses. *Pindar* (518–438) führt mit seinen Preisgesängen auf die Sieger in sportlichen Wettkämpfen die Chorlyrik zu ihrem Höhepunkt.

Im 6. Jahrhundert entwickelt sich das Drama. Seine Ursprünge liegen in alten Fruchtbarkeitsriten. Nun trennen sich Tragödie und Komödie voneinander. Erstere ist die Darstellung eines heroischen Geschicks, welches das Eingreifen göttlicher Mächte verspüren lässt, die zweite verspottet Erscheinungen des öffentlichen, politischen Lebens. Der Philosoph *Heraklit* (um 500 v. Chr.) formuliert die Grundsätze des dialektischen Denkens.

Homer: ‚Ilias‘

Das Epos greift aus dem langen Kampf um Troja die entscheidende Episode heraus: Der von Agamemnon gekränkte Achill entzieht den Griechen seine Hilfe, bis der Tod seines Freundes Patroklos ihn bewegt, den Kampf wieder aufzunehmen und mit dem Sieg über Hektor die trojanische Niederlage einzuleiten. Achills Zorn, auf den sich alles bezieht, schafft die Verbindung zwischen innerer und äußerer, menschlicher und göttlicher Welt. Die Götter sind nicht ferne, sie kämpfen auf beiden Seiten mit, und sie reden mit den Menschen als innere Stimme. Homers Menschen haben noch kein verborgenes Innenleben; alles ist klar und gleichermaßen wichtig. Die anschauliche Ausgestaltung der Einzelheiten lässt eine im modernen Sinn spannende Handlung nicht aufkommen. Feste Formeln für alltägliche Vorgänge, feste Beiwörter für bestimmte Gestalten spiegeln die festgefügten Regeln der aristokratischen Gesellschaft wider. Die göttlich-menschliche Welt bildet ein Ganzes aus handelnden Gestalten, die fehlbar und zugleich erhaben sind.

Homer: ‚Odysee‘

Die ‚Odyssee‘ ist jünger als die ‚Ilias‘ (und stammt vielleicht von einem anderen Dichter). Sie schildert in kunstvoll verschlungenem Aufbau (u. a. Rückblende) die Irrfahrten des heimkehrenden Odysseus nach dem Fall Trojas. Vom älteren Epos unterscheidet sie sich durch eine persönliche Schuldzuweisung. Wer Unrecht tut, wird bestraft. Odysseus ist nicht so erhaben wie die früheren Helden, dafür aber menschlicher und stärker moralischen Forderungen verpflichtet.

Klopstocks Versepos ‚Messias‘, mit dem er der literarischen Epoche der Empfindsamkeit zum Durchbruch verhalf, ist durchgehend in Hexametern gehalten. Siehe S.71.

Hexameter

Der Hexameter ist ein reimloser Vers, der in seiner deutschen Form aus sechs betonten Silben besteht, zwischen denen ein oder zwei unbetonte Silben stehen. (Aus den langen und kurzen Silben, nach denen der antike Vers eingeteilt wird, werden, der deutschen Sprache entsprechend, betonte und unbetonte Silben). Beide Versepen Homers sind in Hexametern verfasst. In dieser Form führen Gottsched und Klopstock ihn in die deutsche Dichtung ein. Mit den Homer-Übersetzungen von Voß und Goethes Hexameter-Epen setzt er sich dann in der deutschen Verskunst endgültig durch und wird noch im 20. Jh. verwendet (Brecht, Hauptmann).

Klassische Periode (6./5. Jh. – um 350 v. Chr.)

Die zweite Epoche reicht bis zur Vernichtung der griechischen Stadtstaaten durch Philipp von Makedonien und seinen Sohn Alexander (Schlacht von Chaironeia 338 v. Chr.). Tonangebend sind nun die Stadtstaaten, allen voran Athen, in denen ein reiches Händlertum zur politischen und kulturell führenden Schicht wird. Der attische Dialekt (die Sprache Attikas, der Gegend um Athen) verdrängt in der Literatur das Ionische.

Mit *Aischylos* (525/24– 56), *Sophokles* (496–406) und *Euripides* (um 480–406) erreicht die Tragödie ihren Höhepunkt. Es reden oder singen jeweils zwei oder drei Schauspieler sowie der Chor, der das Geschehen mitempfindend kommentiert. Das Tragische besteht nicht, wie in der Neuzeit, im Widerstreit zweier gleich wichtiger, aber einander ausschließender Pflichten; dieser Widerstreit setzt die christliche Vorstellung von persönlicher Schuld und von der Freiheit, zwischen Gut und Böse zu wählen, voraus. In der Antike besteht das Tragische darin, dass der Held, nur weil er selbstständig handelt oder gar handeln muss, die von den Göttern bestimmte Wirklichkeit verkennt und daher durch sein eigenes Tun das Gegenteil des Erstrebten bewirkt

Aristophanes (um 450 – ca. 385) ist der Meister der sog. älteren Komödie. Er nimmt Stellung zum politischen Geschehen, verspottet Philosophen (Sokrates) und Dichter (Euripides), weil ihre Gedanken seiner Meinung nach der attischen Demokratie schaden. Die sog. mittlere Komödie, die im 4. Jahrhundert entsteht, löst sich dagegen vom öffentlichen Leben.

Über das Tragische siehe S. 195.

Aischylos: ‚Orestie‘

Diese einzige vollständig erhaltene Tragödientrilogie der griechischen Antike besteht aus den Stücken ‚Agamemnon‘, ‚Die Opfernden am Grab‘ und ‚Die Eumeniden‘. Sie handelt von der Ermordung des aus Troja heimkehrenden Agamemnon durch seine Gattin Klytaimnestra und ihren Liebhaber, von der blutigen Rache, die der Sohn Orest vollzieht, von der Verfolgung des Muttermörders durch die Rachegöttinnen (Erinnyen, Eumeniden) und von seiner schließlichen Begnadigung durch menschliches Gericht und Götterspruch. Das von den Göttern verhängte Schicksal, von dem die antike Tragödie handelt, besteht hier im Fluch, der seit langem auf der Familie Agamemnons lastet. Ihn vermögen allein die Götter wieder zu lösen. Der Dichter verlangt die Unterwerfung unter das Geschick, aber göttliche Macht und menschliches Gerechtigkeitsgefühl werden schließlich doch miteinander versöhnt. Vorverweise und Rückbezüge deuten die tieferen Zusammenhänge an.

Sophokles: ‚König Oidipus‘

Bei Sophokles, der keine Versöhnung zwischen göttlichen und menschlichen Forderungen zulässt, tritt die Verblendung des tragischen Helden rein hervor. Dieser geht unter, nachdem ihn die vernichtende Erkenntnis getroffen hat. Das zeigt sich am deutlichsten in ‚König Oidipus‘. Einem Orakelspruch gemäß tötet der Held seinen Vater und heiratet seine Mutter, und dies gerade, weil alle Beteiligten mit allen Mitteln die Erfüllung des Spruches zu verhindern suchen. Oidipus verfängt sich im ironischen Spiel der Götter mit Sein und Schein, in dem alles ins Gegenteil umschlägt. Schließlich gewinnt er seine Würde in der Vereinsamung des von den Göttern Geschlagenen. In der Dichtung wie in der Wissenschaft (Psychoanalyse) wirkt das Thema dieser Tragödie bis heute nach. Mit ihrer analytischen Form – d. h., die eigentliche Handlung liegt vor dem Beginn des dramatischen Geschehens und wird in dessen Verlauf allmählich enthüllt – stellt sie ein Modell dar, das die neuzeitliche Tragödie, ja sogar noch den modernen Kriminalroman beeinflusst.

Euripides: ‚Iphigenie bei den Taurern'

Euripides vermenschlicht die Tragödie. Neben das von den Göttern verhängte Schicksal treten Zufall und menschliche List. Es scheint nicht mehr gewiss, dass sich eine göttliche Führung im menschlichen Handeln verwirklicht, aber die Menschen können ihr Leben auch nicht aus eigener Kraft zum Guten lenken. Darum muss die verwickelte Handlung am Ende meist durch das überraschende Auftreten eines Gottes (deus ex machina) gelöst werden. Der Chor tritt zurück, das Interesse wendet sich der einzelnen Psyche zu. ‚Iphigenie bei den Taurern' – das Stück regte Goethe zu einer Neubearbeitung an – zeigt, wie die von ihrem Vater Agamemnon geopferte Iphigenie, die jedoch von der Göttin Artemis an einen fremden Ort versetzt wird, dort als Priesterin lebt und ihren Bruder Orest vor Opfertod und Wahnsinn rettet. Das Tragische ist hier nur als höchste Gefährdung vorhanden, die Verblendung löst sich im glücklichen Schluss.

Philosophie

Die noch vorwissenschaftliche Dialektik Heraklits, die den dauernden Kampf lehrt, und die spätere materialistische Philosophie (Demokrit, Epikur) sind lediglich in Zitaten/Fragmenten überliefert. Dagegen wurden Denken und Werk der großen attischen Philosophen Platon und Aristoteles weitergegeben, das Werk des Aristoteles vor allem durch Vermittlung der Kirche. Mit ihnen beginnt die idealistische abendländische Philosophie.

Platon (428/27–347) übernimmt von seinem Lehrer Sokrates die Form des philosophischen Dialogs. Kern seines Denkens ist die Ideenlehre. Kein Begriff nämlich, nicht Baum z. B., nicht Kirschbaum, auch nicht Sauerkirschbaum, ist so konkret, dass er ein ganz bestimmtes Ding bezeichnet, etwa diesen Baum hier, den ich vor mir sehe. Worauf bezieht sich der Begriff dann? Eben nicht auf das konkrete Ding, das wechselt und vergeht, antwortet Platon, sondern auf die ewige und unveränderliche Idee, auf die Baumheit sozusagen, die ihm zugrunde liegt. Die Dinge sind nur unvollkommene Abbilder der Ideen, die in einem ewigen Kosmos existieren. Dort hat die Seele sie vor der Geburt erschaut; jede Erkenntnis der Ordnung, die der unvollkommenen Welt zugrunde liegt, ist demnach nur eine Erinnerung an jenen Kosmos. Zu ihm, dessen Einheit sich hienieden als das Göttliche, Wahre, Gute und Schöne äußert, sehnt sich die Seele zurück. Der einzelne Mensch wie die ganze Gesellschaft sind zum möglichst reinen Ausdruck jener Einheit zu bilden. Die dazu erforderliche Erziehung führt freilich dort, wo Platon sie auf die ganze Gesellschaft anwendet, zu einem Staat mit totalitären Zügen. Die Dichtung soll aus ihm verbannt werden, weil sie zur richtigen Erziehung nichts beitrage. Teils ist sie zu kritisch, wie die Komödie, teils macht sie rührselig und untüchtig, wie die Tragödie. Wahre Erkenntnis gewährt nur die von den Leidenschaften gereinigte Philosophie.

Aristoteles (384–322), Platons Schüler, bestimmt das Wesen des Dinges nicht von den Ideen her, die ihm nach Platons Auffassung vorausgehen, sondern vom Ziel (Telos) her, auf das hin das Ding bearbeitet wird oder sich entwickelt. Dieses Ziel ist nicht von den Dingen getrennt wie die Ideen, sondern eine ihnen innewohnende Möglichkeit (Entelechie), so wie die Bildsäule eine Möglichkeit des Marmors ist. Bei dem Versuch, das Ding auf die einzelnen Momente seines Entwicklungsprozesses hin zu bestimmen, muss Aristoteles genaue Unterscheidungen treffen. Er wird zum größten Systematiker des Altertums und begründet die Systematik der formalen Logik, deren Kern die Lehre von Schlussfolgerungen und Beweisführung ist. Damit etwas sich auf sein Ziel hin bewegt, damit z. B. die Bausteine zum Haus werden, bedarf es einer bewegenden Ursache, z. B. des Baumeisters. Eine solche muss es auch für die ganze Welt geben; das ist der göttliche Geist, das in sich selbst ruhende Gute. – Ziel der Dichtung ist nach Aristoteles

Der sichere Weg zur Erkenntnis ist für Platon die Wiedererinnerung (Anamnese) der in der unsterblichen Seele bereits vor aller Erfahrung „eingeborenen" Ideen. Für Aristoteles dagegen stellt die empirische Analyse der einzelnen Dinge den wahren Weg der Erkenntnis dar.

die „Mimesis", d. h. die Darstellung dessen, was wahrscheinlich ist und meistenteils geschieht. Im Gegensatz dazu zielt die Geschichtsschreibung auf die bloße Wiedergabe der Fakten. Bis heute diskutiert wird auch die Tragödientheorie des Aristoteles. Der Zweck der Tragödie ist für ihn die „Katharsis", das heißt die zeitweilige Reinigung der Seele. Diese erlebt nämlich ein Äußerstes an „Furcht und Mitleid" – damit ist eine elementare Erschütterung des mit-erleidenden Zuschauers gemeint –, so dass sie sich anschließend entspannen kann, befreit und gleichsam entleert.

In seiner ‚Hamburger Dramaturgie' greift G. E. Lessing den Katharsis-Gedanken auf und entwickelt ihn zum Kernstück seiner Dramen-ästhetik. Siehe S. 73.

Hellenismus (um 350 v. Chr. – etwa 31 v. Chr.)

Die dritte Epoche der griechischen Antike, der Hellenismus, beginnt mit dem Reich Alexanders des Großen. In der Begegnung griechischen und orientalischen Denkens entwickeln sich weltbürgerliche Vorstellungen. Politisch endet die Epoche mit der Besetzung Ägyptens durch die Römer (Seesieg bei Actium 31 v. Chr.). Hellenistische Kunst und Kultur leben aber noch lange fort, beeinflussen auch das Denken der siegreichen Römer, werden von ihnen verwandelt und weitergetragen.

Die Gebildeten der Epoche, nicht nur die Griechen, sprechen eine griechische Gemeinsprache, die Koiné, und bewundern die Meister der klassischen Periode. Die Griechen selbst verstehen sich allerdings als eher schwache Nachfahren jener großen Zeit. Die heroischen Themen machen bei ihnen dem Alltäglichen und Privaten Platz, das in durchgefeilter kleiner Form dargestellt wird. Daher entwickelt sich die Tragödie nicht weiter. Die sogenannte neue Komödie wendet sich dem Familienleben zu und bildet feste Typen aus: den lebenslustigen jungen Herrn, das naive Mädchen, den geizigen, strengen Vater, den pfiffigen Sklaven usw. *Menander* (342/41–291/90 führt diese Form zur Vollendung. *Theokrit* (erste Hälfte des 3. Jhs. v. Chr.) begründet die Gattung der Idylle (Hirtengedicht). Sie berührt sich mit der später entstehenden Prosagattung, dem Roman. Er erzählt die wunderbaren Abenteuer eines getrennten und dann wieder glücklich vereinten Liebespaares. Das Urbild dieser Form, die noch die Telenovelas der Gegenwart bestimmt, sind die ‚Aithiopischen Geschichten' des *Heliodor* (3. Jh.).

Hellenistische Philosophie

In der hellenistischen Philosophie steht der Einzelne im Mittelpunkt der Betrachtung. Die Philosophie der Epoche fragt vor allem danach, welche Möglichkeiten des Glücks ein jeder im alltäglichen Leben finden kann. Die herrschende Richtung, die sogenannte *Stoa* (benannt nach der bemalten Säulenhalle, der Stoa poikile, in Athen, wo der Gründer dieser Schule lehrte, Zenon von Kition, 335 – ca. 262), sucht das Glück im Einklang des Weisen mit der unabänderlichen allgemeinen Weltordnung. Dies zu erlangen, ist das Ausschalten aller Leidenschaften (Apathie) erforderlich. Dadurch erreicht der Weise die Unabhängigkeit (Autarkie) von den äußeren Gütern, die ihn vom inneren Einklang (Ataraxie) ablenken könnten. – Eine zweite Richtung, der *Epikureismus* (benannt nach Epikur von Samos, 341–270), sieht nicht in göttlicher Ordnung, sondern im Zufall der Atombewegungen die Grundlage der Welt. Frei von Aberglauben und Götterfurcht dürfen die Menschen daher nach der Lust streben, in welcher das eigentliche Glück besteht. Für Epikur bedeutet Lust zunächst, frei zu sein von Schmerz. Wirkliches Glück ist freilich nicht in der Lust des Augenblicks zu erreichen, sondern nur in der höchsten und dauerhaftesten, nämlich in der geistigen. Sie erst gewährt die Ruhe des Gemütes gegenüber den Zufällen des Lebens. Im Barock greift man die Lehre der Stoa wieder auf und stellt sie in den Dienst der Religion. Epikur wird aber als Lehrer ungehemmter Lustsuche dargestellt und abgelehnt.

Zum christlichen Stoizismus siehe S. 38.

Römische Frühzeit und Vorklassik (4. Jh. – Mitte 1. Jh. v. Chr.)

Die römische Dichtung entsteht durch griechische Anregung. Doch erst lange nach der sagenhaften Gründung Roms (753 v. Chr.) beginnen die römischen Großgrundbesitzer und Eroberer, sich die griechische Kultur anzuverwandeln.

Plautus (um 250–184) und *Terenz* (um 195–159) bürgern die neue Komödie ein. Plautus versetzt sie mit derbem Witz, Terenz arbeitet die feinen seelischen Regungen heraus und lehrt vornehme Gesinnung. Beide werden zu den großen Vorbildern der mittelalterlichen und neuzeitlichen Komödie. Ein Kreis gebildeter Politiker (Scipionenkreis, Mitte 2. Jh. v. Chr.) verbindet griechische Kultur mit dem Gedanken einheitlicher politischer Weltordnung unter römischer Leitung. Diese Vorstellungen hat der Staatsmann *Cicero* (106–43) in seinen Reden, Schriften und Briefen so meisterhaft ausgedrückt, dass sein Stil, der die klassische lateinische Prosa begründet, bis in die Neuzeit hinein als Muster gelehrt wird.

Augusteische Klassik (Mitte 1. Jh. v. Chr. – um 14. n. Chr.)

Der Sieg Octavians, des späteren Kaisers Augustus, über Marc Anton im Jahr 31 v. Chr. leitet die Epoche des weltbeherrschenden römischen Kaisertums ein. Die lateinische Dichtung wetteifert nun mit den griechischen Vorbildern. Die Werke der vier großen Autoren dieser Zeit werden zu den wichtigsten Mustern mittelalterlicher und, was die Romania betrifft, auch noch neuzeitlicher Literatur. *Vergil* (70 v. Chr. – 19) schafft mit seiner ‚Aeneis‘ das römische Gegenstück zu den Homerischen Epen. Er erzählt die mythische Geschichte des Troers Aeneas, der nach der Flucht aus seiner zerstörten Vaterstadt Troja und nach langen Fahrten und Kämpfen das Römische Reich begründet haben soll. *Horaz* (65 v. Chr. – 8) entwickelt die gedankliche Lyrik zu stilistischer Vollendung und schreibt eine lange wirksame Dichtungslehre (‚Ars poetica‘). *Ovid* (43 v. Chr. – um 18 n. Chr.), der andere große Lyriker der Epoche, hat in der ‚Liebeskunst‘ (‚Ars amatoria‘) eine neue Psychologie geschaffen; seine ‚Metamorphosen‘ (‚Verwandlungen‘) stellten für spätere Zeiten eine Fundgrube fantasieanregender mythologischer Stoffe dar. Der Geschichtsschreiber *Livius* (59 v. Chr. – 17 n. Chr.) stellt die Geschichte Roms dar, immer um Wahrhaftigkeit und abwägende Beurteilung bemüht.

> Mit Romania wurden in der Spätantike das Römische Reich und der römischlateinische Kulturkreis bezeichnet.

Nachklassik und Spätzeit (um 14 n. Chr. – 5. Jh.)

Im riesigen Römischen Reich mit einer Oberschicht, die von der Ausbeutung der Provinzen lebt, mit einer hauptstädtischen Volksmasse, die von den Gaben reicher Herren abhängig ist, mit einem Heer abgestumpfter Arbeitssklaven kann sich keine überzeugende Zukunftsperspektive entwickeln. Man wird fatalistisch, flüchtet sich in Mystik oder sucht Halt in den Lehren der Stoa. *Seneca* (um 4. v. – 65), der bedeutendste Vertreter der Stoa, drückt seine Lebenslehre nicht nur in Abhandlungen und Briefen aus, sondern auch in Tragödien; sie beeinflussen noch das Barockdrama. Der Geschichtsschreiber *Tacitus* (um 55 – nach 115) erinnert an die verlorene römische Mannhaftigkeit und stellt u. a. die tugendhaften Germanen der römischen Dekadenz gegenüber.

Im 3. und 4. Jahrhundert erringt das Christentum allmählich die geistige Führung. *Augustinus* (334–430) begründet die christliche Geschichtsphilosophie (‚Der Gottesstaat‘). Mit seinem selbstkritischen Rückblick auf das eigene Leben (‚Bekenntnisse‘) schafft er den ersten großen Vorläufer moderner Autobiografien. Im ‚Trost der Philosophie‘ des *Boethius* (um 480–524) verbindet sich christliche Selbstforschung mit einem hohen Kunstsinn, der frei über die stilistischen und philosophischen Errungenschaften der römischen Kultur verfügt. Die Schließung der Platonischen Akademie in Athen (529 n. Chr.) markiert das Ende der Antike.

ANTIKE

Zentrale Vorstellung: Zwischen Mythos und Harmonie-Ideal, Wissenschaft und Jenseitshoffnung

Diesseits – Jenseits

Für das mythische Denken ist das Jenseits entweder ein Durchgang zur Wiedergeburt – für manche insbesondere ein Ort, an dem die Seele vom Gefängnis des Körpers befreit ist – oder ein Ort der Bestrafung bzw. Belohnung. Daneben gibt es auch eine materialistische Auffassung, welche kein Jenseits kennt, sondern den Tod als Neukombination der Bausteine bestimmt, aus denen der Körper besteht.

Natur

Der Mythos erklärt Naturerscheinungen als das Wirken göttlicher Mächte. Aber es gibt auch ein naturwissenschaftliches Denken, welches alles Seiende aus der Kombination einiger weniger Bausteine aufgrund eines Prinzips bzw. einiger weniger Prinzipien oder auch des Zufalls zu erklären sucht. Dabei konkurrieren materialistische Positionen mit der Annahme einer geistigen Ordnung (Logos), welche das Universum bestimmt.

Gesellschaft

Die Menschen leben in der patriarchalischen Großfamilie der Freien, die mit anderen durch ein System von Schutz und Dienst verbunden ist. Sofern sie freie Männer sind, insbesondere Aristokraten, nehmen sie am politischen Leben teil, so weit die Staatsform (Königtum, Kaisertum, Tyrannis, Polis-Demokratie) das ermöglicht.

Der einzelne Mensch

Der Aristokrat soll sich zu körperlich-geistiger Harmonie bilden. Für alle ist die Ruhe des Gemütes in den Wechselfällen des Lebens zu erstreben. Die frühen Christen glauben, dass sie durch das Ertragen von Leid der Nachfolge Christi würdig werden, dessen erneute Wiederkehr sie in naher Zukunft erwarten.

Zwischenmenschlicher Bezug

Die Umgangsformen sind durch feste gesellschaftliche Rollen (Freie und Sklaven, Männer und Frauen usw.) bestimmt. Die Freien suchen in öffentlicher Rede das politische Handeln zu bestimmen und im Gespräch die philosophische oder wissenschaftliche Erkenntnis zu fördern. Mit dem Christentum treten Gemeindeleben und Predigt in den Mittelpunkt.

Literatur

Aus dem Opfer- und Fruchtbarkeitsritus entwickelt sich die Tragödie, die Komödie stellt die menschliche Triebnatur vor, das Epos beschreibt wichtige Ereignisse aus der Geschichte des Volkes als Ineinander von göttlichem und menschlichem Handeln, aus dem Lied entwickeln sich vielfältige Formen der Lyrik, im Hellenismus entsteht der Roman als Liebes- und Abenteuergeschichte. Die Lehre von der wirkungsvollen Rede ist der griechischen Vorstellung von der sprachlich-geistigen Ordnung der Welt verpflichtet. Die Geschichtsschreibung handelt zunächst von Weltentstehung, Naturphänomen und fremden Völkern, dann von der Geschichte Roms. Mit dem Christentum kommt die Vorstellung zielgerichteter Entwicklung in die Geschichtsschreibung.

Literarische Gattungen

In der Antike werden die Redekunst und die drei literarischen Grundgattungen Lyrik, Drama (Tragödie und Komödie) und Epos (Heldenepos und Idylle) entwickelt. In der Spätantike entsteht der Liebes- und Abenteuerroman.

2   Mittelalter und Reformation (750–1600)

AUF EINEN BLICK

Der Höllenrachen.
Abbildung aus dem
‚Brevier der Liebe' von
Matfré Ermengaud,
um 1300.

Bildliche Darstellungen der Hölle, die geradezu als der große Schauerfilm des Mittelalters bezeichnet werden können, gibt es seit dem 8./9. Jahrhundert; besonders breit
ausgemalt wird die Hölle im 15./16. Jahrhundert. Höllenbilder sind zum einen mit der
Vorstellung vom Beginn der Welt und der Vertreibung aufrührerischer Engel aus dem
Paradies, mit ihrem Höllensturz verbunden. Oder sie zeigen Auffassungen vom Ende
der Welt und das Weltgericht, bei dem die Verdammten in den Abgrund der Hölle
stürzen. Die Kirchen boten mit ihren Reliefs an den Kapitellen, den obere Säulen-
abschlüssen, oder mit ihren Tympanons, den reliefgeschmückten Feldern über den Türen, alltägliches Anschauungsmaterial. Das Bild ‚Der Höllenrachen', das die gefallenen
Engel in der Hölle zeigt, die aus dem Himmel Gottes Zuchtrute zu spüren bekommen,
vereint zwei damals weitverbreitete Vorstellungen miteinander: die Hölle als Rachen
eines drachenartigen Ungeheuers, wie etwa des biblischen Leviathans (Hiob 41), und
die Feuerstrafe in der Hölle. Die rotbeflügelten Engel, denen Flammen aus dem Körper
schlagen, verwandeln sich in Höllendämonen. Mit dem 15./16. Jahrhundert tritt die
Hölle als Ort der Verdammung der Sünder in den Vordergrund. Dantes ‚Divina Commedia' (ca. 1307–1320) zeichnet die Hölle als ein systematisch in Stufen aufgebautes
Gefängnis. Das ist ein Zeichen der Neuzeit – im Gegensatz zum Mittelalter, in dem die
Hölle ein chaotischer Ort ist, das Gegenbild zur göttlichen Ordnung.

Vorsatzblatt einer
Pergamenthandschrift
des 12. Jahrhunderts
aus dem Kloster
Michelsberg.

Bis zur Erfindung des Buchdrucks war jedes Buch etwas ganz Besonderes. Auf dem Bild wird der Schutzpatron des Klosters, Erzengel Michael, andächtig von Mönchen betrachtet. Daneben aber ist die Entstehung des mittelalterlichen Buches abgebildet: das Zurechtschneiden einer Kielfeder mit dem Federmesser, die Niederschrift von Notizen auf eine Wachstafel, das Abschaben eines aufgespannten Pergaments mit einem Schabmesser, das Abschrägen der Kanten des hölzernen Buchdeckels mit einem Beil (l. v. o. n. u.). Eine Lage von vier Pergamentbogen wird hergestellt, das Buch in der Heftlade geheftet, das Pergament mit Messer und Lineal zugeschnitten und die metallene Schließe auf dem Amboss gefertigt (r. v. o. n. u.). In der Mitte sind Lektüre und Unterricht aus dem fertigen Buch dargestellt. Ein Miniator bemalt die Kante des Giebeldreiecks im großen Mittelbild.

ALTGERMANISCHE DICHTUNG

Schriftlosigkeit

Runen (von ahd. runa = Geheimnis, Geraune).

Die vormittelalterliche altgermanische Dichtung entsteht im Halbdunkel schriftloser Zeit. Vom 3.–11. Jahrhundert lassen sich Runen nachweisen. Diese gemeingermanischen Schriftzeichen, in Holz, Metall oder Stein geritzt, wurden zur Beschwörung benutzt oder für kurze Inschriften, nicht aber zur Aufzeichnung längerer Texte.

Zaubersprüche

Die ersten Gegenstände altgermanischer Dichtung sind Gebet und Beschwörung. Die Zaubersprüche, von denen in den ‚Merseburger Zaubersprüchen‘ zwei späte, im 10. Jh. schriftlich niedergelegte Beispiele existieren, beruhen auf dem Glauben an magische Entsprechungen. Sie bestehen im wesentlichen aus zwei Teilen, der Erinnerung an eine frühere göttliche Hilfe und einer Zauberformel, die vor eventuellen Unglücksfällen schützen soll. Die Zauberformel soll bewirken, dass analog zum frühen Fall auch jetzt geholfen wird. Diese Form wird später von christlichen Segenssprüchen übernommen (‚Lorscher Bienensegen‘, ‚Straßburger Blutsegen‘).

Heldendichtung

Nach der Völkerwanderung (4.–6. Jahrhundert) entwickelte sich eine hohe Dichtung aus Preis- und Heldenliedern. Davon berichtet u. a. der römische Geschichtsschreiber Tacitus. In Island, wohin das Christentum erst spät vordrang, wurden diese Lieder nach 1220 in der ‚Edda‘ aufgezeichnet. Die Edda ist ein Lehrbuch für Skalden, die nordischen Nachfolger der altgermanischen Sänger (Skops). Im Süden ist lediglich das Fragment eines später geschriebenen Heldenliedes erhalten, das ‚Hildebrandlied‘ (nach 800 im Kloster Fulda). Aus noch jüngeren Dichtungen (‚Nibelungenlied‘, ‚Kudrunlied‘) lässt sich ebenfalls auf die alten Heldenlieder zurückschließen. Ein bereits christlich geprägtes Preislied ist das ‚Ludwigslied‘ (um 881), das den Sieg des westfränkischen Königs Ludwig III. über die Normannen feiert.

Stabreim

Charakteristisch für die altgermanische Dichtung ist der Stabreim, d. h. der Gleichklang des Stammsilbenanlauts. Der Akzent liegt auf den mit dem Stabreim ausgezeichneten Silben (Beispiel: „Mánn und Máus"). Diese betonten Silben sind meist auch die Bedeutungsträger. Zugleich schafft der Stabreim einen größeren Zusammenhang, indem er zwei Kurzzeilen von je zwei Haupthebungen (Hebung = betonte Silbe im Vers) zu einer Langzeile verbindet. (Beispiel: wélaga nu wáltant got / wéwurt skíhit. Wehe jetzt, waltender Gott, Wehschicksal geschieht. [Hildebrandlied]) Von der zweiten Kurzzeile stabt üblicherweise nur die erste Hebung, von der ersten staben zumeist beide Hebungen.

Altgermanische Wertvorstellungen

Aus der Bindung der Germanen an Sippe und Gefolgsherrn sowie aus dem Glauben an ein unabwendbares Geschick, das alle Menschen miteinander verbindet, erwachsen die altgermanischen Wertvorstellungen: Sippenehre und -stolz, Gefolgschaftstreue und, wenn das Geschick es verlangt, mutige Todesbereitschaft. Die Sippenehre fordert vom Einzelnen vor allem Mannhaftigkeit und Freigebigkeit, aber auch Blutrache. Die Heldenlieder stellen Wertkonflikte dar, die nur um den Preis des erhabenen, schicksalsbejahenden Untergangs gelöst werden können, aber noch keine Gewissensqual hervorrufen, die erst in späteren Zeiten zur Geltung gelangt. Im ‚Hildebrandslied' z. B. treffen Vater und Sohn feindlich aufeinander. Der Sohn erkennt den Vater nicht und zeiht ihn der Feigheit, so dass dieser den Zweikampf aufnehmen muss. Der Schluss des Liedes ist nicht erhalten, aber die weitere Überlieferung des Stoffes macht den Sieg des Vaters wahrscheinlich. Die Alternative, entweder als feig zu gelten oder den Sohn töten zu müssen, bedeutet für ihn den tragischen Untergang.

CHRISTLICHE GRUNDLAGEN DES MITTELALTERS

Christentum und germanische Tradition

Im Mittelalter verwandelt sich die germanische Erzähltradition in eine christliche, schriftlich niedergelegte Dichtung deutscher Sprache. Heimische Stoffe werden christlich umgedeutet, heimische Formen christlich ausgefüllt. Die Bildungsstätten des Mittelalters sind die Klöster; hier entsteht der größte Teil der Literatur. Die bedeutendsten Werke werden allerdings in staufischer Zeit an den Höfen geschrieben.

Christentum und Antike

Die mittelalterlichen Autoren studieren antike Dichtungs- und Redelehren, um für ihr christliches Denken wirksame Darstellungsformen zu finden. Antike Stoffe und Vorstellungen werden christlich umgedeutet und nach Gutdünken als Materialien für die eigenen Werke benutzt.

Verborgene Ordnung

Will man die Dichtung des Mittelalters verstehen, so muss man das christliche Denken der Epoche kennen. Der mittelalterliche Mensch ist von dem harmonischen Zusammenhang der göttlichen Schöpfung überzeugt. Er sucht ihn in verborgenen Entsprechungen aufzuspüren und entwickelt dabei eine umfassende Zahlensymbolik. Jede Zahl hat ihre Bedeutung, keine ist zufällig. Die Zahl 6 etwa ist vollkommen, weil sie die Summe der ersten drei ist und zugleich die Summe der Zahlen, durch die sie geteilt werden kann, nämlich jedes Mal 1, 2 und 3. Sie bedeutet Ordnung und Macht, weil sie an die sechs Tage der Weltschöpfung erinnert. Darüber erscheint sie in den sechs Perioden, in die man die Geschichte von Adam, dem ersten von Gott geschaffenen Menschen, bis zum Weltuntergang einteilte, in den sechs Lebensaltern des Menschen, in den sechs Werken der Barmherzigkeit, im sechsarmigen Christusmonogramm, in der Kreuzigung Christi am sechsten Wochentag usf. Auf solche geheimen Entsprechungen kann ein Autor durch die Anzahl bestimmter Figuren oder etwa durch die Zahl von Kapiteln oder Strophen verweisen.

Außerdem durchziehen Linien das Universum, die einen Himmelskörper, eines der vier Elemente, ein Tier, Köperteil, Temperament miteinander verbinden. Zum Saturn gehören z. B. Erde, Eule oder Fledermaus, Mund und schwarze Galle, Melancholie. Solche Einteilungen, die größtenteils aus der Antike stammen, bestimmen noch Medizin und Naturphilosophie der Renaissance, werden von der Romantik wieder aufgenommen und wirken in der Astrologie unserer Zeit. Weiterhin entspricht die Ordnung des Universums (Makrokosmos) der Ordnung des menschlichen Köpers (Mikrokosmos); der Kopf z. B. entspricht der Erde. Den sieben Himmelskörpern, die, wie man glaubte, um die Erde kreisen, entsprechen Augen, Ohren, Nasenlöcher und Mund.

Vierfacher Schriftsinn

Eine weitere Möglichkeit, die verborgene Ordnung zu entdecken, besteht in der Bibeldeutung nach dem Prinzip des vierfachen Schriftsinns. Demnach hat jedes Wort zunächst einen Buchstabensinn. Jerusalem z. B. ist ein bestimmter Ort in Israel. Darüber erheben sich jedoch noch drei Schichten geistlicher Bedeutung: Jerusalem kann auch die Kirche bezeichnen (heilsgeschichtliche Bedeutung) oder die Seele des Gläubigen (moralische Bedeutung für den Weg des Einzelnen zum Heil) oder die himmlische Gottesstadt (Bedeutung für die Verheißung im Jenseits). Wenn also ein mittelalterlicher Autor von Jerusalem spricht, können immer mehrere dieser Bedeutungen angesprochen sein.

Typologie

Schließlich gibt es auch die sogenannte typologische Deutung, das heißt die Parallelisierung von Altem und Neuem Testament. Die Gestalten und Geschehnisse des Alten Testaments sind nämlich die Vorerscheinungen (Präfigurationen) oder Vorbilder (Typen) derjenigen des Neuen, weil sich im Neuen erfüllt, was im Alten verheißen wurde. Demnach ist Adam der Typus (bzw. die Präfiguration) Christi, die Propheten sind die Typen der Apostel. Der Name Eva präfiguriert, rückwärts gelesen, das Ave, mit dem Maria vom Engel Gabriel gegrüßt wird. Die Symbolik mittelalterlicher Kunst bedient sich immer wieder solcher Bezüge.

Philosophische Grundlagen des Mittelalters

Scholastik, abgeleitet vom lateinischen Adjektiv *scholasticus* („schulisch", „zum Studium gehörig"), ist die wissenschaftliche Denkweise und Methode der Beweisführung, die in der lateinischsprachigen Gelehrtenwelt des Mittelalters entwickelt wurde. Die Scholastik behandelt meist theologische Fragen. Mithilfe von Argumenten für und gegen wird versucht, eine Frage zu klären.

Der Begriff „Mystik" geht zurück auf das griechische mystokós (dunkel, geheimnisvoll) und bedeutet soviel wie „Augen schließen". Bei mystischen Erfahrungen geht es darum, sich von der äußeren Welt abzuwenden, um sich so entschiedener der inneren Welt zuwenden zu können.

Das frühe Mittelalter kennt keine Philosophie im engeren Sinn. Es sucht die Begründung seiner Weltanschauung in den Lehren der sogenannten Kirchenväter, vor allem in der des Augustinus, deren Denken sich allerdings nicht von der antiken Philosophie ablösen lässt. Doch erst die Scholastik, deren Anfänge zwar ins 9. Jh. reichen, deren Blütezeit aber erst im 14. Jh. und 15. Jh. liegt, sucht die Kirchenlehren mit Hilfe antiker Philosophie als methodisches Schulsystem zu begründen. Als größte Autorität gilt dabei Aristoteles, dessen Gesamtwerk im 13. Jh. wieder bekannt wird. Man schätzt ihn wegen seiner Systematik und seines Gottesbeweises. Ihre klassische Form erhält die Scholastik durch den Italiener Thomas von Aquin (1225/27–1274). Er lehrt die Harmonie zwischen der dienenden, von unten aufsteigenden Vernunft und der herrschenden, von oben kommenden Offenbarung. Dementsprechend gibt es einen stufenweisen Aufstieg des Daseins und der Erkenntnis von den primitivsten über die pflanzlichen und tierischen Formen zur vernünftigen Seele des Menschen und darüber hinaus zu den reinen Geistern (Engeln) und schließlich zu Gott. Natur und diesseitige Welt werden nicht abgewertet, sondern samt der menschlichen Vernunft in einen umfassenden hierarchischen Zusammenhang eingeordnet.

Die zweite philosophische Autorität nach Aristoteles ist Platon. Im sogenannten Universalienstreit, der das ganze Mittelalter durchzieht, berufen sich die „Realisten" (eigentlich Idealisten) auf ihn. Sie behaupten, dass die Allgemeinbegriffe, den platonischen Ideen entsprechend, das eigentlich Wirkliche seien und die konkreten Dinge aus sich erzeugten. Die „Nominalisten" dagegen sehen die Allgemeinbegriffe als lediglich vom menschlichen Verstand ausgebildete Abstraktionen der konkreten Dinge an.

Grundlegende Bedeutung erhält die platonische Denktradition für die Mystik. Diese Bewegung beginnt im 12. Jh., gewinnt ihren Einfluss aber erst im 14. Jh., als viele Menschen sich angesichts einer Welt, die sie als chaotisch und niedergehend empfanden, in die Innerlichkeit zurückzogen. Religiöse Frauengemeinschaften wie die Beginen sowie die Reformorden (Zisterzienser, Dominikaner, Franziskaner) sind häufig ihre Heimstätten. Die Mystiker suchen die geheimnisvolle Einswerdung (unio mystica) der Seele mit dem göttlichen Absoluten. Dieser Prozess, den Sprache und Denken nur andeutend beschreiben und fassen können, vollzieht sich als stufenweiser Aufstieg der Seele in sich steigernder, immer „reinerer" Ekstase. Philosophisch sucht man das, entsprechend platonischer Denktradition, zu deuten als Einkehr der Seele in die ursprüngliche kosmische Einheit, aus der alles Seiende hervorgegangen ist. Ist die Seele aber zur mystischen Erfahrung dieser Einheit, also des absoluten göttlichen Seins fähig, so nur deswegen, weil sie selber etwas Göttliches an sich hat. Diesen Gedanken ist Meister Eckhart von Hochheim (um 1260–1328) am weitesten nachgegangen.

Im Barock gewinnt die Mystik neue Bedeutung – als harmonische Weltordnung zwischen der Natur einerseits und dem Menschen andererseits sowie als ins Extreme gesteigertes Gefühlserlebnis. Siehe S. 39 und 45.

Exkurs: Friedrich II – stupor mundi (Das Staunen der Welt)

Der Stauferkaiser Friedrich II (1194–1250), dessen Bildung ihm den Beinamen „stupor mundi" eintrug, lebte zumeist in Sizilien, das im damaligen geistigen Zentrum Europas lag. In Sizilien berührten einander die lateinische Kultur des Westens, die arabische des Südens und die griechische des Ostens, ebenso wie Islam, Christentum und Judentum. Hier erwarb Friedrich nicht nur ein umfassendes Wissen – er sprach die damaligen Weltsprachen: das Lateinische, Griechische und Arabische, außerdem das Sizilianische, Deutsche, Provenzalische und Französische, möglicherweise auch das Hebräische –, er war auch bekannt für seine religiöse Toleranz, die er übte, sofern sie seinem Staatsdenken entsprach, mit dem er den absolutistischen Verwaltungsstaat späterer Zeit vorwegnahm.

Friedrich hatte einige der bedeutendsten christlichen, arabischen und jüdischen Gelehrten des Mittelmeerraumes an seinem Hof oder korrespondierte mit ihnen. Er förderte die Übersetzungen antiker griechischer Autoren aus dem Griechischen oder aus arabischen Übersetzungen ins Lateinische. Aus Toledo kam Michael Scotus an seinen Hof, dessen Übersetzung der Aristoteles-Kommentare des Arabers Averroes für das Verständnis des griechischen Philosophen im Mittelalter maßgebend wurden. Am Hof schrieb man Gedichte auf Sizilianisch, Lateinisch und Griechisch. Dabei wurde wahrscheinlich die provenzalische Kanzone zum Sonett weiterentwickelt.

Zum Sonett siehe S. 44 f.

GEISTLICHE LITERATUR DES FRÜHMITTELALTERS (750–1150)

Beginn der geschriebenen Literatur

Eines der frühesten germanischen Sprachdenkmäler ist die Bibelübersetzung (begonnen um 369) des westgotischen Missionsbischofs Wulfila, der hierfür zunächst eine gotische Schrift und eine Schriftsprache schaffen musste. Geschriebene Literatur in deutschen Dialekten entwickelt sich erst zur Zeit Karls des Großen, der nicht nur das einheitliche Kaiserreich errichtet, sondern auch die kirchliche Bildung reformiert, die Kenntnis der Antike fördert und die Missionierung durchsetzt. Die Literatur setzt ein mit Wörterbüchern, Glossen (deutschen Randbemerkungen zu lateinischen Texten) und Interlinearversionen (wörtlichen Übersetzungen zwischen den Zeilen). Zu den ältesten literarischen Zeugnissen gehören das ‚Wessobrunner Gebet‘ (bairisch, Kloster Wessobrunn, um 800), ein kurzes Fragment, das in Stabreimen die Weltschöpfung beschreibt, sowie das ‚Muspilli‘ (bairisch, St. Emmeran, 9. Jh.), ein Fragment mit Stabreimen und teilweise auch Endreimen, das Weltuntergang (Muspilli = Weltbrand) und Jüngstes Gericht schildert, um damit zur Buße aufzurufen. – Im ostfränkischen Kloster Fulda wird um 830 die lateinische Evangelienharmonie (Mischung der vier Evangelien zu einer einzigen Erzählung) des syrischen Mönchs Tatian übersetzt.

‚Heliand‘ und Otfrieds Evangelienharmonie

Auf dem ‚Tatian‘ baut der ‚Heliand‘ auf, der wahrscheinlich in Fulda (erste Hälfte 9. Jh.), aber auf Altsächsisch geschrieben wurde. Das Stabreimgedicht war für den von Karl dem Großen unterworfenen und christianisierten sächsischen Adel gedacht. Gefolgschaftstreue und Schicksalsgesinnung werden in christlicher Umdeutung aufgenommen. Der Verfasser verwendet den sogenannten Hakenstil angelsächsischer Epen: Ein Satz hört nicht notwendig mit dem Ende einer Langzeile auf, sondern erst am Ende der folgenden Kurzzeile. – Der erste regelmäßige, wenngleich noch unreine Endreim erscheint in der Evangelienharmonie Otfrieds von Weißenburg (südrheinfränkisch, Kloster Weißenburg im Elsass, zwischen 861 und 871). Die Tradition der vierhebigen Langzeile und das lateinische Vorbild des sechshebigen Hexameters vermischen sich miteinander.

Lateinische Dichtung

Währenddessen gilt das Latein weiterhin als die eigentliche Literatur- und Gelehrtensprache. Unter den Ottonen versiegt die geschriebene deutsche Literatur sogar wieder und lebt nur noch mündlich weiter in den Liedern umherziehender Spielleute. Das ‚Waltharilied‘ (vermutlich nach 900), das aus gereimten Hexametern besteht, erzählt einen germanischen Sagenstoff (Kampf zwischen Walther von Aquitanien, Gunter und Hagen) auf Lateinisch und biegt das germanische Heldenideal ins Christliche um: Der Held ist nicht nur hochgemut und mannhaft, sondern auch gottesfürchtig und einsichtig. Das Epos endet versöhnlich und burlesk. – *Hrotsvith (Roswitha) von Gandersheim* (um 935 bis nach 973), die erste bedeutende Schriftstellerin der deutschen Literatur, schreibt lateinische Legendendramen, welche die zur Schullektüre verwendeten Stücke des Terenz ersetzen sollen, die als zu anstößig gelten. Die dialogisierten Legenden sind zur Lektüre, nicht zur Aufführung bestimmt. – Der fragmentarische Ritterroman ‚Ruodlieb‘ (um 1050, wohl im Kloster Tegernsee), in gereimten Hexametern geschrieben, will einen idealen Ritter vorstellen und nimmt Züge des höfischen Ritterepos vorweg (höfische Bildung und Geselligkeit, humane Gesinnung).

Cluniazensische Bewegung

Die vom Kloster Cluny ausgehende religiöse Reformbewegung ist den Künsten und dem Studium der Antike nicht günstig. Sie führt zu weltfeindlicher Askese, zu inbrünstiger Marienverehrung und Mystik, bewirkt aber auch, dass man erneut die deutsche Sprache aufgreift. Man will die Laienfrömmigkeit stärken (,Ezzolied', um 1065, ein Hymnus auf Christus), die Heiligenverehrung fördern (,Annolied', um 1085, ein legendenhaftes Preislied auf den Bischof Anno von Köln, der als das neue Ideal des Heiligen und Herrschers zugleich erscheint) und zur Buße aufrufen.

DIE STAUFISCHE RITTERKULTUR (1150–1300)

Ritterkultur

Um die Mitte des 12. Jahrhunderts löst eine christliche Ritterkultur die cluniazensische Bewegung ab. Das literarische Schaffen verlagert sich von den Klöstern zu den Fürstenhöfen. Die Kreuzzüge öffnen nämlich der Fantasie neue, irdische Räume. Es entspricht dem Selbstverständnis der Ministerialen (Unfreie, die durch Bewährung im Beamten- und Kriegsdienst in den Ritterstand aufsteigen), die neuen Räume der Fantasie mit den Idealgestalten christlicher Ritter zu bevölkern, die sich bewähren durch kultiviertes Verhalten am Hof und mannhaftes Bestehen von Abenteuern in einer geheimnisvollen Fremde. Die literarische Formung solcher Vorstellungen, in denen sich das gesamte Rittertum wiedererkennen kann, wird beeinflusst durch die fortgeschrittene französische Literatur. Arabische Vermittlung, ebenfalls durch die Kreuzzüge ermöglicht, regt die erneute Beschäftigung mit der Antike an.

Die ritterlichen Tugenden

Die oberste Tugend des christlichen Ritters ist Treue, Zuverlässigkeit gegenüber Gott und dem Lehnsherrn. Ohne sie gibt es keine Ehre. Die Ehre verlangt darüber hinaus Mannhaftigkeit, zuchtvolles höfisches Verhalten und Erbarmen mit den Hilfsbedürftigen. Diese Tugenden genügen sich aber nicht selbst, die Ehre bedarf äußerer Anerkennung. Wird man beleidigt, so muss man sich rächen. Höfisches Verhalten bedeutet, dass man zu einer harmonischen, freudvollen Stimmung beiträgt, indem man hochgemut erscheint, sich maßvoll verhält und den Dienstleuten gegenüber freigebig ist. Die Schule höfischen Verhaltens ist der Minnedienst.

Minnedienst

Am Hof soll das Liebesverlangen in einen Antrieb allgemeiner Kultivierung umgeformt werden. Das geschieht im Minnedienst: Der Ritter kämpft im Namen einer höhergestellten Dame, die er auch in Minneliedern besingt. Durch diesen Dienst erhöht er das Ansehen der Dame und bildet sich selbst, da er ihr durch höfisches Wesen gefallen will. Solche Kultivierung des Liebeswerbens wäre mit der Erhörung des Ritters beendet; Minne ist daher ihrer Idee nach dauernder, unbelohnter Dienst, in dem höfische Formen, Tapferkeit, Treue und Beständigkeit erlernt werden. Der Minnedienst wird häufig in lehensrechtlichen Begriffen ausgedrückt, dem beruflichen Dienst der Ritter entsprechend, aber auch in Analogie zum Gottesdienst. Er ist allerdings mehr eine schöne Konvention als herrschende Wirklichkeit. Er verdeckt, dass auch die adlige Frau dem Mann juristisch keineswegs gleichgestellt war. Neben der hohen Minne gibt es die niedere, nämlich die sinnliche Liebe zur sozial niedriger stehenden Frau.

Der Begriff Lehnswesen, auch *Feudalwesen*, bezeichnet das politisch-ökonomische System der Beziehungen zwischen Lehnsherren und belehnten Vasallen. Es bildete die Grundlage der hochmittelalterlichen Gesellschaftsordnung. Lehnsherr und Lehnsmann waren zu gegenseitiger Treue und zu gegenseitigem Dienst verpflichtet.

Vorhöfische Literatur

Am Beginn der neuen Periode stehen Dichtungen, die noch von Geistlichen verfasst sind, noch der cluniazensischen Strenge verpflichtet (Märtyrertum und Bußgedanke), sich aber schon der fremden, heidnischen Welt der Abenteuer öffnen. So das ‚Alexanderlied' (um 1120/30) des *Pfaffen Lamprecht* und das ‚Rolandlied' (um 1170) des *Pfaffen Konrad*. Beide gehen auf französische Vorlagen zurück. Vermutlich in der ersten Hälfte des 12. Jahrhunderts sind die sogenannten Spielmannsepen entstanden (Epen, die vielleicht von „fahrenden", umherziehenden Sängern überliefert und vorgetragen wurden, wahrscheinlich aber eher von Klerikern). In ihnen geht es vor allem um abenteuerliche Brautwerbung und um den Kampf gegen die Heiden in einer exotischen Umwelt.

Mittelhochdeutsch

Das Althochdeutsche, die Sprache der Literatur bis ins 11. Jahrhundert hinein, ist keine einheitliche Schriftsprache, sondern Sammelbezeichnung für eine Reihe unterschiedlicher Dialekte. Mit dem Mittelhochdeutschen der staufischen Ritterkultur entsteht zum ersten Mal, trotz aller weiterbestehenden Dialektunterschiede, eine relativ einheitliche Literatursprache. Sie entwickelt sich in höfischen Kreisen etwa ab 1190 und geht mit der Ritterkultur wieder unter. In dieser Sprache sind höfisches Epos und Minnelyrik geschrieben. Im Spätmittelalter löst sich die mittelhochdeutsche Gemeinsprache wieder auf; statt dessen herrscht eine Vielfalt von Dialekten, Fach- und Berufssprachen sowie landschaftlich begrenzten Schreibsprachen.

Eine einheitliche Schriftsprache entwickelt sich erst im 16. Jahrhundert. Siehe S. 32.

Höfisches Epos

Das höfische Epos zeigt, wie ein Ritter sich im zweifachen Durchgang durch Reihen von Abenteuern als Angehöriger seines Standes bewährt. Im ersten Durchgang beweist er seine Mannhaftigkeit; er gewinnt eine Frau, und die Runde gleichberechtigter vorbildlicher Ritter am Hofe des Königs Artus erkennt ihn als einen der Ihren an. Dann wird ihm unhöfisches, unkriegerisches oder unchristliches Verhalten vorgeworfen, und er muss sich in einer zweiten Reihe von Abenteuern endgültig bewähren. Die höfischen Epen gehen auf französische Vorbilder zurück, zumeist auf Epen des Chrestien de Troyes, deren Stoff über englische Vermittlung aus keltischen Märchen und Sagen um König Artus kommt.

Das erste höfische Epos, die ‚Eneide' des *Heinrich von Veldeke* (um 1170/90), stützt sich auf eine französische Bearbeitung von Vergils ‚Aeneis'. Militärischer Kampf, noch nicht die Zeremonie ritterlichen Zweikampfs, vor allem aber rechte und falsche Minne sind Veldekes Hauptthemen. *Hartmann von Aue* schafft mit seinen beiden Chrestien-Übersetzungen ‚Erec' (um 1185) und ‚Iwein' (um 1202) die beiden typischen höfischen Epen. Daneben besitzen wir von ihm die ‚Klage' (auch: ‚Das Büchlein', um 1180/85), eine Minnelehre in Form eines Zwiegesprächs zwischen Herz und Leib, sowie die beiden Legenden ‚Gregorius' (um 1187/89) und ‚Der arme Heinrich' (um 1195).

Wolfram von Eschenbach (um 1170 bis nach 1220)

Wolfram von Eschenbach und *Gottfried von Straßburg* führen das höfische Epos zu seinem Höhepunkt, sprengen aber auch den eigentlich höfischen Rahmen. In seinem Hauptwerk, dem ‚Parzival' (um 1200/10), mit dem er Chrestiens ‚Perceval' selbstständig umformt, stellt Wolfram die christliche Geschichte von Parzivals Suche nach dem Heiligen Gral und die höfische Artusgeschichte um den Ritter Gawan nebeneinander. Der Kontrast verdeutlicht, dass die höfischen Ideale nur einen begrenzten Wert haben. Wolfram relativiert insbesondere die Vorstellung von der kultivierenden Wirkung der Minne; dem Minnedienst steht die Gralsgemeinde gegenüber, eine große Familie aus ehelosen Rittern und Jungfrauen unter der Leitung des allein verheirateten Gralskönigs. Vom ungebildeten Toren im Narrenkleid entwickelt sich Parzival zum höfischen Ritter, dann aber darüber hinaus zum Hüter des Grals, eines reliquienartigen Wundersteines, der ein Symbol der Unberührtheit und Gottesnähe ist. Parzivals aufsteigender Weg führt durch Irrtümer und Schuld, die sich aus dem Konflikt zwischen höfischer und christlicher Welt ergeben, etwa wenn er beim ersten Besuch der Gralsburg aus höfischer Zucht die Mitleidsfrage nach der Wunde des Gralskönigs unterlässt oder wenn er sich von Gott abwendet, weil er ihn in Analogie zum Lehnsherrn auffasst, der sich seinem Dienstmann gegenüber ungerecht verhalten hat. – Auch in seinem Fragment gebliebenen ‚Willehalm' (1215/18) verherrlicht Wolfram Gattenliebe und Treue anstelle des Minnedienstes. Hier, wo die Befreiung Südfrankreichs von den Sarazenen dargestellt wird, formuliert er eine im Mittelalter sonst nicht erreichte Toleranzidee.

Gottfried von Straßburg (2. Hälfte 12. Jh. bis um 1210)

Gottfried, wohl kein Ritter, sondern ein gebildeter nichtadliger Patrizier, relativiert in seinem umfangreichen Fragment ‚Tristan und Isolde' (um 1200/10) die höfische Minnelehre in anderer Weise. Er stellt eine bedingungslose außereheliche Liebe dar, die alle Vorschriften höfischer Konvention sprengt. Diese Minne, deren Macht der Zaubertrunk symbolisiert, wird zu einem absoluten Wert; sie bringt Leben und Tod zugleich und nimmt eine gottgleiche Stelle ein. Das zeigt sich vor allem am Symbol der Minnegrotte; die Technik des mehrfachen Schriftsinns wird hier auf ein weltliches Thema bezogen. Der Roman ist für den auserwählten Kreis „edler Herzen" geschrieben, die bereit sind, alle Folgen solcher Liebe zu tragen, und die ihre Darstellung im vollendet schönen Sprachkunstwerk zu genießen vermögen. Der ‚Tristan' enthält auch einen wertenden Überblick über die zeitgenössische Dichtung, die erste deutsche Literaturkritik. Der Ästhetiker Gottfried und der Ethiker Wolfram, die einander literarisch heftig befehdeten, zeigen Höhepunkt und Ende einer Epoche an.

Exkurs: Gralsmythos

Der Gralsmythos hat zu mancherlei Fantasien und Spekulationen geführt. Die Vorstellung, dass eine kleine Gruppe Auserwählter die Welt insgeheim leiten und zur Erlösung führen könnte, findet sich nicht nur in Wolframs ‚Parzival'. Es gibt sie auch in Religionen, und sie liegt politischen oder religiösen Sekten zugrunde. In seiner Oper ‚Parzifal' griff auch Richard Wagner den Stoff auf, der zu seiner Sehnsucht nach Welterlösung passte. *Jörg Lanz von Liebenfels (eigentlich Adolf Joseph Lanz,* 1874–1954), zunächst ein Zisterziensermönch, gründete 1907 den okkultistisch-rassistischen Orden der Neutempler, einen Männerbund, der die Herrschaft der Arier gegen die „Minderrassigen" sichern sollte. Dabei war Lanz auch vom Gralsmythos beeinflusst. In diesem Umfeld entwickelte sich der Gralsglaube der Nationalsozialisten. In dem Buch ‚Da Vinci Code' (2003) von *Dan Brown* und dem darauf folgenden Film wird der Gral zum Symbol Maria Magdalenas erklärt, die mit Jesus verheiratet gewesen sein soll.

Nibelungenlied

Auch das ‚Nibelungenlied‘ (um 1200, Verfasser unbekannt) gehört in den weiteren Umkreis des höfischen Epos. Einerseits nimmt es Stoffe der Heldensage auf. Die Geschichte von Siegfrieds Werbung um Kriemhild, von beider Vermählung, seiner Ermordung durch Hagen und Kriemhilds furchtbarer Rache geht auf die Brünhild-Sage und auf historische Ereignisse (Untergang des Burgunderreichs, Tod Attilas u. a.) zurück. Auch ist der Rachegedanke in seiner hier herrschenden Schärfe noch altgermanisch, und das christliche Element fehlt, außer bei einer Gestalt, Rüdiger von Bechelaren. Andererseits aber verfügen die einstigen Recken und kämpferischen Frauen jetzt über höfische Lebensart; sie werden zu Rittern und Damen. Das Nibelungenlied lebt aus dieser Spannung heraus. Sie wird noch überformt von den beiden mythischen Themen des Heldenlebens und des tödlichen Aufeinanderprallens zweier Reiche.

Meister Heinrich Frauenlob, Abbildung aus der Manessischen Liederhandschrift, um 1300.

Minnesang

Der Minnesang – die Gedichte werden tatsächlich gesungen, nicht vorgetragen oder -gelesen – ist wesentlich beeinflusst von der Lyrik der südfranzösischen Troubadours und den Regeln antiker Dichtungs- und Redelehren. Formal und musikalisch geht er auf die Kanzone und auf kirchliche Liedtypen zurück. Die Lieder des *Kürenbergers*, der aus heimischer Tradition schöpft, stehen dem eigentlichen Minnesang noch fern; er lässt die liebende Frau ungescheut ihre Sehnsucht aussprechen. Die von ihm gebrauchte Langzeilenstrophe stimmt mit derjenigen des Nibelungenliedes überein. *Friedrich von Hausen* und vor allem *Heinrich von Morungen* begründen den hohen Minnesang mit seiner Formenvielfalt. Den klassischen Ausdruck aber gibt ihm *Reinmar von Hagenau*, der in kunstreichen, vielfältigen Formen, immer um Zucht und Maß bemüht, das Lob der Dame und die Klage über vergebliches Werben singt. *Walther von der Vogelweide* vollendet und überwindet den Minnesang. – Neben dem eigentlichen Minnesang stehen die Pastourelle, in welcher das Glück der Liebeserfüllung ausgesprochen wird, und das Tagelied, das vom Abschied nach heimlicher Liebesnacht handelt.

> Kanzone = dreiteilige Strophe, deren zweiter und dritter Teil gleich gebaut sind.

> Die Tagelied-Thematik findet sich bis in die Lyrik der Gegenwart hinein.

Spruchdichtung

Neben dem Minnesang entwickelt sich die Spruchdichtung, eine lehrhafte Lyrik, die teilweise auch gesprochen wurde. Der Inhalt kann lehrhaft-moralisch, religiös, politisch oder persönlich-biografisch sein. Das Kreuzlied ruft zum Kreuzzug auf oder beschreibt die glückliche Ankunft in Jerusalem. Walther von der Vogelweide gibt dem Sangspruch die exemplarische Ausprägung. *Heinrich von Meißen genannt Frauenlob* bringt ihn zum krönenden Abschluss.

Walther von der Vogelweide (um 1170 – um 1230)

Dieser größte mittelalterliche Lyriker führte ein Wanderleben, bis er vom Stauferkaiser Friedrich II. ein Lehen empfing. Die wichtigsten Fürstenhöfe, an denen er sich aufhielt, sind derjenige der Babenberger in Wien und der Thüringer Hof in Eisenach. In einem Literaturstreit mit Reinmar, aufgrund dessen er den Wiener Hof für einige Zeit verlassen musste, setzt er der hohen Minne das Ideal der „herzeliebe" entgegen, einer erfüllten Liebe, die sich weder in ferner Anbetung verzehrt noch in Sinnlichkeit erschöpft. Sie bringt nicht Leid, sondern Freude. In seiner Spruchdichtung erweist sich Walther als engagierter politischer Autor, der für die gottgewollte Ordnung des Reiches eintritt, für den Kaiser, der sie bewahrt, gegen den Papst, der sie stört. Die politischen Aussagen verbinden sich mit persönlicher Alltagserfahrung und mit den mittelalterlichen Grundvorstellungen sittlich-religiöser Weltordnung. Mit Pessimismus erlebt der alternde Dichter schon den Niedergang der höfischen Kultur, der Freude und der Zucht.

Vagantenlyrik

Der höfischen Minne- und Spruchdichtung stehen die Gedichte fahrender Theologiestudenten gegenüber. Sie werden Vagantenlyrik genannt. Die teils lateinischen, teils volkssprachlichen Lieder preisen Genuss und Sinnenfreude, besingen Spiel, Wein und Liebe (nicht Minne) und verspotten den Klerus. Formale und motivische Vorbilder sind römische Dichter, vor allem Ovid. Die größte deutsche Sammlung dieser Lieder findet sich in einer Handschrift aus der ersten Hälfte des 13. Jahrhunderts, die nach ihrem Fundort, dem Kloster Benediktbeuren, ‚Carmina burana' genannt wird.

> Vaganten (von lat. vagari = umherziehen).

> Die Lieder der ‚Carmina burana' wurden im 20. Jahrhundert mit großem Erfolg von Carl Orff (1895–1982) vertont.

Nachklang der höfischen Dichtung: Lyrik

Die staufische Ritterkultur zerfällt schon im frühen 13. Jahrhundert. *Neidhart von Reuenthal* entfaltet das bäuerliche Tanzlied. Indem er das Dorfgeschehen in Formen der Minnelyrik darstellt, parodiert er diese Lyrik und verspottet zugleich die tölpischen Bauern. Dagegen übersteigert *Ulrich von Lichtenstein* die Minne zu einem bis ins Lächerliche getriebenen, äußerlichen „Frauendienst". Ein später Nachfahre ist *Oswald von Wolkenstein* (um 1377–1445), der höfische Formen mit biografischem Realismus verbindet und daneben derbe Tagelieder, drastische Zech- und Tanzlieder sowie politische Lieder schreibt.

Von der Mitte des 13. Jahrhunderts an werden die Minnelieder in großen Handschriften gesammelt. Daran zeigt sich, dass sie an den Höfen nicht mehr lebendig sind. Die kostbarste dieser Sammlungen ist die Große Heidelberger oder Manessische Liederhandschrift, kurz nach 1300 für die Züricher Patrizierfamilie Manesse erstellt, mit Bildern und Wappen der Dichter.

Nachklang der höfischen Dichtung: Epos

Auch die zahlreichen Epen der spät- und nachstaufischen Zeit sinken literarisch ab. Sie wiederholen und variieren zumeist Themen der hochstaufischen Dichter und malen das Abenteuerliche und Wunderbare aus. Im ‚Guten Gerhard' des *Rudolf von Ems* wird zum erstenmal ein Kaufmann zum literarischen Helden. ‚Meier Helmbrecht' von *Wernher dem Gartenaere* spiegelt den Verfall der Ständeordnung: Ein Großbauernsohn, der über seinen Stand hinaus will, wird zum Raubritter; er wird gefangengenommen, gerichtet und dann von den Bauern erschlagen. – Schließlich werden die Versepen in Prosaromane aufgelöst.

AUFSTIEG DES STADTBÜRGERTUMS (1300–1470)

Auflösungserscheinungen

Zum Humanismus siehe S. 32.

Im 14. und 15. Jahrhundert kündigt sich die Neuzeit an. Die literarische Führung geht vom Adel auf das Stadtbürgertum über. Innerhalb des Stadtbürgertums gibt es Spannungen zwischen den Zunfthandwerkern und dem handeltreibenden Patriziat, das wohlhabend wird, adlige Formen annimmt, teilweise auch in den Adel einheiratet, der seinerseits nicht selten verarmt. Viele Menschen sind gebannt vom Gedanken an Vergänglichkeit und Tod (Totentanzmotiv). Seit dem Beginn des 15. Jahrhunderts macht sich der aus Italien kommende Einfluss des Humanismus bemerkbar.

Einfluss der Mystik

Zur Mystik siehe S. 22 f.

Im 14. Jahrhundert erlebt die geistliche Literatur, vor allem in Predigt, Legende und Vision, noch einmal einen Höhepunkt. Sie wird angeregt von der Mystik. Am Beginn der mystischen Literatur, die schon wesentlich früher einsetzt, steht ‚Das fließende Licht der Gottheit' der Mechthild von Magdeburg. Visionen, Offenbarungen, Prophezeiungen sind hier verbunden durch die Verherrlichung der Hochzeit zwischen Seele und Christus. – Die große Leistung, welche die Mystiker vor allem um Meister Eckhart für die Literatur erbringen, liegt auf sprachschöpferischem Gebiet. Ausgehend von theologischen Begriffen, die schon die Scholastik aus dem Lateinischen übersetzt hatte, schaffen sie eine Begriffssprache, die sowohl abstrakt als auch gefühlstief ist.

Geschaffen bzw. eingebürgert werden dadurch Wörter wie: Anschauung, Bildung, Einfluss, Eigenschaft, Gleichheit, Gottheit, Läuterung, Persönlichkeit, Wesen, Zufall; begreifen, einleuchten, fühlen; eigentlich, gelassen, innig.

Meistersang

Minnesang und Vagantenlyrik lösen sich auf im volkstümlichen Lied. Die starren Spätformen des Minnesangs allerdings werden noch lange von Zunfthandwerkern gepflegt, die sich als Meister auch des Gesanges verstehen. Das Dichten gilt ihnen als lernbar. Singbruderschaften vermitteln die mechanischen und künstlerischen Regeln und veranstalten Wettsingen. Der Meistersang erlebt seine Blüte um 1500 in Nürnberg (Hans Foltz, Hans Sachs, Hans Rosenplüt). Da die Meistersinger den Vers, so wie im Französischen, durch die Anzahl der Silben bestimmen, nicht durch die Anzahl der Akzente, schreiben sie die sprichwörtlichen Knittelverse. Diese paarweise gereimten, rhythmisch unregelmäßigen Verse werden später in Parodien und Satiren verwendet, oder wenn eine derb-volkstümliche Wirkung erzielt werden soll.

Erst Martin Opitz beendet diese Form der Dichtung. Siehe die Opitzsche Sprachreform S. 44.

Entstehung des Theaters

Aus dem Wechselgesang der Engel und der drei Frauen am Grabe Christi, der am Morgen des Ostersonntags in der Kirche aufgeführt wird, entwickelt sich durch szenische Erweiterung das Osterspiel und später das Passionsspiel. Ähnlich entsteht das Weihnachtsspiel. So beginnt das geistliche Drama. Die zweite Wurzel des neuzeitlichen Theaters ist das Fastnachtsspiel: komische, häufig sehr derbe Szenen im Zusammenhang kostümierter Umzüge zur Fastnachtzeit, die auf heidnische Fruchtbarkeitsriten zurückgehen. Im Nürnberg des 15. Jahrhunderts dringt die gesellschaftliche Gegenwart ins Fastnachtsspiel ein; man verspottet missliebige Einrichtungen und Gruppen (Raubritter, Juden) oder auch das einfache Volk. Damit beginnt das weltliche Schauspiel.

Lehrhafte Dichtung

Dem Charakter der Übergangszeit entspricht eine starke lehrhafte Tendenz, welche den mittelalterlichen Blick aufs Jenseits mit neuem, bürgerlichem Nützlichkeitsdenken zu verbinden sucht. Dabei greift man gern zu allegorischen oder satirischen Darstellungen. Das Streitgespräch, eine schon antike Gattung, in welcher zwei meist allegorische Figuren über ihren Wert streiten (z. B. Sommer und Winter, Ritter und Pfaffe, Herz und Leib), erlebt einen Höhepunkt mit dem ‚Ackermann aus Böhmen‘ (um 1400) des *Johannes von Tepl.* Der Ackermann streitet mit dem Tod, der ihm seine Frau genommen hat. Er unterwirft sich aber dem Schiedsspruch Gottes. Dieser belässt dem Tod zwar die Macht über alles Lebendige. Doch der Mensch ist nicht, wie der Tod will, als Sterblicher auch durchgängig nichtig und schlecht, sondern er besitzt Würde als von Gott beseeltes Geschöpf. Der Dialog ist schon in der neuhochdeutschen Kunstprosa geschrieben, die im Umkreis des Prager Kanzleistils entstand. *Heinrich Wittenwilers* Gedicht ‚Der Ring‘ (um 1400) verbindet Bauernsatire und Parodie des höfischen Minnedienstes mit religiöser Besinnung und praktischer Belehrung über vornehme Umgangsformen, Kriegsführg usw. Den weit verbreiteten Schwank vertritt der Stricker.

Zum Prager Kanzleistil siehe S. 32.

Über den Schwank siehe S. 33.

HUMANISMUS UND REFORMATION (1470–1600)

Renaissance und Humanismus

Renaissance
(von frz. = Wieder-
geburt).

Die Renaissance ist eine Bewegung des 14. bis 16. Jahrhunderts vor allem in den romanischen Ländern. Sie erstrebt eine allgemeine Erneuerung, insbesondere die Wiedergeburt der antiken Künste und Wissenschaften. Der schöpferische, leistungsstolze Einzelne ist ihr Ziel. Man darf stolz sein auf den menschlichen Geist, denn er verwandelt die materielle in eine zusammenhängende geistige Welt; in diesem Sinn deutet man seit *Nikolaus von Kues* (1401–1464) den Satz des antiken Philosophen Protagoras: „Der Mensch ist das Maß aller Dinge." Die von dieser Bewegung erfassten Humanisten (Vertreter der sog. humanistischen Wissenschaften, d. h. vor allem der antiken Sprachen und Literaturen) begnügen sich nicht mehr mit der bloßen Aufnahme antiker Formen und Stoffe und ihrer Verchristlichung, sondern fragen nach dem Geist, der ihnen ursprünglich innewohnte. Sie lehnen das mittelalterlich-katholische Prinzip der Autorität ab, das gehorsame Lauschen auf die kirchliche Verkündigung in den kanonischen heiligen Schriften, und wollen statt dessen zurück „ad fontes" (lat. = zu den Quellen), nämlich zu den Texten selbst. Darum lesen sie die Bibel nicht mehr auf Lateinisch, sondern im griechischen oder hebräischen Urtext.

Kreise der Humanisten

Auch in Deutschland findet der Humanismus seine Anhänger. An den Höfen, vor allem aber an den Universitäten schließen sich Gelehrte zusammen. Der erste Kreis nördlich der Alpen sammelt sich schon bald nach 1350 am Hof Karls IV. in Prag. Im 16. Jahrhundert bilden *Konrad Celtis, Jakob Wimpfeling, Johannes Reuchlin* u. a. den Heidelberger Kreis. Der Nürnberger Kreis um *Willibald Pirckheimer* ist vorwiegend historisch interessiert. *Ulrich von Hutten* gehört dem Erfurter Kreis an.

Frühes Neuhochdeutsch

Im 16. Jahrhundert werden die Grundlagen für die neuhochdeutsche Schriftsprache gelegt. Schon früher hatten sich an höfischen und städtischen Kanzleien verschiedene schriftliche Amtssprachen entwickelt. Unter ihnen hatte diejenige der Prager Kanzlei Karls IV. aufgrund des ausgedehnten kaiserlichen Schriftverkehrs eine besonders breite Wirkung. Der Buchdruck machte die Amtssprachen weiter bekannt und verstärkte ihre gegenseitige Annäherung. Dieses Sprachmaterials bedienten sich die Humanisten bei dem Versuch, eine dem Lateinischen gemäße deutsche Kunstprosa zu schaffen. Lateinisch allerdings war und blieb ihre wahre, dem damaligen Deutsch noch weit überlegene Sprache. *Martin Luther*, der auf die verhältnismäßig ausgeglichene Sprache der sächsischen Kanzlei zurückgreift, gelingt es schließlich, Anschaulichkeit und Schlichtheit der Volkssprache mit der Kunst der Beredsamkeit zu verbinden.

Luthers Übersetzung
des Neuen Testa-
ments erscheint 1522,
die gesamte Bibel
1534.

Narrenliteratur

Neben der freudigen Erwartung des Neubeginns herrscht zunächst auch noch eine tiefe Unsicherheit. Sie äußert sich in *Sebastian Brants* ‚Narrenschiff' (1494), das eine Welle ähnlicher Literatur auslöst. Satirisch-pessimistisch stellt Brant das irdische Treiben in Wort und Bild als ein Panoptikum von Torheit und Laster dar. Heitere, versöhnliche Ironie herrscht hingegen im ‚Morias encomion seu laus stultitiae' (‚Lob der Torheit', 1511) des *Erasmus von Rotterdam*. Der wirklich Weise, so lehrt er, verachtet die Torheit nicht, er bedarf ihrer, um glücklich leben zu können. Später wird die Narrensatire auch im Konfessionsstreit gebraucht, so in *Thomas Murners* Streitschrift ‚Vom großen lutherischen Narren' (1522).

Volkstümliche Literatur

Der Humanismus beeinflusst auch die volkstümliche Literatur. Das zeigt sich am Nürnberger Schuhmacher und Meistersinger *Hans Sachs*, der mit Pirckheimer und anderen Humanisten befreundet war. Er setzt sein überall zusammengelesenes Bildungsgut in derbe Knittelverse um und bringt das Fastnachtsspiel zur Blüte. Volkstümliche Tradition und Humanismus verbinden sich im Schwank. Der Schwank ist die Erzählung eines lustigen Streiches, durch den sich zumeist ein Armer oder Schwacher listig einen Vorteil verschafft. Dies entlastet von Ungewissheit, aber auch vom Leiden unter Ungerechtigkeit – häufig ist der Schwank gegen kirchliche Missstände gerichtet – durch befreiendes Lachen. Aus einer Reihe von Schwänken, die sich um eine Figur ranken, etwa um Till Eulenspiegel, formt man nun ganze Schwankromane. Sie gehen zusammen mit Prosafassungen der Ritterepen, mit französischen Romanen, Tiergeschichten (Reineke Fuchs) und Magiergeschichten in die sogenannten Volksbücher ein, die gänzlich der Unterhaltung dienen. Dem Volksbuch ‚Historia von D. Johann Fausten' (1587) entnimmt Goethe später den Stoff für sein Faustdrama. *Georg Wickram* (‚Das Rollwagenbüchlein', Schwanksammlung, 1555; ‚Der Goldfaden', Roman, 1557) und *Johann Fischart* (Übertragung des französischen Romans ‚Gargantua' von Rabelais auf deutsche Verhältnisse) gehören zu den Schöpfern der jetzt entstehenden stadtbürgerlichen Romanliteratur.

Goethe verwendet den Stoff, deutet aber die Figur Faust als Prototyp des suchenden, forschenden Menschen um. Siehe S. 107.

Dichtung der Humanisten

Ausschließlich lateinisch geschrieben und ganz an antiken Vorbildern geschult ist die Lyrik der Humanisten. Ihr Drama, ebenfalls auf Latein, geht auf römische Vorbilder zurück. Sie führen Akt- und Szeneneinteilung ein und beenden jeden Akt mit einem Chor. Auf dieser Grundlage entwickelt sich an Lateinschulen und Universitäten das teils lateinische, teils deutsche Schuldrama, das bald zum Kampfmittel im Konfessionsstreit wird. Das satirische und belehrende Prosaschrifttum der Humanisten, vor allem Briefe und Dialoge, greift ebenfalls bald in den Streit ein und ist um allgemeiner Verständlichkeit willen häufig auf Deutsch geschrieben. Hutten veröffentlicht 1521 vier seiner lateinischen Dialoge auf Deutsch unter dem Titel ‚Gesprächsbüchlein'.

Die Dunkelmännerbriefe

Die Spannung zwischen Humanismus und katholischer Kirche entlädt sich, als die Kirche *Johannes Reuchlin* wegen einer Streitschrift zu verurteilen droht, die er gegen einen getauften Juden geschrieben hatte, weil dieser all seine jüdischen Bücher verbrannt haben sollte. Hutten und andere Mitglieder des Erfurter Kreises lassen daraufhin anonym die ‚Epistolae obscurorum virorum‘ (Dunkelmännerbriefe) erscheinen (1515/17). Das sind fingierte Briefe von Reuchlins theologischer Gegenpartei in barbarischem Latein und voller bornierter Scheinheiligkeit – die vielleicht wirksamste Satire der Epoche.

Humanismus und Reformation

Der Renaissancecharakter des deutschen Humanismus verliert sich bald im theologischen Streit. Zwar ist die Reformation ohne das neue Lebensgefühl nicht zu denken; sie lehnt sich wie der Renaissancehumanismus gegen das Autoritätsprinzip auf und will daher die Bibel dem selbstständigen Studium eines jeden zugänglich machen. Aber für die Ergriffenheit vom Geist der Antike hat sie keinen Platz. Der bedeutendste Humanist des Nordens allerdings, Erasmus von Rotterdam, hält sich dem Konfessionsstreit möglichst fern. Der gebürtige Niederländer, der während eines unsteten Wanderlebens auch in der Schweiz und Deutschland wirkte, setzt der dogmatischen Strenge beider Seiten eine skeptische Toleranz entgegen und will christliche Einfalt und Nächstenliebe mit antikem Sinn für harmonische Bildung verknüpfen.

Martin Luther (1483–1546)

Während sich das englische und französische Königtum in der Auseinandersetzung mit der zur weltlichen Macht gewordenen Kirche behaupteten, war der Kaiser ihr unterlegen. Politisch gesehen, nimmt Luther diese Auseinandersetzung wieder auf, jetzt aber im Sinn der Landesfürsten. Denn er verhilft einer breiten antipäpstlichen Opposition zum beredten Ausdruck, verknüpft diese aber untrennbar mit der Anerkennung der Landesherrschaft. So erklärt sich seine Verdammung der aufständischen Bauern. Er fordert die Gewissensfreiheit des Einzelnen in geistigen Dingen (gegen die Papstkirche) und die Unterwerfung unter die Obrigkeit (für die Fürsten). Um auch nur dieses Freiheitsbewusstsein durchzusetzen, bedurfte es gründlicher Erziehung. Luther nahm sie in Angriff mit politischen und mit theologischen Schriften (‚Von der Freiheit eines Christenmenschen‘, 1520), mit belehrenden Fabeln, mit Unterweisungen zu Familie und Erziehung und mit eingängigen, bildhaften Kirchenliedern (‚Ein feste Burg‘), die das Zusammengehörigkeitsgefühl der Gemeinden stärkten. Seine wichtigste Leistung liegt aber in der Bibelübersetzung.

Luthers Bibelübersetzung

Im Jahr 15534 erschien bei *Hans Lufft* in Wittenberg, mit Holzschnitten aus der Werkstatt von *Lucas Cranach dem Älteren*, die erste Gesamtausgabe der Bibelübersetzung, an der Luther 17 Jahre gearbeitet hatte und die er bis zu seinem Tode ständig verbesserte. Die Übersetzung des Neuen Testaments war 1522 erschienen. In den nächsten zwölf Jahren bis zu seinem Tod wurden allein 20 weitere Gesamtausgaben und über 300 Teil- und Nachdrucke veröffentlicht.

Nun ist es nicht mehr nur den Humanisten, sondern allen lesefähigen Menschen möglich, sich an der Quelle über Gottes Wort zu informieren.

MITTELALTER

Zentrale Vorstellung: Jenseitshoffnung und Höllenangst

Diesseits – Jenseits

Im mythischen Denken der Germanen sind Diesseits und Jenseits, Menschliches und Göttliches, Natur und Gesellschaft eng miteinander verbunden. Der christlichen Jenseitshoffnung wird im Laufe des Mittelalters immer nachdrücklicher die Hölle als der Ort der Bestrafung gegenübergestellt. Mit dem Humanismus dagegen wird die Freude am Diesseits wieder aufgewertet.

Natur

Für das christliche Mittelalter sind alle Bereiche der Natur ein Buch, das in seiner Himmelsordnung, in seinen Beziehungen zwischen bestimmten Sternen, Mineralien, Pflanzen, menschlichen Charakteren, in seinen einzelnen Erzählungen, die allegorisch gemeint sind, auf die Ordnung Gottes und auf das Heilsgeschehen verweist. Daneben lebt heidnische Naturmagie weiter.

Gesellschaft

Aus dem System der Adelsfamilien, die untereinander und mit den Bauern durch ein System von Schutz und Gefolgschaft verbunden sind, entwickeln sich Lehnswesen und Ständeordnung (1. Adlige, 2. Geistliche, 3. Bürger und Bauern). Die Ständeordnung wird weiter differenziert (z. B. durch Zunftordnungen) und schreibt jedem seine gottgegebene gesellschaftliche Rolle vor. Kaiser und Papst sollen die Christenheit weltlich und geistlich beschützen. Der Humanismus stellt den Gelehrten dem Adel gleich.

Der einzelne Mensch

Der Mensch lebt in einer Welt, die durch kirchliche Riten und die Sakramente geordnet, aber auch durch Zauberei bedroht ist, in der Hoffnung aufs Jenseits und in zunehmender Angst vor der Hölle. Der humanistische Gelehrte greift auf antike Bildungsvorstellungen zurück und öffnet sich wieder dem Diesseits.

Zwischenmenschlicher Bezug

Die Umgangsformen sind durch feste gesellschaftliche Rollen (weltliche und geistliche Macht; Adlige, Bürger, Bauern, Leibeigene; Männer und Frauen; Stellung im Zunftwesen usw.) bestimmt.

Literatur

Es gibt Reste heidnischer Texte: Zaubersprüche, Heldenlieder. Die mittelalterliche Literatur ist vorwiegend geistlicher Art: Bibelübersetzungen, Andachtsbücher, Predigten, Legenden. Die Ritterkultur der Stauferzeit besitzt eine eigene, weltliche Dichtung: höfisches Epos, Minnesang, Spruchdichtung. Fahrende Scholaren schreiben Vagantenlyrik. In den Städten entstehen Osterspiel und Fastnachtspiel sowie der Meistersang der Handwerker. Die Humanisten verfassen (neben lateinischen Gedichten und Dramen) Streitschriften und Satiren. Daneben entstehen volkstümliche Schwänke. Luthers Bibelübersetzung wird zu einem grundlegenden Text für die deutsche Literatur.

Literarische Gattungen

Nach heidnischen Zaubersprüchen und Heldenliedern bestimmt die geistliche Klosterliteratur das Bild. Zur Zeit der staufischen Ritterkultur entwickeln sich Minnesang, Spruchdichtung und Ritterepos. Mit der Auflösung der Adelskultur entstehen Vagantenlyrik und Meistersang. Das Theater kündigt sich an mit Osterspiel und Fastnachtsspiel und entwickelt sich weiter im humanistischen Schuldrama. Die Ritterepen werden zu Prosaromanen, es entstehen Erzählungen und neue Romanformen (z. B. Schwank). Luther und der Buchdruck machen die Bibel zum Gemeingut.

3 Barock (1600–1720)

AUF EINEN BLICK

Der Barockgarten von Vaux-le Vicomte in Frankreich, (1656 fertig gestellt).

Der Barockgarten von Vaux-le-Vicomte, Vorbild für den Garten von Versailles, zeigt exemplarisch die zeitgenössische Auffassung, dass alles rational geordnet sein muss: So wie Gott die Welt lenkt, die Sonne die Planeten, der Fürst das Land, so die Vernunft den Körper. Dementsprechend ist der Barockgarten symmetrisch längs der vom Schloss ausgehenden Sichtachse angeordnet. Von hier aus blickt der Fürst sozusagen ordnend in die Welt. Doch diese Grundordnung wird zugleich überspielt. Der Park sollte nicht leer sein, sondern Kulisse für das höfische Fest, bei dem der absolute Herrscher sich feiert und seine Ordnung in Bewegung darstellt. Dabei verwischt die Menge der Festgäste, die sich an Schauspielen und Feuerwerken ergötzt, die strengen Linien bis zur Unkenntlichkeit. Die französischen Barockgärten beeinflussten die deutschen Gartenanlagen der Zeit, die allerdings viel kleiner waren und auch eigene deutsch-niederländische Traditionen weiterführten, z. B. die Gärten von Herrenhausen bei Hannover, Schleißheim bei München, Brühl oder Schwetzingen.

Pietro Domenico
Olivero (um 1679 bis
1755): Das königliche
Theater in Turin, um
1740.

Wie sich aus den antiken Festen zu Ehren von Dyonysos das Theater entwickelte, so
entstand aus barocken Hoffesten die Oper. Geeignete Gebäude wie das Theater in
Turin wurden gebaut: Der Betrachter blickt über den Orchestergraben in die Guck-
kastenbühne mit reichem Dekor. Es gibt jetzt veränderbare Kulissen, spektakuläre
Maschineneffekte, z. B. Blitz und Donner, sind möglich. Die Sitzordnung folgt dem
Stand: Gegenüber der Bühne sitzt der Fürst mit seinem Hofstaat (Position des Bildbe-
trachters), im zweiten Rang die höhere Beamtenschaft, im dritten Rang das ständische
Bürgertum, im vierten die Diener der Vornehmen. Das einfache Volk versammelt sich
im Parkett. Mit dem Wechsel von Rezitativ und Arie wechseln Handlung und Augenblicke persönlichen Gefühlsausdrucks. Doch das Gefühl, das sich in der Arie äußert, ist
immer mit dem Bewusstsein der sozialen Rolle verbunden; man fühlt als Person, aber
zugleich als Fürst oder Hofdame. Die Theatertechnik macht vieles möglich: Vor allem
im Wiener Jesuitentheater spielt die Handlung häufig im Himmel (oben), im Diesseits
(in der Mitte) und in der Hölle (unten). Darin zeigt sich, dass die Welt im Barock noch
als ein einheitliches Sinnganzes wahrgenommen und dargestellt wird.

BILD DER EPOCHE

Übergangszeit

Die Neuzeit kündigt sich mit wirtschaftlichen, sozialen, politischen und wissenschaftlichen Umwälzungen an. Die wissenschaftlichen Entdeckungen, vor allem in Astronomie und Medizin, erschüttern das traditionelle Weltbild. Schon 1548 hatte Nikolaus Kopernikus nachgewiesen, dass die Erde nicht im Zentrum steht, sondern nur einer der Planeten ist, die sich um die Sonne drehen ('De Revolutionibus Orbium Coelestium'). 1628 entdeckte William Harvey den Blutkreislauf. Damit setzt sich die naturwissenschaftliche Beobachtung gegen die Berufung auf die tradierten Aussagen durch. Zusammen mit den modernen europäischen Nationalstaaten als wirtschaftlichen und politischen Einheiten entwickelt sich der Absolutismus, also die staatliche Zentralgewalt mit einheitlicher, dirigistischer Verwaltung. Der Dreißigjährige Krieg (1618–1648), ebensosehr ein Krieg zwischen Nationalstaaten auf deutschem Boden wie ein Religionskrieg, besiegelt die Zerrissenheit des Deutschen Reiches und sorgt dafür, dass der Absolutismus sich hier nicht auf nationaler Ebene, sondern an einer Vielzahl kleinerer und größerer Höfe verwirklicht.

Vanitas und Fortuna

Alle diese Umwälzungen erzeugen ein Gefühl tiefer Unsicherheit. Vanitas (Eitelkeit, Vergänglichkeit, Nichtigkeit) scheint alles Irdische zu kennzeichnen. Die Göttin Fortuna herrscht, pflegt man zu sagen; sie ist also das launische Glück, das unberechenbar kommt und geht. Die Menschen suchen Halt im Glauben. Doch der Religionsstreit hat, wenn nicht den Glauben selbst, so doch das Vertrauen in die kirchlichen Institutionen angegriffen. Mystik lebt wieder auf, Schwärmerbewegungen ziehen viele in ihren Bann.

Tugend

Hinzu kommt, dass der absolutistische Macht- und Verwaltungsstaat in Heer und Verwaltung, im Bildungswesen wie im Kirchendienst nicht nur äußere, sondern in einem bisher ungewohnten Maß auch innere Disziplin verlangt. Selbstbeherrschung beziehungsweise innere Sicherheit, die im Wechsel der äußeren Glücksfälle Halt gewährt, sind miteinander verbunden in der Tugend. Diese zu lehren, ist das vornehmste Ziel der zeitgenössischen Literatur. Tugend besteht darin, eine höhere, unvergängliche Ordnung zu erkennen und sich ihr unter Verzicht auf die eigenen Leidenschaften zu unterwerfen.

Zur antiken Stoa siehe S. 15.

Lipsius' Ideen liegen dem Drill in den Heeren des Absolutismus zugrunde, weisen aber auch schon voraus auf die von den Vertretern der Französischen Revolution vorgenommene Einbeziehung des ganzen Volkes in den Krieg.

Christlicher Stoizismus

Im Süden, wo schließlich die Gegenreformation siegt, kann die katholische Kirche wieder den gesuchten Halt versprechen und auch tugendhafte Selbstdisziplin lehren. In den protestantischen Gebieten lernt man von der antiken Stoa, die Leidenschaften zu unterdrücken und innere Beständigkeit und dauernde Gemütsruhe zu erringen. Dieses neostoische Denken rechtfertigt die irdischen Leiden, indem es sie zur Bedingung dafür erklärt, Tugend überhaupt erlernen und bewähren zu können.

Grundlegend für das neostoische Denken ist das Buch *De constantia* (Von der Beständigkeit) des niederländischen Professors Justus Lipsius (1547–1606). Nach Lipsius' Morallehre sollen Selbstbeherrschung und Gehorsam das ganze Staatswesen durchdringen und bestimmen.

Gianlorenzo Bernini
(1598–1680):
Die Verzückung der
Heiligen Teresa von
Avila, Marmor, 1645.

Steigerung und Antithese

In dieser Epoche der großen Veränderungen ist man jederzeit des Ungewöhnlichen und Gegensätzlichen gewärtig und lässt sich davon faszinieren. Die Literatur entspricht dem durch Steigerung und Antithese: Sie erzählt von einmaliger Standfestigkeit des Helden, vom tiefsten Elend, von der leidenschaftlichsten Liebe; und sie ruft Gegensätze wie Diesseits und Jenseits oder Leben und Tod auf. Spätere Zeiten empfanden das als übertrieben; darum bezeichneten sie zunächst die als „schwülstig" geltende Kunst dieser Epoche, dann auch die Literatur abwertend als barock.

Das Ineinander der ins Extreme gesteigerten gegensätzlichen Gefühle konnte man in den Beschreibungen mancher Mystikerinnen finden. Die Heilige Theresa (1515–1582) beschreibt in einer ihrer Visionen die Vereinigung mit Gott als Begegnung mit einem Engel, der ihr ein langes Schwert immer wieder ins Herz stößt. Bernini hat das Ineinander von Lust und Schmerz in einer Skulptur gestaltet, welche die kaum verhüllte Sinnlichkeit der Vision dadurch unterstreicht, dass er dem jugendlichen Engel einen Liebespfeil in die Hand gibt, der ihn als Amor erscheinen lässt. Die Wolke, auf der die Heilige sitzt, und der Fluss der Gewänder verleihen der Skulptur eine barocktypische Bewegtheit, welche die Heftigkeit der Gefühle unterstreicht.

Barock (von port. barocca = schiefrunde, unregelmäßige Perle).

Norm und Zeichen

Tatsächlich aber geht es im Barock darum, auch noch im Ungewöhnlichen und Widersprüchlichen eine höhere Ordnung zu erkennen, sei es wie im Mittelalter die heilsgeschichtliche Ordnung, sei es ganz allgemein einen harmonischen Zusammenhang moralischer und nützlicher Regeln. Darum liest man alle Erscheinungen in Natur und Geschichte als Zeichen, die auf Normen richtigen Handelns verweisen. Dass zum Beispiel ein Bienenstock sich in einem Kriegshelm eingenistet hat, ist ein Zeichen dafür, dass der Fürst den Frieden dem Krieg vorziehen sollte. Dass Daidalos nach griechischer Sage den menschenfressenden Stier Minotauros in ein Labyrinth einsperrte, ist ein Zeichen dafür, dass Kriegsleute ihre militärische Taktik geheim halten sollten. Wer so in allem die tiefere Bedeutung erkennt, dem verwandelt sich die chaotische Welt in eine Schatzkammer hilfreichen Wissens.

In der Lyrik dienen Allegorie und Emblem dazu, die Wirklichkeit in Zeichen zu verwandeln. Siehe S. 43.

Schein und Rolle

Kein Ding hat Eigenwert; einen Wert gewinnt es nur als Zeichen. Wer nach dem Eigenwert der irdischen Dinge fragt, verfällt ihrem Schein. Nur wer sie als Erscheinung höherer Normen deutet, wird nicht getäuscht. Das trifft auch für den Menschen zu. Nicht seine persönliche Eigenart gilt, sondern die höhere Ordnung, für die er steht. Mit anderen Worten: Nicht als er selbst ist der Mensch von Bedeutung, wohl aber als gehorsamer Schauspieler der Rolle, die ihm Gott in der hierarchischen Ordnung der Welt zugeteilt hat.

Fürstenlob

Vor allem den Fürstenstaat deutet man als Erscheinungsform höherer Ordnung. Der absolute Fürst soll den Staat regieren wie die Vernunft den Körper mit seinen Leidenschaften und wie die Sonne das Planetensystem regiert. Nur dann wird ein richtiges und somit zufriedenes Leben aller miteinander überhaupt möglich. Fürstenlob ist für die Epoche selbstverständlich. Die Literatur lobt den Fürsten aber nicht als Privatmenschen, sondern als Repräsentanten der staatlichen Ordnung. Sie lehrt ihn, geschickt zu taktieren, wenn es um den Erhalt der staatlichen Ordnung geht. Aber sie hält ihm auch kritisch das Ideal der wohlfunktionierenden Ordnung vor Augen.

Hofideal und Hofkritik

Das Renaissanceideal des humanistischen Gelehrten, der sich einem eigenen Stand, dem Geistesadel, zurechnet, wird allmählich von dem des Hofmannes verdrängt. Will der Dichter sich nicht als Pedant verspotten lassen, so muss er sein gelehrtes Wissen im galanten und geistvollen Ton darbieten, der, zumindest dem Anspruch nach, die höfische Geselligkeit kennzeichnet. Da Hofleute die Techniken politisch-taktischen Verhaltens auch dann anwenden, wenn es gar nicht um das Interesse des Staates oder um die gesellige Ordnung geht, sondern um ihre persönliche Karriere, werden sie oft scharf kritisiert. So kommt es, dass man einerseits weithin die höfischen Formen nachahmt, der Hof jedoch andererseits nicht selten als Ort betrügerischen Scheins wahrgenommen, ja zum Inbegriff irdischer Sündhaftigkeit überhaupt wird.

Sprachreform

Im katholisch-habsburgischen Süden lebt das Lateinische als Sprache der Dichtung noch längere Zeit weiter. Im protestantischen Norden hingegen regt sich ein kulturelles Nationalbewusstsein, das sowohl die Ablösung der lateinischen Sprache verlangt als auch die kulturelle Überlegenheit des Auslands anzweifelt. Man will die deutsche

Sprache auf das Niveau des Lateinischen und Französischen heben und die deutsch-sprachige Literatur nach den Regeln der antiken und humanistischen Dichtungslehren veredeln. Vor allem geht es darum, Einheitlichkeit, Ausdrucksfähigkeit und Wohllaut der Sprache zu erhöhen. Zu diesem Zweck werden ungehobelte Ausdrücke und Dialektwörter vermieden sowie Fremdwörter eingedeutscht. Dabei entstehen heute noch gebräuchliche Wörter wie „Einzahl" und „Mehrzahl", „Verfasser" oder „Gesichtskreis". Die Sprachreform soll mit einer Reform der Sitten einhergehen. Einerseits ist sie an den höfischen Gedanken kultureller Verfeinerung geknüpft, andererseits ist sie mit einem hofkritischen Nationalgefühl verbunden, das die Wiederherstellung alter deutscher Tugenden wie Treue und Lauterkeit verlangt.

Philosophische Grundlagen

Die Philosophie der Epoche wird, auch in den protestantischen Gebieten, weitgehend von der Lehre der spanischen Jesuiten bestimmt. Sie vermitteln die Systematik des Thomas von Aquin, die es erlaubt, alle Erscheinungen als Teil einer umfassenden Ordnung zu deuten; die Jesuiten suchen die Ordnung nun vor allem in mathematisch berechenbaren und nützlichen Bezügen auf. – Die große Bedeutung, die der staatlichen Ordnung als innerweltlichem Funktionszusammenhang nun zugemessen wird, verlangt nach philosophischer Begründung. In der Renaissance schon lehrt der Italiener *Niccolò Machiavelli*, welche Mittel, zur Not auch grausame, der Politiker anwenden muss, um die Staatsordnung zu erhalten. Im 17. Jahrhundert rechtfertigt der Engländer *Thomas Hobbes* den absolutistischen Machtstaat, weil nur dieser den inneren Frieden gewähren könne, der ohne absoluten Souverän im Kampf der widerstreitenden Interessen unterginge. Der Niederländer *Justus Lipsius* verbindet die Theorie des absolutistischen Machtstaates mit dem Gedanken der inneren Disziplin. Die Vorstellung von einer harmonischen kosmischen Ordnung, die *Gottfried Wilhelm Leibniz* entwickelt, liegt dem Denken der Aufklärung zugrunde, sie beeinflusst aber auch schon die späte Barockliteratur. – Der wichtigste Vertreter der Mystik ist der schlesische Schuster *Jakob Böhme*. Für ihn zeigt sich die harmonische Weltordnung in der Entsprechung (Analogie) zwischen dem großen Kosmos der Natur und dem Menschen als einem kleinen Kosmos. Auch Gut und Böse, wiewohl Gegensätze, entsprechen einander. Denn gäbe es kein Böses, wie würden wir des Guten gewahr?

Zu Thomas von Aquin siehe S. 22.

Niccolò Machiavelli (1469–1527) zählt vor allem aufgrund seines Werks *Il Principe* (‚Der Fürst') zu den bedeutendsten Staatsphilosophen der Neuzeit.

Hobbes' ‚Leviathan' gilt noch heute als eines der bedeutendsten Werke der politischen Philosophie.

Zur Aufklärung siehe S. 58 f.

LITERARISCHES LEBEN

Erweiterung der literaturtragenden Schicht

Dichterische Werke wurden bisher von einer relativ kleinen Gruppe hervorgebracht und aufgenommen, von stadtbürgerlichen Humanisten und von den Gebildeten in Geistlichkeit und höherem Adel. Die neuen Verwaltungsaufgaben führen diesem Kreis eine wachsende Zahl höfischer Beamter, vor allem Juristen, zu. Unter ihnen gibt es zunächst auch eine beträchtliche Anzahl Bürgerlicher. Bürgerliche wirken auch im Bildungswesen, das im Hinblick auf die neuen staatlichen Aufgaben erweitert und verweltlicht wird. Neben den Höfen entstehen literarische Zentren in Handelsstädten wie Hamburg, Nürnberg, Leipzig, jedoch ohne dass die Vorherrschaft höfischen Denkens dadurch gebrochen würde.

Sinnbild der Fruchtbringenden Gesellschaft ist die Kokospalme, deren Teile (Stamm, Blätter, Nüsse) alle nützlich verwendbar sind. Der Inschrift „Alles zum Nutzen" folgend, sollen die Mitglieder sich nützlich machen mit Worten und Taten.

Literaturgeographische Unterschiede

Zur Gegen-
reformation
siehe S. 46.

Die literarische Landschaft ist noch keineswegs einheitlich. Im katholischen Südosten, der vom österreichisch-spanischen Kaiserhaus der Habsburger regiert wird, herrscht die Gegenreformation, zu deren größten literarischen Leistungen die lateinisch geschriebenen Dramen der Ordensgeistlichen gehören. Ein nationales Kulturbewusstsein entwickelt sich dagegen im übrigen protestantischen Bereich, im Südwesten insbesondere unter dem Einfluss des dort noch lebendigen stadtbürgerlichen Humanismus. Durch Straßburg und die württembergische Grafschaft Mömpelgard (heute Montbéliard) wird aber auch französische Literatur eingeführt. Die wichtigste Literaturlandschaft ist Schlesien, das zu Habsburg gehört. Die zahlreichen protestantischen Intellektuellen des Landes, denen der katholische Kaiser eine eigene Universität verweigert, studieren in den wirtschaftlich und kulturell fortgeschrittenen protestantischen Gebieten, vor allem in den Niederlanden. Die dort empfangenen Einflüsse verbinden sie zu Hause mit den österreichisch-spanisch-italienischen. Die Handelsstädte vermitteln die Kenntnis der französischen und englischen Literatur.

Dichterkrönung

Zu Beginn des 17. Jhs. hatten die Gelehrten, vor allem die Rechtsgelehrten, eine hohe gesellschaftliche Anerkennung erreicht. Als Geistesadel (nobilitas literaria) wurden einige von ihnen, die Doctoren, dem Geburtsadel gleichgestellt. Diese Anerkennung zeigt sich auch im Ritual der Dichterkrönung mit dem Lorbeerkranz und der Verleihung des Dichterringes. Dichtung war Ausdruck gelehrten Wissens, die Auszeichnung ging zumeist an lateinisch schreibende Autoren. Die Dichterkrönung, die mit gesellschaftlichen Privilegien verbunden war, war in der italienischen Renaissance nach antikem Vorbild eingeführt worden; sie wurde in Deutschland vom Kaiser vorgenommen. Das Privileg der Dichterkrönung wurde später Pfalzgrafen, dann auch Universitätsrektoren übertragen. Die abgeschlossene Standeskultur der Gelehrten löst sich im 18. Jh. zusammen mit dem Ende des Lateinischen als Gelehrtensprache auf, und mit ihr verliert die Dichterkrönung an Bedeutung. Das Ideal der Gelehrtenbildung wird mit der Humboldtschen Reform vom neuhumanistischen Bildungsideal abgelöst.

Zum humanistischen Bildungsideal siehe S. 94 f.

Sprachgesellschaften

Zum Zweck der Sprachreform wird eine Reihe von Sprachgesellschaften gegründet, die sowohl adlige als auch bürgerliche Mitglieder haben. An ihrer Spitze steht die ,Fruchtbringende Gesellschaft', 1617 vom Fürsten Ludwig von Anhalt-Köthen nach italienischem Vorbild gegründet. Ab 1630 unterstützt sie das Reformprogramm von *Martin Opitz*. Später entstehen weitere Gesellschaften, unter ihnen die Nürnberger ,Pegnitzschäfer', um *Georg Philipp Harsdörffer*, der Königsberger Kreis um *Simon Dach*, die ,Aufrichtige Gesellschaft von der Tannen' in Straßburg und die ,Deutschgesinnte Genossenschaft' um *Philipp von Zesen* in Hamburg.

Zu Martin Opitz siehe S. 44.

THEORIE UND FORMEN DER LITERATUR

Belehrung

Die Dichtung des Barock ist wesentlich belehrend. In der Fähigkeit, etwas drastisch zu vergegenwärtigen und es zugleich als Zeichen zu deuten, aus dem man Gutes und Nützliches lernen kann, liegt die geistige Kraft, sozusagen die Tugend des dichterischen Wortes. Um drastisch zu vergegenwärtigen, bietet man die Mittel eindringlich hinweisenden Redens auf, die in den „Redelehren" gesammelt sind. Dem entspricht die Überzeugung, Dichtung sei weitgehend lernbar. Zunächst wählt man die zu behandelnden Lehrsätze, dann denkt man sich dazu passende Beispiele aus, schließlich stellt man sie eindringlich dar, und zwar mit Hilfe der aus der Antike stammenden Rhetorik.

Zur Rhetorik siehe S. 10.

Allegorie und Emblem

Dem Wunsch, die Wirklichkeit in Zeichen zu verwandeln, entspricht der allegorische Grundsatz der barocken Dichtung. Allegorien (oder Sinnbilder) sind bildliche Darstellungen, die auf einen tieferen Sinn verweisen. Das Bild des Skeletts mit Stundenglas und Hippe (sichelartiges Messer der Gärtner und Winzer) ist eine Allegorie des Todes und verweist auf die Vanitas alles Irdischen. Besonders beliebt war das Emblem, eine Abbildung (z. B. ein Kriegshelm, aus dem Bienen fliegen) mit einer Überschrift (z. B. „Friede aus Krieg") und einer Erläuterung, die Bild und Überschrift im Sinn einer Lehre ausdeutet. Auch das Sinnbild der „Fruchtbringenden Gesellschaft" auf S. 42 ist ein Emblem.

Manierismus

Die Bemühung um einen eleganten Stil und die Betonung der rhetorischen Mittel kann zur Verselbstständigung der Form führen, hinter welcher der Sachbezug / Inhalt verschwindet. Solch eine Schreibweise, die mit Metaphern, Antithesen, Hyperbeln (übertreibenden Ausdrücken) und anderen Redefiguren spielt, häufig leserfreundliche Erklärungen vermeidet, daher oft schwer verständlich wirkt, nennt man Manierismus. Es gibt Manierismus nicht nur in dieser Epoche, er hat aber die spätere Charakterisie-

Der Manierismus ist ein internationaler europäischer Stil, der sich auch in anderen Ländern wiederfindet, z. B. bei den ,metaphysical poets' in England.

rung der Barockliteratur als schwülstig geprägt. Tatsächlich lässt sich jedoch nur ein Teil der barocken Literatur, hauptsächlich die sogenannte zweite Schlesische Schule um *Christian Hoffmann von Hoffmannswaldau* und *Casper von Lohenstein*, als manieristisch bezeichnen. Ihr Vorbild ist der italienische Barockdichter *Giambattista Marino*.

Die Opitzsche Reform

Die Bemühungen der Sprach- und Dichtungsreform führen zur Entstehung von Grammatiken, Wörterbüchern und Dichtungslehren. Grundlegende Wirkung hat das ‚Buch von der Deutschen Poeterey‘ (1624) des *Martin Opitz*. In seinen Stilvorstellungen noch den antiken Redelehren verpflichtet, formuliert er doch zum ersten Mal entschieden die Forderung nach Wohllaut, Eleganz und Klarheit auch des Deutschen. Er entdeckt, dass im deutschen Vers die Akzente gezählt werden müssen (nicht z. B. die Silben, wie es die Meistersinger taten und wie es dem französischen Vers angemessen ist), er fordert den Zusammenfall von Wort- und Versakzent und empfiehlt als Versmaß den Alexandriner, einen sechsfüßigen Jambus mit einer Pause (Zäsur) in der Mitte (Beispiel: „Der schnelle Tag ist hin / die Nacht schwingt ihre Fahn." Gryphius). Der Alexandriner, der Antithese und Entsprechung besonders gut ausdrücken kann, wird bis ins 18. Jahrhundert hinein zum beliebtesten Vers in Lyrik und Drama. Weiterhin verlangt Opitz reine Reime und die Vermeidung von Fremdwörtern. Stilbildend wirken die poetischen Beispiele, die er gesammelt oder selbst geschrieben hat (‚Teutsche Poemata‘, 1624). Außerdem bemüht er sich um deutliche Gattungsdefinitionen. Tragödie und Komödie werden mit Hilfe der sogenannten Ständeklausel unterschieden: Die Tragödie handelt von Personen hohen, die Komödie von solchen niederen Standes.

Die Ständeklausel galt bis weit ins 18. Jahrhundert hinein als verbindlich. Erst G. E. Lessing löste sich davon.

Weltliche Lyrik

Die neuhochdeutsche lyrische Kunstdichtung, die sich am Vorbild der zeitgenössischen lateinischen sowie der italienischen, französischen und niederländischen Lyrik ausbildet, beginnt mit *Georg Rudolf Weckherlins* ‚Oden und Gesänge‘ (1618/19). Martin Opitz ist nicht nur Theoretiker der Lyrik, seine Gedichtsammlung ‚Teutsche Poemata‘ (1624) gilt seit der 2. Auflage von 1625 als die grundlegende Mustersammlung. Die barocken Gedichte sollen nichts Persönliches ausdrücken, sondern eine allgemeingültige Behauptung, ein Lob, eine Lehre, so nachdrücklich wie möglich vertreten. Darum haben sie argumentierenden Charakter; oft schließen sie mit einer zusammenfassenden Pointe ab. Das Sinngedicht oder Epigramm, ein Kurzgedicht mit überraschender Sinndeutung, das schon die Antike pflegte, ist ganz auf die Pointe konzentriert. Ein Meister des satirischen Epigramms ist *Friedrich von Logau* (‚Deutscher Sinn-Gedichte drey Tausend‘, 1654). Beliebt ist auch das Sonett. Mit *Andreas Gryphius* erreicht die deutschsprachige Sonettkunst ihren ersten Höhepunkt. Die Romantiker nehmen die Sonettkunst wieder auf und auch die Dichter der sich entfaltenden Moderne widmen sich ihr.

Epigramm (von griech. epigramma = Inschrift, Aufschrift).

In der Liebeslyrik setzt sich seit Opitz der Petrarkismus durch. Im Petrarkismus werden Stilzüge, die der Lyrik des italienischen Dichters *Francesco Petrarca* (1304–1374) eigen sind, zu Formeln verallgemeinert. Dazu gehören: gegensätzliche Gefühle, die in Antithesen, Steigerungen und dialektischen Figuren beschrieben werden (lustvoller Schmerz, Ineinander von Leben und Tod, Eis und Feuer); Besingen von Körperteilen und Besitzgegenständen der Geliebten (Augen, Hand, Handschuh, Brust, Spiegel, Armband) bzw. Lob der Schönheit der Geliebten, der gegenüber die Schönheit der Kleinodien verblasst; Bemühen um überraschende, manchmal spitzfindige Wendungen und Pointen.

Paul Flemming (‚Teutsche Poemata‘, 1642) beherrscht überlegen die Opitzschen Formen und verwandelt die manieristischen Züge des Petrarkismus in ausdrucksvolle Schlichtheit, während eine Gruppe schlesischer Dichter um *Hoffmann von Hoffmannswaldau* die galante, manieristische Liebeslyrik pflegt (‚Herrn von Hoffmanswaldau und anderen Deutschen auserlesene Gedichte‘, 1695/1727). *Johann Christian Günther* (‚Deutsche und lateinische Gedichte‘, 1724) beginnt, die rhetorischen Formen mit persönlichen Erfahrungen zu füllen.

Johann Sebastian Bachs berühmte Kantate ‚In all meinen Taten‘ geht auf einen Text von Paul Flemming zurück.

Häufig schreibt man Gelegenheitsgedichte zu Taufen, Hochzeiten, Krönungen, Begräbnissen usw. Das Lied, mit künstlerischer Sorgfalt verfasst, wandelt sich vom Chorlied zum Sololied für festliche Gelegenheiten.

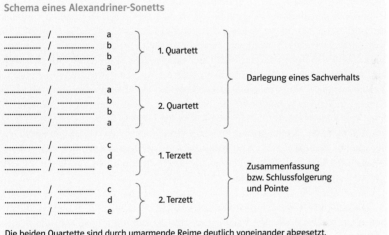

Schema eines Alexandriner-Sonetts

Die beiden Quartette sind durch umarmende Reime deutlich voneinander abgesetzt, die beiden Terzette durch die Reimfolge besonders eng aneinander gebunden.

Dadurch eignet sich das Sonett besonders für die Form des logischen Schlusses: erste Voraussetzung (1. Quartett) – zweite Voraussetzung (2. Quartett) – Folgerung (die beiden Terzette). Es schließt zumeist mit einer Pointe.

Geistliche Lyrik

Die geistliche Lyrik teilt dichterische Haltung und Stil mit der weltlichen. Die Gedichte beider Konfessionen stehen unter dem Einfluss der Mystik mit ihrer Betonung der Jesusminne und der Entsprechungen zwischen scheinbaren Gegensätzen. So besonders deutlich beim Jesuiten *Friedrich Spee von Langenfeld* (‚Trutz-Nachtigall‘, 1649). *Angelus Silesius* (eigentlich Johann Scheffler), zunächst von protestantischer Mystik beeinflusst, dann zur katholischen Kirche konvertiert, schreibt mystische Epigramme mit antithetischer bis paradoxer Zuspitzung (‚Geistreiche Sinn- und Schlussreime‘, 1657; seit der zweiten Auflage 1674: ‚Cherubinischer Wandersmann‘). Der bedeutendste protestantische Lyriker ist *Andreas Gryphius*.

Zu Andreas Gryphius siehe S. 47 und 50 ff.

Im protestantischen Kirchenlied wird aus dem Wir, das im lutherischen Lied spricht, das mit rhetorischem Nachdruck redende Ich, das aber nicht als besonderes, sondern als exemplarisches gedacht ist. Seinen Höhepunkt erreicht das protestantische Kirchenlied im Werk *Paul Gerhardts* (‚Geistliche Andachten‘, 1667), dessen schlichte, innige Lieder noch heute lebendig sind (‚Wach auf mein Herz und singe‘, ‚O Haupt voll Blut und Wunden‘).

Wanderbühne

Mit ausländischen, vor allem englischen Wanderbühnen kommen die ersten Berufsschauspieler nach Deutschland. Durch Personalwechsel werden aus ihnen später allmählich deutsche Gruppen. Sie spielen Stücke unbekannter Autoren oder solche bekannter (z. B. Shakespeare) in vereinfachender Bearbeitung. Dabei wird, schon wegen der unterschiedlichen Sprache, die Mimik für das Verständnis wichtiger als der Text. Die Handlung, die in fernen Ländern spielt, konzentriert sich auf die pompöse politische ,Staatsaktion'. Die Wirkung dieser schauerlichen und rührenden ,Hauptaktionen', die mit dem Sieg des Guten endet, wird durch ein komisches Nachspiel mit dem Hanswurst oder Pickelhering wieder gemildert.

Ordensdrama

Im Wiener Jesuitentheater ermöglicht moderne Theatertechnik, dass die Handlung sowohl im Himmel (oben), im Diesseits (in der Mitte) und in der Hölle (unten) spielt. Das zeigt: Im Barock wird die Welt noch als ein einheitliches Sinnganzes wahrgenommen.

Größere künstlerische Ansprüche stellen die lateinischen Dramen, die im Dienst der Gegenreformation hauptsächlich an Jesuitenschulen geschrieben und aufgeführt werden. Sie werben für die Kirche, dienen aber auch dem Unterricht in Latein, Redelehre und gewandtem Auftreten. Auch hier verlangt allein schon das Sprachproblem – die Zuschauer erhalten Inhaltsangaben auf Deutsch –, den Nachdruck auf Äußeres zu legen: Man pflegt die prunkvolle Darstellung mittels Theatermaschinen, Musik und Ballett. Die Helden, vorzugsweise aus Bibel und Legenden, sind zumeist Märtyrer. Der Blick aufs Jenseits erlaubt, neben möglichst schauerlichen Opferszenen das Hinfällige der Welt in komischen Einlagen zu zeigen. Die Figuren stehen im Kampf zwischen Leidenschaften und göttlicher Erleuchtung. Dieser Kampf weist über die jeweilige Person hinaus; häufig treten innere Instanzen wie Gewissen, Tugenden und Laster als selbstständige allegorische Figuren auf.

Jakob Biderman (1578–1639): Cenodoxus (1602)

Cenodoxus (von lat. cenodoxia = eitle Ruhmsucht).

Dargestellt werden Leben und Sterben des Cenodoxus C., ein gelehrter und berühmter Professor der Medizin, steht für den humanistischen Gelehrten, der auf seine stoische Tugend und seinen irdischen Ruhm baut und glaubt, er bedürfe keiner göttlichen Vergebung. So hat er sich „versündigt mit lauter guten Werken". Schließlich muss seine Seele (spiritus) sich vor den Richtern Christus, Petrus, Paulus und Erzengel Michael verantworten. Angeklagt wird sie vom Hauptteufel Panurgus und seinen Helfern. Zeugen sind einerseits Philautia (Eigenliebe), die den C. zusammen mit Hypocrisis (Heuchelei) verführt hatte, andererseits Cenodoxophylax (Schutzengel des C.), der ihn zusammen mit Conscientia (seinem Gewissen) zu retten gesucht hatte. Die Seele, die den Schein über das Sein gestellt hat, wird zu ewiger Höllenstrafe verdammt.

Irdische Figuren, christliche und allegorische Gestalten treten zusammen auf, das Höllentor liegt auf der Bühne neben dem Stadttor, die Innenräume von C.'s Haus neben dem Ort des göttlichen Gerichts. Dadurch wird verdeutlicht, wie irdische Wirklichkeit und christlich-moralische Ordnung ineinander verwoben sind.

Im kirchlichen Schema von den acht Todsünden ist die cenodoxia noch von der superbia (dem Hochmut) getrennt, im etwas späteren Siebenlasterschema fallen beide zusammen. Die superbia, um die es hier im Grunde geht, ist die schlimmste der Sünden, weil sie den Menschen nicht nur Gott entzieht, sondern ihn Gott entgegenstellt.

Schlesisches Schuldrama

Die deutschsprachige Tragödie erreicht mit dem (protestantischen) schlesischen Schuldrama ihren ersten künstlerischen Höhepunkt. In diesen Stücken, die dem Unterricht an weltlichen Schulen dienen, verbinden sich Einflüsse niederländischer Dramentheorie und -praxis mit denen des Ordensdramas und der Dramen Senecas, eines Vertreters der antiken Stoa. Ein Chor („Reyen") am Ende jeden Akts deutet das

Geschehen oder zieht eine Lehre daraus. Die Ständeklausel ergibt sich hier schon daraus, dass politisches Ränkespiel dargestellt werden soll; damit ist der fürstlich-höfische Raum vorgegeben. Im Mittelpunkt der Intrige steht der außergewöhnliche Mensch, der im heroischen Sieg über die Leidenschaften und im standhaft ertragenen Tod die Macht des Geistigen über das Irdische bezeugt. Auch hier geht Opitz voran, und zwar mit Übersetzungen antiker Stücke von Seneca und Sophokles.

Zur Ständeklausel siehe S. 44 und 66 ff.

Andreas Gryphius verbindet in seinen Tragödien Glaubensstärke und Stoizismus mit der Welt der hohen Politik. *Daniel Casper von Lohensteins* Helden verfolgen politische Pläne, deren Scheitern sie mit Gleichmut ertragen, auch wenn sie vorher ganz ihren Leidenschaften folgten. Solchen mit Selbstüberwindung ertragenen Umschwung demonstriert Lohenstein bevorzugt an weiblichen Helden, weil der Gleichmut beim vermeintlich schwachen und gefühlsgeleiteten Geschlecht besonders eindrucksvoll wirkt (‚Cleopatra‘, 1661; ‚Sophonisbe‘, 1669). Der Zittauer Rektor *Christian Weise* nähert sich bereits der Aufklärung. Er benutzt keine „Reyen“ mehr. In seinem ‚Trauer-Spiel von dem Neapolitanischen Haupt-Rebellen Masaniello‘ (1682) verlegt er die Handlung aus dem höfischen Innenraum hinaus in den Streit zwischen Landesherrschaft und aufständischem Zunftbürgertum. Zwar akzeptiert er dabei die absolutistische Staatsräson, nach der die Ordnung um jeden Preis aufrechterhalten werden muss, erkennt aber auch die moralische Berechtigung des Aufstandes an.

Komödie

Die Komödie wird hauptsächlich von der englischen Wanderbühne und der italienischen *Commedia dell'Arte* beeinflusst. Letztere ist ein Stegreiftheater, in dem Typen auftreten (der gelehrte Pedant, der pfiffige Diener, der aufschneiderische Hauptmann usf.), die eine feste Rahmenhandlung mit improvisiertem Dialog und stereotypen mimisch-gestischen Späßen ausfüllen. Die Barockkomödie zeigt Bauern oder Bürger im unpolitischen, privaten Leben. Unbeherrschte Leidenschaften, vor allem die Anmaßung von Rollen, die ihnen nicht zustehen, bringen die Gestalten dazu, Schein und Sein zu verwechseln.

Die frühsten Stücke stammen von Herzog *Heinrich Julius von Braunschweig*, der seine Untertanen durch das Theater erziehen wollte (‚Von Vincentio Ladislao‘, 1594). Komplexere Komödien, die die Ständeklausel bewahren und doch wiederum in Frage stellen, schreibt Andreas Grypius. ‚Das Schauspiel vom Niederländischen Bauer‘ (1685) von Christian Weise geht auf das beliebte Motiv vom Bauern zurück, dem die Hofgesellschaft zwischen zwei Räuschen weismacht, er sei König. Er erweist sich als Sklave seiner Leidenschaften und wird dafür vom Hof verspottet. Als solcher wird er aber auch zum Spiegel des schlechten Fürsten, denn der gute muss seine Leidenschaften beherrschen, wenn er Frieden und Wohlstand sichern will. *Christian Reuters* Komödien, z.B. ‚L'honnête femme oder die Ehrliche Frau zu Plißine‘ (1695), richten studentischen Spott gegen die unkultivierten Vertreter des Leipziger Bürgertums, die die höfischen französischen Umgangsformen nachzuahmen suchen.

Oper

Gegen Ende des 16. Jahrhunderts entsteht in Oberitalien die Oper als Gesamtkunstwerk, in dem Text, Musik und darstellende Kunst (in der prunkvollen szenischen Ausstattung) sich miteinander verbinden. Sie breitet sich schnell in ganz Europa aus. Im katholischen Süden Deutschlands herrscht die italienische Oper vor. Eine deutschsprachige entwickelt sich an mittel- und norddeutschen Fürstenhöfen sowie in Hamburg, wo die ersten regelmäßigen Aufführungen stattfinden. Der Text der ersten deutschsprachigen Oper ‚Daphne', Neubearbeitung eines italienischen Vorbildes, stammt von Martin Opitz, die Musik von Heinrich Schütz.

Zeitkritisches und belehrendes Schrifttum

Neben dem Roman entsteht ein vielgestaltiges zeitkritisches und belehrendes Prosaschrifttum. Zu ihm tragen die Fortsetzer der älteren satirischen Narrenliteratur bei, die sich insbesondere gegen die blinde Übernahme des Hofwesens und seiner französischen Adelskultur richten und nationale Töne anschlagen, so Johann Michael Moscherosch angesichts der drohenden Annexion des Elsass durch Ludwig XIV (‚Wunderliche und wahrhaftige Gesichte Philanders von Sittewald', 1640). Die gegenreformatorische Weltabsage gehört hierzu, die in den Predigten des *Abraham a Sancta Clara* (eigentlich Johann Ulrich Megerle) zu virtuoser Satire wird (‚Etwas für Alle', 1699–1705; ‚Wunderlicher Traum von einem großen Narrennest', 1703). Ihm hat Friedrich Schiller mit dem Kapuzinerprediger in ‚Wallensteins Lager' ein Denkmal gesetzt. Die schwankhaften und erbaulichen Geschichten aus den Bauernkalendern sind hier ebenso zu nennen wie die unterhaltsamen Überblicke einer erbaulichen Sachliteratur. Zur letzteren gehört die Übersetzung des italienischen Buches von Thomas Garzoni ‚Piazza Universale, Das ist: Allgemeiner Schauplatz, Markt und Zusammenkunft aller Professionen, Künsten, Geschäften, Händeln und Handwerken' (1641), ein Vorläufer des Lexikons. Gegen Ende der Epoche verbindet Christian Reuter die Kritik am höfisch-französischen Modewesen und die Verspottung des Aufschneidertyps aus der Komödie zu einer sozialsatirischen Lügendichtung, dem Roman ‚Schelmuffskys wahrhaftige, curiöse und sehr gefährliche Reisebeschreibung zu Wasser und zu Lande' (1696).

> Die Kalendergeschichte wird in der Aufklärung und später dann im Biedermeier eine wichtige Rolle spielen.

Höfischer Roman

Der Roman bildet eine Reihe von Untergattungen aus. Bei der Prosaauflösung der mittelalterlichen Versromane war der ‚Amadis' entstanden, ein in ganz Europa beliebter Ritter- und Zauberroman voll wunderbarer und galanter Abenteuer, der von verschiedenen Autoren fortgesetzt wurde. Man las ihn vor allem im 16. und 17. Jahrhundert. An ihn knüpft der höfische Roman (heroisch-galante Roman, Staatsroman) an, der das Wunderbare allerdings in einen historischen Rahmen einbettet und mit Belehrung in Politik und Umgangsformen unterlegt. Seine verwickelte Handlung spielt in höchsten adligen Kreisen ferner Länder oder lange vergangener Zeiten. Ein ebenso schönes wie tugendhaftes Liebespaar trotzt standhaft allen Wechselfällen der Fortuna. Die Hochzeit am Ende symbolisiert die Wiederherstellung gestörter staatlicher Ordnung, die von dem Herrscherpaar repräsentiert wird. Der höfische Roman beginnt mit der Übersetzung der ‚Argenis' des Engländers John Barclay aus dem Lateinischen durch Martin Opitz (1626/31). Ein spätes Beispiel ist der Liebesroman von Heinrich Anselm von Ziegler und Kliphausen ‚Die asiatische Banise oder das blutig- doch mutige Pegu' (1689). Der umfangreiche Roman Daniel Casper von Lohensteins ‚Großmütiger Feldherr Arminius nebst seiner durchlauchtigsten Thusnelda' (1689/90) ist ein Fürstenspiegel (Buch zur Erziehung des Fürsten) in Romanform. Zu Beginn des 18. Jahrhunderts entsteht der galante Roman, indem man zu den privaten, auch erotischen Erlebnissen von Standespersonen überwechselt, z. B. in Christian Friedrich Hunolds ‚Die liebenswürdige Adalie' (1702).

Schäferroman

Der Schäferroman, nach antikem Vorbild für Landadel und gehobenes Bürgertum geschrieben, teilt den höfisch-politischen Anspruch nicht. In idyllischer Landschaft treten Schäfer und Schäferinnen auf, die sich verlieben, Abenteuer erleben, sich schließlich aber wieder trennen. Die Erlebnisse geben ihnen Gelegenheit zu beweisen, dass sie die galante Etikette beherrschen. Dazu gehört auch das Verfertigen und Singen von Liedern. Lyrische Einlagen sind daher üblich. Viele dieser Romane sind Schlüsselromane: Hinter den Schäfermasken verbergen sich reale Gestalten der Gegenwart. Auch in dieser Gattung beginnt Martin Opitz, und zwar mit der ,Schäferei von der Nymphen Hercinie' (1630). Philipp Zesen (,Adriatische Rosemund', 1645) versetzt die Liebesgeschichte in ein bürgerliches Milieu und weist mit seiner Erkundung seelischer Regungen bereits auf die Epoche der Empfindsamkeit.

Schelmenroman

Das Gegenstück zum höfischen Roman ist der Schelmenroman. Er geht zurück auf die spanische ,novela picaresca'. Hier erzählt der Schelm, der aus unteren Schichten des Volkes stammt, die abenteuerlichen Episoden seines Lebens. Zuerst naiv, dann listig und betrügerisch, schließlich bereuend und büßend, hat er im Auf und Ab der Fortuna, im Wechsel von Erhöhung und Erniedrigung die Lasterhaftigkeit aller Stände erlebt. Ihr setzt er nicht Beständigkeit entgegen, sondern Gerissenheit, bis er dann zur plötzlichen Einkehr kommt. Zu dieser Gattung gehören die meisten Romane von Grimmelshausen, der viele Nachahmer fand. Weniger in der Unterschicht, mehr im Bereich des ländlichen Adels spielen die volkstümlichen Geschichten von *Johann Beer* (,Simplicianischer Weltkukker oder abentheuerlicher Jan Rebhu', 1677; ,Der berühmte Narren-Spital', 1681).

Der Schelmenroman ist auch unter dem Begriff ,pikarischer Roman' bekannt (von span. picaro = Vagabund).

Zu Grimmelshausen siehe S. 52 f.

Politischer Roman

In der zweiten Hälfte des 17. Jahrhunderts entsteht der politische Roman, in dem sich schon die Aufklärung ankündigt. Mit den staatspolitischen Inhalten des höfischen Romans hat er nichts zu tun, ,politisch' ist vielmehr der bürgerliche Beamte, der höfische Weltgewandtheit gelernt hat und sich im Umgang mit den Mitmenschen so verhält, dass er erfolgreich und zufrieden innerhalb seiner ständischen Grenzen leben kann. Der Held ist ein junger Mann, der nicht von der Fortuna umhergetrieben wird, sondern zielbewusst reist, um aus praktischen Erfahrungen zu lernen. Wichtigster Vertreter ist *Christian Weise* (,Die drei ärgsten Ertz-Narren in der gantzen Welt', 1675; ,Der Politische Näscher', 1678).

Entstehung des Zeitungswesens

Die ersten gedruckten Zeitungen erscheinen in dieser Epoche, so 1609 die beiden Wochenzeitungen ,Aviso' in Wolfenbüttel und ,Relation' in Straßburg. 1650 wird die erste Tageszeitung unter dem Titel ,Einkommende Zeitungen' (= Nachrichten) in Leipzig verlegt. Vorher beruhte die öffentlich schriftliche Nachrichtenverbreitung auf Flugblättern oder geschriebenen Berichten von Diplomaten, von Agenten großer Handelshäuser oder von Postmeistern sowie auf den gedruckten ,Messrelationen', die zu den Verkaufsmessen herauskamen und über das zwischenzeitliche Geschehen informierten. Die Zeitungen antworten auf Bedürfnisse des Handels, aber auch auf das wachsende Interesse an Aktuellem und Ungewöhnlichem, das sie wiederum verstärken.

AUTOREN

Der gelehrte Protestant: Gryphius

Andreas Gryphius, eigentlich A. Greif (1616–1664)

Gryphius, in einem protestantischen Pfarrhaus in Glogau (Schlesien) geboren, verlor
als Vierjähriger den Vater, als Elfjähriger die
Mutter. Die Unruhen des Dreißigjährigen
Krieges und ein großer Brand vertrieben ihn
aus seiner Heimatstadt. In Fraustadt und
Danzig verdiente er seinen Lebensunterhalt
als Hauslehrer und fand schließlich in dem
Rechtsgelehrten Georg Schönborner einen
Gönner, der ihn 1637 aufgrund einer ersten
Sammlung seiner Sonette und seiner Schilderung der Brandkatastrophe ‚Feurige Frey-
stadt‘ (beides 1637 in Lissa erschienen, erweiterte Auflagen der Sonette 1643 und 1650)
zum Dichter krönte und ihm den Adelstitel
verlieh. 1639 erschienen seine ‚Sonn- und
Feiertagssonette‘, 1657 seine aus 50 Strophen
bestehenden, ‚Kirchhofs-Gedanken‘. Außerdem schrieb er Oden, Epigramme und Gelegenheitsgedichte.

Schönborners Staatstheorie, welche die
Unverletzlichkeit der Majestät lehrte, aber
auch die Verpflichtung des Herrschers, für
seine Untertanen zu sorgen, wurde für Gryphius wegweisend. Mit den beiden, ihm
zum Unterricht anvertrauten Söhnen seines
1638 verstorbenen Gönners zog er, wie viele andere schlesische Intellektuelle auch, ins
niederländische Leyden (1638–1644), wo er
anatomische Kurse besuchte sowie Jura und
viele andere Fächer studierte und auch lehrte. Hier lernte er seinen schlesischen Landsmann Hoffmannswaldau kennen, mit dem
ihn lebenslange Freundschaft verband. Der
niederländische Dramatiker Joos van den
Vondel wurde zu einem seiner literarischen
Vorbilder. 1644–1447 unternahm er als Begleiter eines jungen Mannes aus Stettin eine

Bildungsreise nach Frankreich und Itali-
en. In Frankreich kam er mit dem Drama
der französischen Klassik, in Italien mit der
Commedia dell'Arte und dem Jesuitendrama
in Berührung. Auf der Rückreise in Straßburg schrieb er sein erstes Trauerspiel ‚Leo
Arminius Oder Fürsten-Mord‘ (1650). Bei
der Rückkehr nach Stettin schloss er die Arbeit am Trauerspiel ‚Catharina von Georgien
Oder Bewährte Beständigkeit‘ (1657) ab, etwas später das Trauerspiel ‚Cardenio und
Celinde Oder unglücklich Verliebte‘ (1657).
Seine Erschütterung über die Hinrichtung
des englischen Königs Karl I. im Jahr 1649
fand ihren Ausdruck im Trauerspiel ‚Ermordete Majestät Oder Carolus Stuardus
König von Groß-Brittanien‘ (1657). Sein
letztes Trauerspiel ‚Großmütiger Rechts-
Gelehrter, Oder Sterbender Aemilius Paulus
Papinianus‘ wurde spätestens 1658 von Wanderbühnen aufgeführt. Ansonsten wurden
die meisten seiner Trauerspiele vom Breslau-
er Schultheater inszeniert. Es entstehen aber
auch Komödien, u. a. ‚Absurda Comica Oder
Herr Peter Squentz‘ (1657) und ‚Verliebtes
Gespenste / Die geliebte Dornrose‘ (1660).

Nach der Rückkehr nach Schlesien ließ
Gryphius sich als Rechtsanwalt nieder und
nahm das Amt des Syndicus (Protokollfüh-
rers) der Landstände in Glogau an. In dieser
Eigenschaft veröffentlichte er 1653 die Doku-
mentensammlung ‚Glogauisches Fürsthen-
tumbs Landes Privilegia‘. Damit verteidigte
er die Rechte der evangelisch gebliebenen
Landstände gegenüber der habsburgischen
Gegenreformation. Mit dem Ehrennamen des
‚Unsterblichen‘ wurde er 1662 in die ‚Frucht-
bringende Gesellschaft‘ aufgenommen.

Gryphius, der von seinem Adelstitel nie Gebrauch machte, verstand sich als gelehrter
Dichter und lutherischer Bürger, der die Obrigkeit, auch die katholische, unbedingt
anerkannte. In den Leiden des Krieges und der Krankheit, in Konflikten mit der Obrigkeit galt ihm der leidende Christus als Vorbild. In seinen Sonetten lehrt er, Naturerscheinungen als Ausdruck göttlicher Heilstatsachen zu lesen, in der nächtlichen Geburt
Christi die Helle göttlicher Gnade zu erkennen, in der Vergänglichkeit aller irdischen
Dinge die Unvergänglichkeit göttlichen Beistandes. Er berichtet von seiner schweren
Krankheit, aber nur, um zu zeigen, wie Krankheit, dem Menschen ermöglicht, dem
leidenden Christus nachzufolgen. Gerade die Eitelkeit alles Irdischen bestätigt so die
ewige göttliche Ordnung.

Außer im ‚Leo Arminius', in dem es um die Unrechtmäßigkeit des Aufruhrs geht, kämpfen die Helden von Gryphius' Trauerspielen nicht um die politische Macht. Sie sind vielmehr standhafte Märtyrer gottgegebener moralischer Ordnung, die zugleich die staatliche sein sollte. Die Dramen Pierre Corneilles und das neustoische Denken üben hier ihren Einfluss aus. Gryphius nimmt seine Beispiele aus der konkreten politischen Geschichte der Gegenwart oder Vergangenheit, auch der vorchristlichen. Unpolitisch und ungeschichtlich ist das Drama ‚Cardenio und Celinde', ein Besserungsstück mit gutem Ausgang, das im gehobenen Bürgertum spielt; nach der Begegnung mit dem Tod sagen die Helden erschüttert ihren sinnlichen Begierden ab.

Ein Theater im Theater, der Schein-Sein-Thematik angemessen, macht die äußere Form des ‚Peter Squentz' von Gryphius aus: Zunfthandwerker aus der Meistersinger-Tradition wollen die Geschichte von Pyramus und Thisbe aufführen, die aufgrund unbeherrschter blinder Liebe sterben müssen. (Shakespeare hat diese beliebte, von Ovid stammende Geschichte im ‚Sommernachtstraum' verwendet.) Bei der Aufführung vor dem Hof, der jetzt die künstlerischen Maßstäbe setzt, machen sich die biederen Leute mit ihrem verfehlten Anspruch lächerlich. Sie verwechseln Schein und Sein und demonstrieren ungewollt, wie aus solcher Verwechslung Missverständnisse und Unfriede entstehen. In der Doppelkomödie ‚Verliebtes Gespenste / Die geliebte Dornrose' führt Gryphius zwei Liebeshandlungen, eine im bäurischen, eine im vornehmen Stand spielend, in kunstvoller Verflechtung nebeneinander her. Einerseits bleibt die Trennung der Stände damit gewahrt, andererseits zeigt sich, dass die Liebe in beiden Bereichen gleichermaßen herrscht und dass nur standhafte Treue zu einem glücklichen Ende führt.

Großmütiger Rechts-Gelehrter, Oder Sterbender Aemilius Paulus Papinianus'

Den historischen Hintergrund des Dramas bildet die Zeit des römischen Kaisers Caracalla (211–217), der seinen Bruder und Mitregenten Geta ermordete, um allein zu herrschen, und in diesem Zusammenhang auch den Rechtsgelehrten Papinian umbringen ließ.

Inhalt: Papinian, oberster Beamter des Römischen Reiches, wird beim Kaiser Bassian verleumdet, für dessen Bruder und Mitkaiser Geta Partei zu nehmen. Von seinem Ratgeber Laetus aufgehetzt, ersticht Bassian den Geta vor den Augen von beider Mutter Julia und verlangt von Papinian, den Brudermord als Ermordung eines Tyrannen zu rechtfertigen. Papinian widersetzt sich, verliert Amt und Besitz, lehnt das Angebot des Heeres, Bassian abzusetzen und ihn selbst zum Kaiser zu krönen, ebenso ab wie das Angebot Julias, sich mit ihr zu vermählen und so Kaiser zu werden. Da es ihm allein ums Rechtsprinzip geht, kann er auch dem Vorschlag seines Vaters nicht folgen, zunächst zum Schein dem Befehl zu gehorchen und später das Unrecht aufzudecken. Nicht einmal die Ermordung seines Sohnes kann ihn umstimmen. So beweist er seine Standhaftigkeit. Schließlich lässt

der Kaiser ihn hinrichten, verfällt dann aber dem Wahnsinn.

Die damaligen Rechtsphilosophen diskutierten am Beispiel des historischen Papinian die Frage, ob die richtige moralische Haltung um jeden Preis aufrechtzuerhalten sei, auch wenn sie das Funktionieren des Staates gefährdet. In diesem Sinn hatte zuerst der französische Rechtsphilosoph Jean Bodin (1529–1596) die kompromisslose Haltung Papinians kritisiert. In der Tradition lutherischen Denkens hingegen, die auf Melanchthon zurückgeht, ist Papinian ein Vorbild: Die moralische Forderung gilt absolut, kluges Nachgeben ist nicht erlaubt, aber auch kein Widerstand außer der Gehorsamsverweigerung. Gryphius stellt sich eindeutig auf diese Seite. Die Allgemeingültigkeit der Moralforderung wird dadurch hervorgehoben, dass hier ein Nichtchrist zum Märtyrer des Rechts wird.

Die Handlung hat keine innere Spannung; sie ist exemplarische Illustration der Moral, die Papinian im Eingangsmonolog darlegt. Die moralische Diskussion ist wichtiger als das Geschehen. Die Reyen interpretieren das Geschehen und verleihen ihm Allgemeingültigkeit. Das Drama ist in allem antithetisch aufgebaut: Recht und Unrecht, Gewissen und Macht, Leidenschaft und Seelenruhe („Großmut"), das Ewige und das Vergängliche stehen einander unversöhnlich gegenüber; nach diesem Gegensatz ordnen sich die Figuren, er bestimmt auch das Nebeneinander von Kaiserburg und Papinians Wohnung. Darum kann die Einheit des Raumes nicht so streng gewahrt werden wie die Einheit der Zeit.

Der volkstümliche Erzähler: Grimmelshausen

Hans Jacob Christoph von Grimmelshausen, verschiedene Pseudonyme, u. a. Melchior Sternfels von Fuchshaim, German Schleifheim von Sulsfort (1621–1676)

Grimmelshausen, der aus einer ursprünglich adligen, dann verbürgerlichten Familie stammt, wurde in Gelnhausen geboren. Er erlebte die Wirren des Dreißigjährigen Krieges und kam 1638 im kaiserlichen Militärdienst an den Oberrhein. In Offenburg wurde er Kanzleischreiber. Als solcher nahm er an einem Kriegszug ins Donaugebiet teil. 1649 heiratete er und wurde Schaffner (Vermögensverwalter) in der Nähe von Oberkirch, zuerst bei seinem ehemaligen Obersten, dann bei einem berühmten und reichen Arzt. Daneben war er noch Gastwirt. 1667 wurde er Schultheiß (Bürgermeister, Dorfpolizist und Dorfrichter) in Renchen. Knapp zwanzig Jahre nach Kriegsende – eine Zeit, in der Grimmelshausen sich auch umfassende literarische Kenntnisse aneignen konnte – erschienen seine ersten Werke. Neben seinem Hauptwerk, dem Schelmenroman ‚Der Abenteuerliche Simplicissimus Teutsch' (1668) und anderen Romanen gleicher Gattung (‚Continuatio des Abenteuerlichen Simplicissimi', 1669; ‚Lebensbeschreibung der Ertzbetrügerin und Landstörtzerin Courasche', 1670) schrieb er auch höfische Romane, Kalendergeschichten, satirische Traktate.

Im ‚Simplicissimus' verbindet Grimmelshausen das Schema des Schelmenromans – die Abenteuerreihe eines schalkhaft-naiven Habenichts, der sich durchs Leben gaunert, dabei mit allen Schichten der Gesellschaft in Berührung kommt und erfährt, dass überall Eitelkeit, Geld- und Machtgier herrschen – mit Geschichten aus dem satirisch-zeitkritischen und schwankhaften Schrifttum. Simplicissimus, der durch die Wirren des Dreißigjährigen Krieges getrieben wird, ist zunächst der einfache Deutsche, der sich abhebt vom französisch bestimmten Hofwesen. Darüber hinaus steht er allgemein für die Entscheidung zwischen dem Gutem (verkörpert in Herzbruder) und dem Bösem (verkörpert in Oliver).

Der Roman ist planvoll aufgebaut: *1. Buch*: Als „Simplex" entlarvt der Einfältige ungewollt die verkehrte Welt; *2. Buch*: Als Narr versteht er, satirisch die Wahrheit zu sagen, lernt aber auch, wie man sich durchtrieben der Gesellschaft anpasst und wird daher schließlich zusammen mit dieser selber satirisch dargestellt; *3. Buch*: Als Jäger von Soest wird er hoffärtig und verliert sich an die Jagd nach Geld und Ruhm; *4. Buch*: In wechselnden Gestalten nimmt er teil an menschlichen Lastern, jetzt ebenso vom Pech verfolgt wie im vorhergehenden Buch vom Glück begünstigt; *5. Buch*: Der Held sucht sich zu bekehren und auf das unstete Leben zu verzichten. Schließlich entsagt er der Welt und wird (zumindest vorläufig) Einsiedler. – Die Einsiedelei (zuerst des Vaters, dann des Simplicissimus) ist Ausgangs- und Endpunkt; äußerer Höhepunkt und innerer Tiefpunkt fallen zusammen im mittleren, dritten Buch. In der Mitte des ersten, dritten und fünftes Buches steht jeweils eine Allegorie, welche die Verkehrtheit der Welt veranschaulicht: Ständebaum, Jupiter-Episode, Episode mit den Sylphen im Mummelsee.

Das Thema der verkehrten Welt erlaubt, immer wieder in verwirrendem Spiel mit der tieferen Bedeutung satirisch vom Schein auf das Sein zu verweisen. Das geschieht gleich im Einleitungskapitel: In der endzeitlichen Gegenwart, die der höfischen Mode verfallen ist, wird aus dem Lob des Landlebens (ein Thema schon der antiken Dichtung) seine Verspottung, aus dem ersten und ursprünglichen, dem bäuerlichen Stand der niedrigste. In dieser Welt klingt es komisch, wenn die Bauernhütte über den Palast gestellt wird, doch im Lachen verbirgt sich die tiefere Wahrheit: Des Bauern Adel ist der wahrhaft alte, der seit Adams Zeiten allen Menschen zukommt, im Gegensatz zu dem unechten der „neuen Nobilisten"; Holz und Stroh sind nicht so dauerhaft wie Mineralien und Metalle, aber nützlicher; Ruß kann sich keinem gemalten Bild vergleichen, zeigt aber deutlicher als ein solches die Schwärze der lasterhaften Welt; Spinnweben, die niemand kostbaren Tapeten gleichstellen wird, verweisen auf Minerva, die Göttin des Handwerks und der Künste, die beide von Prunksucht und Krieg zerstört werden; Pflüge und Heugabeln sind lächerliches Kriegswerkzeug, aber unverzichtbare Werkzeuge des Friedens.

All das wissen die Bauern nicht, und darum darf man über sie lachen, ebenso wie über den einfachen Simplicius, wenn er unwissend die Wahrheit sagt, sich zu Unrecht für einen Adligen hält und doch in einem tieferen Sinn Recht hat. (Wenn sich im letzten Buch auch sein vordergründig-tatsächlicher Adel herausstellt, wird er folgerecht und als Gegenbild zum „neuen Nobilisten" wieder Bauer werden, während er sich als Jäger von Soest selbst wie ein „neuer Nobilist" aufführt.) Er wird tatsächlich liederlich aufgezogen, ohne Kenntnis der christlichen Heilswahrheiten, gerade hierin freilich den Edlen in der verkehrten Welt gar nicht so unähnlich. Seine Erziehung beginnt, als reißende Wölfe, in welche sich die Menschen im Krieg verkehrt haben, in den Bereich einbrechen, der eine naturhafte, friedliche Ordnung repräsentiert. Freilich ist diese natürliche Ordnung zugleich gottfern; ihre Zerstörung bedeutet eine drastische Strafe Gottes für die Unkenntnis, in der die Bauern ihre Kinder aufgezogen haben.

Dem Roman ist ein Titelkupfer vorangestellt. Titelbilder sind bis ins 18. Jahrhundert hinein bildlich-allegorische Selbstdeutungen. Das dämonische Wesen im Titelkupfer der Erstausgabe stellt dasjenige aus des Simplicius Lebenslauf dar, was für den Menschen schlechthin gültig ist. Aufgrund seiner grotesken Zusammensetzung aus menschlichen und tierischen Teilen kann es sich, wie die Unterschrift besagt, in allen Elementen bewegen, das heißt in allen Bereichen des Guten und Bösen. Das Bilderbuch verweist auf verschiedene Episoden im Leben des Simplicius und auf ihre tiefere Bedeutung für Gut und Böse. Kopf und linker Fuß stammen von einem Fabelwesen, einem Satyr. Die Satyrn, entstanden aus den antiken Faunsgestalten, verkörpern das Irdisch-Sinnliche im Menschen; die Fingerhaltung hat dementsprechend eine obszöne Bedeutung. In der satirischen Narrenliteratur, in welche der „Simplicissimus" sich damit einreiht, zeigen solche Figuren die Absicht an, das Animalisch-Sinnliche des Menschen zu entlarven. So erklären sich die Masken, auf welche der Dämon tritt. Die Entlarvung der menschlichen Torheiten – dies besagt die Unterschrift – soll dazu dienen, die Ruhe des Weisen zu erlangen: „Ich wurde durchs Fewer wie Phoenix geborn / Ich flog durch die Luffte! / wurd doch nit verlorn / Ich wandert durchs Wasser. Ich reißt über Landt, / in solchem Umbschwermen mach ich mir bekandt / was mich offt betrübet und selten ergetzt, / was war das? Ich habs in diß Buche gesetzt, / damit sich der Leser gleich, wie Ich itzt thue / entferne der Thorheit und lebe in Rhue."

Titelkupfer zu
H. J. Ch. von
Grimmelshausens
'Der Abenteuerliche
Simplicissimus'
von 1669.

BAROCK

Zentrale Vorstellung: vorgegebene Ordnung

Diesseits – Jenseits

Das Diesseits ist vergänglich und zufällig (Vanitas, Fortuna). Prachtentfaltung ist gerechtfertigt, falls sie Zeichen göttlicher Ordnung ist. Aber Sicherheit in der gefährlichen und veränderlichen Welt bietet nur der Blick aufs Jenseits, wo wir vor dem Gericht Gottes stehen.

Natur

In der Natur herrscht Gottes kosmische Ordnung.
Zentrum des Kosmos ist die Sonne, welche über die Planeten herrscht.
Naturerscheinungen belehren uns über die moralische Seite der kosmischen Ordnung; insofern ist die Natur ein Buch Gottes.
Leitwissenschaft: Astronomie (Astrologie). Sie zeigt die göttliche Ordnung.

Gesellschaft

In der Gesellschaft soll eine vorgegebene hierarchisch-christliche Ordnung herrschen. Herrschendes Zentrum der Gesellschaft soll der Fürst sein.

Der einzelne Mensch

Im Menschen soll eine vorgegebene moralisch-christliche Ordnung herrschen. Herrschendes Zentrum des Menschen soll die Vernunft sein.

Zwischenmenschlicher Bezug

Jeder muss die Rolle spielen, die ihm durch seine Geburt mitgegeben und damit von Gott zugedacht ist. Der Einzelne tritt in den Vordergrund, aber nur, so weit er damit seine Position als Standesperson oder Christenmensch repräsentiert.

Literatur

Die Literatur belehrt durch Darstellung des Exemplarischen, und zwar so, dass sie mit Hilfe rhetorischer Regeln Gemütsbewegungen (Affekte) erregt. Dadurch soll sie den Leser zur Einsicht in das Wesen der Welt führen, so dass seine Vernunft wieder über die Affekte herrscht und er die Ruhe des Gemütes erringt. Es kann aber auch sein, dass der Autor nur seine Fähigkeit beweisen will, geistreich und überraschend mit den festen Regeln und Argumenten zu spielen.

Literarische Gattungen

In der Lyrik bevorzugt man Sonett und Epigramm, weil sie sich auf eine Pointe hin zuspitzen lassen. Das protestantische Kirchenlied hat seine Hoch-Zeit. Die Komödie ist weitgehend Stegreifspiel, die Tragödie erscheint als blutrünstige Haupt- und Staatsaktion der englischen Wanderbühne, als Ordensdrama und als Schuldrama. Die beliebteste Versform in Lyrik und Drama ist der Alexandriner. Neu ist die Oper. Der Roman bildet Untergattungen aus: höfischer Roman, politischer Roman, Schäferroman und Schelmenroman.

4 Aufklärung und Empfindsamkeit (1720–1785)

AUF EINEN BLICK

Daniel Chodowiecki
(1726–1801): Arbeits-
zimmer eines Malers,
Radierung, 1771.

Einen privaten Raum gibt es im Mittelalter noch nicht, er entwickelt sich erst seit der Renaissance. In der zweiten Hälfte des 18. Jahrhunderts wird die intime Häuslichkeit zum neuen Ideal, das auch Chodowiecki zu vermitteln versucht. Wir sehen hier die Kernfamilie von zwei Generationen im Gegensatz zur traditionellen großen städtischen Haushaltungsfamilie, zu der auch Dienstpersonal gehört. Die Kinder sollen nicht einfach durch Nachahmung bei den geschlechtsspezifischen Arbeiten der Eltern lernen, die Erziehung wird nun zu einer besonderen Tätigkeit, an der beide Eltern teilnehmen sollen. Um das wenigstens im Bild zu ermöglichen, wird aus dem Arbeitszimmer des Malers eine Mischung aus Atelier und Wohnzimmer, so dass auch der Vater anwesend sein kann. Der Zuschauer sieht die Familie nicht wie früher, repräsentativ aufgestellt wie auf einer Bühne, sondern wirft einen eigentlich ungehörigen Blick ins Private. Das Bindemittel der Kernfamilie ist die gefühlvolle Zärtlichkeit. Sie geht von der Mutter aus, auf die hier das meiste Licht fällt. Der Vater, der den Kontakt mit der künftigen Berufswelt vermitteln soll, ist im Hintergrund. Die Kinder gehen sinnvollen, ihrem Alter und ihrem Geschlecht entsprechenden Beschäftigungen nach. Zur gefühlvollen Zärtlichkeit gehört auch, dass Sexualität sublimiert wird. An sie erinnert die Frauenfigur rechts auf dem Tischchen, deren Nacktheit künstlerisch gerechtfertigt ist. Diese Sublimierung gehört zur zunehmenden Selbststeuerung des Menschen, die zusammen mit der Behauptung des Privaten in der Renaissance einsetzt; ein Prozess, der auf das selbstbestimmte Individuum hinausläuft, das gesellschaftliche Normen ohne äußeren Zwang befolgt.

Ansicht im Park
von Wörlitz.

Der Landschaftspark, den die Abbildung zeigt, geht auf englische Vorbilder zurück. Er ist nicht symmetrisch geordnet wie der französische Barockgarten (s. S. 36), denn er dient nicht mehr der repräsentativen Selbstdarstellung einer gesellschaftlichen Gruppe, sondern den Spaziergängern zu intimem Naturerlebnis. Die Menschen sind nicht Mitspieler, sondern Betrachter. Wechselnde Sichtachsen ermöglichen, so wie hier im Bild zu sehen, den Blick auf die idyllische Vereinigung von Natur und Kunst.

Der Park von Wörlitz wurde von Leopold III., Fürst von Anhalt-Dessau (1740 bis 1817), und Friedrich Wilhelm von Erdmannsdorff (1736–1800) geplant. Er ist Teil eines für ganz Europa einzigartigen gesellschaftlichen Reformprogramms des aufgeklärten Absolutismus. Leopold schaffte Leibeigenschaft und Frondienste ab, sorgte für die Armen, führte Impfungen durch, richtete den ersten kommunalen Friedhof ein, wo die Toten ohne Rangunterschiede bestattet wurden, und sorgte für religiöse Toleranz; die Juden wurden gesellschaftlich anerkannt. Auch landwirtschaftliche Reformen wurden durchgeführt. Vor allem lagen dem Fürsten Erziehung und Bildung am Herzen. An der von ihm gegründeten Schule für alle, dem ‚Philanthropinum‘, sollte körperliche Ertüchtigung Hand in Hand gehen mit praktischem und theoretischem Wissen.

Philanthropie =
Menschenfreund-
lichkeit.

BILD DER EPOCHE

Der selbstständige Einzelmensch

„Aufklärung ist der Ausgang des Menschen aus seiner seiner selbstverschuldeten Unmündigkeit", schreibt Kant in seinem berühmten Aufsatz ‚Was ist Aufklärung'.

Mit der Aufklärung setzt sich endgültig das neuzeitliche Menschenbild durch. Im Mittelalter waren die Menschen standesbestimmt. Die Aufklärung dagegen setzt voraus, dass jeder der Anlage nach gleichermaßen befähigt ist, selbstständig zu urteilen und zu handeln. Die Menschen haben daher das Recht und die Pflicht, jede Behauptung, der sie zustimmen sollen, selbstständig und kritisch auf ihre Richtigkeit, jede Handlung, zu der sie aufgefordert werden, auf ihre moralische Berechtigung hin zu prüfen. „Habe Mut, dich deines eigenen Verstandes zu bedienen!", lautet nach Immanuel Kant der Wahlspruch der Aufklärung.

Natürliche Vernunft

Die Methode, mit deren Hilfe man sich ein selbstständiges Urteil bildet, besteht darin, nur das als gegeben anzunehmen, was man mit seinen eigenen Sinnen wahrgenommen hat; aus dieser sinnlichen Erfahrung muss man dann mit Hilfe logischer Sätze zurückschließen auf das, was nicht wahrnehmbar ist, nämlich auf die Naturgesetze bzw. auf die gesamte gesetzmäßige und harmonische Ordnung, die nach der Überzeugung der Aufklärer das Universum durchzieht. Die Fähigkeit, dieser Methode zu folgen, heißt Vernunft. Sie wird jedem Menschen von Natur aus gleichermaßen zuteil; darum ist sie eine natürliche Vernunft.

Lebenspraxis und irdisches Glück

Die Vernunft erkennt aber nicht nur die äußere und innere Natur. Sie soll auch dazu dienen, hier auf Erden glücklich und zufrieden zu werden. Das Streben des Einzelnen nach Nutzen und irdischem Glück wird so zumindest teilweise gerechtfertigt; die Vorbereitung auf das Jenseits tritt gegenüber den früheren Epochen zurück. Man wendet sich den Fragen alltäglicher, praktischer Lebensführung zu; hier muss sich die Vernunft als Weltweisheit bewähren. Übermäßiges Glücksstreben wird zumeist durch christliche Moral wieder eingeschränkt. In jedem Fall lehrt aber die Vernunft, die Grenzen zu erkennen und anzuerkennen, die ein harmonisches Zusammenleben gleichberechtigter Menschen dem Glücksstreben der Einzelnen setzt. Sie verlangt daher immer auch eine weise Bescheidung, Mäßigung der Wünsche und Leidenschaften, also Tugend.

Natürliche Religion und Toleranz

Die Forderung, nur das sinnlich Wahrnehmbare als gegeben anzuerkennen, führt gelegentlich zum Atheismus. Doch zumeist glauben die Aufklärer, aus dem zweck- und gesetzmäßigen Funktionieren der Welt auf die Existenz eines Schöpfers schließen zu können. Darüber hinausgehende Aussagen über Gott scheinen ihnen aber nicht vernunftgemäß. Gott gilt zwar als Schöpfer der Welt, der alle Prozesse im Universum in Gang gesetzt hat, aber nicht mehr als ihr Lenker, der in jedem Augenblick auf die aktuellen Prozesse in der Welt Einfluss nimmt. Sie lehren somit den *Deismus*, das heißt die Verehrung eines unerkennbaren Weltschöpfers, weniger den Glauben an Christus und die Sündenvergebung. Der Deismus gilt als natürliche Religion, die der natürlichen Vernunft entspricht und allen einzelnen, geschichtlich sich entwickelnden Religionen zugrunde liegt. Da über weitergehende Glaubensfragen nicht vernunftgemäß entschieden werden kann, sollen alle Einzelreligionen untereinander Toleranz üben.

Deismus (von lat. deus = Gott, Gottgläubigkeit).

Erziehung und Fortschritt

Die Vernunftfähigkeit wird zwar jedem Menschen von Natur aus gleichermaßen zuteil, doch die Menschen bilden sie nicht gleichermaßen aus. Damit das aber geschieht, müssen sie zum Vernunftgebrauch erzogen werden. Die Aufklärer verstehen sich als Erzieher zur Vernunft, zum irdischen Glück der Einzelnen und zum harmonischen Zusammenleben aller. Sie sind vom geschichtlichen Fortschritt überzeugt, den sie sich als einen allmählichen, aber sicheren Lernprozess der ganzen Menschheit vorstellen.

Gegenseitigkeit

Es widerspricht der Idee von den selbstständigen Einzelmenschen, dass diese in einem festen Rahmen vorgegebener Rechte und Pflichten miteinander verkehren sollen, die jeden von Geburt an eine bestimmte gesellschaftliche Stellung binden. Die Menschen sollten sich dagegen freiwillig zu gegenseitigem Wohltun verpflichten, weil die Vernunft ihnen sagt, dass das für jeden von ihnen am nützlichsten ist.

Menschenfreund, Weltbürger und Patriot

Wer darüber hinaus durch uneigennütziges Handeln dazu beiträgt, dass die Menschen auf dem Weg zur Selbstständigkeit, Glück und Harmonie fortschreiten, der ist ein Menschenfreund. Der Menschenfreund – er ist das höchste sittliche Ideal der Aufklärung – fühlt sich der Gemeinschaft aller Menschen verpflichtet. Dementsprechend lehrt die Aufklärung, dass man sich weniger als Bürger eines einzelnen Staates denn als Weltbürger verhalten soll; die Staaten sollen wie die Menschen in friedlicher Gegenseitigkeit miteinander verkehren, aber keine geistigen Grenzen bilden. Da aber Deutschland noch nicht einmal ein einheitlicher Nationalstaat ist, verstehen sich die Aufklärer zugleich als Patrioten, die ein glücklicheres Leben in einem einheitlichen deutschen Staat zu befördern suchen.

Lessing entwirft in seinem Stück ‚Nathan der Weise' idealtypisch einen solchen Menschenfreund, der keine Grenzen von Religion, Volkszugehörigkeit oder Geschlecht gelten lässt. Siehe S. 74 f.

Nationalliteratur und ausländische Einflüsse

Für die Schriftsteller bedeutete das, dass sie zunächst einmal eine einheitliche Nationalliteratur zu schaffen hatten, die sich mit derjenigen des politisch und kulturell fortgeschrittenen Auslands messen konnte. Dazu mussten sie vom Ausland lernen. Bis etwa zur Mitte der fünfziger Jahre ist die Literatur der Epoche klassizistisch; unter der Führung Johann Christoph Gottscheds orientiert sie sich am strengen Rationalismus der französischen Klassik mit ihren Idealen der Klarheit und Formenreinheit. In der zweiten Hälfte lernt sie von zeitgenössischen Franzosen (Rousseau, Diderot) und Engländern (Richardson, Defoe, Fielding), seelische Regungen und innere moralische Konflikte der privaten Einzelmenschen zu beschreiben und die gesellschaftlichen Zustände kritisch zu betrachten.

Vorbild für die dramatischen Dichter waren die Werke von Corneille und Racine, die sich an der Ständeklausel und den drei Einheiten orientierten. Im Bereich der erzählenden Literatur führten Rousseau und Richardson den Briefroman zur Blüte, der dann von Schriftstellern wie Gellert und Sophie von La Roche aufgegriffen wurde. Siehe S. 65 und 69.

Vereinzelung und Schwärmerei

Die Auflösung ständischer Bindungen, die ja auch einen inneren Halt bedeuteten, sowie Eigennutz und Konkurrenzdenken, die aller Vernunftmoral zum Trotz häufig genug zusammen mit dem Streben nach irdischem Glück auftraten, führten leicht zu Gefühlen der Unsicherheit, Vereinzelung und Einsamkeit. Es lag demgegenüber nahe, die gesellschaftliche Harmonie im rauschhaften Gefühl allgemeiner Einheit der Welt vorwegzunehmen, ohne an die menschlichen Unzulänglichkeiten und die Probleme alltäglichen Zusammenlebens zu denken, die ja weiterhin bestanden. Diese Haltung wird von den Aufklärern als Schwärmerei verurteilt.

Empfindsamkeit

Trotz dieser Verurteilung entsteht etwa ab 1740 eine literarische Strömung, die Empfindsamkeit, welche die nun hervortretenden widersprüchlichen Gefühle erkundet. Die Empfindsamen suchen Tugend nicht in vernünftiger Einsicht, sondern im Gefühl zu begründen. Ihr Gefühlskult lässt sie schwanken zwischen einsamer *Melancholie* (die sie aber als „Wonne der Wehmut" durchaus genießen können) und „heiligem" *Enthusiasmus*, dem Ergriffensein von der unsagbaren Ganzheit der Welt. Fühlend genießen sie, dass sie fühlen. Auch sie gehen vom selbstständigen Einzelmenschen aus, aber nicht von seiner kritischen Vernunft, sondern von seinem persönlichen Gefühl. Auch sie glauben an die Einheit des Universums, suchen sie aber nicht im harmonischen Funktionieren zu erkennen, sondern im Allgefühl zu erfassen. So verwundert es nicht, dass sich bei vielen Schriftstellern aufklärerische und empfindsame Züge mischen. Die Empfindsamkeit wurde stark beeinflusst von Rousseau und englischen Autoren (Shaftesbury, Richardson, Young). Vor allem aber stellt sie eine Verweltlichung von Gefühlen und Haltungen dar, die sich im Pietismus entwickelt hatten.

Melancholie (von griech. melancholia = „schwarze Galle", „Schwarzgalligkeit", Schwermut, Tiefsinn).

Pietismus

Der Pietismus ist eine religiöse Strömung, die schon im letzten Drittel des 17. Jahrhunderts einsetzt. Wie die Aufklärung geht auch er von den selbstständigen und gleichberechtigten Einzelmenschen aus, die sich nicht in Streitereien über einzelne Dogmen verlieren, sondern in brüderlicher praktischer Liebe wirken. Aber nicht die Vernunft leitet sie, sondern das *Herz*, durch das sie sich unmittelbar mit Gott verbunden fühlen, allerdings nicht mit einem abstrakten Gott im Sinne des Deismus, sondern mit der konkreten Gestalt Christi. Wie die Empfindsamen zwischen Melancholie und Enthusiasmus, so schwanken die Pietisten zwischen tiefer Trauer über ihr sündiges Wesen und einer überfließenden Freude, wenn sie sich aufgrund göttlicher Zeichen im Zustand der Gnade und Sündenvergebung fühlen. Da sie ständig in ihrem Herzen nach solchen Zeichen suchen, entwickeln sie eine Psychologie der Selbstbeobachtung, die zur Grundlage für die Gattungen des Tagebuchs und der neuzeitlichen Autobiografie wird. Nach dem älteren, von Jakob Spener und August Hermann Francke geprägten Pietismus, dessen Zentrum in Halle lag, tritt später vor allem die Herrnhuter Brüdergemeine in Erscheinung, die Graf Nikolaus L. von Zinzendorf 1722 gründete.

Freundschaft

Das Ideal der Freundschaft teilen Aufklärung, Empfindsamkeit und Sturm und Drang. Siehe S. 62, 78 und 82. Auch in der Klassik lebt diese Vorstellung nach. Siehe S. 96.

Im Ideal der Freundschaft trifft die pietistisch-empfindsame Sehnsucht nach dem verbindenden Gefühl zusammen mit dem aufklärerischen Ideal von der freiwilligen Verbindung, die gleichberechtigte Menschen zum gegenseitigen Nutzen eingehen. Das Ideal harmonischer und treuer Freundschaft, das auch die Vorstellung von glücklicher Liebe prägt, taucht nicht nur in der Literatur immer wieder auf; die Schriftsteller suchen es auch in gefühlvollen Freundschaftsbünden zu verwirklichen.

Philosophische Grundlagen

Die Philosophie der Aufklärung in Deutschland wird beeinflusst vom Rationalismus des Franzosen René Descartes und vom Pragmatismus der englischen Aufklärungsphilosophie. Ihre Grundlagen legt *Gottfried Wilhelm Leibniz*. Er verbindet das naturwissenschaftliche Ursache-Wirkung-Denken mit der Annahme eines göttlichen Weltschöpfers. In seiner „Monadenlehre" sucht er zu zeigen, dass Gott die Welt von Anfang an gesetzmäßig und harmonisch geordnet und zugleich jeder einzelnen Monade (= seelisches Kraftfeld) die Möglichkeit gegeben hat, sich fortschreitend zu vervollkommnen (vgl. Deismus). Diesem Prozess der Vervollkommnung muss letztendlich auch das Übel dienen, weswegen die Welt trotz ihrer offensichtlichen Mängel zweckmäßig eingerichtet ist. Sie ist „die beste aller möglichen Welten" und stellt insofern eine „Theodizee" (Rechtfertigung Gottes) dar. Die Lehre Leibnizens, der noch lateinisch und französisch schreibt, wird von seinem Schüler *Christian Wolff* in ein logisches deutschsprachiges Begriffssystem gebracht – eine beachtliche sprachveredelnde Arbeit –, enger auf die alltägliche Lebenspraxis bezogen und somit popularisiert, aber auch banalisiert. Am Ausgang der Aufklärung steht Immanuel Kant, der schon das Denken der deutschen Klassik vorbereitet.

Theodizee
(von griech. theos = Gott, Dikae = Gerechtigkeit). Leibniz versucht eine Rechtfertigung Gottes angesichts des Übels in der Welt.

LITERARISCHES LEBEN

Literarische Zentren

Unter den Trägern der Aufklärung tritt das gebildete protestantische Bürgertum der Handels- und Universitätsstädte hervor. Brennpunkt des literarischen Lebens ist daher vor allem Leipzig, Handelszentrum und Ort der Buchmessen. Daneben sind die Handelsstädte Hamburg und Zürich sowie Halle und Göttingen mit ihren jungen Universitäten zu nennen. Schließlich hat auch das Berlin des erstarkenden preußischen Staates eine gewisse literarische Bedeutung.

Literarischer Markt und freier Schriftsteller

Im Zusammenhang mit dem allgemeinen Aufschwung des Handels, der Produktionstechniken und des Bildungswesens entsteht im 18. Jahrhundert ein rasch anwachsender literarischer Markt. Wenn die Schriftsteller früher für einen bestimmten Auftraggeber oder Gönner geschrieben hatten oder überhaupt nur in müßigen „Nebenstunden" dichteten, so arbeiten sie nun immer häufiger, bezahlt von einem Verleger, für ein breites anonymes Publikum. Die ersten freien Schriftsteller versuchen, allein von ihren Honoraren zu leben – was den meisten eher schlecht als recht gelingt. Einerseits entsteht durch die „Lohnschreiber" nun eine marktkonforme Massenproduktion, andererseits entwickelt sich das Bewusstsein, dass es ein geistiges Eigentum gibt; um dessen Schutz vor den vielen unberechtigten Nachdrucken müssen die Schriftsteller hartnäckig kämpfen. Dem Unbehagen an der „Vermarktung" des Geistes begegnet man nicht selten dadurch, dass man die Originalität und Einmaligkeit der dichterischen Leistung betont.

G.E. Lessing war einer der ersten deutschen Schriftsteller, der – erfolglos – versuchte, von seinen Einkünften als Schriftsteller zu leben.

Zeitschriften

Ihre Breitenwirkung verdankt die aufklärerische Erwachsenenbildung vor allem den zahlreichen Zeitschriften. Neben vielen rein literarischen und kritischen Zeitschriften erscheinen nach englischem Vorbild die *moralischen Wochenschriften*. Sie behandeln anhand kleiner Schilderungen Fragen des alltäglichen Lebens und der Geschmacksbildung. Damit wird zum ersten Mal ein breites Publikum, darunter auch die Frauen, der Erziehung zu einer zumindest teilweisen Selbstständigkeit für wert gehalten.

Bremer Beiträge

Der Titel einer der Zeitschriften, ‚Neue Beyträge zum Vergnügen des Verstandes und Witzes' nach dem Verlagsort kurz ‚Bremer Beyträge' genannt, hat einer ganzen an der Zeitschrift mitarbeitenden Schriftstellergruppe den Namen gegeben. Dabei ist den „Bremer Beiträgern", die sich tatsächlich zumeist als Leipziger Studenten kennen lernten, eigentlich nur gemeinsam, dass sie des dichtungstheoretischen Streits, der die Frühzeit der Aufklärung bestimmte, überdrüssig waren. Sie wollten lieber produzieren als kritisieren. Die wichtigsten Mitglieder der Gruppe sind Gottlieb Wilhelm Rabener, Johann Elias Schlegel und Christian Fürchtegott Gellert. Friedrich Gottlieb Klopstock veröffentlichte hier die ersten drei Gesänge seines ‚Messias'.

Lesegesellschaften

Das wachsende Interesse breiter Schichten daran, sich mit Hilfe der Literatur geistig zu emanzipieren und im praktischen Leben zu bewähren, spiegelt sich auch in der Entstehung von Lesegesellschaften. Die Mitglieder, die einander über soziale Unterschiede hinweg als gleichberechtigte Individuen zu behandeln suchen, kaufen gemeinsam Bücher und Zeitschriften, lesen sie reihum und diskutieren sie. Gegen Ende des Jahrhunderts verflachen die Lesegesellschaften, sie werden zu Orten geselliger Unterhaltung. Die sogenannten *patriotischen Gesellschaften* wollen ebenfalls die Bildung, aber auch den allgemeinen Wohlstand fördern. Die Hamburger ‚Patriotische Gesellschaft von 1765' gibt es noch heute.

Geheimgesellschaften und Freundschaftsbünde

Ähnliche Ziele verfolgen eine Reihe geheimer Gesellschaften; ihren geheimen Charakter darf man allerdings nicht allzu ernst nehmen. Sie stellen zur Zeit des Absolutismus einen von staatlicher Reglementierung relativ freien Raum dar, in dem eine eingegrenzte Öffentlichkeit Vorschläge diskutieren und teilweise verwirklichen kann, wie in Kirche und Staat aufklärend, erziehend, reformierend zu wirken sei. Dazu gehören die Freimaurerlogen – auf sie bezieht sich Gotthold Ephraim Lessing mit seiner Schrift ‚Ernst und Falk' –, die ein Netzwerk gebildeter Aufklärer zu schaffen und den verlorenen religiösen Zusammenhang durch Geheimriten zu ersetzen suchen. Dazu gehört der Illuminatenorden, der Reformen vor allem durch Aufklärung der Fürsten zu bewirken sucht. Auch Johann Gottfried Herder und Johann Wolfgang Goethe waren Illuminaten. Was diese Gesellschaften für die Aufklärung sind, das sind private Freundschaftsbünde für die Empfindsamkeit. Beide sollen in einem halböffentlichen Raum für Gemeinsamkeit und Fortschritt sorgen. Auch wenn die Kreise der Empfindsamen weniger institutionalisiert sind, so breiten sie sich doch ähnlich wie geheime Orden aus, hierin dem Vorbild der pietistischen Zirkel und Brüdergemeinden folgend.

Illuminaten (von lat. illuminare = erleuchten, d. h. aufklären).

Spätaufklärung

Zwar sind die bedeutenden Werke der Aufklärung in der Mitte der achtziger Jahre alle bereits veröffentlicht, ein popularphilosophisches und erzieherisches Schrifttum, das der Volksaufklärung dienen soll, erscheint aber bis ins 19. Jahrhundert hinein, meist in der Form von Zeitschriften und Buchreihen. Sowohl protestantische wie auch katholische Landpfarrer schrieben Kalender und Ratgeber mit praktischen Hinweisen, aber auch mit unterhaltenden, die Leselust weckenden moralischen Geschichten. Andere machten es sich zur Aufgabe, die Philosophie Wolffs in verständlicher und anmutiger Form zu vermitteln. Auch die Lebenslehre des Freiherrn von Knigge ‚Über den Umgang mit Menschen' (1788), heute als Benimm-Buch missverstanden, wäre hier zu

Das Genre der Kalendergeschichte, das bis in Barock zurückgeht, erreicht Anfang des 19. Jahrhunderts einen Höhepunkt mit Johann Peter Hebel. Siehe S. 152.

nennen. Eine der noch ganz seltenen Stimmen, die die geforderte Gleichberechtigung aller Menschen auch auf die Frauen ausgedehnt wissen wollen, ist Theodor Gottlieb von Hippels ‚Über die bürgerliche Verbesserung der Weiber' (1792), geschrieben unter dem Eindruck der Französischen Revolution. Auch die Judenemanzipation beginnt, nach Lessings Darstellung positiver jüdischer Figuren auf dem Theater, als konkretes Projekt erst in der Spätaufklärung, und zwar mit der Schrift des preußischen Staatsrats Christian W. Dohm ‚Über die bürgerliche Verbesserung der Juden' (1781). Als die Französische Revolution ausbrach, verbreiteten Spätaufklärer in journalistischen Essays, Reiseberichten und Übersetzungen revolutionäres Gedankengut.

Den Juden waren die meisten bürgerlichen Rechte noch verwehrt. In seinen Stücken ‚Die Juden' (1749) und ‚Nathan der Weise' tadelt Lessing Vorurteile gegenüber den Juden und setzt sich für mehr Toleranz ein.

Gegenaufklärung

Die Aufklärer wurden von ihren Gegnern als trockene Vernunftmenschen dargestellt, die nur ans Nützliche dachten, nicht ans Poetische. Das ist insofern falsch, als zur Aufklärung auch die Empfindsamkeit gehört, zur Freiheit, selber zu denken, auch die Freiheit, selber zu fühlen. Allerdings stellt die Aufklärung ein Wagnis dar, denn auch wenn sie durchaus in die Kirchen eindrang, so löste sie das Individuum doch grundsätzlich von allen Halt gebenden traditionellen Bindungen – zwar kann es wieder Bindungen eingehen, aber es muss diesen Schritt aufgrund eigener kritischer Überlegung tun – und sie kann unter Umständen eine instrumentelle Vernunft fördern, welcher Naturbeherrschung und soziale Standardisierung als alleinige Werte gelten. Daher hat man immer wieder im Namen historischer Bindungen, seien es religiöse oder nationale, gegen das Demokratie-Ideal polemisiert, das der Aufklärung letztlich zugrunde liegt, aber auch im Namen von Fantasie und Individualität gefordert, dass die instrumentelle Vernunft ihre Grenzen erkennt, an denen sie anfängt, autoritär und gleichmacherisch zu werden.

THEORIE UND FORMEN DER LITERATUR

Naturnachahmung

Im Rückgriff auf Aristoteles' Begriff der Mimesis verlangt die Aufklärung, der Dichter müsse die Natur nachahmen. Natur ist hier zunächst die Vernunftnatur der Menschen samt zugehöriger praxisbezogener Moral sowie die zweckvolle Weltordnung. Die Dichtung ist solcher Wirklichkeit getreu, wenn sich alles, was sie darstellt, vernünftig begründen lässt und damit in den Augen der Aufklärer *wahrscheinlich* ist. Wenn sie natürliche Ordnung und praktische Lebensregeln tatsächlich deutlich macht, wird die Dichtung immer auch *belehrend* sein. Die Lehre muss freilich mit Witz vorgetragen werden. Witz ist die Fähigkeit, aufgrund eines großen Überblicks überraschende, ungewohnte Verbindungen zwischen Vorstellungen, Bildern, Gedanken herzustellen.

Zu Aristoteles' Begriff der Mimesis siehe S. 15.

Diese Auffassung, welche die erste, klassizistische Hälfte der Epoche bestimmt, verändert sich unter dem Einfluss der Empfindsamkeit. Die menschliche Natur wird nun enger bestimmt, weniger als allgemeine Vernunftnatur, mehr als die konkrete Psyche der Einzelnen. Die Dichtung wendet sich mit zunehmendem psychologischem Interesse dem einzelnen Charakter zu. Sie stellt aber auch dann noch die allen gemeinsame Natur dar, denn sie interessiert sich für den wahrscheinlichen Charakter des normalen Menschen, des *mittleren Helden*, mit dem sich jedermann identifizieren kann. Diese Bedeutung der Leser- bzw. Zuschaueridentifikation führt dazu, dass man

Dichtung von ihrer Wirkung auf den Zuschauer und Leser her zu verstehen sucht. Die herrschenden Gedanken des ersten Zeitabschnitts wurden am deutlichsten und wirkungsvollsten von Gottsched, die des zweiten von Lessing ausgesprochen.

Exkurs: Das Wahrscheinliche und das Wohlanständige

Die deutsche Aufklärung diskutiert auf den Spuren der französischen Klassik die Forderung des Aristoteles, die Dichtung müsse die Natur nachahmen. Daher dürfe sie nichts schreiben, was unmöglich ist, sondern nur, was notwendig oder zumindest wahrscheinlich ist. Das akzeptieren die Aufklärer; für sie ist das Unwahrscheinliche auch das Unvernünftige. Das Wunderbare lassen sie, wenn überhaupt, nur als „vermummtes Wahrscheinliches" zu. Die Wahrscheinlichkeit (*la vraisemblance*) wird in französischer Klassik und deutscher Aufklärung nun auch noch mit dem Wohlanständigen (*la bienséance*) verbunden. Dieser Begriff geht auf die antiken Redelehren zurück: Die Rede muss in ihren Teilen wie im Bezug auf die Anstandsregeln harmonisch sein (lat. aptum, decorum). Indem die Theoretiker der Aufklärung das Wahrscheinliche mit dem Wohlanständigen verbinden, verbinden sie demnach Vernunft, Schönheit und Moral miteinander. Damit grenzen sie aus der Dichtung nicht nur das Wunderbare, sondern auch das Grausame und das Derbkomische aus. Diese Grenzen gelten nicht nur in der Aufklärung, sondern auch dort, wo man die Gesellschaft, durchaus im Bewusstsein des Abgründigen im Menschen, zu einem schönen Spiel zu machen sucht, so nach der französischen auch in der deutschen Klassik. Im Lauf der Literaturgeschichte werden diese Grenzen aber immer wieder angegriffen. Schon die Stürmer und Dränger bringen auch das Grausame und Groteske auf die Bühne. Die Romantiker geben mit ihren Märchen dem Wunderbaren die eigentlich poetische Würde. Mit der schwarzen Romantik wird das Unheimliche aufgewertet, hier beginnt auch das Interesse für das Ungehörige, das sich in der menschlichen Psyche versteckt und das die Dichtung, teils in der Nachfolge Sigmund Freuds, ans Licht bringt. Die Naturalisten wollen das Wahre zeigen, das geradezu das Gegenteil des Wohlanständigen ist.

Ein Beispiel dafür sind die Tragikomödien des Dichters J. M. R. Lenz. Siehe S. 87.

Der herausragende Vertreter der schwarzen Romantik war E. T. A. Hoffmann. Siehe S. 132 f.

Rokoko

In der Spannung zwischen dem Wunsch nach irdischem Glück und den Forderungen vernünftiger Moral, zwischen empfindsamer Schwärmerei und vernünftiger Anerkennung der Wirklichkeit entsteht in der zweiten Hälfte der Epoche eine eigene Stilrichtung, das literarische Rokoko. Dessen Vertreter preisen Lebensgenuss und Sinnlichkeit, die freilich durch weise Mäßigung begrenzt werden sollen. Vorbild ist die Lehre des griechischen Philosophen Epikur. Tatsächlich bleibt der Genuss beschränkt auf einen Gefühlsrausch in den Freundschaftsbünden – dort feiert man die „Göttin Freude" – und auf die Lust am artistischen Spiel, bei dem sich der literarische Witz in geselligen Scherz verwandelt. Anmutig, gelegentlich mit leicht frivolen Andeutungen, wird die vernünftige Tugend beschrieben, soweit sie zierlich und graziös in weiblicher Gestalt erscheint. Die Maske verliebter Schäfer, also die Gattung der Schäferidylle, eignet sich besonders zu dieser spielerisch-erotischen Darstellung.

Rokoko (von franz. rocaille = Muschelwerk).

Hauptvertreter dieser Richtung sind neben Christoph Martin Wieland und Salomon Geßner die sogenannten Anakreontiker – Lyriker, die dem Vorbild einer antiken Gedichtsammlung folgen, die vermeintlich von dem griechischen Lyriker Anakreon stammt. Beispielgebend für die Entstehung der Anakreontik ist der Hamburger Patrizier Friedrich von Hagedorn; sie wird dann gepflegt von drei Schriftstellern, die einander als Hallesche Studenten kennen lernten: Wilhelm Ludwig Gleim, Johann Peter Uz und Johann Nikolaus Götz.

Roman

Die beginnende literarische Massenproduktion bezieht sich im Wesentlichen auf den Roman. Von den Theoretikern wird er zunächst nicht geschätzt, weil sein Geschehen zu wunderbar ist, um noch wahrscheinlich zu sein. Das breite Publikum dagegen liest noch lange die höfischen Romane des Barock, die ihm erlauben, sich aus engem Dasein hinaus- und hinaufzuträumen. Die aufklärend-empfindsamen Romane erzählen vom Helden mittleren (bürgerlichen oder landadligen) Standes, der sein maßvolles irdisches Glück findet, nämlich als Privatmensch im Familienkreis; dieser ist oft in einem abgeschlossenen Ort (ferne Insel, bescheidenes Landgut) angesiedelt. Diesem Ideal kann sich die utopische Konstruktion eines Idealstaats anschließen. So in Johann Gottfried Schnabels Robinsonade ‚Wunderliche Fata einiger See-Fahrer …‘, 4 Bände (1731–1743), eine Utopie aus pietistischem Geist. Utopie und Hofkritik verbinden sich in Johann Michael von Loens ‚Der redliche Mann am Hofe‘ (1740). Hier reformiert der tugendhafte Graf vom Lande den Hof. Eingeschoben wird die Utopie eines Idealstaates. Der Gegensatz zwischen abenteuerlicher, gefährlicher Welt und dem eingegrenzten Bereich, in dem sich empfindsame Rührung entfalten kann (häufig in eingefügten Briefen), gibt Gelegenheit zu erbaulicher Belehrung wie zur kritischen, häufig satirischen Darstellung. Christian Fürchtegott Gellerts ‚Leben der Schwedischen Gräfin von G***‘ (1747/48) beschreibt die Familie als ideales Gegenbild zur politischen Welt der Mächtigen. Zwar kann der Privatraum durch erotische Konflikte bedroht werden – der totgeglaubte Mann der Heldin, die inzwischen mit einem anderen verheiratet ist, taucht wieder auf – doch Nächstenliebe und Selbstlosigkeit lösen alle Probleme. Der Briefroman ‚Geschichte des Fräuleins von Sternheim‘ (1771/72) von Sophie von La Roche erzählt, wie eine empfindsame Seele am Hof zwar betrogen wird, aber ihre Tugend bewahrt und schließlich auf dem Lande eine treue Ehefrau und Mutter wird. Eine Satire auf orthodoxe Geistliche, Pietisten und Gelehrte ist ‚Das Leben und die Meinung des Herrn Magisters Sebaldus Nothanker‘ (1773–76) von Friedrich Nicolai. Das Interesse am einzelnen Charakter, das neben die Lust am Abenteuer tritt, führt auch zur Entstehung einer autobiographischen Literatur, die aus pietistischer Selbstbeobachtung erwächst, so Adam Bernds ‚Eigene Lebensbeschreibung‘ (1738/1742). Der psychologische Selbstbezug kann sich schließlich auch auf den Stil auswirken: Der Erzähler treibt sein verwirrendes Spiel mit dem Leser; es geht ihm weniger um den nur notdürftig geknüpften Handlungsfaden als darum, seine Assoziationen und Gedankensplitter auszubreiten. So assoziativ, hier dem Vorbild des Engländers Laurence Sterne folgend, schreibt Johann Karl August Musäus, der in seinem satirischen Roman ‚Physiognomische Reisen‘ (1778/79) die damalige Modewissenschaft Physiognomie kritisiert. Die wichtigsten Romane der Epoche stammen von Christoph Martin Wieland.

> Vorbild war die Schrift ‚Utopia‘ (1516) des Engländers Thomas More, der den Begriff aus griech. u-topos (nirgendwo) und eu-topos (Ort des Glücks) bildete und auf Platons Entwurf eines Idealstaates zurückgriff.

> Sophie von La Roche begründet mit dem Buch das Genre des Frauenromans.

Zu Physiognomie siehe S. 80.

Zu Wieland siehe S. 70.

Bürgerliches Trauerspiel

Im Trauerspiel verkündet man zunächst weiterhin die stoische Moral wie im Barock und sucht gleichzeitig von den Dramen und den Regeln der französischen Klassik zu lernen, insbesondere von ihrer Forderung, die drei Einheiten (der Zeit, des Ortes und der Handlung) einzuhalten. Johann Elias Schlegel, der bereits die Bedeutung Shakespeares erkannte, führt mit seinem ‚Canut‘ (1746) zum Ideal des aufgeklärten Absolutismus hin: Der aufrührerische Adlige, der rücksichtslos seinem aus traditioneller Sicht ansonsten edlen Gefühl der Standesehre gehorcht, unterliegt dem König, der den höheren Wert der Menschenliebe vertritt.

Allein dem Geist des aufgeklärten Zeitalters entspringt das bürgerliche Trauerspiel. Jetzt wird auch das bürgerliche und private Leben ernsthafter Behandlung würdig; die

Zur Ständeklausel
siehe S. 44 und 66 ff.

Ständeklausel gilt nicht mehr. Das bürgerliche Trauerspiel wählt sich Helden aus dem niederen Adel und dem Bürgertum und zeigt sie dort, wo sie alle gleich sind, nämlich im privaten Familienkreis. Die Bedrohung der Familie, in der nicht mehr stoische, sondern empfindsame Tugenden gepflegt werden, gibt Anlass zur Gesellschaftskritik. In der deutschen Aufklärung wird die Gattung fast nur von Lessing vertreten, der Sturm und Drang pflegt sie.

Sächsische Typenkomödie und weinerliches Lustspiel

Auch die Komödie lehnt sich zunächst an die französische Klassik an. Die von Gottsched entscheidend beeinflusste sächsische Typenkomödie zielt neben der formalen Nachahmung der Franzosen aufs Erbauliche: Derjenige Einzelmensch, der aufgrund von Marotten oder tatsächlichen Untugenden zum Außenseiter wurde, wird von den anderen Figuren bloßgestellt und verlacht – der Zuschauer soll in dieses Lachen einstimmen –, dadurch meist zur Einsicht gebracht und in die Gemeinschaft zurückgeführt. Hinter dieser Kritik an Einzelnen steckt oft auch eine allgemeine Kritik, so etwa bei Luise Adelgunde Viktorie Gottscheds ‚Die Pietisterey im Fischbein-Rocke, Oder die Doctormäßige Frau' (1736) und bei Gotthold Ephraim Lessings ‚Der junge Gelehrte' (1747). Johann Elias Schlegel (‚Die stumme Schönheit', 1747) verzichtet weitgehend auf ausdrückliche Belehrung.

Die Komödie spielt
in der deutschen
Literatur eine eher
nebensächliche
Rolle. Durchgesetzt
haben sich relativ
wenige Stücke.
Neben der ‚Minna
von Barnhelm' sind
vorzugsweise die beiden Kleist-Komödien
‚Der zerbrochne Krug'
und ‚Amphitryon' zu
nennen sowie ‚Der
Biberpelz' und ‚Der
rote Hahn' von Gerhart Hauptmann.

Zu ‚Minna von Barnhelm' siehe S. 74.

Das weinerliche oder empfindsame Lustspiel, das unter dem Einfluss zeitgenössischer Franzosen von Christian Fürchtgott Gellert geprägt wird (‚Die Betschwester', 1745; ‚Die zärtlichen Schwestern', 1747), will ebenfalls belehren, aber nicht durch Spott, sondern durch Beispiele vorbildlicher Tugend, welche die Zuschauer zu Tränen rühren. Hier verwischt sich die Grenze zum bürgerlichen Trauerspiel. Schließlich vermischen sich beide Komödienarten, Satire verbindet sich mit Empfindsamkeit, Komik mit Charakterpsychologie, so bei Johann Christian Krüger (‚Die Candidaten oder, die Mittel zu einem Amte zu gelangen', 1748), Gotthold Ephraim Lessing (‚Die Juden', ‚Der Freygeist', beide 1749) und Christian Felix Weiße (‚Ehrlich währt am längsten, oder der Misstrauische gegen sich selbst', 1761). Den abschließenden Höhepunkt dieser Entwicklung stellt Lessings ‚Minna von Barnhelm' dar.

Kleinformen der Belehrung und des Witzes

Den belehrenden Absichten kommen bestimmte Formen besonders entgegen, so etwa das *Lehrgedicht*, die philosophische Betrachtung in Gedichtform, die nach dem Vorbild des Engländers Alexander Pope von Albrecht von Haller, Friedrich von Hagedorn und dem jungen Christoph Martin Wieland gepflegt wird. Besonders beliebt waren Gattungen, die Belehrung auf überraschende, ‚witzige' Weise auszusprechen erlauben. Das gilt vor allem für die *Fabel*, die anhand von Analogien aus dem einfachen, niederen Leben, häufig als Tierfabel, auf pointierte Weise eine lebenspraktische Moral verkündet. Meister dieser Form sind Gellert und Lessing.

Aphorismus =
„Gedankensplitter"
(auch Sentenz,
Bonmot oder
Aperçu).

Epigramm =
geistreiche, oft überraschende Deutung
eines Gegenstandes.
Häufig in metrische
oder gereimter Form.

Die Kurzformen *Epigramm* und *Aphorismus* dienen dazu, Untugenden, Modehaltungen, unbegründete Normen aus lebenspraktischer Sicht zu entlarven, nicht indem sie eine Lehre eigens aussprechen, sondern indem ihre Pointe das selbstständige Denken anregt, so dass der Leser von sich aus eine Lehre finden kann. Die Aphorismen Georg Christoph Lichtenbergs sind noch heute lebendig. Als gebildeter Naturwissenschaftler und als kränklicher und bucklicher Mensch wusste er, dass das Denken nicht im freien Raum stattfindet, sondern von einem nicht immer vollkommenen Körper und den davon ausgehenden Gefühlen beeinflusst wird. („Ich habe es sehr deutlich bemerkt, dass ich oft eine andere Meinung habe, wenn ich liege, und eine andere, wenn ich stehe; zumal wenn ich wenig gegessen habe und matt bin.") Darum ist Vernunft für ihn nicht abstrakt und kalt, sondern subjektiv, immer mit dem jeweiligen fühlenden Körper verbunden, zugleich aber beobachtet er sich, seine Gefühle und seine Körperlichkeit, mit distanzierter Objektivität. Dabei gilt sein Interesse dem scheinbar Unwichtigen und Nebensächlichen, den unwillkürlichen Bewegungen, den Träumen, die alle seiner Meinung nach mehr über einen Menschen aussagen als überlegte Äußerungen. Die Entlarvung von Dogmatik und Intoleranz ist bei ihm gepaart mit nachdenklicher Selbstreflexion und spielt mit den widersprüchlichen Bezügen zwischen Geist, Gefühl, Körperlichkeit und Technik.

Während der Aphorismus häufig ironisch ist, lebt die *Satire* vom entlarvenden Spott; allerdings ist ihr Spott eher indirekt, sie arbeitet mit durchsichtigen Analogien. Gottlieb Wilhelm Rabener vermeidet in seinen Satiren jeglichen Bezug auf bestimmte Personen. Christian Ludwig Liscow musste dagegen wegen kritischer Äußerungen die sächsische Ratsstube mit dem Gefängnis vertauschen.

Über den Begriff der Satire siehe auch S. 133 und 220 ff.

Kleinformen der Empfindung

Dem empfindsamen Gefühlsausdruck dienen Ode und Idylle. Die *Ode* sucht ihren erhabenen Gegenstand nicht mehr in Herrschern und Helden, sondern im begeisterten Gefühl selbst, das sich aus der Religion, der Freundschaft oder (patriotischer, nicht nationalistischer) Vaterlandsliebe speist. Aufklärerisch bestimmt ist die philosophische Ode, sie ist dem Lehrgedicht verwandt. Die Anakreontiker und die beiden pietistischen Dichter Jakob Immanuel Pyra und Samuel Gottlob Lange in Halle entwickeln die Ode nach dem Vorbild des römischen Dichters Horaz. Karl Wilhelm Ramler überträgt die horazischen Formen exakt ins Deutsche, aber erst Klopstock verbindet das enthusiastische Gefühl mit einer angemessenen und in sich geschlossenen Form.

Die *Idylle* nach dem Vorbild des Griechen Theokrit zeichnet einen umgrenzten Raum bewahrter Natur, in dem zärtliche Empfindung und maßvolles irdisches Glück, wie es dem Menschen natürlich sein soll, als schon verwirklichte beschrieben werden. Hinter dem rokokohaften Spiel verbirgt sich eine Kulturkritik, die erst im Sturm und Drang offen ausgeführt wird. Die Idyllen des Zürichers Salomon Geßner wurden jahrzehntelang in ganz Europa gelesen.

AUTOREN

Die theoretische Grundlegung: Gottsched und die Schweizer

Johann Christoph Gottsched (1700–1766)

Gottsched, der aus einem protestantischen Pfarrhaus stammte, lehrte in Leipzig die Philosophie Christian Wolffs, gab die moralischen Wochenschriften ,Die Vernünftigen Tadlerinnen' und ,Der Biedermann' heraus und begründete die ,Deutsche Gesellschaft' zur Pflege der nationalen Sprache und Bildung. 1730 erschien sein ,Versuch einer critischen Dichtkunst vor die Deutschen'. Dem folgten Sammlungen von Musterstücken (,Deutsche Schaubühne', 6 Bde., 1740–1745), viele davon Übersetzungen und Nachahmungen, aber auch Stücke deutscher Autoren, unter ihnen Gottsched selbst und seine literarisch begabtere Frau. Gottsched arbeitete einige Zeit mit der Theatergruppe der Friederike Caroline Neuber zusammen, von deren Bühne er den Hanswurst feierlich verbannen ließ. 1748 erschien die ,Grundlegung der deutschen Sprachkunst', ein wichtiger Schritt auf dem Wege zu einer einheitlichen deutschen Schriftsprache.

Als Kunstkritiker – eine Einrichtung, die er selbst erst schuf – sorgte Gottsched dafür, dass ein weltliches nationales Theater von europäischem Niveau entstehen konnte. Die praktischen Anleitungen und Vorschriften in der ‚Critischen Dichtkunst' unterscheiden sich fast nicht von den traditionellen Dichtungsregeln; z.B. hält Gottsched an der Ständeklausel fest. Indem er die Regeln aber nach dem Vorbild der französischen Klassik, insbesondere nach dem ihres Theoretikers Boileau-Despréaux, neu begründet und auf Naturnachahmung, Wahrscheinlichkeit, Vernunft bezieht, macht er die künstlerische Diskussion zur Sache aller selbstständig denkenden Menschen, nicht nur einiger Gelehrter; die Literatur wird zum Diskussionsgegenstand in der gerade entstehenden nationalen Öffentlichkeit der Gebildeten. Die Forderung, die Dichtung müsse durch Belehrung sittlich bessern, rechtfertigt solche Beschäftigung auch moralisch.

Zur Ständeklausel siehe S. 44 und 66 ff.

Johann Jakob Breitinger (1701–1776), Johann Jakob Bodmer (1698–1783)

Die beiden Professoren an einem Züricher Gymnasium gaben zusammen die ‚Discourse der Mahlern' heraus (ästhetische und politisch-moralische Beiträge einer von ihnen gegründeten Gesellschaft angeblicher Maler).

Nach dem Erscheinen von Breitingers ‚Critischer Dichtkunst' (1740) kam es zu einer heftigen Fehde mit den Gottschedianern.

Die Schweizer verteidigen gegen Gottsched das Wunderbare, allerdings nur, sofern es sich letztlich als „vermummtes Wahrscheinliches" erweist. Außerdem beschäftigen sie sich schon mit dem Wirkungsaspekt der Dichtung und betonen die Illusion, die die Dichtung erzeugen müsse. Mit beidem wird die anschauliche (malerische) und das Herz bewegende Darstellung religiöser, empfindsamer Gefühle gerechtfertigt.

Auf dem Weg zur Naturlyrik: Brockes und Haller

Barthold Hinrich Brockes (1680–1747)

Der Hamburger Kaufmann und Senator gründete die dortige ‚Patriotische Gesellschaft' und gab die moralische Wochenschrift ‚Der Patriot' heraus. Seine einflussreiche Gedichtsammlung ‚Irdisches Vergnügen in Gott' erschien in 9 Bänden zwischen 1721 und 1748.

In der Barocklyrik diente die Anschauung der Natur lediglich dazu, den dahinter liegenden Heilsplan Gottes zu erkennen.

Brockes vollzieht den Übergang von der älteren Auffassung, die aus der Natur die geheimnisvollen Zeichen göttlicher Belehrung herausliest, zur unmittelbaren Anschauung des göttlichen Wirkens in der Natur: Noch im kleinsten Rahmen funktioniert die gesetzmäßige, dem menschlichen Glücksstreben günstige Weltordnung. So entwickelt sich die Neugier auf die sichtbare und erfahrbare Landschaft.

Albrecht von Haller (1708–1777)

Der Sprössling einer Berner Patrizierfamilie – er wurde später geadelt – war lange Zeit ein bekannter Medizinprofessor in Göttingen und bekleidete später öffentliche Ämter in Bern. Er war umfassend gebildet, einer der berühmtesten Gelehrten seiner Zeit, dennoch litt er, wie seine Tagebücher bezeugen, unter Melancholie und pietistischer Sündennot. Sein ‚Versuch Schweizerischer Gedichte' (1732) wurde begeistert aufgenommen.

In Hallers Lehrgedicht ‚Die Alpen' wird die ursprüngliche, von Stadtkultur und eigenen inneren Kämpfen unberührte Natur als Raum der Tugend und des Glückes beschrieben. Dabei entsteht der Wunsch, diese Landschaft realistisch darzustellen. Auch wenn das misslingt – das Naturbild zerfällt in Einzelheiten –, öffnet sich damit zum ersten Mal der Blick für das Unidyllische, für Weite und Größe einer Landschaft. Nach Hallers Beispiel wird Ewald von Kleist, der am Alltag seines preußischen Offizierslebens verzweifelte, in seinem Gedicht ‚Der Frühling' (1749) die noch ursprüngliche Landschaft feiern, diesmal aber als Raum der sonst entbehrten Freiheit.

Zwischen Aufklärung und Empfindsamkeit: Gellert und Wieland

Johann Christian Fürchtegott Gellert (1715–1769)

Der Pfarrerssohn, der in Leipzig als Professor für Poesie und Beredsamkeit lebte, war der bedeutendste der „Bremer Beiträger" und, vor allem aufgrund seiner ‚Fabeln und Erzählungen' (2 Bde., 1746/48), der anerkannte Lehrer für Moral und eleganten Geschmack in ganz Deutschland. Am beliebtesten waren die empfindsamen Gedichte seiner ‚Geistlichen Oden und Lieder' (1757). Mit seinem Roman ‚Das Leben der schwedischen Gräfin von G***' (1747/48) führte er unter englischem Einfluss den empfindsamen Seelenausdruck in diese Gattung ein; dem diente die Briefform. Mit den ‚Lustspielen' (1747) gewann die empfindsame Psychologie auch Einfluss auf die Komödie.

Gellert verbindet die Moral maßvollen vernünftigen Genusses und des Strebens nach Nützlichem mit der Forderung, in Konfliktfällen hochherzig zu entsagen. Roman und Komödien zeigen solche Konfliktfälle, an denen sich die Beobachtung widerstreitender seelischer Regungen nun zu schulen beginnt. Zu Bitternis und Ausweglosigkeit kommt es dabei aber nie, denn die richtige Lösung, auch die selbstüberwindende Entsagung, gilt als spontanes, natürliches Bedürfnis empfindsamer Herzen. Insofern zeigt Gellert nach Klopstocks Worten, wie schön die Tugend sein kann. In den Fabeln – hier hat Gellert von dem französischen Klassiker La Fontaine gelernt – wird der schwerfällige Alexandriner durch den freien Vers ersetzt, der sich einem eleganten Plauderton anschmiegt, von dem der Leser bis zur unvermuteten, ebenso entlarvenden wie moralisch belehrenden Pointe geführt wird.

Freier Vers

Nach französischem Vorbild (vers libre) gebauter jambotrochäischer Vers mit wechselnder Hebungszahl, im Gegensatz zum Knittelvers (s. S. 31) aber nicht mit wechselnder Füllung. Beispiele:

Knittelvers:

Gott lob, die süße Nacht ist nun kommen!
O hätt ich doch nun meinen Piramuus vernommen
wo find ich ihn? wo ist er hin?
Nach ihm steht all mein Hertz und Sinn.

Andreas Gryphius: Herr Peter Squentz, 1657 [Parodie der Meistersinger]

Freier Vers:

Klorinde starb; sechs Wochen drauf
Gab auch ihr Mann das Leben auf,
Und seine Seele nahm aus diesem Weltgetümmel
Den pfeilgeraden Weg zum Himmel.

Gotthold Ephraim Lessing: Die eheliche Liebe, 1751

Christoph Martin Wieland (1733–1813)

Der schwäbische Pfarrerssohn erlebte in pietistischer Klostererziehung den ersten Zwiespalt zwischen religiöser Ergriffenheit und philosophischem Skeptizismus, der sein ganzes Werk bestimmen sollte. Die Freundschaft mit Bodmer, der ihn nach Zürich einlud, zerbrach, als Wieland die religiöse Schwärmerei durch die Bewunderung für die französische Rokokokultur ersetzte, die er in der Schweiz kennen lernte. Diese bestimmte seine virtuos plaudernden Versdichtungen, deren Höhepunkt das Epos ‚Oberon‘ (1780) darstellt; die Essenz des Rokoko aber findet sich in der kleinen Versidylle ‚Musarion oder Die Philosophie der Grazien‘ (1768). Nach einigen Jahren als Senator und Kanzleiverwalter in seiner Heimatstadt Biberach, wo er die Mitbürger durch eine Liebesaffäre vor den Kopf stieß, verhalf ihm ein Gönner, der französisch gebildete Diplomat Graf Stadion, zu einer Professur der Philosophie und der Schönen Wissenschaften an der Universität Erfurt. Anlass hierfür war sein philosophischer Roman ‚Geschichte des Agathon‘ (1766/67, neue Fassungen 1773 und 1798), der das Thema des desillusionierten Schwärmers vertieft, das schon der erste Roman umkreist (‚Der Sieg der Natur über die Schwärmerei, oder Don Sylvio von Rosalva‘, 1764). Aufgrund seines Staatsromans ‚Der goldene Spiegel‘ (1772), der das Programm des aufgeklärten Absolutismus verkündet, wurde Wieland zum Erzieher des jungen Herzogs von Sachsen-Weimar berufen. In Weimar erschien der Roman ‚Die Abderiten, eine sehr wahrscheinliche Geschichte‘ (1774/80), eine Kleinbürgersatire, nicht ohne Erinnerung an Biberach. Hier lebte er als Hofrat, dann mit Pension als Schriftsteller, Vater einer vielköpfigen Familie, den Dichtern der Klassik freundlich verbunden. Wieland übersetzte antike und zeitgenössische Texte – seine Shakespeare-Übersetzungen bürgerten den Engländer in Deutschland ein – und gab die bedeutende literarische Monatsschrift ‚Teutscher Merkur‘ heraus.

Wieland ringt zeitlebens um ein Modell praktischer Lebensführung, in dem irdischer Genuss und Tugendforderungen anmutig miteinander harmonieren. Sein unbestechlicher Blick für die gar nicht moralische Wunschnatur der Menschen führt aber dazu, dass kein Modell ihn auf die Dauer befriedigen kann. Einerseits glaubt er optimistisch an die Erziehungsvorstellungen der Aufklärung, andererseits beherrscht ihn eine manchmal bittere Skepsis gegenüber der Möglichkeit menschlicher Selbstbestimmung. Daher entsteht nur in solchen Texten, in denen er auf eine umfassendere Deutung gesellschaftlicher Wirklichkeit verzichtet, wie etwa in ‚Musarion‘, wenigstens vorläufig ein geschlossenes Lebensmodell. Am ‚Agathon‘ hingegen, der die Entwicklung eines Menschen zur harmonischen Lebenspraxis darstellen sollte, arbeitet er jahrzehntelang – es entstehen drei Fassungen –; doch es kommt weniger zu einem wirklichen Entwicklungsprozess als zu einem Schwanken des Helden zwischen den verschiedenen Positionen und schließlich nur zu resignierender Entsagung. Wieland hat damit – zumindest in Ansätzen – den ersten Bildungsroman der deutschen Literatur geschaffen.

Besonders reizvoll sind diejenigen Texte, in denen die Skepsis selbst zum inhaltlich-formalen Prinzip wird, so vor allem in den Verserzählungen, in denen das Wunderbare einer Welt aus ‚Tausendundeiner Nacht‘, aus Ritter- und Feenmärchen immer wieder auf das Wahrscheinliche der allzu menschlichen Psyche zurückgeführt wird. Stilistisch äußert sich die Skepsis im ironischen Spiel des Erzählers mit seinen Figuren wie mit dem Leser, deren Gewissheiten, kaum gewonnen, schon wieder in Frage gestellt werden.

Bis ins 20. Jahrhundert wird der Bildungsroman eine der wichtigsten Formen des Romans darstellen. Hervorragende Beispiele sind etwa Goethes ‚Wilhelm Meister‘ bis hin zu Thomas Manns ‚Der Zauberberg‘. Zum Bildungsroman siehe S. 101.

Der Sänger des Enthusiasmus: Klopstock

Friedrich Gottlieb Klopstock (1724–1803)

Der pietistisch erzogene Sohn eines wohlhabenden Advokaten suchte sich nach dem Ideal des religiösen Dichters zu bilden, das die Schweizer Bodmer und Breitinger entworfen hatten. Eine enge Freundschaft mit Bodmer trübte sich jedoch, als Klopstock auch weltliche Gefühle zeigte. Nach dem großen Vorbild der Schweizer, nämlich nach John Miltons ‚Paradise Lost‘, das Bodmer übersetzt hatte, schuf Klopstock sein berühmtes Hexameterepos ‚Der Messias‘ (1748/73). Der dänische König rief ihn daraufhin nach Kopenhagen und setzte ihm eine Pension aus. Nach dem Tod des Königs lebte Klopstock in Hamburg. Wenn er auch wegen seines Epos hoch verehrt wurde, ist seine Lyrik doch gelungener (‚Geistliche Lieder‘, 2 Bde., 1758/69; ‚Oden‘ sowie ‚Oden und Elegien‘, beide 1771). Seine alttestamentlichen und patriotischen Dramen sind eine Mischung aus dramatischen, lyrischen und epischen Elementen.

Dichten ist für Klopstock heilige Feier, ob er nun Freundschaft und Freude, die Geliebte, Christi Erbarmen und Gottes Allmacht oder das Vaterland preist. Vom einzelnen Gegenstand erhebt sich das Gefühl zum Unendlichen, wobei es alles Materielle hinter sich lässt und seine eigene unendliche Weite erfährt. Der Dichter, der Gottes Schöpfung so nachzufühlen vermag, erhält prophetische Weihe. Klopstock verbindet die verschiedenen religiösen Zeittendenzen: ‚Der Messias‘ beschreibt Christi Heilstat, aber im Rahmen der kosmischen Schöpfungsharmonie. Um den Enthusiasmus lyrisch auszudrücken, übernimmt Klopstock reimlose antike Versmaße, vor allem Odenformen, kombiniert sie dann miteinander und entwickelt sie schließlich zu freien Rhythmen weiter mit dem Ziel, starke Bewegungen und harte Kontraste zu schaffen. Diese Rhythmisierungen sowie neue Wortprägungen erweiterten die Ausdruckskraft des Lyrischen in der deutschen Sprache erheblich. Die patriotische Lyrik, die häufig nachgeahmt wurde, soll dem Stil der vermeintlich germanischen Barden (eigentlich nicht germanische, sondern keltische Dichter) entsprechen. Klopstock dachte aber nicht nationalistisch; er begrüßte begeistert die Französische Revolution, durch die ein anderes Volk sich befreit hatte, und wandte sich erst dann entsetzt von ihr ab, als das republikanische Frankreich Eroberungskriege zu führen begann. Klopstock ist das große Vorbild der Stürmer und Dränger.

Freie Rhythmen

Die freien Rhythmen sind ungereimte Verse ohne Ordnung der Hebungen und Senkungen; teils lehnen sie sich an antike Formen (Odenstrophen, Hexameter und Pentameter) an, teils an Psalmen, und nähern sich rhythmisierter Prosa. Sie werden vor allem beim getragenen hymnischen Sprechen gebraucht, das durch einen nachdrücklichen, genau dem Inhalt angepassten Rhythmus hervorgehoben werden soll.

Beispiel:

Nicht in den Ozean der Welten alle
Will ich mich stürzen! schweben nicht,
Wo die ersten Erschaffnen, die Jubelchöre der Söhne des Lichts,
Anbeten, tief anbeten! und in Entzückung vergehn!
Nur um den Tropfen am Eimer,
Um die Erde nur, will ich schweben, und anbeten!

Friedrich Gottlieb Klopstock: Die Frühlingsfeier, 1771 [endgültige Fassung]

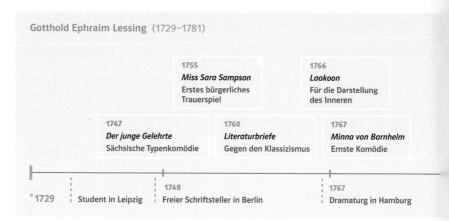

Gotthold Ephraim Lessing (1729–1781)

1755
Miss Sara Sampson
Erstes bürgerliches
Trauerspiel

1766
Laokoon
Für die Darstellung
des Inneren

1747
Der junge Gelehrte
Sächsische Typenkomödie

1760
Literaturbriefe
Gegen den Klassizismus

1767
Minna von Barnhelm
Ernste Komödie

°1729

1748
Freier Schriftsteller in Berlin

1767
Dramaturg in Hamburg

Student in Leipzig

Die überragende Gestalt der deutschen Aufklärung: Lessing

Gotthold Ephraim Lessing (1729–1781)

Der Sohn aus protestantischem Pfarrhaus, erzogen in der Klosterschule St. Afra in Meißen, studierte Theologie und Medizin in Leipzig, wo er die Theatergruppe der Neuberin kennen lernte, die 1748 sein Stück ‚Der junge Gelehrte‘ aufführte, geschrieben im Stil der sächsischen Typenkomödie. Anschließend suchte er als freier Schriftsteller zu leben, meistens in Berlin, wo er den französischen Aufklärer Voltaire kennen lernte, ohne sich aber mit ihm befreunden zu können. Zu seinem engeren Freundeskreis zählten der Verleger und Schriftsteller Friedrich Nicolai und der jüdische Philosoph Moses Mendelssohn; mit ihnen zusammen gab er die ‚Briefe die Neueste Literatur betreffend‘ heraus (1759/65), welche die Kunsttheorie der klassizistischen Phase der Aufklärung beendeten. Als Beispiel der von ihm erstrebten modernen Tragödie hatte er zuvor schon ‚Miss Sara Sampson‘ (1755) geschrieben. Mit den ‚Fabeln‘ (3 Bde., 1759) stellte er die antike Tierfabel in den Dienst aufklärerischer lebenspraktischer Lehre. Im Siebenjährigen Krieg war er Sekretär des preußischen Generals Tauentzien; die Erinnerung an diese Zeit spricht aus der Komödie ‚Minna von Barnhelm‘ (1767). Ein Jahr zuvor war die theoretische Schrift ‚Laokoon oder Über die Grenzen der Mahlerey und Poesie‘ erschienen. Aufgrund finanzieller Schwierigkeiten, aber auch um die Entstehung einer deutschen Nationalliteratur zu fördern, nahm Lessing eine Stellung als Kritiker am Hamburger Nationaltheater an. Seine Aufgabe war, die aufgeführten Werke zu besprechen. Die Besprechungen erschienen später gesammelt unter dem Titel ‚Hamburgische Dramaturgie‘ (1767/69). Nach dem Scheitern des Hamburger Unternehmens folgte er dem Angebot, Herzoglicher Bibliothekar in Wolfenbüttel zu werden. Dort entstand sein bürgerliches Trauerspiel ‚Emilia Galotti‘ (1772). Als Bibliothekar gab er neben Schriften der herzoglichen Bibliothek auch die ‚Fragmente eines Ungenannten‘ heraus (3 Bde., 1774, 1777 und 1778), nämlich des Deismus geprägten Schriften des verstorbenen Gymnasialprofessors Reimarus. Daraufhin verwickelte ihn die lutherische Geistlichkeit, vor allem der Hamburger Hauptpastor Johann Melchior Goeze, in eine aufsehenerregende Polemik, die damit endete, dass Lessing von seinem Herzog ein Schreibverbot erhielt. In seinem Schauspiel ‚Nathan der Weise‘ (1779), das aber erst nach seinem Tod aufgeführt wurde, und in der geschichtstheologischen Schrift ‚Die Erziehung des Menschengeschlechts‘ (1789) setzte er den Streit indirekt fort. Er starb berühmt, vereinsamt und enttäuscht.

1772
Emilia Galotti
Inbegriff des bürger-
lichen Trauerspiels

1774/78
Fragmentenstreit
Praktisches Christentum
gegen Orthodoxie

1780
*Erziehung des Menschen-
geschlechts*
Verbindung von Vernunft
und Offenbarung

1767/69
Hamburgische Dramaturgie
Dramentheorie nach Aristoteles

1779
Nathan der Weise
Aufgeklärte Humanität und Toleranz

1770
Bibliothekar in Wolfenbüttel

† 1781

Der Kritiker und Ästhetiker

In seinen frühen kritischen Schriften geht Lessing von Gottscheds Wertmaßstab regelmäßiger Ausführung allmählich zur Frage nach der Wirkung über. Im 17. und im 81. Literaturbrief und in der ‚Hamburgischen Dramaturgie' lehnt er dann Gottsched und dessen klassizistische französische Muster (vor allem Corneille und Voltaire) entschieden ab. Er verweist dagegen auf Shakespeare, daneben auch auf Diderot, und sucht das durch Berufung auf die griechische Klassik zu rechtfertigen, deren Regeln Shakespeare besser entspreche. Dabei bezieht er sich vor allem auf Aristoteles' Begriff der Katharsis und fordert, die Tragödie müsse Mitleid mit dem („mittleren") Helden, das heißt Furcht für ihn als für unseresgleichen, erregen und den Zuschauer dadurch bessern; das Schicksal außergewöhnlich guter oder schlechter Menschen sei dagegen nur schrecklich. Nicht die mechanische Befolgung der Regeln, etwa der drei Einheiten sei nötig; der Dichter müsse vielmehr die tiefere Einheit zwischen verschiedenen Handlungen und Empfindungen herausarbeiten. Das sei Sache des Genies, nicht des nur witzigen Kopfs. Die Stürmer und Dränger machen diese Begriffe zu ihren Leitmotiven. Auch im ‚Laokoon' geht Lessing von der mitleiderregenden Schmerzäußerung des „mittleren" Helden und damit ebenfalls von der Wirkung aus. Hier sucht er, die Eigenart der Dichtung zu bestimmen und sie gegenüber der Malerei, damit auch gegenüber malenden Dichtungen in der Nachfolge Bodmers und Breitingers, zu verteidigen. Die Malerei nämlich schien am besten zu leisten, was man nun verlangte: Nachahmung der Natur. An ihr entzündete sich daher während des ganzen 18. Jahrhunderts die kunsttheoretische Diskussion. Beispielgebend dafür waren die Schriften Winckelmanns, die auch Lessing anregten. Nach Lessing vermittelt die Malerei die Anschauung des Nebeneinanders, die Dichtung dagegen stellt ein ganzes Geschehen im Nacheinander dar und wirkt stärker auf die Fantasie; dadurch ist sie imstande, die Empfindungen, die innere Natur der Figuren, im Leser zu wiederholen.

Zu Katharsis siehe S. 15.

Zu den Regeln von den drei Einheiten siehe S. 65 und 84.

Ende des 18. Jahrhunderts entdeckte der Gelehrte Johann Joachim Winckelmann die griechische Skulptur neu und erhob sie zum Maßstab für künstlerisches Schaffen. Siehe S. 96.

Der Dramatiker

Das Typenspiel, das Lessing im ‚Jungen Gelehrten' noch vertritt, wird von ihm durch die Übernahme ernsthafter Probleme vertieft und durch den Übergang von der Typen- zur Charakterdarstellung psychologisiert. In ‚Minna von Barnhelm' schließlich sind Rührung, Komik und Problem zu einer neuartigen Einheit verbunden. Der Liebesgeschichte mit ihren komischen Verwicklungen steht ein ernsthaftes Problem zur Seite: der Krieg. Das Stück zeigt die finanziellen, aber auch die ethischen Folgen des Kriegs für die ganze Gesellschaft. Mit seinem Ende verliert ein Selbst- und Weltverständnis seine Grundlagen, das an Ehre und Uniform geknüpft ist. Tellheim, der edel an seiner Ehre festhält, wäre darum fast an der ganzen Weltordnung verzweifelt. Davor retten ihn die Vertreter einer neuen Wertordnung, die auf Gleichheit (auch Gleichheit der Geschlechter) und Gegenseitigkeit beruht. „Gleichheit ist allein das feste Band der Liebe," sagt Minna. Auf der Grundlage von Gleichheit und Gegenseitigkeit, die durch das Spiel mit den Ringen im 5. Aufzug symbolisiert werden, können sich Mitleid, Freundschaft, Liebe entfalten; sie erlauben, hinter der Uniform den edlen Menschen zu erkennen. Nur äußerlich wird die alte Wertordnung durch einen königlichen Erlass schließlich doch gerettet; als äußerliche, die man freilich nicht mit lächerlicher Starrköpfigkeit vertreten darf, bleibt sie dann aber auch bestehen. Die Heirat verbindet die Vertreter der beiden Kriegsparteien und der beiden Wertordnungen.

Zum bürgerlichen Trauerspiel siehe S. 65 f.

In Lessings bürgerlichen Trauerspielen wird die Familie nicht mehr durch Blutsbande, sondern durch Erziehung, Tugend und Empfindungen gegenseitiger Zärtlichkeit zusammengehalten. In ‚Miss Sara Sampson' lernt die zunächst schuldige Heldin, die Tugend zu verinnerlichen, so dass sie als rührende Unschuld stirbt und dadurch die Tugend der anderen festigt. In ‚Emilia Galotti' stirbt nicht die wiedererrungene, sondern die durch den unmoralischen absolutistischen Hof gefährdete Unschuld. Allerdings begeht der Vater den Fehler, die Familie völlig vom Hofleben zu trennen. Emilia ist verführbar, weil sie nicht durch angemessene Erziehung auf das Hofleben und seine Gefahren vorbereitet wurde. Der Vater denkt nur daran, die Familie von verderblichen Einflüssen freizuhalten. Indem er die Tochter tötet, rettet er die Familie, aber nur, indem er sie zugleich zerstört. Beide, der absolutistische Herrscher wie der Vertreter einer sich starr abgrenzenden bürgerlichen Moral, haben sich verrechnet.

Der Theologe

Zum Fragmentenstreit siehe S. 72.

Im sogenannten Fragmentenstreit geht es um das Verhältnis von Vernunft und Offenbarung. Für Lessings Gegner, Pastor Goeze, ist die Bibel unkritisierbare, geoffenbarte Wahrheit. Lessing sucht sie teilweise der Kritik einer Vernunft zu unterwerfen, die ständig auf dem Weg zur Wahrheit ist, Hypothesen aufstellt, sie durch Erfahrung und Diskussion überprüft, neue aufstellt usf. Lessing schwächt also den Offenbarungsglauben ab zugunsten fortschreitender Vernunft. Zugleich nimmt er dem Streit die Spitze, indem er die praktische Wirkung gelebten Christentums über die theologische Diskussion stellt.

Toleranz ist ein Gebot der deistischen Vernunftreligion, weil diese sich des Urteils über theologische Streitfragen enthält und die Religion nur im Hinblick auf ihre praktische Wirkung bewertet.

Das ist auch der Sinn der Ringparabel, die im Zentrum des Dramas ‚Nathan der Weise' steht: Das praktische Verhalten der Gläubigen ist wichtiger als der Streit darum, welchem Glauben die höhere Autorität zukommt. Die Entscheidung für eine bestimmte Religion ist nicht für alle zwingend zu begründen; die wahren Gläubigen üben daher untereinander Toleranz und suchen in anderen hinter allem Äußerlichen das zu erkennen, was ihnen an Humanität gemeinsam ist. Im symbolischen Schlussbild finden die Vertreter verschiedener Religionen und Gesellschaftsschichten als Angehörige einer einzigen Familie zusammen. Mit diesem philosophischen Drama, weder Komödie noch Tragödie, löst der geschmeidige, dem unpathetischen Sprecher gemäße Blankvers (reimloser fünfhebiger Jambus) endgültig den feierlichen Alexandriner des Barockdramas ab.

Was im ‚Nathan‘ bildlich gezeigt wird, die Verbindung von Handeln, Erkennen und Glauben, wird in der Schrift ‚Die Erziehung des Menschengeschlechts‘ an einem theoretischen Denkmodell durchgeführt. Lessing bestimmt hier das allmähliche und unendliche Fortschreiten der Vernunft als Erziehung der Menschheit durch Gott, befördert durch die Offenbarung, die sich in diesem Prozess durch ihre erfolgreiche Wirkung selbst allmählich überflüssig macht. Indem Lessing die Offenbarung an den Gedanken einer Erziehung der Menschheit knüpft, verwandelt er Theologie in Geschichtsphilosophie.

Blankvers

Wie sehr der Blankvers für Rede und Gegenrede geeignet ist, zeigt dieses Beispiel aus Lessings *Nathan* (IV, 8):

DAJA: *Denkt doch, Nathan!*
NATHAN: *Nun?*

[Der regelwidrige trochäische Einsatz verleiht Dajas Ausruf Nachdruck; er unterbricht Nathans hoffnungsfrohe Stimmung. Das Fehlen der zwei letzten Hebungen lässt eine lange Pause nach der Frage entstehen: Nathan hat Verdacht geschöpft, und Daja ist mit Recht verlegen. Die folgenden Blankverse sind ganz regelmäßig; umso auffälliger ist die doppelte Unterbrechung des Satzflusses durch die Frage nach dem Patriarchen bzw. den Hinweis auf Sittah: Nathans Befürchtung, der Patriarch habe Recha holen lassen, macht, dass er die gute Nachricht zunächst nicht versteht.]

DAJA: *Das arme Kind erschrak wohl recht darüber!*
Da schickt …
NATHAN: *Der Patriarch?*
DAJA: *Des Sultans Schwester, Prinzessin Sittah …*
NATHAN: *Nicht der Patriarch?*
DAJA: *Nein, Sittah! – Hört Ihr nicht? – Prinzessin Sittah –*
Schickt her und lässt sie zu sich holen.
NATHAN: *Wen?*
Lässt Recha holen? – Sittah lässt sie holen? –
Nun wenn sie Sittah holen lässt, und nicht
Der Patriarch …
DAJA: *Wie kommt Ihr denn auf den?*

Wissenschaft und politisches Engagement: Forster

Georg Forster (1754–1794)

Der Danziger Pfarrerssohn nahm an der berühmten Weltumseglung des Kapitäns Cook teil und schrieb den wissenschaftlichen Expeditionsbericht. Als Gelehrter veröffentlichte er neben geographischen, natur- und völkerkundlichen, philosophischen, ästhetischen und politischen Schriften auch die Beschreibung einer zusammen mit Alexander von Humboldt unternommenen Reise: ‚Ansichten vom Niederrhein' (1791/94). Begeistert begrüßte Forster die Französische Revolution (‚Erinnerungen aus dem Jahr 1790', 1792). Als die französischen Truppen in Mainz einrückten, schloss er sich dem alsbald gegründeten Kreis radikaler Demokraten, dem Jakobinerclub, an. Anschließend reiste er als Vertreter der rheinischen Demokraten nach Paris, wo die ‚Parisischen Umrisse' (1793/94) und die ‚Darstellung der Revolution in Mainz' (erst 1843 veröffentlicht) entstanden. Ein knappes Jahr nach seiner Ankunft erkrankte er und starb.

Forster zieht aus der Aufklärung die praktischen politischen Konsequenzen, die über diese geistige Bewegung im engeren Sinn hinausführen. Seine politischen Schriften gehören zu den ersten bedeutenden Zeugnissen der in Deutschland kaum ausgeprägten Kultur des politischen Essays. Forster hebt die Reisebeschreibung auf das Niveau vergleichender Völker- und Länderkunde, die von der unmittelbaren Anschauung ausgeht und in wissenschaftlichem Überblick natürliche Gegebenheiten, Geschichte und gesellschaftliche Zustände verbindet.

AUFKLÄRUNG

Zentrale Vorstellung: selber denken und miteinander fühlen

Diesseits – Jenseits – Geschichte

Das Diesseits ist uns zu Erkundung und maßvollem Genuss überlassen (Glück, aber keine Pracht-entfaltung), damit wir uns zu bewussteren und besseren Menschen entwickeln können (geschicht-licher Fortschrittsoptimismus) . In der funktionalen Schönheit der Natur zeigt sich Gottes Werk.

Natur

Die verborgene Ordnung der vorläufig noch fremden Natur ist zu erforschen, ihre Harmonie lässt sich genießen. Das gilt für die materielle Natur draußen wie für die seelische Natur im Menschen-innern. Als gewiss gilt aber: Die Natur hat allen Menschen grundsätzlich die gleichen Fähigkeiten zugeteilt.
Leitwissenschaft: Biologie, Medizin und Psychologie. Sie lehren den Menschen, die Naturerschei-nungen zu ordnen und sich selbst zu erkennen und seelische Harmonie zu erreichen.

Gesellschaft

Die gesellschaftliche Ordnung muss durch die Zustimmung der Menschen gerechtfer-tigt werden, sei es auch nur einmal in einem Staatsvertrag zu Beginn der Geschichte.

Der einzelne Mensch

Jeder Mensch hat Teil an der natürlichen Vernunft, er darf und soll daher selber den-ken. Damit verliert er freilich den Halt der Ständeordnung. Die Pflege von Gefühlen der Gemeinsamkeit und Mitmenschlichkeit kann dem in gewissem Maß abhelfen.

Zwischenmenschlicher Bezug

Sofern die Menschen in ihren Anlagen und Rechten gleich sind, werden die Bezüge zwischen ihnen vom Tausch her gedacht (gleichberechtigtes Geben und Nehmen). Da die wirklichen Menschen aber ihre Fähigkeiten noch nicht voll ausgebildet haben, müssen sie sich über ihren gemeinsamen Weg verständigen und einander in der Ausbildung der Fähigkeiten helfen. Das geschieht durch: Diskussion in der bürgerlichen Öffentlichkeit – Erziehung zur Mitmenschlichkeit – Patriotische Gesellschaften – Pflege der Gemeinsamkeit unter Freunden.

Literatur

Die Literatur fördert die Erziehung zur Tugend in der Darstellung des privaten bürgerlichen Alltagslebens. Dieses soll so dargestellt werden, dass der normale Bürger sich wiedererkennen kann (kein Tugendheld, sondern „mittlerer Charakter"). Zur Tugend führende Gefühlsbewegungen werden weniger durch rhetorische Mittel erregt, als vielmehr durch die Beschreibung gefühlvoller Szenen.

Literarische Gattungen

Der moderne Roman, der psychologisches Interesse mit umfassender Gesellschaftsdarstellung verbindet, tritt seinen Siegeszug an. Im Drama, in dem nun der Blankvers vorherrscht, fällt die Ständeklausel: Die Familienkonflikte auch des Bürgertums werden tragödienwürdig, und wo das Bürgertum weiterhin komisch dargestellt wird, in der sächsischen Typenkomödie, soll zugleich die Untugend gebessert werden. Die Mischform des weinerlichen Lustspiels entsteht. Die Lyrik dient der witzigen Belehrung oder dem Gefühlsausdruck.

5 Sturm und Drang (1765–1785)

AUF EINEN BLICK

Goethe mit seinen
Freunden auf dem
Straßburger Münster,
Postkarte,
19. Jahrhundert.

Das frei gewählte freundschaftliche Miteinander wurde einer neuen Generation junger Literaten Bedürfnis und zum Kult. Sie trafen sich in freier Natur, fühlten sich auch auf dem Straßburger Münster mit weitem Blick übers Rheintal in der Natur wohl.

Besonders wenn man von dort aus die untergehende Sonne mit einem Glas Wein verabschiedete, so wie Goethe und seine Freunde es gerne taten. Die Darstellung der Freundesgruppen entspricht der Genie-Poetik. In der einen Abbildung verweist der Münsterturm darauf, den Goethe in seiner Schrift ,Von deutscher Baukunst' (1772) als Werk des genialen Baumeisters Erwin von Steinbach beschreibt. Nach Goethes Deutung ist das Straßburger Münster in seiner Erhabenheit Ausdruck von Natur. In der anderen liest Schiller nicht wirklich vor; er kennt seinen Text wohl auswendig. Den Blick nach oben gerichtet, liest er aber die erhebenden Gefühle, die er im genialischen Herzen spürt, aus dem gefühlten Ganzen der Natur heraus; so wird er vorlesend zum Vermittler der ursprünglichen Natur. Die dichterische Auseinandersetzung mit den Räuberbanden der Zeit und das Lob des Straßburger Münsters richten sich gegen gesellschaftliche Regeln, die nicht der Natur entsprechen. Nach absolutistischer Auffassung sollte der Staat eine funktionierende Maschine sein, die der Fürst nach seinem Willen lenkt. Die zeitgenössische politische Kritik in Frankreich, die zur Revolution führen sollte, wollte den nach Regeln funktionierenden Staat beibehalten, nur dass

Schiller liest seinen
Regimentskameraden
im Bopserwald bei
Stuttgart aus den
‚Räubern' vor, aquarel-
lierte Federzeichnung
von C. A. Heideloff.

diese Regeln vom gedachten Willen des gesamten Volkes statt von einem konkreten
Souverän ausgehen sollten. Die politische Kritik der Stürmer und Dränger richtete
sich gegen den Ordnungsgedanken als Ausdruck willkürlichen Zwangs überhaupt.
So kommt es zur Sympathie mit gesellschaftlichen Außenseitern, mit anarchischen
Elementen, ja sogar mit Räuberbanden, die damals eine Landplage waren. Zwar unterscheidet Schiller den gemeinen Räuber vom edlen Räuber – der edle Räuber ist
eine Gestalt zeitgenössischer Literatur – und lässt den edlen Räuber schließlich auch
sein Unrecht einsehen, dennoch konnte das Stück als gesellschaftskritische Verherrlichung von Räuberbanden gelesen werden, wozu das von unbekannter Hand einge-
setzte Motto ‚In tyrannos' (gegen die Tyrannen) beitrug. Auch das Mittelalter wird
aufgewertet. Goethes Stück ‚Götz von Berlichingen' schlägt mit seiner Verherrlichung
des Raubritters den Bogen vom Mittelalter zu den anarchischen Außenseitern der Gesellschaft. Und der Architekt des mittelalterlichen Münsters, Steinbach, ist für Goethe
in der Architektur das, was ihm in der Literatur Shakespeare ist. Dessen Dramen stehen
nach Auffassung der Stürmer und Dränger weit über den Stücken der französischen
Klassiker Pierre Corneille und Jean Racine, die zu dieser Zeit hoch im Kurs standen.
Deren trockene, regelbestimmte Begrifflichkeit war für Goethe Unnatur, Shakespeare
Natur.

BILD DER EPOCHE

Protestierende Jugend

Der Sturm und Drang ist eine Protestbewegung junger Intellektueller, die nicht selten aus unteren Gesellschaftsschichten stammen. Das aufklärerische Ideal der Selbstbestimmung hat sie ergriffen, insofern gehören auch sie zur Aufklärung; angesichts von Fürstenherrschaft und Untertanengesinnung scheint es ihnen aber unmöglich, dieses Ideal durch allgemeine Erziehung zu verwirklichen. Daher protestieren sie sowohl gegen Fürstenwillkür als auch gegen die erzieherischen Vernunft- und Tugendforderungen der Aufklärung, die ihnen als Zwang erscheinen. Statt dessen pflegen sie weiter die Gefühle der Empfindsamkeit, geben ihnen aber eine antiautoritäre Wendung.

Individualität und Originalität

Den Gedanken allgemeiner Erziehung ersetzen sie durch denjenigen persönlicher Bildung. Der Einzelne soll nicht nur selbstständig zu urteilen suchen, sondern auch alle seine Fähigkeiten in tätigem Wirken zu einem harmonischen, unteilbaren Ganzen (Individualität) ausbilden. Dabei wird er auf die Vernunftforderung nach weiser Bescheidung keine Rücksicht nehmen, sondern allein darauf bedacht sein, seine Unabhängigkeit vor den gesellschaftlichen Konventionen zu schützen. So erweitert sich das Ideal der Selbstständigkeit zum Ideal einer harmonisch schöpferischen und unabhängigen Einzigartigkeit (Originalität), die sich ständig weiterentwickelt.

Herz

Der so verstandene individuelle Mensch lebt aus dem fühlenden Herzen heraus, von dem schon die pietistische Bewegung spricht. Zwischenmenschliche Beziehungen sind nur dann von Wert, wenn das ganze Herz, also der ganze Mensch, völlig in ihnen aufgehen, wenn einem das jeweilige Gegenüber alles sein kann. Liebe und Freundschaft werden mit dem Gefühl des Unendlichen verbunden, aber auch überfordert.

Melancholie und Psychologie

Die Physiognomik nach Lavater geht von dem Grundsatz aus, dass nichts den Menschen so sehr verunstaltet wie das Laster, nichts den Menschen so sehr verschönert wie die Tugend.

Zu Lichtenberg siehe S. 66.

Dadurch, dass sie sich von allen gesellschaftlichen Bindungen zu lösen suchen, empfinden die Stürmer und Dränger Vereinzelung und Einsamkeit umso stärker. Ihr Protest schlägt daher leicht um in Melancholie. Zugleich fördert ihre Selbstbezogenheit die psychologische Selbstbeobachtung, mit welcher der Pietismus begonnen hatte. Eine einflussreiche psychologische Richtung der Epoche ist die Physiognomik des Pietisten Johann Kasper Lavater; er glaubt, aus Gesichtsausdruck und Körperform auf den Charakter schließen zu können. Dagegen polemisiert Georg Christoph Lichtenberg, der neben Karl Philipp Moritz das moderne psychologische Denken begründet.

Ursprüngliche Natur

Natur ist nun nicht mehr die allgemeine Vernunftnatur, sondern die ursprüngliche, noch ungestörte, kraftvoll sich entwickelnde Einzigartigkeit. Die Stürmer und Dränger suchen sie auf im Kindlichen, bei ländlichem Volk und einfachen Frauen, bei gesellschaftlichen Außenseitern; sie glauben sie bewahrt in der ländlichen Schweiz oder im jugendlichen Amerika. Als Ort ursprünglicher Natur wird auch die Landschaft entdeckt; ihr gegenüber kann sich das Herz noch besser öffnen als gegenüber einer einzelnen Person. Natur verkörpern schließlich auch das Genie und der „große Kerl", der sich nicht scheut, gegen die ganze Welt anzutreten.

Geschichte als organische Entwicklung und als Abfall vom Ursprung

Originalität wird durch allgemeine Erziehung nur zerstört; sie muss sich organisch entfalten, so wie die Pflanze aus dem Samen emporwächst, in dem sie schon ganz angelegt ist. Das gilt für einzelne Menschen wie für einzelne Völker. Die ideale Lebens- oder Völkergeschichte erscheint daher als organisches Wachstum. Dabei sind alle Wachstumsstufen gleichwertig; es gibt keinen Fortschritt, nur Entfaltung. Zeiten, die solche organische Entwicklung nicht erlauben, werden kritisch als Abfall von einem idealen, ursprünglich-natürlichen Zustand beschrieben, in dem Individualität und Originalität noch möglich waren. Darum verherrlichen die Stürmer und Dränger die Vergangenheit, teils das alte Griechen- oder Judentum, häufiger noch das alte Germanien, aber auch das Mittelalter.

Nation

Da sie die Entwicklung der Nationen analog zu der Entwicklung des einzelnen Menschen sehen, wertschätzen die Stürmer und Dränger nicht nur die persönliche, sondern auch die nationale Einzigartigkeit. Diese sehen sie am besten bewahrt beim einfachen Volk. Die Nationen sollten friedlich nebeneinander wachsen, um in ihrer bunten Mannigfaltigkeit alle Seiten der Menschheit darzustellen. Staaten hingegen gelten eher als unwichtige und unnatürliche Gebilde.

Der wirkende Gott

Das Gottesbild des Sturm und Drang wandelt sich gegenüber dem der Aufklärung. Der abstrakte Weltschöpfer des Deismus wird nun der Empfindung zugänglich, indem er sich entweder dem empfindsam-enthusiastischen Allgefühl offenbart, das ihn im Landschaftserlebnis als Erzeuger und Erhalter allen tätigen Lebens spürt, oder indem er sich in den organischen Entwicklungsprozessen als treibende lebendige Kraft ahnen lässt. Der so erfühlte Gott wird weniger als Person verstanden denn als geistig-schöpferisches Prinzip der Natur.

Zu Deismus siehe S. 58.

Philosophische Grundlagen

Am meisten werden die Stürmer und Dränger vom Naturgedanken des Franzosen *Jean-Jacques Rousseau* beeinflusst. Für ihn ist der Mensch von Natur aus gut, wird dann aber durch die Zivilisation verdorben. Im Gefühl, nicht zuletzt in der stummen Bewunderung des Alls, ist ihm die verlorene Natürlichkeit aber wieder zugänglich. Rousseau entwirft Idealmodelle, die der menschlichen Natur entsprechen sollen, sowohl ein Modell der naturgemäßen Erziehung als auch das einer (radikaldemokratischen) Staatsform.

Dem neuen Erlebnis der Allnatur liegt neben der pietistisch-empfindsamen Tradition auch der Pantheismus (Lehre von dem einen Gott in allem, also von der Allbeseeltheit der Natur) des Niederländers *Baruch Spinoza* zugrunde. Er lehrt, dass alles Seiende sich auf eine einzige unendliche Substanz zurückführen lässt, die im Hinblick auf ihr geistiges Inneres Gott zu nennen ist; Gott ist demnach die geordnet wirkende Natur in der bewirkten materiellen Natur.

Vernunftfeindschaft und Sprachmetaphysik der Stürmer und Dränger können sich auf das Werk des Königsberger Philosophen *Johann Georg Hamann* stützen, der dem späten Pietismus verbunden war. Seine Hauptwerke sind die ‚Sokratischen Denkwürdigkeiten' (1759) und die ‚Kreuzzüge des Philologen' (1762). Nach ihm hat Gott sich zwar im Wort der Bibel offenbart, das der Schlüssel zum Buch der Natur und zum Buch der Geschichte ist, aber Bibel, Natur und Geschichte lassen sich nicht auf

Der Geniekult ist eines der zentralen Konzepte des Sturm und Drang, das mit auf Hamann zurückgeht. Siehe S. 83.

rationale Weise entziffern; nur das enthusiastische Gefühl des Genies erahnt die tiefere Bedeutung ihrer Sprache, wenn es vom göttlichen Hauch getroffen wird. Die übliche, rational entzifferbare Sprache ist ursprungsfern; Ursprache ist die Poesie.

Das Geschichtsverständnis der Epoche wird von dem Historiker und Politiker *Justus Möser* mitgeprägt, der Geschichte als Werden eines Volkes versteht und das Mittelalter als eine Zeit größerer individueller Freiheit.

Unter den Stürmern und Drängern selbst ist zunächst *Friedrich Heinrich Jacobi* zu nennen. Er sucht im Glauben Erlösung von der Maßlosigkeit und Unzufriedenheit des geniehaften Menschen. Die hervorragende Gestalt der Bewegung aber ist Johann Gottfried Herder (s. unten).

LITERARISCHES LEBEN

Wendung ins Private

Einige Kennzeichen des literarischen Lebens in Aufklärung und Empfindsamkeit gelten auch für die Stürmer und Dränger: Ihr Geniekult entspricht der Situation des freien Schriftstellers, ihre enthusiastischen Freundschaften kommen der zeitgemäßen Vorliebe für Freundschaftsbünde entgegen. Ihr Originalitätsstreben verhindert aber, dass sie das literarische Leben gemeinsam und systematisch zu beeinflussen suchen. Kennzeichnend sind private Freundeskreise.

Göttinger Hain

Die Freundschafts-
bünde haben Aufklä-
rung, Empfindsam-
keit und Sturm und
Drang gemeinsam.
Siehe S. 62 und 78.

Eine Sonderströmung im Sturm und Drang bildet der Göttinger Hainbund (1772–75), ein Studentenkreis, der in pietistisch-empfindsamer Tradition wurzelt. Die Hainbündler umgeben ihren Freundschaftskult mit dem Mondlicht germanischer Wälder und dem Glanz vermeintlich deutscher Tugend. Diese Deutschtümelei richtet sich gegen die französisch geprägte Hofkultur und damit auch gegen die Fürstenherrschaft. Die Mitglieder des Kreises, der sich um den ‚Göttinger Musenalmanach‘ sammelt, sind Johann Heinrich Voß, Ludwig Heinrich Christoph Hölty, die Grafen Christian und Friedrich Leopold von Stolberg sowie Johann Anton Leisewitz. Organisator des Kreises ist Heinrich Christian Boie. Die Hauptleistung der Göttinger liegt auf dem Gebiet der Lyrik. In dieser Gattung haben sie, wenngleich nicht als einzige, den einfachen Volksliedton und den Ausdruck elementarer Natur eingeführt. Dem Hainbund verwandt ist der empfindsame Kreis in Darmstadt, dem Johann Heinrich Merck angehört.

Kreise um Goethe

Private Freundeskreise bildeten sich um Goethe in Straßburg (1770–71) und Frankfurt a. M. (1771–75). In Straßburg, wo er zusammen mit Heinrich Leopold Wagner studierte, lernte Goethe auch Herder, Lenz und den Pietisten Johann Heinrich Jung-Stilling kennen. Während der Frankfurter Zeit schloss er Freundschaft mit Friedrich M. Klinger und mit Friedrich Müller (Maler Müller), durch Johann Heinrich Merck wurde er in den Darmstädter Kreis eingeführt. Das literarische Programm dieser Kreise vertreten die von Merck herausgegebenen ‚Frankfurter Gelehrten Anzeigen‘.

THEORIE UND FORMEN DER LITERATUR

Volksdichtung

Die Hochschätzung der ursprünglichen Natur und der nationalen Besonderheit bestimmen Sprach- und Dichtungsauffassung. In der Volksliteratur sucht man Reste der ursprünglichen und darum besonders poetischen Sprache sowie den charakteristischen Ausdruck der eigenen Nation zu finden. Volkstümliches Puppentheater und die alten Volksbücher werden aufgewertet, man sammelt Volkslieder und verfasst Bardengesänge in der Nachfolge Klopstocks. Begeisterung löst das Epos eines alten keltischen Sängers namens *Ossian* (in Wirklichkeit das Werk eines Zeitgenossen, des Schotten James Macpherson) aus, weil man zu fühlen meint, wie eine ursprüngliche, wilde und melancholische Stimmung hier unmittelbar und volksnah ausgedrückt wird.

In Goethes Briefroman ‚Die Leiden des jungen Werthers' gibt die gemeinsame Ossian-Lektüre Werthers und Lottes der Romanhandlung eine entscheidende Wende.

Genie

Individualität und Originalität werden vor allem vom Künstler erwartet. Wenn er sie verkörpert und seinem Werk aufprägt, ist er ein Genie (oder: Originalgenie). Das Genie stellt nicht, wie die Aufklärung meinte, die allgemeine Vernunftnatur dar, sondern das jeweils Charakteristische eines Menschentyps, eines Volkes, einer Epoche. Die charakteristische Darstellung arbeitet das Unterscheidende, Besondere heraus, zeigt es aber in seinem jeweiligen inneren Zusammenhang als organisches Ganzes. Darum darf das Genie sich keinen allgemeinen Regeln unterwerfen – für Lessing dagegen waren Genie und Regel noch vereinbar –, sondern es muss die jeweils charakteristische innere Form seines Gegenstandes finden.

Genie
(von lat. genius = „Schutzheiliger", „der Erzeuger"; später dann: natürliches, angeborenes Talent; Begabung).

Weil es selbst dabei ist, sich zu einem organischen Ganzen zu bilden, trägt das Genie das Prinzip der inneren Form in der eigenen Brust, nicht im Verstand, sondern im Herzen, mit dem es teilhat an der ursprünglichen Natur. Es spricht daher enthusiastisch und (dem Anspruch nach) unmittelbar aus der Fülle seiner Empfindungen heraus. Insofern es aus seinem eigenen Innern schöpft, ahmt das Genie nicht nach, wie die Aufklärung verlangt, sondern es ist schöpferisch. Als Schöpfer kann das Genie selbst mit Gott, seine Dichtung mit der göttlichen Schöpfung verglichen werden. Wie diese wird dann die Dichtung zur Offenbarung, nämlich zur Offenbarung schöpferischer Individualität.

Drama

Das Drama ist die wichtigste Gattung der Epoche. Es zeigt, wie Individualität und Natürlichkeit durch politische, moralische oder religiöse Unterdrückung zerstört werden. Um das Mannigfaltige, Charakteristische und Natürliche darzustellen, reiht man Kurzszenen aneinander, die meist in Prosa geschrieben sind. Die Helden sind entweder naturhaft-ursprüngliche „große Kerls" und „Selbsthelfer", die ihr Recht ganz allein durchzusetzen suchen, oder Menschen, die in beengten Verhältnissen gefangen sind. Ein Selbsthelfer, der schließlich doch untergeht, ist Johann Wolfgang Goethes ‚Götz von Berlichingen mit der eisernen Hand' (1773). Mit Jakob Michael Reinhold Lenz und Friedrich Maximilian Klinger beginnt das sozialkritische Drama. Lenzens Tragikomödie ‚Der Hofmeister oder Die Vorteile der Privaterziehung' (1774) schildert Unterdrückung und Sexualnot eines Theologiestudenten, der als Hauslehrer sein Leben fristet. Das Theologiestudium wurde von den ärmeren Intellektuellen gewählt, weil es das billigste Studium war; es eröffnete aber meist auch keine Aussichten auf eine einträgliche Stellung. Des gleichen Autors Tragikomödie ‚Die Soldaten' (1774), die von einem Mädchen handelt, das von Offizieren verführt wird und als Bettlerin endet, macht zusammen

Neben dem ‚Götz' (siehe S. 102) sind beispielhaft für Selbsthelfer in der Literatur auch Schillers ‚Die Räuber' (siehe S. 108). Das Selbsthelfer-Motiv findet sich auch in Kleists ‚Michael Kohlhaas' bis hin zu Dürrenmatts ‚Der Besuch der alten Dame'.

mit der Sozialkritik an hochmütigen und leichtfertigen Offizieren und großtuerischem Bürgertum wiederum die Sexualität zum Thema. Klinger verbindet in seinem Drama ‚Das leidende Weib' (1775) Hofkritik mit der Kritik an der Sexualmoral.

Sowohl die Selbsthelfer als auch die Getretenen sind Außenseiter, die sich anpassen oder untergehen müssen. Ihr Kampf um Unabhängigkeit richtet sich häufig auch gegen die väterliche Autorität. Die empfindsamen Züge des bürgerlichen Trauerspiels werden dadurch um aggressive vermehrt. Die Familie ist nun auch von innen bedroht: Söhne kämpfen gegen ihre Väter, Brüder konkurrieren um die Nachfolge, eheliche Treue wird zum Problem. Idyllischer Familienfriede ist nicht mehr verbürgt, man ersehnt ihn vergeblich. Vom Bruderkampf handelt Klingers Drama ‚Die Zwillinge' (1776). Weniger gelungen ist sein Drama ‚Sturm und Drang' (1777), das der Periode den Namen gab. Ein Missverständnis wird hier zum Anlass dafür, dass heftige Gefühle sich austoben. In Schillers ‚Räubern' verbindet sich das Thema des Aufruhrs mit dem Bruderkonflikt.)

Den Frauen ist antiautoritärer Protest nicht gestattet. Erscheinen Frauen, die sich wie die großen Kerls verhalten, so werden sie zugleich als rücksichtslos und machtgierig dargestellt, so etwa die intrigante Adelheid im ‚Götz von Berlichingen'.

Zu den drei Einheiten siehe S. 44, 65 und 84.

Als größter Dramatiker, ja als Inbegriff des Genies gilt Shakespeare. Die französischen Vorbilder der Aufklärung und die von ihnen übernommene Regel der drei Einheiten (Einheit des Ortes, der Zeit und der Handlung) sowie die sogenannte Ständeklausel werden abgelehnt. Die Ständeklausel schreibt vor, dass Tragödien Personen hohen Standes vorbehalten sind, in Komödien dagegen nur Personen niederen Standes auftreten dürfen.

Lyrik

Zu Erlebnislyrik siehe S. 101.

Die Lyrik wird als Selbstaussprache der Individualität aufgefasst, des unverwechselbaren Ichs, wenn es sich selbst fühlt im Erlebnis der Liebe und der Natur. So in Goethes Sesenheimer Gedichten. Mit großem Kunstgefühl wird in der *Erlebnislyrik* die Form unmittelbaren Sprechens geschaffen: Die Autoren gehen häufig dazu über, unregelmäßige Verse zu gebrauchen, die sie rhythmisch und klanglich bis ins kleinste dem jeweiligen Gefühls- und Erlebnisablauf anpassen. – In Ode und Hymne äußert sich das enthusiastische Gefühl. Die *Ode* wird in der Nachfolge Friedrich Gottlieb Klopstocks vom Göttinger Hain gepflegt. Dabei füllt sie sich mit tyrannenfeindlichem Zorn oder mit elegischen (schmerzlich-zarten) Gefühlen wie bei Ludwig Heinrich Christoph Hölty (‚Die Mainacht'). Die *Hymne*, ebenfalls nach Klopstocks Vorbild von den Göttingern, aber vor allem von Goethe vertreten, entspricht einer noch höheren Stufe der Ergriffenheit. Goethe bedient sich dabei reimloser freier Rhythmen, in denen er sich

Zu reimlosen freien Rhythmen siehe S. 71.

größte Kühnheiten des Satzbaus gestattet und schließlich stammelnde Gefühlstrunkenheit ausdrückt. Seine großen Hymnen sind ‚Wanderers Sturmlied', ‚Mahomets Gesang', ‚Prometheus', ‚Ganymed', ‚An Schwager Kronos'. – Nordisch-englische Melancholie und die Übermacht des Elementaren zeigen sich in der *Ballade*, die durch Herders Übersetzungen englisch-nordischer Volksballaden (z. B. ‚Edward') beeinflusst wird. Gottfried August Bürger entwickelt die Geisterballade (‚Lenore'), Johann Wolfgang Goethe die naturmagische Ballade (‚Der Erlkönig').

Idylle

Neben der Lyrik ist an Kleinformen nur die Idylle von Bedeutung. Johann Heinrich Voß und Friedrich Müller (Maler Müller) führen gesellschaftliche und familiäre Konflikte in diese Gattung ein, die damit als Utopie einer glücklichen Menschheit aufgelöst wird.

Roman

Der Roman, in dieser Epoche nur mit wenigen Beispielen vertreten, folgt dem englischen satirisch-kritischen Sittenroman (Theodor Gottlieb von Hippel ‚Lebensläufe nach aufsteigender Linie‘, 1778–1781; Johann Karl Wezel ‚Hermann und Ulrike‘, 1780), oder er zeigt in genauer psychologischer Darstellung, wie ein einsames, melancholiegefährdetes Ich unter Konvention und Unterdrückung leidet. Neben Wezels ‚Belphegor oder Die wahrscheinlichste Geschichte unter der Sonne‘ (1776) sind hier die beiden wohl folgenreichsten Romane des 18. Jahrhunderts zu nennen: Goethes ‚Werther‘ und der ‚Anton Reiser‘ (1785–90) von Karl Philipp Moritz. Nur in einer unwirklichen, fernen Gesellschaft kann ein naturhafter, antiautoritärer, nach freier Sinnlichkeit strebender Mensch sich doch noch ausleben (Johann Jakob Wilhelm Heinse ‚Ardinghello und die glückseligen Inseln‘, 1787).

Zu ‚Werther‘ siehe S. 102.

Zu ‚Anton Reiser‘ siehe S. 90.

AUTOREN

Der große Anreger: Herder

Johann Gottfried Herder (1744–1803)

Der Sohn eines ostpreußischen Küsters studierte in Königsberg Theologie, wo er Schüler und Freund Hamanns wurde. Als junger Pfarrer und Lehrer in Riga debütierte er mit kritischen Schriften, denen schon der neue Geniebegriff zugrunde lag. Nach fünf Jahren gab er seine Ämter auf und reiste über das Meer nach Frankreich. Im ‚Journal meiner Reise im Jahre 1769‘ verbindet er die Selbstbeobachtung desjenigen, der sich aus den gesellschaftlichen Konventionen gelöst hat, mit dem Entwurf einer Bildung, die vom unkonventionellen Naturerlebnis und von der sinnenhaften Erfahrung ausgehen soll. Auf weiteren Reisen lernte er Lessing und den Darmstädter Kreis kennen. In Straßburg traf er den jungen Goethe, den er zum Volkslied, zu Shakespeare und zum Mittelalter hinführte. Dort verfasste er auch die ‚Abhandlung über den Ursprung der Sprache‘ (1770). Als Hofprediger in Bückeburg schrieb er ‚Auch eine Philosophie zur Geschichte der Menschheit‘ (1774) sowie die ‚Blätter von deutscher Art und Kunst‘ (1773), die auch Beiträge Goethes und Mösers enthalten. Mit ihrer Verehrung Ossians, Shakespeares, der Volkslieder und des Mittelalters wurden die ‚Blätter‘ zum Manifest des Sturm und Drang. Auf Goethes Veranlassung wurde er zum Generalsuperintendenten und Schulaufseher in Weimar ernannt, wo er sich mit Herder, Wieland und Jean Paul befreundete. 1778/79 gab er eine Volksliedersammlung heraus, an der u. a. auch Lessing und Goethe mitgearbeitet hatten; sie erhielt später den Titel ‚Stimmen der Völker in Liedern‘. Hier in Weimar endete auch seine Sturm-und-Drang-Phase. Er bildete nun eine besondere Form des klassischen Humanitätsgedankens aus. Neben verschiedenen Aufsätzen zeugt davon die Schrift, welche die Summe seines Denkens enthält: ‚Ideen zur Philosophie der Geschichte der Menschheit‘ (1784/91), weitergeführt in den ‚Briefen zur Beförderung der Humanität‘, 1793/97). Unter dem Titel ‚Gott‘ veröffentlichte er 1799 Gespräche, in denen er Spinoza im Sinne der Klassik deutete. Außer seinem philosophischen und geschichtlichen Werk haben auch seine Nachdichtungen großen Einfluss ausgeübt.

Zu Ossian siehe S. 83.

Zu Spinoza siehe S. 81.

Herder weitet den Gedanken organischer Entwicklung zu einer Philosophie der Kulturgeschichte aus, indem er die natürliche Folge der Lebensalter (Kindheit, Jugend, Mannesalter, Greisenalter) auf Sprach-, Volks- und Kulturgeschichte überträgt. Im ursprünglichen, kindhaften Zustand lebt die Menschheit noch im Einklang mit der Natur, ist ihre Sprache noch Poesie, nämlich unmittelbarer Ausdruck der Empfindung. Später wird die Sprache abstrakter und sinnenferner, zugleich verzweigt sie sich in Einzelsprachen, die der Ausbildung individueller Nationen entsprechen. Währenddessen ist die Menschheit alt geworden: rationalistisch, erfahrungsfern und tatenarm. Dem hält Herder die Volksdichtung, die Griechen, Ossian und Shakespeare entgegen. Und er verlangt nach dem Genie, das noch Zugang zum ursprünglichen Sprechen und Erleben hat sowie in seiner Nationalkultur verwurzelt ist, so dass es individuell-ursprüngliche Kunstwerke schaffen kann, die zugleich den Nationalcharakter ausdrücken; an ihnen soll die Epoche sich wieder verjüngen.

Zum Begriff des
Pantheismus
siehe S. 81 und 96.

In seiner klassischen Periode wandelt Herder den Pantheismus Spinozas in einen dynamischen Panentheismus um, der mit dem Organismusgedanken verknüpft ist. Darauf beruht sein christlich gefärbter Humanitätsgedanke: Nach Herder offenbart sich Gott in der organischen Entwicklung, die sowohl die Natur als auch die Bildungsgeschichte der Menschheit bestimmt. Der vernunftbegabte und schöpferisch tätige Mensch ist höchste Stufe dieser Entwicklung, zugleich aber brüderlich mit allen anderen ihrer Erscheinungsformen verbunden. Das Bewusstsein der darauf beruhenden Menschenwürde, das die brüderliche Verbindung mit der Schöpfung einschließt, stiftet einen unsichtbaren Bund zwischen den derart gebildeten Menschen aller Zeiten und Völker.

Die beiden zentralen Gestalten: Goethe und Schiller

Zu den Sturm-und-
Drang-Werken
Goethes und Schillers
siehe S. 101 f. und 108 f.

Goethe und Schiller, die beide wichtige Texte zum Sturm und Drang beigetragen haben, werden im Zusammenhang der Klassik behandelt, in welcher der Schwerpunkt ihres Werkes liegt.

Dramatiker des Sturm und Drang: Klinger und Lenz

Friedrich Maximilian Klinger (1752–1831)

Der Sohn eines Konstablers und einer Waschfrau aus Frankfurt a. M. wurde nachhaltig von seinem Jugendfreund Goethe beeinflusst. Nach wechselvollem Leben stieg er in russischen Militärdiensten zum General auf und wurde Kurator der Universität Dorpat. Sein Drama ‚Sturm und Drang' (1776; ursprünglicher Titel: ‚Wirrwarr') gab der Epoche den Namen. Sein Drama ‚Die Zwillinge' (1776) behandelt ebenso wie etwa ‚Julius von Tarent' (1776), das einzige Drama des Hainbündlers Johann Anton Leisewitz, den epochentypischen Bruderstreit. Später verfasste Klinger eine Reihe philosophischer Romane, mit denen er wieder zur Aufklärung zurückkehrte.

Klingers Helden schwanken zwischen Augenblicken kraftgenialischen Selbstbewusstseins und melancholischer Grundstimmung, zwischen antiautoritärem Aufbegehren und dem Rückzug auf sich selbst bzw. auf eine enge Liebesbeziehung. Später beobachtet Klinger sich selbstkritischer, die gesellschaftlichen Zustände rationaler und durchdringender.

Jakob Michael Reinhold Lenz (1751–1792)

Der livländische Pfarrerssohn begann in Königsberg mit dem Studium der Theologie und reiste als Hofmeister (Privatlehrer) mit zwei jungen Adligen nach Straßburg, wo er Goethe kennen lernte. Ihn nahm er zum literarischen wie zum menschlichen Vorbild; er begann, die von Goethe verlassene Friederike Brion zu umwerben. In seiner Lyrik steht er dem jungen Goethe sehr nahe. Aber seine Tragikomödien ‚Der Hofmeister oder Die Vorteile der Privaterziehung‘ (1774) und ‚Die Soldaten‘ (1776) sind durchaus eigenständig, seine ‚Anmerkungen übers Theater‘ (1774) sind ein wichtiger Beitrag zur Gattungstheorie des Sturm und Drang. Auch die Bedeutung seiner anderen Dramen und seiner erzählenden Texte wurde erst spät erkannt. Als er Goethe auch nach Weimar folgte, wo jener sich von seiner Sturm-und-Drang-Periode zu lösen suchte, kam es zum Bruch zwischen beiden, Lenz wurde des Landes verwiesen. Von da an geriet er in zunehmende Armut und verfiel in selbstzerstörerische Depressionen, von denen ihn der Elsässer Pfarrer Oberlin vergeblich zu heilen suchte. Lenz starb elend in Moskau.

Georg Büchner erzählt 1835 die Geschichte des unglücklichen Lenz in seiner gleichnamigen Erzählung. Siehe S. 153.

In seinen sozialen Dramen stellt Lenz keine Kraftgenies dar, sondern kleine Leute, die an moralischer Borniertheit, an Standesvorurteilen und an ihrer Armut zugrunde gehen oder nur als seelisch verstümmelte, lächerliche Gestalten weiterleben. Alle ihre Versuche, sich der ungerechten Autorität zu entziehen, bleiben vergeblich; der Mensch kann sich nicht natürlich entfalten. Diese Sozialkritik, die konkreteste im Drama des Sturm und Drang, ist mit Reformvorschlägen verbunden.

Im Umkreis des Göttinger Hains: Hölty, Voß, Bürger, Schubart, Claudius

Der Göttinger Hain: Johann Heinrich Voß, Ludwig Heinrich Christoph Hölty u. a.

1772 gründeten Göttinger Studenten einen Dichterbund, den ‚Göttinger Hain‘, dessen literarisches Organ der ‚Göttinger Musenalmanach‘ wurde. Klopstocks deutschchristliches Freiheitspathos verschmilzt hier mit dem Volkstümlichkeitskult der Stürmer und Dränger zu einem antihöfischen und damit antifranzösischen Freiheitskult, der zwar weitgehend abstrakt bleibt, dafür aber umso deutschtümelnder ausfällt. Man schwärmt im deutschen Eichenhain und gibt sich Bundesnamen, die solche von Barden sein sollen. Klopstock wird verehrt, Wieland, vorgeblich ein deutscher Voltaire von französischer Sittenlosigkeit, wird gehasst. Bei einem Treffen 1773 wurde ein Stuhl, auf dem Klopstocks gesammelte Werke lagen, mit Blumen bekränzt, während man aus Wielands Schriften Fidibusse machte, um die Pfeifen anzuzünden, und Wielands Gedicht ‚Idris und Zenide‘ zerriss und darauf stampfte; später verbrannte man es zusammen mit Wielands Bild. 1775, als die Studenten Göttingen verließen und Voß einen eigenen Almanach herausbrachte, löste sich der Bund auf.

Bei *Johann Heinrich Voß* (1751–1826) war der Freiheitskult nicht so abstrakt wie bei den anderen, sondern mit konkreter Gesellschaftskritik verbunden. Der Sohn eines armen Pächters studierte Theologie und Altphilologie in Göttingen, wo er den „Hain" mitbegründete und als Nachfolger Boies den Musenalmanach herausgab. Mit Matthias Claudius war er befreundet. Später stieg er zum Rektor und Hofrat auf. Mit seinen Idyllen ‚Die Leibeigenen‘ und ‚Die Freigelassenen‘ (1775) kämpfte er für die Bauernbefreiung. Trotz seiner antifranzösischen Deutschtümelei begrüßte er, ebenso wie anfangs Klopstock, die Französische Revolution und übersetzte die Marseillaise. Der feudalen Unterdrückung stellte er eine vergangene patriarchalische Harmonie von Bauern und Adligen entgegen, die er mit den Übersetzungen antiker Texte (z. B. der ‚Ilias‘ und der ‚Odyssee‘, 1781/82) sowie mit einem ländlichen Hexameterepos ‚Luise‘ (1783/84) zu veranschaulichen suchte, das u. a. auf Goethes ‚Hermann und Dorothea‘ einwirkte. Mit diesen Werken, die den Hexameter in der deutschen Dichtung erst heimisch machten, gehört er schon zur Klassik. Seine Homer-Übersetzungen waren bis ins 20. Jh. hinein maßgebend. Mit seinem Hainbruder, dem Grafen Friedrich Leopold von Stolberg, überwarf er sich, weil jener sich gegen die Französische Revolution wandte; später kritisierte er dessen Übertritt zum Katholizismus (‚Wie ward Fritz Stolberg ein Unfreier?‘, 1819) und wandte sich gegen die katholisierenden Tendenzen der Romantiker.

Etwas weniger von der Deutschtümelei berührt als die anderen Hainbündler war *Ludwig Heinrich Christoph Hölty* (1748–1776). Der Sohn eines Predigers aus Hannover studierte in Göttingen Theologie und war Mitbegründer des „Göttinger Hains“. Auf einer Reise besuchte er Friedrich Gottlieb Klopstock und Matthias Claudius. Hölty starb jung an Tuberkulose. Seine Gedichte, von Klopstock und dem Minnesang beeinflusst, erschienen erst nach seinem Tod. In seinen Oden und Elegien nähert Hölty den anakreontischen Grundton gelegentlich dem Volksliedhaften an und vertieft ihn durch schwermütig-innige Liebe zur Natur und zu den ihm verwehrten Schönheiten des Lebens. In der Ballade bricht er dem Dämonisch-Irrationalen der englischen Vorbilder Bahn.

Exkurs: Bücherverbrennung

Die Verbrennung missliebiger Bücher aus politischen oder religiösen Gründen gab es schon in der Antike, und es gibt sie bis heute überall auf der Welt. Sie ist ein extremer, theatralisch inszenierter und darum, anders als im Fall der Hainbrüder, fast immer öffentlicher Fall der Zensur. Die katholische Inquisition verbrannte nicht nur Bücher, sondern auch Menschen: Ketzer, Juden, Hexen. Heinrich Heines berühmter Satz: „Das war ein Vorspiel nur, dort wo man Bücher verbrennt, verbrennt man auch am Ende Menschen.“ bezieht sich auf die Verbrennung des Korans durch den Kardinal Mateo Ximenes de Cisneros bei der Eroberung Granadas. In Europa wurden Bücher bis gegen Ende des 18. Jahrhunderts vom Henker verbrannt, während die Kirchenglocken läuteten. So etwa im Frankreich der Aufklärung, wo man die in Frankreich verbotenen Schriften der Aufklärer, die in Holland gedruckt und dann nach Frankreich geschmuggelt wurden, verbrannte, sofern man ihrer habhaft werden konnte. Aber auch Robespierre ließ während der Französischen Revolution Bücher verbrennen. Die umfassendste Bücherverbrennung der Weltgeschichte wurde von der puritanischen „Gesellschaft zur Bekämpfung des Lasters“ (gegr. 1873 von Anthony Comstock) in den USA durchgeführt. Auf dem Wartburgfest 1817 verbrannten die deutschen Studenten nicht nur Symbole des militaristischen Obrigkeitsstaates wie Uniformrock, Zopf und Korporalsstab, sondern auch den Code Napoléon, das damals fortschrittlichste bürgerliche Gesetzbuch, eine Schrift gegen den Antisemitismus und Werke von August von Kotzebue und Karl Leberecht Immermann. Die bekannteste Bücherverbrennung der neueren Zeit stellt die Verbrennung „undeutscher Bücher“ durch die Nationalsozialisten in vielen deutschen Städten am 10. Mai 1933 dar. Eine der ersten Bücherverbrennungen des 21. Jahrhunderts war die Verbrennung von „Harry Potter“-Exemplaren, Disney-Videos, CDs von Bruce Springsteen und anderem in Pittsburgh im Jahr 2001, etwa zeitgleich zu Bücherverbrennungen in islamischen Ländern.

Drei Pfarrerssöhne aus dem Umkreis des Hains: Schubart, Claudius und Bürger

Christian Friedrich Daniel Schubart (1739–1791) war Kapellmeister am württembergischen Hof, wurde wegen ausschweifenden Lebenswandels vom Herzog entlassen und des Landes verwiesen, lebte dann als Musiker und Schriftsteller und gab ab 1774 in Augsburg, später in Ulm die politisch-literarische Zeitschrift ,Deutsche Chronik' heraus. Die darin enthaltene Fürstenkritik musste er mit einer zehnjährigen widerrechtlichen Haft auf der Festung Hohenasperg in Württemberg bezahlen, die er als gebrochener Mann verließ. Seine Gedichte verbinden einen volkstümlichen mit einem bekennerischen, häufig pathetischen Ton und zeugen von Fürstenfeindschaft (,Die Fürstengruft', 1779; ,Kaplied', 1787), die sich jedoch später in Unterwürfigkeit verwandelte.

Matthias Claudius (1740–1815), befreundet mit Johann Georg Hamann, Johann Gottfried Herder und den Hainbündlern, studierte in Jena Theologie und Jura und gab später den ,Wandsbecker Boten' heraus, eine Zeitschrift aus pietistisch-empfindsamem Geist, die in der Tradition der erbaulichen volkstümlichen Kalender steht. Claudius lehrt eine antiaufklärerische, fromm-kindliche Einfalt, die Leben und Tod als gottgegebene organische Einheit akzeptiert, christlich-humanistische Fürstenkritik und den Sinn fürs praktische Leben aber keineswegs ausschließt. Manche seiner Gedichte, die kunstvolle Form mit schlichter, volkstümlicher Sprache verbinden, sind bis heute lebendig geblieben (,Der Mond ist aufgegangen ...'; ,Der Säemann säet den Samen ...').

Gottfried August Bürger (1747–1794) studierte in Halle und Göttingen Theologie und Philologie, war mit den Hainbrüdern befreundet und gab zeitweise den Göttinger Musenalmanach heraus. Er wurde Amtmann, aber aus dem Beamtendienst entlassen und starb verarmt. Seine Balladen, von altenglischen Vorbildern beeinflusst, begründeten die deutsche Kunstballade; die bekanntesten unter ihnen sind ,Lenore', ,Der wilde Jäger' und ,Das Lied vom braven Mann'. Als weiterdichtender Übersetzer gab er den englisch geschriebenen Münchhausen-Erzählungen ihre heutige Form. Seine ,Gedichte' (1778) wurden von Schiller vernichtend nach den Maßstäben der Klassik rezensiert. Bürger sucht Kunstform und Volkssprache zu verbinden. In zumeist moralisierender, gelegentlich auch in politischer Absicht setzt er traditionellen christlichen Bild- und Sprachgebrauch ein, um leidenschaftliche Erschütterungen hervorzurufen; dabei besitzt er zugleich einen großen Sinn fürs Komische.

Exkurs: Deutsche Literatur und protestantisches Pfarrhaus

Von Lessing, Herder und Klopstock bis tief ins 20. Jahrhundert hinein spielen Pfarrersöhne oder Söhne aus pietistisch geprägtem Elternhaus eine entscheidende Rolle in der Literaturgeschichte Deutschlands. Sie tragen den Wunsch nach Trost und nach Befreiung vom irdischen Leiden aus der Religion in die Dichtung. Sie lassen sich inspirieren von der Bibel, deren Beschreibung von Jesu Leben auf Mitgefühl zielt und zugleich Lebenshilfe anbietet, und sie überführen diese Haltung in weltliche ästhetische Formen. Dadurch erhält die religiöse Energie eine ästhetische Komponente, während die religiöse Sehnsucht auf die Erfüllung im Diesseits hoffen darf, teils über die Kunst hinausgehend in der Forderung nach gesellschaftlichen Veränderungen, manchmal auch in einer religiösen Aufwertung der Nation, teils innerhalb der Kunst, die in den Augenblicken ästhetischen Genusses von irdischer Last befreit. Indem Kunst zur Kunstreligion wird, übernimmt sie also religiöse Energien, sie kann aber auch zur Kritik an Kirche und Theologie führen, die als erstarrt und gefühlsfern gelten.

Der Beginn moderner Psychologie: Karl Philipp Moritz

Karl Philipp Moritz (1756–1793)

Der Sohn eines Regimentsmusikers hatte unter Armut, Krankheit und der religiösen Enge seines Elternhauses und seines pietistischen Lehrmeisters, eines Hutmachers, zu leiden. Nach Versuchen als Schauspieler und Theologiestudent wurde er Lehrer an einem Berliner Gymnasium. Auf einer Italienreise, auf der er Freundschaft mit Goethe schloss, beschloss er, sich ganz der Schriftstellerei zu widmen. 1789 bekam er eine Professur an der Königlichen Akademie der Künste in Berlin.

Als Pädagoge, Reiseschriftsteller und Lehrer eines guten Briefstiles erweist Moritz sich als typischer Aufklärer. Seine große Leistung besteht aber darin, dass er, in pietistischer Selbstbeobachtung geübt, seine seelischen Leiden präzise und distanziert beschreibt, und zwar in seinem autobiografischen Roman ‚Anton Reiser' (1785–90), der im Untertitel „Ein psychologischer Roman" heißt. Die realistische Beobachtung ist hier wichtiger als der Nachvollzug des Gattungsschemas vom geglückten Bildungsweg. Anders als Lichtenberg, mit dem man ihn als Psychologe vergleichen kann, sucht er die beobachtende Psychologie auch öffentlich zu fördern: Seine Zeitschrift ‚Gnothi sauton oder Magazin zur Erfahrungsseelenkunde als ein Lesebuch für Gelehrte und Ungelehrte' (1785–90) sammelt Beobachtungen von Fakten, die an die Stelle vorgegebener Lehren vom Seelenleben treten sollen. Seine unerfüllte Sehnsucht danach, ein selbstständiger, in sich ruhender Mensch zu werden, führt ihn zu einer kompensierenden ästhetischen Theorie, nach der das geglückte Kunstwerk strukturell das Gleiche ist wie die vollkommene Individualität, ein organisches Ganzes, das keinen Nützlichkeitserwägungen zu unterwerfen ist (‚Versuch einer Vereinigung aller schönen Künste und Wissenschaften unter dem Begriff des in sich selbst Vollendeten', 1785). Der gleichmäßige Bildungsweg, der Moritz verwehrt war, erscheint ebenfalls wieder in der Ästhetik, nämlich in der Lehre von der Bildungskraft des Schönen trotz schlimmer Wirklichkeit. Mit dieser Ästhetik begründet Moritz die Kunstauffassung der Klassik. Auch die Mythologie, so verlangt er es in seiner ‚Götterlehre oder mythologische Dichtungen der Alten' (1791), ist als selbstständiges organisches Ganzes zu betrachten.

Neben Wielands ‚Agathon' gehört ‚Anton Reiser' zum wichtigsten und einflussreichsten Bildungs- und Erziehungsroman des 18. Jahrhunderts.

Gnothi sauton (von griech. = erkenne dich selbst).

STURM UND DRANG

Zentrale Vorstellung: das scheiternde Genie zwischen bornierten oder unterdrückten Menschen

Diesseits – Jenseits

Jenseitshoffnung und Fortschrittsoptimismus sind gebrochen. Das Diesseits lässt nur noch das Schauspiel des beispielhaften (heldenhaften, tugendhaften) Untergangs zu, der allerdings auch ironisch gebrochen sein kann.

Natur

Man denkt im Modell organischen Wachstums (vom Samen zur Blüte), wobei der Samen (der Ursprung) den höheren Wert genießt, weil in ihm noch alle Möglichkeiten angelegt sind, unverdorben durch spätere schlechte Einflüsse. Als Ort ursprünglicher Natur wird die Landschaft entdeckt. Leitwissenschaft: Psychologie (Analyse der Melancholie des scheiternden Menschen).

Gesellschaft

Während sich in der Natur alles organisch entfaltet, herrscht in der Gesellschaft Verfall. Darum sollte sie sich an Zuständen orientieren, die man für ursprünglich hält: junge Völker, kindliches Denken, ländliches Leben.

Der einzelne Mensch

Der Mensch soll sich zu einem tätigen Ganzen ausbilden, unabhängig von den gesellschaftlichen Konventionen. Das misslingt, und die Stürmer und Dränger schwanken zwischen Größenvorstellungen und Melancholie.

Zwischenmenschlicher Bezug

Am Gegensatz zwischen der unvollkommenen Gesellschaft und den Menschen, die ihre großen Anlagen verwirklichen wollen, scheitern die menschlichen Beziehungen.

Literatur

Nicht im tätigen Leben, nur in Kunst und Literatur kann der große Mensch sich verwirklichen. Als Genie schafft er aus seinem Innern ein Kunstwerk, das so einzigartig und in sich organisch zusammenhängend ist wie der einzigartige große Mensch. Analog zu Gott, der die äußere Welt geschaffen hat, ist das Genie der Schöpfer einer inneren Welt.

Literarische Gattungen

Bevorzugte Gattung ist die Tragödie, die entweder zeigt, wie der große Mensch an einer kleinlichen, von engen Regeln beherrschten Umwelt scheitert, oder wie Familien an ihren inneren Konflikten zerbrechen. Die Komödie wird zur Tragikomödie. Die Lyrik wird zur genauen Darstellung des enthusiastischen oder melancholischen Gefühls verfeinert. Die Ballade entsteht. Der Roman ist selten und konzentriert sich gesellschaftskritisch auf die psychologische Analyse des melancholiegefährdeten Menschen (,Anton Reiser').

6 Klassik (1785–1830)

AUF EINEN BLICK

Georg Melchior Kraus (1737–1806): Literarische Gesellligkeit bei der Herzogin Anna Amalia von Weimar. Aquarell, um 1795. Von links nach rechts: der Maler Johann Heinrich Meyer, die Hofdame Henriette von Fritsch, Goethe, der Kammerherr Friedrich H. von Einsiedel, die Herzogin Anna Amalia, Elise Gore, ihr Mann Charles Gore aus wohlhabender englischer Kaufmannsfamilie, beider Tochter Emilie Gore, die Hofdame Luise E. Ch. J. von Göchhausen, Gottfried Herder.

Im Weimar der Klassik wirkt die Salonkultur (s. S. 98 und 123) auf die Politik eines deutschen Kleinstaates ein, der zum kulturellen Zentrum Deutschlands und zum nachwirkenden Ideal des deutschen Bildungsbürgertums (s. S. 97) wurde.

Auffällig ist die Verbindung von Bürgerlichen und Adligen. Im damaligen Deutschland war das selten, im Gegensatz zu England, wo Adlige und die reichsten der Bürgerlichen auf ihren Landsitzen miteinander verkehrten. In solchen Kreisen entstand das Ideal von Gesellschaft als schönem Spiel wohlerzogener Gebildeter. Das setzt die Kultivierung rauer Männlichkeit voraus. Darum ist nicht Herzog Carl August auf dem Bild zu sehen, sondern seine hochgebildete Mutter, zwei literarisch tätige Hofdamen und ihr musikalisch-literarisch begabter Kammerherr. Alle Personen der obigen Gesellschaft sind nicht nur künstlerisch gebildet, sondern üben ihre Kunst auch aus – als Professionelle oder Dilettanten. Künstlerischer Dilettantismus war damals nicht so geringgeschätzt wie heute, auch wenn Goethe und Schiller, indem sie als Kunstrichter der Nation zu wirken versuchten, den Dilettantismus abwerteten. Bis ins 20. Jahrhundert gab es, z. B. in der Hausmusik, Dilettantismus auf hohem Niveau. Heutige Dilettanten, z. B. Teenage-Bands, werden schnell von der Kulturindustrie aufgesogen.

Denkmal von 1857 für
Goethe und Schiller
vor dem Deutschen
Nationaltheater in
Weimar.

Seit der Antike wurden auf öffentlichen Plätzen vor allem Statuen, meistens Reiter-
statuen, von Herrschern oder Feldherren aufgestellt. Ab der Zeit um 1840 errichtete
das Bildungsbürgertum auch Geistesgrößen und Künstlern zahlreiche Denkmäler. Sie
reiten nicht beherrschend über die Erde, sondern blicken in die Zukunft, die sich ihnen
eher erschließen mag als anderen. Goethe reicht hier Schiller den Dichterlorbeer: Ihr
gemeinsames Werk, die Klassik, bedarf keiner Anerkennung einer anderen Instanz.
Die Inschrift ‚Dem Dichterpaar / Goethe und Schiller / das Vaterland‘ zeigt die Bedeutung beider für das Selbstverständnis des politisch zerrissenen Landes als einheitliche
Kulturnation. Deutsche Auswanderer stellten Kopien in den USA auf. Nach der Herstellung der Reichseinheit durch Bismarck musste der bildungsbürgerliche Stolz auf
die kulturelle Bedeutung der Nation nicht mehr das Leiden an politischer Zerrissenheit kompensieren, und Bismarck erhielt ebenso viele Denkmäler wie vorher Goethe.
Seitdem kann man das Goethe-Schiller-Denkmal auch als Symbol für die Auffassung
des klassischen Erbes im 20. Jahrhundert deuten: Es stellt die Klassik als Werk zweier
Autoritäten dar, die zwar zu bewundern, auf ihrem Sockel aber der Lebenswirklichkeit
der Menschen enthoben sind.

BILD DER EPOCHE

Harmonie und Ideal

Die Klassik hält fest an der Forderung des Sturm und Drang, der Einzelne müsse sich in organischer Entwicklung zu einer harmonischen Individualität entfalten. Zugleich aber erkennt sie eine gesellschaftliche Ordnung an. Daher sucht sie harmonische Individualität und harmonisches Zusammenleben miteinander zu verbinden. Dazu ist einerseits erforderlich, dass der einzelne Mensch nicht unterdrückt und verformt wird, andererseits aber auch, dass er freiwillig Maß und Grenzen anerkennt. Wäre eine solche doppelte Harmonie allgemein hergestellt, so wäre das Ideal verwirklicht, nämlich ein Zustand, in dem die Idee des Menschen, sein Wesen, in ihm Gestalt gewinnt.

Humanität

Diesen Zustand herzustellen ist demnach die eigentlich menschengemäße Aufgabe. Sie ist nur zu lösen, wenn jeder Einzelne das Ideal freiwillig anerkennt. Sobald ihn seine Vernunft auf Vorschriften im Dienst des Ideals verpflichtet, muss er sich so weit selbst überwinden, dass seine Neigung nicht mehr dieser Pflicht, seine Sinnlichkeit nicht mehr dieser Vernunft widerspricht. Das Streben nach der doppelten Harmonie und die Bereitschaft, sich im Konfliktfall selbst zu überwinden, bezeichnen die Vertreter der Klassik als Humanität. Es ist eine selbsterzieherische moralische Leistung. Diese ist die Voraussetzung dafür, dass alle zusammen überhaupt erst Menschen im eigentlichen Sinne werden. Der Humanitätsgedanke verbindet demnach das Schöne (Harmonie im Menschen und zwischen den Menschen) mit dem Guten (moralische Leistung) und dem Wahren (Idee des Menschen).

Sinnlichkeit = Triebnatur.

Individualität und Typus

Individualität kann sich jetzt nicht mehr, wie im Sturm und Drang, als irgendeine Originalität unter anderen entfalten. Wenn der Einzelne auf dem Wege ist, das allen gemäße Ziel zu erreichen, dann muss seine Individualität immer durchsichtiger werden für den idealen Typus des Menschen. Die Klassik sucht in den mannigfachen und veränderlichen Erscheinungen den einen und unveränderlichen Typus aufzuzeigen, der die Idee verkörpert. Goethe nennt ihn „Urphänomen".

Bildung und Natur

Bildung als Ausbildung der eigenen Anlagen muss daher zugleich Bildung zum humanen, wahren Menschen sein. Dem entspricht eine zwiefache Bestimmung des Natürlichen. Als unkultivierter Mensch besitzt er eine rohe, tierische Natur. Erst wenn er diese mit dem Ideal in Einklang bringt, erreicht er seine eigentliche, menschliche Natur, in welcher Vernunft und Sinnlichkeit miteinander harmonieren. Das zu tun, die rohe Natur nicht auszurotten, wohl aber sie zu kultivieren, ist das Ziel klassischer Bildung. Die rohe Natur ist an sich nicht schlecht; ursprünglich hat sie teil an der harmonischen Weltordnung. (Diese zeigt sich nach Meinung der Klassiker in den Naturwissenschaften.) Aber die menschliche Natur hat sich aufgrund der menschlichen Willensfreiheit aus der Weltordnung gelöst. Darum muss die Kultivierung jene ursprüngliche Harmonie auf höherer, bewusster Stufe auch in menschlicher Gemeinschaft und Geschichte wiederherstellen.

Dreiphasige Geschichte

Es gibt eine Epoche, die das Leitbild der doppelten Harmonie schon in Kunst und Leben veranschaulicht hat; das ist die griechische Antike. Das Studium der Griechen ist darum ein unverzichtbarer Teil der Bildung. Aber die doppelte Harmonie ist bei ihnen noch Naturgabe, keine Frucht ethischer Leistung. Als solche können wir sie uns nun, nachdem sie inzwischen verloren wurde, erneut erwerben. Die Geschichte verläuft also im Dreischritt von naturgegebener Harmonie, ihrem Verlust und ihrer Neuerwerbung durch eine Selbstbildung, die zugleich ethische Leistung ist.

Ästhetische Erziehung

Damit jeder Einzelne motiviert wird, sich zu bilden, bedarf es der Erziehung. Kunst und Dichtung erhalten, wie in der Aufklärung, eine erzieherische Aufgabe. Sie sollen aber nicht nur, wie dort, durch ihren möglichst wirkungsvoll vorgetragenen Inhalt beeinflussen, etwa indem sie Vorbilder humanen Verhaltens oder die Lösung typischer Konflikte vor Augen stellen, sondern sie sollen auch durch die schöne, harmonische Form selbst wirken. Insofern diese ästhetische Erziehung dem Menschen die Idee seiner selbst, sein Wesen im schönen, begrifflich nie ganz ausdeutbaren Bild vorstellt, bekommen Kunst und Dichtung eine religiöse Funktion. Letztlich sind beide für die Klassik nicht mehr deutlich von den Religionen zu trennen.

In seinen ‚Briefen über die ästhetische Erziehung des Menschen' formuliert Friedrich Schiller dieses Bildungskonzept.

Gegen die Französische Revolution

Die ästhetische Erziehung hat eine gesellschaftliche, aber keine unmittelbare politische Aufgabe. Eine solche lehnen die Klassiker aufgrund ihrer Erfahrung der Französischen Revolution ab. Zunächst begrüßten fast alle deutschen Intellektuellen die Revolution, denn sie schien den Anbruch einer Zeit zu versprechen, in der sich die Einzelnen frei und in allgemeiner Harmonie entfalten können. Von den Folgen der Revolution waren aber sehr viele enttäuscht. Nur wenige Jakobiner, z. B. Georg Forster, hielten konsequent zu ihr. Die Klassiker, außer Herder, verurteilten sie. Zwar standen sie weiterhin zu ihren alten Idealen – eben diese soll die Kunst darstellen –, wollten sie aber nicht durch einen Umsturz verwirklicht sehen, sondern durch Reformen im Rahmen der alten ständischen Ordnung oder durch die ästhetische Erziehung jedes Einzelnen; die allgemein humanisierende Wirkung dieser Erziehung sollte einen Umsturz überflüssig machen und insofern letzten Endes doch politisch wirken.

Philosophische Grundlagen

Das Bestreben der Klassik, Ideen darzustellen, ist platonischem Denken verpflichtet. Ihre ethisch-ästhetischen Auffassungen sind stark von *Immanuel Kant* beeinflusst. Seine Hauptwerke sind die ‚Kritik der reinen Vernunft' (1781) und die ‚Kritik der praktischen Vernunft' (1788). Für ihn ist das Wesen der Realität (das „Ding an sich") unseren Sinnen nicht zugänglich. Man könne daher nicht von einer gesetzmäßigen Weltharmonie ausgehen, wie Leibniz es tat, wohl aber durch praktisches Handeln eine allgemeine Harmonie herstellen, wenn man nämlich dem „kategorischen Imperativ" folgt. Das geschieht, wenn der Grundsatz des eigenen Handelns auch für alle anderen Menschen gelten kann. Was ich tue, sollen auch alle anderen tun dürfen. (Will ich mir z. B. einen Vorteil verschaffen, indem ich jemanden bestehle, so muss ich wollen können, dass alle andern dasselbe tun, dass also auch ich irgendwann wieder bestohlen werde; damit aber wäre mein Vorteil dahin: Der Grundsatz meines Handelns, auf alle anderen ausgedehnt, hebt sich selber auf.) Das Sittengesetz ist demnach nur formal zu bestimmen: Es muss die Allgemeingültigkeit eines Naturgesetzes besitzen. Ebenso

Über Platonismus siehe S.14.

Leibniz schrieb, ganz dem Aufklärungsoptimismus seiner Zeit verhaftet, den Satz: „Wahrlich, wir leben in der besten aller möglichen Welten." Siehe auch S. 60.

Zu Spinozas Panthe-
ismus siehe S. 81.

Im Unterschied zum
Pantheismus, in
dem Gott und Welt
identisch sind, geht
im Panentheismus
Gott noch über das
materielle Universum
hinaus („Alles im
Universum ist Teil
Gottes, aber Gott
ist mehr als das
Universum").

müssen die ästhetischen Regeln gleichsam zur Natur werden: Schönheit besteht in der Darstellung einer überbegrifflichen, das Gute symbolisierenden Idee, und zwar derart, dass die Darstellung, von allen äußeren Zwecken und Regeln frei, nur ihrer inneren Zweckmäßigkeit gehorcht, so dass sie nichts Künstliches mehr an sich hat, sondern wie ein Werk der Natur wirkt. Sie erregt dann ein „interesseloses Wohlgefallen". – Die Einheit von Natur und Moral, die Kant fordert, wird vom späten *Johann Gottfried Herder* als eine im Grunde schon gegebene angesehen. Aus Spinozas Pantheismus schließt er, dass Gott in der Geschichte, in der die moralischen Werte gelten, wie in der Welt der Naturgesetze gleichermaßen harmonisch wirkt (Panentheismus). In beiden Bereichen bewirkt er Fortschritt durch beständige Verwandlung (Metamorphose).

Johann Joachim Winckelmann

Winckelmann
bestimmte mit
seiner Entdeckung
der Antike die
kunsttheoretische
Diskussion des
18. Jahrhunderts und
beeinflusste sowohl
Vertreter der Aufklä-
rer (Lessing) wie der
Klassik (Goethe).

Wesentliche Grundlagen ihres Menschenbildes und ihres Kunstverständnisses empfängt die Klassik von dem Archäologen und Kunstgelehrten Winckelmann. Schon in seinem Erstlingswerk, ‚Gedanken über die Nachahmung der griechischen Werke in der Malerei und Bildhauerkunst' (1755), hält er spätbarockem „Schwulst" die „edle Einfalt und stille Größe" griechischer Kunstwerke entgegen. Damit meint er, dass in diesen Werken, auch wenn sie bewegt im Ausdruck sind, immer eine große, das heißt eine zur eigentlich menschlichen Individualität gebildete Seele hindurchschimmert. Diese das Kunstwerk bestimmende Idee muss der Betrachter zu erfassen suchen, statt willkürlich Einzelheiten herauszulösen. Seit Winckelmann, der schon Lessing anregte, wird Literatur immer wieder im Verhältnis zur bildenden Kunst untersucht. Erst die Romantik wendet sich auch dem Verhältnis der Literatur zur Musik zu. In Deutschland wird seit Winckelmann die griechische über die römische Antike gestellt.

LITERARISCHES LEBEN

Weimar

Die deutsche Klassik ist eng an das kleine Herzogtum Weimar gebunden. Herzog Carl August, von Wieland in gemäßigt aufklärerischem Geist erzogen, war liberal gesinnt und ließ eine gewisse Meinungs- und Pressefreiheit zu. In der provinziellen, dafür aber noch unbürokratischen und persönlichen, in der verhältnismäßig freiheitlichen, aber doch traditionsgebundenen Atmosphäre Weimars konnte sich für einige Zeit eine kultivierte aristokratisch-bürgerliche Salongeselligkeit entfalten, in der sich Traditionsbewusstsein mit dem Bemühen um allgemeine Bildung verband. Die Nähe der Universität Jena, die vom Herzog mitverwaltet wurde, förderte das Interesse an den Wissenschaften.

Freundschaft

Das Dichterbündnis zwischen Goethe und Schiller, das von 1794 bis zu Schillers Tod im Jahre 1805 dauerte, prägte nicht nur das geistige Leben Weimars, sondern die ganze literarische Epoche. Zwei andere Weimarer standen dem Bündnis nahe: Wieland, dessen weltmännisch-elegantem Stil sich Goethe und Schiller verpflichtet fühlten, und Herder, der den Humanitätsgedanken mit erarbeitete. Das Verhältnis zu Herder trübte sich allerdings zunehmend, vor allem wegen seiner unverändert positiven Beurteilung der Französischen Revolution. Ein weiterer Freund, der die klassische Bildungsidee mitprägte, lebte zumeist in Berlin: Wilhelm von Humboldt, Ästhetiker, Geschichts- und Sprachphilosoph, Übersetzer und preußischer Kulturpolitiker. Durch eine Reform des preußischen Bildungswesens versuchte er, sein kulturpolitisches Ziel zu verwirklichen: eine allgemeine, an der Antike orientierte Bildung, die es jedem erlaubt, seine Individualität harmonisch zum eigentlich Menschlichen zu erweitern, bevor er sich in dem einen oder anderen Fach spezialisiert.

Exkurs: Bildungsbürgertum

Auch wenn Humboldts Wunsch sich nicht erfüllte, dass nämlich alle die Möglichkeit der Bildung erhalten und die so Gebildeten den Staat an ihrem Ideal messen sollten, so verwirklichte die preußische Bildungsreform doch einen großen Teil seiner Forderungen: Das humanistische Gymnasium (mit Griechisch und Latein) wird Voraussetzung für den Zugang zur Universität; an den Universitäten soll die Lehre sich auf Forschung stützen; nicht mehr Theologie ist das grundlegende Fach, sondern Philosophie; die Universitäten sind als staatliche Institutionen keinen privaten Interessen unterworfen, sie verwalten sich selbst und bestimmen weitgehend selbst über die Lehrinhalte, sofern diese unpolitisch sind.

Die preußische Bildungsreform wurde zum Vorbild für ganz Deutschland. So entstand das akademisch gebildete Bürgertum als eine Elite, die zwar nicht über die Leitung des Staates bestimmen konnte, deren Selbstverständnis aber die Berufschancen all derer bestimmte, die höhere Berufe und Ämter anstrebten, denn auch Mediziner und Juristen, auch die Anwärter auf höhere Militärsränge mussten das humanistische Gymnasium absolvieren. Damit konnte dieses deutsche Bildungsbürgertum sich von dem an Geld und politischem Einfluss reicheren Bürgertum Englands und Frankreichs abgrenzen; gegenüber dem Glanz und der größeren militärischen Macht Englands und Frankreichs konnten die Deutschen stolz auf ihre „Kulturnation" sein.

In Österreich gab es eine liberale Reform des Bildungswesens erst in den sechziger Jahren des 19. Jhs., es fehlte auch die protestantische Tendenz zu einer an der griechischen Antike orientierten Kunstreligion. Doch das deutschösterreichische Bürgertum übernahm das Vorbild der deutschen Klassik und die Idee der deutschen Kulturnation, weil sie ihm eine kulturelle Identität vermittelten und seine beherrschende Rolle im Vielvölkerstaat legitimierten. So entwickelte das humanistische Gymnasium in der zweiten Hälfte des Jhs. auch hier eine große Bedeutung. Doch man orientierte sich nicht nur an Goethe und Schiller, für das katholische Staatsverständnis Österreichs spielte auch die Vorstellung von einer kosmischen Ordnung eine große Rolle, die Leibniz früher entwickelt hatte. Viele österreichische Bildungsbürger kamen aus dem assimilierten Judentum, denn die humanistische Bildung reichte über die religiösen Grenzen hinaus und versprach, Einlass in die deutschösterreichische Gesellschaft zu gewähren.

In der Schweiz gab es, von einigen wohlhabenden Patrizierfamilien in den Städten der deutschsprachigen Schweiz abgesehen, kaum ein Bildungsbürgertum, das sich an der griechischen Antike und dem deutschen Neuhumanismus orientierte. Hier ging es eher um die Vereinbarung romanischer und deutscher, protestantischer und katholischer Tradition in einem gemeinsamen Schweizer Patriotismus; das Bürgertum hatte politische Macht, und die Kunst hatte keine quasi religiöse Funktion, die für politische Machtlosigkeit entschädigte; sie war vielmehr der aufklärerischen Tradition lebenspraktischer Volksaufklärung verpflichtet.

Mit dem Aufkommen der Realgymnasien und der zunehmenden Bedeutung der Naturwissenschaften gegen Ende des 19. Jhs. geriet das bildungsbürgerliche Selbstverständnis allerdings ins Wanken, auch wenn das Bildungsbürgertum bis nach dem Zweiten Weltkrieg noch großen Einfluss hatte.

Über Kunstreligion siehe S. 89.

Zirkel, Gesellschaften, Theater

Das gesellige Weimar traf sich in den Salons vornehmer Damen und in Goethes Haus am Frauenplan. Man organisierte Gesprächs- und Leseabende, Laientheater, Musikveranstaltungen, Bälle. Es bildeten sich wissenschaftliche Gesellschaften wie etwa die ‚Weimarer Kunstfreunde'; dort trafen Goethe und Schiller mit dem Maler und Kunstgelehrten Johann Heinrich Meyer zusammen. Das Weimarer Theater entwickelte sich unter Goethes Leitung von einem Liebhaber- zu einem berühmten Hoftheater.

Zeitschriften und Almanache

Neben Privatzeitschriften wie dem ‚Tiefurter Journal', die dem geselligen Leben dienten, standen den Klassikern zahlreiche gelehrte Zeitschriften zur Verfügung, von denen sie die wichtigsten selber gründeten. Schiller gab ‚Thalia' und ‚Die Horen' sowie Musenalmanache heraus, Goethe ließ ‚Die Propyläen' und die Zeitschriften ‚Über Kunst und Altertum' und ‚Zur Naturwissenschaft überhaupt, besonders zur Morphologie' erscheinen.

Ästhetische Erziehung gegen Massenliteratur

Die Zeitschriften waren für die Klassiker ein Mittel, den Publikumsgeschmack in ihrem Sinn zu beeinflussen. Aber sie fanden wenig Gehör. Viel erfolgreicher war die mit Stereotypen arbeitende Trivialliteratur, die der wachsende literarische Markt – viele Leute lernten jetzt lesen, die Bücher wurden billiger – allmählich herzustellen erlaubte. Zu den erfolgreichsten Trivialautoren der Zeit gehörten Goethes Schwager Christian Vulpius, der den Räuberroman ‚Rinaldo Rinaldini' schrieb, der Theaterschriftsteller August von Kotzebue und der Romanautor August Lafontaine. So entstand im Bewusstsein der Zeitgenossen der Gegensatz zwischen hoher und niedriger Literatur.

Exkurs: Nachleben der Weimarer Klassik: Schillerfest

Das Schillerfest von 1859 war das größte Fest, das in Deutschland jemals zu Ehren eines Dichters veranstaltet wurde. In vielen deutschen Städten, aber auch in Österreich und in der Schweiz wurde es mit Aufmärschen und Fackelzügen gefeiert. Vor allem wegen seines ‚Wilhelm Tell' galt Schiller als deutscher Nationaldichter, aber auch in der Schweiz wurde er deswegen verehrt. Die Worte des sterbenden Werner von Attinghausen „Seid einig – einig – einig" bestätigte für die Schweizer die nach dem Bürgerkrieg von 1847 erreichte staatliche Einheit, die es nun zu bewahren galt. Unbeschadet dieses gesamtschweizerischen Patriotismus fühlten die Deutschschweizer sich kulturell zugleich mit Deutschland verbunden. Schillers ‚Tell' stand für beides.

Für das in Kleinstaaten zerrissene Deutschland waren Attinghausens Worte ein Wunschtraum des Bürgertums. Die Karikatur nimmt seine Mahnung auf und konstatiert, dass das Einzige, worin die Deutschen einig sind, die Schillerverehrung ist und mit ihr der bloße Wille zur Einheit. Allerdings schien diese nun, zehn Jahre nach der Niederschlagung der Revolution von 1848, in größere Nähe gerückt, auch wenn der Fackelzug in Berlin und einigen anderen Städten aus Furcht vor „demokratischen Demonstrationen" verboten wurde. Auf der Zeichnung ist Schillers lorbeerbekränztes Haupt mit einem Heiligenschein umgeben, der ihn zu einem Nationalheiligen macht. Ein einigender Kranz verbindet Frankfurt a. M., wo das erste deutsche Parlament getagt hatte, und die deutschen Länder miteinander, zu denen auch Luxemburg und Liechtenstein gerechnet werden; von jenseits des Atlantiks grüßen die Deutschen aus Amerika.

Darin, dass das Wiener Schillerfest von der Polizei geduldet wurde, deutet sich die allmähliche Einführung der konstitutionellen Monarchie und die Anerkennung der

Liberalen durch den Kaiser an. Die Burschenschaften, die die Feier organisiert hatten und hier wie in Deutschland 1849 verboten worden waren, traten wieder offen auf. Doch war die Feier des nationalen Schiller in Österreich problematisch, denn ein einheitlicher deutscher Nationalstaat unter Einbeziehung Österreichs setzte voraus, dass der Vielvölkerstaat aufgelöst wurde; das war vor der Zerschlagung Österreichs nach dem Ersten Weltkrieg aber nur für eine kleine Minderheit wünschbar. Daher lief es hier, ähnlich wie in der Schweiz, auf eine doppelte Identität hinaus, die nur die Deutschösterreicher, nicht die anderen Nationen des Reiches betraf: staatlich österreichisch, aber kulturell deutsch. Anders als im Fall der Schweiz allerdings repräsentierte Schillers Stück, das ja den Abfall der Schweiz von Österreich behandelt, gerade nicht die staatliche Einheit.

Schiller wurde, neben Lessing und Goethe, auch im jüdischen Ghetto geliebt, doch nicht nur wegen des ‚Wilhelm Tell‘, sondern mehr noch wegen der Worte des Marquis Posa in ‚Don Karlos‘: „Geben sie Gedankenfreiheit." Denn Gedankenfreiheit schloss ja die Religionsfreiheit ein.

Zeichnung in der satirischen Zeitschrift ‚Kladderadatsch‘ zur Feier von Schillers hundertsten Geburtstag 1859.

THEORIE UND FORMEN DER LITERATUR

Autonomie der Kunst und die Weltliteratur

Wenn sie das Ideal aufzeigen sollen, das für alle gilt, dann dürfen Kunst und Dichtung sich nicht von Gruppeninteressen leiten lassen. Sie müssen vielmehr autonom sein, das heißt unabhängig von politischen, sozialen, nationalen Zwecken. Dementsprechend zählen auch die Nationalliteraturen nur, sofern sie zur Weltliteratur beitragen. Weltliteratur ist ein von Goethe eingeführter Begriff, welcher der Vorstellung einer übernationalen Gemeinschaft von Menschen entspricht, die sich zum allgemeinen Ideal bilden. In diesem überpolitischen, ethisch-ästhetischen Sinn behält die Klassik die aufklärerische Idee des Weltbürgertums bei.

Besonderes und Allgemeines

Das Kunstwerk muss aber nicht nur ein autonomes und darum „in sich vollendetes" Ganzes sein, wie Karl Philipp Moritz im Übergang von Sturm und Drang zur Klassik formuliert. Darüber hinaus soll im besonderen Kunstwerk zugleich ein Allgemeines erscheinen: im Individuellen das Idealtypische, im Einzelfall das Gesetz, im Zufälligen das Notwendige. Dabei muss der Eindruck der Freiheit, des Ungezwungenen stets bewahrt bleiben. Dieser ästhetischen Forderung entspricht die ethische Forderung, in den besonderen, spontanen Äußerungen des einzelnen Menschen müsse sich ohne Zwang das allgemeine Sittengesetz ausdrücken.

Ideal und Wirklichkeit

Zu naiver und sentimentalischer Dichtung siehe S. 111.

Das Ideal, so lehren die Klassiker, sei vorläufig nur in Kunst und Dichtung, also im symbolischen Bild, im schönen Schein, im bedeutungsvollen Spiel, jedoch nicht in der Wirklichkeit zu fassen. Dichtung wird somit zur ästhetischen Kritik an der gesellschaftlichen Wirklichkeit. Entweder stellt sie, in harmonischer Form, den Zustand allseitiger Harmonie dar und tritt damit unausgesprochen in Gegensatz zur Wirklichkeit, oder sie zeigt die unharmonische Wirklichkeit in ihrer Spannung zum Ideal. Schiller nennt die erstere Haltung die „naive", die zweite die „sentimentalische".

Das Idyllische

Die reine Darstellung der idealen Harmonie ist nach Schiller die Idylle. Die Klassik hat zwar die Gattung der Idylle nicht gepflegt, sieht man von den frühklassischen Idyllen des späten Johann Heinrich Voß ab (z. B. ‚Luise', 1783/84). Aber immer wieder erscheint der idyllische Zustand als verlorener, der erneut gewonnen werden muss. Goethes Hexameterepos ‚Hermann und Dorothea' z. B. hat die Spannung zwischen der Idylle und der Wirklichkeit der Französischen Revolution zum Thema.

Drama

Das Drama der Klassik zeigt, wie die Konflikte zwischen den Ansprüchen des Einzelnen und der unvollkommenen gesellschaftlichen Wirklichkeit die ideale, idyllische Harmonie gefährden. Das Ideal wird schließlich zwar in der Erwartung einer besseren Zukunft gerettet, doch oft nur um den Preis einer völligen, bis zur Aufopferung reichenden Selbstüberwindung des Einzelnen. Die Klassiker streben nach strenger Form (Vers, zumeist Blankvers), nach allgemeingültiger Formulierung (Sentenz) und nach der Beschränkung aufs Wesentliche (wenig Handlung, wenige Personen, starke Stilisierung, monologisierende Selbstbesinnung der Personen).

Bildungsroman

Goethes ‚Wilhelm Meister' gilt für lange Zeit als Vorbild einer eigenen Romangattung, des Bildungsromans. Im Bildungsroman wird der Lebenslauf des Helden zugleich als eine idealtypische Bildungsgeschichte angesehen; die Individualität des Helden entfaltet sich organisch und stufenweise, um sich schließlich der bestehenden Gesellschaft einzufügen. Dabei bewegt der Held sich aus der Heimat in die Fremde und kehrt wieder nach Hause zurück. Nach diesem Schema bzw. so unproblematisch ist ‚Wilhelm Meister' aber gerade nicht angelegt. Auch sonst ist der Bildungsroman nur schwer in seiner reinen Form zu finden. In Goethes Eheroman ‚Die Wahlverwandtschaften' (1809) treten natürliche Leidenschaft und gesellschaftliche Ordnung in einen unlösbaren Gegensatz, der keine allmähliche Bildung erlaubt, sondern völlige Entsagung fordert und Harmonie nur als ferne Hoffnung aufscheinen lässt. In Hölderlins ‚Hyperion oder Der Eremit in Griechenland' (1797/99) scheitert der Bildungsplan an der Unreife des Volkes, das erst noch ästhetisch erzogen werden muss.

Der erste Bildungs- und Erziehungs- roman war Wielands ‚Agathon'. Siehe S. 70.

Zu ‚Wilhelm Meister' siehe S. 106 f.

Lyrik

Auch in der Lyrik soll das Idealtypische erscheinen. Das macht unmittelbare Selbstaussage unmöglich. In schlichten, liedhaften Formen spricht Subjektivität sich jetzt auf symbolisch-allgemeingültige Weise aus. Gedankenvolle oder epigrammatische Spruchlyrik belehrt; in antiken, romanischen oder östlichen Formen werden Fremdes und Eigenes zu einem höheren Allgemeinen verbunden. Hymnen- und Odenformen, zum Teil streng antikisierend gebaut, verbinden enthusiastisches Pathos mit philosophischen, ästhetischen, religiösen Inhalten; die Ballade wird zur Ideenballade, die ein dramatisches Geschehen zum Exempel einer allgemeingültigen Lehre macht. Goethe bildet den ganzen Fächer der lyrischen Formen aus; die umfangreiche Gedankenlyrik, zumeist in Hymnen- oder Odenform, ist aber die Domäne Schillers und Hölderlins. Die wichtigsten Balladen sind diejenigen Goethes und Schillers, die im sogenannten Balladenjahr 1798 erscheinen.

Die Erlebnislyrik (z. B. Goethes ‚Mailied') und die großen Hymnen (z. B. Goethes ‚Prometheus'), die den Sturm und Drang bestimmt haben, verschwinden zugunsten der Gedankenlyrik.

AUTOREN

Anreger und Begleiter: Wieland und Herder
Die Gesetzgeber im Reich der Kunst: Goethe und Schiller

Zu Wieland und Herder siehe S. 70 und 85 f.

Der junge Johann Wolfgang Goethe des Sturm und Drang (1749–1775)

Der Patriziersohn aus Frankfurt a. M. begann das Studium der Rechte in Leipzig, wo er die Rokokoliteratur kennen- und nachahmen lernte. Als er erkrankte, kehrte er nach Frankfurt zurück, wo ihn die mystisch-empfindsame Frömmigkeit eines Pietistenzirkels berührte. In Straßburg, wo auch Johann Heinrich Jung(-Stilling) und Heinrich Leopold Wagner, später auch Jakob Michael Reinhold Lenz studierten, schloss er das Studium ab. Dort lernte er Johann Gottfried Herder kennen, der ihn mit Shakespeare, Ossian und der Volkspoesie vertraut machte. In dieser Zeit entstand seine Erlebnislyrik (‚Willkommen und Abschied', ‚Mailied'), in der die Liebe zur Pfarrerstochter Friederike Brion aus dem nahen Dörfchen Sesenheim sich ausspricht. Wieder in Frankfurt, wo er als Advokat arbeiten sollte, ließ sich Goethe von Johann Heinrich Merck in den empfindsamen ‚Darmstädter Kreis' einführen, schrieb die Dramen ‚Götz von Berlichingen mit der eisernen Hand' (1773) und ‚Clavigo' (1774) und begann mit der Arbeit am ‚Faust'. Die großen Sturm-und-Drang-Hymnen und -Oden entstanden (‚Mahomets Gesang', ‚Wanderers Sturmlied', ‚Ganymed', ‚Prometheus', ‚An Schwager Kronos'). Straßburger

Eindrücke wirkten nach in den Reden ‚Zum Shäkespeares Tag‘ und ‚Von deutscher Baukunst‘, welche die neuen menschlichen und dichterischen Werte verkündeten: Natur, Genie, Shakespeare und Nation. Das erfolglose Werben um eine Amtmannstochter in Wetzlar, an dessen Reichskammergericht Goethe seine juristischen Kenntnisse vervollständigen sollte, sowie der Selbstmord eines jungen Juristen wurden zum Anlass für den Roman ‚Die Leiden des jungen Werthers‘ (1774). Zurück in Frankfurt, verkehrte Goethe im Salon der Sophie von La Roche, wo er die elegante Welt kennen lernte. Aus dieser eleganten, aber auch nüchtern-geschäftstüchtigen Welt, an die ihn seine Verlobung mit der Bankierstochter Lili Schönemann zu binden drohte, floh er, zunächst und vorläufig mit den Brüdern Stolberg auf eine „Geniereise" in die Schweiz, dann endgültig nach Weimar: Goethe nahm eine Einladung des Erbprinzen Carl August von Sachsen-Weimar an.

‚Götz von Berlichingen‘

Der ‚große Kerl‘ des Sturm und Drang steht einer Zeit moralischen Niedergangs gegenüber. Die neue Zeit, mit den Augen Herders als Abfall von einem ursprünglichen, harmonischen Zustand gesehen, nimmt dem Einzelnen die Freiheit zu organischer Entfaltung. Götz wird immer mehr eingeengt: „Die Welt ist ein Gefängnis", heißt es am Ende. Für Goethe, den Sohn einer nur dem Kaiser untergebenen Reichsstadt, besteht das gute Alte, das Götz vertritt, in der Unabhängigkeit, die manche Grundherren und Städte im Mittelalter genossen, das schlechte Neue dagegen im absolutistischen Fürstentum. Die alten Unabhängigkeiten werden idealisiert und, widersprüchlich, mit dem Gedanken nationaler Einheit verbunden. Dem pessimistischen Geschichtsbild steht eine vage Zukunftshoffnung gegenüber. Mit der Mannigfaltigkeit der Schauplätze und Charaktere, am Vorbild Shakespeares abgelesen, wird bewusst gegen die Forderung der drei Einheiten von Handlung, Ort und Zeit verstoßen.

Das große Vorbild der Sturm-und-Drang-Dramatiker war Shakespeare, der mit seinen Stücken gegen alle Regeln des klassischen französischen Dramas (Ständeklausel, drei Einheiten) verstieß.

‚Die Leiden des jungen Werthers‘

Auch Werther kann sich in einer Öffentlichkeit rangstolzer Adliger und gedrückter Untertanen nicht entfalten. Er sucht stattdessen im Privaten, in Liebes- und Naturerlebnis, ganz aus der Fülle des Herzens zu leben; alles wird dabei zur Spiegelung seiner selbst. Doch der vollständige Einklang mit allem, der in Goethes Sesenheimer Gedichten für Augenblicke gelingt, lässt sich auf Dauer und unter Menschen nicht herstellen, ohne dass die Rechte anderer verletzt werden: Werther gefährdet die Ehe Alberts und Lottes. Die beiden Teile des Romans, um die Mittelachse der politischen Episode angeordnet, spiegeln einander. Im Frühling und Sommer des ersten Teils erlebt der hoffnungsvolle Werther ländliche Familienidyllen, die er mit den Augen Homers sieht; sie beglücken, aber sie beengen ihn auch. Im Herbst und Winter des zweiten Teils erlebt der melancholische Werther eine wilde Landschaft aus dem Geiste Ossians, und die Menschen des ersten Teils erscheinen nun als unglückliche. Werther leidet darunter, aber wenn er schließlich untergeht, geht er zugleich auf im unendlichen Ganzen. Die Form des Briefromans nach dem Vorbild Rousseaus erlaubt die Selbstaussprache der Subjektivität.

Die Form des Briefromans wurde Mitte des 18. Jahrhunderts von Richardson in England und Rousseau in Frankreich entwickelt und war sowohl in der Empfindsamkeit als auch im Sturm und Drang äußerst beliebt. Siehe S. 59.

Der Goethe der Klassik (1775–1805)

Ab 1776 arbeitete Goethe als oberster Beamter im Weimarer Staatsdienst. Er versuchte, von einem konservativ bürgerlichen Standpunkt aus finanzielle, wirtschaftliche und soziale Reformen durchzuführen, scheiterte aber überall dort, wo der Adel dadurch seine Vorrechte eingeschränkt sah. In dieser Zeit erzog sich Goethe zum pflichtbewussten Arbeiten, wandte sich der Natur mit wissenschaftlichem Interesse zu, lernte von der Hofdame Charlotte von Stein, an die ihn eine tiefe Seelenfreundschaft band, maßvolles höfisches Betragen und entwickelte zusammen mit Herder, den er nach Weimar hatte rufen lassen, die Grundlagen des klassischen Humanitätsgedankens. Die Lyrik dieser Zeit ist noch dem Sturm und Drang zuzurechnen, lässt aber schon den Übergang erkennen: noch freie Rhythmen, aber gemäßigt und begrenzt (‚Grenzen der Menschheit‘), noch Einheit von fühlendem Ich und Natur, aber Suche nach Ruhe und Frieden (‚An den Mond‘, ‚Wanderers Nachtlied‘) oder ein Zurückweichen vor der Gewalt des Naturmagischen in den Balladen (‚Erlkönig‘, ‚Der Fischer‘).

1786 flüchtete Goethe, enttäuscht von der Politik und wohl auch von der Liebe zu Frau von Stein, nach Italien. Nicht im Ganzen gefühlvoll aufzugehen, sondern das Einzelne im Ganzen mit Bestimmtheit wahrzunehmen, strebte er nun an. Klarheit, Ruhe und Harmonie der antiken Kunst, mit den Augen Winckelmanns gesehen, und die Sinnenfreude des italienischen Volks verhalfen ihm zu einem neuen, sinnenhaft erkennenden und genießenden Wirklichkeitsverhältnis. Karl Philipp Moritz, dem er in Rom begegnete, beeinflusste seine neue Auffassung von der Autonomie des Kunstwerks. Selbstfindung und -befreiung durch das Italienerlebnis schlugen sich später in den ‚Römischen Elegien‘ nieder (1795). Begonnene Arbeiten wurden nun vollendet. Zu ihnen gehört das Trauerspiel ‚Egmont‘ (1788), das vom niederländischen Statthalter zur Zeit der Unterdrückung durch die spanische Krone handelt. Egmont ist Götz von Berlichingen ähnlich im hartnäckigen Bestehen auf seiner Individualität, hier gesteigert zum unbedingten Vertrauen in den eigenen „Dämon“. Die Stücke ähneln einander auch in der politisch-historischen Grundauffassung, die jetzt aber ins Positive gewendet wird: Wenn der Held auch untergeht, wird schließlich doch die Erhebung siegen, welche die alten Freiheiten wiederherstellt. Auch das mehrfach umgearbeitete Drama ‚Iphigenie auf Tauris‘ (1787) wurde nun abgeschlossen.

Nach seiner Rückkehr im Jahre 1788 schockierte Goethe die Weimarer, als er eine junge Näherin, Christiane Vulpius, zu seiner Hausgenossin machte; Jahre später heiratete er sie. Von den politischen Aufgaben ließ er sich nun weitgehend entlasten – kulturpolitische, wie die Leitung des Hoftheaters, an dem er manchmal selbst mitspielte, blieben bestehen –, um sich nun vornehmlich der Dichtung und den Naturwissenschaften widmen zu können. 1790 erschienen das Drama ‚Torquato Tasso‘ und der ‚Versuch, die Metamorphose der Pflanzen zu verstehen‘. 1792 nahm Goethe als Begleiter des Herzogs Carl August am erfolglosen Feldzug der Preußen und Österreicher gegen die Armee der Französischen Revolution teil. Seine kritische Antwort auf die Revolution gab er vor allem mit dem Drama ‚Die natürliche Tochter‘ (1803) und mit dem Novellenzyklus ‚Unterhaltung deutscher Auswanderer‘ (1794).

Im Zeichen ästhetischer Überwindung der Revolution begann 1794 die Zusammenarbeit mit Schiller. Sie bezeugt sich in Goethes Beiträgen zu Schillers Zeitschriften, in den gemeinsam verfassten ‚Xenien‘ (1797), bissigen Epigrammen, mit denen beide auf die geringe Resonanz der ‚Horen‘ reagierten, in den klassischen Balladen, die sie 1798 veröffentlichten, und in Schillers kritischer Anteilnahme an der Entstehung von Goethes Roman ‚Wilhelm Meisters Lehrjahre‘ (1795/96), der aus dem Fragment ‚Wilhelm Meisters theatralische Sendung‘ (entstanden 1777/85) hervorging. Den beiden Freunden eng verbunden war Wilhelm von Humboldt. Ihren Versuch künstlerischer Gesetzgebung unterstützte Heinrich Meyer. Im Hexameterepos ‚Hermann und Dorothea‘ (1797) und im Drama ‚Die natürliche Tochter‘ (1803) setzte sich Goethe noch einmal mit der Französischen Revolution auseinander. Deren Ideale der Gleichheit und Brüderlichkeit werden anerkannt, sie sind aber nur zu erreichen durch die Besinnung des Einzelnen auf die ursprünglichen Verhältnisse, nämlich auf die Familie, und durch den freiwilligen Verzicht auf Politik, Parteilichkeit und Standesprivilegien. Diese Lebensphase Goethes endet mit dem Tod Schillers und mit den Napoleonischen Kriegen. Durch seinen Respekt vor Napoleon, in dem er einen großen, nur seinem „Dämon“ folgenden Menschen sah, Egmont vergleichbar, entfernte Goethe sich von den nationalliberalen Auffassungen seines Herzogs und Wilhelm von Humboldts.

Johann Wolfgang von Goethe (1749–1832)

1770/71	1772/74
Sesenheimer Gedichte	*Hymnen und Oden*
Erlebnislyrik	Titanisches Allgefühl

° 1749   Student in Leipzig   1768 Genesung in Frankfurt   1770 Studium in Straßburg

‚Iphigenie auf Tauris'

Der Iphigenie-Stoff wurde vielfach in der Literatur bearbeitet – zuletzt wagte sich im 20. Jahrhundert Gerhart Hauptmann an eine Tetralogie, die die ganze Atridensage umfasste. Siehe S. 199.

Auch in der Oper wurde der Stoff gestaltet, so 1774 in ‚Iphigenie auf Aulis' von Christoph Willibald Gluck.

Euripides und Racine, griechische und französische Klassik also, liefern das Thema. Der griechische Mythos, der von Götterfluch und Menschenopfer handelt, wird humanisiert. Das Drama soll allseitige Harmonie herstellen: zwischen Göttern und Menschen, Regierenden und Regierten, zwischen göttlich vorgegebenem Gesetz und ‚natürlicher' Gerechtigkeit, zwischen Mythos und Aufklärung also, zwischen Antike und Moderne. Der antike Konflikt zwischen Götterspruch und menschlicher, als Hybris gedeuteter Selbständigkeit ist jetzt zunächst im Innern jedes Einzelnen zu lösen, hier zunächst im Gewissen Orests, der seine Schuld reuevoll anerkennt, und im Herzen Iphigenies, der harmonischen „schönen Seele", die sich zu unbedingter, vertrauender Wahrhaftigkeit durchringt. Diese autonome Leistung der Selbstüberwindung rechtfertigt es, auch von den anderen, von den Göttern und vom Herrscher Thoas, ein gleiches Maß an Humanität zu verlangen, wollen sie nicht ihre moralische Anerkennung verlieren. Nach einer Verfassung und zwei Prosaversionen erhielt das Werk erst in der vierten Fassung mit ihrem rein durchgeführten Blankvers und ihrer kargen, streng stilisierten Handlung die letzte Form.

‚Torquato Tasso'

Tasso ist größtenteils noch Genie des Sturm und Drang, grenzenlos fühlend wie Werther, in mittelalterlichen Wertvorstellungen lebend wie Götz. Aber er hat sich nicht mit einer schlechten, niedergehenden Gesellschaft auseinanderzusetzen, sondern mit einem vorbildlichen Hof, einem idealen Weimar. In Tasso und Antonio stehen Dichter und höfischer Politiker einander gegenüber, dort die Forderung nach Unmittelbarkeit und Aufrichtigkeit des Gefühls, hier diplomatisches Verhalten um des harmonischen Zusammenlebens willen, dort das Dichten als Naturgabe und höchster Lebenszweck, der den ganzen Menschen verzehrt, hier das Dichten als Übung des Talents und schönes Dekor des gesitteten Lebens. Der Dichter will listiger sein als der Höfling und verfällt wahnhaftem Misstrauen; der Mann des Hofes vermag nicht, die künstlerische Naturgabe neidlos anzuerkennen. Würden beide nicht um Ruhm und Liebe rivalisieren, so könnten sie einander ergänzen. Dann aber müssten sie beide Entsagung üben, so wie die Prinzessin es vorlebt. Der Versuch der Prinzessin, Tasso zu bilden, scheitert; aber der Schluss deutet eine Versöhnung zwischen Tasso und Antonio an.

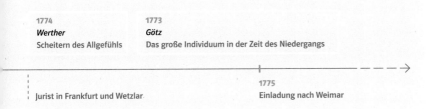

Der Naturwissenschaftler Goethe

Auch in der Natur sucht Goethe nach dem „Urphänomen", also nach der sinnlich wahrnehmbaren Erscheinung der Idee, so z. B. nach der „Urpflanze", d. h. nach derjenigen Pflanze, welche die Idee, das ursprüngliche Muster aller Pflanzen, darstellt. Im Bereich der Optik gilt ihm als Urphänomen der Gegensatz zwischen Licht und Finsternis, weswegen er in heftiger Kritik an Newton die Farben aus der Mischung von Hell und Dunkel zu erklären sucht anstatt aus der Brechung des Lichts. Aus beständiger Metamorphose (Verwandlung in höhere Formen), die durch Polarität (Spannung zwischen Gegensätzen) vorwärts getrieben wird, ergibt sich der Fortschritt in Natur und Geschichte.

Goethes Symbolbegriff

Das „Urphänomen" ist die Erscheinung des Allgemeinen im Besonderen, so z. B. der „Urpflanze" in der jeweiligen konkreten Pflanze. Daher ist das Urphänomen symbolisch. Ein Besonderes (z. B. dieser bestimmte Abend) wird nämlich zum Symbol, wenn die Dichtung es so lebendig erfasst, dass sie es in ein Bild der allgemeinen – streng genommen: immer unaussprechlichen – Idee verwandelt (z. B. in das Weltgesetz, das alles Lebendige sich im harmonischen Zusammenhang zum Abend und zum Ende neigt). Im Gegensatz dazu ist die Allegorie nur die Illustration eines allgemeinen Begriffs (z. B. das Skelett, das Sanduhr und Sense in den Knochenhänden hält, als Illustration des Todes). Das Symbol ist demnach zugleich reales, zufälliges Besonderes als auch ideales, gesetzliches Allgemeines.

> Im weiteren Sinn ist ein Symbol (von griech. = etwas Zusammengefügtes) ein Bedeutungsträger, der auf etwas verweist, das nicht unmittelbar gegenwärtig sein muss.

Der späte Goethe (1805–1832)

Strenge Zeiteinteilung im Dienst kulturpolitischer, naturwissenschaftlicher und dichterischer Arbeit, unterbrochen durch gelegentliche Badereisen: So sah das Leben des berühmten, vielbesuchten Mannes aus. Goethe löste sich nun von klassischer Strenge und suchte, ähnlich wie die Romantiker, sich auch das Fremde und in sich Widersprüchliche anzuverwandeln. Er blickte zurück: Die Autobiografie ‚Aus meinem Leben. Dichtung und Wahrheit' erschien (1811/14; Bd. 4 erst 1833), dazu ergänzend die ‚Italienische Reise' (1816/17) und die ‚Campagne in Frankreich'(1822). Begonnene Arbeiten wurden beendet: Die ‚Farbenlehre' kam 1810 heraus; die Bände ‚Wilhelm Meisters Wanderjahre oder Die Entsagenden' (1821/29) schlossen den Gesamtroman ab; 1808 wurde der erste Teil des ‚Faust' veröffentlicht. (Der ‚Urfaust', ein Werk des Sturm und Drang, blieb zu Goethes Lebzeiten unveröffentlicht; eine überarbeitete und etwas erweiterte Fassung war unter dem Titel ‚Faust. Ein Fragment' 1790 erschienen.) 1831 schloss Goethe die Arbeit am zweiten Teil des ‚Faust' ab, der erst kurz nach seinem Tod erschien. Neue Werke entstanden: Im Roman ‚Die Wahlverwandtschaften' (1809) fallen Natur- und Sittengesetz auseinander, die „schöne Seele" verfällt tragischer Schuld, Entsagung und Tod lassen nur noch auf das

Johann Wolfgang von Goethe (1749–1832)

1787
Iphigenie
Überwindung der Schuld
durch Humanität

1790
Metamorphose der Pflanzen
Urpflanze

1797
Hermann und Dorothea
Revolution und Idylle

1788
Egmont
Das ,dämonische' Ich
und das alte Recht

1790
Tasso
Dichter und Gesellschaft

1795/96
Wilhelm Meisters Lehrjahre
Die Bildung der Individualität

Politiker
und Hofpoet

1786
Italienische Reise

Dichter und Naturwissen-
schaftler am Hof

1794
Bündnis mit Schiller

Jenseits, nicht mehr auf ein grundsätzlich mögliches besseres Diesseits hoffen. Liebesbegegnungen Goethes wurden zum Anlass einer Reihe von Gedichtzyklen, deren wichtigster der ,West-östliche Divan' ist (1819, erweitert 1827), ein lyrisches Zwiegespräch mit Marianne von Willemer, umrahmt von Gedichten, in denen Goethe sich mit dem persischen Dichter Hafis identifiziert; das Symbol vermittelt hier zwischen Gefühlsausdruck und spruchhafter Dichtung der Altersweisheit. Zu dieser letzteren gehört auch das Gedicht ,Urworte. Orphisch' (1817). Kurzformen altersweiser Belehrung wurden gesammelt in den aphoristischen ,Maximen und Reflexionen' (ab 1809) und in den ,Zahmen Xenien' (ab 1815).

,Dichtung und Wahrheit'

In seiner Autobiografie betrachtet Goethe sich selbst als historische Person. Er will nicht Fakten sammeln, sondern das „Grundwahre" darstellen, nämlich das Verhältnis der organisch sich entwickelnden Individualität zu ihrer Zeit. Solche Selbstdeutung hängt vom Standort ab, den das rückblickende Ich in seiner Entwicklung und in seiner Zeit einnimmt. Alles Frühere soll als sinnvolle Vorbereitung des schließlich Erreichten erscheinen. Daher muss zur „Wahrheit" der Fakten die „Dichtung" hinzukommen, das heißt die dichterische Deutung des Zusammenhangs, nicht die willkürliche Erfindung.

,Wilhelm Meister'

Der Roman stellt beispielhaft den Weg eines Menschen bürgerlicher Herkunft dar, der seine Individualität ohne berufsbedingte Einseitigkeit harmonisch zu entwickeln und wirkend darzustellen sucht – ein Ziel, das zu verfolgen eigentlich nur einem reichen und berufslosen Aristokraten möglich scheint. Meisters ursprünglicher Versuch, sich im schönen Schein der Theaterwelt derart zu verwirklichen, erweist sich als realitätsferner Irrweg. In den ,Lehrjahren' findet er, von einer reformbewussten adligen Geheimgesellschaft unvermerkt geleitet, auf höherer Stufe zum bürgerlichen, nützlichtätigen Leben zurück und verbindet sich zugleich durch Heirat dem Adel. Das verlangt freilich Opfer: Kunst und Leben werden getrennt, die poetisch-dämonischen, unangepassten Gestalten Mignons und des Harfners müssen untergehen. Wenn Meister in den ,Wanderjahren' einen nützlichen Beruf ergreift – er wird Wundarzt –, so muss er damit auf das Ziel allseitiger Ausbildung verzichten; allseitige Ausbildung ist nur noch von allen Menschen zusammen als einem Ganzen erreichbar. Daher folgt der Roman nicht dem Leitfaden einer Lebensgeschichte; die Lebensgeschichte eines Einzelnen ist

1808
Faust 1. Teil
Streben und Schuld

1809
Wahlverwandtschaften
Tragik im Roman

1810
Farbenlehre
Urphänomen und Polarität

1819
West-östlicher Divan
Liebe und Weisheit
in persischer Maske

1811/14
Dichtung und Wahrheit
Selbsthistorisierung

1821/29
Wilhelm Meisters Wanderjahre
Topografie der
menschlichen Möglichkeiten

1832
Faust 2. Teil
Die Wirklichkeit des Scheins

1805
Schillers Tod ⫶ Der berühmte Dichter   † 1832

nicht mehr repräsentativ für die vollkommene Bildung des Menschen schlechthin. Meisters Wanderschaft wird vielmehr zum Anlass, verschiedene Bezirke vorzuführen, verschiedene Gedankenkreise, eingeschobene Novellen, pädagogische Modelle, die unterschiedliche Möglichkeiten des Menschseins vorstellen und einander spiegeln und relativieren. Die konkreten staatlichen Organisationen wie etwa Verwaltung und Heer werden allerdings weitgehend ausgespart.

‚Faust. Der Tragödie erster Teil‘

Der Stoff, auch von Friedrich Klinger und Friedrich Müller (Maler Müller) behandelt, lag Goethe im Volksbuch ‚Historia von D. Johann Fausten‘ (1587) und in dramatischen Bearbeitungen vor. Im ‚Urfaust‘ und im ‚Fragment‘ stehen Gelehrten- und Liebestragödie noch unverbunden nebeneinander. Im ‚Faust‘ von 1808 werden beide einem gemeinsamen Gesichtspunkt untergeordnet: Der einzelne Mensch versucht, erkennend und fühlend den Zusammenhang der ganzen Welt unmittelbar zu erfassen; als Gelehrter ergibt er sich dabei der Magie, als Liebender vernichtet er den geliebten, aber an eine beschränkte Welt gebundenen Menschen. Die Wette mit Mephisto wird Anlass zum Versuch, als Einzelner all das, „was der ganzen Menschheit zugeteilt ist“, erkennend-fühlend zu genießen. Doch der harmonische Zusammenhang des Ganzen, den die Engel besingen (‚Prolog im Himmel‘), bleibt dem beschränkten, daher irrenden Einzelnen verschlossen. Allerdings besteht gerade in seinem, wenn auch irrenden und schuldhaften, Streben nach dem Zusammenhang des Ganzen die Größe des Menschen. Darum wird ihm Mephisto als Prinzip ständiger Unzufriedenheit beigesellt, das gerade durch diese negative Funktion das unaufhörliche Streben nach der Vereinbarung mit dem göttlichen Zusammenhang lebendig erhält. Dieser kosmischen Ganzheit entspricht die harmonische Welt, die der Dichter in sich fühlt; beiden steht die chaotische Fülle gegenüber, die das beschränkte Publikum zu sehen wünscht (‚Vorspiel auf dem Theater‘). Den gleichen Gegensatz zwischen Wirrnis und Zusammenhang erfährt der Dichter aber auch an sich selbst, nämlich als Zwiespalt zwischen dem Wechsel seines äußeren Lebens und seiner dauernden Teilhabe an der geistigen Welt (‚Zueignung‘). Die drei Vorstücke führen demnach anhand des einen Zwiespaltes vom einzelnen Menschen, dem Dichter, zum Welttheater. Als solches erscheint dann das Drama, das auch formal eine chaotische Fülle mit dem Durchblick auf einen höheren Zusammenhang verbindet.

Der ‚Urfaust‘ ist noch Prosafassung. Erst ‚Faust I‘ weist Versform auf.

‚Faust. Der Tragödie zweiter Teil'

Nach sechzigjähriger Arbeit am ‚Faust'-Stoff beendet Goethe den zweiten Teil des Dramas, der zwar durch vielfältige Spiegelungen auf den ersten bezogen (z.B. Blocksberg – klassische Walpurgisnacht), aber noch loser zusammengefügt ist als dieser und zugleich etwas Neues darstellt. Wenn Faust nach einem Heilschlaf des Vergessens aus der kleinen Welt des ersten Teils in die große Welt öffentlichen Handelns tritt, so nicht mehr als der Einzelne, der sich genießend an die Stelle der Menschheit setzt, sondern als eine Figur, die sich die Welt handelnd und herrschend anzueignen sucht. Fausts Charakter und die Abfolge des Geschehens sind noch unwichtiger als im ersten Teil. Es geht nun um Variationen eines Themas, nämlich um die Verselbstständigung des Scheins, dem der Mensch im Guten wie im Bösen unterworfen ist. Damit ist zunächst das Verhältnis von Kunst und Wirklichkeit angesprochen: Das Wesen der Wirklichkeit ist nicht unmittelbar fassbar, sondern nur im schönen Bild, im „farbigen Abglanz" zu erschauen. Aber auch das Papiergeld ist nur Schein, ein leerer, aber mächtig wirkender, der die politische Geschichte bestimmt (1. Akt). Die Idee des Menschen, die Synthese von griechischer Antike und nordischer Moderne, von Helena, dem Urbild der Schönheit, und Faust, dem Vertreter des modernen Bewusstseins, existiert allein in der Scheinwelt gelehrter Phantasie (2. und 3. Akt). Schließlich ist auch der Prozess unendlicher Besitzvermehrung ein blendender Schein; er verselbstständigt sich und bringt Vernichtung statt Freiheit (4. und 5. Akt). Die moderne Wirklichkeit ist scheinhaft, der Schein aber ist wirkend. Aus ihm vermag den irrend Strebenden allein die Liebe zu erlösen, den Mann nur das „Ewig-Weibliche".

Platons Vorstellung, dass die Welt nicht unmittelbar in Anschauung erfasst werden kann, klingt hier an. Siehe S. 14.

Der Schiller des Sturm und Drang (1759–1787)

Der Sohn württembergischer Untertanen – sein Vater war Offizier im Dienst des Herzogs Karl Eugen – wuchs in Lorch und Ludwigsburg auf. 1773 befahl ihn der Landesvater, Herzog Karl Eugen, an die Militärschule nach Stuttgart, wo er zunächst Jura, dann Medizin studieren musste, bis er 1780 zum Regimentsmedicus bestellt wurde. 1781 erschien sein Drama ‚Die Räuber', in dem der antiautoritäre Protest der Stürmer und Dränger zum Angriff auf die ganze Weltordnung gesteigert, aber auch als verblendete Hybris verurteilt wird. Franz soll das absolute Böse verkörpern, Karl schwingt sich zum Weltenrichter auf, beide werden durch das unvorhergesehene Geschehen, das ihre Pläne ins Gegenteil umschlagen lässt, selbst gerichtet. 1782 kam Schillers erste Gedichtsammlung unter dem Titel ‚Anthologie auf das Jahr 1782' heraus. Als ihm der Herzog weiteres Dramenschreiben verbot, flüchtete er nach Mannheim. In Bauerbach in Thüringen stellte ihm Henriette von Wolzogen ein Landhaus zur Verfügung. 1783 erschien das politische Trauerspiel ‚Die Verschwörung des Fiesco zu Genua'; hier scheitert der Aufständische an seinem überheblichen Glauben, alle Menschen berechnen zu können. Im selben Jahr ging Schiller als Theaterdichter nach Mannheim; dort veröffentlichte er im folgenden Jahr ‚Kabale und Liebe'. Ein bürgerliches Trauerspiel' (ursprünglicher Titel: ‚Luise Millerin') und hielt seine Antrittsrede ‚Was kann eine gute stehende Schaubühne eigentlich wirken?' (später gekürzt unter dem Titel ‚Die Schaubühne als moralische Anstalt betrachtet') in der Kurfürstlichen Deutschen Gesellschaft. Schiller denkt dabei nicht an die Verbreitung moralischer Lehrsätze durch das Theater, sondern an ein Bekanntmachen des Menschen mit der menschlichen Natur in einer Zeit der Unnatur. Hohe Schulden und die Herzenswirren, die seine Liebe zu Charlotte von Kalb, der Frau eines Offiziers, mit sich brachte, ließen ihn 1785 zu einem weiteren Gönner, Christian Gottfried Körner, nach Leipzig und später nach Dresden flüchten. Dort erschienen 1786 seine ‚Philosophischen Briefe'. Im folgenden Jahr reiste er nach Weimar, wo er von Herzog Carl August, der ihn zwei Jahre zuvor zum Rat ernannt hatte, Unterstützung erhoffte.

‚Kabale und Liebe'

Die Tragödie handelt vom Gegensatz zwischen den Generationen und zwischen den Ständen sowie vom Gegensatz zwischen der gesellschaftlichen Realität und der unbedingten Liebe zwischen Ferdinand, einem hochgestellten Adligen, und Luise Miller, der Tochter eines Musikers. Das bürgerliche Trauerspiel zeigt hier, dass die bürgerliche Familie kein intakter Fluchtraum mehr ist. Die absolutistische Herrschaft greift in die Familie des Musikus Miller ein, nicht nur in Gestalt von Ferdinands Vater, sondern auch in Gestalt von Ferdinand selber, sosehr dieser sich auch gegen beide Väter auflehnt, welche die Ständeordnung aufrecht erhalten wollen. Doch Ferdinands Selbstgerechtigkeit und sein Misstrauen lassen sich nicht von seiner aristokratischen Position lösen, wenn sie sich schließlich zerstörend gegen das Mädchen von niederem Stand wenden. Auch die innere Problematik der Familie wird deutlich, die Unterdrückung der Tochter durch die verinnerlichten Normen patriarchalischer Herrschaft.

> Schillers bürgerliches Trauerspiel radikalisiert die Kritik an der bestehenden feudalen Gesellschaftsordnung – seine Kritik ist viel fundamentaler als die in Lessings ‚Emilia Galotti'. Siehe S. 74.

Der Schiller der Klassik (1787–1805)

Die Übersiedelung nach Jena, die ihn Wieland und Herder nahebrachte, entsprach einer inneren Wandlung. Das zeigt sich am allmählichen Herauswachsen des Dramas ‚Don Karlos. Infant von Spanien' aus den Vorstellungen des Sturm und Drang. Schiller hatte es nach mehrjähriger Arbeit noch bei Körner in Leipzig fertiggestellt; es wurde stückweise veröffentlicht und 1787 aufgeführt. Mit dem Gedicht ‚Die Götter Griechenlands' (1788) wandte er sich der Antike zu. Eine vernichtende Rezension von Bürgers Gedichten (1789) bekräftigte seine neue, klassische Kunstauffassung. Vor allem trieb Schiller nun ausgiebige Geschichtsstudien. Seine ‚Geschichte des Abfalls der vereinigten Niederlande von der spanischen Regierung' (1788; unvollendet) trug ihm auf Veranlassung Goethes eine unbezahlte Professur für Geschichte in Jena ein. Sonst aber blieb das Verhältnis zu Goethe, der in ihm immer noch den Stürmer und Dränger sah, zunächst kühl. Auf studentische Kolleggelder hoffend, übersiedelte Schiller 1789 nach Jena, hielt seine berühmt gewordene Antrittsvorlesung ‚Was heißt und zu welchem Ende studiert man Universalgeschichte?' und schrieb eine ‚Geschichte des Dreißigjährigen Krieges' (1791/93). Aufgrund einer geringen herzoglichen Pension – sie wurde im folgenden Jahr durch eine dreijährige Beihilfe des dänischen Erbprinzen erheblich verbessert – wagte Schiller es 1790, die Weimarer Hofdame Charlotte von Lengefeld zu heiraten. Auf einer Reise nach Württemberg wurde er mit Hölderlin bekannt, den er trotz gewisser Vorbehalte zu fördern suchte. Er erweiterte das Geschichtsstudium nun durch ein philosophisch-ästhetisches Studium Kants. Daraus gingen u. a. die Schriften ‚Über Anmut und Würde' (1793), ‚Über das Erhabene' (1801) und ‚Über die ästhetische Erziehung des Menschen' (1795) hervor.

Schillers entschiedene Ablehnung der Französischen Revolution, für die er sich zunächst begeistert hatte, trug wesentlich zur Annäherung Goethes bei. Die Freundschaft beider, 1794 geschlossen, bestimmte Schillers weiteres Leben. Mit der Abhandlung ‚Über naive und sentimentalische Dichtung' (1795/96) suchte er ihrer beider Eigenart zu bestimmen. Auch die Freundschaft zu Wilhelm von Humboldt, der an der Gründung der ‚Horen' beteiligt war, vertiefte sich jetzt. Nach der langen Zeit theoretischer Arbeit wandte sich Schiller nun wieder der Dichtung zu. In den ‚Horen' und dem ebenfalls von ihm herausgegebenen ‚Musenalmanach' erschienen 1795/96 die großen Beispiele seiner Gedankenlyrik, u. a. ‚Die Teilung der Erde', ‚Das Ideal und das Leben', ‚Der Spaziergang'; im Almanach für das Jahr 1800 erschien ‚Das Lied von der Glocke', das eine große Nachwirkung im ganzen 19. Jh. hatte. Der sogenannte Balladen-Almanach von 1798 enthielt u. a. den ‚Taucher' und ‚Die Kraniche des Ibykus', der Almanach von 1799 ‚Die Bürgschaft'. Schließlich entstanden auch wieder Dramen. Aus der Beschäftigung mit dem Dreißigjährigen Krieg ging ‚Wallenstein' hervor (1798/99; 3 Teile: ‚Wallensteins Lager', ‚Die Piccolomini', ‚Wallensteins Tod'). Nachdem eine Gehaltserhöhung es Schiller 1799 ermöglicht hatte, nach Weimar umzuziehen, wo er Goethe näher und den in Jena sich zusammenfindenden Romantikern ferner war, arbeitete der seit langem kränkelnde Dichter mit fieberhafter Intensität an Dramenübersetzungen und an seinen letzten großen Werken: ‚Maria Stuart' (1800), ‚Die Jungfrau von Orleans' (1801), ‚Die Braut von Messina oder Die feindlichen Brüder' (1803), ‚Wilhelm Tell' (1804), ‚Demetrius' (Fragment geblieben).

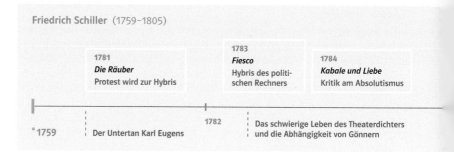

Friedrich Schiller (1759–1805)

1781	1783	1784
Die Räuber	*Fiesco*	*Kabale und Liebe*
Protest wird zur Hybris	Hybris des politischen Rechners	Kritik am Absolutismus

°1759 | Der Untertan Karl Eugens | 1782 | Das schwierige Leben des Theaterdichters und die Abhängigkeit von Gönnern

Der Historiker Schiller

Nach Schiller soll der Historiker die Geschichte von seiner Gegenwart her verstehen. Das heißt, er soll das vergangene Geschehen als Entwicklung aufzufassen suchen, die auf seine eigene Zeit hinzielt. Dazu muss er einen nur dichterisch erfassbaren Zusammenhang in der Geschichte annehmen und ihn dann an den Tatsachen überprüfen. Hiermit ist dem einzelnen Menschen die Freiheit sinnstiftender Geschichtsdeutung gegeben (die Goethe in ,Dichtung und Wahrheit' für sich beansprucht), aufgrund derer er dann auch sein Handeln sinnvoll einrichten kann. Vorerst allerdings müssen die Historiker noch die Tatsachen zusammenstellen, aber dem Dichter ist eine vorgreifende Geschichtsdeutung erlaubt. Mit Ausnahme der ,Braut von Messina' behandeln alle klassischen Dramen Schillers historische Stoffe.

Der Philosoph und Ästhetiker Schiller

Schiller sucht das Schöne als Ausdruck der menschlichen Freiheit zu verstehen. Er unterscheidet die äußere, nur naturgegebene Schönheit von der sie erst belebenden *Anmut*. Die Anmut drückt ein Inneres aus, nämlich die Harmonie zwischen Empfindungen und moralischem Gesetz, Sinnlichkeit und Pflicht. Diese Harmonie muss vom einzelnen Menschen erst geschaffen werden, hängt somit von seiner freien Entscheidung ab. Er muss sich nämlich freiwillig so weit bilden, dass seine Empfindungen von selbst zu moralischen Entscheidungen führen. Dann erringt er eine innere Harmonie, die *schöne Seele*, die sich in äußerer Harmonie, der Anmut, ausdrückt. Solange er sich noch in freiwilligem Zwang durch Willenskraft überwinden muss, um der Pflicht zu gehorchen, ist er erhaben. Das Erhabene drückt sich nicht in Anmut, sondern in *Würde* aus.

Hätte jeder Einzelne die innere Harmonie erreicht, so wäre von selbst ein gesellschaftlicher Zustand geschaffen, in dem sich jeder in Freiheit selbst bestimmen könnte, ohne dass äußere Gesetze und Zwänge nötig wären. Damit die Menschen sich einem solchen idealen Zustand annähern, ist also eine *ästhetische Erziehung* erforderlich. Sie soll Revolutionen überflüssig machen, sie soll ohne revolutionäre Verletzung des Sittengesetzes das allmähliche Fortschreiten zur Freiheit bewirken.

Da der Mensch immer auch seinen Trieben ausgesetzt ist, kann er die selbstverständliche Harmonie der „schönen Seele" nie gänzlich erreichen. Wohl aber ist er zu erhabener Selbstüberwindung fähig. Diese letztere wird dargestellt in der Tragödie. Der Tragödienheld bewährt seine Freiheit darin, starke Leidenschaften, schließlich sogar seinen Lebenswillen, in freiwilliger Anerkennung der moralischen Pflicht zu überwinden. Wenn ihm auch die erstrebte innere Harmonie versagt bleibt, so kann er schließlich doch in einem freien Akt sinnstiftender moralischer Deutung und würdevoller Selbstüberwindung seinen Untergang bejahen und gerade hierin seine absolute Freiheit erreichen.

1785	1787
Die Schaubühne ...	*Don Karlos*
Den Menschen mit dem Menschen bekannt machen	Zwischen Aufklärung und politischer Berechnung

1787	
Reise nach Weimar	Übergangszeit

Den Griechen war das Bedürfnis nach harmonischer Anmut noch eine selbstverständliche Gegebenheit. In diesem Sinn sind sie naiv. Der moderne Dichter dagegen erfährt die Harmonie als etwas Fremdes; er trauert ihr nach als etwas Verlorenem und muss sie nun bewusst als Ideal wieder anstreben. Dieses trauernde und intellektuell-bewusste Verhältnis zur Harmonie nennt Schiller sentimentalisch. Dem entspricht ein geschichtlicher Dreischritt: Der harmonischen Idylle griechischer Naivität (Arkadien) folgt die moderne sentimentalische Zerrissenheit, die nach einer künftigen Idylle strebt (Elysium), in der Bewusstsein und Harmonie zugleich sind.

Neben diese Bestimmung der Moderne tritt eine Unterscheidung zweier Dichtertypen. Im Blick vor allem auf Goethe spricht Schiller von naiven Dichtern der Moderne. Darunter versteht er solche, die gleichsam naiv immer wieder zur Anschauung des Realen zurückkehren und nicht, wie die sentimentalischen Dichter es tun, ein abstraktes Ideal anstreben. Beide dichterischen Haltungen sollten einander ergänzen.

‚Don Karlos'

Im Laufe seiner langen Entstehungsgeschichte erhält das Werk, das zunächst als Familientragödie im spanischen Königshaus geplant war, einen zusätzlichen politisch-ideellen Gehalt. Zur Auseinandersetzung zwischen Vater und Sohn kommt der Gegensatz zwischen Absolutismus und Aufklärung. Dementsprechend tritt der Thronfolger Karlos allmählich zurück, Marquis Posa, sein Freund und Ratgeber, dagegen in den Vordergrund. Doch Posas aufklärerisches Programm (Fürstenerziehung, Gedankenfreiheit) zerbricht an der Problematik des politisch handelnden Menschen: Zum Handeln gezwungen, zerstört Posa die innere Harmonie seines Wesens und erniedrigt die anderen, auch seinen Freund Karlos, zu Objekten geheimer Berechnung, nicht einmal sein erhabenes Selbstopfer ist ganz frei von Kalkül. Indem Karlos und König Philipp daraufhin ihre personenbezogenen Gefühle verleugnen und nur noch Prinzipien folgen (Selbstbestimmung der Menschheit bzw. Unterwerfung unter die Kirche), löschen sie auch die „Stimme der Natur", d.h. die Familienbindung, aus. Es siegt folgerichtig das tödlich-unnatürliche Prinzip der Inquisition. Allein in der Königin, die die Natur in sich nicht unterdrückt, bleibt eine Ahnung höherer menschlicher Harmonie bewahrt. Das Thema von der Überwindung der Leidenschaften und von der inneren Harmonie, die Ersetzung der Prosa durch den Blankvers und des Pathos durch ausdrucksvolle Kürze führen zur Klassik hin.

Arkadien = Teil des Peleponnes, galt im Altertum als Heimat des Hirtengottes Pan und wurde daher als Schauplatz der Poesie verliebter Hirten gewählt.

Elysium = jenseitiger Ort der verstorbenen frommen Menschen. Beide Orte sind idyllisch, lieblich, heiter, aber ins Elysium kommt man nur, wenn man sich im Diesseits ethisch bewährt hat.

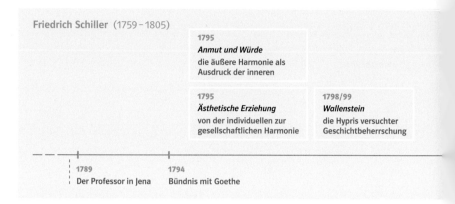

Friedrich Schiller (1759–1805)

1795
Anmut und Würde
die äußere Harmonie als
Ausdruck der inneren

1795
Ästhetische Erziehung
von der individuellen zur
gesellschaftlichen Harmonie

1798/99
Wallenstein
die Hypris versuchter
Geschichtbeherrschung

1789
Der Professor in Jena

1794
Bündnis mit Goethe

‚Wallenstein‘

Der umfangreiche Stoff, den Schiller sich durch seine ‚Geschichte des Dreißigjährigen Krieges‘ erschlossen hat, wird in ein Vorspiel und zwei Dramen gegliedert (‚Wallensteins Lager‘, ‚Die Piccolomini‘, ‚Wallensteins Tod‘.) Kein privater Familienkonflikt verstellt mehr die Problematik öffentlich-politischen Handelns. Das Thema ist die Rebellion im Kräftefeld von Freiheit, Macht und Irrtum. Die völlige Freiheit, welche die Soldaten des ‚Lagers‘ mit dem Tod zu erkaufen bereit sind, ist an den militärischen Gehorsam gebunden und setzt mit dem Faustrecht auch die Unfreiheit anderer voraus; tatsächlich aber sind die Soldaten nur irrende, unselbstständige Figuren im Spiel des launischen Glücks. In den ‚Piccolomini‘ tritt das Bild möglichen Friedens, der überhaupt erst Menschsein erlaubt und der Freiheit erst ihren Wert gibt, neben das Bild des Soldatseins. Zur Idylle führt kein Weg aus der Welt der Täuschung und der Rebellion, in der die Generäle leben. Im Zentrum dieser Welt steht Wallenstein. Ihn spiegelt das schwankende Heer, das er geschaffen hat, von dem er aber auch abhängt, weil es ihm seine Macht verleiht. Im Zaudern zwischen Gehorsam und Aufruhr sucht er sich die Freiheit der Entscheidung zu bewahren, sterndeutend sucht er das Geschick zu berechnen und bleibt doch ein Getriebener und Verblendeter. Sein Versuch, die Geschichte völlig zu beherrschen, um Frieden zu schaffen, endet ebenso im Tod wie Max Piccolominis Versuch, aus der Geschichte in die Utopie ewiger Idylle zu flüchten. Die Geschichte, die Wirklichkeit des „Gemeinen", des Egoismus, die bei allen mitspielt, auch bei Wallenstein, siegt über politisches Handeln, auch wenn es, wiederum wie auch bei Wallenstein, vom Streben nach dem Ideal mitbestimmt ist.

Egoismus
(von lat. ego = ich)
bedeutet
„Eigennützigkeit".

‚Maria Stuart‘, ‚Die Jungfrau von Orleans‘, ‚Die Braut von Messina‘

Nicht nur egoistisches politisches Handeln wie dasjenige Maria Stuarts, sondern sogar eines in göttlichem Auftrag wie dasjenige der Johanna von Orleans lässt einen schuldig werden, denn Johanna muss ihr „Herz", ihre menschliche „Natur", verleugnen. Doch bewahren beide Frauen ihre Freiheit und entsühnen sich, indem sie in höchster Selbstüberwindung ihre Verurteilung bejahen. Maria Stuart deutet den politischen Prozess als Sühne für ihre Schuld, Johanna das ungerechte irdische als gerechtes himmlisches Gericht. Beide erringen angesichts des Todes eine Würde, die in Seelenschönheit übergeht. In beiden Fällen muss das private Gefühl, die Liebe, um des öffentlich-politischen Handelns willen überwunden werden. Nur im verklärten Tod ist noch eine Harmonie möglich. – In der ‚Braut von Messina‘ gibt Schiller seinem alten

1795/96
Naive und sentimen-
talische Dichtung

Bestimmung der
modernen Dichtung

1801
Maria Stuart
Die Jungfrau von Orleans
1803
Die Braut von Messina

Freiheit und Versöhnung durch
Selbstüberwindung im Tod

1804
Wilhelm Tell

von der alten zur neuen Idylle

† 1805

Thema des Familienkonflikts eine klassische Wendung: Ein Traumorakel, dem Zufälle und Irrtümer zur Erfüllung verhelfen, bestimmt Don Cesar dazu, seinen Bruder zu töten; er büßt dafür mit einem Selbstmord, den er als schicksalsüberwindende und versöhnende Tat freier Selbstbestimmung deutet. Das Private soll hier durch die Wiedereinführung des antiken, die Öffentlichkeit repräsentierenden Chores überwunden werden.

Zur Rolle des Chores siehe S. 8, 13, 33 und 46 f.

‚Wilhelm Tell'

In seinem letzten vollendeten Drama, einem ästhetisch-utopischen Gegenbild zur Französischen Revolution, deutet Schiller den Kampf, in dem die Schweizer ihre „alte Freiheit" gegen den absolutistischen Zentralismus verteidigen, im Sinne seines geschichtlichen Dreischritts: Die paradiesische naive Idylle naturgemäßer Vaterordnung wird bedroht durch die geschichtliche, willkürliche Rechtsetzung. In ihrem Abwehrkampf verändern sich die Schweizer und legen schließlich den Keim zu einer höheren Idylle, zum „ästhetischen Staat", zur Brüdergemeinschaft der Freien und Gleichen. Der Ausgleich der Stände erfolgt aus Einsicht, nicht durch revolutionäre Gewalt. Tell ist kein revoltierender Sohn, sondern ein Familienvater, der zum Handeln gezwungen wird. Mit dem Mord an Geßler verteidigt er die naturgemäße Vaterordnung gegen eine pervertierte, die ihn zwingt, auf seinen Sohn zu schießen. Das unterscheidet ihn von Parricida, dem Vatermörder, und den Selbsthelfern des Sturm und Drang. Anders auch als die Jungfrau von Orleans kommt der Verteidiger der patriarchalischen Ordnung nicht mit sich selbst in Konflikt, wenn er tötet. Zunächst nur Außenseiter, privates Individuum wie die Selbsthelfer, rechtfertigt Tell seine Tat vor dem Anschlag als notwendige Verteidigung der Gemeinschaft und ihrer Rechtsordnung. Er wird so ohne Bruch zum öffentlich-politisch handelnden Menschen. Auf der anderen Seite bilden die Schweizer nun eine Gemeinschaft, die den Einzelnen als privates Individuum voraussetzt.

Verzweiflung am Bruch zwischen Ideal und Wirklichkeit: Hölderlin

Johann Christian Friedrich Hölderlin (1770–1843)

Aus einer pietistischen schwäbischen Familie stammend, wurde Hölderlin zum Theologen bestimmt. Er ging auf die Klosterschulen in Denkendorf und Maulbronn und studierte dann, zusammen mit Schelling und Hegel, am Tübinger Stift. 1792/93 erschienen seine ersten Hymnen. In Tübingen begeisterte er sich für die Französische Revolution und entschied sich gegen den Pfarrberuf. 1793 verließ er das Stift, um eine von Schiller vermittelte Hauslehrerstelle bei Charlotte von Kalb anzunehmen. So kam er nach Waltershausen bei Jena. In Jena hörte er Vorlesungen Johann Gottlieb Fichtes und war häufiger Gast Schillers. 1794 erschien das ‚Fragment vom Hyperion' in Schillers ‚Thalia'. 1796 trat er eine andere Hauslehrerstelle bei der Frankfurter Bankiersfamilie Gontard an und verliebte sich in die Hausherrin, Susette Gontard, die als „Diotima" in seinen Roman ‚Hyperion oder Der Eremit in Griechenland' eingeht (1797/99). 1798 musste er die Familie verlassen und zog zu seinem Freund Sinclair nach Homburg. Dort fand die Hauptarbeit am unvollendet gebliebenen Drama ‚Der Tod des Empedokles' statt. Anschließend suchte er wieder als Hauslehrer zu arbeiten, 1801 in St. Gallen, 1802 in Bordeaux. In dieser Zeit, zwischen 1801 und 1806, entstand seine späte Lyrik. Außerdem schrieb er Nachdichtungen des griechischen Lyrikers Pindar und zweier Dramen des Sophokles. Vermutlich aufgrund der Nachricht, dass Susette tödlich erkrankt sei – sie starb 1802 –, eilte er aus Bordeaux nach Deutschland zurück und verfiel allmählich in Schwermut und Verzweiflung. Ab 1806 lebte er in Pflege bei einem Schreinermeister in Tübingen.

Die geistige Position

Die Übereinstimmung zwischen dem Guten, Schönen und Wahren macht die innere Einheit der Individualität aus; die Übereinstimmung ist für den, der enthusiastisch fühlt wie etwa Klopstock, auch in der äußeren Natur erfahrbar, in deren großer Einheit er aufgehen kann. Die innere und äußere Harmonie zu verwirklichen, ist sowohl höchste Freiheit, weil Selbstverwirklichung, als auch Gehorsam gegenüber dem göttlichen Gesetz, welches das Wesen des Menschen als solche Harmonie bestimmt. Im Griechentum, einem naiven, aber auch heroisch-begeistert kämpfenden, scheint diese Verwirklichung gelungen. Inzwischen sind die Menschen vom göttlichen Gesetz abgefallen, sie müssen es erneut zu verwirklichen suchen.

Hölderlin erwartete die Wiederherstellung seines Griechentums zunächst von der Französischen Revolution. Als sie ihn enttäuschte, zog er sich in den Glauben an einen Mythos zurück, in dem Antike und Christentum, also die Harmonie des Wahren, Guten und Schönen mit Sündenfall und Erlösungshoffnung zusammengeschmiedet sind. Die dichterische Sprache muss diesen Mythos bewahren und die Wirklichkeit, prophetisch vorgreifend, ins Bild seiner Erfüllung verwandeln; die Erfüllung würde aus Deutschland ein Vaterland des Friedens und der Freundschaft machen, in dem die Menschen in Einklang wären mit der Natur. Diese Aufgabe der Dichtung ist auch ihr Thema; Hölderlin schreibt also Dichtung über das Dichten. Der Dichter aber steht völlig vereinsamt in einer Welt, die seinen utopischen Glauben nicht versteht. Hölderlin ist letztendlich an dieser Einsamkeit verzweifelt, erstarrt und verstummt.

Lyrik

Die Ablösung Hölderlins von seinem anfänglichen großen Vorbild Schiller, etwa um 1796/97, zeigt sich formal darin, dass er die Reimstrophen aufgibt und zu Hymnen, Oden und Elegien, teils in freien Rhythmen, teils in strengen antiken Versmaßen übergeht. In der Spätzeit, nach 1801, entstehen die großen freirhythmischen Hymnen nach dem Vorbild Pindars mit ihren ‚harten Fügungen' (hartem Nebeneinander von Wörtern ohne Verbindungspartikel, Nebeneinander vom umfangreichen Satzgefügen und sentenzhaften Kurzsätzen). Dem entspricht die Konzentration auf die Idee, das Wesentliche, das im Wirklichen erscheinen soll. Zugleich führt Hölderlins Weg in die Sprachlosigkeit. Beides wirkt sich in einer zunehmenden Verkürzung und Chiffrierung der Sprache aus, die die Gedichte verrätselt.

Frühe freirhythmische Gedichte (‚Hyperions Schicksalslied', 1798; ‚Da ich ein Knabe war', ca. 1798 entstanden) formulieren die Grunderfahrung: Leben als Herausfallen aus der göttlichen Harmonie. Eines der letzten Gedichte (‚Hälfte des Lebens', 1805) nimmt diese Erfahrung wieder auf und zeichnet zugleich die Harmonie als unerreichbares Naturbild. Dazwischen liegen Andeutungen möglicher Verbindung zwischen Irdischem und Göttlichem. In der Ode ‚Der Neckar' (entstanden 1800) fügen sich Geschichte – und zwar als persönlicher Lebenslauf und gesellschaftliche Gegenwart –, griechischer Mythos und Natur im dichterischen Bild zusammen. Gegenüber dem Bewusstsein, nicht nur lebenszeitlich, sondern geschichtlich zu spät zu sein, lässt die Elegie ‚Brot und Wein' (entstanden 1801) doch noch die Hoffnung auf künftige Erlösung gelten, so dass christliche Erlösungshoffnung und Wiederbelebung des griechischen Mythos sich miteinander verbinden. In der Hymne ‚Die Friedensfeier' (entstanden 1801/02) feiert der Dichter als hoffnungsvoller Prophet den Frieden von Lunéville zwischen Österreich und dem napoleonischen Frankreich als Ende jeglicher Kriegsgeschichte. In den späten Hymnen sucht der Dichter den historischen Augenblick zu erfassen und zu deuten, der eine grundsätzliche Wende herbeiführt, die zwar zu zerstörerischem Chaos führen kann, aber auch zum Frieden, in dem sich das Göttliche offenbart.

> Die späten Gedichte Hölderlins gliedern sich ein in die Tradition der „dunklen Rede", die von der Renaissance bis zur Gegenwart reicht. Prominentes Beispiel der Lyrik in der zweiten Hälfte des 20. Jahrhunderts ist z. B. Paul Celan.

‚Hyperion'

Der Briefroman verbindet subjektives, aber schon rückblickend reflektiertes Erleben mit geschichtlich-politischer Thematik. Hyperion lebt in der jüngsten Vergangenheit (zur Zeit des griechischen Aufstands gegen die Türkei im Russisch-Türkischen Krieg von 1769–1774), die zum elegischen Rückblick auf die verlorene Antike wie zur hymnischen Begeisterung im Kampf um ein sozusagen griechischeres Deutschland einlädt. Im privaten Idyll, in der Liebe zur „schönen Seele" Diotima kann der einsame Hyperion den verlorenen Einklang mit der Natur erneut und zusammen mit menschlicher Harmonie erleben. Doch Diotima selbst empfindet, wie beschränkt diese Idylle ist, solange nicht alle frei und eigentlich menschlich sind, und sie schickt Hyperion fort, sich zu bilden, damit er einst das Volk erziehen könne. Als er sogleich mit seinem Freund Alabanda, der einer Geheimgesellschaft angehört, in den nun anhebenden Befreiungskampf zieht, willigt sie nur schweren Herzens ein. Tatsächlich vergehen sich die Revolutionäre gegen die Humanität, die sie ermöglichen sollten. Alle drei sind gebrochen. Die verlassene Diotima stirbt, Alabanda zieht fort: Idyllisches und Heroisches bieten keinen Ausweg; ersteres kann der Beschränkung, das zweite der Perversion nicht entgehen. Hyperion, nun wieder einsam, gesundet im Gefühl des Einklangs mit der Natur, in der auch die tote Geliebte anwesend ist. Es wird angedeutet, dass Hyperion als Dichter weiterleben wird.

> Der Briefroman war seit Rousseau und Richardson eine der beliebtesten Romanformen im 18. Jahrhundert.

‚Empedokles'

Der ‚Empedokles' nimmt das Problem des gescheiterten Hyperion auf. Bei der Arbeit an den Dramenfragmenten verschiebt sich der Ausgangspunkt von der Schuld des Empedokles, der über Natur und Menschen herrschen will, zur Schuld des verführbaren, unreifen Volks. Der enttäuschte, einsame Priester der Naturharmonie stürzt sich in den Ätna, um unterzugehen in der großen Einheit der Natur, die Tod und Wiedergeburt einschließt; eben damit demonstriert und verheißt er aber auch diese Einheit sowie eine revolutionäre, aber nicht nur politische Erneuerung, eine, die so grundlegend ist wie Tod und Wiedergeburt. Letztlich verheißt er die Versöhnung von Mensch und Natur.

KLASSIK

Zentrale Vorstellung: Harmonie

Diesseits – Jenseits – Geschichte

Das Jenseits wird nicht als Ort der Belohnung oder Bestrafung gedacht, sondern, neuplatonischem Denken folgend, als Ort glückseliger Harmonie. Unsere Aufgabe ist es, das Diesseits im Lauf der Geschichte in ein immer vollkommeneres Abbild dieser Harmonie zu verwandeln.

Natur

Die Natur liefert das Modell organischer Entfaltung (vom Samen zur Blüte). Jede konkrete Erscheinung (z. B. die Blüte) ist ein Stadium der Entwicklung und verweist auf diese als auf das Gesetz ihres Wesens So erscheint Im Besondere das Allgemeine oder auch die Idee, in der Blüte z. B. die Idee der sich entwickelnden Pflanze. Ein zweites Entwicklungsmodell sah Goethe in den Farben, die er aus Mischungen von Licht und Dunkel entstanden glaubte; demnach soll Entwicklung zur Synthese polarer Gegensätze führen.
Leitwissenschaft: Biologie und (Goethes) Farbenlehre.

Gesellschaft

Die Gesellschaft soll sich im Rahmen des aufgeklärten Absolutismus so entwickeln, dass der Fürst fürsorglich für Gesetzestreue und Wohlfahrt sorgt, während die Untertanen sich ihm aus Einsicht unterordnen.

Der einzelne Mensch

Nach dem Modell organischer Entfaltung sollte sich der einzelne Mensch entwickeln und dabei Geist und Sinnlichkeit harmonisch miteinander verbinden, indem er sich zum Bild des Menschen macht, wie er seinem Wesen nach sein soll.

Zwischenmenschlicher Bezug

Bildung der Untertanen und Fürsorge für sie soll sich verbinden mit Umgangsformen, welche das Zusammensein der gebildeten Adligen und Bürger zu einem Spiel macht, das erreichte Harmonie im schönen Schein vorwegnimmt.

Literatur

Aufgabe der Literatur ist es, in einzelnen Gestalten die Idee des Menschen zur Erscheinung zu bringen (z. B. dadurch dass sie reifen und sich beispielhaft selbst überwinden) oder menschliche Grundsituationen durchscheinen zu lassen (z. B. Jugendlichkeit oder Alter). Die Literatur soll auch menschliche Grundverhältnisse erkennbar machen (z. B. in der Begegnung zweier Menschen die Begegnung des Weiblichen und Männlichen, oder in der Begegnung von Politiker und Künstler die Begegnung des Menschen, der auf die äußeren Verhältnisse wirkt, mit demjenigen, der Inneres darstellt). So belehrt die Literatur, aber nicht durch bestimmte Lehren, sondern dadurch, dass sie dem Leser im Schönen, das er genießen kann, die Idee des Menschlichen vor Augen führt. Im Schönen erscheint das Wahre, welches zugleich das Gute ist, denn der eigentliche Mensch ist auch der gute Mensch.

Literarische Gattungen

Während Goethes ‚Faust' unterschiedliche Formelemente integriert, sind die Dramen ansonst an der französischen und antiken Klassik orientiert, bis hin zur Wiederbelebung des antiken Chors. Auch die Lyrik ist an der Antike orientiert, Schillers Gedankenlyrik nur inhaltlich, Hölderlins Gedichte in Inhalt und Form; Goethe verbindet abendländische mit fremder (persischer, chinesischer) Tradition, um Allgemeingültiges zu sagen. Die Ballade wird lehrhaft. Goethes Roman ‚Wilhelm Meister' wird zum Vorbild für den Bildungsroman, seine Lebenserinnerungen ‚Dichtung und Wahrheit' werden zum Muster für die neuzeitliche Autobiografie. Außerdem erneuert er das Versepos.

7 Romantik (1795–1830)

AUF EINEN BLICK

Philipp Otto Runge
(1777–1810):
Der Große Morgen,
Öl auf Leinwand,
1808/09.

Für Goethe vermochte das Symbol im Besonderen das Allgemeine und im Allgemeinen das Besondere zu vereinen. So steht allein ‚Licht' in seiner unermesslichen Bedeutungsfülle für den erwachenden Geist, die helle Erkenntnis, das Ewige, Göttliche und unerschöpflich Vieles mehr. In dem im Bild dargestellten ‚Morgen' wird das Thema dagegen ganz im Sinne der Romantik in Einzelbildern intellektuell auseinandergefaltet: Aurora, die Göttin der Morgenröte, zeigt den Beginn des Morgens an, die aufblühenden Pflanzen den Beginn des Lebens überhaupt, das Neugeborene den Beginn individuellen Lebens, die Kinder den hoffnungsvollen Beginn der Menschheit, die Kinder mit Musikinstrumenten den Beginn der Kunst. Die symmetrische Ordnung stellt Mutter und Kind ins Zentrum. Zugleich zeigt die Mittelachse das Prinzip aufsteigender Vergeistigung: vom realen Neugeborenen zu den Kindern als einander liebevoll umarmenden Luftgebilden im ewigen Licht der Lilie; sie verkörpern ewige Liebe und wiedergewonnene Kindlichkeit als leitende Ideen der Romantik. Das Licht ist physisches Licht und zugleich Abglanz des Ewigen, die Lilie steht für das ewige Licht. Umgekehrt steht im Bild ‚Nacht' aus dem Bilderzyklus der Mohn als Symbol der Dunkelheit und des Schlafs. Die Rose steht für Leben und Martyrium. In Blau, Rot und Gelb, welche die Bilder des Zyklus bestimmen, sieht Runge die Dreieinigkeit ausgedrückt. Blumen, Menschen, Gegenstände hängen zusammen, so wie es dem analogisch-strukturalen Weltbild der Romantik entspricht. Antikes ist in Christliches integriert. Der Zyklus war von Philipp Otto Runge als Gesamtkunstwerk geplant; in einer dafür eigens gebauten Rotunde sollten die Bilder betrachtet, Musik und Gedichte vorgetragen werden, so dass das Wunder der Schöpfung, fortwährendes Werden und Vergehen, sich allen Sinnen mitteilt. Warum aber die Auflösung in Einzelheiten? Weil das, was bei Goethe eine erlebte Einheit war, in der Romantik nur gefordert, im sehnsüchtigen Gefühl für Augenblicke erahnt, mit Hilfe von Geheimwissenschaften ansatzweise erkannt wird. Gefühl und Intellekt sollen sich miteinander verbinden und können es doch nicht. So wird aus Goethes Symbol wieder eine Allegorie, im Gegensatz zum Barock aber keine Allegorie, die sich problemlos auf eine gesicherte Konvention stützen kann, sondern eine, die immer stärker im subjektiven Empfinden des Künstlers wurzelt und darum immer schwerer verständlich wird. Dazu passt das Fragmentarische des Bildes: das Ganze kann immer nur erahnt werden. Goethe soll den Zyklus so kommentiert haben: „[…] das will alles umfassen und verliert sich darüber immer ins Elementarische, doch noch mit unendlichen Schönheiten im Einzelnen."

BILD DER EPOCHE

Unendlichkeit und Innerlichkeit

Die Harmonie, die die Klassik erstrebte, lässt sich nach romantischer Auffassung nur verwirklichen, wenn man die Gesellschaft zum Ausdruck der All-Einheit macht, welche die unendliche Natur regiert. Dazu ist zunächst erforderlich, dass jeder Einzelne diese All-Einheit erfährt. Das geschieht in Träumen und Fantasien, in denen ihn ein umfassendes Ganzes aufnimmt und birgt. Diese Erfahrungen können bis zur Todessehnsucht führen, zur Sehnsucht nämlich, sich im Unendlichen aufzulösen. Es entsteht eine Doppelbewegung: einerseits sehnsüchtiges Streben in die unendliche Natur, andererseits Versenkung ins eigene Innere.

All-Liebe und neue Frömmigkeit

Das Gefühl der All-Einheit entspricht dem Gefühl liebevoller Einheit von Mutter und Kind. Gefühle des Einsseins und des Verschmelzens, die die Romantiker nicht zuletzt im erotischen Erlebnis suchen, werden von ihnen zugleich als religiöse Erlebnisse gedeutet, als Erfahrungen der göttlichen Liebe oder des allumfassenden Lebens, die beide einen höheren Wirklichkeitsgrad haben als die äußere Welt. Von dem so gearteten religiösen Gefühl ausgehend, suchen sie das Christentum zu erneuern. Damit stellen sie sich entschieden gegen die rationalistische Religionskritik der Aufklärung, aber auch gegen die kirchliche Orthodoxie.

Zur Religionskritik der Aufklärung siehe S. 72 und 74.

Familie, Staat und Kirche

Damit die Gesellschaft zum Ausdruck der natürlichen All-Einheit werden kann, muss ihr eine naturhaft-organische Institution zugrunde gelegt werden, die alle in Liebe verbindet: die Familie, in der der Einzelne wieder beschütztes Kind werden kann. Nach diesem Vorbild ist der Staat mit dem souveränen Herrscher als Vater des Volkes ebenso zu organisieren wie die Kirche, die die neue Frömmigkeit aufnehmen soll. Manche Romantiker konvertieren schließlich zur katholischen Kirche, weil sie in ihr solche Organisation am ehesten verwirklicht sehen.

Volk als Organismus

Die Spätromantik fügt den Gedanken vom organisch sich entwickelnden Volkstum hinzu. Wie bei der entsprechenden Auffassung des Sturm und Drang geht es auch um die Betonung der nationalen Besonderheit. Anders als dort wird jetzt aber nicht zwischen Volk und Gesellschaft insgesamt unterschieden. Daher dient der Gedanke der organischen Entwicklung nun dazu, die bestehende absolutistische Staatsordnung zu rechtfertigen: Sie ist organisch aus dem Volksgeist entstanden und deshalb wertvoll.

Dreiphasige Geschichte

Ebenso wie die Klassik setzt auch die Romantik einen Zustand voraus, in dem sich das Ziel der Geschichte schon einmal darstellte. Sie sucht diesen Ursprung jedoch nicht in äußerer Harmonie, sondern in der inneren Haltung, in der kindlichen Offenheit für das Erlebnis unendlicher Einheit, nicht mehr im Griechentum, sondern im kindlich frommen Volk des Mittelalters. Der ursprüngliche Zustand soll wiedererstehen in einem künftigen Goldenen Zeitalter, das nun weniger eines des höheren Bewusstseins als eines der umfassenden Liebe sein wird.

Romantische Naturwissenschaft

Das Entscheidende an der organischen Entwicklung, welche die Romantik ebenso erstrebt wie die Klassik, ist jetzt das Selbstbewusstsein als Ziel der Entwicklung. Schließlich wird nicht nur das einzelne Menschenleben, sondern die ganze Natur als ein Prozess gedacht, der auf das Selbstbewusstsein hinzielt, so dass im Menschen dann die Natur zum Bewusstsein ihrer selbst gelangt. Neben der Bestimmung der Natur als solchem Prozess denkt man zugleich aber auch die Natur als vorgegebenes System. Dabei greift man auf antik-mittelalterliche Lehren zurück, die teils schon in der Antike, vor allem aber seit dem Aufkommen der Naturwissenschaften als Geheimwissenschaften gelten und den Romantikern durch Jakob Böhme und andere Mystiker vermittelt wurden. Die Geheimwissenschaften lehren neben der Fernwirkung seelischer Kräfte vor allem die Kenntnis der kosmischen Analogien. Dazu gehört die Astrologie, also die Annahme einer Entsprechung zwischen Sternen und menschlichen Schicksalen, vor allem aber die Lehre von den kosmischen Linien, welche bestimmte Mineralien, Pflanzen, Tiere, menschliche Seelenkräfte aufgrund irgendwelcher Analogien miteinander verbinden. Besonderes Interesse gilt dabei den Mineralien, weil sie als feste dauernde Gegenstände wie geheimnisvolle Zeichen der Analogiezusammenhänge wirken, deren Teil sie sind. Die kosmische Kraft, die für den Zusammenhalt der Linien sorgt, ist die Liebe. Ihre materielle Ausdrucksform glaubte man im Magnetismus zu erkennen, der nicht nur Metalle miteinander verband, sondern auch in Tieren wirkte; als tierischen Magnetismus bezeichnete man ein Fluidum zwischen menschlichen Körpern, das man in Hypnose wahrnehmen zu können glaubte und das man mit der von Luigo Galvani 1770 an Froschschenkeln entdeckten elektrochemischen Energie verband. Die zunehmende Erkenntnis dieser Zusammenhänge, so glaubte man, würde wiederum den Prozess der Selbstbewusstwerdung der Natur fördern. So versuchen die Romantiker, das Allgefühl auch naturwissenschaftlich zu begründen. In diesem Geist arbeitete Novalis' Freund Johann Wilhelm Ritter (1776–1810), der Begründer der physikalischen Chemie. Der Däne Hans Christian Ørsted (1777–1851), der Entdecker des Elektromagnetismus, war ebenfalls von Ritter angeregt.

Die Romantik versucht, die mit der Aufklärung erfolgte Trennung von Glauben und Wissen, Innerem und Äußerem aufzuheben, um wieder zu einem allumfassenden Verständnis der Welt zu gelangen.

Auch das Interesse an asiatischer Religion und Mystik erwacht in der Romantik. Schon im 19. Jahrhundert wird das geheime Wissen in Büchern öffentlich gemacht, heute, nach Hippies und New Age, wird „Esoterik" in zahlreichen Medien angeboten.

Künstler und Philister

Den Weg ins Innere als Weg zur unendlichen Einheit aufzuzeigen, das ist Aufgabe des genialen Künstlers, der insofern eine religiös-erzieherische Funktion hat. Ihm stehen jedoch die langweiligen, fantasielosen Philister gegenüber, das heißt die beschränkten Alltagsmenschen, die an das Bestehende, an nützliche Arbeit, Konkurrenz, Gewinnstreben gebunden bleiben. Ihnen fehlt der Sinn für die höhere Wirklichkeit der inneren Welt. Deshalb müssen sie nicht wie der Künstler unter der Sehnsucht nach dieser höheren Wirklichkeit leiden. In der Welt der Philister ist der Künstler einsam und fremd. Aus Deutschlands nordischer Öde sehnt er sich nach dem heiter sinnenhaften, katholischen Italien.

Besonders in den Werken von E.T.A. Hoffmann ist der Gegensatz von Künstler und Philister Thema. Siehe S. 126 und 133.

Bildung und Freundschaft

Der von der Klassik übernommene Bildungsgedanke löst sich von der bestehenden Gesellschaft. Man soll sich weiterhin zur harmonischen Individualität bilden, aber eher dadurch, dass man sich als fühlendes Glied im Weltzusammenhang denn als tätiges Mitglied der Menschheit versteht. Das Kloster wird zur symbolischen Bildungsstätte. Auch den Freundschaftskult führen die Romantiker weiter, ganz zu Beginn noch, um gemeinsam fortschrittlich zu wirken, dann aber, um die allgemeine Harmonie im Privaten vorwegnehmend zu erfahren.

Schwarze Romantik

Der Meister der „schwarzen Romantik" war E.T.A. Hoffmann, siehe S.132 ff.

Die innere Welt, in die sich der Künstler begibt, kann sich unvermutet auch als etwas Krankhaftes erweisen, als ein Reich des Verbotenen, Triebhaften, Schauerlichen und Dämonischen. So kommt es zur „schwarzen Romantik", die der Literatur das Reich der unbewussten Ängste und Wünsche erobert. Sie tendiert zum Nihilismus, dazu also, den Halt der überlieferten Werte zu verlieren, während sie dem Reiz nachgibt, den das Schauerliche in der langweiligen Welt der Philister ausübt.

Gegen Französische Revolution und Napoleon

Die Romantiker sind häufig Beamte des absolutistischen Staates oder (zumeist niedere, verarmende) Adlige, die sich gegen eine moderne Geldherrschaft wenden, wie sie sie im Gefolge der Französischen Revolution entstehen sehen. Daher lehnen sie die Revolution nach kurzer Zustimmung entschieden ab. Die Spätromantiker entwickeln im Kampf gegen Napoleon einen zunehmenden Nationalismus und treten nach dem Sieg über ihn entweder in den Dienst der Reaktion, oder sie suchen Schutz in der Kirche.

Philosophische Grundlagen

Alle drei besuchten das Tübinger Stift, eine Ausbildungsstätte für künftige Theologen.

Das sogenannte ‚Älteste Systemprogramm des deutschen Idealismus', ein kurzer Text, der im Kreis der Freunde *Georg Wilhelm Friedrich Hegel*, *Friedrich Wilhelm Joseph Schelling* und *Friedrich Hölderlin* entstand, kritisiert das mechanistische Denken und fordert eine Philosophie, die im Selbstbewusstsein begründet ist und praktisches, zweckbestimmtes Handeln nicht von der Metaphysik abtrennt, wie bei Kant, sondern beides verbindet. Das soll in einem neuen Mythos geschehen, der die Natur als sich selbst bestimmender und seiner selbst bewusster Organismus erklärt. Schelling ist diesem Programm am nächsten geblieben, aber auch bei Hegel wirkt es später noch nach.

Zu Hegel siehe S.146 f.

Den größten Einfluss auf die romantischen Dichtungstheorien üben *Johann Gottlieb Fichte* und Friedrich Wilhelm Joseph Schelling aus. Fichte lehrt den „subjektiven Idealismus": Das menschliche Bewusstsein, nicht Gott oder die Natur, ist der geistige Schöpfer seiner Welt. Es muss sich aber dessen noch bewusst werden (es muss die „intellektuelle Anschauung" seines Handelns gewinnen), um das Ziel völliger Selbstständigkeit zu erreichen.

Schelling sucht das selbstständige Bewusstsein als Ziel aller Entwicklung darzustellen. Er fasst die Entwicklung der Natur als zielgerichteten Schöpfungsprozess eines unendlichen Geistes auf (objektiver, nicht subjektiver Idealismus). Auf der höchsten Stufe dieser Entwicklung, also im Menschen, verkörpert sich dann der Geist als Einheit von Selbstbewusstsein und Natur. Diese Einheit ist in Analogie zum künstlerischen Schöpfungsprozess zu verstehen. Das Kunstwerk verkörpert für Schelling nämlich die „intellektuelle Anschauung", Selbstbewusstsein des Bewusstseins, insofern es eine natürliche Welt darstellt, die aber vom künstlerischen Bewusstsein geschaffen wurde, das sich zugleich seiner schöpferischen Tätigkeit bewusst ist.

Stark von Schelling beeinflusst ist der protestantische Theologie *Daniel Friedrich Schleiermacher*, der den Glauben im ahnenden Anschauen des Universums zu begründen sucht.

LITERARISCHES LEBEN

Einfluss der Frauen

Während die Klassik vornehme Geselligkeit kultiviert, tragen die Kreise der Romantiker zunächst bohèmehafte, philisterfeindliche Züge. In dieser Umgebung, in der zugleich Mütterlichkeit und weibliches Gefühl aufgewertet werden, dürfen Frauen deutlicher als früher geistige Selbstständigkeit zeigen. Sie führen nicht nur bedeutende Salons, wie Rahel Varnhagen und Henriette Herz in Berlin, Karoline Pichler in Wien, sie entwickeln auch ihre schriftstellerischen Talente, wie etwa an Pichler und Varnhagen, an Bettina Brentano, Karoline von Günderode, Sophie Mereau, an Dorothea Veit-Schlegel und Caroline Schlegel-Schelling zu sehen ist.

Exkurs: Salonkultur

Die Salons waren regelmäßige Treffen adlig-bürgerlicher Kreise, die nicht unmittelbar an politischer Macht teilhatten, stattdessen über Philosophie, Kunst, Wissenschaft und manchmal auch über Politik als gemeinsame, ständeübergreifende Themen diskutierten. Im Gegensatz zu den nur von Männern besuchten Clubs nahmen Männer und Frauen an diesen Treffen teil, die im Haus einer Dame stattfanden, die den Treffen ihren persönlichen Stil aufprägte. (Später gab es gelegentlich auch von Männern geleitete Salons.) Hier spielt ursprünglich die aus dem Rittertum stammende Auffassung von der kultivierenden Wirkung des Liebesdienstes hinein. Wichtig ist jedenfalls die Harmonie zwischen unterschiedlichen Persönlichkeiten. Die Salonkultur entwickelt sich zu Beginn des 17. Jhs. in Frankreich, wo ein zum Hofadel gezähmter Schwertadel und neuadliges Bürgertum einander begegnen, und weitet sich im 18. Jh. auf andere europäische Länder aus. Am Vorabend der Französischen Revolution, als auch Adlige von den neuen Ideen erfasst werden, wird auch die Politik zum Thema.

Zum mittelalterlichen Minnedienst siehe S. 25.

Die Weimarer Klassik ist von solcher Salonkultur geprägt. Dazu gehörten nicht nur die Treffen bei der Herzogin Anna Amalia, sondern z. B. auch die bei der Schriftstellerin Johanna Schopenhauer, der Mutter des Philosophen Arthur Schopenhauer. Im ausgehenden 18. und im 19. Jh. blühte die Salonkultur in Berlin und Wien auf, hier weitgehend unter Ausschluss des Hochadels. In Berlin ergriffen zwei Jüdinnen die Gelegenheit, einen kleinen Freiraum kultureller Gleichberechtigung zu schaffen: Henriette Herz, die von 1780 bis 1803 einen Salon führte, in dem Vertreter der Spätaufklärung, Klassik und vor allem der Romantik einander trafen, und ab 1790 Rahel Levin, nach ihrer Heirat Rahel Varnhagen von Ense. In Wien gab es zwischen 1802 und 1830 einen Salon bei der Klavierspielerin und Schriftstellerin Karoline Pichler, wo es allerdings biedermeierlich-gemütlich zuging. Wie in Berlin zeichneten sich auch hier zwei Jüdinnen aus: Fanny von Arnstein, deren Salon während des Wiener Kongresses florierte, und ihre Tochter Henriette von Pereira. In der zweiten Jahrhunderthälfte verschwindet der Salon als Treffen von festen und gelegentlich eingeladenen Teilnehmern. Stattdessen begegnen Künstler und Literaten einander in der Bohème.

Zur Salonkultur der Weimarer Klassik siehe S. 98.

Popularitätswunsch und Publikumsfeindschaft

Zur populären
Literatur der
Weimarer Klassik
siehe S. 98.

Die schon von den Klassikern erfahrene Kluft zwischen dem anspruchsvollen Autor und einem Publikum, das sich der Massenliteratur zuwendet, vertieft sich weiter. Außerdem verstärkt sich die Abhängigkeit von den Verlegern. Schriftsteller wie Tieck sehen sich gezwungen, für große Verleger Massenliteratur zu produzieren. Sie reagieren darauf mit satirischer Literaturkritik und entwerfen ihre Arbeiten in zunehmendem Maß für eine kleine Elite Gleichdenkender, die das zu würdigen wissen, was im romantischem Sinn populär ist, nämlich das Volkstümliche, das, was dem kindlich einfachen Sinn des noch unverdorbenen Volkes entspricht.

Jenaer Frühromantik

Unter dem Einfluss Fichtes und in produktiver Auseinandersetzung mit Goethes ‚Wilhelm Meister‘ löst sich die Frühromantik allmählich von der Klassik und legt die theoretischen Grundlagen der neuen literarischen Epoche. Den Kern des frühromantischen Kreises, der sich für kurze Zeit in und um Jena zusammenfindet, bilden Novalis und die beiden Brüder August Wilhelm und Friedrich Schlegel mit ihren Frauen Caroline und Dorothea sowie Wilhelm Heinrich Wackenroder, Ludwig Tieck, Friedrich Wilhelm Joseph Schelling und Daniel Friedrich Schleiermacher. Ein zweiter Treffpunkt ist Berlin, wo die Brüder Schlegel die Zeitschrift ‚Athenäum‘ herausgeben, das wichtigste Sprachrohr der Frühromantik.

Heidelberger und Berliner Hochromantik

Die jüngere, von den antinapoleonischen Befreiungskriegen geprägte Generation kommt zunächst in Heidelberg zusammen. Um die ‚Zeitung für Einsiedler‘ (später als Buch unter dem Titel ‚Trösteinsamkeit‘ erschienen), die von Arnim herausgegeben wird, scharen sich dort Clemens Brentano, Joseph von Eichendorff und Joseph Görres; ihnen stehen Ludwig Uhland und die Brüder Jakob und Wilhelm Grimm nahe. Achim von Arnim und Brentano wenden sich später nach Berlin, wo sie zusammen mit Heinrich von Kleist, Friedrich Heinrich Karl de la Motte-Fouqué, Adelbert von Chamisso und dem Staatsrechtler Adam Müller, später auch wieder mit Eichendorff, patriotisch zu wirken suchen. Die Freunde treffen sich in der ‚Christlich-Teutschen Tischgesellschaft‘, der die ‚Berliner Abendblätter‘ Kleists nahe stehen.

THEORIE UND FORMEN DER LITERATUR

Romantisieren der Wirklichkeit

Die Romantiker fordern, die äußere Wirklichkeit müsse romantisiert werden. Das heißt, die Dichtung muss als „progressive Universalpoesie" (Fr. Schlegel) allmählich immer mehr Wirklichkeitsbereiche erfassen und diese durch ihre Darstellung in Bild und Zeichen des unendlichen Naturzusammenhangs und der inneren Erfahrung verwandeln. Dazu muss wissenschaftliches Erkennen in die umfassendere dichterische Anschauung aufgenommen werden.

Verschmelzung

Soll die Dichtung alles als zusammenhängendes Ganzes darstellen, so darf sie auch in sich selbst keine Trennung dulden. Alles muss mit allem verschmelzen: Dichtung, Musik und Malerei sollen zu einer Gesamtkunst werden, die Sinneswahrnehmungen sollen im Hören von Farben und im Sehen von Musik zusammenfallen (Synästhesie), Kunst- und Volksdichtung sollen sich miteinander verbinden, die Gattungen ineinander übergehen. Eindeutige Regeln, Klarheit, scharfe Umrisse werden vermieden.

Romantische Ironie

Die Verwandlung der Wirklichkeit ist das Werk der schöpferischen Fantasie. Fantasie herrscht demnach spielerisch und mit Willkür (d.h. mit völliger Freiheit) über die äußere Welt. Wenn sie alles verschmilzt, so bringt sie auch unvermutet Unterschiedliches zusammen, eine Fähigkeit, die die Romantiker Witz oder Scherz nennen. Im scherzhaften Spiel erscheint somit wieder die höhere Einheit. Zur völligen Freiheit der Fantasie gehört allerdings, der philosophischen Forderung der „intellektuellen Anschauung" entsprechend, dass sie auch ihr eigenes Schaffen zu ihrem Gegenstand macht: Zusammen mit der Verwandlung der Wirklichkeit muss auch der künstlerische Schöpfungsprozess zum Inhalt der künstlerischen Schöpfung werden; dichtend schreibt man zugleich über das Dichten. Das bedeutet, dass der Künstler sich bei der Arbeit selbst beobachtet, sich also auch von sich selbst und seiner Arbeit distanziert, ja sogar spielerisch die dichterische Illusion aufheben kann. Diese bewusste, kontrollierte Selbstdistanzierung und -relativierung nennen die Romantiker Ironie. Sie ist also zu unterscheiden vom karikierenden Spott der Satire, mit dem häufig die Philister und ihre Literatur gezeichnet werden. Durch die romantische Ironie vermag das Bewusstsein den Prozess allgemeiner Verschmelzung zu leiten, ohne selbst ganz in ihn ein- bzw. in ihm aufzugehen.

Ironie (von griech. eironeía = Verstellung, Vortäuschung).

Zum Begriff der intellektuellen Anschauung siehe S.122.

Fragment, Spiegelung, Aphorismus

Die Dichtung kann die innere Erfahrung des unendlichen Zusammenhangs am besten dadurch vermitteln, dass sie Leser und Zuhörer dazu anregt, ihn selbst zu fantasieren. Darum schätzen die Romantiker das Fragment, das von Leser und Zuhörer verlangt, in neuen Bezügen zu Ende fantasiert zu werden. Auch die Verbindung unterschiedlicher Bereiche durch Analogien, die gegenseitige Spiegelung bestimmter Figurenkonstellationen dienen dem Zweck, unendliche Bezüge ahnbar zu machen. Der Ablehnung jedes begrenzten Systems entspricht der Aphorismus, der Denken und Fantasieren der Zuhörer anregen, nicht festlegen soll.

Volksdichtung

Das Interesse an der Volkspoesie geht auf Herder zurück und zeigte sich schon in der Lyrik des Sturm und Drang. Siehe S. 83 und 85 f.

Aus der Überzeugung vom kindlichen Sinn des einfachen Volkes und aus dem napoleonfeindlichen Nationalismus leitet sich das romantische Interesse an der Volksdichtung her. Brentano und Arnim veröffentlichen die Sammlung ‚Des Knaben Wunderhorn – Alte deutsche Lieder' (1806 und 1808), mit der sie die Vorstellung davon, was Volkspoesie sei, für die nächsten hundert Jahre bestimmen werden. Sie haben jedoch den volkstümlichen Stil oft eher selbst geschaffen als vorlagentreu wiedergegeben. Die Brüder Grimm legen die von ihnen gesammelten ‚Kinder- und Hausmärchen' (1812/15) sowie ‚Deutsche Sagen' (1816–18) vor, Görres gibt ‚Die Teutschen Volksbücher' heraus (1807). Die Märchen und Gedichte der Romantiker sind von den Volksmärchen und -liedern stark beeinflusst und manchmal selbst zu volkstümlichen Märchen und Liedern geworden. Auch die ältere Literatur anderer indogermanischer Völker wird aufgesucht. August Wilhelm Schlegel stellt die maßgebenden Übersetzungen Calderóns und Shakespeares her, Tieck übersetzt den ‚Don Quijote' von Cervantes.

Mit ihren literatur- und sprachgeschichtlichen Arbeiten, vor allem mit ihrem ‚Deutschen Wörterbuch', werden die Brüder Grimm zu den Begründern der Wissenschaft von der deutschen Sprache und Literatur.

Roman

Zu ‚Wilhelm Meister' siehe S. 101 und 106 f.

Der Roman gilt den Romantikern als die wichtigste, weil umfassendste Gattung, in die sich alle anderen einschmelzen lassen. In der Auseinandersetzung mit Goethes ‚Wilhelm Meister', an dem sie die Vielbezüglichkeit loben, die Verflechtung des Helden in die bestehende Gesellschaft aber kritisieren, entwickeln die Frühromantiker ihre Kunstauffassung. Die romantischen Romane bleiben häufig Fragmente bzw. lösen sich in Episoden auf. So etwa Ludwig Tiecks ‚Franz Sternbalds Wanderungen' (1798), Clemens Brentanos ‚Godwi oder Das steinerne Bild der Mutter' (1801) und der ‚Heinrich von Ofterdingen' (1802) des Novalis. Texte aus anderen Gattungen werden eingefügt: Märchen, Lieder, Reflexionen; eingestreute Briefe geben Kunde vom Innern der Menschen. Geheimnisvolle, schicksalhafte Verknüpfung der Figuren – sie ist wichtiger als das Fortschreiten der Handlung – deutet den unendlichen Zusammenhang an, der rettend oder bedrohlich sein kann, je nachdem, ob der Held seiner Triebhaftigkeit erliegt oder sie überwindet und künstlerisch veredelt, so dass er die Welt mit Poesie durchdringen kann. In Achim von Arnims ‚Armut, Reichtum, Schuld und Buße der Gräfin Dolores' (1810) erlebt die Heldin eine moralische Läuterung, in Eichendorffs ‚Ahnung und Gegenwart' (1815) erkennt der Held die Verlorenheit weltlichen Treibens. Rettung ist, neben dem Kloster, in der Familie zu finden. In E. T. A. Hoffmanns Schauerroman ‚Die Elixiere des Teufels' (1815/16) dringt das Böse jedoch selbst ins Kloster ein, und auf der Familie liegt ein Fluch. Auch wenn dieser durch Buße am Ende aufgehoben wird, so handelt der Roman doch vor allem von Wahnsinn und Verbrechen. E. T. A. Hoffmanns ‚Lebensansichten des Katers Murr nebst fragmentarischer Biografie des Kapellmeisters Johannes Kreisler in zufälligen Makulaturblättern' (1820/22) ist eine Parodie des Bildungsromans, den sich die Romantiker ansonsten aber immer wieder auch zum Vorbild nehmen. In Kater Murr und Johannes Kreisler werden geschickt zwei unterschiedliche Lebensprinzipien, Philister- und Künsterexistenz, kontrastiert. In den anonym erschienen ‚Nachtwachen des Bonaventura' (1804), als deren Autor zumeist Ernst August Klingemann angenommen wird, zeigt sich die Welt im Lebensbericht eines Nachtwächters als Irrenhaus. Am Rande der Romantik liegen die Romane von Jean Paul.

Zu Jean Paul siehe S. 133 f.

Märchen und Erzählungen

In der kürzeren Formen der Erzählung, die oft fantastische Züge erhält, finden die Romantiker auch zu formaler Geschlossenheit. Ihre Erzählungen reichen vom Märchen bis zur Novelle. Die wichtigsten Märchen bzw. märchenhafte Erzählungen sind die Märchen im ,Heinrich von Ofterdingen' (1802) des Novalis, ,Undine' (1811) von Friedrich Heinrich Karl de la Motte-Fouqué, ,Peter Schlemihls wundersame Geschichte' (1814) von Adelbert von Chamisso, E. T. A. Hoffmanns ,Der goldne Topf' (1814) und Joseph von Eichendorffs ,Aus dem Leben eines Taugenichts' (1826). Von den Novellen sind neben denjenigen Heinrich von Kleists vor allem Clemens Brentanos ,Die Geschichte vom braven Kasperl und schönen Annerl' (1817) zu nennen sowie Achim von Arnims ,Der tolle Invalide auf dem Fort Ratonneau' (1818) und E. T. A. Hoffmanns ,Das Fräulein von Scudéri' (1819). Das Märchen zeigt, wie sich im bedeutungsvollen Augenblick ein unendlicher Zusammenhang in der alltäglichen Welt offenbart; novellistisches Erzählen berichtet davon, wie das Dämonische in einem schicksalhaften Augenblick in die Alltagswelt einbricht und wie der Einzelne darauf reagiert. Wenn dabei alle bisherigen Werte und Sicherheiten zerstört werden, so kann es zur schaurigen Komik des Grotesken kommen. Märchenhaftes mit novellistischer Darstellung findet sich in Ludwig Tiecks ,Der blonde Eckbert' (1796), E. T. A. Hoffmanns ,Die Bergwerke zu Falun' (1819) und Clemens Brentanos ,Gockel, Hinkel, Gackeleja' (1838).

Zu Heinrich von Kleist siehe S. 135 f.

Lyrik

Abgesehen von der religiösen Lyrik Brentanos und der antinapoleonischen Kriegslyrik, die lange populär war (Ernst Moritz Arndt ,Bannergesänge und Wehrlieder',1813; Theodor Körner ,Leier und Schwert', 1814), schreiben die Romantiker vor allem liedhafte Gedichte, deren Sprachmusik Inneres und Äußeres miteinander verschmilzt. Mit feinem künstlerischem Bewusstsein fühlen sie sich dabei sowohl in den einfachen Volksliedton ein als auch in komplizierte Strophenformen. Häufig sind die Gedichte in Erzählungen oder Romane eingebunden, so in Brentanos ,Godwi' oder in Eichendorffs ,Ahnung und Gegenwart' (hier ,In einem kühlen Grunde', ,O Täler weit, o Höhen'). Viele dieser Gedichte wurden vertont; so entstand das Kunstlied als eine spezifisch deutsche Tradition. Besonders bekannt ist Franz Schuberts Vertonung der beiden Gedichtzyklen ,Die schöne Müllerin' (1820) und ,Winterreise' (1823) von Wilhelm Müller. ,Das Wandern ist des Müllers Lust' aus dem ersten Zyklus und ,Der Lindenbaum' aus dem zweiten Zyklus wurden zu Volksliedern.

Die von Herder in Deutschland eingebürgerte Romanze, ein episches Gedicht in reimlosen, vierhebigen Trochäen, erlebt jetzt ihre Blütezeit, vor allem mit Clemens Brentanos ,Romanzen vom Rosenkranz' (1852). Die spätromantische Ballade – ein Beispiel wäre Clemens Brentanos ,Lore Lay' (in ,Godwi') – zeigt die Gefährdung des alltäglichen Lebens durch das Naturmagische.

Schicksalsdrama und Lustspiel

Das geringe Interesse der Romantiker an äußerer Handlung beeinträchtigt ihre Dramen, die oft zu romanhaften Großdramen anschwellen, so Ludwig Tiecks ‚Leben und Tod der heiligen Genoveva' (1800) und Clemens Brentanos ‚Die Gründung Prags' (1815). Geschlossener, aber zu trivialer Schauerliteratur neigend, ist das Schicksalsdrama, das die übernatürliche und schreckliche Wirkung von Zufällen zeigt (Zacharias Werner ‚Der vierundzwanzigste Februar', 1809; Franz Grillparzer ‚Die Ahnfrau', 1817).

Zu Heinrich von Kleist siehe S. 135 f.

Allein Kleist, der am Rande der Romantik steht, schreibt bedeutende Tragödien. Zwar bleiben auch die Lustspiele, wiederum von denen Kleists abgesehen, zumeist umfangreiche Lesetexte, dennoch sind sie leichter zugänglich als die ernsten Stücke, denn das komische Spiel mit Schein und Sein liegt den Romantikern mehr als die Tragik. Es erlaubt Literatursatire und Philisterkritik sowie den ironischen Verweis auf die Unwirklichkeit des Theaters, beides vertreten in Ludwig Tiecks ‚Der gestiefelte Kater' (1797); im Wechsel von Schein und Sein löst sich die äußere Wirklichkeit schließlich in ein beliebiges Rollenspiel auf, in Eichendorffs ‚Die Freier' (1833) ist es ein allseitiges Verwirrspiel. Solch ein bloßes Rollenspiel kann von einer Schwermut begleitet sein, die romantischen Nihilismus verspüren lässt, so in Brentanos ‚Ponce de Leon' (1804).

AUTOREN

Frühromantik: Wackenroder, Tieck, Novalis, Schlegel

Wilhelm Heinrich Wackenroder (1773–1798)

Der früh verstorbene Berliner Freund Tiecks entdeckt in seinen ‚Herzensergießungen eines kunstliebenden Klosterbruders' (1797), eine Sammlung theoretischer und dichterischer Schriften, die Welt des Mittelalters und der Volksdichtung. Die fromme, andächtige Betrachtung der Künste, die miteinander verschmolzen werden, eröffnet die Ahnung des unendlichen Zusammenhangs.

Ludwig Tieck (1773–1853)

Der Sohn eines Seilermeisters musste zunächst von Auftragsarbeiten für einen Berliner Verleger leben. Die Kluft zwischen poetischen Idealen und einer beschränkten Realität löste bei ihm eine Wertkrise aus, die sich im Briefroman ‚William Lovell' (1785/96) spiegelt, der Geschichte eines zerrissenen Menschen in der Tradition von Goethes ‚Werther'. Aus dieser Krise wurde Tieck durch die Freundschaft zunächst mit Wackenroder, dann mit den Jenaer Romantikern befreit. Aus der Zusammenarbeit mit Wackenroder erwächst der fragmentarische Roman ‚Franz Sternbalds Wanderungen' (1798). 1797 veröffentlichte Tieck seine ‚Volksmärchen': Nacherzählungen, Bearbeitungen, Dramatisierungen (‚Der gestiefelte Kater. Ein Kindermärchen in drei Akten') von Volksmärchen und Geschichten aus Volksbüchern sowie selbstständige Märchenerzählungen (‚Der blonde Eckbert'). 1819 gelang es

Tieck, in Dresden Fuß zu fassen, wo er später Hofrat und Dramaturg des Hoftheaters wurde. Die vielbesuchten Leseabende, die er in seiner Dresdner Wohnung hielt, waren ein Stück Salonkultur; hier trafen sich die großen Namen aus Philosophie, Dichtung, Musik und Kunst. Ab 1841 lebte er als Vorleser des preußischen Königs in Berlin.

Seine Tätigkeit als Sammler und Übersetzer, als Entdecker und Herausgeber (auch der Werke Wackenroders und der von Novalis) macht Tieck zu dem Organisator der romantischen Bewegung. Als vielseitiger und fruchtbarer Schriftsteller wird er auch zu einem ihrer wichtigsten Anreger. Friedrich Hebbel nannte ihn „König der Romantik". Sein Weg führt von Schauerromantik (‚Der blonde Eckbert'), Märchensehnsucht und satirischer Literaturkritik (‚Der gestiefelte Kater') zu biedermeierlicher Resignation.

Der Roman ‚Franz Sternbalds Wanderungen‘ verbindet die Darstellung romantischer Kunstauffassung mit einem Bildungsideal, das an Goethes ‚Wilhelm Meister‘ abgelesen ist, doch Sternbald entwickelt sich nicht, er bleibt von Anfang bis zum Ende ein unentschiedener Träumer. Tiecks zahlreiche späteren Romane und Novellen nähern sich dem historischen Roman (‚Der Aufruhr in den Cevennen‘, 1826) und dem idyllischen Realismus des Biedermeier (‚Des Lebens Überfluss, 1839), ja sogar der jungdeutschen Thematik der Frauenemanzipation (‚Vittoria Accorombona‘, 1840) an.

Novalis, d. i. Friedrich von Hardenberg (1772–1801)

Novalis, von kleinadliger, pietistischer Herkunft, studierte Philosophie und Jura in Jena, Leipzig und Wittenberg. Er lernte Schiller kennen und schloss Freundschaft mit Friedrich Schlegel. 1794 trat er zur weiteren Ausbildung in den Verwaltungsdienst des kleinen Tennstedt in Thüringen ein. Im folgenden Jahr verlobte er sich dort mit der dreizehnjährigen Sophie von Kühn, die zwei Jahre später starb. Als idealisierte Gestalt lebt sie in seiner Dichtung fort. Während Novalis allmählich zum sächsischen Salinen-Assessor aufstieg, nahm er über Schlegel eifrigen Anteil an den Bestrebungen der Jenaer Romantiker. Unter dem Titel ‚Blüthenstaub‘ veröffentlichte er im ‚Athenäum‘ von 1798 Aphorismen und Fragmente. Im ‚Athenäum‘ von 1800 erschienen die ‚Hymnen an die Nacht‘. Das Romanfragment ‚Heinrich von Ofterdingen‘ wurde erst 1802 nach dem frühen Tod des Dichters publiziert, sein Aufsatz ‚Die Christenheit oder Europa‘ erst 1826.

Wenn Dichtung die Welt „romantisiert", so lehrt Novalis, dann macht sie die Natur als ein hierarchisches System harmonischer Entsprechungen, letztlich als ein geistiges Prinzip offenbar. Dementsprechend plante Novalis ein enzyklopädisches Werk. Kein Lexikon, welches das Wissen der Zeit in alphabetische Artikel auseinanderreißt, sondern eines, das in Konkurrenz zur großen französischen Enzyklopädie von Diderot und d'Alembert in einer Reihe von Artikeln den Zusammenhang aller Wissenschaften aufzeigt, um sie so in einer einzigen Wissenschaft zu vereinigen.

Der Tod, das Eingehen des Einzelnen in die ewige Nacht, ist nur ein Aufgehen in dieser unendlichen Einheit, in der alles liebend miteinander verbunden ist (‚Hymnen an die Nacht‘). Der Aufsatz ‚Die Christenheit oder Europa‘, der die Auffassung vom historischen Dreischritt vertritt, zeichnet ein idealisiertes Mittelalter, in dem die christliche Gesellschaft sich der geistigen Naturordnung einfügt, bis sie durch Gewinnsucht, Protestantismus und Aufklärung zerstört wird. Solche Ordnung kann nun bewusst und im Geiste liebevoller Versöhnung wieder hergestellt werden. Das Romanfragment ‚Heinrich von Ofterdingen‘, von Novalis als Bildungsroman eines sagenhaften Minnesängers geschrieben, zeigt, wie der Dichter auf dem Weg in sein eigenes Inneres die äußere Welt zunehmend in ihrem harmonischen Zusammenhang erkennt, bis er schließlich durch den Tod hindurch zur ersehnten „blauen Blume" gelangt, zur Vereinigung mit der Geliebten, damit auch zum Aufgehen in der liebebeseelten All-Einheit, in der sich das Märchen als das eigentlich Wirkliche enthüllt.

Die blaue Blume wurde zum Symbol schlechthin für die Romantik.

Friedrich Schlegel (1772–1829)

Friedrich, der jüngere Bruder August Wilhelm Schlegels, des bedeutenden Kunst- und Literaturwissenschaftlers und Übersetzers, stammt aus einer alten Literaten- und Gelehrtenfamilie. Er studierte Jura und Altphilologie in Göttingen und Leipzig. Anschließend lebte er gelegentlich in Jena, wo er Novalis zum Freund gewann, vor allem aber in Berlin, wo er sich mit Schleiermacher, Tieck und Wackenroder befreundete und seine spätere Frau, die Schriftstellerin Dorothea Veit, kennen lernte, Tochter des aufgeklärten Philosophen und Ästhetikers Moses Mendelssohn. Nachdem er sich allmählich von der Klassik gelöst hatte, gab er, zusammen mit seinem Bruder, das ‚Athenäum‘ heraus (1798–1800), das literarische Organ der frühen Romantik. Hierin erschienen seine philosophischen Fragmente und seine Aufsätze ‚Charakteristik des „Wilhelm Meister"‘ (1798) und ‚Gespräche über die Poesie‘ (1800). Sein einziger Roman, ‚Lucinde‘ (1799), erregte Entrüstung, weil Schlegel hier Philisterfeindschaft und harmonische Selbstbildung mit freier Sinnlichkeit und dem Gedanken von der Gleichberechtigung der Geschlechter verbindet. Nach einem unsteten Wanderleben konvertierte er 1808 zusammen mit seiner Frau zum Katholizismus und ließ sich in Wien nieder, wo er in die Dienste der absolutistischen Reaktion trat.

Schlegel ist der bedeutendste Literaturkritiker und -theoretiker der Frühromantik. Er bestimmt das Wesen der romantischen Ironie und definiert die Dichtung, welche Philosophie und Religion in sich aufnimmt, die Welt fortschreitend romantisiert und so alles Vereinzelte zusammenschmilzt, als „progressive Universalphilosophie".

Hochromantik: Brentano, Arnim, Eichendorff

Clemens Brentano (1778–1842)

Der Sohn von Goethes Jugendfreundin Maximiliane von La Roche, deren Mutter Sophie eine erfolgreiche Schriftstellerin der Aufklärung war, wuchs in einer wohlhabenden Frankfurter Kaufmannsfamilie auf. Bei Studienanfängen in Halle und Jena lernte er Wieland, Herder und Goethe kennen, die beiden Schlegel und Tieck sowie die Schriftstellerin Sophie Mereau, die er später heiratete. 1801 erschien sein Roman ‚Godwi oder Das steinerne Bild der Mutter‘ mit dem Untertitel ‚Ein verwilderter Roman von Maria‘. Danach stellte Brentano seine Existenz auf das ererbte Vermögen und auf seine Dichtung und führte ein Reiseleben um die beiden Pole Heidelberg und Göttingen. In dieser Zeit sammelte er Volkslieder, die er in ‚Des Knaben Wunderhorn‘ aufnahm, eine Liedersammlung, die er 1806 und 1808 zusammen mit Arnim herausgab. 1804 veröffentlichte er das Lustspiel ‚Ponce de Leon‘, das aus melancholischem Wortwitz lebt. Später hielt Brentano sich meist in Berlin und Wien auf, wo er mit Kleist, Eichendorff und Friedrich Schlegel verkehrte. 1817 erschien ‚Die Geschichte vom braven Kasperl und schönen Annerl‘, im Jahr darauf das Erzählfragment ‚Aus der Chronika eines fahrenden Schülers‘. Nach einer Generalbeichte im Jahr 1817 verstand Brentano sich als strenger Katholik, verwarf für einige Zeit seine weltliche Dichtung und zeichnete später die Visionen der westfälischen Nonne Anna Katharina Emmerick auf. Daraus erwuchsen verschiedene religiöse Bücher sowie eine unvollendet Biografie Emmericks. Brentanos lyrisches Spätwerk ist von der Liebe zur Schweizer Malerin Emilie Lindner geprägt. Erst nach seinem Tode erschienen das unvollendete Versepos ‚Romanzen vom Rosenkranz‘ (1852) und die gesammelten ‚Märchen‘ (1846). Von letzteren war allein ‚Gockel, Hinkel, Gackeleja‘ schon früher (1838) vollständig veröffentlicht worden.

Die Klage über das Außenseitertum des Künstlers und die Sehnsucht nach Harmonie liegen Brentanos Werk zugrunde, die Sehnsucht nach mütterlicher Geborgenheit trotz aller erotischer Erlebnisse, nach der Kinderzeit am Rhein, nach einem ‚Gewiegtwerden‘, wie die sich verselbstständigende Sprachmusik seine Verse es beschwört (vgl. ‚Romanzen vom Rosenkranz‘). In seinen Liedern und Balladen – sie sind in die Prosaschriften eingestreut – verschmilzt er persönliches Empfinden mit den formelhaft-einfachen Wendungen des Volksliedes.

Im ‚Godwi‘, in dem romantische Ironie und lyrisches Gefühl die Handlung überwuchern, strebt ein philisterfeindlicher Außenseiter nach Selbsterfahrung in der Sinnlichkeit und findet schließlich einen dauernden Halt nur in seinem eigenen Innern: die Erinnerung an ein unglückliches Freudenmädchen, das ihn geliebt hatte. Die Märchenerzählungen, oft Umdichtungen von Volksmärchen, verbinden deren Motive mit Sprachspielen, mit Gesellschaftssatire und der Vermischung von Wirklichkeit und Dichtung. In der Novelle ‚Die Geschichte vom braven Kasperl und schönen Annerl‘ treffen einander moralische Kritik an falschen Ehrbegriffen, Gesellschaftskritik und der Glaube an ein unabwendbares dämonisches Schicksal.

Achim von Arnim (1781–1831)

Arnim, der aus einer preußischen Diplomatenfamilie stammt, studierte Naturwissenschaften zunächst in Halle, wo er Tieck kennen lernte, dann in Göttingen. Auf einer seiner Bildungsreisen begann die lebenslange Freundschaft mit Brentano, dessen Schwester Bettina später seine Frau wurde. 1806 und 1808 gab er zusammen mit Brentano ‚Des Knaben Wunderhorn‘ heraus. Ab 1804 hielt er sich meist in Heidelberg und Berlin auf. In Heidelberg ließ er 1808 die ‚Zeitung für Einsiedler‘ erscheinen, die die Liebe zum Vaterland wieder entflammen sollte; dem gleichen Ziel diente die Berliner ‚Christlich-Teutsche Tischgesellschaft‘, die er mitbegründete. 1810 erschien sein Roman ‚Armut, Schuld und Buße der Gräfin Dolores‘, 1812 seine bekannteste Novelle ‚Isabella von Ägypten‘. Nach der Niederlage Napoleons übernahm Arnim in Berlin die Schriftleitung einer politischen Zeitung, kam aber, so konservativ er auch war, mit der Zensur in Konflikt und zog sich auf sein Gut zurück. Dort schrieb er neben dem Romanfragment ‚Die Kronenwächter. Bertholds erstes und zweites Leben‘ (1817) eine Anzahl von Erzählungen und Novellen, u. a. ‚Der tolle Invalide auf dem Fort Ratonneau‘ (1818).

Bei dem eher nüchternen Arnim verliert das Fantastische seinen zwingenden Charakter. Wo es auf eine höhere poetische Natur verweist, ist es nicht mehr untrennbar mit der bestehenden Wirklichkeit verbunden (‚Isabella von Ägypten‘). Wo es auf Dämonisches verweist, wird es beherrschbar gemacht; im ‚Tollen Invaliden‘ kritisiert Arnim den Glauben an das unabwendbare Schicksal. Mit realistischem Blick wendet er sich der Geschichte zu. Dabei stellt er aus konservativer, christlicher und vaterländischer Gesinnung heraus die bessere altadlige Welt der neuen, geldbeherrschten gegenüber. So etwa in ‚Gräfin Dolores‘; hier vertritt er im Gegensatz zu Friedrich Schlegel und Clemens Brentano eine strenge Auffassung von der Ehe. Aber auch die Gestalten aus der alten Welt müssen sich in der Gegenwart bewähren, wollen sie nicht der Kritik anheimfallen, die in den ‚Kronenwächtern‘, dem ersten deutschsprachigen historischen Roman, an überlebten Adelsvorstellungen geübt wird.

Joseph von Eichendorff (1788–1857)

Aus einer schlesischen Offiziersfamilie stammend, streng katholisch erzogen, studierte Eichendorff Jura und Philosophie zunächst in Halle und ging dann nach Heidelberg, wo ihn die romantische Bewegung ergriff. Er lernte Schleiermacher, Görres, Arnim und Brentano kennen, später auch Friedrich Schlegel. Vor allem die Volkslieder, wie sie ihm in ‚Des Knaben Wunderhorn' bekannt wurden, beeinflussten ihn. In Wien, wo er seine Studien beendete, festigte sich sein antinapoleonischer Patriotismus. Während der Befreiungskriege erschien sein erster Roman ‚Ahnung und Gegenwart' (1815). Nach den Kriegen stieg er als preußischer Beamter, zu-

meist in der Kultusverwaltung, in hohe Ämter auf, bis er 1844 um seinen Abschied bat, vor allem deswegen, weil er als Katholik die preußische Kirchenpolitik nicht billigte. In diesen Jahren erschienen u. a. seine Novellen und Erzählungen: ‚Das Marmorbild' (1819), ‚Aus dem Leben eines Taugenichts' (1826) und ‚Dichter und ihre Gesellen' (1834). Die Gedichte, die in seine Prosatexte eingestreut waren, veröffentlichte er 1837 in einer ersten Sammlung. Hier finden sich diejenigen Lieder der Romantik, die am volkstümlichsten wurden: ‚In einem kühlen Grunde', ‚O Täler weit, o Höhen', ‚Der frohe Wandersmann', ‚Zwei Gesellen'.

Eichendorffs Dichtung lebt aus der sehnsüchtigen Fantasie, in der philisterfreien Ferne die eigentliche Heimat wiederzufinden. Wenn sich die Sehnsucht erfüllt, dann unter der Bedingung, dass der Held auf die sinnlichen Reize der Fremde verzichtet, die sich als dämonische herausstellen und ihn mit Einsamkeit bedrohen. Er muss sich binden an überpersönliche Werte, die Eichendorff im Patriotismus und im traditionellen Christenglauben enthalten sieht. Dem Patriotismus Eichendorffs ist allerdings ein Stück zeitkritischer Skepsis beigegeben. Das zeigt der Bildungs- und Abenteuerroman ‚Ahnung und Gegenwart', in dem sich ein Adliger, der an einem antinapoleonischen Bauernaufstand teilgenommen hat, schließlich ins Kloster zurückzieht.

Eichendorffs Lyrik, geprägt von der glücklichen Kindheit auf Gut Lubowitz und eingebettet in eine gesicherte religiöse Grundhaltung, beruft die philisterferne Welt der Waldeinsamkeit und vermittelt den Eindruck einer unmittelbar erlebten Weite der Landschaft, der Verschmelzung von Liebes- und Naturerlebnis. Das Vertrauen in seine Gotteskindschaft beschützt den Taugenichts (in der gleichnamigen Novelle), der zum Inbegriff der deutschen Romantik wurde und doch auch ein Nachfahr des spanischen Picaros ist, so dass er seine Märchenwünsche schließlich in Wirklichkeit verwandelt sieht, allerdings auf eine Weise, die ihn mit der Philisterwelt versöhnt.

Zum Picaro siehe S. 49.

Der Meister der schwarzen Romantik: Hoffmann

Ernst Theodor Amadeus Hoffmann (1776–1822)

Hoffmann verlebte eine schwierige, vaterlose Kindheit in einer preußischen Beamtenfamilie. Nach dem Studium der Rechte wurde auch er Beamter, ein sehr unzufriedener allerdings. 1802 wegen spöttischer Karikaturen in den polnischen Gebietsteil des damaligen Preußen strafversetzt, verlor er 1806 sein Amt, als er den Huldigungseid auf Napoleon, der Preußen besiegt hatte, verweigerte. Als Literat, Zeichner und Musiker – Hoffmann war ein fruchtbarer Komponist und hatte aus Verehrung für Mozart den Vornamen Amadeus angenommen – arbeitete er dann in Berlin, ab 1808 als Kapellmeister in Bamberg. Dort ver-

liebte er sich unglücklich in eine junge Klavierschülerin, die als geheimnisvolle Gestalt in seine Dichtung einging. In Bamberg begann seine dichterische Arbeit. 1813–15 erschienen gesammelte Erzählungen unter dem Titel ‚Fantasiestücke in Callots Manier' (u. a. ‚Ritter Gluck', ‚Der goldne Topf' und die ‚Erzählung vom verlorenen Spiegelbilde', ein Gegenstück zu Chamissos berühmter Märchennovelle ‚Peter Schlemihls wundersame Geschichte', in der der Held seinen Schatten verliert). 1815/16 veröffentlichte Hoffmann den Schauerroman ‚Die Elixiere des Teufels. Nachgelassene Papiere des Bruders Medardus, eines Kapuziners',

1817 eine zweite Sammlung: ‚Nachtstücke‘. 1814, nach der Niederlage Napoleons, konnte er in den Staatsdienst zurückkehren. Als Rat am Berliner Kammergericht schrieb er u. a. das Märchen ‚Klein Zaches genannt Zinnober‘ (1819), den Novellenzyklus ‚Die Serapionsbrüder‘ (1819/21), in den Erzählungen wie ‚Das Fräulein von Scudéry‘, ‚Die Bergwerke zu Falun‘ und ‚Meister Martin der Küfner und seine Gesellen‘ aufgenommen sind, sowie den unvollendeten Roman ‚Lebensansichten des Katers Murr‘ (1820/22). Nun endlich genoss er Anerkennung und verkehrte mit bekannten Autoren wie Brentano, Chamisso und Fouqué. Doch kurz bevor er starb, stand er wieder vor der Entlassung, weil er in seinem Märchen ‚Meister Floh‘ die Verfolgung der Demokraten satirisch kritisiert hatte.

Neben den ‚Nachtwachen des Bonaventura‘ liefert Hoffmanns Dichtung die bedeutendsten Beispiele für die schwarze Romantik. Diese seine Dichtung lässt übergangslos, mitten in der kunstfeindlichen Philisterwelt, eine andere, geheimnisvolle Welt sinnlichen Reizes entstehen, die spukhaft und unheimlich ist. Wo beide einander berühren, entstehen Satiren und Grotesken. In diesem Grenzbereich ist der künstlerische Mensch angesiedelt. Flüchtet er sich ins Reich des Geheimnisvollen, eigentlich in sein eigenes Innere, so läuft er Gefahr, dessen zerstörerischer Macht zu verfallen, am unversöhnlichen Gegensatz beider Welten zu scheitern oder doch den Weg zurück in die Wirklichkeit nicht mehr zu finden. Andererseits kann er auch in der Philisterwelt nicht glücklich werden. Nur im Zauberland der Kunst lassen sich irdische und fantastische Welt gelegentlich miteinander versöhnen. Allerdings steht der Künstler immer in der Gefahr, beide Bereiche miteinander zu verwechseln.

Zu den ‚Nachtwachen des Bonaventura‘ siehe S. 126.

Im Märchen ‚Der goldne Topf‘ ist die Flucht ins Zauberreich geglückt; dass das allerdings nur eine Wunschfantasie ist, zeigt die ironische Distanzierung des Dichters. In der Kriminalnovelle ‚Das Fräulein von Scudéry‘ und in dem Roman ‚Die Elixiere der Teufel‘ wirkt der sinnliche Reiz der unheimlichen Welt zerstörerisch in die Wirklichkeit hinein. In der Kriminalnovelle verwechselt der Verbrecher den schönen Schein der Kunst mit dem wirklichen Glück, im Schauerroman treten Doppelgänger und andere Gestalten der Geheimniswelt dem Sünder warnend entgegen. In den ‚Lebensansichten des Katers Murr‘, einer Parodie des Bildungsromans, werden Philister- und Künstlerleben ironisch miteinander vermischt.

Am Rande der Romantik: Jean Paul und Kleist

Jean Paul, eigentlich Johann Paul Friedrich Richter (1763–1825) – Ein aufgeklärter Romantiker

Während seines bald wieder aufgegebenen Studiums der Theologie und Philosophie in Leipzig begann der bitterarme Predigersohn, Satiren in der Tradition der englischen Aufklärung zu schreiben; dazu gesellten sich Texte, die auf die Empfindsamkeit zurückgingen. Auf die Vision seines eigenen Todes, als er fast mittellos bei seiner Mutter in Hof lebte, antwortete er, indem er das ‚Leben des vergnügten Schulmeisterleins Maria Wuz in Auenthal‘ schrieb; die Erzählung erschien 1793 zusammen mit dem Romanfragment ‚Die unsichtbare Loge‘. Ein zweiter, vollendeter Roman, ‚Hesperus oder 45 Hundsposttage‘ (1795), begründete den Ruhm des Dichters. Es folgten weitere Romane: ‚Leben des Quintus Fixlein‘ (1796) und ‚Blumen-, Frucht- und Dornenstücke; oder Ehestand, Tod und Hochzeit des Armenadvokaten F. St. Siebenkäs‘ (1796/97). 1798 zog Jean Paul nach Weimar, befreundete sich mit Herder und lernte die Frühromantiker kennen. In diese Zeit fällt die Hauptarbeit an seinem großen Roman ‚Titan‘ (1800/03). Nach Aufenthalten in Berlin, Coburg und Meiningen ließ er sich ab 1804 endgültig in Bayreuth nieder. Dort schrieb er die dichtungstheoretische Abhandlung ‚Vorschule der Ästhetik‘ (1804), die Erziehungslehre ‚Levana‘ (1807), die Romane ‚Flegeljahre‘ (1804/05) und ‚Dr. Katzenbergers Badereise‘ (1809).

Satire (von lat. satira, von satura laux = „mit Früchten gefüllte Schale“, „bunt gemischtes Allerlei“).

Jean Paul verbindet die Tradition der Aufklärung mit romantischem Denken: Von rationalistischer Gesellschaftskritik angeregt, stellt er Absolutismus und Philistertum satirisch dar; pietistisch-empfindsamer Gefühlskult veranlasst ihn, das Gefühl unendlicher Harmonie zu vermitteln, das den Menschen in gefühlsseligen Augenblicken über die mangelhafte Wirklichkeit erhebt, oder Gestalten zu beschreiben, die das Glück beschränkter Idylle zumindest in der Fantasie bewahren. Aber ihm fehlt die Zukunftshoffnung, die der früheren Epoche noch eigen war. Die Erfahrung nicht nur der Armut, sondern auch der Einsamkeit und die Angst vor dem Tode verdüstern sein Leben.

Folglich löst er den Zwiespalt zwischen dürftiger Welt einerseits, Empfindung und Fantasie andererseits, zwischen Körper und Geist nicht auf, auch wenn harmonisierende Romanschlüsse darüber hinwegspielen. Er hält den Zwiespalt vielmehr ständig im Bewusstsein durch eine willkürlich-spielerische und distanzierende Darstellung, durch romantische Ironie also, wie er sie in seiner ,Vorschule der Ästhetik' beschreibt, wo er sie allerdings als Humor bezeichnet. Das Hin und Her zwischen mitleidendem Verständnis, satirischer Kritik, gefühlsseliger Erhebung, fantasierter Idylle und ironischer Distanzierung bestimmt seinen Stil, der sprunghaft, abschweifend und mit gelehrten Anspielungen durchsetzt ist. Dennoch sind seine Romane in sich geschlossener als diejenigen der Romantiker. Die Figur des Erzählers, die geheime Hauptfigur seiner Romane, versteht es, im Hin und Her der Darstellung die reale Welt in Bausteine einer geistigen zu verwandeln, ohne dabei das Leiden an der realen zu vergessen.

Im ,Wuz', der den Übergang von den ausschließlich satirischen Frühschriften zum Romanschaffen anzeigt, tröstet sich der Erzähler in seiner Angst vor dem Tod mit dem Beispiel eines naiv-kindlichen Schullehrers, der sein entbehrungsreiches Leben in eine fantasierte Idylle verwandelt. Siebenkäs (im gleichnamigen Roman) entzieht sich einer engen, philisterhaften Umgebung durch einen vorgespiegelten Tod, um das Glück bei einer idealen, vergeistigten Geliebten zu suchen, die, bleich und leidend, den Tod schon in die Seelengemeinschaft einbezieht. In der Inszenierung dieses Geschehens genießt der Erzähler seine Allmacht.

Im ,Titan', der Summe seines Romanschaffens, kritisiert Jean Paul satirisch eine Erzählung, die zu titanischem Machtstreben führt. Ähnlich wie im Schauerroman wird gezeigt, dass der Versuch, das Leben wie einen Mechanismus zu lenken, an den Mächten des Innern und schließlich an der Todesverfallenheit scheitern muss. Nur die dichterische Fantasie, nur der Erzähler besitzt Allmacht. In der Wirklichkeit kommt es darauf an, die Innerlichkeit in beschränkter Idylle zu bewahren. Der Roman endet mit der Hoffnung auf eine Gesellschaft der Brüderlichkeit. In diesem Sinn ist er ein utopischer Bildungsroman, in dem ein Fürst heranwächst, der eine bürgerliche Gesellschaft garantiert, in der Leistung zählt, nicht Geburt. Doch all dies bleibt wirklichkeitsfern.

Heinrich von Kleist (1777–1811) – Desillusion und Unbewusstes

Der Spross einer preußischen Offiziersfamilie begann zunächst eine Offizierslaufbahn. 1799 quittierte er den Dienst, um sich durch ein weitgespanntes Studium in Frankfurt a. d. Oder umfassend zu bilden. Diesen Versuch gab er jedoch bereits im folgenden Jahr wieder auf; Unzufriedenheit mit dem preußischen Absolutismus und eine unsichere Zukunft hatten ihn an seinem „Lebensplan" zweifeln lassen, mit Sicherheit tugendhaft und glücklich zu werden. Die Philosophie Kants nahm ihm die aus der Aufklärung stammenden philosophischen Gewissheiten, die solchem Plan zugrunde lagen. Dennoch blieb er auch nach der „Kantkrise" von 1801 ein Anhänger aufklärerischer Gesellschaftskritik. Er reiste ins nachrevolutionäre Paris, das ihn allerdings tief enttäuschte. Der Wunsch, im Geiste Rousseaus einfacher Landmann zu werden, führte zu zwei Schweizer Reisen, unterbrochen durch einen Weimarer Aufenthalt, bei dem er den alten Wieland zum Freund gewann. Als auch die neuen Pläne sich zerschlugen, reagierte Kleist mit Lebensüberdruss und schließlich mit einem Zusammenbruch. In dieser Lebensphase schrieb er, von der Wirklichkeit enttäuscht, die ersten Dichtungen. 1803 erschien seine Tragödie ‚Die Familie Schroffenstein'. Ein zweiter Tragödienversuch, ‚Robert Guiskard, Herzog der Normänner', blieb Fragment; als solches wurde er 1808 veröffentlicht.

Nach seinem Zusammenbruch beugte Kleist sich den Forderungen seiner Familie nach einem geregelten Beruf. 1804 erhielt er eine bescheidene Stelle im Staatsdienst. Doch schon im folgenden Jahr, als er zur weiteren Ausbildung in Königsberg war, wandte er sich wieder der Dichtung zu. Bald erschienen die Komödien ‚Der zerbrochne Krug' (1808) und ‚Amphitryon' (1807), letztere nach einer Vorlage Molières, weiterhin das historische Schauspiel ‚Das Käthchen von Heilbronn' (1808) und die Novellen ‚Michael Kohlhaas' sowie ‚Das Erdbeben in Chili' (1807), die zusammen mit anderen in ‚Erzählungen' (1810/11) gesammelt wurden. Zu diesen gehört auch ‚Die Marquise von O…' (1808), die, ebenso wie Teile der Tragödie ‚Penthesilea' (1808), in französischer Haft entstand. Er war 1807 im besetzten Berlin von napoleonischer Gendarmerie gefangen genommen und nach Frankreich gebracht worden, wohl unter dem Verdacht, für Preußen zu spionieren. Seine Beamtenlaufbahn war mit dem Sieg Napoleons bei Jena und Auerstedt 1806 und der Flucht des preußischen Hofes nach Memel schon vorher beendet. 1808 durfte er wieder nach Deutschland zurückkehren, er begab sich nach Dresden, wo er zusammen mit dem Staatsrechtler Adam Müller in Dresden ‚Phöbus, ein Journal für die Kunst' herausgab (nur 1808).

Nachdem sich seine Pläne, in Dresden als Verlagsbuchhändler zu arbeiten, zerschlagen hatten, hielt er sich vorwiegend in Berlin auf. Zu seinen dortigen Bekannten gehörten Mitglieder der ‚Christlich-Teutschen Tischgesellschaft' wie Müller, Brentano, Arnim und Fouqué, deren Konservatismus Kleist allerdings nicht ganz teilte, da er wohl stärker den Reformvorstellungen des Freiherrn vom Stein zuneigte. Auf jeden Fall aber verband er sich nun ganz dem napoleonfeindlichen Nationalismus. Das drückt sich am extremsten im Drama ‚Die Hermannsschlacht' (1811) aus, politisch realistischer in seinem letzten Stück, ‚Prinz Friedrich von Homburg' (1811). Der Versuch, durch eine Tageszeitung, die ‚Berliner Abendblätter' (1810/11), die Nation moralisch zu reformieren, blieb erfolglos, obwohl Kleist hier den modernen Zeitungstyp schuf, der kurze Nachrichten mit politischen Kommentaren und literarischen Aufsätzen und Rezensionen mischt. Sein Aufsatz ‚Über das Marionettentheater' (1810) wie auch viele Anekdoten wurden hier veröffentlicht. Goethe, der Kleists zerrissenes Wesen ablehnte, inszenierte 1808 eine erfolglose Uraufführung des ‚Zerbrochnen Krugs'. An der politischen Lage und seinen literarischen Misserfolgen verzweifelnd, gab Kleist sich 1811 den Tod. Seine ‚Hinterlassenen Schriften' gab Tieck 1821 heraus.

Kleists Dichtung antwortet auf die Einsicht in die Übermacht einer deprimierenden Wirklichkeit. Früher einmal gab es für ihn eine beständige, harmonische Ordnung; sie ist nun zerstört. Dass sie sich wiederherstellen ließe, daran kann er nicht mehr glauben. Die Menschen leben im Krieg; Männer und Frauen, Untertanen und Obrigkeit, Schwarze und Weiße, Deutsche und Franzosen, Katholiken und Protestanten, verschiedene Familien kämpfen gegeneinander. Gemeinschaft und Sicherheit sind verschwunden; es herrschen Willkür und Ungerechtigkeit. Zwischenmenschliches Vertrauen ist untergraben, so dass die Versuche sprachlicher Verständigung in Täuschung und Missverständnis enden. Auch sind sich die Menschen ihres eigenen Innern, ihrer naturhaft kreatürlichen Antriebe nicht mehr gewiss. Es zeigt sich, dass diese Antriebe im Unbewussten verborgen sind. Der Streit zwischen Unbewusstem und Bewusstsein zerreißt Kleists Gestalten innerlich und treibt manche von ihnen in den Wahnsinn.

Widersprüche und Missverständnisse spitzen sich zu im dramatischen oder novellistischen Konflikt. Durch Zufälle, die unerwartet von außen in ihr Leben einbrechen, sehen sich die Menschen in die Situation des Kampfes und der Unsicherheit versetzt. Sie müssen reagieren. Erst dadurch gelangen sie zu selbstverantwortlichem Handeln und zu Selbstbewusstsein, ohne ihrem Schicksal deswegen weniger hilflos ausgeliefert zu sein. Wenn sie nun reagieren, kann es geschehen, dass die unbewusste Wahrheit ihres eigenen Innern sich in Gebärden oder Träumen ausspricht oder in Verhören aus ihnen herausgefragt wird. Dann trennen sich Schein und naturhaftes Sein, der Einzelne lernt sich so erst kennen. Es kann auch geschehen, dass unbedingtes Vertrauen in den anderen, aus vorsprachlicher Gefühlssicherheit geboren, zumindest den Weg anzeigt, der die Kluft zwischen den einzelnen überbrücken könnte.

Doch nur im märchenhaften Rahmen des ‚Käthchen von Heilbronn‘ führt das Aufdecken der inneren Wahrheit zu einem guten Ende. Zwar gründen positive Eigenschaften, gründen Liebe und der Sinn für Gerechtigkeit und Freiheit im Naturhaft-Kreatürlichen. Wird es aber durch äußeren Zwang unterdrückt, so bricht es doch irgendwann gewaltsam, tierisch hervor, wie etwa bei der rasenden Penthesilea, die den Geliebten ermordet. Dann zerstört es die bestehende gesellschaftliche Ordnung, die für Kleist aber, so gebrechlich und ungerecht sie auch ist, dennoch unersetzlich bleibt. Lediglich in der ‚Hermannsschlacht‘ wird ein solcher Ausbruch des Tierisch-Naturhaften gerechtfertigt, denn diesmal zerstört er die Herrschaft einer welterobernden Nation, die die nackte Existenz des eigenen Volks bedroht. Doch wenn ein Untertan wie Michael Kohlhaas seinem eingeborenen Gerechtigkeitssinn freien Lauf lässt, so muss ihm Einhalt geboten werden, sobald er zusammen mit der Ungerechtigkeit der bestehenden Ordnung diese selbst zu zerstören droht.

Der Konflikt zwischen Naturhaftem und Ordnung gibt dem Einzelnen die Möglichkeit, sich moralisch zu bewähren, sei es auch im Untergang. Kohlhaas wie auch der Prinz von Homburg sind schließlich bereit, mit ihrem Leben dafür zu bezahlen, dass sie die Ordnung verletzten, als sie ganz aus ursprünglichen, naturhaften Gefühl heraus handelten. Der Prinz kann nach dem Eingeständnis seiner Schuld begnadigt werden.

Wenn nicht die Gegner, sondern die herrschenden Vertreter der Ordnung selbst vom naturhaften Gefühl ergriffen werden, so kann Komik entstehen. So etwa in ‚Amphitryon‘, wenn Jupiter, vom irdischen Bedürfnis nach Liebe erfasst, Alkmene zu täuschen sucht und angesichts ihrer Gefühlssicherheit zum betrogenen Betrüger wird, auch wenn er sie dabei in einen tiefen inneren Zwiespalt stürzt. Im Lustspiel ‚Der zerbrochne Krug‘ wird der Dorfrichter Adam zum Richter seiner selbst und muss wider Willen seine allzu menschliche, sozusagen „adamische“ Natur entlarven. So wird zwar die Gebrechlichkeit der bestehenden Ordnung offenbar, in der Gestalt des Gerichtsrats bleibt sie aber weiter gerechtfertigt.

Mit dem Zusammenfallen von Bewusstsein und Unbewusstem, das die ungebrochene Anmut ausmacht, wäre die verlorene Harmonie wiedergewonnen (‚Über das Marionettentheater‘, 1810). In der Wirklichkeit lässt sich diese Harmonie nur mehr in einem gelegentlichen Aufblitzen erahnen. Sie drückt sich dagegen offen aus in Kleists künstlerischer Sprache. Diese beschreibt mit höchster Bewusstheit, sachlich und von außen, das unbewusste Innere; bündig und raffend ordnet sie alle Einzelheiten der Entfaltung des Konflikts unter und belässt ihnen doch das Unbegreifliche.

ROMANTIK

Zentrale Vorstellung: Entwicklung zu umfassender Harmonie und Bewusstheit

Diesseits – Jenseits – Geschichte

Im Jenseits werden die Menschen in Liebe vereint. Unsere Aufgabe ist es, das Diesseits im Lauf der Geschichte unter Beachtung der notwendigen gesellschaftlichen Hierarchie solcher Einheit anzunähern. Die Grenze zwischen der Welt der Lebenden und der der Toten ist stellenweise durchlässig.

Natur

Die Natur ist einerseits ein Prozess organischer Entfaltung, der auf zunehmendes Selbstbewusstsein zielt, andererseits ein System geheimnisvoller Analogien, in denen die Liebe wirkt, deren objektive, wissenschaftlich erforschbare Seite der Magnetismus ist.
Leitwissenschaften: Mineralogie, Erforschung von Elektrizität und Magnetismus.

Gesellschaft

Die Gesellschaft soll nach dem Modell der patriarchalischen, in Liebe verbundenen Familie organisiert sein. Tatsächlich ist der Künstler, der dies will, aber Außenseiter unter Philistern.

Der einzelne Mensch

Nach dem Modell organischer Entfaltung sollte sich der einzelne Mensch zur Einheit von Gefühl und Selbstbewusstsein entwickeln und dabei zugleich Teil anderer Organismen sein, nämlich der Familie, des Staates, der Natur.

Zwischenmenschlicher Bezug

Freundschaft und Liebe sollen die Menschen innerhalb der vorgegebenen Standesformen miteinander verbinden. Wo die Menschen sich die kindliche Offenheit für die Harmonie der Natur bewahrt haben, dort herrscht die Sympathie der Seelen.

Literatur

Die Dichtung soll die Gesellschaft „romantisieren", indem sie die verborgene gottgegebene Naturordnung erkennbar macht, die der Entwicklung zu immer höherem Bewusstsein zugrunde liegt. Die Herrschaft des Selbstbewusstseins schon im dichterischen Text, der im Grunde immer Fragment eines größeren Ganzen ist, zeigt sich in romantischer Ironie.

Literarische Gattungen

Der Roman gilt als die wichtigste Gattung, weil er alles integrieren kann. In der Praxis wird er zu einer manchmal ausufernden Sammlung von Fragmenten. Vorherrschend ist die märchenhafte, oft fantastische oder groteske Erzählung. Die Lyrik ist liedhaft, am einfachen Volkslied orientiert, aber fähig zur klanglichen Wiedergabe feinster Stimmungsschattierungen. Die Tragödie ufert entweder zum Lesebuchdrama aus oder verflacht zum Schicksalsdrama; die Komödie ist für die ironisch-melancholische Stimmung besser geeignet.

8   Biedermeier und Vormärz (1815–1850)

AUF EINEN BLICK

Jakob Alt (1789–1872):
Blick aus dem Atelier
des Künstlers in
die Alservorstadt,
Aquarell, 1836.

Kennzeichend für den Biedermeier ist die Idylle in der Beschränkung. Das Bürgertum hat diese Beschränkung schon länger geübt (s. S. 58). Nun aber, da die Länder nach den napoleonischen Eroberungskriegen verarmt sind, übt auch der Adel sich – jedoch nur im Privatbereich – in Bescheidenheit: Der Salon wird zum Wohnzimmer. Allerdings erhält die Bescheidenheit eine vornehme Note, die auch für das Bürgertum stilbildend wirkt. Die Kleinbürger, die sich das nicht leisten können, werden von Carl Spitzweg mit liebenswürdiger Ironie in Dachstuben-Idyllen gemalt.

Auf dem Gemälde von Jakob Alt richtet sich der Blick aus der Sicherheit des Hauses in die kultivierte Natur. Der Maler zeigt die Natur als ein durchs Fenster gerahmtes und damit vom Betrachter getrenntes Bild. Ja, das Innere des Zimmers ist sozusagen nur ein erweiterter Rahmen. Der Fensterschmuck, zwei kleine Rosen, ist bescheiden. Was man durchs Fenster sieht, ist ein Bild im Bild: die in Kunst verwandelte Natur, gleichgestellt dem an der Wand hängenden Kunstbild, das ebenfalls Natur darstellt. Das Bild sagt gleichsam: Dies ist ein einfaches Atelier, eigentlich nur eine Staffelei vor einem Erkerfenster, aber hier wird Natur in Kunst verwandelt. Die wilde Natur außerhalb der Idylle wird im Biedermeier nicht verleugnet, aber man begegnet ihr mit Angst und geheimer Faszination. Das gilt für die Natur draußen ebenso wie für die Sinnlichkeit, also die Natur im Innern des Menschen.

Erinnerung an den
Befreiungskampf in
der Nacht vom
18./19. März 1848
in Berlin, kolorierte
Lithographie, 1848.

Von den europäischen Revolutionen 1848 gibt es Abbildungen, die beanspruchen, realistisch zu sein. Sie enthalten aber auch Wunschvorstellungen vom einträchtigen Protest der Bürger bzw. Studenten und Arbeiter, wie diese Lithographie: jubelnde Berliner Revolutionäre bei der scheinbar erfolgreichen Verteidigung der Barrikade in der Breiten Straße. Die Darstellung ist jedoch nicht so getreu, wie der Untertitel behauptet, denn das Militär hatte die Barrikade schließlich erobert. Der Betrachter blickt sozusagen solidarisch mit den Barrikadenkämpfern in Richtung des hinter der Barrikade verborgenen Militärs; die Gestik der Kämpfer verrät ihm, was diese sehen: den Rückzug. Die Fahne, deren Farben wohl auf die Burschenschaften zurückgehen und die um 1848 die Bedeutung der nationalen Einheit erhalten, wird gemeinsam von einem Handwerker in kurzer Jacke und von einem Bürger im Leibrock (Redingote) und mit Zylinder gehalten. Rechts daneben schwingt jemand seinen Degen – die übliche Fechtwaffe der studentischen Burschenschaften –, links daneben hält jemand eine Streitaxt, ein Symbol der Revolution, das zwar in einem Gedicht Heinrich Heines vorkommt, aber kaum in der Wirklichkeit. Im Vordergrund rechts versorgen zwei Lehrlinge einen Verwundeten. Das Bild vermittelt die politische Botschaft, dass kämpferische Eintracht, symbolisiert durch die Fahne im Mittelpunkt, zum Siege führt.

BILD DER EPOCHE

Unzufriedenheit des Bürgertums

Das Bürgertum hatte den Kampf gegen Napoleon als Befreiungskrieg der Nation verstanden. Nach dem Sieg erwartete es daher die Verwirklichung nationaler Einheit, und zwar unter einer Verfassung, die ihm politische Mitwirkung erlauben und Fürstenwillkür ausschließen würde. Die Fürsten des Deutschen Bundes dagegen betrieben die Restauration (Wiederherstellung) der vornapoleonischen Zustände; um das zu erreichen, schufen sie ein Polizeiregime unter Führung des österreichischen Grafen von Metternich. Dieser Konflikt, der zur Revolution von 1848 führen sollte, spaltet die Literatur in eine resignativ-konservative und in eine nach Veränderung strebende Richtung, während die weiter bestehende Romantik, die für Fürstentum und Adel eintritt, ab 1815 reaktionär wird.

Unsicherheit

Als Industrielle Revolution wird die durch die Industrialisierung bedingte Umgestaltung der wirtschaftlichen und sozialen Verhältnisse bezeichnet, die vom späten 18. Jahrhundert an und verstärkt im 19. Jahrhundert zunächst in England, dann in ganz Europa zum Übergang von der Agrar- und Handwerksgesellschaft zur modernen Industriegesellschaft geführt hat.

Allmählich wächst ein allgemeines Gefühl der Unsicherheit. Die gegen Ende der Epoche einsetzende Industrielle Revolution führt zu tiefen sozialen Umschichtungen: Viele Handwerker und Bauern verarmen (Weberaufstand, 1844), zu den Landarbeitern gesellen sich die ersten Fabrikarbeiter. Dazu kommen neue Erfahrungen: unpersönliches Großstadtleben, ungeahnte Reisemöglichkeiten, eine Fülle neuer Informationen. Joseph von Eichendorff etwa klagte darüber, dass die Eisenbahnen, die in den dreißiger Jahren aufkamen, mit ihrer Geschwindigkeit von 30 km/h – für die damalige Zeit eine rasende Schnelligkeit – es dem Reisenden unmöglich machten, das Bild einer Landschaft in Ruhe aufzunehmen.

Freiheit und Notwendigkeit

Die politische Spannung, die nach Auflösung strebt, und die wie eine Naturgewalt einsetzende Industrialisierung lassen das Gefühl entstehen, dass über die Köpfe der Einzelnen hinweg eine neue Zeit anbricht. Viele stellen sich daher die Frage, ob das Handeln des Einzelmenschen überhaupt frei ist oder ob es naturhafter Notwendigkeit gehorcht. Wie verhält es sich zum allgemeinen Gang der Geschichte? So verstärkt sich das Interesse für geschichtsphilosophische Fragen. Zugleich wird die Natur, solange sie nicht gezähmt und idyllisiert ist, dämonisch, weil der Beginn ihrer wissenschaftlich-technischen Beherrschung die religiöse Erklärung des Naturganzen entwertet, es eben damit aber auch fremd werden lässt.

Zerrissenheit

Welche Möglichkeiten hat der Einzelne, auf Unzufriedenheit und Unsicherheit zu reagieren? Er kann sich umso fester an überkommene Werte und Formen klammern, er kann sie aber auch radikal ablehnen; er kann sich in Weltschmerz oder ins Leiden an sich selbst versenken oder an der Übermacht des Schlechten verzweifeln, er kann aber auch die sich ankündigenden Tendenzen mit allen Kräften zu befördern suchen. So entstehen die beiden erwähnten Richtungen, die einander bekämpfen, und zwar nicht nur äußerlich im Streit zwischen Konservativen und Progressiven, sondern auch im Innern vieler Autoren selbst. In ihrem inneren Kampf erfahren diese somit die gesellschaftliche Zerrissenheit als ihre ganz persönliche. Manche „Europamüden" wenden sich ganz von den Problemen der Alten Welt ab und ziehen nach Amerika.

Das Lichten eines Hochwaldes.

Karikatur gegen
Kleinstaaterei und
Feudalherrschaft,
Holzstich, 1848.

Unruhen

1848 gab es in vielen europäischen Ländern Unruhen bzw. Revolutionen. Die Ursachen waren soziale Probleme aufgrund der Industriellen Revolution und der Wunsch nach Demokratie und Rechtsstaatlichkeit, darüber hinaus auch die Unabhängigkeitsbestrebungen einzelner Nationen, vor allem im Vielvölkerstaat Österreich, sowie in Deutschland der Wunsch nach staatlicher Einheit. In Deutschland führten die verschiedenen Ziele – das demokratische, das sozialistische und das nationale Ziel – zu Spannungen und Gegensätzen. Die oben abgebildete Karikatur lässt erkennen, wie man sich in den national gesinnten Kreisen die Herstellung staatlicher Einheit vorstellte: durch das Wirken eines starken Mannes. Als solcher wurde später Otto von Bismarck gefeiert. Dass man darüber dann die demokratischen Forderungen weitgehend vergaß, ist weniger unverständlich, wenn man sich vor Augen führt, welches Chaos nicht nur zwischen den deutschen Ländern, sondern auch innerhalb der Länder herrschte. „So galten z. B. in einem zu Bayern gehörenden mittelfränkischen Dorf von 52 Häusern deutsches Ordensrecht neben dem preußischen Landrecht, Fürstlich Oettingschen, gemeinen Deutschen und Ansbacher Recht" (Max von Boehn: *Biedermeier. Deutschland von 1815–1847*. Berlin o. J., S. 315). Und dann die Währungen: „Nicht nur rechneten die einzelnen Staaten nach verschiedener Währung, Süddeutschland nach Gulden, Norddeutschland nach Talern, fremde zum Teil ausländische Geldsorten waren in solcher Masse in den Verkehr gedrungen, dass man in Preußen nach dem Kriege, in Posen und Pommern den Umlauf von 48, in den westlichen Landesteilen den von 71 Münzsorten konstatierte und vorläufig auch amtlich anerkennen musste" (ebd., S. 128).

Über den Wunsch nach staatlicher Einheit siehe S. 98 f.

Biedermeier

Man hat versucht, das Typische der beiden genannten Richtungen mit den Begriffen Biedermeier und Vormärz zu fassen. Der biedermeierliche Autor sucht nach dem Halt eines sittlichen Gesetzes, das ihm in der gesellschaftlichen Umwälzung verlorenzugehen scheint. Da er sich ihr gegenüber ohnmächtig fühlt, zieht er sich ins private Leben zurück; er kann sich in eine enge Idylle einzuspinnen suchen und mit liebevoll-aufmerksamem Blick für das Detail die kleinen Freuden des Alltags heiter genießen, er kann in der Erinnerung an eine geordnete Vergangenheit leben. (Die ‚Fliegenden Blätter' werden den Rückzug in die private Idylle später parodistisch in einem schwäbischen Lehrer namens Gottlieb Biedermaier karikieren; daher stammt die Bezeichnung für die Epoche.) Jedoch bleibt der abgegrenzte Raum der privaten Idylle ständig bedroht: durch das Chaos der Leidenschaften von innen, durch das Chaos einer sich zerstreitenden Gesellschaft von außen, aber auch durch die elementaren Kräfte der Natur, die die Ordnung der kultivierten Natur zu durchbrechen drohen. Die sittliche Ordnung auch nur im kleinen, umgrenzten Bereich zu bewahren, verlangt jene Entsagung und Selbstüberwindung, mit denen für die Klassik der Weg zu einem humanen Leben aller begann. Doch jetzt glaubt man zu fühlen, dass alle Anstrengung vergebens sein wird. Auf dem Grund biedermeierlicher Heiterkeit liegt daher Schwermut. Beide Stimmungen verbinden sich miteinander im Humor, im schmerzlichen Lächeln über das einstige große Streben, über die Wünsche und Hoffnungen, die sich nicht erfüllten.

Das Gefühl, die Kluft zwischen einer unbefriedigenden Wirklichkeit und menschenwürdiger Gemeinschaft nicht aus eigener Kraft schließen zu können, weder durch sittliche Leistung im Sinn der Klassik noch durch den romantischen Weg nach innen, deuten viele Autoren als ihr eigenes Unvermögen; sie halten sich für schwächliche Nachahmer (Epigonen) der früheren Generationen.

Das humoristisch-satirische, reich illustrierte Wochenblatt ‚Fliegende Blätter' erschien von 1845 bis 1944 wöchentlich. Allgemeine Wertschätzung erfuhren die ‚Fliegenden Blätter' für ihre zielsichere, satirische Charakterisierung des deutschen Bürgertums. Sie galten als vorbildlich für humoristische Zeitkritik.

Vormärz

Mit Vormärz ist diejenige Richtung gemeint, die zur Märzrevolution von 1848 hinführt. Ihre politischen Forderungen sind unterschiedlich. Während die nationalistischen Burschenschaften der Studenten und die Turnerbünde vor allem die nationale Einheit wollen, wünschen sich die Liberalen darüber hinaus auch eine Verfassung, wollen die Radikaldemokraten die Fürstenherrschaft überhaupt abschaffen, erstreben einige sogar schon über die politische Veränderung hinaus auch eine radikale Änderung der Besitzverhältnisse. Politisch gärt es von Anfang an (Wartburgfest, 1817). Eine entscheidende literarische Opposition bildet sich aber erst, nachdem die französische Julirevolution von 1830 die Geister entzündet hat. Die literarische Opposition lässt sich in zwei Gruppen einteilen, die zwei Phasen des vorrevolutionären Prozesses bezeichnen: Junges Deutschland und Vormärz im engeren Sinn.

Auf dem Wartburgfest von 1817 trafen zahlreiche Studenten und Professoren zusammen, um gegen Kleinstaaterei für einen einheitlichen Nationalstaat und eine freiheitliche Verfassung zu demonstrieren.

Junges Deutschland

Als Junges Deutschland bezeichneten sich einige politisch engagierte Schriftsteller nach 1830. Es sind dies vor allem Karl Gutzkow, Gustav Kühne, Heinrich Laube, Theodor Mundt und Ludolf Wienbarg, die von den etwas älteren, im Pariser Exil lebenden Ludwig Börne und Heinrich Heine beeinflusst waren. 1835 verbot der Frankfurter Bundestag ihre Schriften samt denen Heines. Den Vorwand hierfür lieferte Wolfgang Menzel, ein burschenschaftlicher nationalistischer Redakteur, ursprünglich selber oppositionell, der die Genannten öffentlich anschwärzte.

Teilweise gegen Goethe, den sogenannten Fürstendiener, vor allem aber gegen die Romantik gewandt, verkünden die Jungdeutschen den Beginn einer neuen Epoche, in der die Kunst bewusst politisch sein wird. Als Junge verstehen sie sich, weil sie sich politisch und moralisch gegen das „Ancien régime" (alte Fürstenherrschaft) und darüber hinaus gegen alle überkommene Autorität wenden; sie sind gegen das Erstarrte und für die Bewegung. Politisch kämpfen sie gegen Kleinstaaterei und für eine Verfassung, vor allem aber gegen die Zensur, moralisch für die Befreiung der Sinnlichkeit und für das Recht auch der Frauen auf Bildung und Selbstständigkeit. Wie die Aufklärung, deren Religionskritik sie weiterführen, erwarten sie allmähliche Reformen durch die freie Diskussion, in der sich die Vernunft schließlich durchsetzen wird. Ihren Gegnern, wie z.B. Menzel, gelten sie als unsittliche, undeutsche Franzosenfreunde. Da sie politische Breitenwirkung anstreben, verstehen sie sich nicht als Dichter, sondern als Schriftsteller; während sie die Leser unterhalten, indem sie auf geistreiche Weise die persönlichen Eindrücke und Gefühle mitteilen, die das gesellschaftliche Leben ihnen vermittelt, richten sie Pfeile ironischer und satirischer Kritik gegen die Autoritäten.

Vormärz im engeren Sinn

Der gebildete, spätromantisch gesinnte Friedrich Wilhelm IV., der 1840 den preußischen Thron bestieg, erweckte zunächst Hoffnungen auf größere Liberalität, die er dann umso schlimmer enttäuschte. Zugleich waren die politischen Ansprüche des erstarkten gehobenen Bürgertums gewachsen, während das verarmende Kleinbürgertum und die Handwerker und Arbeiter unüberhörbar ihre sozialen Forderungen anmeldeten. Teils radikalisierte sich die Opposition daher ab 1840 (Ferdinand Freiligrath, Robert Eduard Prutz), teils traten neue, entschlossene Gestalten in den Vordergrund (Georg Herwegh, Georg Weerth). Die Linkshegelianer sowie Karl Marx und Friedrich Engels begannen ihren philosophischen Angriff.

Zu Georg Weerth und Georg Herwegh siehe S.159.

Die neue Opposition will nicht mehr einzelne politische Institutionen, sondern die gesamte Gesellschaftsordnung ändern, zum Teil auch bald im sozialistischen Sinn, sie will nicht witzig die Klingen kreuzen mit der Zensur, sondern offen für die Revolution eintreten – die große Französische Revolution ist das vieldiskutierte Lernmodell –; man will nicht mehr unterhaltsamer Schriftsteller sein, nicht mehr von sich selber reden, sondern parteilich und theoriebewusst agitieren. Die Religionskritik verschärft sich, sie erhält jetzt eine praktische, gegen das Bündnis von Thron und Altar gerichtete Spitze. So entstehen revolutionäre Aufrufe, häufig in Liedform, politisch-philosophische Abhandlungen sowie Satiren auf den opportunistischen, knechtseligen „deutschen Michel".

Das auffälligste Attribut des „deutschen Michel" ist seine Schlaf- bzw. Zipfelmütze.

Unterschiede zwischen den deutschsprachigen Literaturen

In den deutschsprachigen Gebieten gab es schon immer literarische Zentren mit jeweils charakteristischer literarischer Produktion. Auch Reformation und Gegenreformation führten zu unterschiedlichen Literaturgebieten. Doch erst in der ersten Hälfte des 19. Jhs. kommt es zur bewussten Ausprägung einer eigenständigen österreichischen und Schweizer Literatur. Das hängt, grob gesagt, mit dem wachsenden nationalstaatlichen Denken zusammen, das auch politisch befestigt wurde. Die Eidgenossen hatten sich zwar schon 1499 endgültig vom Deutschen Reich gelöst, befestigten ihren besonderen Status aber durch die absolute Neutralität, die ihnen vom Wiener Kongress 1815 zugesprochen wurde. Was Österreich betrifft, so begann sich nun der Sieg Preußens im Kampf der beiden Länder um die Führung im Deutschen Reich abzuzeichnen.

Unter diesen Voraussetzungen wurde man eigener Traditionen bewusst und pflegte sie. Dass man in der Mundart redet und in der Schriftsprache schreibt, ist zwar auch den Deutschen nicht unbekannt, wird aber von den österreichischen Autoren und vor allem von denen der Schweiz häufiger als Problem empfunden.

Die kulturelle Gemeinsamkeit bleibt dessen ungeachtet bestehen, obwohl sie für die neutrale Schweiz aufgrund der Weltkriege und des Nationalsozialismus in Frage gestellt wurde. Das liegt grundsätzlich wohl daran, dass der deutsche literarische Markt die Grundlage eines gemeinsamen geistigen Raums bildet und dass die deutsche Klassik und Romantik auch für die Gebildeten in der Schweiz und wohl noch mehr in Österreich bis ins 20. Jahrhundert hinein einen gültigen Wertmaßstab darstellen.

Schweizer Literatur

Die Schweiz wurde 1803 ein von Napoleon als Bundesstaat eingerichteter Vasall Frankreichs. Nach Napoleons Niederlage wurde sie 1815 ein Staatenbund, in dem die alte Herrschaft des Stadtpatriziats über die Landgemeinden wiederhergestellt wurde (die Schweizer Form der Restauration). Doch ein zunehmender patriotischer Liberalismus, genährt auch von deutschen Emigranten wie Heinrich Zschokke, zwang die Konservativen in den dreißiger Jahren zum Rückzug, der 1847 mit der Niederlage eines Bündnisses von 7 katholisch-konservativen Kantonen im sogenannten Sonderbundskrieg besiegelt wurde. Die Schweiz wurde wieder ein Bundesstaat.

Ebenso wie im deutschen Biedermeier entsteht auch in der Schweizer Literatur das Ideal bescheidener Idylle; es bilden sich patriotische Gesellschaften nach dem Vorbild etwa der deutschen Burschenschaften, aber ohne die chauvinistisch-imperialen Züge, die teilweise in Deutschland auftreten. Liberale Reformen gegen die ländliche Massenarmut werden vom Dorf her gedacht, so wenn Zschokke im ‚Goldmacherdorf' (1817) den aus französischen Kriegsdiensten heimgekehrten Sohn des Schulmeisters das Dorf im Sinn der Aufklärung reformieren lässt. Zschokke greift damit das alte Problem der Auswanderung aus dem unfruchtbaren Agrarstaat auf und schafft den Typ des Heimkehrers, an dem die Schweizer Literaten auch später noch die Probleme ihres Landes diskutieren werden. An diese Figur heftet sich der Wunsch, zwar die provinzielle Enge verlassen, dann aber doch wieder zur Insel des Friedens zurückkehren zu können (als welche die Schweiz nicht nur den Eidgenossen seit der Mitte des 19. Jhs. erscheint) und schließlich das Leiden an Armut und Provinzialität durch Reformen aus dem Geist einer maßvollen, kompromiss- und gesprächsbereiten Aufklärung zu überwinden.

Der erste bedeutende Schweizer Autor in diesem Sinn ist Jeremias Gotthelf, eigtl. Albert Bitzius. Der protestantische Pfarrer aus einer Berner Patrizierfamilie wollte Volksaufklärung durch patriarchalische Fürsorglichkeit im Sinne eines gebildeten Patriziats, das auch die Führungsrolle im Staat haben sollte. Die liberale Bewegung, die er zunächst unterstützte, ging ihm in ihren Gleichheitsbestrebungen schließlich zu weit, so dass er sich auf die Literatur konzentrierte. Seine Dorfromane verbinden Freude an der Idylle mit Kritik an der Rückständigkeit, Erbaulichkeit mit schonungslosem Realismus, versöhnlichen mit sarkastischem Humor. Eine Generation jünger als Gotthelf ist der zweite Gründer der eigentlichen Schweizer Literatur, Gottfried Keller.

Marginalien:

Bei Heinrich Zschokke hielt sich der junge Heinrich von Kleist im Frühjahr 1802 auf und begann dort die Arbeit an seinem Lustspiel ‚Der zerbrochne Krug'.

Zu Jeremias Gotthelf siehe S. 149.

Zu Gottfried Keller siehe S. 175 f.

Österreichische Literatur

Der von der Habsburgermonarchie kontrollierte Staatskatholizismus war das kulturelle, die Verfügung über einen umfangreichen Beamtenapparat war das praktische der beiden Bänder, die den umfangreichen Vielvölkerstaat der Habsburger zusammenhielten. Die von der Kaiserin Maria Theresia und ihrem Sohn eingeleiteten Reformen sorgten dafür, dass es im Beamtenapparat auch liberale Tendenzen gab. Dass der Kaiser nach der Restaurationszeit und der Niederschlagung der Revolution von 1848 schließlich ein Parlament mit liberaler Mehrheit akzeptierte, hatte zwar vor allem politisch-ökonomische Ursachen, der Kaiser knüpfte damit aber auch an die reformabsolutistische Tradition an.

Für die österreichische Mentalität werden neben dem Katholizismus aristokratisch-höfische Züge entscheidend: Ehrenkodex, Zeremoniell, Rang und Titel, Esprit und Geschmack, aber auch – zumindest als moralische Forderung – ein besonderes Treueverhältnis zwischen dem fürsorglichen Herrn und seinem Diener. Die Mitgift der Bürokratie – langer Distanzenweg und Vorschriftsgläubigkeit – kann so durch Titel und Beziehungen unschädlich gemacht werden. Neben dem aristokratisch-bürokratischen Erbe bleiben aber Züge des pflichtbewussten liberalen Beamten bestehen.

Ein ambivalenter Kommentator des aristokratisch-bürokratischen Systems war Franz Grillparzer, der gerade mit seiner Ambivalenz die typisch österreichische Literatur begründete. Er schildert sowohl die hingebungsvolle Treue des Beamten wie seine Zaghaftigkeit und seine Angst vor dem Verlust höherer Gunst. Einerseits antiklerikal-freiheitlich gesinnt, hält er anderseits ehrfürchtig an dynastischer Ordnung fest und beruft die Fürsorglichkeit der Habsburger, denen der beginnende Nationalismus fremd ist.

Zu Grillparzer siehe S. 154.

Zu Nestroy siehe S. 151.

Zu Hofmannsthal siehe S. 202 f.

Zu Kafka siehe S. 225 f.

Die österreichische Literatur wird von nun an zwischen Idealisierung und Ironisierung dieser Situation schwanken. Hugo von Hofmannsthal z. B. wird das Herr-Diener-Verhältnis idealisieren, Franz Kafka dem Schlendrian und der Autoritätshörigkeit der Bürokratie eine geradezu metaphysische Macht verleihen. Aus der Ironie wird leicht eine Selbstironie, die alles verspottet, auch den Spötter selbst; so kann sie jegliche Autorität zu verspotten, ohne von der Autorität ernst genommen werden zu müssen. Dafür steht exemplarisch Johann Nestroy. Nach dem Zusammenbruch der höfisch-aristokratischen Strukturen am Ende des Ersten Weltkriegs blieb nichts mehr übrig, was sich idealisieren ließ, und die Literatur verfällt seitdem in eine bittere, immer weniger durch Selbstironie gemilderte österreichische Selbstkritik.

Philosophische Grundlagen

Den größten Einfluss auf die Literatur nicht nur dieser Epoche, sondern des ganzen 19. Jahrhunderts übt *Georg Wilhelm Friedrich Hegel* mit seinem aus romantischem Denken stammenden System. Seine Hauptwerke sind die ‚Phänomenologie des Geistes‘ (1807), die ‚Wissenschaft der Logik‘ (1812) und die ‚Enzyklopädie der philosophischen Wissenschaften‘ (1817). Hegel versteht die gesamte Welt als geschichtlichen Prozess; diesen bezieht er ins begrifflich-systematische Denken ein, aber so, dass das Denken selbst wiederum zu etwas geschichtlich sich Entwickelndem wird.

Zu verstehen ist dies folgendermaßen: Gehen wir auf unsere Selbsterfahrung zurück. Körperlich bin ich morgen ein anderer als heute, aber geistig weiß ich mich morgen noch als genau derselbe. Irgendwie müssen sich in mir also zwei Gegensätze miteinander verbinden, die einander eigentlich ausschließen, nämlich die körperliche Veränderung und die geistige Identität. Nun ist die Identität nur ein leeres Wort, wird sie nicht gefüllt mit den konkreten Erfahrungen, die ich in der sich verändernden Welt der Körper mache. Diese Erfahrungen wiederum hängen als die meinigen nur im Geist zusammen, das heißt: nur im Bewusstsein meiner Identität. Die beiden einander ausschließenden Gegensätze sind also zugleich aufeinander angewiesen.

Dieser eigenartige Widerspruch, der sich logisch abstrakt nicht lösen lässt, hebt sich praktisch auf im Laufe meiner Entwicklung. Die leere, erfahrungslose Identität, als welche ich auf die Welt komme, füllt sich allmählich mit Erfahrungen und nimmt diese auch als die ihren wahr; damit kommt das Bewusstsein überhaupt erst zum Bewusstsein seiner selbst. Im Leben steigert sich also das Bewusstsein zum Bewusstsein seiner selbst, zugleich wird es überhaupt erst existent in der Körperwelt, es kommt erst hier zur körperlichen Erscheinung.

Hegel verallgemeinert diese Deutung einzelmenschlicher Entwicklung zu einem abstrakten Schema von Gegensätzen, die einander ausschließen und zugleich aufeinander angewiesen sind (These und Antithese). Beide gelangen zur Synthese im geschichtlichen Werden, das eine stufenweise Steigerung von Gegensätzen und Synthesen darstellt. Die Lehre von dieser Entwicklung ist die Dialektik. Das hier beschriebene Schema legt Hegel der Welt in ihrer Gesamtheit zugrunde. Demnach gibt es einen Weltgeist – Hegel nennt ihn auch Gott –, der sich zur Welt verhält wie mein Bewusstsein zu meinem Körper. Der Weltgeist, der als leere Identität am Beginn der Geschichte liegt, verwirklicht sich so im geschichtlichen Werden und erkennt sich als er selbst.

Von hier aus antwortet Hegel auf die Frage nach dem Verhältnis von Freiheit und Notwendigkeit. Unfrei bin ich, sofern ich persönliche Ziele verfolge, denn mein Handeln, ob ich es weiß und will oder nicht, dient letztlich nur dem allgemeinen Gang der Geschichte. Sofern sich darin aber der Geist verwirklicht, an dem ich als Geistwesen Anteil habe, dient mein Handeln auch meiner Selbstverwirklichung, werde ich freier.

Einige Schüler Hegels, die sogenannten *Rechtshegelianer*, ziehen daraus den Schluss, dass der Einzelne sich dem Staat als der höheren Erscheinungsform des sich verwirklichenden Geistes unbedingt unterordnen müsse. Dies entspricht der konservativen Haltung des Biedermeier. Anders die sogenannten *Linkshegelianer*, die der vormärzlichen Tendenz zugehören. Sie sind erstens nicht davon überzeugt, dass die geschichtliche Entwicklung bereits im bestehenden Staat ihr Ziel erreicht hat, und sie gehen zweitens davon aus, dass nicht der Geist dem einzelnen Menschen wie der materiellen Welt zugrunde liegt, sondern die sinnlichen, materiellen Bedürfnisse. Daher suchen sie Hegels Begriff des Geistes bzw. Gottes und dessen Verbindung mit dem Staat durch Begriffs- und Religionskritik aufzulösen. So vor allem *Ludwig Feuerbach*, der die Religionen als fantasierte Befriedigungen unerfüllter menschlicher Wünsche erklärt. *David Friedrich Strauß* führt die aufklärerische Bibelkritik fort und bezeichnet einen großen Teil des christlichen Dogmas als Mythos und Allegorie.

Die linkshegelianische Kritik entnimmt manche Anregung dem Denken des französischen Frühsozialisten *Claude-Henri de Saint-Simon*. Vor allem seine Fortschrittsüberzeugung, seine Forderung nach Befreiung der Sinnlichkeit, der Gedanke der Frauenemanzipation sowie seine Utopie einer brüderlich geeinten Weltgesellschaft sind hier zu erwähnen.

Karl Marx und *Friedrich Engels*, die radikalsten Denker des Vormärz, verbinden Hegels historische Dialektik mit der Bestimmung des Menschen als eines Naturwesens, das durch seine körperlich-materiellen Bedürfnisse angetrieben wird und so denkt, wie es seinen Interessen entspricht. Nicht die Verwirklichung des Geistes bestimmt dann die Geschichte, sondern die immer umfassendere Organisation der Arbeit; ihr entsprechend wandelt sich auch die Organisation politischer Herrschaft. Diese Entwicklung spitzt sich zu auf den modernen Gegensatz zwischen der Kapitalistenklasse, welche die Produktionsmittel besitzt, und der Arbeiterklasse, die nur ihre Arbeitskraft besitzt. Wenn die Arbeiterklasse nicht mehr nur arbeitet, sondern auch die Kontrolle über die Produktionsmittel übernimmt, dann ist die Ausbeutung der Arbeitenden durch die Besitzer der Produktionsmittel zu Ende, somit die Ausbeutung arbeitender Menschen überhaupt. Und erst dann werden die Menschen frei, ihre Geschichte bewusst und selbstständig zu machen (analog zum Selbstbewusstsein des Geistes bei Hegel). Denn bislang reagierten sie immer nur blind auf die strukturellen Zwänge, die durch die Entwicklung der Arbeitstechniken hervorgerufen wurden. Gelingt der Arbeiterklasse die Machtübernahme nicht, so ist eine Zukunft der Barbarei zu erwarten.

> Karl Marx und Friedrich Engels verfassten gemeinsam 1847 ‚Das Kommunistische Manifest‘.

LITERARISCHES LEBEN

Zeitschriften und freie Schriftsteller

Das Bildungswesen wird verbessert, das Analphabetentum geht stark zurück; ein größeres Publikum will sich nun informieren und ablenken. Dem kommen Leihbibliotheken entgegen, große Lexika (Brockhaus, Meyer, Welcker), vor allem aber Zeitschriften. Neue Erfindungen wie die Schnelldruckpresse ermöglichen es, diese rasch und in hoher Auflage herzustellen. Viele Schriftsteller arbeiten als Redakteure und spezialisieren sich auf Prosagattungen (Erzählungen, Reiseberichte, Fortsetzungsromane), die bei ihrem Publikum ankommen. Zu den wichtigsten Zeitschriften gehören die Augsburger ‚Allgemeine Zeitung‘, das ‚Morgenblatt für gebildete Stände‘ (Redakteur: Wolfgang Menzel), ‚Europa. Chronik der gebildeten Welt‘ und der ‚Telegraph für Deutschland‘ (Redaktion: Karl Gutzkow). Der früher noch seltene freie Schriftsteller, der vor allem von seiner literarischen Produktion lebt, wird nun zu einer verbreiteten Erscheinung.

> Dem gegenüber war im 18. Jahrhundert das Lesen auf eine schmale adlige und bürgerliche Schicht beschränkt.
>
> Ende 18. Jahrhundert war Lessing noch mit dem Versuch gescheitert, als freier Schriftsteller zu leben.

Zensur

Eine rigorose Zensur sorgt allerdings dafür, dass solche Freiheit oft zur Vogelfreiheit wird. Zeitschriften, die sich nicht völlig anpassen, haben nur ein kurzes Leben. Umfangreichere Schriften, die naturgemäß nicht so häufig gelesen werden, sind immerhin von der Vorzensur ausgenommen. Oppositionelle Autoren, deren Zeitschriftenbeiträge immer wieder abgesetzt oder verstümmelt werden, veröffentlichen daher auch kürzere Texte in Buchform oder schreiben Jahrbücher (,Hallische Jahrbücher' der Linkshegelianer, ,Rheinische Jahrbücher' der Kommunisten).

Almanach und Feuilleton

Almanach (auch: Jahrbuch) bezeichnet eine periodisch, meist einmal im Jahr erscheinende Schrift.

Als **Feuilleton** (franz. = Blättchen) wird meist die journalistische Auseinandersetzung mit kulturellen Themen bezeichnet.

Die erzwungene politische Enthaltsamkeit begünstigt eine unpolitisch-sentimentale Geselligkeit. Man schreibt einander Verse in Stammbücher und Poesiealben, trifft sich in poetischen Lesezirkeln oder den nun entstehenden Caféhäusern und konsumiert die zahlreichen Taschenbücher und Almanache. Sie enthalten vor allem kürzere Erzählungen, durchgehend Massenware. Aber auch viele Erzählungen bedeutender spätromantischer und biedermeierlicher Autoren erscheinen auf diese Weise. Für eine kritische Öffentlichkeit hingegen schreiben die oppositionellen Autoren in den Feuilletons der Zeitschriften; dabei führen sie den politisch-literarischen Essay zu einer in Deutschland einmaligen Blüte.

Vereinzelung

Die biedermeierlichen Autoren ziehen sich häufig in ruhige Provinzorte zurück und bleiben während ihres Lebens recht unbekannt oder doch zumeist ziemlich erfolglos. Die oppositionellen Autoren dagegen treibt es in die großen Städte, sofern sie nicht ins Exil müssen. Sie suchen das Kreuzfeuer der öffentlichen Diskussion, die radikaleren unter ihnen arbeiten sogar mit politischen Gruppen zusammen. So vereinsamen die einen in der Provinz, aber auch die anderen, die aus äußeren und inneren Gründen oft ein gehetztes, unstetes Leben führen und nicht selten emigrieren müssen, erfahren sich als Ausgeschlossene.

Schwäbischer Dichterkreis

Das gilt weniger für den Schwäbischen Dichterkreis um Ludwig Uhland, Justinus Kerner und Gustav Schwab, der stark biedermeierlich geprägt ist. (Ihm nahe steht Wilhelm Hauff; Eduard Mörike und Nikolaus Lenau haben entferntere Beziehungen zu ihm.) Er nimmt eine gewisse Sonderstellung in der Epoche ein. Starke romantische Anregungen (Volksliedton, Aufwertung des Mittelalters, Fantastik) führen zur Beschäftigung mit Volksglauben und -sagen Schwabens und verbinden sich mit altwürttembergischem Selbstbewusstsein zum Lob eines hohenstaufischen und zugleich bürgerlichen Mittelalters, in dem noch Tatkraft, Treue und Recht sowie bürgerliches und nationales Selbstbewusstsein geherrscht haben sollen. Die Autoren sind gemäßigt liberal. Uhland, Abgeordneter im württembergischen Landtag, erarbeitet sich ein wissenschaftlich fundiertes Mittelalterbild. Schließlich siegt auch hier biedermeierliche Resignation.

THEORIE UND FORMEN DER LITERATUR

Kleine Formen reflektierender Beschreibung

Die Veränderungen, die sich vollziehen oder ankündigen, sind noch nicht im Zusammenhang erfassbar. Darum hält man sich biedermeierlich an den überschaubaren Ausschnitt, in dem die alte Ordnung noch herrscht, vormärzlich an den Ausschnitt, den man aufgrund eigener Zeugenschaft beschreiben kann. Biedermeierlich schwankend zwischen Schwermut und lächelndem Blick aufs Anekdotische ist die von Stifter herausgegebene Sammlung ‚Wien und die Wiener in Bildern aus dem Leben‘ (1844), vormärzliche Parodie und Satire kennzeichnen ‚Berlin wie es ist – und trinkt‘ von Adolf Glaßbrenner (1832–1850) und Georg Weerths ‚Humoristische Skizzen aus dem deutschen Handelsleben‘ (1845–1848). Dem entspricht die Vorliebe für kleine Formen der Beschreibung und Reflexion wie Skizzen und Stimmungsbilder.

Dem größeren Zusammenhang nähert man sich dann an, indem man die kleinen Formen reiht, etwa in Reisebildern oder in einer Reihe von Briefen. Im Pariser Exil schreibt Ludwig Börne ‚Briefe aus Paris‘ (1830/34) und Heinrich Heine ‚Lutetia. Berichte über Politik, Kunst- und Volksleben‘ (1840/43 als Zeitungsartikel, 1854 in Buchform). Karl Immermann schreibt ‚Das Reisejournal‘ (1833) und Heinrich Heine mischt Prosa mit Gedichten in seinen ‚Reisebildern‘ (1826/31). Hermann Ludwig von Pückler-Muskau verbindet Briefe mit Reisebildern in ‚Briefe eines Verstorbenen. Ein fragmentarisches Tagebuch aus Deutschland, Holland und England‘ (1830).

Dorfgeschichte

Während man sich durch die Lektüre von Reiseberichten aus der Enge unselbstständigen Lebens hinausführen lässt, sei es auch nur, um sie desto schmerzlicher und kritischer zu empfinden, sucht man sich zugleich vor der Ungewissheit des Kommenden in einen noch engeren, aber auch sichereren Raum zurückzuziehen, ins Dorf. Darum liest man in Deutschland wie in der Schweiz gleichermaßen Dorfgeschichten. Die Dorfgeschichte, in Roman- oder Novellenform geschrieben, kann unterschiedliche Tendenzen aufnehmen. Auf der einen Seite steht der Schwarzwälder Berthold Auerbach, der das Landleben zwar sentimental und idyllisierend beschreibt, als Liberaler aber zugleich hofft, die Spannungen zwischen Stadt und Land ließen sich durch allmählichen Bildungsfortschritt überwinden (‚Schwarzwälder Dorfgeschichten‘, Erzählungen, 1934/54). Auf der anderen Seite steht Jeremias Gotthelf, der in erzieherischen Romanen den Bauern Lebenshilfe zu geben und zugleich die alte sittliche Ordnung zu bewahren sucht (‚Wie Uli der Knecht glücklich wird‘, 1841). Im ‚Oberhof‘ (aus dem Roman ‚Münchhausen‘, 1838/39) beschreibt Karl Immermann das Dorf als Rückzugsort, der frei von Adelsherrschaft, noch unberührt von der Industrialisierung, aber auch im Althergebrachten erstarrt ist.

Novelle und Märchen

Zum Märchen
in der Romantik
siehe S.127.

Das Märchen muss den romantischen Anspruch aufgeben, die tatsächliche Verwandlung der Wirklichkeit durch die Fantasie darzustellen. Es wird unterhaltend und belehrend, so bei Wilhelm Hauff (,Der Zwerg Nase‘, ‚Die Geschichte vom Kalif Storch‘, ‚Das kalte Herz‘, erschienen in den ‚Märchenalmanachen‘ von 1826 und 1827). Im ‚Stuttgarter Hutzelmännlein‘ (1853) nimmt Eduard Mörike dem Bedrohlichen die Spitze durch Humor und eine volkstümlich-gemütliche Erzählweise. Heinrich Heine parodiert das Märchen mit seiner Verserzählung ‚Deutschland. Ein Wintermärchen‘ (1844).

Während die Märchentradition sich allmählich auflöst, gewinnt die Novelle zunehmend an Bedeutung. Hier verlagert sich das Interesse vom zentralen Konflikt selbst hin zu seinen psychischen und moralischen Folgen im Innern des Helden und in dessen Verhältnis zur Umwelt. Das gilt für alle bedeutenden Novellen der Epoche, also für Georg Büchners ‚Lenz‘ (1839), Annette von Droste-Hülshoffs ‚Judenbuche‘ (1842), Franz Grillparzers ‚Der arme Spielmann‘ (1847), Eduard Mörikes ‚Mozart auf der Reise nach Prag‘ (1855) sowie für die Novellen, die Adalbert Stifter in ‚Studien‘ (1844/50) und den ‚Bunten Steinen‘ (1853) gesammelt hat. Solches Interesse verlangt eine umfangreichere Beschreibung, nicht zuletzt eine getreue Schilderung der Umwelt; reflektierende und belehrende Kommentare werden eingeschoben. Daher schwellen manche zeitgenössischen Novellen bis zur Romangröße an.

Zeitroman

Die Romane bilden unterschiedliche Formen aus, sind aber vor allem in Hinblick auf die aktuellen Probleme der Zeit geschrieben. Das zeigt sich besonders deutlich am Frauenroman, der die jungdeutsche Emanzipationsthematik behandelt und auch teils von Frauen verfasst wird. Hierzu gehören Theodor Mundts ‚Madonna. Unterhaltungen mit einer Heiligen‘ (1835), Karl Gutzkows ‚Wally, die Zweiflerin‘ (1835), Fanny Lewalds ‚Jenny‘ (1843) und von einer konservativen Position aus, die Fanny Lewald zur Parodie reizte, Ida von Hahn-Hahns ‚Gräfin Faustine‘ (1841). Es gilt aber auch für den historischen Roman, der geschichtliche Ereignisse beschreibt, jedoch mit bewusster aktueller Wertung, sei sie konservativ wie bei Stifter (,Witiko‘, 1865/67) oder liberal wie in den Romanen von Willibald Alexis (eigentlich Wilhelm Häring) ‚Die Hosen des Herrn von Bredow‘ (1846) und ‚Ruhe ist die erste Bürgerpflicht‘ (1852). Auf die aktuellen Probleme bezogen sind schließlich auch der Dorfroman, der aus dem Gegensatz zwischen Stadt und Land lebt, und sein Gegenstück, der Abenteuerroman, der die Demokratie oder das Pionierleben in Amerika als Erholung für die „Europamüden“ verschreibt (Charles Sealsfield, eigentlich Carl Postl, ‚Das Kajütenbuch, 1841). Der Künstlerroman (Eduard Mörike ‚Maler Nolten‘, 1832), sofern er noch weitergeführt wird, lehrt nun biedermeierlich die Notwendigkeit, sich an die bestehende gesellschaftliche Ordnung anzupassen.

Zum Dorfroman
siehe S.149.

Historisches Drama

Das Drama stellt zumeist Vergangenes dar, vor allem Epochenübergänge, um so in einem Gegenbild die verwirrende Gegenwart zu erhellen: Die strenge, aber verlässliche alte Ordnung scheint unterzugehen, ohne dass immer deutlich wird, ob die neue Epoche dem Einzelnen mehr Freiheit gewährt. Die Geschichte wird zu einer unpersönlichen Macht, die über den Einzelnen hinweggeht. Bei Franz Grillparzer (,König Ottokars Glück und Ende‘, 1825) bewährt sich immerhin die Rechtstreue des Habsburger Kaisers, bei Friedrich Hebbel (,Agnes Bernauer‘, 1852) rechtfertigt die Erhaltung der alten Ordnung sogar die Ermordung einer Unschuldigen, bei Georg Büchner (‚Dantons Tod‘, 1835) enthüllt sich im Zwist der Revolutionäre die Sinnlosigkeit der Geschichte, bei Dietrich Grabbe (‚Napoleon oder Die hundert Tage‘, 1831) wird Geschichte zu einem grotesken Spiel.

Volksstück

Sehr beliebt waren die unterhaltenden, oft mit improvisierten Einlagen versehenen komischen Volksstücke, die in Vorstadttheatern und Gasthäusern aufgeführt wurden. Von einigen Berliner Revolutionskomödien abgesehen, die nur kurze Zeit gespielt werden konnten, war die Gattung biedermeierlich. Ihre Blüte erlebte sie in Wien. Hier sollte sie die unteren Schichten eine fromme, staatstreue Moral lehren und ihnen eine heitere, verzauberte Illusionswelt vorspiegeln. Ferdinand Raimund fügt realistische Elemente ein und vertieft die Gattung, indem er die Zufriedenheitsmoral durch eine untergründige Schwermut Lügen straft (‚Der Diamant des Geisterkönigs‘, 1824; ‚Das Mädchen aus der Feenwelt oder Der Bauer als Millionär‘, 1826; ‚Der Alpenkönig und der Menschenfeind‘, 1828). Johann Nestroy, dessen Stücke in einem realistisch gesehenen Kleinbürgermilieu spielen, wandelt das Volksstück in eine allseitige, melancholische Satire um, in welcher der virtuose, alles zerstörende Sprachwitz dazu tendiert, sich selber zu genügen (‚Der böse Geist Lumpazivagabundus oder Das liederliche Kleeblatt‘, 1833; ‚Zu ebener Erde und im ersten Stock oder Die Launen des Glücks‘, 1835; ‚Einen Jux will er sich machen‘, 1842).

Lyrik

Die liedhafte Lyrik entwickelt sehr unterschiedliche Formen. Die Autoren des Vormärz schreiben politisch-satirische Gedichte und revolutionäre Kampflieder (Anastasius Grün, eigentlich Anton A. von Auersperg, ‚Spaziergänge eines Wiener Poeten‘, 1831; August H. Hoffmann von Fallersleben ‚Unpolitische Lieder‘, 1840/41; Georg Herwegh ‚Gedichte eines Lebendigen‘, 1841–43; Ferdinand Freiligrath ‚Ça ira‘, 1846). Autoren des Biedermeier schreiben Gedichte, in denen das Gefühl romantischer All-Einheit durch schwermütige Selbstreflexion gebrochen wird (Annette von Droste-Hülshoff ‚Gedichte‘, 1844; Eduard Mörike ‚Gedichte‘, 1836; Nikolaus Lenau ‚Gedichte‘, 1832). Heinrich Heine (‚Das Buch der Lieder‘, 1827 und ‚Romanzero‘, 1851) zerstört systematisch romantisches Einheitsgefühl, pflegt sentimentale Klage und ironisiert sie wieder. Weiterhin entstehen Gedichte, deren virtuose Formenstrenge jenen Halt vermitteln soll, den die Dichter in den alten Weltordnungen nicht mehr finden (August von Platen-Hallermünde ‚Sonette aus Venedig‘, 1825; Friedrich Rückerts Gedichte in ‚Die Weisheit des Brahmanen‘, 1836/39).

Im Versepos ruft man eine verlorene Idylle zurück, auch dort noch, wo diese Form parodiert wird wie in Heines ‚Wintermärchen‘. Allerdings lässt gerade Mörikes ‚Idylle vom Bodensee‘ (1846) auch die Grausamkeit des Krieges ahnen. Die Ballade wird breiter erzählend, eher bürgerlich-moralisch als heroisch. So vor allem bei Ludwig Uhland: ‚Die Rache‘ (1810), ‚Des Sängers Fluch‘ (1814), ‚Bertrand de Born‘ (1831), ‚Das Glück von Edenhall‘ (1834). Annette von Droste-Hülshoff schreibt Erbauliches (‚Die Vergeltung‘, 1844), führt aber auch das Naturmagische der Ballade weiter, allerdings so, dass sie das Naturmagische psychologisch auflöst und ihm letztlich die Macht nimmt (‚Der Knabe im Moor‘, 1844). Heines ‚Romanzero‘ parodiert Romanzen (eine der Ballade verwandte Gattung).

AUTOREN

Ein Vorläufer des Biedermeier: Hebel

Johann Peter Hebel (1760–1826)

Die Kalendergeschichte erlebt ihre Blüte in der ersten Hälfte des 19. Jahrhunderts. Sie wird dann im 20. Jahrhundert von Autoren wie Bertolt Brecht und Oskar Maria Graf wieder aufgegriffen.

Mit seinem ‚Schatzkästlein des rheinischen Hausfreundes‘ (1811) setzt der alemannische Geistliche und Gymnasiallehrer die alte Tradition der unterhaltsam-erbaulichen Kalendergeschichten fort. Dabei verbindet er die noch der Aufklärung verpflichtete Absicht, das einfache Volk zu Tugend und praktischer Vernunft zu erziehen, mit der Liebe zur dörflichen Idylle und der konservativen Moral, die dem Biedermeier eigen sind. Sein Sinn für das Lebenspraktische und auch für das Komische im Alltag lässt ihn Sentimentalität vermeiden und eine schlichte, kraftvolle Sprache finden.

Dramatiker: Büchner, Grabbe, Grillparzer, Hebbel

Georg Büchner (1813–1837)

Der hessische Arztsohn begann 1831 mit dem Studium der Medizin in Straßburg. Hier in Frankreich, wo die Erregung der Julirevolution noch nachklang, während schon der neue „vierte" Stand zu rebellieren begann, wurde er vom revolutionär-utopischen Kommunismus beeinflusst, der auf Babeuf zurückging, sowie von Saint-Simons Aufwertung der Sinnlichkeit. Büchner setzt sein Studium in Gießen fort, wo er eine revolutionäre Geheimgesellschaft nach französischem Vorbild organisierte und zusammen mit dem Rektor Friedrich Ludwig Weidig eine Flugschrift mit dem Titel ‚Der Hessische Landbote‘ (1834) verfasste, die zur Agitation unter den Bauern bestimmt war. Das Unternehmen wurde verraten; Büchner musste, allerdings erst sieben Monate später, nach Straßburg fliehen. Zu dieser Zeit war sein großes Revolutionsdrama ‚Dantons Tod‘ (1835) bereits fertig. Im selben Jahr begann seine Novelle ‚Lenz‘ in der von Gutzkow und Wienbarg geleiteten Zeitschrift ‚Deutsche Revue‘ zu erscheinen; diese wurde bald verboten, so dass der gesamte Text erst 1839 herauskam. 1836 schrieb Büchner die Komödie ‚Leonce und Lena‘ sowie das Fragment gebliebene Drama ‚Woyzeck‘, die beide zu seinen Lebzeiten weder gedruckt noch aufgeführt wurden. Er starb 1837 in Zürich, kurz nachdem er als Privatdozent mit anatomischen Vorlesungen begonnen hatte.

Büchners Geschichtsdrama mit seiner pessimistischen Geschichtsauffassung bildet einen radikalen Gegenentwurf zu den eher konventionellen Geschichtsdramen der Zeitgenossen Grillparzer und Hebbel.

Büchner erkennt als unausweichliche Gesetzmäßigkeit der Geschichte, dass einer Revolution der Armen gegen die Reichen, so wie er sie sich wünscht, Revolutionen des Bürgertums gegen den Adel vorausgehen, die allerdings nur eine Geldaristokratie an die Macht bringen. Hiervon handelt die Tragödie ‚Dantons Tod‘: Die Französische Revolution hat das Schicksal der Armen nicht gebessert. Danton bleibt dem gegenüber gleichgültig, findet in seinem Tun keinen Sinn und verfällt dem Lebensüberdruss. Der sittenstrenge und selbstgerechte Robespierre benutzt die Unzufriedenheit des Volkes nur, um weitere Hinrichtungen zu rechtfertigen. Die Geschichte geht über beide Männer hinweg; Robespierre wird seinem Opfer Danton bald nachsterben. Die irdischsinnliche Liebe der Frauen dagegen, die ihren Geliebten in den Tod folgen, weist in eine noch offene Zukunft, in der irdisches Glück, Genuss und Liebe, vielleicht möglich sein werden. Kurzszenen, die Bild an Bild reihen, und die Vielzahl der Gestalten verdeutlichen, dass der Einzelne und seine Lebensgeschichte nicht mehr im Zentrum stehen.

Dennoch bleibt das Seelenleben des Einzelnen wichtig, aber nicht dasjenige der großen Einzelnen, sondern das eines ‚Woyzeck‘, eines der Ärmsten der Armen, dem man nach fortwährenden Demütigungen auch seine Geliebte entreißt, weswegen er sie, dem Wahnsinn nahe, ermordet. Büchner analysiert hier die Psyche des Opfers, das, seiner Rechte noch nicht bewusst, in einer liebeleeren und darum sinnlosen Welt lebt.

Auch in der Novelle ‚Lenz' geht es um Liebesverlust und Sinnleere: Lenz, der Dichter der einfachen Menschen, verfällt allmählich dem Wahnsinn. Andeutungen lassen erkennen, dass er zuvor seine Geliebte verloren hat, wohl jene Friederike Brion, die der wirkliche Dichter des Sturm und Drang, Jakob Michael Reinhold Lenz, vergeblich umworben hatte.

Zu J. M. R. Lenz siehe S. 87.

Kein psychologisches Interesse hingegen darf die Hofgesellschaft beanspruchen, die historisch überlebt ist und vom wirklichen Leben, von den Sorgen der Armen entfernt ist. Ihr Dasein, so zeigt es ‚Leonce und Lena', gleicht einem possenhaften Spiel toter Marionetten. Ihr Bewusstsein ist leer, ihre Sprache spielt gleichsam mit sich selbst: Der Wortwitz verselbstständigt sich. Der Prinz, der sich der inneren Leere durchaus bewusst ist, spielt in einer Welt der Langeweile und Sinnlosigkeit mit den Schablonen empfindsamer Gefühle. Ihn spiegelt der Narr, der, weniger närrisch, das gleiche müßige Nichtstun mit animalischem Genießen füllt. Hier bewirkt die Liebe das Wunder, dem Prinzen Gefühle und Menschlichkeit zu verleihen. Liebe und Genuss, Prinz und Narr, verkünden schließlich das irdische Glück für alle: ewiges Hochzeitsfest und Schlaraffenland. Ein Spaß nur, entfernt vom steinigen Weg der Geschichte, und doch im Grunde sehr ernst gemeint.

Christian Dietrich Grabbe (1801–1836)

Der Sohn eines Detmolder Zuchthausverwalters erreichte trotz gewisser Erfolge nicht die gewünschte bedingungslose literarische Anerkennung. Seine Selbstüberhebung und eine unglückliche Ehe ließen ihn dem Alkohol verfallen. Grabbe schrieb zunächst das Drama ‚Herzog Theodor von Gothland' (1827), das den untergehenden Helden zeigt, dessen Größe nur mehr in einer ins Bombastische gesteigerten Verbrechernatur besteht, außerdem die Komödie ‚Scherz, Satire, Ironie und tiefere Bedeutung' (1827), welche romantische Ironie und Literatursatire zur Verspottung von Dichtung und Weltordnung überhaupt weiterführt, sowie die Tragödie ‚Don Juan und Faust' (1829), in der die zeittypische Zerrissenheit durch das erzwungene Beisammensein der beiden gegensätzlichen Gestalten ausgedrückt wird. Dann wandte Grabbe sich historischen Monumentaldramen zu: ‚Die Hohenstaufen' (1829/39), ‚Napoleon oder Die hundert Tage' (1831), ‚Hannibal' (1835), ‚Die Hermannsschlacht' (1838).

Der Dichtung Grabbes liegt das Gefühl einer sinnlosen und damit schaurig-komisch gewordenen, grotesken Welt zugrunde. Aus diesem Gefühl heraus äußern sich seine Helden zumeist blasphemisch oder menschenverachtend. Sie sind aber zugleich diejenigen, die aufgrund ihrer Tatkraft den anderen in der sinnlosen Welt immerhin ein Ziel vorschreiben.

In ‚Napoleon oder Die hundert Tage' erleben wir, wie ein solcher großer Einzelner am Zufall scheitert. Damit verliert auch das Volk seine Lebensperspektive, denn ohne die Führung durch den großen Einzelnen ist es nur verachtenswerter Pöbel. Als solcher zeigt es sich unter dem schwächlichen bourbonischen König, der ein krämerisches Geldbürgertum begünstigt. Es verdient erst Respekt, sobald es sich vom Helden zu einer soldatischen, untergangsbereiten Masse zusammenschweißen lässt. Diesen Respekt zollen breit ausgemalte Schlachtszenen dem französischen wie dem preußischen Heer. Aber die preußischen Soldaten sind nicht nur todesbereit, sondern auch von brüderlicher Gemeinsamkeit beseelt. Der Nationalismus verleiht Halt in einer ansonsten sinnleeren Welt.

Franz Grillparzer (1791–1872)

Grillparzer, der aus einer verarmten Wiener Rechtsanwaltsfamilie stammte, wuchs in der Atmosphäre eines kaisertreuen Liberalismus auf, der noch vom Reformwerk des aufgeklärten Kaisers Joseph II. geprägt war. Seinen ersten großen Erfolg errang er mit der Tragödie ‚Die Ahnfrau‘ (1817), die noch dem romantischen Schicksalsdrama zugehört. Aufgrund seines zweiten Stückes, ‚Sappho‘ (1818) – es zeigt, wie die berühmte griechische Dichterin Sappho daran zerbricht, dass hohe Kunst und ein bescheidenes irdisches Glück einander ausschließen – wurde Grillparzer zum Theaterdichter des Burgtheaters ernannt. Doch erst 1832, nach seiner Ernennung zum Direktor des Hofkammerarchivs, konnte er ein finanziell gesichertes Leben führen. Bis dahin schrieb er die Trilogie ‚Das goldene Vlies‘ (1821), eine Dramatisierung der Argonautensage, sowie die Tragödien ‚König Ottokars Glück und Ende‘ (1825) und ‚Ein treuer Diener seines Herrn‘ (1828), mit denen die Reihe seiner politisch-historischen Dramen beginnt. Etwa gleichzeitig entstanden ‚Des Meeres und der Liebe Wellen‘ (1831), ein lyrisches Drama, das die tragische Liebesgeschichte Heros und Leanders aufgreift, von welcher die griechische Sage berichtet, sowie ‚Der Traum ein Leben‘ (1834), ein dramatisches Märchen, das sich des barocken, vor allem in Spanien beliebten Nebeneinanders von Traum und Leben bedient, um in der Art der Volksstücke die Bescheidung mit dem stillen Biedermeierglück zu lehren. Das erste Stück, das Grillparzer nach der Ernennung zum Direktor schrieb, war die Komödie ‚Weh dem, der lügt‘ (1838). Sie wurde zum Misserfolg, woraufhin der Autor beschloss, künftig keine Stücke mehr zu veröffentlichen und frei von den Zwängen des Publikumserfolgs zu schreiben. Tatsächlich erschienen von den bedeutenden historischen Dramen ‚Ein Bruderzwist in Habsburg‘, ‚Libussa‘, ‚Die Jüdin von Toledo‘ zu Lebzeiten des Dichters nur Fragmente. Vollständig wurden sie erst in seinem Todesjahr veröffentlicht. Allein die Novelle ‚Der arme Spielmann‘ (1847) blieb von diesem Verdikt ausgenommen.

Im Mittelpunkt von Grillparzers Dichtung steht die Frage nach der moralischen Berechtigung des Handelns im persönlichen und politischen Bereich. Es darf nicht aus Eigennutz geschehen, sondern es muss selbstlos dem Erhalt der Ordnung dienen, hier der moralischen, dort der politischen. Im letzteren Fall ist die übernationale Einheit des Kaiserreichs gemeint. Ein allmählicher Fortschritt zur Humanität, den Grillparzer im Sinn der Klassik wünscht, ist ohne die Bewahrung der Ordnung nicht möglich. Da er die Rechtsordnung bewahrt, gehört dem ersten habsburgischen Kaiser auch zu Recht der Sieg über den Böhmenkönig (‚König Ottokars Glück und Ende‘), den Grillparzer mit Napoleon vergleicht.

Schuldfreies Handeln ist damit allerdings noch nicht erreicht. Sogar die Vertreter der habsburgischen Ordnung sind selbst oft schuldig (‚Die Jüdin von Toledo‘). Außerdem lehrt Grillparzers ernste Komödie ‚Weh dem, der lügt‘, dass zielbewusstes Handeln und völlige Aufrichtigkeit einander ausschließen. Und schließlich sind die Folgen politischen Handelns in den wirren Zeiten geschichtlichen Umbruchs unabsehbar; die Taten verselbstständigen sich, und keine Reue kann sie rückgängig machen. Kaiser Rudolf II. ist sich des vergeblichen Kampfes gegen die Zeit schmerzlich bewusst; darum zögert er zu handeln und wird gerade dadurch ähnlich schuldig wie sein Bruder, der voll tatendurstigen Eigennutzes nach der Krone greift und dann bereut (‚Ein Bruderzwist in Habsburg‘).

Vom guten Willen führt kein Weg zum schuldlosen Vollbringen. Solange die Menschen das nicht erkennen, ihr schuldhaftes Versagen nicht anerkennen, leben sie in der Illusion. Grillparzer benutzt die Mittel des spanischen Barockdramas, um zu zeigen, wie die Menschen von ihrer Täuschung geheilt werden können. Wer aber den Weg aus der reinen inneren Welt, in der nur das Schöne und Gute herrscht, nicht hinausfindet zum selbstständigen Handeln, der macht sich ebenfalls schuldig, wie wir am ‚Armen Spielmann‘ erkennen. Begehren gehört zum Wesen der Menschen; sie sind nicht gemacht, um nur in einer inneren Welt zu leben, ebenso wenig wie in Libussas matriarchalischer Welt des Friedens und der Eintracht, die der festen, richtenden Hand entbehrt, und auch nicht in der Welt der Priester, die jedes Begehren mit dem Tod bestrafen (,Hero und Leander').

Was schützt dann noch vor Sinn- und Ausweglosigkeit? Die Pflicht, auch wenn sie den Menschen schuldig werden lässt. Die Pflicht des Herrschers, die staatliche Ordnung durch Befehl und Richterspruch zu wahren, die Pflicht des Untertanen, sich ihr einzufügen und dem Herrscher treu zu dienen, auch wenn dieser fehlbar ist (,Ein treuer Diener seines Herrn').

Friedrich Hebbel (1813–1863)

Hebbel entstammt einer armen Handwerkerfamilie aus Dithmarschen, seinerzeit dänisch regiert. Unter großen Entbehrungen und mit der Hilfe von Gönnern gelang es ihm allmählich, sich als Schriftsteller durchzusetzen. Nach den beiden frühen Dramen ,Judith' (1840) und ,Genoveva' (1843) und der Komödie ,Der Diamant' (1847, entst. 1841) schrieb er in Paris, wo er von einem Reisestipendium des dänischen Königs lebte, das bürgerliche Trauerspiel ,Maria Magdalene' (1844). Obwohl er dadurch recht bekannt wurde, rettete ihn erst die 1846 geschlossene Ehe mit der Wiener Burgschauspielerin Christine Enghaus vor der Armut. Jetzt entstanden neben kleineren Werken seine großen historischen und historisch-mythischen Dramen ,Herodes und Mariamne' (1849), ,Agnes Bernauer' (1852), ,Gyges und sein Ring' (1856) und ,Die Nibelungen' (1861).

Hebbels Dramen zeigen den Menschen in einer geschichtlichen Krise, in der die geltenden Werte sich verändern. Der Verehrung einer heilig gehaltenen Ordnung steht die Berechnung persönlichen Nutzens entgegen, der gemeinsamen Unterordnung das Streben nach Besonderheit. Die alten wie die neuen Werte haben ihre relative Berechtigung: Die alte Ordnung ist vor dem Zerfall in persönliche Interessen zu bewahren, aber der berechtigte Wunsch des Einzelnen, sich in seiner Besonderheit zu behaupten, muss gegen die alte Ordnung durchgesetzt werden. Das ist in geschichtlichem Gewand auch der Gegensatz zwischen Vormärz und Biedermeier.

Hebbel deutet diesen Gegensatz mit Hilfe der Hegelschen Dialektik. Eine Vereinbarung der alten und der neuen Werte (eine Synthese im Sinne Hegels) ist vorerst nicht möglich. Eben dies muss aber derjenige leisten, der in einer sinnvollen Wertordnung leben will. Nur das Anerkennen dieser tragischen Ausweglosigkeit, die Bereitschaft, Schuld zu tragen und vielleicht sogar selbst unterzugehen, kann ihn vor Sinnlosigkeit retten. Solches Anerkennen hält zugleich die Möglichkeit einer künftigen Synthese offen.

Die Männer sind in Hebbels Dramen zumeist einseitige, starre oder berechnende Ausführende des geschichtlichen Wandels, die Frauen erleiden den Wertkonflikt passiv. Sofern man Hebbels Streben nach Synthese im Sinn der „Versöhnung" interpretiert, wie die Theoretiker des Realismus sie fordern, und das Schwergewicht nicht auf den historischen Wandel, sondern auf das Verhältnis von Mann und Frau legt, wird man Hebbel, wie ansonsten meist, der Periode des Realismus zurechnen.

Mit ,Maria Magdalene' behandelt das bürgerliche Trauerspiel zum ersten Mal einen rein innerbürgerlichen Konflikt. Die enge Welt des kleinen Zunfthandwerkers mit seinem starren, vom Gerede der anderen abhängigen Ehrbegriff, aber auch mit seinem Festhalten an Treu und Glauben wird durch geldgierige Berechnung zerstört. Klara, die ihrem eigenen Herzen folgen, selbstständig leben und dennoch dem geliebten Vater gehorchen will, wird zum Opfer des Vaters, der sie zur völligen Unterwerfung unter seinen Ehrbegriff erpresst, wie auch des geldgierigen Leonhard, der diesen Ehrbegriff raffiniert in seine Berechnung einbezieht.

Mit Hebbels ,Maria Magdalene' kommt das bürgerliche Trauerspiel, das in der Aufklärung entstanden ist, zu einem Ende. Familienkonflikte und Sozialkritik finden andere Ausdrucksformen. Zum bürgerlichen Trauerspiel siehe S. 65 f.

Die Bürgerstochter Agnes Bernauer wird allein deswegen, weil sie außergewöhnlich schön und tugendhaft zugleich ist, zerrieben zwischen den persönlichen Wünschen Herzog Albrechts und der Berechnung seines Vaters, Herzog Ernsts, der die alte Ordnung auch um den Preis eines Justizmordes und eines Krieges zu erhalten sucht.

Prosa und Lyrik des Biedermeier: Stifter, Mörike, Droste-Hülshoff

Adalbert Stifter (1805–1868)

Der Sohn eines bäuerlichen Händlers aus Südböhmen studierte in Wien Jura und nebenbei Naturwissenschaften. 1837 heiratete er, ohne sein Studium beendet zu haben, und lebte mühsam von Privatunterricht. Mit der 1840 erschienenen Erzählung ,Der Condor' gewann Stifter erste Anerkennung. In rascher Folge schrieb er weitere Erzählungen und Novellen, die, teilweise stark überarbeitet, mitsamt der ersten in den ,Studien' (1844/50) gesammelt wurden (u.a. ,Die Mappe meines Urgroßvaters', zuerst 1841; ,Der Hochwald', 1842; ,Abdias', 1842; ,Brigitta', 1844; ,Der Hagestolz', 1844). Der literarische Erfolg sowie der Privatunterricht in vornehmen Häusern, z.B. in dem des Fürsten Metternich, erlaubten nun einen bescheidenen Wohlstand. 1853 erschien eine zweite Sammelausgabe mit dem Titel ,Bunte Steine'. Die bekannteste der hier vereinigten Novellen ist ,Bergkristall' (ursprünglich ,Der Heilige Abend', 1845). In der programmatischen Vorrede zu dieser Sammlung spricht Stifter von der „Andacht zum Kleinen" und vom „sanften Gesetz", das auch das Kleine mit der großen Ordnung verbinde. Nachdem die Revolution, die ihn zutiefst verstörte, niedergeschlagen war, wurde er zum Schulrat ernannt. Neben weiteren Erzählungen, die erst nach seinem Tode gesammelt erschienen, schrieb er nun den Bildungsroman ,Der Nachsommer. Eine Erzählung' (1857) und den historischen Roman ,Witiko' (1865/67).

Stifter sucht nachzuweisen, dass eine gottgegebene moralische Ordnung die Geschichte sowohl der Völker wie die des einzelnen Menschenlebens bestimmt. Diese Ordnung offenbart sich aber weniger in den auffälligen Ereignissen und großen Helden als vielmehr im Unbedeutenden und Alltäglichen. Dieses ist daher mit freundlicher Wärme und Genauigkeit zu betrachten, zugleich aber auch aus dem Abstand gelassener, ja geradezu wissenschaftlich nüchterner Sachlichkeit, aus dem es erst als Teil eines größeren Zusammenhangs erkennbar wird. Solch einen Zusammenhang, den die Dichtung Stück um Stück vor Augen stellt, bildet vornehmlich die vom modernen Leben noch unberührte Landschaft. Stifter hat sie beschrieben und gemalt.

In der Gesellschaft wird die Ordnung ständig vom Ausbruch wilder Leidenschaften bedroht. Sie müssen daher durch Erziehung gebändigt werden. Stifter stellt eingegrenzte Räume idyllischer Geborgenheit dar, in denen abgeklärte Menschen leben, denen solche Bändigung nach langem Kampf gelungen ist. Er ist sich aber auch der Gefahr bewusst, dass der Mensch in der Abgeschlossenheit vereinsamen und sich verhärten kann. Der Einzelne soll daher aus seinem gesicherten Raum heraus wohltätig auf andere einzuwirken suchen. Diese Wirkung ist vor allem der Altersweisheit gegeben. In der Novelle ,Bergkristall' zeigt sich aber, dass auch frommer kindlicher Glaube vor der Drohung des Elementaren bewahren und die Menschen miteinander verbinden kann.

Der Held im ,Nachsommer', frei von Geldsorgen und von kaufmännischem Zweckdenken, erkundet zunächst als Amateurgeologe auf immer ausgedehnteren Streifzügen die grundlegende Ordnung der Natur. Dabei lernt er einen Freiherrn kennen, der beschädigte Kunstwerke restauriert und dessen Landsitz eine wohlgeordnete kleine Welt für sich darstellt. Hier macht der junge Mann sich mit der Kunst vertraut und lernt im abgegrenzten Raum einer stillstehenden Vergangenheit, die naturhafte Ordnung auch in Kunst und zwischenmenschlichem Leben treu zu verehren bzw. sachgemäß zu bewahren. Der alternde Freiherr, in abgeklärter „nachsommerlicher" Freundschaft seiner Nachbarin verbunden, hatte einstmals der leidenschaftlichen Liebe zu ihr entsagen müssen, der Bildungsweg seines jungen Freundes hingegen mündet in die Ehe mit ihrer Tochter, so dass künftig auch der ewige Bund der Ehe einen Teil der Ordnung in dieser kleinen Welt ausmachen wird. So kommen alle Lebensbereiche zu einer schönen, aber musealen Einheit. Eben dies will Stifters Erzählen leisten: die harmonische Restauration einer untergehenden Ordnung.

,Der Nachsommer' gehört zum Genre der Bildungsromane. Zum Bildungsroman siehe S. 101.

Eduard Mörike (1804–1875)

Der Sohn eines Arztes und einer Pfarrerstochter wurde in Ludwigsburg geboren, studierte am Tübinger Stift Theologie und erhielt nach langem Vikariat 1834 eine Pfarrstelle im kleinen Cleversulzbach. 1828/29 hatte er in Cottas ,Morgenblatt für gebildete Stände' die ersten Gedichte veröffentlicht, 1832 erschien die erste Fassung seines Künstlerromans ,Maler Nolten' (zweite, unvollendete Fassung aus dem Nachlass, 1878), 1838 die erste Sammlung der Gedichte. Bereits 1843 ließ sich Mörike in den Ruhestand versetzen, zog nach Mergentheim und dann nach Stuttgart, wo er, um heiraten zu können, einige Stunden in der Woche Literaturunterricht erteilte. In dieser Zeit entstanden weitere Gedichtsammlungen, das Versepos ,Die Idylle vom Bodensee' (1846), die Märchen ,Das Stuttgarter Hutzelmännlein' (1853) und ,Die Hand der Jezerte' (1853) sowie die Novelle ,Mozart auf der Reise nach Prag' (1855). Seine letzten Lebensjahre verbrachte Mörike in zunehmender Zurückgezogenheit teils in Stuttgart, teils in Lorch (Remstal) und in Nürtingen.

Mörike fühlt sich zutiefst bedrängt von dem, was ihn insgeheim fasziniert, nämlich von einem unbürgerlichen Künstlerleben und von erotischer Verlockung. Das faszinierend Bedrohliche verbietet er sich, das alltägliche Berufsleben aber, sein Pfarrerdasein, langweilt ihn. Im ,Maler Nolten' rechnet er selbstkritisch mit solcher Haltung ab. Die Hauptgestalten, die sich fremd fühlen in der Alltagswelt, verfallen ihrem Innern: Leidenschaften, schuldhafte Vergangenheit drängen ans Licht und bestimmen schicksalhaft das äußere Leben. Die Zerrissenheit zwischen der lockend bedrohlichen und der langweiligen Welt führt zu Schwermut, Wahnsinn, Todessehnsucht und Selbstmord. Für sich selbst hat Mörike diesen Konflikt durch den Rückzug in idyllische Abgeschiedenheit, Ruhe und Träumerei erträglich gemacht.

In seinen weiteren Werken werden Schwermut und ziellose Sehnsucht durch stille Heiterkeit vergoldet oder auch von einem schalkhaften Scherz vertrieben, der, weil er unverbindlich ist, sogar mit dem Erotischen spielen kann. Die Gedichte gestalten oft Augenblicke träumerischen, halbwachen Bewusstseins, in denen Inneres und Äußeres in konfliktlosem Einklang sind. Dabei drücken sie seelische Bewegung und lustvolle Sinneswahrnehmung in feinster Nuancierung aus und entpersönlichen beides durch die artistische Form, deren Schlichtheit nur scheinbar ist; tatsächlich ist sie ein raffiniert verwirklichtes Stilideal. Nicht selten hat Mörike sich antike oder goethische Ausdrucksformen virtuos anverwandelt. So entstehen Gebilde einer sich selbst genügenden Schönheit, die dennoch innerlich ansprechen.

Annette von Droste-Hülshoff (1797–1848)

Droste-Hülshoff stammt aus einem alten katholischen Adelsgeschlecht Westfalens. Ihre Kindheit und Jugend verbrachte sie auf der Burg Hülshoff bei Münster, später übersiedelte sie auf den nahe gelegenen Witwensitz der Mutter. Die dort entstandenen Gedichte und Versepen, auch der erste Teil des Gedichtzyklus ,Das geistliche Jahr', erschienen 1838, gesammelt unter dem Titel ,Gedichte'. Ab 1841 verbrachte Droste-Hülshoff die meiste

Zeit in Meersburg am Bodensee, zunächst in der Nähe Levin Schückings, eines jungen Schriftstellers, an dem sie mit uneingestandener Liebe hing und an dessen Werken sie teilweise mitarbeitete. Hier entstand ihr Hauptwerk: 1842 erschien ihre einzige Novelle, ‚Die Judenbuche‘, 1844 die erste Gesamtausgabe der Gedichte, im Jahr darauf ‚Bilder aus Westfalen‘, dann aus dem Nachlass ‚Das geistliche Jahr‘ (vollständig 1851) und die späten Gedichte (‚Letzte Gaben‘, 1862). Leidend unter den strengen Konventionen ihrer standesbewussten Familie, Konventionen, die sie aber gänzlich akzeptierte, verbrachte sie ihr Leben in zunehmender Zurückgezogenheit.

Droste-Hülshoff vertritt eine strenge, patriarchalische Ordnung und steht politisch auf der Seite der Restauration, lebt aber auch in der Spannung zwischen Religion und naturwissenschaftlichen Interessen. Einsames Erleben der westfälischen Landschaft, Kampf um Glaubensstärke, strenge Vergeltungsmoral, dazu die Welt des Übersinnlichen, in die sich die einsame, kränkelnde Frau versenkt, aber auch das Komische, ja sogar die komischen Züge, die dem Gespenstischen eigen sind, das Groteske also: das sind die Themen ihrer Dichtung.

Droste-Hülshoff beschreibt die Landschaft, vor allem auch die kleinen Dinge, sachlich und genau, und doch bleibt die Umgebung auf Empfindung und existentielle Situation des redenden Ichs bezogen; sie verwandelt sich ins Schaurige oder erhält eine hintergründige moralische Bedeutung. Der Reiz dieser Dichtung, die kein träumerisches Verschmelzen kennt, besteht in der komprimierten Verbindung des Sachlichen mit dem Geheimnisvollen. In der ‚Judenbuche‘ ist die Natur, vor allem die Buche selbst, an der geheimnisvollen Bestrafung eines Mordes beteiligt, der in einer Zeit gestörter gesellschaftlicher Ordnung erst möglich wird. Mitschuldig am Mord ist ein Junge, Friedrich Mergel, der die soziale Ordnung nicht anerkennen will und damit den Aufstand seiner Mutter fortsetzt, welche die Geschlechterhierarchie nicht hatte anerkennen wollen. Durch das Mitwirken der rächenden Natur erhält die Kriminalgeschichte Allgemeingültigkeit. ‚Das geistliche Jahr‘ stellt Deutschlands bedeutendste religiöse Lyrik des 19. Jahrhunderts dar. Traditionelle Motive verbinden sich hier mit einer eigenständigen, nicht dem Gefühl, sondern der religiösen Besinnung entspringenden Bildlichkeit.

Prosa und Lyrik des Vormärz: Gutzkow, Herwegh, Weerth

Karl Gutzkow (1811–1878)

Der Sohn eines prinzlichen Bereiters aus Berlin wurde aus einem Mitarbeiter Wolfgang Menzels zu dessen Gegner. Wegen seines Romans ‚Wally, die Zweiflerin‘ (1835), der den Anlass für das Verbot jungdeutscher Schriften gab, erhielt Gutzkow eine Gefängnisstrafe. Als Herausgeber von ‚Telegraph für Deutschland‘ und als Mitarbeiter an vielen anderen Zeitschriften entwickelte er sich zum einflussreichsten Kritiker seiner Zeit. Großen Erfolg hatten seine mehrbändigen Romane ‚Die Ritter vom Geist‘ (1850/51) und ‚Der Zauberer von Rom‘ (1856/61), die in Simultantechnik („Romane des Nebeneinanders“) ein umfassendes Zeitbild entwarfen.

In ‚Wally, die Zweiflerin‘ begeht eine Frau Selbstmord, die ihre Glaubenssicherheit verloren hat, ohne sich zu einer neuen, freieren Auffassung durchringen zu können. Daraus spricht weniger die Forderung nach Frauenemanzipation und freier Sinnlichkeit als vielmehr die Wertkrise, unter der Gutzkow leidet und mit ihm seine ganze Epoche. Er will nicht revolutionieren, sondern das ehrliche Gespräch unter den Gebildeten der verfeindeten Gruppen anregen. Im Alter schließt er Frieden mit dem Nationalismus und hofft auf einen geläuterten Katholizismus.

Georg Herwegh (1817–1875)

Der Sohn eines Stuttgarter Gastwirts musste sein Theologiestudium abbrechen, nachdem er wegen unehrerbietigen Betragens vom Tübinger Stift verwiesen worden war. Anschließend arbeitete er als Journalist und Übersetzer. Wegen Beleidigung eines Offiziers musste er 1839 ins schweizerische Emmishofen fliehen. Dort schrieb er für die liberale ‚Deutsche Volkshalle' Aufsätze zu Literatur und Politik. In Zürich erschienen 1841–43 seine ‚Gedichte eines Lebendigen', die, obwohl in Preußen sogleich verboten, einen Verkaufserfolg erzielten wie wohl noch keine Gedichtsammlung zuvor. Während einer triumphalen Deutschlandreise Herweghs gewährte der preußische König ihm eine Audienz und verwies ihn kurz darauf des Landes. 1843 veröffentlichte er einen zweiten Teil der ‚Gedichte eines Lebendigen' und zog nach Paris. Im Revolutionsjahr 1848 führte er ein Freiwilligenkorps deutscher Emigranten nach Baden; nach der Niederlage flüchtete er auf Schweizer Gebiet. Enttäuscht, verspottet und allmählich verarmend, verbrachte er sein weiteres Leben in Zürich und, nach einer Amnestie, in Baden-Baden. Gegen Ende seines Lebens schrieb er auch Lieder für Lassalles Arbeiterverein und die Sozialdemokratische Arbeiterpartei. Die Gedichte der Spätzeit erschienen gesammelt erst nach seinem Tode unter dem Titel ‚Neue Gedichte' (1877).

Herwegh machte die allgemeinen Wandlungen der politischen Stimmung nicht mit, wie sie sich etwa am Werk Ferdinand Freiligraths, eines anderen Vormärz-Lyrikers, ablesen lassen. Dieser geht in den vierziger Jahren von unpolitischen Gedichten abenteuerlich-exotischen Inhalts zur Revolutionslyrik über und wird später, im Krieg von 1870, nationalistische Töne anschlagen. Herwegh hingegen bleibt zeit seines Lebens ein Radikaldemokrat, freilich ein zunehmend illusionsloser. Bitter kritisiert er schließlich den Nationalismus des Bismarckschen Preußen, das den Krieg von 1870/71 führt und Elsass-Lothringen annektiert.

Poesie soll nach Herwegh eine Vorläuferin der politischen Tat sein, aber keine unkünstlerische. Deswegen wendet er sich ebenso wie Heine gegen eine kunstlose Tendenzpoesie und gegen die Abwertung Goethes. (Gegen Heine und für Börne entscheidet er sich jedoch im Streit über republikanische oder soziale Revolution.) Tatsächlich gelingt es ihm in vielen Gedichten, Sprachfiguren der politischen Rede mit eingängigen, aber nur scheinbar einfachen Versformen zu verbinden sowie eine traditionelle Bildsprache auf neue Inhalte zu beziehen und sie mit dem Gefühl gerechter Empörung zu beleben.

Zum Streit über republikanische oder soziale Revolution siehe S. 161.

Georg Weerth (1822–1856)

Der Sohn eines Generalsuperintendanten aus Detmold war zunächst Buchhalter und Journalist in Köln. 1843 ging er nach Bradford (Yorkshire), wo er Friedrich Engels zum Freund gewann. In dieser Zeit entstanden die ‚Skizzen aus dem sozialen und politischen Leben der Briten' (1844/48; u.a. auch ‚Das Blumenfest der englischen Arbeiter', 1845) sowie die ‚Lieder aus Lancashire' (1845) und andere Gedichte. Später zog er nach Brüssel, wo er auch mit Karl Marx zusammenarbeitete. Dort schrieb er einen unvollendeten Roman (veröffentlicht als ‚Fragment eines Romans', erst 1956), in dem zum ersten Mal in der deutschen Literatur ein Arbeiter zur Hauptgestalt wird. In der Revolutionszeit war Weerth Feuilletonchef der kommunistischen ‚Neuen Rheinischen Zeitung'. In ihr erschienen seine Satiren ‚Humoristische Skizzen aus dem deutschen Handelsleben' (1845–48; die ersten Kapitel in der ‚Kölnischen Zeitung') und ‚Leben und Taten des berühmten Ritters Schnapphanski' (1848/49). Wegen letzterer erhielt er drei Monate Gefängnis. Später arbeitete er als reisender Kaufmann. Er starb in Havanna.

Weerths Satiren, mit denen er politisch eingreifen will, verspotten keine abstrakten Typen, sondern ganz bestimmte Personen, aber nur, um in ihnen das Sozialtypische (nicht das Charaktertypische) zu treffen: den historisch überholten, überflüssig und parasitär gewordenen Adel oder das opportunistische, kapitalbesitzende Bürgertum, das sich völlig einem System anpasst, in dem Geldeswert und Konkurrenzkampf alles Glück und alle Mitmenschlichkeit verdrängt haben. Die Satire entlarvt die heuchlerischen, häufig christlichen Redensarten, mit denen das inhumane Verhalten bemäntelt wird. Anders als der Satiriker Glaßbrenner, der die Ungerechtigkeit bloßstellt, unter welcher die kleinen Leute zu leiden haben, geht Weerth von der grundsätzlichen marxistischen Gesellschaftskritik aus.

Zerrissener und Revolutionär: Heine

Heinrich Heine (1797–1856)

Heine entstammt einer Düsseldorfer Kaufmannsfamilie. Nach kurzer Lehrzeit im Bankhaus eines Hamburger Onkels begann er in Bonn mit dem Jurastudium. Er setzt es fort in Göttingen, das er wegen einer Duellaffäre für einige Zeit mit Berlin vertauschen musste, und promovierte 1825 in Göttingen. Im gleichen Jahr gab er seinen jüdischen Glauben auf und ließ sich taufen, um dadurch das „Entreebillett zur europäischen Kultur" zu erhalten. In Bonn hatte er A. W. Schlegel kennen gelernt, der ihn mit der Verskunst und der älteren deutschen Literatur vertraut machte, in Berlin besuchte er Vorlesungen Hegels und befreundete sich mit Rahel und Karl August Varnhagen von Ense, die einen berühmten Salon führten. 1822 erschien sein erster Band ‚Gedichte‘, 1827 gefolgt vom ‚Buch der Lieder‘, das ihn berühmt machte. Nach einer Fußreise durch den Harz schrieb er die ‚Harzreise‘ (1826), die er in den ersten Teil der ‚Reisebilder‘ (1826/31) einfügte.

1831 zog Heine nach Paris, wo ein Jahr zuvor die Julirevolution stattgefunden hatte. Hier lebte er von seinen schriftstellerischen Einkünften, zunächst auch von Zuwendungen des Hamburger Onkels und später von einer Pension der französischen Regierung. 1835 wurden seine Schriften in Deutschland verboten. Heine veröffentlichte nun kritische, von der Philosophie Saint-Simons beeinflusste Darstellungen auf Deutsch und Französisch, um die Deutschen über Frankreich und die Franzosen über Deutschland zu informieren. Hierzu gehören Kunstkritiken (‚Der Salon. Erster Band‘, 1834) sowie politische und literarisch-philosophische Essays (u. a. ‚Französische Zustände‘, 1832; ‚Die romantische Schule‘, 1835; ‚Zur Geschichte der Religion und Philosophie in Deutschland‘, 1835; ‚Ludwig Börne‘, 1840); Berichte für die Augsburger ‚Allgemeine Zeitung‘ (1840–43 zumeist verstümmelt abgedruckt, 1854 gesammelt und erweitert unter dem Titel ‚Lutetia‘). 1840 kam das Prosafragment ‚Der Rabbi von Bacherach‘ heraus.

Die wichtigsten Werke der vierziger Jahre, in denen Heine sich mit Karl Marx befreundete, sind die beiden politisch-literarischen Satiren ‚Atta Troll‘ (1843) und ‚Deutschland. Ein Wintermärchen‘, das im kommunistischen ‚Vorwärts!‘ und im Lyrikband ‚Neue Gedichte‘ (1844) erschienen.

Heines letztes Lebensjahrzehnt wurde verdüstert durch ein quälendes Siechtum und durch erpresserische Machenschaften der reichen Verwandten, die befürchteten, durch Heines Schriften kompromittiert zu werden. Trotzdem vollendete er in seiner „Matratzengruft", wie er seine letzte Bleibe ironisch nannte, noch ein ‚Lutetia‘, verfasste ein sozialkritisches Manuskript, das aber nach seinem Tod größtenteils vernichtet wurde, und ließ die beiden Gedichtbände ‚Romanzero‘ (1851) und ‚Gedichte 1853 und 1954‘ (1854) erscheinen.

Heine kämpft gegen das Bündnis von Fürstenherrschaft und Kirche. Er ist aber ebenso empfindlich gegenüber den nationalistischen und antisemitischen Tönen der nationalliberalen Opposition. Schließlich wendet er sich auch gegen Radikaldemokraten wie Ludwig Börne, der ebenfalls als Emigrant in Paris lebt. Diese Richtung ist ihm zu asketisch. Als Anhänger Saint-Simons erwartet Heine von der Revolution auch eine Freigabe der irdischen Genüsse („Sensualismus" und „Hellenismus") und das Ende christlicher Sinnenfeindschaft („Spiritualismus" und „Nazarenertum"). Insbesondere fürchtet er, dass der Respekt vor der Kunst und die Fähigkeit, sie zu genießen, verloren gehen würden. Dass Börne Goethe völlig abwertet, dass die politische Tendenzliteratur insgesamt so kunstlos ist, scheint ihm ein schlimmes Vorzeichen. Außerdem hält Heine Börnes Kampf um eine Republik für unwichtig. Nicht die republikanische Staatsform sei entscheidend, sondern die Tatsache, dass die materiellen Bedürfnisse des armen Volkes gestillt würden; unter der Bourgeoisie, die 1830 in Frankreich an die Macht kam, ginge es dem Volk nicht besser als unter dem früheren Adel. Allerdings äußert Heine seine Hoffnung auf eine soziale Revolution eher andeutungsweise und verschlüsselt, um sein bürgerliches Publikum nicht zu verprellen. Schließlich missbilligt er Börnes Umgang mit ungepflegten Handwerkern. Nicht sich zur Masse hinunterzubegeben, sondern sie zu kultivieren ist sein Ziel. Darum fürchtet er auch den anarchistischen Aufruhr und sucht, wiederum im Sinne des Saint-Simonismus, nach einem genialen politischen Führer in der Art Napoleons, der von einer Elite aus Wissenschaftlern und Künstlern beraten werden soll.

> Henri de Saint-Simon (1760–1825) war ein bedeutender französischer soziologischer und philosophischer Autor zur Zeit der Restauration. Auf ihn berief sich der radikale frühsozialistische Saint-Simonismus.

Das politische Engagement trägt zu Heines zeittypischer Zerrissenheit bei. Als Dichter sucht er den persönlichen Ausdruck in der Art der Romantiker; als Berufsschriftsteller ist er aber auf ein Publikum angewiesen, das – so sieht er es als Gesellschaftskritiker – die romantische Sprache persönlichen Gefühls als Konvention genießt, hinter der es seine Wirklichkeit, nämlich sein Vorteilsstreben und sein Duckmäusertum, verbirgt. Heine will sich also noch in einer Sprechweise ausdrücken, die er zugleich als Konvention durchschaut. Künstlerisch bewältigt er diesen Widerspruch durch die bewusste Mischung konventioneller Rede und persönlichen Ausdrucks: Amüsanter Konversationston wird unterbrochen vom Pathos der Empörung und des Freiheitsverlangens, stimmungsvoller, aber zum Klischee gewordener Gefühlsausdruck von ironischen Pointen; konventionelle Begriffspersonifikationen (z. B. „die Armut" als Person) werden assoziativ in unerwartete Zusammenhänge gestellt und so verlebendigt. Dabei gelingt es Heine oft, harmlose und versteckte, verbotene oder ungern gehörte Aussagen miteinander zu verbinden.

Die Gedichte führen zunächst elegant und kunstfertig den romantischen Volksliedton weiter, zeigen aber schon früh, wie unecht und konventionell er inzwischen geworden ist. Sie zeigen das in stimmungstötenden, ironisch-selbstironischen Brüchen, dann auch im Aufreißen der Konvention oder durch unverstellte Sinnlichkeit oder platte Alltäglichkeit, schließlich in der politischen Satire. Diese konfrontiert systematisch den unecht-sentimentalen Schein, z. B. die deutschnationale Schwärmerei, mit dem Wirklichen, z. B. dem denkfeindlichen Untertanengehorsam, der das fortschrittlichere Frankreich mehr hasst als die eigenen Unterdrücker. Neben aggressivem Spott spürt man die schwermütige Klage – selbstironische Brechungen können nicht darüber hinwegtäuschen – über die Unerfülltheit des Glücksverlangens in einer Welt, in der bislang das Schlechte gesiegt hat. In den späten Gedichten, die eine reiche Vielfalt der Formen zeigen, tritt diese Schwermut am reinsten hervor.

In den ‚Reisebildern' reiht Heine kurze Episoden lose aneinander, in denen Land und Leute nur Anlass sind, um Subjektives auszudrücken: amüsante Anspielungen und Pointen, Stimmungen, Fantasien, kritische Anmerkungen zur Politik, zu Wissenschafts- und Literaturbetrieb. Durch die subjektive Darstellung hindurch soll die eigentliche gesellschaftliche Realität begriffen werden, die sich erst dem kritisch-analytischen Blick zu erkennen gibt. Dieses Prinzip wird besonders deutlich in ‚Deutschland. Ein Wintermärchen'. Auch dies ein Reisebild, in plaudernden Volksliedversen dargeboten, zugleich eine scharfe Satire auf preußische Herrschaft und nationalliberale Ideologie. Das vielschichtige Werk enthält darüber hinaus Heines an Hegel geschulte Geschichtsauffassung, der zufolge eine alte Gesellschaftsform zwar noch existieren kann, auch wenn sie historisch schon überholt und somit eigentlich tot ist, einmal aber die fortschrittliche Form existieren wird, die bis jetzt nur in Gedanken lebt, nämlich die Utopie der Saint-Simonisten, die der Dichter voraussagt. Wenn der Dichter jedoch allein die Wölfe als seine Kampfgefährten anredet, so zeigt sich, dass er in Wirklichkeit keine nennenswerte gesellschaftliche Schicht auf seiner Seite hat.

BIEDERMEIER / VORMÄRZ

Zentrale Vorstellung: zwischen Rückzug und Revolution

Geschichte

Biedermeier: Die Geschichte könnte ein Fortschreiten zu höherem Bewusstsein sein, wäre diese Entwicklung nicht durch die Auflösung der alten, religiös begründeten Ordnung bedroht. Vormärz: Man hofft, nicht immer ohne Zweifel, dass die Auflösung der alten Bindungen zur Selbstbestimmung der Menschen und damit zum Fortschritt führt.

Natur

Die Natur wird teilweise technisch beherrschbar, wirkt damit aber auch bedrohlicher, weil sie nicht mehr als Ganzes religiös überschaubar ist. Das Biedermeier liebt die gezähmte und fürchtet die wilde Natur, wird von ihr aber auch untergründig angezogen. Die Autoren des Vormärz stellen Naturerscheinungen vorzugsweise als Symbol politischer Vorgänge dar. Leitwissenschaften: Physik (mit der Technik der Dampfmaschinen) und Geologie (Verbindung von Natur und Geschichte).

Gesellschaft

Biedermeier: Die ständisch-christliche Ordnung soll bewahrt werden. Vormärz: Man will Demokratie, manche verlangen auch Befreiung der Sinnlichkeit, Frauenemanzipation und Emanzipation der Arbeiter.

Der einzelne Mensch

Fortschrittshoffnung und Fortschrittsangst sind zumeist keine Alternative, sondern erzeugen ein Gefühl innerer Zerrissenheit.

Zwischenmenschlicher Bezug

Man sucht Halt in der Familie und schätzt halböffentliche Formen wie Lesekabinett und Caféhaus, wo man Neues in gemütlicher Atmosphäre erfahren kann.

Literatur

Das Biedermeier führt romantische Motive weiter, aber ohne Hoffnung auf ein „Romantisieren" der Welt als Ganzes. Sie bilden vielmehr idyllisch-romantische Schutzräume in einer Welt, deren Veränderungen Angst und geheime Faszination hervorrufen. Für den Vormärz ist die Zeit der Kunstautonomie vorbei. Die Kunst soll politisch eingreifen.

Literarische Gattungen

Das Drama wendet sich historischen Gegenständen zu, im Bereich der Komödie tritt das Volksstück hervor. Unter den Romanformen ist der historische Roman besonders beliebt. Dorfroman und Abenteuerroman behandeln Nähe und Ferne. Der Bildungsroman wird weitergeführt, neu ist der Frauenroman. Das Versepos beschreibt die gefährdete oder unechte Idylle. Immer nachdrücklicher tritt die Novelle auf, häufig als Dorfgeschichte. Die Lyrik reicht von satirischer Zeitkritik zu ironischer oder melancholischer Absage an romantisches Einheitsgefühl. Die Ballade ist teilweise erbaulich, teilweise naturmagisch.

9   Realismus (1850–1895)

AUF EINEN BLICK

Adolph Menzel
(1815–1905):
Das Eisenwalzwerk,
Öl auf Leinwand,1875.

Die Produktion von Stahl für das Eisenbahnwesen, für Dampfschiffe und repräsen-
tative Bauten wie Bahnhöfe, Warenhäuser, große Gewächshäuser ist das Rückgrat der
Industrie in der zweiten Hälfte des 19. Jahrhunderts. Das erste größere Industriebild
in Deutschland zeigt die Herstellung von Eisenbahnschienen in einem schlesischen
Walzwerk. Wir erkennen, dass gerade Schichtwechsel ist; einige Arbeiter essen, einige
waschen sich. Dennoch geht die harte Arbeit weiter. Aber das Bild ist nicht sozialkri-
tisch gemeint. Auch an Umweltzerstörung denken erst einige wenige englische Künstler und Literaten.

Das Gemälde erhielt bald den Beinamen ‚Moderne Cyclopen‘. In der griechisch-
römischen Mythologie halfen Zyklopen dem Schmiedegott Vulcan im Aetna bei der
Arbeit. Die Industrielle Revolution wird als ungeheurer Kampf mit der Natur erlebt
und durch die Rede von den Zyklopen mythisiert. Natur erscheint als dämonische
Kraft, die durch Eisenbahnen, Brücken und Tunnels zu besiegen ist. Aber auch die
Mittel selbst, die Züge, Dampfer, Maschinen, werden quasi zur Naturmacht, die hier
von den Arbeitern, die mit ihren Zangen das gefährlich heiße Eisen aufs Walzband
lenken, gebändigt wird. Mit Umschreibungen wie bspw. der Lokomotive als Dampf-
ross sucht das Bildungsbürgertum sein Privileg der Weltdeutung in der ihm fremden
technisch-industriellen Welt zu bewahren. Das berühmteste gusseiserne Gebäude der
Zeit nach dem Eiffelturm ist der Glaspalast (Crystal Palace) zur Weltausstellung 1851
in Londons Hyde Park. Man baute die riesige Ausstellungshalle um einige Bäume her-
um: Die Natur wird in den Innenraum gesellschaftlicher Begegnung eingegliedert wie
in eine überdimensionierte Gartenlaube (s. S. 168 ff.)

Das Atelier des
Malers Hans Makart
(1840–1884) in Wien,
Foto um 1875/76.

Im gemütlichen Halbdunkel des Ateliers von Hans Makart traf sich das vornehme
Wien. Der große Raum, täglich eine Stunde lang für Fremde geöffnet, war eher ein
Museum als ein Atelier. Alles ist vollgestellt; man scheint Angst vor der Leere zu haben,
weil sie an den Verlust einer eigenen, identitätsbildenden Tradition erinnern könnte.
Man hat nichts Eigenes und täuscht sich über die Leere hinweg, indem man das Zimmer mit exotischen Dingen füllt. Das Atelier war ein Stilvorbild für das Wohnzimmer der wohlhabenden Kreise. Keine biedermeierliche Einfachheit mehr, sondern zur
Schau gestellter Prunk und historistische Stilmischun. Im Atelierbild blickt man auf
das fast ganz verhängte Fenster an der Nordseite. Licht kommt nur von einem Fenster
im Rücken des Betrachters. Die linke Längswand wurde meist von einem Riesengemäl-
de Makarts eingenommen, an der hier sichtbaren Giebelseite und der teilweise sichtbaren rechten Längsseite stapelten sich neben eigenen Bildern Kunstgegenstände aus
allen Zeiten und Räumen in wohlberechnetem Durcheinander: An die Stelle von Licht
und Klarheit trat die Sammlung des beherrschten Fremden im Innenraum, wodurch
man einen ‚inneren Orient' schafft (Dolf Sternberger), vergleichbar der domestizierten
Natur im Innern des Londoner Glaspalastes.

BILD DER EPOCHE

Pragmatismus und Naturwissenschaften

Zur industriellen Revolution siehe S.140.

Die Industrielle Revolution fördert ein pragmatisches Denken. Diesem gelten ethische Prinzipien und philosophische Grundfragen als zweitrangig gegenüber Nutzen und praktischem Erfolg. Die Lehre biologischer Entwicklung, die der Engländer Charles Darwin aufstellt (‚Über die Entstehung der Arten durch natürliche Zuchtwahl‘, dt. 1860), wird auf die Gesellschaft übertragen; man sieht sie durch den „Kampf ums Dasein" bestimmt. Ein sachlich beschreibender Stil, der sich subjektiver Kommentare und philosophischer Erörterungen enthält, zieht in die Literatur ein.

Fassade und Prüderie

Der Pragmatismus untergräbt nicht nur die religiösen Normen, sondern auch die humanistischen Wertvorstellungen von Aufklärung und Klassik. Geistig verunsichert, immer stärker vom erfolgsorientierten Denken bestimmt, sucht man umso krampfhafter den Schein zu wahren, die Fassade der Ehrbarkeit und Sittenstrenge aufrechtzuerhalten. Körperliches und Triebhaftes, jene Kräfte also, die nach Zerstörung jeglicher Fassade streben, werden verleugnet. Die Literatur muss sich dem Diktat einer engherzigen öffentlichen Prüderie unterwerfen.

Bildungsbürger und Besitzbürger

Zum Bildungsbürgertum siehe S.97.

Für technisch-pragmatisches Denken ist das klassische Ideal des sich harmonisch ausbildenden Einzelmenschen ohne Bedeutung. Das Bildungsbürgertum, im Glauben an dieses Ideal erzogen, sucht es entweder dennoch mit der Beschreibung bürgerlicher Arbeitswelt und dem hier herrschenden Erfolgsstreben zu verbinden, oder es blickt zurück in die Vergangenheit, wo große Menschen und große Völker sich noch in ihrer Besonderheit zu entwickeln schienen, oder es kritisiert unmittelbar Erfolgsdenken, Geldgier und Fassadenkultur des Besitzbürgertums.

Schicksal

Naturwissenschaftlicher Determinismus wie auch das Gefühl des Bildungsbürgers, von der sich entwickelnden Wirtschaftswelt ausgeschlossen zu sein, schlagen sich literarisch im Schicksalsgedanken nieder. Die Zwänge der Gesellschaft scheinen den Menschen mit schicksalhafter Gewalt zu ergreifen. Ob diese Gewalt letztlich doch einer höheren, gerechten Ordnung dient, ist eine immer wieder aufgeworfene und unterschiedlich beantwortete Frage.

Aristokratische Haltung und Nationalismus

Der Misserfolg der Revolution von 1848 hat das aufkeimende bürgerliche Selbstbewusstsein gedemütigt. In Deutschland und Österreich sucht sich das Bürgertum aufzuwerten, indem es aristokratisch-militärisches Verhalten nachahmt. Es übernimmt den entsprechenden Ehrbegriff, z.B. beim Duell, strebt nach Orden, militärischen Rängen und Adelstiteln und sucht durch aristokratische Villen, monumentale Fassaden und üppiges Dekor zu imponieren. Der Sieg über Frankreich und die Reichsgründung von 1871 erlauben es Deutschland, diese Haltung in einen Ausdruck nationaler Größe umzudeuten.

Im Vielvölkerstaat Österreich, dessen Existenz durch jeglichen Nationalismus bedroht wird, gibt es einen spürbaren deutschen Nationalismus jedoch erst gegen Ende des Jahrhunderts. Die wirtschaftliche und gesellschaftliche Dynamik von London und Paris, den Metropolen jener Zeit, spiegelt sich naturgemäß nicht in der Literatur der deutschsprachigen Länder. Insofern ist diese weiterhin provinziell.

Kompromiss

Insgesamt sucht die Literatur den Kompromiss: zwischen Kritik und Anpassung, dem Protest gegen ein ungerechtes Schicksal und dem Glauben an einen tieferen Sinn, klassischem Ideal und der Anerkennung moderner Wirtschaft und Wissenschaft, Aufwertung des Bürgertums und aristokratischer Haltung, Weltoffenheit und Provinzialismus. Das kann wie in Freytags vielgelesenem Roman ‚Soll und Haben' (1855) auf Verherrlichung des Bestehenden hinauslaufen. Hier werden nicht die Besitzbürger kritisiert, sondern die jüdischen Spekulanten. Das Besitzbürgertum selbst erscheint nur in der älteren und sympathischen Form des biederen Händlertums. Der Aufstieg zum erfolgreichen und nationalbewussten Untertan kann dann als allseitiger Bildungsprozess dargestellt werden. In den meisten Werken äußert sich die Kritik an Geldgier und Fassadenkultur aber unverstellt, so etwa in Gottfried Kellers ‚Martin Salander'.

Wegen seiner unverhohlen antisemitischen Tendenzen wurde der Roman nach dem Zweiten Weltkrieg lange nicht wieder veröffentlicht.

Zu ‚Martin Salander' siehe S. 171.

Resignation des Sonderlings

In den letzten Jahrzehnten der Epoche und bei den bedeutenderen Autoren endet die Suche nach einem Kompromiss zumeist in Resignation, im wehmütig lächelnden Einverständnis damit, dass harmonische Selbstverwirklichung und moralischer Anspruch in der Welt nicht zu verwirklichen sind. (Solche Resignation ist pessimistischer als die Forderung der Klassik, um des Ideals willen, und des Biedermeier, um der Ordnung willen Entsagung zu üben.) Diese Haltung verkörpert der Sonderling. Er grenzt sich von der besitzbürgerlichen Welt ab, ohne doch ihren Zwängen entgehen zu können. Während der romantische Außenseiter, der junge Künstler, noch die Welt der Philister herausforderte, blickt der alte Sonderling wehmütig zurück.

Insbesondere in den Werken von Wilhelm Raabe tummeln sich kauzige Sonderlinge. Siehe S. 177 f.

Kunst als Dekor und Familienunterhaltung

Ob sie verherrlicht oder im Bewusstsein ihrer Ohnmacht kritisiert, die Kunst wird gerade im Gegensatz zur Klassik nicht mehr in der Hoffnung auf eine eingreifende moralische Wirkung hin geschrieben. Sie bekommt so eine Tendenz zur Unverbindlichkeit, zum Dekor. Dadurch aber kann sie Teil der Fassade werden, auch wo sie diese kritisiert; dies ist die Zeit, in der man die Wohnzimmer mit Prachtausgaben der Klassiker schmückt, Bildung somit in ein vorzeigbares und verwertbares Ding verwandelt. Zugleich soll die Literatur der gemütlichen abendlichen Entspannung in der Familie dienen – abends wird vorgelesen –, nachdem man tagsüber um den Erfolg zu kämpfen hatte. Am beliebtesten ist daher die Unterhaltungsliteratur, die vor den zeitgenössischen Problemen flüchtet und weiterhin die biedermeierliche Idylle vor Augen stellt (sogenannte Butzenscheibenromantik) oder die biedermeierliche Lust am wohlig Gruseligen pflegt. Die Tradition vormärzlicher Literatur hingegen bricht ab; ihre Vertreter passen sich an oder werden nicht mehr beachtet. Sie lebt aber noch bis zum Ende des Jahrhunderts weiter in einer heute fast vergessenen Literatur deutscher Emigranten in den USA sowie unterschwellig auch in der frühen Arbeiterliteratur.

Butzenscheiben sind runde, in Blei gefasste, meist farbige Fensterscheiben. Sie galten im 19. Jh. als Ausdruck biedermeierlicher Gemütlichkeit.

Philosophische Grundlagen

Dem sachlich pragmatischen Denken gibt der sogenannte Positivismus des Franzosen *Auguste Comte* eine philosophische Grundlage. Comte fordert, man solle sich nur mit dem Positiven beschäftigen – darunter versteht er die sinnlich wahrnehmbaren Tatsachen –, Fragen nach Wahrheit, Wesen, Ursache hingegen als unfruchtbare Metaphysik aus der Philosophie verbannen. Der Fortschritt der Philosophie bestehe im Verzicht zunächst auf religiöse, dann auf solche metaphysischen Begriffe. Schließlich werde es einer Elite von Wissenschaftlern möglich sein, die Gesellschaft sachgemäß zu planen. Dieser Fortschrittsoptimismus beruft sich gerne auf die Entwicklung der Naturwissenschaften (die allerdings am Begriff der Ursache festhalten).

Die resignative Tendenz der Literatur stützt sich auf die Philosophie *Arthur Schopenhauers*. Er schrieb seine Werke, vor allem ‚Die Welt als Wille und Vorstellung‘ (1819, endgültige Fassung 1859), zwar schon in der ersten Jahrhunderthälfte, wird aber erst im letzten Drittel populär. Was wir wahrnehmen, sind nach Schopenhauer Erscheinungsformen einer metaphysischen Instanz, nämlich eines blinden, ziellosen Willens. Dieser wirkt auch in jedem Einzelnen; deswegen werden wir unser Leben lang von einem Wunsch zum andern getrieben, ohne je wirklich befriedigt zu sein. Der Kunstgenuss kann dies für kurze Zeit unterbrechen, auf die Dauer gewährt aber nur der Verzicht auf den Willen (Resignation) die ersehnte Ruhe im Nichts (Nirwana).

Hegelsches Denkens wirkt weiter in der Kunsttheorie. Ludwig Feuerbach beeinflusst Gottfried Keller und die Literatur deutscher Emigranten in den USA.

LITERARISCHES LEBEN

Massenproduktion

Ständige drucktechnische Fortschritte, Lockerung der Zensur und Verringerung des Analphabetentums durch bessere Schulbildung lassen Produktion und Absatz der Literatur erneut emporschnellen. Die Autoren, die von ihrem Honorar leben wollen, auch die bedeutenden unter ihnen, müssen sich den Zwängen der Massenproduktion anpassen.

Familienblätter

Dazu gehört vor allem, dass die Schriftsteller kurze Erzähltexte verfassen, Novellen oder Romanfortsetzungen, die etwa im Feuilleton der liberalen ‚Vossischen Zeitung‘ oder in Familienblättern mit den bezeichnenden Titeln ‚Die Gartenlaube‘ (lange Zeit das beliebteste deutsche Familienblatt), ‚Daheim‘, ‚Am häuslichen Herd‘ erscheinen. Sie entsprechen dem Wunsch des Publikums nach idyllischen oder exotischen Stoffen, die so erzählt sind, dass auch prüde Leser sie akzeptieren. Die Romane, die zumeist in einer der Zeitschriften erscheinen, bevor sie als Buch herauskommen, müssen zum Abdruck in einzelnen Fortsetzungen geeignet sein.

Nº 1. 1853.

Die Gartenlaube.

Familien=Blatt. — Verantwortlicher Redakteur **Ferdinand Stolle.**

Wöchentlich ein ganzer Bogen mit Illustrationen.
Durch alle Buchhandlungen und Postämter für 10 Ngr. vierteljährlich zu beziehen.

Titelseite der ersten Ausgabe der „Gartenlaube", Stich, 1853.

Auf der Titelseite der ersten Nummer ist die Dreigenerationenfamilie noch beisammen, der Großvater liest vor: vom Hofe und von den Armen, von neuer Technik und fernen Ländern; man hört sich auch medizinische Ratschläge an und liest Geschichten der Erfolgsautorin Eugenie Marlitt. Später lockert sich der Familienzusammenhalt. Auf dem Titelblatt von 1875 ist die Laube schon leicht geöffnet, ein flirtendes Paar entfernt sich von ihr. Einige Jahre später wird der Großvater die Zeitung alleine lesen, und die anderen werden ihren eigenen Beschäftigungen nachgehen. Schließlich wird die Laube ganz von der Titelseite der Zeitschrift verschwinden.

Aus der bürgerlichen Laube werden nach dem Ersten Weltkrieg Laubenkolonien am Rande der Großstädte, in denen Arbeiter und Arbeitslose zu überleben suchen; Bertolt Brechts Film ,Kuhle Wampe oder wem gehört die Welt' (1932) soll zeigen, wie in einer Laubenkolonie proletarische Solidarität entsteht und ein Fest des Arbeitersportvereins Lebensfreude zurückbringt. Damit löst er die Idylle auf. Aber die Tradition der Biedermeier-Idylle ist auch heute nicht gestorben. Sie lebt in den Schrebergärten der Kleingärtner, die es seit der Mitte der sechziger Jahre des 19. Jhs. gibt, sowie bei den Dauercampern.

Leihbüchereien und Kolportage

Großen Zuspruch in allen Schichten finden die aufblühenden Leihbüchereien und Volksbibliotheken. Hier werden vor allem Romane ausgeliehen. Für die unteren Schichten gibt es außerdem die billige Kolportageliteratur, die an der Haustür verkauft wird. Man kolportiert Klassiker ebenso wie Familienblätter und die sogenannten Groschenhefte. Erstmals erscheinen jetzt auch die Klassiker in Massenauflage (Reclam).

Kolportageliteratur (von frz. colportage = Hausierhandel).

Literaturkritik ohne literarische Zentren

Eine Literaturkritik, die im Gegensatz zum Vormärz nicht politisch, sondern lediglich ästhetisch urteilen will, wird zur festen journalistischen Einrichtung. Sie formuliert ihr Programm vor allem in der ersten Epochenhälfte in der Zeitschrift ‚Die Grenzboten‘ und in den ‚Preußischen Jahrbüchern‘. Dagegen gibt es so gut wie keine literarischen Zentren. Dichterkreise wie der ‚Tunnel über der Spree‘, zu dem Theodor Fontane in seinen mittleren Jahren gehört, oder der klassizistische Münchner Dichterkreis um Paul Heyse und Emanuel Geibel haben keine größere Bedeutung. Alle wichtigen Werke der Epoche werden von zurückgezogen lebenden Autoren geschrieben.

THEORIE UND FORMEN DER LITERATUR

Realismus

Die zeitgenössische Literaturkritik verlangt eine realistische Dichtung. Von Realismus spricht man üblicherweise dann, wenn die Schriftsteller ihr Interesse dem Alltäglichen zuwenden, um es ernsthaft, umfassend und ohne subjektive Kommentare zu beschreiben, so dass die Darstellung den Vergleich mit der historischen Wirklichkeit herausfordert. Zum Alltäglichen gehört insbesondere auch die Arbeitswelt. Sie erhält nun ihren eigenen Wert – Ansätze dazu finden sich schon in der vorhergehenden Epoche –, erscheint aber noch ganz aus der Sicht des Bürgers, nicht aus der des Arbeiters wie später im Naturalismus. Da sich die distanzierte Beschreibung größerer Zusammenhänge im Grunde nur in erzählender Literatur durchführen lässt, ist diese Epoche wie keine andere vorher auf Roman und Novelle konzentriert.

Verklärung

Die Literaturkritik fordert nun aber weiter, dass das Alltägliche zugleich verklärt werde: Die Dichtung müsse eine tiefere „poetische“, mehr dem Schönheitsgefühl als der Einsicht zugängliche Wahrheit aufzeigen. Man glaubt nämlich, dass sich in der alltäglichen Wirklichkeit, so unvollkommen sie ist, ein harmonisches Ganzes verberge. Das ist die tiefere Wahrheit, die die Dichtung aufdecken muss. Sie soll das Alltägliche zwar in treffender Wahrscheinlichkeit darstellen, aber ohne Hässliches zu zeigen, und ihre Kritik in Versöhnung ausklingen lassen. Die Versöhnung wird somit im schönen Schein des Kunstwerks geleistet, nicht von der schlechten Wirklichkeit eingeklagt. Diese Verbindung von Realismus mit „poetischer“ Wahrheit bezeichnen die Zeitgenossen als „poetischen Realismus“ (Otto Ludwig) oder als „Idealismus“ (Friedrich Theodor Vischer).

Humor

Humor (von lat. umor = Feuchtigkeit, Saft). In der Antike bedeutet Humor die richtige Mischung der Körpersäfte, die Lachen erzeugt.

Damit die Dichtung die Versöhnung darstellen kann, muss Humor zu ihrer Grundstimmung werden. Er ist die Gegenmacht der Kunst zur Resignation an der Wirklichkeit. Er lässt sich verstehen als das wehmütig lächelnde Einverständnis damit, dass der Einzelne zugunsten der Harmonie, die zwischen allen insgeheim besteht, auf seine eigene Erfüllung verzichtet. Er kann es tun, weil er sich letztlich einem harmonischen Ganzen verbunden weiß und in diesem Bewusstsein den schicksalhaften Zwängen überlegen, sosehr er ihnen in Wirklichkeit auch unterworfen bleibt. Nicht immer gelingt es, solche Überlegenheit im Verzicht zu erreichen. Der Humor kann in bittere Ironie oder ins Gefühl einer sinnlosen, grotesken Welt umschlagen.

Doppelbödigkeit

Das Programm des poetischen Realismus verlangt vom Autor eine doppelbödige Darstellung. Einerseits ist die alltägliche Welt genau, und wiedererkennbar zu beschreiben, andererseits muss die Beschreibung auf die tiefere Wahrheit verweisen. Beiden Aufgaben sucht er dadurch zu genügen, dass er alltäglichen Dingen und Vorgängen einen möglichst unauffälligen Symbolwert verleiht. Ein spannungsvolles Gleichgewicht zwischen realer und symbolischer Ebene kann sich so einstellen. Dinge, Menschen, Orte, Situationen haben nicht von vornherein tiefere Bedeutung (wie bei der Allegorie), erhalten sie nicht durch ein einmaliges Erlebnis (wie bei Goethe), sondern sie erhalten sie durch den Textzusammenhang, in dem sie stehen, vor allem dadurch, dass sie in bedeutungsvollen Augenblicken wiederholt werden, so dass sie sich mit symbolischer Kraft aufladen (z.B. der Chinese in Fontanes ‚Effi Briest‘), oder auch dadurch, dass sie einander gegenübergestellt werden (Hohen-Cremmen und Kessin in ‚Effi Briest‘).

> Ähnlich wie die Musik bedient sich auch die Literatur der Leitmotivtechnik.

Gesellschaftsroman

Dem Realismus entspricht ein Romantyp, der ein Panorama der Gesellschaft malt. Tatsächlich bietet er jedoch fast immer nur einen größeren Ausschnitt. Gehobenes Bürgertum, niederer und mittlerer Adel stehen im Mittelpunkt, Hochadel und Arbeiter erscheinen, wenn überhaupt, nur am Rande. Mit ‚Frau Jenny Treibel oder Wo sich Herz zum Herzen find't‘ (1892) formuliert Fontane eine bildungsbürgerliche Kritik am neureichen Industriebürgertum und damit an der Fassadenkultur der Zeit. Die Beschreibung tendiert dazu, die Handlung zu verdrängen, am deutlichsten in Theodor Fontanes ‚Stechlin‘ (1897). Die äußere Handlung wird von anderen Romantypen entlehnt, vom Liebesroman (Wilhelm Raabe ‚Die Chronik der Sperlingsgasse‘, 1857; Theodor Fontane ‚Effi Briest‘, 1894/95), von der Kriminalgeschichte (Wilhelm Raabe ‚Stopfkuchen. Eine See- und Mordgeschichte‘, 1891) oder von der Dorfgeschichte (Marie von Ebner-Eschenbach ‚Das Gemeindekind‘, 1887). Auch die Verbindung mit der Autobiografie ist möglich (Fritz Reuter ‚Olle Kamellen‘, 1859/64). Raabes Romane sind zumeist fingierte Lebensrückblicke, wie Erinnerung überhaupt die Lieblingsperspektive der Autoren wird. Typisch für die deutsche Literatur ist die Verknüpfung des Gesellschaftsbildes mit dem Bildungsroman.

Bildungsroman

Der Bildungsroman wird um die Beschreibung des bürgerlichen Wirtschaftsalltags bereichert, aber auch um den Aspekt der Weltveränderung verkürzt; der Einzelne muss lernen, sich in die Welt einzufügen. Allerdings kann er dabei besitzbürgerlich aufsteigen. Soweit diese Möglichkeit positiv bewertet wird, ist der Roman optimistisch, wie Gustav Freytags ‚Soll und Haben‘ (1855) zeigt. Mit der Kritik am Besitzbürgertum aber wird der Roman resignativ, damit manchmal auch vielschichtiger und problembewusster. In Gottfried Kellers ‚Grünem Heinrich‘ (1854/55 und 1879/80) muss der Künstler sich an die bürgerliche Welt anpassen. In seinem späten Roman ‚Martin Salander‘ (1886) sind skrupellose Geschäftemacher dabei, die bürgerlich-demokratische Ordnung der Schweiz zu zerstören. Wilhelm Raabe konfrontiert im ‚Hungerpastor‘ (1864) den idealistischen Hunger nach Wahrheit, Freiheit und Liebe mit dem Wunsch nach Wissen als Mittel, um Macht und Reichtum zu gewinnen. Dieser Wunsch beherrscht den unglücklichen Juden Moses Freudenstein, das negative Gegenbild zur mitleidigen Jüdin Salome von Veitor in Raabes Novelle ‚Frau Salome‘. In seinem ‚Abu Telfan oder die Heimkehr vom Mondgebirge‘ (1868) wird das Sklavendasein in Afrika mit dem Leben im zeitgenössischen Deutschland verglichen.

> Der Bildungsroman, der in Aufklärung, Klassik und Romantik hin zu einer gereiften, vertieften, abgerundeten Persönlichkeit führte, endet im Realismus häufig in Resignation.
>
> Zu Gottfried Kellers ‚Der grüne Heinrich‘ siehe auch S. 176.

Historischer Roman

Professorenroman = Roman, der gelehrtes historisches und kulturhistorisches Wissen vermittelt.

Die bildungsbürgerliche Rückwendung in die Vergangenheit bringt den sogenannten Professorenroman hervor, der viel gelesen wurde (Felix Dahn ‚Ein Kampf um Rom‘, 1876). Joseph Victor Scheffel verwendet in seinem ‚Ekkehard‘ (1855) gelehrtes Wissen dazu, den Leser in die exotisch wirkende germanisch-deutsche Vergangenheit zu entführen. Gelehrtes Wissen verarbeitet auch ein Romantyp, der als eine Art erzählter Geschichtsschreibung die Tradition nationaler Größe stiften soll, nach der man zur Zeit der Reichsgründung verlangt (Gustav Freytag ‚Die Ahnen‘, 1873/74). Anspruchsvoller sind die Romane, die wichtige, oft krisenhafte Perioden der Geschichte unausgesprochen mit der Gegenwart konfrontieren, so Theodor Fontanes ‚Vor dem Sturm‘ (1878) und sein ‚Schach von Wuthenow‘ (1882) sowie Conrad Ferdinand Meyers ‚Jürg Jenatsch‘ (1874) über den Schweizer Kanton Graubünden zur Zeit des Dreißigjährigen Krieges.

Exkurs: Novelle

Die neuzeitliche Novelle entsteht in der adlig-bürgerlichen Geselligkeitskultur der italienischen Renaissance mit dem ‚Decamerone‘ (1348–53) des Giovanni Boccaccio.

Als Novelle bezeichnet man einen straff gebauten Prosatext mit einem Spannungsaufbau, der dem Drama entspricht. In seinem Zentrum steht eine „unerhörte Begebenheit" (Goethe), die unerwartet und zufällig in den Alltag einbricht und ein individuelles Schicksal bestimmt. Der straffe Aufbau wird häufig durch ein Dingsymbol oder ein anderes Leitmotiv unterstrichen. (Dementsprechend verlangt Paul Heyse in der Epoche des Realismus in jeder Novelle etwas wie den „Falken", der in einer Novelle Boccaccios vorkommt.) Der Mischung aus Alltag und besonderem Ereignis entsprechend entsteht in der Antike und der Renaissance die Novelle in einer Geselligkeitskultur, in der das Interesse am Alltäglichen, welches das Leben einer unteren gesellschaftlichen Schicht bestimmt, mit dem Gefühl des Besonderen verbindet, das sich in einer höheren gesellschaftlichen Schicht ausbildet, zusammen mit dem Gefühl, dass der Zufall jederzeit ins geordnete Leben einbrechen kann, sei es auf bedrohliche oder auf komische, irgendeine falsche Haltung entlarvende Weise.

Sofern die Novelle ein bedeutungsvolles Ereignis mitten im Alltagsleben darstellt, ist sie für den doppelbödigen Stil des poetischen Realismus besonders geeignet. Da sie nur einen begrenzten Ausschnitt der Wirklichkeit wiedergibt, lässt sich in ihr leichter als im Roman ein Sinnzusammenhang zeigen. Sie ist daher die beliebteste zeitgenössische Gattung und erreicht in dieser Epoche auch ihren Höhepunkt. Man sucht sie theoretisch zu bestimmen und verlangt, um die Gattung aufzuwerten, die Einhaltung strenger Formvorschriften. In der Praxis lassen sich die meisten Autoren jedoch nicht merklich einengen. Während zunächst die Beschreibung dörflicher oder kleinbürgerlicher Gegenwart vorherrscht, tritt später die lokalhistorische Novelle in den Vordergrund. Theodor Storms Novellen (‚Immensee‘, 1850; ‚Pole Poppenspäler‘, 1874; ‚Aquis submersus‘, 1876; ‚Carsten Curator‘, 1878; ‚Der Schimmelreiter‘, 1888) spielen im ländlich-kleinstädtischen Umfeld, ‚Aquis submersus‘ ist zugleich eine historische Novelle, welche preußische Aristokratie und protestantische Orthodoxie kritisiert. In Gottfried Kellers Novellen (‚Die drei gerechten Kammmacher‘ aus Bd. 1, 1856, und ‚Kleider machen Leute‘ aus Bd. 2, 1874, der ‚Leute von Seldwyla‘) ist das ländliche Schweizer Leben Gleichnis menschlicher Schwächen; andere (‚Der Landvogt von Greifensee‘, 1877, und der Novellenzyklus ‚Das Sinngedicht‘, 1881) lehren, mit Täuschungen und Enttäuschungen umzugehen. Wilhelm Raabes historische Novellen weiten sich meist zu Erzählungen aus. ‚Der Dräumling‘ (1872) ist eine Satire auf das nationale Pathos bei den Schillerfeiern von 1859. Der Meister der in straffer Form gehaltenen historischen Novelle ist der Schweizer Conrad Ferdinand Meyer. Bittere Anklage eines Adels, der seine Fürsorgepflichten versäumt, ist die Novelle ‚Er lasst die Hand küssen‘ (1886) der

Zu C. F. Meyers Novellen siehe S. 180.

Österreicherin Marie von Ebner-Eschenbach. Kritisch und zugleich wehmütig blickt ihr Landsmann Ferdinand von Saar auf den Untergang des alten Adels (‚Das Haus Reichegg‘, 1877; ‚Schloss Kostenitz‘, 1893); in ‚Seligmann Hirsch‘ (1889) beschreibt er, wie ein alter Jude am Assimilationszwang zerbricht.

Der komplexen modernen Welt ist die strenge Novellenform nicht mehr angemessen, ihr entspricht der Roman. Daher erweitert sich die Novelle zur Erzählung; im 20. Jh. kommt die Kurzgeschichte auf, die ein Schlaglicht auf Außenseiter der Gesellschaft wirft oder eine merkwürdige Situation beschreibt, die gleichnishaft oder verfremdend einen bestimmten Aspekt der Gesellschaft herausstellt.

Im Realismus zeigt sich die Veränderung der strengen Novellenform teils in der Ausweitung zur Erzählung, teils in den Fällen, in denen das schicksalhaft Zufällige durch eine erkennbare und dann zumeist kritisierte gesellschaftliche Entwicklung ersetzt wird.

Drama

Das Drama gilt jetzt zwar als höchste literarische Gattung, trotz eingehender theoretischer Untersuchungen des klassischen Dramas (Vischer, Ludwig, Freytag) entstehen aber keine bedeutenderen Stücke. (Hebbel, dessen Hauptwerk in die fünfziger Jahre fällt, lehnt den Realismus ab.) Eine Ausnahme macht der Österreicher Ludwig Anzengruber, der das Wiener Volksstück weiterführt. Er stellt weiterhin mit erzieherischem Anspruch Probleme aus dem bäuerlichen oder kleinbürgerlichen Alltag dar, hebt aber die Mischung aus Ernst und Posse auf, die dem Volksstück bis dahin eigen war, und trennt ernstes Schauspiel (‚Der Meineidbauer‘, 1871; ‚Das vierte Gebot‘, 1877) von der Komödie (‚Die Kreuzlschreiber‘, 1872). Gustav Freytag gelingt immerhin eine Komödie, die ein Licht auf die Entstehung der politischen Parteien wirft (‚Die Journalisten‘, 1852). In der nächsten Periode wird man dann eine neue, zeitgemäßere Dramenform entwickeln.

Oper und Operette

Anders steht es mit der Oper. Richard Wagner, Komponist und Autor, schafft Gesamtkunstwerke. Üppiges barockes Dekor und romantisch-mittelalterliche Stoffe verbinden sich mit einer von Ludwig Feuerbach übernommenen Kritik an sinnenfeindlicher Moral und mit frühsozialistisch-anarchistischer Kritik an der Geldherrschaft, deren Ende Wagner im ‚Ring des Nibelungen‘ (1853/74) im Rückgriff auf die germanische Mythologie verkündet. Mit der Kritik ist zugleich die Vergöttlichung der Kunst verbunden, in der allein Erlösung ist, und die Sehnsucht nach rauschhaft schönem Untergang (‚Tristan und Isolde‘, 1859). Diese Sehnsucht wird der Ästhetizismus der folgenden Epoche feiern. Damit hat Wagner nicht nur die Musik, sondern auch die Literatur der Moderne (Thomas Mann) wesentlich beeinflusst. Allerdings hat er seine Kritik an Geldherrschaft mit Antisemitismus verknüpft.

Mitte des 19. Jhs. entsteht in Paris mit Jacques Offenbach und in Wien mit Johann Strauß die moderne Operette. Sie entwirft, ohne dies zu verleugnen, eine Scheinwelt, die in der Komik und manchmal auch Sentimentalität von Arbeitsdruck und herkömmlischer Moral entlasten. Autoritäten werden verlacht, Frauen führen das Szepter, und alles löst sich auf in Harmonie. ‚Die Fledermaus‘ (1874) von Johann Strauß erhebt Probleme der Zeit, die sonst kritisch dargestellt werden, zu unterhaltsamen Gegenständen: Nähe von Geschäft und Kriminalität, Langeweile, Trinken aus Kummer. Gesellschaftliche Gegensätze werden nicht verschwiegen, aber erotisch-harmonisch und champagnerfroh überwunden.

Hier meint „Gesamtkunstwerk“, dass Musik, Text und Bühnenbild im Sinne romantischer Gattungsmischung ein Ganzes bilden sollen.

Lyrik

Die meisten Gedichte der Epoche folgen klassisch-romantischen Mustern. Die Vielgestaltigkeit der lyrischen Gattungen reduziert sich jetzt auf Erlebnisgedicht und Ballade. Im Erlebnisgedicht gelingt den besten Autoren durch symbolische Doppelbödigkeit bei bewusst einfachem Sprechen eine unauffällige Schönheit. Gottfried Keller (‚Winternacht‘, ‚Abendlied‘ in ‚Gedichte‘, 1851) und Theodor Storm (‚Abseits‘, ‚Meeresstrand‘, ‚April‘, ‚Ein Sterbender‘ in ‚Gedichte‘, 1852) bevorzugen das Naturgedicht. Fontanes späte Gedichte spiegeln in kunstvoll einfachem Dahinplaudern ironisch das Alltägliche und Banale (‚An meinem fünfundsiebzigsten Geburtstage‘, ‚Summa summarum‘ in ‚Gedichte‘, 1898). Gegen Ende der Epoche entwickelt Conrad Ferdinand Meyer unter französischem Einfluss eine Lyrik, in der Gefühl nicht mehr als Ausdruck persönlichen Erlebens erscheint, sondern als etwas, was leitmotivisch verwendeten Chiffren und Dingsymbolen sozusagen von selbst anhaftet (‚Abendrot im Walde‘, ‚Schwüle‘, ‚Abendwolke‘, ‚Zwei Segler‘, ‚Der römische Brunnen‘ in ‚Gedichte‘, 1882).

Die Balladendichtung, die mit Fontane und Meyer ihre beiden Gipfel erreicht, konzentriert sich auf die historische und die Heldenballade. Fontane beruft die Rache verletzter moralischer Ordnung und preist den fraglosen, braven Dienst – auch des preußischen Adels – an der Gemeinschaft, die durch dämonische Kräfte des Innern wie der äußeren Natur bedroht ist (‚Der alte Ziethen‘, 1847; ‚Archibald Douglas‘, 1867; ‚Die Brück‘ am Tay‘, 1880; ‚John Maynard‘, 1886; ‚Herr von Ribbeck auf Ribbeck im Havelland‘, 1889). In Meyers historischen Balladen werden geschichtlich bedeutsame Situationen und Menschen abgebildet, mit Vorliebe die Augenblicke heftigster Gefühle und seelischer Grenzsituationen (‚Bettlerballade‘, 1875; ‚Mit zwei Worten‘, 1877; ‚Alter Schweizer‘, 1882; ‚Der Rappe des Konturs‘, 1882; ‚Die Füße im Feuer‘, 1882).

Einen Sonderfall stellen die Bildgeschichten Wilhelm Buschs dar. In ihnen erreicht der pessimistische Humor der Epoche eine Bandbreite, die vom Sentimentalen bis zum Grotesken reicht (‚Max und Moritz‘, 1865; ‚Die fromme Helene‘, 1872; ‚Maler Klecksel‘, 1884).

AUTOREN

Ein Schweizer Demokrat: Keller

Gottfried Keller (1819–1890)

Der Sohn eines früh verstorbenen Züricher Drechslers wurde wegen eines geringfügigen Vergehens von der Schule verwiesen und versuchte, sich in München zum Maler auszubilden, hatte jedoch keinen Erfolg. 1842 kehrte er nach Zürich zurück, wo er sich mit deutschen Schriftstellern des Vormärz befreundete, die in die Schweiz emigriert waren. Diese Begegnung beeinflusste seine erste Sammlung ‚Gedichte‘ (1846). Ein Stipendium der Züricher Regierung erlaubte ihm 1848 einen zweijährigen Studienaufenthalt in Heidelberg, wo er begeistert Ludwig Feuerbach hörte. Anschließend ging er für fünf Jahre nach Berlin. Hier bildete er sich im Kreise Varnhagen von Enses und in der Begegnung mit Literaturwissenschaftlern und Verlegern. In diesen sieben Jahren entstand der Kern seines Werks: 1851 erschienen die ‚Neueren Gedichte‘, 1854/55 kam die erste Fassung des Bildungsromans ‚Der grüne Heinrich‘ heraus (zweite Fassung 1879/80), 1856 der erste Band der Novellensammlung ‚Die Leute von Seldwyla‘.

1855 kehrte Keller nach Hause zurück, versuchte vergeblich, als freier Schriftsteller und politischer Journalist zu leben, und musste sechs Jahre ohne Einkommen bei Mutter und Schwester verbringen, bis er 1861 als Staatsschreiber des Kantons Zürich angestellt wurde. Während er pflichtbewusst seine Aufgaben erfüllte, wurde ihm später literarischer Ruhm zuteil. In dieser Zeit beendete er die ‚Sieben Legenden‘ (1872). 1873/74 erschien der zweite Band der ‚Leute von Seldwyla‘. 1875 legte er sein Amt nieder, um die letzten Lebensjahre dem Abschluss seines Werkes zu widmen. Neben der zweiten Fassung des Romans wurden die beiden Novellensammlungen ‚Züricher Novellen‘ (1876/78) und ‚Das Sinngedicht‘ (1881) beendet. 1886 erschien schließlich sein zweiter Roman ‚Martin Salander‘.

In seinem Bestreben, die Leser politisch aufzuklären, in seinem selbstverständlichen Eintreten für die schweizerische Demokratie bezeugt sich Kellers dauerndes politisches Engagement. Angesichts der zunehmenden Zerstörung alter Bindungen durch Geldgier und Erfolgsdenken wendet er sich mehr und mehr der Vergangenheit zu, tritt sein zunächst untergründiger Pessimismus immer offener zutage, am deutlichsten im ‚Martin Salander‘. Es ist bezeichnend, dass gerade seine Lieblingsgestalten ihr Leben in tapferer Resignation zu Ende führen. Daraus spricht nicht nur die zunehmende Kluft zwischen künstlerischem Menschen und politisch-wirtschaftlichem Leben, sondern auch das persönliche Problem eines tiefen Schuld- und Minderwertigkeitsgefühls, das es Keller unmöglich machte, eine Liebesbeziehung einzugehen.

Kellers Dichtung ist von entschiedener Diesseitigkeit. Ludwig Feuerbachs Atheismus führt ihn nicht vor das Schreckbild des einsamen Todes, sondern befreit ihn erst dazu, die Schönheit des vergänglichen irdischen Daseins zu genießen. Die ‚Sieben Legenden‘ parodieren unaufdringlich christliches Entsagungsdenken und verweisen dagegen auf Natürlichkeit und Sinnlichkeit. Kellers Humor ist unsentimental, er kann sich in die mitleidlose Beschreibung des grotesk komischen Anblicks verwandeln, den die borniert, in Geld- und Selbstsucht erstarrten Menschen bieten.

Das Provinzielle hat bei Keller Gleichnischarakter. Wenn die Seldwyler Geschichten den Leser in Menschlichkeit und in die Wahrnehmung seiner gesellschaftlichen Verantwortung einführen wollen, so geschieht das zwar am Beispiel des Dorf- und Kleinstadtlebens, aber Seldwyla ist kein ausgegrenztes Gegenbild der großen Welt, sondern ihr entlarvendes Abbild. Es zeigt, wie der alte Ehrbegriff einer handwerklich geprägten Gesellschaft häufig genug zur Fassade wird, hinter der sich Konkurrenz und Spekulation breit machen.

Zum Bildungsroman
im 18. Jahrhundert
siehe S. 101.

Der autobiografische Bildungsroman ‚Der grüne Heinrich‘ wird bestimmt durch die ungelöste Spannung zwischen der Anpassung an Schule und Beruf einerseits, Fantasie und künstlerischem Außenseitertum andrerseits. Die Fantasie wirkt auf widersprüchliche Weise. In fantastischen Lügen, im blinden Hingegebensein an seine Künstlerträume, äußern sich Heinrichs Eitelkeit und Herrschsucht, die ihn anderen, vor allem seiner Mutter gegenüber schuldig werden lassen. Aber die Fantasie treibt ihn auch dazu, gegen ungerechte Autorität und veräußerlichte Moral zu rebellieren. Er lernt schließlich die Fantasie auf das Natürliche zu richten, sowohl als Künstler, der nach der Natur malt und nicht mehr aus dem Kopf, wie auch als Liebender, dem die unwirklich reine Luftgestalt Annas allmählich verblasst vor der naturhaft sinnlichen Judith. Aber die im Bildungsroman erstrebte Integration des Außenseiters in die Gesellschaft ist damit noch nicht erreicht. Sie verlangt die volle Anpassung, den gänzlichen Verzicht auf das Künstlertum, den Verzicht nicht nur auf das Übertriebene, sondern auch auf das Rebellische der Fantasie. Damit wird auch das Natürliche verfehlt, das nur in der Rebellion gegen die herrschende moralische Fassade zu erreichen wäre. Bildung im Sinne einer organischen Entfaltung der künstlerischen Begabung ist nicht mehr möglich. In der ersten Fassung des Romans stirbt Heinrich kurz nach dem Tod der Mutter, die zweite Fassung endet mit dem freundlich distanzierten Nebeneinanderleben Heinrichs und Judiths.

Schwermut in norddeutscher Provinz: Storm

Theodor Storm (1817–1888)

Der Sohn eines Advokaten aus dem damals dänischen Husum studierte in Kiel und Berlin und kehrte 1843, nun selbst Advokat, in die Heimat zurück. Als Anhänger der antidänischen Volksbewegung ging er, obwohl er den preußischen Obrigkeitsstaat ablehnte, 1851 ins Exil nach Potsdam und Heiligenstadt. Dort diente er sich vom unbezahlten Assessor zum schlechtbezahlten Kreisrichter hoch. Nach ersten Veröffentlichungen in den vierziger Jahren erschienen 1851 die ‚Sommergeschichten und Lieder‘; sie enthalten u. a. das Märchen ‚Der kleine Häwelmann‘ und ‚Immensee‘ (erste Fassung 1849), Storms berühmteste Novelle. Ein Jahr später kam die erste Ausgabe der ‚Gedichte‘ heraus; sie erreichte zu Storms Lebzeiten sieben, mehrfach erweiterte Auflagen.

In Heiligenstadt (ab 1856) begann die Lyrik hinter den Novellen zurückzutreten (u. a. ‚Auf dem Staatshof‘, 1858; ‚Im Schloss‘, 1861; ‚Auf der Universität‘, 1863). Nach der Niederlage Dänemarks 1864 kehrte Storm nach Husum zurück, wo er zunächst als Landvogt und dann, nach der Einverleibung Schleswigs durch Preußen, bis 1880 als Amtsrichter arbeitete. In der zweiten Husumer Periode entstanden neben der schwermütigen Spätlyrik die reifen Novellen, unter ihnen ‚Draußen im Heidedorf‘ (1872), ‚Pole Poppenspäler‘ (1874), ‚Aquis submersus‘ (1876), ‚Carsten Curator‘ (1878), ‚Der Herr Etatsrat‘ (1881), ‚Hans und Heinz Kirch‘ (1882), ‚Zur Chronik von Grieshuus‘ (1884), ‚Ein Fest auf Haderslevhuus‘ (1885), ‚Ein Doppelgänger‘ (1886), ‚Der Schimmelreiter‘ (1888).

Zum Begriff
Biedermeier
siehe S. 142.

Politisch zuerst von Dänemark, dann von Preußen enttäuscht, zog Storm sich in eine ganz im Privaten angesiedelte Dichtung zurück. Doch das Private ist keine zwar bedrohte, aber doch schützende Gegenwelt mehr wie im Biedermeier. Auch hier haben sich jetzt Geld und Fassade durchgesetzt und die Menschen verhärtet. In den Idyllen, in denen man sich zu schützen sucht, wirken insgeheim Ängste und Aggressionen. Schwermut herrscht: Erinnerung vereinsamter Sonderlinge an verfehltes Glück, Hilflosigkeit gegenüber den verhängnisvollen Zufällen, Unfähigkeit zum erlösenden Wort, das die Hemmungen und Konflikte – häufig ist es der Vater-Sohn-Konflikt – durchbrechen würde. Frauen werden zu Opfern männlicher Verhärtungen.

Storms Novellen stehen zunächst den Gedichten nahe; ihnen fehlt die bewegende Handlung, statt dessen fangen sie idyllische, elegische und unheimliche Stimmungen ein. Die Märchen leben aus dem Traumhaften und Unerklärlichen. Seit der Heiligenstädter Zeit bemüht sich Storm, das Geschehen zeitlich, räumlich und sozial genau festzulegen und die stimmungshaften Situationen eng miteinander zu verknüpfen, vor allem in der nun häufigen Geschichtsnovelle. Dennoch bleibt das „Poetische" erhalten, und zwar dadurch, dass er Ursachen und Zusammenhänge nicht ausspricht, sondern symbolisch andeutend in der Schwebe lässt.

Im ‚Schimmelreiter', in Storms letzter Novelle, die seine wichtigsten Motive noch einmal zusammenfasst, ist die Spannung zwischen Gespenstischem und Wirklichem, Sage und Geschichte schon in der Spannung zwischen Binnen- und doppelter Rahmenerzählung angelegt. Der Held scheitert an Unwissenheit und kurzsichtigem Besitzdenken seiner Umwelt, aber auch an einer untrennbaren Verknüpfung von Schuld und Schicksal. Die Vernichtung, symbolisiert in der Naturgewalt des Meeres, ist unaufhaltsam.

Ein kritischer Philister: Raabe

Wilhelm Raabe (1831–1910)

Der Sohn eines Justizbeamten aus dem Braunschweigischen verließ vorzeitig das Wolfenbütteler Gymnasium und begann eine Buchhändlerlehre in Magdeburg. 1854 ging er nach Berlin, um sich als Gasthörer an der Philosophischen Fakultät weiterzubilden. Hier schrieb er unter dem Pseudonym Jakob Corvinus seinen ersten Roman ‚Die Chronik der Sperlingsgasse' (1857). Der Erfolg gab ihm Mut, endgültig als Schriftsteller zu leben. Das verlangte allerdings fleißige Arbeit: Raabe schrieb in seinem Leben rund 30 Romane und 35 Novellen.

Von 1856 bis 1862 lebte er in Wolfenbüttel. Hier schrieb er u.a. den traditionellen Bildungsroman ‚Die Leute aus dem Walde, ihre Sterne und Schicksale' (1863), den historischen Briefroman ‚Nach dem großen Kriege' (1861) sowie Novellen (‚Die schwarze Galeere', 1861; ‚Unsers Herrgotts Kanzlei', 1862). Nach seiner Heirat zog Raabe für acht Jahre nach Stuttgart, wo er manche literarische Anregung empfing (Friedrich Theodor Vischer, Ferdinand Freiligrath, Eduard Mörike) und zu seiner eigenen Form fand. Es entstanden u.a. die drei großen Zeitromane: ‚Der Hungerpastor' (1864), ‚Abu Telfan oder Die Heimkehr vom Mondgebirge' (1868) und ‚Der Schüdderump' (1869) sowie die Novelle ‚Else von der Tanne' (1865). ‚Der Hungerpastor' aus der ‚Stuttgarter Trilogie' und ein weiterer, ‚Drei Federn' (1865), sind wiederum Bildungsromane.

Von 1870 bis zu seinem Tod lebte Raabe in Braunschweig. Von den vielen Werken, die er nun vollendete, sind die Novellen ‚Der Dräumling' (1872), ‚Zum Wilden Mann' (1874) und ‚Pfisters Mühle' (1884) hervorzuheben sowie die Romane ‚Horacker' (1876), ‚Alte Nester. Zwei Bücher Lebensgeschichten' (1879, ein Bildungsroman), ‚Das Odfeld' (1888), ‚Stopfkuchen. Eine See- und Mordgeschichte' (1891), ‚Die Akten des Vogelsangs' (1896) und ‚Hastenbeck' (1898).

Die von Raabe herbeigewünschte Reichseinheit unter preußischer Führung enttäuscht ihn tief, denn sie bringt nicht die erhoffte Demokratisierung, sondern sie verstärkt mit gründerzeitlichem Spekulationsfieber und Protzentum noch die gemeinsame Herrschaft von Geld und Adel. Nur in kleinen Gemeinschaften, oft stammtischartigen Freundeskreisen, sieht er noch Menschlichkeit bewahrt. Dort glaubt er, eine nationalbewusste, aber zugleich gegen Adelsdünkel und Protzentum gerichtete Haltung leben zu können, deren geistige Wurzeln im Sturm und Drang und in den antinapoleonischen Befreiungskriegen liegen. In seiner Dichtung wirken diese privaten, scheinbar philiströsen Inseln wie biedermeierlich enge Gegenbereiche. Raabe verbindet jedoch auf unterschiedliche Weise gerade das Private und Provinzielle mit den großen untergründigen Zügen der Geschichte, während er das öffentlich herrschende Philistertum der selbstgerechten Untertanenseelen geißelt.

Dass das große Publikum aus seinem Werk schließlich nur Stammtischnationalismus und eine banal biedermeierliche Zufriedenheit herausliest, zeigt, wie unwirklich die Inselwelten in seiner Zeit waren. Auf Stillschweigen und Unverständnis reagiert Raabe, indem er sich immer stärker vom Kulturbetrieb abwendet und in seiner Dichtung immer deutlicher den Sonderling hervortreten lässt, der, im äußerlichen Verhalten oft spießerhaft, das Weltgetriebe durchschaut hat und sich mit der Vergeblichkeit aller großen Pläne abfindet. Neben ihm steht die Figur des sich erinnernden bildungsbürgerlichen Erzählers, der stellvertretend für den Leser allmählich die Hohlheit der modernen Gesellschaft erkennt. Damit ist die Gegenposition zu Raabes frühen Bildungsromanen erreicht, in denen der Einzelne noch erzieherisch in die Gesellschaft hineingeführt wird.

Raabes Humor schwankt zwischen dem satirischen Angriff auf das herrschende Philistertum und dem lächelnden Einverständnis mit der Vergeblichkeit. Dieses Einverständnis rechtfertigt sich durch eine Portion Unwahrhaftigkeit und Begrenztheit, die nach Raabe einer jeden Lebenshaltung und einer jeden Sichtweise der Dinge notwendig anhaften, so dass der Dichter versöhnlich mit verschiedenen Positionen spielen kann.

Zwischen Kritik und Anpassung in Preußen: Fontane

Theodor Fontane (1819–1898)

Der Apothekersohn aus Neuruppin schloss sich 1842/43 dem Leipziger ‚Herwegh-Verein‘ an und schrieb kritische Gedichte im Stil Heines. 1844 jedoch wurde er Mitglied des konservativen literarischen Sonntagsvereins ‚Tunnel über der Spree‘. Dort ermunterte man ihn zur Balladendichtung. Nach ersten Naturballaden errang er Erfolge mit seinen Preußenliedern, in denen er ehemalige Feldherren als Männer des Volks feierte (‚Männer und Helden‘, 1850). Dazu kamen später Balladen im schottischen Stil und auch solche, die sich auf die Gegenwart bezogen (zusammengestellt in der zweiten Auflage der ‚Gedichte‘, 1875).

Nach kurzer, aber heftiger Begeisterung für die Revolution von 1848 nahm Fontane eine Stelle als Zeitungskorrespondent für die preußische Regierung an. Ab 1859 arbeitete er als Redakteur für die christlich-konservative ‚Kreuzzeitung‘. In dieser Zeit entstanden die ‚Wanderungen durch die Mark Brandenburg‘ (1862–1882), historisch-anekdotische Erzählungen mit genauen Detailbeschreibungen. ‚Wanderungen‘, in denen die Mark als Lebenswelt des preußischen Landadels erscheint, lieferten Material für Fontanes spätere Romane. Außerdem berichtete er in mehreren Büchern von den zeitgenössischen Kriegen, vom Deutsch-Dänischen 1864, vom Preußisch-Österreichischen 1866 und vom Deutsch-Französischen Krieg 1870/71. Während des letzteren wurde er als preußischer Spion verhaftet und entging nur knapp der Exekution.

1870 wechselte er als Theaterkritiker über zur liberalen ‚Vossischen Zeitung‘. Etwa zwanzig Jahre lang kommentierte er nun die literarische Entwicklung Deutschlands; in seinen letzten Rezensionen besprach er mit zurückhaltender Anerkennung die ersten naturalistischen Stücke. Erst als Mittfünfziger begann er mit seinem umfangreichen erzählerischen Werk. In rascher Folge erschienen nun Romane und Erzählungen. Dem Erstling ‚Vor dem Sturm. Ein Roman aus dem Winter 1812 auf 13‘ (1878) folgten u. a. ‚Grete Minde. Nach einer altmärkischen Chronik‘ (1879), ‚L'Adultera‘ (1880), ‚Schach von Wuthenow. Erzählung aus der Zeit des Regiments Gensdarmes‘ (1882), ‚Unterm Birnbaum‘ (1885), ‚Irrungen Wirrungen‘ (1887), ‚Stine‘ (1890), ‚Unwiederbringlich‘ (1891), ‚Frau Jenny Treibel oder Wo sich Herz zum Herzen find't‘. Roman aus der Berliner Gesellschaft‘ (1892), ‚Effi Briest‘ (1894/95). Kurz vor Fontanes Tod begann die illustrierte Wochenschrift ‚Über Land und Meer‘ mit dem Vorabdruck seines Hauptwerks, des Romans ‚Der Stechlin‘ (1897).

Fontane hegt ein tiefes Misstrauen gegenüber der triebhaften Natur des Menschen. Darum beruft er das strafende Schicksal und verlangt nach festen moralischen Normen, wie sein strenger protestantischer Glaube sie lehrt. Andererseits aber hasst er die unpersönliche Starrheit jedes Gesetzes und wünscht, ganz seiner Natur leben zu können. So schwankt er zwischen protestantischer Strenge und unbändigem Freiheitswunsch, bürgerlicher Normalität und poetischer Ausnahme, zwischen Anpassung und Protest.

Ähnlich widersprüchlich sind seine gesellschaftlichen Erfahrungen. Als einer, der sich einmal für Heine, Herwegh und die Revolution begeisterte, verlangt er nach Fortschritt zu sozialer Gerechtigkeit. Er erlebt aber, dass der Fortschritt nur den protzigen Besitzbürger hervorbringt, der seinen Egoismus heuchlerisch hinter den Konventionen versteckt. Von dieser Haltung sind die adlig-konservativen Kreise, in denen Fontane zuverlässige Freunde fand, weitgehend frei; dort aber stoßen ihn Standesdünkel und Provinzialismus ab. So schwankt er zwischen liberal-fortschriftlicher und konservativer Haltung.

In diesen Spannungen steht das literarische Werk. Ein vorgegebenes Geschick bestimmt das Leben von Fontanes Gestalten. In den frühen Kriminalgeschichten erscheint es als strafendes Schicksal (‚Unterm Birnbaum‘), in den späteren Romanen, die die gehobene Gesellschaft malen, als unentrinnbarer Zwang der Konventionen. Dass Fontane diesen Zwang als leidvoll empfindet, zeigt sich an den Frauen, die sich ihrer Natur gemäß verhalten und dafür von einer prüden Gesellschaft den Konventionen geopfert werden (Lene in ‚Irrungen Wirrungen‘; Stine, Effi Briest). Dabei wird zugleich der patriarchalische Charakter der Konventionen deutlich. Dass Fontane diese letztlich aber akzeptiert, zeigt sich daran, dass er die Opfer schließlich entsagen und mit den Konventionen einverstanden sein lässt. Das ist die Voraussetzung der poetischen Verklärung. Seine Sympathie allerdings gehört den passiven Opfern. Umso unsympathischer zeichnet er die besitzbürgerliche Jenny Treibel, die ihre eigensüchtigen Ziele verfolgt.

In den weiblichen Opfern leidet, so wie Fontane es sieht, die Natur an der Gesellschaft. Diesen Konflikt erfahren die männlichen Gestalten als inneren, denn von ihnen wird verlangt, sowohl ihrer Natur gemäß zu leben als auch die moralischen Normen durchzusetzen. Das gelingt ihnen aber nicht. Entweder sind sie starre Vertreter der herrschenden Moral (Innstetten in ‚Effi Briest‘), oder sie sind letztlich schwach und halbherzig wie Schach von Wuthenow oder wie Graf Holk in ‚Unwiederbringlich‘. Sie unterwerfen sich schließlich der gesellschaftlichen Heuchelei, die einerseits die moralischen Normen ohne Rücksicht auf den Einzelfall durchzusetzen verlangt, sich andererseits aber durchaus damit begnügt, dass die Fassade gewahrt bleibt. An diesem Zwiespalt scheitern sie.

Eine spannungsvolle Verbindung der Gegensätze gelingt Fontane schließlich im ‚Stechlin‘, freilich um den Preis, den Konfliktbereich von Ehe und Sexualität weitgehend auszuklammern, an dem seine Gesellschaftsromane den Widerspruch zwischen Natur und Gesellschaft hauptsächlich aufzeigen. ‚Der Stechlin‘ ist ein politisches Testament, geschrieben im Bewusstsein einer Zeitenwende. Gegenüber seinen erstarrten und überlebten Standesgenossen, die satirisch gezeichnet werden, vertritt der alte Dubslav den Adel, „wie er sein sollte": frei von moderner Heuchelei, aufgrund christlich-patriarchalischen Fürsorgedenkens aber offen für die moderne Idee sozialer Gerechtigkeit. Ebenso wie der Stechlinsee, der auf ferne Vulkanausbrüche und Erdbeben mit einem aufsteigenden Wasserstrahl reagiert, verspürt auch Dubslav in all seiner provinziellen Enge feinfühlig die kommenden sozialen Umwälzungen, die alle Ordnung sprengende Gewalt der Industrialisierung. Demgegenüber lebt er noch ein-

‚Effi Briest‘ gehört neben Gustave Flauberts ‚Madame Bovary‘ und Leo Tolstois ‚Anna Karenina‘ zu den großen europäischen Romanen des 19. Jahrhunderts, in denen das Ehebruchthema variiert wird.

Zum Konzept der poetischen Verklärung siehe S.170.

mal vor, wie eine Verbindung alter moralischer Ordnung mit moderner Wendung zum Einzelmenschen aussehen könnte: Er gehorcht der Pflicht, im Dienst des Ganzen den persönlichen Egoismus zu überwinden; er lebt zugleich nach der Devise, jeder Einzelne müsse immer wieder erneut und ohne Prinzipienreiterei sich fragen, welches Verhalten im einzelnen Fall das richtige sei. Doch ob sein Vorbild in die Zukunft wirken wird, bleibt eher fraglich; der Tod des alten Sonderlings prägt das Ende des Romans stärker als die Hochzeit seines Sohnes.

Fontane versteht es, Widersprüchlichkeit in Vielschichtigkeit zu verwandeln. Das geschieht vor allem in der Konversation mit ihrem leichten Plauderton, in dem auch Fontanes späte Gedichte geschrieben sind. Der Dialog, der zunehmend das äußere Geschehen verdrängt, beleuchtet die Sachverhalte unter verschiedenen Aspekten. Indem die Figuren einander in Gesprächen und Briefen unterschiedlich charakterisieren, relativieren sich ihre Standpunkte. So wird der Leser von der einzelnen Figur zum Blick auf den größeren Zusammenhang geführt, ohne dass sich dieser in einem abstrakten Begriff erschöpfen ließe. Zugleich verspürt man unter dem Plauderton das Wirken des Schicksals. Fontane deutet es an, indem er ganz alltägliche Dinge in wiederkehrende symbolische Chiffren verwandelt. So vermag der Dichter, indem er seine widersprüchlichen Gefühle und Erfahrungen literarisch fruchtbar macht, eine von tiefen Widersprüchen zerrissene Zeit nicht nur in ihrer Erstarrung und Heuchelei zu kritisieren, sondern auch im zusammenhängenden künstlerischen Bild zu spiegeln.

Aufbruch in die Moderne: Meyer

Conrad Ferdinand Meyer (1825–1898)

Der Sohn eines früh verstorbenen Züricher Beamten stand zunächst unter dem lähmenden Einfluss seiner puritanisch strengen und depressiven Mutter, die ihn wegen seiner brotlosen künstlerischen Versuche für einen verlorenen Menschen hielt. Ein Lausanner Freund der Familie, der ihm die Welt der französischen Literatur eröffnete, und die freundliche Betreuung in einer Nervenheilanstalt halfen dem apathisch gewordenen jungen Mann, sich fürs erste aus der düsteren Familienatmosphäre zu lösen und etwas Selbstvertrauen zu gewinnen.

Nach dem Tode der Mutter im Jahre 1856 konnte Meyer zusammen mit seiner Schwester, die ihn bewunderte und unterstützte, über ein ansehnliches Vermögen verfügen. Die ersten beiden Gedichtbände erschienen: ‚Zwanzig Balladen von einem Schweizer‘ (1864) und ‚Romanzen und Bilder‘ (1870). Den Durchbruch brachte der epische Gedichtzyklus ‚Huttens letzte Tage‘ (1871). Dies ist ein Monolog des im Sterben liegenden Ulrich von Hutten, der sein abenteuerliches Leben und mit ihm die bewegte Epoche der Renaissance an sich vorüberziehen sieht. 1873 erschien die erste Novelle, ‚Das Amulett‘, im Jahr darauf folgte der historische Roman ‚Georg Jenatsch. Eine alte Bündnergeschichte‘ (ab 1882 ‚Jürg Jenatsch‘).

1875 heiratete der nun bekannte Dichter in eine angesehene Züricher Familie ein. Anerkannt und frei von materiellen Sorgen, schrieb er seine großen Novellen: ‚Der Schuss von der Kanzel‘ (1878), ‚Der Heilige‘ (1879/80), ‚Plautus im Nonnenkloster‘ (1881), ‚Gustav Adolfs Page‘ (1882), ‚Das Leiden eines Knaben‘ (1883), ‚Die Hochzeit des Mönchs‘ (1883/84), ‚Die Richterin‘ (1885), ‚Die Versuchung des Pescara‘ (1887), ‚Angela Borgia‘ (1891). 1882 war die erste Auflage seiner gesammelten ‚Gedichte‘ erschienen. Doch zu Beginn der neunziger Jahre war seine seelische Kraft erschöpft. 1892 musste er wieder eine Nervenheilanstalt aufsuchen. Krank und umdüstert dämmerte er dahin.

In seinen Novellen beschreibt Meyer historische Augenblicke, zumeist aus der Übergangsepoche zwischen Mittelalter und Neuzeit. Grausamkeit und Zügellosigkeit, Falschheit und Untreue regieren die Welt, so dass unbarmherzige Herrscher vonnöten sind, um wenigstens die äußere Ordnung aufrechtzuerhalten. Eine gerechte göttliche Leitung ist nicht mehr erkennbar. Wer sich auf den Kampf der Begierden nicht versteht, der Unschuldige und Einfältige, wird verleumdet und verfolgt. Wer sich aber darauf einlässt, sei es auch wider Willen und in bester Absicht, der weckt das Böse in der eigenen Brust, verliert seine innere Sicherheit und wird zum Spielball von Zufällen. Sie führen ihn schicksalhaft in den Untergang, in dem Schuld und Unschuld schließlich nicht mehr voneinander zu scheiden sind.

Gefeit vor dem Kampf der Begierden wäre nur der Zuschauer, der die Falschheit durchschaut und doch gleichmütig mit ansehen kann, wie das unvermeidliche Unheil geschieht. Doch dazu muss man seine wahren Gefühle verbergen, sich hinter Masken verstecken und verfällt somit wieder der Zweideutigkeit, die das Verhältnis der Menschen untereinander bestimmt. Der verhärtete Herrscher und der Sterbende können den Gleichmut zwar aufbringen; ihnen erscheint das Menschenleben als sinnlose Tragödie. Doch führt diese Einsicht über die Entsagung hinaus ins schwermütige Verstummen.

Auch Meyers einzige heitere Novelle, ‚Der Schuss von der Kanzel‘, spielt vor diesem düsteren Hintergrund. Todesnähe und wilde Macht der Begierden erscheinen hier unverhüllt in den Träumen. Der maskenhaft undurchschaubare General, der aus ironischer Distanz mit den Menschen spielt, ist ein Sterbender. Er stört ihre idyllische Welt auf und entlockt ihnen als teuflischer Versucher ihr verborgenes Böses, freilich um dadurch alles noch einmal zum Guten zu lenken.

Die Verwandlung des Geschehens ins abgeschlossene Kunstwerk soll auch dem Leser den gleichmütigen Blick ermöglichen, der noch im Schrecklichen das Schöne genießt. Daher sucht Meyer die Handlung durch Bilder starrer Schönheit zu unterbrechen, vor allem, indem er Tote wie die Skulpturen eines Grabmals erscheinen lässt. Auch die häufig verwendete Rahmenerzählung bewirkt künstlerische Distanz. Außerdem freilich erhöht die zwischengeschobene Figur des Erzählers den Eindruck der Ungewissheit gegenüber dem zweideutigen Geschehen. Mit Starrheit und Abgrenzung kontrastiert der schnelle Fluss des Erzählens. Der straffe, dramenhafte Aufbau der Novellen entspricht dem schicksalhaften Ablauf der von Zufällen getriebenen Handlung. Auf das Schicksalhafte verweisen auch Vordeutungen, bedeutsame Parallelen und Kontraste sowie auffällige Dingsymbole.

Mit dem Versuch, Sinnlosigkeit und Grausamkeit der Welt durch die schöne Form zu bannen, die dabei freilich das Lebendige ins tote Bild verwandelt, berührt sich Meyer mit zeitgenössischen französischen Autoren (Baudelaire, Flaubert) und weist auf den Ästhetizismus der folgenden Epoche voraus. Das zeigt sich am deutlichsten in seiner Lyrik. Die Vorliebe für das Kunstding als Gegenstand des Gedichts und das Reden in privaten, nicht mehr gänzlich aufschließbaren Bildern lässt insbesondere an Rilke und George denken.

Adolph Menzel
(1815–1905): Besuch
im Eisenwalzwerk,
Gouache, 1900.

REALISMUS

Zentrale Vorstellung: zwischen Kritik und Resignation

Geschichte

Geschichte ist häufig auf Lokalgeschichte verkürzt und wird zum Fundort bedeutsamer Geschehnisse, die zur Belehrung erzählt, dabei auch kritisch mit der Gegenwart verglichen werden. Nach der Reichsgründung gibt es auch Versuche, eine Tradition nationaler Größe zu stiften.

Natur

Die Natur (auch die Natur in der eigenen Brust) ist ein bedrohlicher, häufig dämonischer Gegner, der gezähmt werden muss. Zugleich erhalten die modernen Verkehrsmittel und Maschinen, die dazu gebraucht werden, ihrerseits etwas naturhaft Bedrohliches.
Leitwissenschaft: Physik (mit der Technik der Dampfmaschinen)

Gesellschaft

Der kritischen Blick des Bildungsbürgers auf Besitzbürgertum und Fassadenkultur kann sich vor modernem Wirtschaftsleben und kleinbürgerlichem Alltag nicht verschließen. Der Künstler muss sein Außenseitertum aufgeben und sich anpassen. Der Adel wird teils kritisiert, teils ist er Vorbild.

Der einzelne Mensch

Man schwankt zwischen liberaldemokratischen Idealen und einer Zukunftsangst, die eine konservative Haltung erzeugt. Das Leben des Menschen wird teils von einem ungewissen Schicksal, teils von einer mehr oder weniger kritisch gesehenen Gesellschaftsmoral bestimmt.

Zwischenmenschlicher Bezug

Die Verhältnisse zwischen den Generationen und zwischen den Geschlechtern geraten in eine Krise, die zur Resignation führt.

Literatur

Die Literatur soll die ungelösten Konflikte, die sie realistisch beschreibt, ästhetisch versöhnen, so dass Resignation nicht in Bitterkeit endet, sondern ins Reich der Schönheit führt. Die Kunst wird Teil der Fassadenkultur, auch wenn sie diese kritisiert.

Literarische Gattungen

Das Drama gilt als die vornehmste Gattung, neben trivialen Schauspielen werden außer den Dorfdramen Ludwig Anzengrubers aber kaum welche geschrieben. Stattdessen gibt es die große Oper und die jetzt neue Operette. Zur wichtigsten literarischen Gattung der Epoche wird die Novelle mit ihrer inneren dramatischen Spannung. Der historische Roman wird weitergeführt; Dorfgeschichte, Gesellschaftsroman und Bildungsroman enden zumeist mit dem Scheitern des Helden, suchen es aber versöhnlich zu gestalten. Die Gedichte verbinden Einfachheit mit Tiefgründigkeit, die Ballade erreicht jetzt ihren Höhepunkt.

10 Der Beginn der Moderne (1880–1915)

AUF EINEN BLICK

Karikatur in der satirischen Zeitung ‚Kladderadatsch' auf die Uraufführung von Gerhart Hauptmanns Drama ‚Vor Sonnenaufgang' am 20. Oktober 1809 in der Freien Bühne.

Mit dem Naturalismus hat eine Generation junger Intellektueller radikal mit der künstlerischen Tradition gebrochen, die in der Nachfolge der Klassik die Einheit des Guten, Wahren und Schönen verlangt oder zumindest die poetische Verklärung der Wirklichkeit. Jetzt zeigt sich auf einmal die Wahrheit im Hässlichen. Die Karikatur macht deutlich, wie die Zeitgenossen den Naturalismus einschätzten: als eine im Unrat wühlende Gossenliteratur. Die klassizistische Fassade im Hintergrund ist geschmückt mit zerbeulten Zylindern, der Kopfbedeckung des vornehmen Mannes; ein solcher läuft vorn vor dem Gestank davon. Der Zeichner macht sich über Vererbungslehre und Frauenemanzipation lustig, die vom Naturalismus vertreten wurden. Als Sinnbild des Naturalismus sitzt auf dem Theatergebäude ein kleiner Junge – der Kopf der Naturalisten Gerhart Hauptmann selbst? – der eine Stiefelsohle ableckt. Das naturalistische Theater bringt das dunkle Geheimnis an den Tag, das jede Familie hinter einer brüchigen Fassade verbirgt. Die Dramen und Prosatexte der Naturalisten haben etwas von einem reinigenden Gewitter, das allerdings zu keinem Neuanfang führt. Es geht auch nicht um Tragik, sondern um seelische Analyse. Der Leser kann das Vergnügen psychologischer Erkenntnis genießen. Damit brechen die Literaturrevolutionäre mit den Lesegewohnheiten des Publikums, das Erhebung, Trost und den Sieg der Guten über die Bösen will.

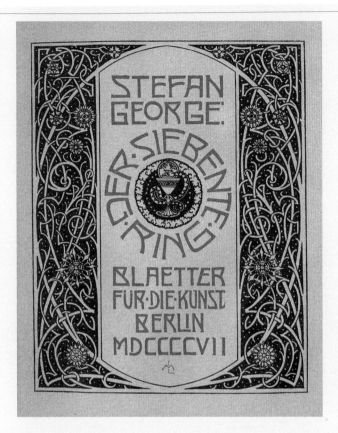

Titelblatt zu Stefan Georges Gedichtsammlung ‚Der siebente Ring' von Melchior Lechter, 1907.

Das Gegenstück zur naturalistischen Provokation war die ästhetizistische Abwendung vom Publikum. Stefan George ließ seine in kleinen Auflagen hergestellten Schriften – Protest gegen Massenproduktion und Markt – anfänglich nicht verkaufen, sondern an ausgewählte Freunde verteilen. Doch ist die Buchtechnik bereits von der Massenproduktion geprägt: Der Glasmaler und Grafiker Melchior Lechter hatte Drucktypen der Schrift Georges nachgebildet. Zuvor aber hatte George seine Schrift auf Druckbuchstaben hin stilisiert, so wie nach dem Siegeszug des Computers heute Menschen, wenn sie denn noch von Hand schreiben, keine fließende Schrift gebrauchen, sondern getrennte Buchstaben malen. Der Gegensatz von Schönheit und Massenherstellung bestimmt das Druckbild bis hin zum Jugendstilschmuck. Zweige und Blumen sollen vom All-Leben künden. Aber sie sind so stark stilisiert, dass die Blumen wie Kristalle wirken, so wie die mineralischen Blumen in Georges Gedichtzyklus ‚Algabal'. Die gesamte Jugendstilkunst steht in der Spannung zwischen Pflanzenhaftem und der Stilisierung zu abstrakten Formen. Buchschmuck dieser Art geht auf das englische ‚Arts and Crafts Movement' zurück, ein Bund englischer Künstler, der seit der Mitte des 19. Jahrhunderts gegen die industrielle Fertigung der Inneneinrichtung protestierte. Alles, Tapeten und Teppiche, Kleidung und Besteck, sollte sich zu einem harmonischen Ganzen fügen, erschwinglich sein und handwerklich gefertigt werden. Das galt auch für Bücher.

BILD DER EPOCHE

Fin de siècle

Seit dem internationalen Börsenkrach von 1873 führen die immer rascher fortschreitende Industrialisierung sowie der Streit um Kolonien und Absatzmärkte zu krisenhaften Spannungen in und zwischen den Nationen. Die Sensibleren unter den Zeitgenossen spüren, wie sich hinter einer glänzenden Fassade die Konflikte entwickeln. So entsteht das pessimistische Grundgefühl, dass das Jahrhundertende (frz. fin de siècle) auch das Ende einer Epoche anzeigt. Der Eindruck, dem Fin de siècle anzugehören, kann sich als Dekadenzgefühl äußern, das heißt als Überzeugung, alt, müde, krankhaft verfeinert zu sein. Dabei vergleicht man sich mit dem untergehenden Rom. Manchmal wird die Stimmung des Fin de siècle auch überlagert von der Hoffnung auf eine grundlegende Erneuerung. In jedem Fall herrscht in ganz Europa das Bewusstsein einer tiefen geistigen Krise.

Die Bezeichnung Fin de siècle taucht erstmals 1886 in einer französischen Zeitschrift auf, die bezeichnenderweise den Titel Le Décadent trägt.

Individualität und Außenseitertum

Der Eindruck, dass individuelle geistig-künstlerische Leistung nichts mehr gilt, verstärkt sich, seitdem das Bildungsbürgertum sich nicht mehr nur durch Besitzbürgertum und Fassadenkultur bedroht sieht, sondern auch durch die nun entstehenden Arbeiterorganisationen. Die Schriftsteller halten fest am Wert der Individualität, sehen aber, dass sie diese in der bestehenden Gesellschaft nicht verwirklichen können. Daher verstehen sie sich als Außenseiter, als eine verkannte Elite außerhalb der etablierten Kreise. Sie suchen das Publikum, das den Wert der Individualität verkennt, durch die Darstellung des Hässlichen und Tabuisierten zu provozieren – darauf reagiert die staatliche Zensur oft sehr heftig –, oder sie wenden sich verächtlich von ihm ab. Wie sehr sie in Wirklichkeit unter ihrem Außenseitertum leiden, zeigt sich nicht zuletzt darin, dass fast alle wenigstens für kurze Zeit den Ausbruch des Ersten Weltkriegs begrüßen, weil sie glauben, dass er alle wieder vereinen würde.

Ferdinand Lassalle gründet 1863 in Leipzig den „Allgemeinen deutschen Arbeiterverein", der sich 1875 mit der 1869 von August Bebel und Wilhelm Liebknecht in Eisenach gegründeten „Sozialdemokratischen Arbeiterpartei" zur „Sozialistischen Arbeiterpartei Deutschlands" vereinigt.

Moderne

Als Außenseiter und als Zeugen einer Zeitenwende wollen die Schriftsteller mit der etablierten Literatur brechen, also vor allem mit der marktbeherrschenden gehobenen Unterhaltungsliteratur. Wegen dieses Bruches mit einer bestimmten literarischen Tradition verstehen sie sich als Moderne. Sie treten auf als die junge Generation, auch wenn sie sich als dekadente Spätlinge fühlen. Die Naturalisten verlangten sogar eine ‚Revolution der Literatur', so der bezeichnende Titel von Carl Bleibtreus Programmschrift von 1886.

Selbstbeobachtung

Zum Gefühl der Zeit gehört es, dass die Autoren sich auf ihre eigene Psyche verwiesen sehen. Sie sprechen von moderner Nervosität und Sensibilität und beobachten ihre eigenen Wahrnehmungen und Empfindungen. Diese Selbstbeobachtung kann sehr unterschiedliche Formen annehmen; man kann Wahrnehmungen und Empfindungen sachlich registrieren, man kann sie feiern und sich selbst dabei erhöhen, man kann aber auch unter der zwanghaften Selbstbeobachtung leiden, weil sie dazu führt, dass die eigenen seelischen Regungen ihre Selbstverständlichkeit verlieren und fragwürdig werden. Die Individualität, auf die man sich zurückziehen wollte, wird dann zu einem Quell der Beunruhigung.

Hofmannsthal und Schnitzler waren prominente Vertreter der Richtung. Siehe S. 202 f. und 205 f.

Psyche und Frauenbild

Die triebhaften und unbewussten Züge der Psyche rücken in den Mittelpunkt des Interesses. Die Naturalisten beschreiben sie mehr von außen, vom Ausdruck her, den diese Züge im Reden und Tun der Personen finden; die anderen beschreiben sie mehr von innen, durch unmittelbare Wiedergabe der Gefühle, oder auch durch Bilder und die Wiedergabe stimmungsgesättigter Augenblicke, die mit der inneren Gestimmtheit der erlebenden Personen übereinstimmen. In der von Männern geschriebenen Literatur tritt damit auch das Unbewusste am herrschenden männlichen Frauenbild in den Vordergrund; dazu gehört vor allem die Stilisierung der Frau entweder zum kindhaften oder zum übermächtigen, beschützenden oder gefährlichen Wesen; häufig erscheinen die beiden Typen als „femme fragile", also als zerbrechliche, zarte und kränkelnde Kindfrau, und als „femme fatale", also als dämonisches Weib, an dem die Männer zugrunde gehen. Die Naturalisten zeigen zwar häufig Frauen als Opfer gesellschaftlicher Verhältnisse; dennoch werden diese meist, im Guten oder im Bösen, als die seelisch Stärkeren dargestellt.

Aufbruch in neue Räume

Die Fantasien der Modernen siedeln sich an in exotischen Ländern oder in fernen Zeiten, in Zeiten des Aufbruchs und der Erneuerung wie der Renaissance oder in solchen der Dekadenz wie der Spätantike. Oder man wendet sich Randgruppen zu wie der Künstlerboheme oder der Welt der Arbeiter und kleinen Leute, wo sozialer Untergang sich mit der Hoffnung auf Erneuerung verbindet. Schließlich kann man auch in eine innere Welt aufbrechen, in der man eine fantastische Schönheit und gefährliche, verdrängte Gefühle oder ein fragloses, reines Dasein sucht.

Lebenspathos

Der lebensschwache Dekadente und der lebensferne Außenseiter suchen in den neuen Räumen das starke, wilde Leben. Ihm möchten alle im intensiven und unmittelbaren Erlebnis so nahe kommen wie möglich. Im Extremfall sucht man den rauschhaften Untergang im All-Leben, so dass der Lebenskult in Todessehnsucht umschlagen kann. In der Vorstellung, im See oder Meer unterzugehen, lässt sich dieser Wunsch ausfantasieren. Diese Vorstellung wird daher zu einem verbreiteten literarischen Motiv. Das All-Leben ist kein verborgenes Leben hinter den Erscheinungen – Geistiges und Körperliches sind zwei Seiten einer Medaille –, sondern Allverwobenheit all dessen, was existiert und existiert hat. Darum liebt man auch Metaphern wie Netz oder Teppich.

Zugleich geht es darum, das Alltagsleben, in dem Geld und Standardisierung herrschen, in ein Bild spirituellen Lebens zu verwandeln, das sich nicht hinter der dinglichen Welt verbirgt, sondern gerade durch sie ausgedrückt wird. Den Glauben an diese spirituelle Welt – besonders auffällig bei Rainer Maria Rilke und anderen Prager Autoren wie z. B. Gustav Meyrink mit seinem Roman ‚Der Golem' (1915), aber auch bei Robert Musil – beziehen viele Künstler und Literaten aus den Geheimlehren, welche die Romantik wieder entdeckt hatte.

Zu Geheimlehre siehe S. 193, 206 und 232.

Naturalismus

In Deutschland beginnt die literarische Moderne mit dem Naturalismus. Das Startzeichen geben die Brüder Heinrich und Julius Hart mit der Zeitschrift ‚Kritische Waffengänge' (1882/84). Der Naturalismus sucht das eigentliche Leben im Alltag der Arbeiter und kleinen Leute, den er aus deren eigenem Blickwinkel und ohne Beschö-

Zum literarischen
Vorbild nahmen sich
die Naturalisten vor
allem skandinavische
und französische
Schriftsteller.
Siehe S. 190.

nigung darstellen will. Daher zeigt er vor allem das Hässliche und Triebhafte und schockiert so das Publikum. Außerdem übernehmen die Naturalisten Forderungen der nun entstehenden Frauenbewegung. In ihren theoretischen Schriften erhoffen sie eine gesellschaftliche Veränderung, die den Armen zu ihrem Recht verhilft. Sie selbst würden dann von Außenseitern zu geistigen Führern der Nation. Manche Naturalisten bemühen sich, die Arbeiter zum Individualitätsbewusstsein zu erziehen. In ihren dichterischen Texten hingegen schlägt eher der grundsätzliche Pessimismus durch. Die ausweglose Lage der Armen wird hier mit anklagendem Mitleid vorgeführt. Nachdem das Verbot der SPD 1890 aufgehoben, die Arbeiterbewegung somit parlamentarisch in die Gesellschaft integriert worden ist, verlieren die Unterschichten ihren Reiz für die Naturalisten. Das politische Engagement, das um 1890 seinen Höhepunkt erlebt, verebbt sogleich wieder.

Naturalismus und Naturwissenschaft

Der relative Optimismus der Naturalisten speist sich aus ihrer Übertragung naturwissenschaftlicher, vor allem biologischer Erkenntnisse auf die Gesellschaft. Programmatisch verkündet das Wilhelm Bölsche (,Die naturwissenschaftlichen Grundlagen der Poesie', 1887). Aus der jungen, von Charles Darwin begründeten Wissenschaft von der Evolution des Lebens lesen sie die Überzeugung von einer naturgesetzlich sich vollziehenden Höherentwicklung heraus. Diese übertragen sie auf die Menschheitsgeschichte, die nun als Teil einer unaufhaltsamen Höherentwicklung alles Lebendigen erscheint. Dafür müssen sie freilich in Kauf nehmen, dass der einzelne Mensch innerhalb dieser Entwicklung unfrei bleibt, naturgesetzlich determiniert durch Vererbung und Milieu. Das Leben unterdrückter und herrschender, verkommener und edler Menschen ist gleichermaßen dichterischer Darstellung wert, weil sie alle unter dem gleichen Gesetz stehen: Sie sind unfrei. Die Unfreiheit zeigt sich in der durch Milieu und Vererbung determinierten Psyche, die quasi naturwissenschaftlich, nämlich minuziös und distanziert, beschrieben wird.

Gegenpositionen zum Naturalismus

Mitte der neunziger Jahre ist die naturalistische Phase abgeschlossen. Die Naturalisten betonen zusammen mit den anderen zeitgenössischen Richtungen wieder eindeutig den Wert der Individualität. Diese Richtungen der Moderne unterscheiden sich vom Naturalismus durch die Ablehnung des naturwissenschaftlichen Determinismus und das Desinteresse fürs Alltagsleben. Individualität sehen sie häufig in aristokratischer Haltung verwirklicht. Da sich für diese Richtungen der Moderne kein kleinerer gemeinsamer Nenner finden lässt, bezeichnet man sie meist als ,Gegenpositionen zum Naturalismus'. Diese Bezeichnung ist eigentlich nicht korrekt. Denn in Frankreich, dessen naturalistische Bewegung der deutschen vorausgeht und sie anregt, gibt es den ästhetizistischen Protest gegen die Moderne (Baudelaire) schon vor den Naturalisten. In Österreich und der Schweiz gibt es so gut wie keinen Naturalismus.

Tatsächlich ist der Naturalismus nur einer der vielen „Ismen", in die sich die Literatur nun aufspaltet, freilich einer, der sich von den anderen durch seinen radikalen Bruch mit der ästhetischen Tradition unterscheidet. Je nachdem, welche Züge besonders hervortreten, werden unterschiedliche Bestimmungen gewählt. Wenn der Weg nach innen besonders ins Auge fällt, spricht man auch von ,Neuromantik'. Wenn das punktuelle Registrieren subjektiver Eindrücke charakteristisch scheint, übernimmt man aus der Malerei den Begriff des ,Impressionismus'. Auch ,Jugendstil' war zunächst eine künstlerische Epochenbezeichnung. Sie trifft die Verwendung von Bildern wie

Meer oder Teppich, welche die zeitlose Verflechtung ins All-Leben ausdrücken (in Analogie zur ornamentalen Verschlingung der Linien im künstlerischen Jugendstil, dessen Bilder flächig, ohne räumliche Tiefe sind), die Vorliebe für dazugehörige Requisiten wie Schwäne und Pfauen, Parks und Teiche sowie schließlich die Tendenz, Menschen durch Reduktion auf streng stilisierte Gesten und vornehm geäußerte Gefühle so zu beschreiben, als seien sie Kunstgegenstände. Mit dem Begriff des ‚Symbolismus' ist das Bemühen angesprochen, eine schöne, ganz in sich ruhende Dichtung zu schaffen, die ein reines, immaterielles Sein hinter dem Gegenständlichen fühlbar macht; das soll mittels Symbolen geschehen, deren eigentlicher Inhalt das Unsagbare ist. Die ‚Neuklassik' schließlich, die die Rückbesinnung auf Ideen und Formen klassischer Dichtung verlangt, erhebt zum Programm, was für die humanistisch gebildeten Autoren zumeist eine selbstverständliche Voraussetzung war. Schließlich erscheinen noch im letzten Jahrzehnt vor der Jahrhundertwende einige der wichtigsten Werke des Realismus.

Die völkische Antimoderne

Von den eben beschriebenen Positionen lässt sich wiederum eine Gruppe unterscheiden, die durch Eintauchen in die vorbürgerliche nationale Vergangenheit eine nationale Erneuerung herbeizuführen sucht. Gegen Großstadt, Internationalismus, Wissenschaft, die auch von den anderen nichtnaturalistischen Strömungen in unterschiedlicher Nuancierung abgelehnt werden, stellt sie Heimat, Nationalismus und Volksglauben. Wie die Naturalisten wenden auch diese Autoren sich dem Alltag zu, jedoch dem Alltag in einer mittelalterlich-ständisch geprägten Welt des Adels und der Bauern. Hier suchen sie das eigentliche Leben, nämlich jugendfrisches, gesundes Kämpfertum. Sie tendieren dazu, Individualität als Verwirklichung völkischer Eigenart zu deuten und das Erlebnis lebendiger All-Einheit auf dasjenige der Volksgemeinschaft einzuengen. Theoretisch wird ihre Haltung, die sich häufig mit einem intellektuellenfeindlichen Antisemitismus verbindet, von Paul de Lagarde und vor allem in Julius Langbehns einflussreichem Buch ‚Rembrandt als Erzieher' (1890) begründet.

Führende Vertreter dieser Richtung, die vielgelesene und für lange Zeit berühmte Werke hervorgebracht haben, sind Balladenautoren wie Börries von Münchhausen, Lulu von Strauß und Torney und Agnes Miegel sowie Heimatdichter wie Hermann Löns und Gustav Frenssen. Auf niedrigerem literarischem Niveau stehen die zahlreichen Autoren einer programmatischen ‚Heimatkunst', wie sie nun von Friedrich Lienhard, Adolf Bartels und anderen gefordert und verwirklicht wird.

Ein überaus erfolgreicher Autor, der Österreicher Peter Rosegger, steht mehr am Rande der Heimatkunst; er ist nicht so eindeutig ideologisch völkisch, sondern ringt vor allem mit seiner bäuerlichen Herkunft.

Exkurs: Historismus

Die Aufspaltung in viele verschiedene Richtungen zeugt vom Verlust einer allgemein anerkannten Wertebasis und eines gemeinsamen Selbstverständnisses und damit verbindlicher Ausdrucksformen. Zusammen mit Selbstverständnis und Selbstausdruck geht auch der Maßstab zur Beurteilung der Vergangenheit verloren. Man verfügt über die Geschichte, insofern man sich in die Eigenart jeder Epoche einfühlen kann, zugleich fühlt man, dass das Leben von der Last der Geschichte erdrückt werden kann. Das kommt zum Ausdruck im Historismus von Geschichtswissenschaft und Architektur.

In der Geschichtswissenschaft bedeutet „Historismus", dass jede Epoche aus sich selber verstanden werden muss und nicht im Zusammenhang eines philosophischen Systems beurteilt werden kann. Diese Auffassung vertritt der Historiker Leopold von Ranke. Jede Epoche ist gleichsam eine eigenes Individuum, lehrt der Philosoph Wilhelm Dilthey. Damit wird naturwissenschaftlicher Fortschrittshoffnung ein historischer Wertrelativismus entgegengestellt, der Geschichtspessimismus begründen kann, geschichtliches Wissen aber für das praktische Leben unbrauchbar macht. In der Abhandlung ‚Vom Nutzen und Nachteil der Historie für das Leben' (1874) hat Friedrich Nietzsche dagegen darzustellen versucht, wie man sich geschichtliches Wissen zunutze machen kann, ohne von seiner Last erdrückt zu werden.

In der Architektur löst der Historismus den vom Vorbild der Antike bestimmten Klassizismus ab, der die erste Hälfte des 19. Jhs. bestimmte. Die Ursprünge des Historismus liegen im Exotismus des Landschaftsgartens und der Rokokobauten, in denen man sich etwa ein chinesisches oder ein persisches Zimmer einrichtete. Im 19. Jh. kann eine Stadt teilweise zu einem Architekturmuseum werden, so wie in der Wiener Ringstraße. Damit bezeichnet man den Halbkreis von Donauufer zu Donauufer aus Straßen, Parks und öffentlichen Gebäuden, wo früher Stadtmauer und Glacis waren; Glacis ist das unbebaute Gelände direkt vor der Stadtmauer. Hier baute man z. B. die Universität im Renaissancestil (= Aufblühen der Wissenschaft), das Parlament im Stil griechischer Tempel (= Ursprung der Demokratie), die Votivkirche im gotischen Stil (= mittelalterliche Frömmigkeit), das Rathaus im flandrischen Stil (= mittelalterliches Stadtbürgertum), das Hoftheater im Barockstil (= Höhepunkt des Wiener Theaters).

Ebenso wie die Architekten können auch die Literaten entscheiden, welcher Tradition sie sich anschließen und welche sie ablehnen wollen.

Über den Landschaftsgarten siehe S. 36 und 57.

Im ausgehenden 20. Jh. tritt ein historistischer Wertrelativismus erneut und in noch stärkerem Maße hervor. Siehe S. 311.

Ausländische Einflüsse

Die Erschütterung der Tradition, mit der das moderne Bewusstsein einsetzt, haben andere Länder schon früher als die deutschsprachigen erfahren. Von ihnen, vor allem von Frankreich, Russland und den skandinavischen Ländern, gehen entscheidende Einflüsse aus. Stimmung des Fin de siècle, Dekadenzgefühl und Interesse für das eigene Innere lernt man von den Franzosen Paul Bourget und Joris-Karl Huysmans, dem Belgier Maurice Maeterlinck, dem Norweger Arne E. Garborg, dem Schweden Ola Hansson und den Dänen Herman Bang und Jens Peter Jacobsen. Von den Russen Dostojewski und Tolstoi geht eine neue Religiosität aus, die mit dem Lebenspathos verknüpft wird. Ersterer fördert das psychologische Interesse, vom zweiten übernehmen die Naturalisten das Mitleid mit den Armen. Ihre theoretischen Grundlagen verdanken die Naturalisten dem Franzosen Emile Zola. Das gesamte moderne Theater schließlich ist nicht denkbar ohne den Norweger Henrik Ibsen und den Schweden Johan August Strindberg.

Suche nach neuer Bindung

Die Autoren suchen von Anfang an Wege, die sie aus ihrem Außenseitertum hinaus und zu neuen Bindungen führen. Die meisten gewinnen dem noch unbestimmten Lebenspathos schließlich genauer umschriebene, religiöse, mythische oder allgemein metaphysische Vorstellungen ab, die wieder ein Gemeinschaftsgefühl begründen können. Dabei kommt es gelegentlich zu engeren Berührungen zwischen Moderne und Antimoderne. Die Neigung, weltanschaulich festere Positionen einzunehmen, kennzeichnet u. a. den Beginn der nächsten literarischen Periode.

Arbeiterliteratur

Die Arbeiterbewegung schafft sich ihre eigenen kulturellen Kommunikationsmittel (Zeitschriften, Kalender, Liederbücher) und eine eigene Literatur. Im Vordergrund steht die Lyrik. Sie schließt an die radikaldemokratische Bewegung des Vormärz an, zunächst an die späten Gedichte Georg Herweghs, dann auch an Heinrich Heine und

Georg Weerth. Zum Kampflied treten Gedichte mit weltanschaulichen und satirischen Inhalten und solche, in denen die Natur als Gegenbild zur bedrückenden Arbeitswelt erscheint. Entstehendes proletarisches Bewusstsein spricht sich in einer Fülle von Autobiografien aus. Herausragend sind hier August Bebels ‚Erinnerungen aus meinem Leben' (1910/14). Das Theater, zunächst ganz der Agitation gewidmet, muss sich unter dem Sozialistengesetz (1878–1890) auf historische Stoffe beschränken.

Zu Herwegh, Weerth und Heine siehe S. 159 und 160 f.

Philosophische Grundlagen

Die Erkenntnistheorie, die der Literatur der Epoche zugrunde liegt, ist diejenige des Empiriokritizismus. Nach dieser von dem österreichischen Physiker *Ernst Mach* begründeten Lehre setzt sich die Wirklichkeit aus den einzelnen Wahrnehmungen zusammen. Damit gilt der Gegensatz von Geist und Körper als überholt. Hierauf kann sich der Impressionismus stützen. Die Naturalisten beziehen ihre Begriffe der Evolution und Determination von Charles Darwin und von den Positivisten, nämlich von den Engländern *John Stuart Mill* und *Herbert Spencer* und dem Franzosen *Hippolyte Taine*, einem Schüler von Auguste Comte. Taine lehrt, dass die Menschen determiniert seien durch Abstammung, historische Situation und Milieu. In Deutschland vertritt der einflussreiche Zoologe *Ernst Haeckel* die Evolutionstheorie. So wie der Empiriokritizismus den Gegensatz von Körper und Geist ablehnt, so auch Haeckel, wenn er lehrt, dass alles Existierende als entwicklungsgeschichtliche Modifikation einer einzigen Substanz aufzufassen sei (Monismus). Die unbewussten Triebregungen, denen sich jetzt das Interesse zuwendet, werden wissenschaftlich erforscht von *Sigmund Freud*, dem Begründer der Psychoanalyse.

Der Kulturpessimismus kann sich weiterhin auf das Werk Arthur Schopenhauers stützen. Die zentrale philosophische Gestalt jedoch, auch für die Naturalisten, ist *Friedrich Nietzsche*, vor allem mit seinen Werken ‚Die Geburt der Tragödie aus dem Geiste der Musik' (1872) und ‚Also sprach Zarathustra' (1883/91). In seinen kulturkritischen Schriften analysiert er die Lage der humanistischen Intelligenz, deren gesellschaftlichen Bedeutungsverlust er als großer Außenseiter selber durchlebt. In der ‚Geburt der Tragödie' will er Pessimismus durch Lebenspathos und ästhetische Haltung überwinden. Das Schreckliche des Lebens lässt sich demnach bejahen oder verhüllen. Bejaht wird es im Dionysischen, nämlich in rauschhafter Selbstauflösung aus dem Bewusstsein heraus, dass auch der Tod in den ewig strömenden Formenwechsel des Lebens einbezogen ist. Verhüllt wird es dagegen im Apollinischen, im harmonischen Maß festumrissener individueller Schönheit. Die Kunst soll Dionysisches und Apollinisches miteinander verbinden. Aus dieser Verbindung des Gegensätzlichen erwächst im späteren Werk die Fragestellung, wie im flutenden Leben Selbstverwirklichung möglich sei. Zunächst sucht Nietzsche zu zeigen, dass es weder eine eigentliche Wirklichkeit hinter unseren Wahrnehmungen noch moralische und religiöse Werte hinter unseren leiblichen Nöten gibt. Dies soll man jedoch nicht als Anlass zu nihilistischer Verzweiflung, sondern als Befreiung zum Selbstwerden verstehen. Eine solche Befreiung ist nicht möglich, wenn ich meine Leiblichkeit und damit mich selbst um irgendwelcher Werte willen verleugne, wohl aber, wenn ich sie bejahe. Da meine Leiblichkeit das Lebendige an mir ist, bedeutet das folgerichtig, dass ich mich dann auch mit dem lebendigen Werden selbst identifiziere. So wird aus dem fremden Leben, das mich ängstigt, mein eigenes, aus dem „Du musst" das „Ich will". Mit dieser Bejahung selbst der schrecklichen Seiten des Lebens folge ich dem Willen zur Macht: Ich sehe alles, was geschieht, als von mir Gewolltes an, genieße es und behaupte mich so in ständiger Verwandlung. So wird das Leben zu einem schönen und lustvollen, von jeder äußeren Sinngebung befreiten Spiel

Am 19. Oktober 1878 wird im Reichstag das Gesetz „Wider die gemeingefährlichen Bestrebungen der Sozialdemokratie" verabschiedet. Dieses sogenannte Sozialistengesetz erlaubte Verbote sozialistischer Parteien, Organisationen und Druckschriften sowie politischer Versammlungen.

Zu Kulturpessimismus und Resignation siehe S. 168.

Das Begriffspaar geht zurück auf die griechischen Götter Apollo und Dionysos. Apollo war in der griechischen und römischen Mythologie der Gott des Lichts, der Heilung, des Frühlings, der sittlichen Reinheit und Mäßigung sowie der Weissagung und der Künste, insbesondere der Musik, der Dichtkunst und des Gesanges. Dionysos war der Gott des Weines, der Freude, der Trauben, der Fruchtbarkeit und der Ekstase.

der Selbstverwirklichung. Sofern es das ist, muss ich es auch als Ewiges bejahen können; das heißt, ich muss die ewige Wiederkehr des Gleichen, ewige Selbstzerstörung
und neue Selbstschöpfung, wollen, ja letztlich muss ich mit ihr ganz selbstverständlich
eins sein. Aus dem „Ich will" wird dann das „Ich bin".

Nietzsches Lehre vom „Übermenschen", wird später von den Nationalsozialisten und ihren Vordenkern verfälscht und pervertiert.

Das allerdings wird erst der künftige „Übermensch" können, nicht die Masse, sondern die aristokratische Ausnahme. Alles, was ihn verneint, nämlich christliches Mitleid, Demokratie und Sozialismus, überhaupt alle Gleichheitslehren verfallen schärfster
Kritik. Der Gedanke ständiger Verwandlung schließt ein systematisches Philosophieren
aus; Nietzsche, der auch als Dichter und Komponist Beachtung verdient, spricht in
Aphorismen, Bildern und Gleichnissen.

LITERARISCHES LEBEN

Großstadt

Das Lebensgefühl in der Moderne ist von der Entstehung der Großstädte mitgeprägt. Hier spürt man am deutlichsten die sich anbahnenden Konflikte, das Anwachsen
der Massenbewegungen, die Auflösung traditioneller Bindungen. Hier empfängt man
die Fülle neuer Eindrücke, die die ‚moderne Nervosität' hervorrufen. Zumeist verhalten sich die Schriftsteller widersprüchlich zur Großstadt. Ihre Dynamik zieht sie an,
der Kampf ums Geld stößt sie ab. Daher siedeln sich viele in den Vorstädten an; dort
entstehen die später so genannten Künstlerviertel. Man liebt das Café, den halb öffentlichen, halb noch schützend privaten Raum. Lediglich die völkische Antimoderne
lehnt die Großstadt eindeutig ab. Andererseits sind auch die Naturalisten, so modern
sie sich gebärden, nie frei von Großstadtangst.

Literarische Zentren

Während die Autoren der vorangegangenen Epoche zurückgezogen lebten, verkehren die Modernen in literarischen Zirkeln, die hauptsächlich in vier Großstädten angesiedelt sind, nämlich in Berlin, München, Wien und Prag. Die völkische Antimoderne
hält sich fern. Auffällig ist, dass der Naturalismus in Wien und Prag zwar diskutiert
wird, aber nur im Deutschen Reich Fuß fassen kann, am stärksten in Berlin. Hier ist die
Industrialisierung am weitesten fortgeschritten, hier äußern sich auch kleinbürgerliche
Schriftsteller, während die tonangebenden Autoren der übrigen Zentren, vor allem die
Wiener und die Prager, aus dem gehobenen Bürgertum stammen.

Literatengruppen

In München, wo man sich im damaligen Vorort Schwabing traf, bildete sich ein
früher naturalistischer Kreis um Michael Georg Conrad und seine Zeitschrift ‚Die
Gesellschaft'. Neben anderen Gruppen entstand hier auch der elitäre, ästhetizistische
Kreis um Stefan George und seine ‚Blätter für die Kunst'. Die Naturalisten, die sich
auch „Das jüngste Deutschland" nannten, trafen sich zunächst im literarischen Verein
‚Durch' in Berlin. Die Brüder Hart, denen auch Arno Holz und Gerhart Hauptmann
nahestanden, zogen später in den Vorort Friedrichshagen, wo sich ein neuer Kreis
um sie sammelte. Die wichtigste Zeitschrift der Bewegung war die von Otto Brahm
herausgegebene ‚Freie Bühne für modernes Leben'. Die Wiener Dichter um Hugo
von Hofmannsthal, Arthur Schnitzler und Richard Beer-Hofmann, auch „Das junge

Wien" genannt, pflegten die Melancholie des Fin de siècle. Von den Pragern, die auf einer deutschen Sprachinsel inmitten tschechisch sprechender Bevölkerung lebten, ist Gustav Meyrink (ursprünglich Gustav Meyer) zu nennen. In ihrer isolierten Lage entwickeln die Prager eine Poesie des Geheimnisvollen und Dämonischen.

Lebensreform

Die Friedrichshagener, am Rande auch die Münchner Gruppe sowie die Künstlersiedlungen in Worpswede und Dachau gehören zur Subkultur der „Lebensreform". Das sind Gruppen junger Menschen, die in Deutschland, z.B. in der Nähe von Oranienburg bei Berlin, oder im Ausland, z.B. auf dem Monte Verità bei Ascona, oder gar in Afrika und Südamerika, auf jeden Fall fern von den großen Städten, alternativ zu leben suchen. Dazu kann gehören, dass man vegetarisch, antialkoholisch lebt, die Naturmedizin aufgreift und Freikörperkultur popagiert, das Korsett abschafft und eine neue, gesündere Mode einführt, dass man andere Formen des Zusammenlebens erprobt als die Familie, ohne Geldwirtschaft auszukommen sucht, dass man aus vorgriechischem, fernöstlichem Denken oder Geheimlehren eine neue Religion erstellt. In Hellerau bei Dresden verbindet man ökologisch-soziale Vorstellungen mit einer Reform des Kunstgewerbes und mit Ausdruckstanz und wegweisenden Theaterinszenierungen.

> Am Rande der Lebensreform steht die Wandervogel-Bewegung der Gymnasiasten. Sie singen zur „Klampfe" alte Volkslieder, die im ‚Zupfgeigenhansl' (zuerst 1909) gesammelt sind.

Volksbühne

In Berlin gab es auch ein naturalistisches Theater. 1889 wurde zusammen mit der gleichnamigen Zeitschrift der Theaterverein ‚Freie Bühne' gegründet, weil vereinsinterne Aufführungen nicht der strengen Zensur unterlagen. Hier konnten die Stücke der Naturalisten und ihrer ausländischen Vorbilder erscheinen. 1890 gründeten Friedrichshagener Autoren die ‚Freie Volksbühne', mit der sie sich besonders an Arbeiter richten wollten. Nach dem Bruch zwischen ihnen und der SPD, die daraufhin Franz Mehring mit der Weiterführung der ‚Freien Volksbühne' beauftragte, eröffneten die Friedrichshagener die ‚Neue Freie Volksbühne'. Im Bemühen, die Arbeiter zu bilden, fügten die Volksbühnen dem naturalistischen Programm vor allem klassische Stücke hinzu. Ein eigenes Arbeitertheater entwickelte sich hier jedoch noch nicht.

> Am 29.9.1889 wurde ‚Gespenster' von Henrik Ibsen als erstes Stück der Freien Bühne aufgeführt. Am 20. Oktober folgte, mit Spannung erwartet, das Stück ‚Vor Sonnenaufgang' von Gerhart Hauptmann als Uraufführung und verursachte einen Theaterskandal.

Kabarett

In der oppositionellen Künstlerboheme entstand das Kabarett, ähnlich wie der Naturalismus hauptsächlich im Deutschen Reich. Chanson, Sketches und der wiederentdeckte Bänkelsang wurden hier gepflegt. Da die Zensur in Preußen strenger eingriff als in Bayern, waren die Berliner Kabaretts, das 1901 gegründete ‚Überbrettl' und das kurz darauf entstandene ‚Schall und Rauch', zu dem Christian Morgenstern und Max Reinhardt gehörten, eher unterhaltsam-grotesk als politisch aggressiv. Im liberaleren München dagegen verband sich Unterhaltung mit politischer Satire. Zu den dortigen ‚Elf Scharfrichtern', 1901 gegründet, gehörte auch Frank Wedekind, der zusammen mit Ludwig Thoma für den ‚Simplicissimus' schrieb, die berühmte satirische Zeitschrift, die zuerst 1896 erschien. Sie gab einem 1903 gegründeten Kabarett, an dem sich Max Dauthendey, Franz Blei, Erich Mühsam und Joachim Ringelnatz beteiligten, den Namen. In Wien eröffnete 1912 das heute noch bestehende Kabarett ‚Simpl'.

> Kabarett (von franz. cabaret = Schänke, Kneipe). Das Kabarett spielte auch Anfang des 20. Jahrhunderts eine wichtige Rolle als Begegnungs- und Auftrittsort für Künstler. Siehe S. 212 und 219.

THEORIE UND FORMEN DER LITERATUR

Sprachkrise

Die Außenseiter fühlen sich nicht nur von der etablierten Gesellschaft, sondern von der äußeren Wirklichkeit überhaupt getrennt. Das zeigt sich schon zu Beginn der Epoche, etwa an Gedichten Detlev von Liliencrons; hier werden subjektive Einzeleindrücke impressionistisch zu einer Gesamtstimmung zusammengesetzt. Eine solche Darstellungsweise bedeutet im Grunde, dass der Zusammenhang der äußeren Wirklichkeit durch die Sprache nicht mehr selbstverständlich vermittelt werden kann. Im körperlichen Ausdruck, vor allem in unmittelbaren Gebärden, drückt Wahrheit sich eher aus als in der Sprache. Es ist die Zeit, in der berühmte Tänzerinnen wie Isidora Duncan den Ausdruckstanz entwickeln. In Hugo von Hofmannsthals ‚Brief' (1902) wird diese Einsicht ausgesprochen. Hofmannsthal lässt Lord Chandos, einen englischen Autor des 17. Jhs. einen Brief an seinen Freund schreiben, den Philosophen Francis Bacon. Dem Philosophen, dessen Name an die neuzeitliche Vorstellung von der Wirklichkeit als dem naturwissenschaftlich Analysierbaren und Beherrschbaren geknüpft ist, erklärt der Lord, nicht mehr mit Hilfe der begrifflichen Sprache, sondern nur im unmittelbaren, unsagbaren Erlebnis gehe ihm eine Ahnung von der Ganzheit des Lebens auf.

Sprachnot und Sprachskepsis wird nach 1945 wieder zum Thema der Literatur. Siehe S. 273.

Konsequenter Naturalismus und Sekundenstil

Die Naturalisten versuchen, die subjektiven Einzeleindrücke mit Hilfe einer naturwissenschaftlichen Methode zu objektivieren. Am deutlichsten zeigt sich das in der Theorie des ‚konsequenten Naturalismus' von Arno Holz, dargestellt in seiner Programmschrift ‚Die Kunst. Ihr Wesen und ihre Gesetze' (1891/92). Der Autor wählt, hierin dem wissenschaftlichen Experimentator entsprechend, der seine Versuchsanordnung aufbaut, zunächst einen bestimmten Wirklichkeitsausschnitt. Dann gibt er alle, auch die kleinsten Einzeleindrücke in zeitlicher Folge wieder – man hat das „Sekundenstil" genannt –, wobei er sich selbst wie eine Art Fotoapparat zu verhalten versucht und auf jeden wertenden Kommentar verzichtet. Auch die Sprache wird so wiedergegeben, wie er sie vernimmt, in Satzfetzen, als Umgangssprache und Dialekt. Das Ziel ist, die Subjektivität des Autors so weit wie möglich auszuschalten. Die Notwendigkeit einer solchen Versuchsanordnung zeigt, dass die Sprache auch für die Naturalisten nicht mehr selbstverständlich äußere Wirklichkeit vermittelt. Der Sekundenstil ermöglicht es, die Äußerungen feinster seelischer Regungen der dargestellten Figuren auszudrücken.

Innerer Monolog und erlebte Rede

Die Subjektivierung der Sprache lässt sich dazu verwenden, die seelischen Regungen nicht erst in den Äußerungen der Figuren, sondern bereits in deren Bewusstsein darzustellen. Das geschieht, indem man ihre unausgesprochenen Gedanken und Eindrücke wiedergibt. Die Figuren reden innerlich mit sich selbst. Das kann entweder in der Ichform geschehen (innerer Monolog) oder in der dritten Person Singular Präteritum (erlebte Rede). Diese Technik, von Arthur Schnitzler virtuos gehandhabt, ermöglicht die literarische Darstellung des Bewusstseinsstroms.

Naturalistisches Drama

Die naturalistischen Dramatiker wählen meist einen zeitlich und räumlich eng begrenzten Wirklichkeitsausschnitt, häufig ein Familiengeschehen. Detaillierte Szenenanweisungen beschreiben das prägende Milieu. Oft setzt ein Besuch oder die Rückkehr eines Familienmitgliedes die Handlung in Gang, so in Gerhart Hauptmanns ‚Vor Sonnenaufgang‘ (1889) oder in seinem ‚Friedensfest‘ (1890), in Max Halbes ‚Jugend‘ (1893) oder in Hermann Sudermanns ‚Heimat‘ (1893). Das Geschehen wird von den passiven Helden eher erlitten als vorwärtsgetrieben und verläuft, auch wenn die Protagonisten sterben, meist ergebnislos; das Problem ist also nicht gelöst. Geradezu programmatisch wird das in der ‚Familie Selicke‘ (1890) von Arno Holz und Johannes Schlaf vorgeführt, nach deren Auffassung das Drama lediglich Charakterzeichnung sein soll. Allerdings – so hat man es von Henrik Ibsen gelernt – wird dabei oft eine Lebenslüge aufgedeckt: Es kommt etwas an den Tag, was jemand früher getan hat und gerne weiter verheimlicht hätte. Im ‚Meister Oelze‘ (1892) von Johannes Schlaf wird ein früherer Mord freilich nur für den Zuschauer aufgedeckt, der nun miterlebt, wie die damalige Tat das Leben aller vergiftet. Im Trauerspiel ‚Die Weber‘ (1892) und in der Komödie ‚Der Biberpelz‘ (1893) löst sich Gerhart Hauptmann vom naturalistischen Schema. In den ‚Webern‘ wird ein ganzer Stand zum Handlungsträger, im ‚Biberpelz‘ übertölpelt die lebenskräftige Heldin aus der Unterschicht eine verknöcherte Bürokratie. Frank Wedekinds frühe Stücke (‚Frühlings Erwachen‘, 1890/91; ‚Erdgeist‘, 1895; ‚Der Marquis von Keith‘, 1901; ‚Die Büchse der Pandora‘, 1902) stehen dem Naturalismus nahe. Er kritisiert die bürgerliche Moral vom Standpunkt der Künstlerboheme, die Verwirklichung der Individualität im lebenskräftigen, auch sexuell freien Sich-Ausleben fordert.

Zu Gerhart Hauptmann siehe S. 199 f.

Dramatische Kurzformen

Die Naturalisten schreiben noch vorwiegend konventionelle fünfaktige Dramen. Da es ihnen aber weniger um die allmähliche Entwicklung eines Konflikts geht als um Zustandsbeschreibung oder um das Aufdecken einer vergangenen Tat, tendieren sie schon zu kürzeren Formen bis hin zum Einakter. Diese Tendenz hat sich im übrigen Theater der Epoche durchgesetzt. Hier geht es um das Problem, dass der Einzelne seine Individualität nicht mehr aus einer sinnvollen, weil auf eine akzeptierte gesellschaftliche Umwelt bezogenen Reihe von Handlungen verstehen kann. Schnitzler zeigt daher Menschen, deren Leben in Episoden zerfällt (‚Anatol‘, 1893; ‚Reigen‘, 1900). Im sogenannten „lyrischen Drama" (Hugo von Hofmannsthal ‚Gestern‘, 1891; ‚Der Thor und der Tod‘, 1894; Rainer Maria Rilke ‚Die weiße Fürstin‘, 1899/1900, zweite Fassung 1920) werden Augenblicke höchster Lebensintensität und Todesnähe gestaltet, wird teilweise aber auch kritisch gezeigt, dass sich auf solchen Augenblicken allein kein sinnvolles Dasein im zwischenmenschlichen Bezug aufbauen lässt. Gerhart Hauptmanns ‚Hannele‘ (1893, ab 1896 ‚Haneles Himmelfahrt‘) steht zwischen naturalistischem und lyrischem Drama.

Exkurs: Zur Geschichte des Tragischen

In der antiken Tragödie steht der Mensch im Deutungsraum des Mythos den Göttern gegenüber. Sein Versuch, selbstständig zu handeln, scheitert am Irrtum über den unerkennbaren göttlichen Ratschluss. Die Handlung wird ausgelöst durch die Verkennung der Situation (Hamartia) und beendet durchs Wiedererkennen der Verwandten oder Freunde (Anagnorisis), das den Irrtum beendet. In der deutschen Tragödie von Schiller bis Hebbel steht Geschichtsphilosophie an der Stelle des Mythos. Der Held scheitert beim Versuch, selbstständig zu handeln, weil sein Wille sich dem Gang der Geschichte entgegenstellt, und zwar vor dem Hintergrund eines historischen Konflikts, in dem zwei gleichberechtigte Werte einander gegenüberstehen. Der Gang der Geschichte ist unberechenbar und macht, dass der Zufall menschliches Planen zerstört. In beiden Fällen, in der Antike wie im 18./19. Jh., ist der Mensch, auch wenn er im Familienzusammenhang steht, ein öffentlich Handelnder.

Der Gegensatz zwischen dem Versuch selbstständigen Handelns und dem göttlichen Ratschluss bzw. dem Gang der Geschichte führt zu einem Spannungsaufbau, den Gustav Freytag für das klassische Drama in der ‚Technik des Dramas‘ (1863) so beschrieben hat:

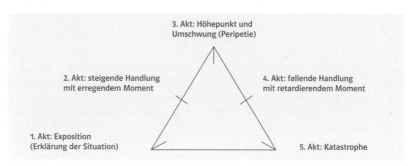

3. Akt: Höhepunkt und Umschwung (Peripetie)

2. Akt: steigende Handlung mit erregendem Moment

4. Akt: fallende Handlung mit retardierendem Moment

1. Akt: Exposition (Erklärung der Situation)

5. Akt: Katastrophe

Über die Tragödie siehe S. 12 bis 15.

Diese Beschreibung gilt nur eingeschränkt für die analytische Form der Tragödie, stellt aber ein brauchbares Modell für das klassische fünfaktige Drama dar. Sie gilt aber nicht mehr für das Drama das Naturalismus, das nicht nur meist analytisch ist, sondern auch eine wirkliche Auseinandersetzung des Menschen mit seinem Gegenspieler nicht kennt; auch wenn es die gesellschaftlichen Verhältnisse einbezieht, so werden diese nicht herausgefordert, dafür ist der kleine Mann, von dem das Drama handelt, viel zu unbedeutend. Es analysiert die Psyche der Menschen im privat-existentiellen Bereich. Daher ist es von vornherein auf Verfall angelegt, der in unterschiedlicher Anzahl von Akten aufgehalten wird, z. B. so:

1. Akt: handlungsauslösendes Moment (der Bote aus der Fremde) und Exposition,
2. Akt: erstes retardierendes Moment,
3. Akt: zweites retardierendes Moment und Katastrophe.

Das lyrische Drama stellt einen erhöhten Augenblick dar, der aber immer mit der Todesverfallenheit des Menschen verbunden ist. Es kann, wie bei Schnitzler, aus einer Reihung von Augenblicken bestehen; der Augenblick kann innere Spannung durch einen Erkenntnisprozess der Hauptperson erhalten, wie bei Hofmannsthal, oder ein Augenblick enttäuschter Hoffnung sein, wie bei Rilke.

Das Theater des Expressionismus und dasjenige Bertolt Brechts wendet sich von der Tragik, die die Todesverfallenheit des Menschen akzeptiert, ab und sucht durch ein gleichnishaftes Geschehen eine konkrete Utopie für künftiges Handeln vorzustellen. Später wird aus dem Tragischen entweder das Tragikomische oder eine Gesellschaftskritik mit ausgesprochener oder unausgesprochener Anleitung für sinnvolles Handeln.

Über das Tragikomische siehe S. 282 f.

Lyrik

Die Lyrik der Naturalisten, zuerst gesammelt in den ‚Modernen Dichtercharakteren‘ (1884) von Wilhelm Arent, ist derjenigen des Vormärz verpflichtet und durch soziale Anklage und Mitleidspathos bestimmt. Aber auch die angsterregende Faszination der Großstadt ist hier beschrieben, so in Julius Harts Gedicht ‚Auf der Fahrt nach Berlin‘.

Mit Arno Holz (‚Buch der Zeit‘, 1886) beginnt endgültig die moderne Großstadtlyrik. Oft behandelt sie das Halbweltmilieu, das einen besonderen Reiz ausübt. Detlev von Liliencron (‚Adjutantenritte und andere Gedichte‘, 1883), dessen impressionistische Gedichte kraftvollen Lebensgenuss preisen, galt den Naturalisten als Mitstreiter; auch in Prag wurde er verehrt. Am Rande des Naturalismus steht auch Richard Dehmels Lyrik (‚Aber die Liebe‘, 1893), die sozialkritische Züge trägt, aber mehr noch eine meist erotische Lebenslust lehrt.

Die entscheidenden formalen Neuerungen bringen die eindeutig nichtnaturalistischen Dichter Stefan George, Hugo von Hofmannsthal und Rainer Maria Rilke. Ihre Lyrik schafft einen Gefühlsraum, in dem äußere Welt und Inneres nicht mehr voneinander zu unterscheiden sind. George beschreibt, gerne mit belehrender oder ermahnender Leseranrede, einen abgeschlossenen Raum der Kunst, der von einer Gruppe Erwählter bewahrt, oder den Zyklus der Natur, der von dieser Gruppe nachgelebt werden muss (‚Algabal‘, 1892; ‚Das Jahr der Seele‘, 1897, u. a. ‚Komm in den totgesagten park und schau‘, ‚Wir schreiten auf und ab im reichen flitter‘, ‚Ihr tratet zu dem herde‘; ‚Der siebente Ring‘, 1907, u. a. ‚Das Zeitgedicht‘). Hofmannsthal stellt der äußeren Welt der Geschäfte die innere Welt aus Stimmung und Vergänglichkeitsbewusstsein gegenüber (‚Ausgewählte Gedichte‘, 1903, u. a. ‚Vorfrühling‘, ‚Lebenslied‘, ‚Terzinen‘, ‚Ballade des äußeren Lebens‘). Rilke beschreibt die äußere Welt, insbesondere Gegenstände und Lebewesen so, dass ihre Materialität verschwindet und ihre stimmungshafte Essenz spürbar wird (‚Das Buch der Bilder‘, 1902, u. a. ‚Herbsttag‘, ‚Herbst‘; ‚Neue Gedichte‘, 1907, u. a. ‚Früher Apollo‘, ‚Der Panther‘, ‚Römische Fontäne‘, ‚Das Karussell‘; ‚Der neuen Gedichte anderer Teil‘, 1808, u. a. ‚Archaischer Torso Apollos‘, ‚Blaue Hortensie‘).

Zu Hofmannsthal, George und Rilke siehe S. 202 f. und 204 f.

Novelle

Wie im Drama, so tendiert man auch in der Prosa zu kürzeren Formen bis hin zu Prosagedichten. Vor allem aber führt die Krise der Sprache und des Wirklichkeitsverständnisses zu Kurznovellen, die auf den Ausbruch seelischer Spannungen konzentriert sind, so in Hugo von Hofmannsthals ‚Reitergeschichte‘ (1899), aber auch zu längeren Novellen, in denen sich der Konflikt zwischen Seelischem und Triebhaftem einerseits, der äußeren Wirklichkeit andererseits allmählich steigert, am deutlichsten bei Arthur Schnitzler (‚Lieutenant Gustl‘, 1900). Dieser Konflikt bleibt fast immer ungelöst und endet meist in einer Katastrophe. Häufig führt die Berührung zwischen der äußeren und der inneren Welt zum Gefühl des Unheimlichen. Bei Thomas Mann, der den romantischen Gegensatz zwischen Künstler und Bürger aufgreift (‚Tonio Kröger‘, 1903), wird der Künstler von der Sehnsucht nach dem Tod ergriffen (‚Der Tod in Venedig‘, 1912). In Gerhart Hauptmanns ‚Bahnwärter Thiel‘ (1888) wird das Unheimliche von der Eisenbahn symbolisiert. Die schulkritischen Kurznovellen ‚Der erste Schultag‘ (1889) von Arno Holz und ‚Die Turnstunde‘ (1902) von Rainer Maria Rilke beschreiben die Begegnung von Kindern mit dem Tod. Entsprechend der Forderung des konsequenten Naturalismus, sich jeden Kommentars zu enthalten, sind die Prosaskizzen von Arno Holz und Johannes Schlaf auf den Dialog konzentriert und nähern sich daher der dramatischen Form (‚Papa Hamlet‘, 1889; ‚Die papierne Passion‘, 1892). Kritischer als Thomas Mann sieht Heinrich Mann den Künstler in seiner Novelle ‚Pippo Spano‘ (1905). Der Protagonist will das starke rauschhafte Leben selbst im Angesicht des Todes nicht aufgeben, doch beim geplanten gemeinsamen Selbstmord mit der Geliebten tötet er sie, ist dann aber zu schwach, sich selbst auch zu töten.

In der Romantik war der Gegensatz zwischen Philister und Künstler häufig Thema von Romanen und Novellen.

Roman

Da ein individueller Lebenslauf innerhalb eines akzeptierten gesellschaftlichen Zusammenhangs den Erfahrungen der Schriftsteller widerspricht, wird insbesondere der Roman in seiner überkommenen biografischen Form problematisch. (Das heißt nicht, dass nicht viele konventionelle Romane geschrieben und gelesen würden; das geschieht jedoch im Umkreis der Heimatkunst und der gehobenen Unterhaltungsliteratur.) Die wenigen naturalistischen Romanautoren verbinden einen schon modernen, an Emile Zola geschulten sozialkritischen Blick mit der traditionellen Erzählweise des Realismus, so Max Kretzer in ‚Meister Timpe‘ (1888). Die Theorie des konsequenten Naturalismus ist für die Romanform nicht geeignet, weil die geforderte minuziöse Darstellung einen allzu engen Wirklichkeitsausschnitt verlangt. Die Nicht-Naturalisten schreiben zumeist Romane, die eigentlich umfangreiche Novellen sind. So ‚Der Tod Georgs‘ (1900) von Richard Beer-Hofmann, der das Thema der Jungen Wiener durchspielt, an der Möglichkeit des plötzlichen Todes verschiedene Lebensentwürfe zu erproben. Rilke schafft mit den ‚Aufzeichnungen des Malte Laurids Brigge‘ (1910) einen neuen Romantyp aus Tagebuchaufzeichnungen mit offenem Schluss. Thomas Mann findet wieder zur geschlossenen Form, indem er nicht den Lebenslauf eines einzelnen Menschen, sondern den einer Familie durch mehrere Generationen auf dem Weg in die Dekadenz darstellt (‚Buddenbrooks‘, 1901). Ricarda Huch beschreibt den Untergang einer Familie als Katastrophe der Leidenschaften (‚Erinnerungen von Ludolf Urslau dem Jüngeren‘, 1892). Die besten von Heinrich Manns frühen Romanen (‚Professor Unrat‘, 1905; ‚Die kleine Stadt‘, 1909) sind moralische Satiren der zeitgenössischen Gesellschaft und verweisen schon auf die folgende Epoche. Arthur Schnitzler kritisiert in seinem Gesellschaftsroman ‚Der Weg ins Freie‘ (1908) eine dem Schein verfallene Wiener Gesellschaft. Robert Musil (‚Die Verwirrungen des Zöglings Törleß‘, 1906) und Hermann Hesse (‚Unterm Rad‘, 1906) nehmen die Schulthematik auf, die bei Musil ähnlich wie bei Rilke mit der Suche nach einer geistigen Wirklichkeit hinter dem Alltäglichen verknüpft ist.

AUTOREN

Naturalismus: Holz und Hauptmann

Arno Holz (1863–1929) – Vom Naturalismus zur Lebensmystik

Der Apothekersohn aus Ostpreußen trug zu den ‚Modernen Dichtercharakteren‘ bei, gehörte dem Verein ‚Durch‘ an und war für kurze Zeit Schriftleiter der ‚Freien Bühne‘. Mit seiner Gedichtsammlung ‚Buch der Zeit‘ (1886) schuf er die beste Lyrik des frühen Naturalismus. Dann schrieb er zusammen mit seinem Freund Johannes Schlaf novellistische Prosaskizzen. Die erste, ‚Papa Hamlet‘ (1889), erschien unter dem Pseudonym Bjarne P. Holmsen, ein Zeichen für den Einfluss der skandinavischen Literatur. Zusammen mit anderen Skizzen (u.a. ‚Die papierne Passion‘, ‚Ein Tod‘) und dem gemeinsamen Drama ‚Familie Selicke‘ wurde sie auch im gemeinsamen Sammelband ‚Neue Gleise‘ (1892) veröffentlicht. Währenddessen entwickelte Holz in seiner Schrift ‚Die Kunst. Ihr Wesen und ihre Gesetze‘ (1891/92) die Theorie des konsequenten Naturalismus.

Zu Beginn der neunziger Jahre wandte sich Holz mit parodistischen und satirischen Texten vom Naturalismus ab. Die Zusammenarbeit mit Schlaf endete im Streit um den beiderseitigen Anteil an der ‚Familie Selicke‘. Anschließend schrieb der Dichter zusammen mit seinem Freund Oskar Jerschke weitere Theaterstücke, diesmal im Hinblick auf den Publikumserfolg mit gängigen Formen und Themen (Tragikomödie ‚Traumulus‘, 1905). 1898/99 erschien sein nachnaturalistisches Hauptwerk, der Gedichtzyklus ‚Phantasus‘, der bis 1925 in mehreren Fassungen verändert und erweitert wurde.

Holz ist der große Anreger der naturalistischen Bewegung, und zwar als Theoretiker des konsequenten Naturalismus, als Gedichtautor, der eine provozierend schnoddrige Umgangssprache in die Lyrik einführt, wie auch, zusammen mit Schlaf, als Begründer des Sekundenstils in der kurzen Prosa. Das zeitgenössische Krisenbewusstsein zeigt sich in den satirisch-parodistischen Zügen seines Werks. Im ,Phantasus' sucht er es mit Hilfe von Evolutionslehre und Lebenspathos zu überwinden. In diesem Zyklus führt die Fantasie des Dichters durch eine Reihe von Leben und Wiedergeburten und durch Auseinandersetzungen mit den Größen der Literatur hindurch: Das Werk soll alles umfassen, das Leben und die Kunst, die ganze äußere Welt wie die Fülle persönlicher Eindrücke und Assoziationen. Tonfall der Umgangssprache, überquellende Wortschöpfungen und Motivfülle verbinden sich in einer rhythmischen Prosa, die zur Gedichtform stilisiert wird durch das sogenannte Mittelachsenprinzip. Das heißt, die reimlosen Gedichte werden so gedruckt, dass in jeder Zeile rechts und links von einem gedachten Vertikalstrich die gleiche Anzahl Silben steht.

> Sekundenstil ist die Bezeichnung für eine in der Dichtung des Naturalismus erstmals entwickelte Technik, deren Ziel die volle Deckungsgleichheit von Erzählzeit und erzählter Zeit war.
>
> Zu Lebenspathos siehe S. 187.

Gerhart Hauptmann (1862–1946) – Vom Naturalismus zum Mythos

Der schlesische Gastwirtssohn, der zunächst Bildhauer werden wollte, zog 1885 nach Erkner bei Berlin, trat dem Verein ,Durch' bei und schloss sich dem ,Jüngsten Deutschland' an. In diesem Umkreis entstanden die bekanntesten Zeugnisse des Naturalismus: die Novelle ,Bahnwärter Thiel. Novellistische Studie aus dem märkischen Kiefernforst' (1888), die Schauspiele ,Vor Sonnenaufgang. Soziales Drama' (1889), das der neuen Bewegung zum Durchbruch verhalf, ,Das Friedensfest. Eine Familienkatastrophe' (1890) und ,Einsame Menschen' (1891) sowie die beiden Höhepunkte naturalistischer Dichtung, ,Die Weber. Ein Schauspiel aus den vierziger Jahren' (1892; im gleichen Jahr wie die Dialektfassung ,De Waber') und ,Der Biberpelz. Eine Diebskomödie' (1893). Ihnen folgten die beiden Dramen ,Florian Geyer. Die Tragödie des Bauernkrieges' (1896) und ,Fuhrmann Henschel' (1899). Ab 1901 lebte Hauptmann zumeist im schlesischen Agnetendorf oder auf der Ostseeinsel Hiddensee. Eine längere persönliche Krise endete mit künstlerischer Umorientierung. Einerseits erschien mit ,Rose Bernd' (1903), der Tragödie einer Kindsmörderin, noch ein soziales Drama, und ,Der Biberpelz' fand zwei Fortsetzungen in den Tragikomödien ,Der rote Hahn' (1901) und ,Die Ratten' (1911). Andererseits hatte Hauptmann schon 1893 in dem missglückten Stück ,Hanneles Himmelfahrt. Eine Traumdichtung' naturalistische und neuromantische Elemente vermischt. Er dramatisierte nun Märchen- und Legendenstoffe und verband Wirklichkeit und Traumwelt miteinander, häufig im Gewand traditioneller Formen. Die beiden Dramen ,Die versunkene Glocke. Ein deutsches Märchendrama' (1897) und ,Und Pippa tanzt! Ein Glashüttenmärchen' (1906) sind hierfür beispielhaft. Als hoch geehrter literarischer Repräsentant der Weimarer Republik suchte der Dichter in Besinnung auf die Klassik und im Rückgriff auf mythisches Denken ein überzeitliches, gesellschaftsfernes Reich der Dichtung zu schaffen. Das Hexameterepos ,Des großen Kampffliegers, Landfahrers, Gauklers und Magiers Till Eulenspiegel Abenteuer, Streiche, Gaukeleien, Gesichte und Träume' (1928) verwandelt die zeitgenössische Wirklichkeit unter Rückgriff auf traditionelle Formen und Motive in eine religiös-mythische Welt. Im Drama ,Vor Sonnenuntergang' (1932) sucht der Held Lebenssicherheit, allerdings vergeblich, in der vermeintlich heilen Welt der Klassik. Ratlos und mit widersprüchlichen Gefühlen stand Hauptmann dem Dritten Reich gegenüber. Während er sich in die nationalsozialistische Kulturpolitik einspannen ließ, zog er sich in eine bewusst unpolitische Haltung zurück. In den ersten Jahren des Zweiten Weltkriegs entstand die Tragödientetralogie um das mythische griechische Atridengeschlecht (,Iphigenie in Aulis', 1944; ,Agamemnons Tod', 1948; ,Elektra', 1947; ,Iphigenie in Delphi', 1941). Hier verbinden sich strenge klassische Form (u. a. Blankvers), mythologischer Stoff und pessimistischer Schicksalsglaube miteinander.

In der Nachfolge Ibsens beginnt Hauptmann, die psychischen Regungen der Menschen darzustellen, so wie sie sich am deutlichsten in der ‚Familienkatastrophe' offenbaren, in der Verheimlichtes und Verdrängtes zutage tritt. Dieses private Geschehen begreift er ebenso wie allgemein gesellschaftliches als Ausdruck eines elementaren Schicksals. Im Frühwerk wird das Schicksal im Sinn des Lebenspathos und des naturalistischen Determinismus und Darwinismus gedeutet: Wer durch Vererbung oder Milieu zur Schwäche verurteilt ist, geht zugrunde. Im ‚Bahnwärter Thiel' beschreibt Hauptmann die Regungen einer dumpfen, sprachlosen Seele, die ihre Familienkatastrophe erlebt und im tierhaften Zornesausbruch doch nur ihr unabwendbares Schicksal besiegelt. Schon bald, in ‚Fuhrmann Henschel', ‚Rose Bernd' und in den ‚Ratten', wird die Schicksalhaftigkeit des Leidens zu einer nicht mehr naturwissenschaftlich begründeten, sondern metaphysischen Größe. Im späteren Werk schließlich, in dem sich die psychologische Beobachtung teilweise zur Beschreibung einer Traumwelt wandelt, wird Schicksal als mythisches Verhängnis gezeichnet; in der Atridentetralogie ist es zugleich ein Familienfluch.

‚Die Weber', die nach historischen Quellen gearbeitet sind, erweitern den eben skizzierten Rahmen durch die sozialkritische Darstellung der Volksmassen im Sinne Büchners. Hier erscheint das Proletariat, allerdings nur das vorindustrielle Landproletariat, zum ersten Mal als kollektiver Held. Der Konflikt entzündet sich am Gegensatz zweier Klassen. Hauptmann versteht es, die Figuren sowohl deutlich dem einen oder dem anderen Lager zuzuordnen, als sie auch mit unverwechselbaren, individuellen Zügen zu versehen. Die Schlussszene jedoch, der Tod des alten Hilse durch eine verirrte Kugel, lässt den Weberaufstand als aussichtslosen Kampf gegen ein unfassbares Schicksal erscheinen. Dieser offene Schluss hält die Waage zwischen gesellschaftskritischer Tendenz und Schicksalsgedanken. Es bleibt das respektvolle Mitleid, das der Zuschauer dem kollektiven Helden der Tragödie entgegenbringt.

‚Der Biberpelz' zeigt eine Welt, in welcher der Lebenskampf das Verhältnis zwischen den Menschen zwar untergründig bestimmt, diesmal aber nicht durch eine Katastrophe offen zutage tritt. Die lebenstüchtige Mutter Wolffen hat sich realistisch auf den untergründigen Kampf eingestellt. Der obrigkeitsgläubige Wehrhahn, der erstarrt ist im offiziellen Fassadenkult, muss diese eigentliche Wirklichkeit verkennen. Der offene Schluss sorgt dafür, dass diese Satire über die preußische Bürokratie nicht durch Entlarvung und Bestrafung der Mutter Wolffen ihre Schärfe verliert. Doch ebenso wenig gibt er dem nur allzu harmlosen Obrigkeitskritiker Doktor Fleischer Recht. Der Lebenskampf aller gegen alle ist unabwendbar. In ihm, so zeigt es sich im ‚Roten Hahn', wird schließlich auch Mutter Wolffen schicksalhaft scheitern.

> Georg Büchner hatte in seinem Revolutionsdrama ‚Dantons Tod' den Versuch unternommen, das Volk in Szene zu setzen. Siehe S. 152.

Die Gesellschaftskritik der Boheme: Wedekind

Frank Wedekind (1864–1918)

Der Arztsohn wurde in Hannover geboren und verbrachte seine Jugend in der Schweiz. Nach dem Abbruch seines Jurastudiums in München begann eine unruhige Reisezeit. Wedekind lebte, der Boheme nahe, in Zürich, Berlin, München, Paris und London. 1890/91 entstand sein erstes wichtiges Stück: ‚Frühlings Erwachen. Eine Kindertragödie'. Ihm folgte die Tragödie ‚Die Büchse der Pando-ra. Eine Monstertragödie' (unveröffentlicht, geschrieben 1892–1894). Der umgearbeitete erste Teil erschien 1895 unter dem Titel ‚Erdgeist' (neue Fassung 1903), der umgearbeitete zweite Teil 1902 unter dem Titel ‚Die Büchse der Pandora' (neue Fassungen 1906 und 1913). 1913 erschien unter dem Titel ‚Lulu' außerdem eine umgearbeitete Fassung der ursprünglichen „Monstertragödie". Die komplizierte Entstehungsgeschichte zeugt von Zensur und Selbstzensur an einem provozierenden Text.

1895 ließ Wedekind sich endgültig in München nieder und begann, an der soeben gegründeten politisch-satirischen Zeitschrift ‚Simplicissimus' mitzuarbeiten. Zwei dort abgedruckte Spottgedichte auf Kaiser Wilhelm II. brachten ihm später eine siebenmonatige Festungshaft ein. Nach der Lyrik- und Prosasammlung ‚Die Gräfin Russalka' (1897) erschienen in rascher Folge Theaterstücke: die Groteske ‚Der Kammersänger' (1899) und die tragikomischen Schauspiele ‚Der Marquis von Keith' (1901), ‚König Nicolo' (1902; ursprünglicher Titel: ‚So ist das

Leben') und ‚Hidalla oder Sein und Haben' (1904; später auch: ‚Karl Hetmann, der Zwergriese'). Gleichzeitig arbeitete Wedekind als Dramaturg und trat auch als Schauspieler in seinen eigenen Stücken auf. Außerdem entwickelte er sich schnell zum profiliertesten Mitglied des 1901 gegründeten Münchener Kabaretts ‚Elf Scharfrichter'. Die beiden Literaturkomödien ‚Oaha – Die Satire der Satire' (1908) und ‚Zensur. Theodizee in einem Akt' (1908) verbinden die Frage nach der moralischen Wirkung der Dichtung mit der Eheproblematik, an der Wedekind auch in anderen späten Stücken die ihn bewegenden Probleme exemplifizierte (u. a. ‚Schloss Wetterstein', 1912; ‚Franziska', 1912).

Wedekinds Gesellschaftssatire stellt die Unschuld lebensnaher Sinnlichkeit einer heuchlerischen Moral und skrupellosem Geschäftssinn gegenüber, welche die Entwicklung freier Individualität verhindern. In ‚Frühlings Erwachen' ist es die unschuldige Sinnlichkeit der Jugendlichen und die erstarrte, verlogene Welt der Erwachsenen. Die ursprüngliche Fassung des Lulu-Stoffes zeigt, wie ein Mädchen von kindlich-natürlicher Sinnlichkeit von den Männern auf ein Sexwesen reduziert wird, über das sie bestimmen und das sie besitzen wollen; darum wird Lulu abgerichtet, zum Sexualorgan verdinglicht und schließlich ermordet, weil der Mörder dieses Sexualorgan besitzen will. Wedekinds Umarbeitungen des Stoffes schwächen diese Kritik ab, indem sie Lulu zur berechnenden, männermordenden „femme fatale" machen, die allerdings immer noch einen Hauch von Kindlichkeit hat.

Im weiteren Werk, das wesentliche Züge des Expressionismus vorbereitet, zeigt sich, dass der Aufstand gegen die Welt der Verlogenheit nicht nur an der Übermacht der Heuchler scheitert, sondern vor allem daran, dass sich aus der Anerkennung der natürlichen Sinnlichkeit allein keine widerspruchsfreie Lebenspraxis entwickeln lässt. Man müsste konsequenterweise die Triebnatur auch im anderen Menschen völlig anerkennen, sich seinen Launen unterwerfen, keine Eifersucht zeigen, völlig selbstlos sein. Das aber widerspräche der eigenen Natur. Wo sich die Menschen ohne Respekt vor dem anderen gänzlich ihrer Natur hingeben, wie im Verbrechermilieu, in das Lulu gerät, herrscht nur der Kampf aller gegen alle, in dem der Schwächere untergeht, eben der Kampf, der untergründig auch die Welt der wohlanständigen Heuchler bestimmt. Es gibt mephistophelische Abenteurer wie den Marquis von Keith, die daraus die Folgerung ziehen, man müsse nach dem Sieg in dem nun einmal unvermeidlichen Kampf streben und könne das nur, indem man die übermächtige Heuchelei durch zynische Anpassung an ihre eigenen Regeln betrügt. Dadurch aber wird man nicht nur selbst zum Heuchler, man verurteilt sich auch zur Einsamkeit dessen, der sich an keinen Menschen binden darf, weil er jeden nur als Gegner oder als Mittel zu einem vorläufigen Sieg betrachten muss. Diese Auswegslosigkeit, die auch den kritischen Anspruch des satirischen Künstlers wieder in Frage stellt, führt ins Tragikomische, Groteske oder Absurde. Die Fragwürdigkeit der Literatur wird daher bei Wedekind zum Thema der Literatur. Das zeigt sich darin, dass er ältere literarische Formen parodistisch wieder aufnimmt. Seine Gestalten sind nicht realistisch oder gar naturalistisch gezeichnet, aber auch keine Individualitäten; sie werden in zunehmendem Maß zu einer Art von Schachfiguren, die in einem fantasierten Experiment des

Um 1900 gab es eine Fülle von literarischen Texten, die sich kritisch mit der wilhelminischen Schule und der repressiven Sexualmoral der damaligen Zeit auseinander setzen.
Siehe auch S. 197.

Autors Positionen äußerster Konsequenz verkörpern. Seine Thesenstücke tendieren zur pointierten sprachlichen Verkürzung und zur Charakterisierung der Fassadenwelt durch sprachliche Klischees. Mit Wedekind beginnt auch das bänkelsängerhafte Chanson des Kabaretts.

Junges Wien: Hofmannsthal und Schnitzler

Hugo von Hofmannsthal (1874–1929) – Vom selbstkritischen Ästhetentum zur Suche nach harmonischer Ordnung

Hofmannsthal fasst das Lebensgefühl seiner Generation in Worte – die Sprachkrise. Siehe S.194.

Der Sohn eines Bankdirektors, zusammen mit Schnitzler der wichtigste Repräsentant des Jungen Wien, galt lange als Frühvollendeter. Seine Berühmtheit gründete in seiner Lyrik (‚Ausgewählte Gedichte‘, 1903) und in seinen lyrischen Dramen (‚Gestern. Dramatische Studie‘, 1891; ‚Der Thor und der Tod‘, 1894; ‚Das kleine Welttheater oder Die Glücklichen‘, 1903). ‚Das Bergwerk zu Falun‘ (erster Akt 1900, vollständig 1932) steht dem lyrischen Drama nahe. Unterschätzt wurden dagegen die frühen Novellen ‚Das Mädchen der 672. Nacht‘ (1895) und ‚Reitergeschichte‘ (1899).

Zusammen mit einer lebensgeschichtlichen Neuorientierung – u.a. entschloss sich der studierte Romanist, auf eine Habilitation zu verzichten und freier Schriftsteller zu werden – kam es um die Jahrhundertwende zu einer künstlerischen Krise, der Hofmannsthal im Essay ‚Ein Brief‘ (1902) Ausdruck gab. Er wandte sich fast ganz dem Theater zu und bearbeitete zunächst ältere Tragödienstoffe, vor allem aus dem Umkreis des Ödipus-Mythos. ‚Jedermann. Das Spiel vom Sterben des reichen Mannes‘ (1911) ist die Bearbeitung eines spätmittelalterlichen Dramas. Den Be-

arbeitungen folgten Neuschöpfungen, und zwar sowohl Opernlibretti für den Komponisten Richard Strauss (u.a. ‚Der Rosenkavalier‘, 1911; ‚Ariadne auf Naxos‘, 1912; ‚Arabella oder der Fiakerball‘, 1933) wie auch Komödien (‚Der Schwierige‘, 1921; ‚Der Unbestechliche‘, 1923).

Von der Auflösung des Habsburgerreiches beim Ausgang des Ersten Weltkrieges tief erschüttet, sucht Hofmannsthal eine neue politische Ordnung und gesellschaftliche Einheit in der Rückbindung an die deutsche Kulturgeschichte; dazu rief er auf mit der Rede ‚Das Schrifttum als geistiger Raum der Nation‘ (1927). Schon im Schauspiel ‚Das Salzburger Große Welttheater‘ (1922) hatte er barocke Vorstellungen von einer zugleich kosmischen und gesellschaftlichen Ordnung in die Gegenwart übertragen. Der Versuch, alte Ordnungsvorstellungen und moderne gesellschaftliche Konflikte in einem überhistorischen, geistigen Raum miteinander zu versöhnen, bestimmt auch die Tragödie ‚Der Turm‘ (erste Fassung 1923–25; zweite Fassung 1927), die auf das barocke Motiv vom Leben als Traum zurückgeht. Die düstere zweite Fassung spiegelt den zunehmenden Pessimismus des Dichters.

Das Gedicht ‚Ballade vom äußeren Leben‘ gehört zu Hofmannsthals bekanntesten Gedichten.

Vom vergänglichen „äußeren Leben", von der als sinnlos empfundenen gesellschaftlichen Wirklichkeit abgewendet, sehnt sich der junge Hofmannsthal nach der ewigen Ganzheit des All-Lebens, die er in der Schönheit von Natur und Kunst erahnt. ‚Das Bergwerk zu Falun‘ symbolisiert das Aufgehobensein in dieser Ganzheit. Auch der Klangzauber seiner Gedichte, die teilweise symbolistische Züge tragen, lässt die große Einheit verspüren. Die Gedichte deuten aber auch das Ungenügen an, als Ästhet in einem Reich der Schönheit zu leben und damit von der Alltagswirklichkeit der anderen Menschen ausgeschlossen zu sein. In den lyrischen Dramen wird dieses Ungenügen selbstkritisch als Problem formuliert: Wer nur für die Augenblicke lebt, in denen er sich mit dem All-Leben in völliger Übereinstimmung fühlt, bleibt auf die Dauer einsam. – Neben der Fantasiewelt der Harmonie gibt es diejenige aggressiver und sinnlicher Wünsche. Die Novellen zeigen den tödlichen Zusammenstoß zwischen dieser Welt und der Wirklichkeit.

In der Heiratsthematik, die den Komödien und den meisten Opernlibretti zugrunde liegt, werden die beiden Wünsche, in der Lebensganzheit aufgehoben zu sein und sich zugleich in der äußeren Wirklichkeit an andere zu binden, miteinander verknüpft.

Die eheliche Bindung nämlich soll verstanden werden als äußeres Zeichen für jene ewige Ganzheit, in der nicht nur zwei Menschen liebend miteinander verbunden sind, sondern in der alles harmonisch zusammenhängt. Durch die Ordnung der Ehe verwirklicht sich im äußeren Leben, wenn auch unvollkommen, die ersehnte Ganzheit, in der der Einzelne in Freiheit aufgehoben ist.

Seit der Erschütterung durch den Ersten Weltkrieg sucht Hofmannsthal ein entsprechendes Modell nicht nur für den privaten, sondern auch für den öffentlichen Bereich. Es müsste freilich zeigen, wie auch gesellschaftliche Auseinandersetzungen integriert werden könnten. Damit stellt sich erneut das Problem der Aggression, das in den Novellen nicht gelöst wurde und in der Heiratsthematik ausgeklammert blieb. Hofmannsthal sucht ein solches Modell in barocken Vorstellungen, nach denen die gesellschaftliche Ordnung Ausdruck einer von Gott gegebenen kosmischen ist. Diese Einsicht lässt den Benachteiligten im ‚Salzburger Großen Welttheater‘ auf seine Aggression verzichten. Das Unbefriedigende, das in der allegorischen Übertragung einer moralischen Einzelentscheidung auf gesellschaftliche Probleme liegt, soll im ‚Turm‘ überwunden werden. Die Frage, wie sich eine dauernde geistige Ordnung in der äußeren Welt des Streites und der Gewalt verwirklichen ließe, wird in der ersten Fassung durch die Hoffnung auf den messianischen Kinderkönig beantwortet, der von der sinnlich-aggressiven Welt nicht berührt wurde. Unzufrieden auch mit dieser Allegorie, schreibt Hofmannsthal eine zweite, resignierte Fassung, in der er dem Geist nur noch den Rückzug aus der verhängnisvollen Geschichte in den Turm zugesteht.

Arthur Schnitzler (1862–1931) – Psychologe des Fin de siècle und skeptischer Humanist

Der Sohn eines erfolgreichen Wiener Medizinprofessors kam als praktischer Arzt schon früh mit der gerade entstehenden Psychoanalyse Sigmund Freuds in Berührung. 1890 entstand um ihn und Hofmannsthal der Kreis des Jungen Wien. Schnitzler vertauschte allmählich die ärztliche Tätigkeit mit der literarischen und lebte schließlich als freier Schriftsteller. In seinem Lebenslauf fehlt die krisenhafte künstlerische Umorientierung, die für viele andere Autoren der Epoche kennzeichnend ist, obwohl Desillusion und Pessimismus sich im Laufe seines Lebens verstärken.

Sein Werk besteht vor allem aus skizzenhaften oder novellistischen Erzählungen und aus Schauspielen; die letzteren sind häufig Kurzdramen oder Reihungen kurzer Dramen. Von den Erzählungen sind zu nennen: ‚Die Toten schweigen‘ (1897), ‚Lieutenant Gustl‘ (1900), ‚Fräulein Else‘ (1924), ‚Traumnovelle‘ (1925/26). Die wichtigsten dramatischen Werke sind: ‚Anatol‘ (1893; Zyklus aus sieben, teilweise schon früher veröffentlichten Einaktern), ‚Liebelei‘ (1896), ‚Reigen‘ (1900), ‚Der grüne Kakadu. Groteske in einem Akt‘ (1899), ‚Professor Bernhardi‘ (1912), ‚Komödie der Verführung‘ (1924). 1908 erschien ‚Der Weg ins Freie‘, ein Konversations- und Gesellschaftsroman, 1928 ‚Therese. Chronik eines Frauenlebens‘, ein Roman, der den sozialen Abstieg einer Frau und mit ihm die gänzliche innere Leere jener Gesellschaft beschreibt.

Schnitzler teilt die Auffassung Freuds, dass wesentliche seelische Antriebe aus dem Unbewussten kommen, nicht aber dessen Überzeugung, das Unbewusste lasse sich erklären und therapeutisch auflösen. Daher erscheint ihm der Einzelne gerade in seinem eigensten Bereich, in dem der Gefühle, als unselbstständig. Hier wird er von außen bestimmt, von einer unauflöslichen Mischung aus unbewussten Antrieben und materiellen Interessen. Moralische Werte wie Treue und Aufrichtigkeit verlieren dadurch ihre psychische Grundlage, denn wer kann noch wissen, ob er wirklich aufrichtig ist oder nur ein tiefer liegendes Gefühl nicht bemerkt, das sich schon morgen äußern kann? Noch weniger kann er je der Aufrichtigkeit der anderen gewiss sein. Dieser Zweifel führt dazu, dass ein ehrliches Gespräch kaum möglich scheint.

An Gestalten des Wiener Fin de siècle, vor allem am „jungen Herrn" aus gehobenen Kreisen und an seinem „süßen Mädel" aus der Vorstadt, zeigt Schnitzler, wie Menschen falsch reagieren. Falsch ist es nämlich, aus dem Zweifel in stimmungsvolle Augenblicke zu flüchten, in denen man die Illusion unendlichen Geliebtwerdens hat. Es folgen nur Desillusion und neue Flucht. Man lebt dann einsam von Episode zu Episode, schwankend zwischen Sehnsucht und Enttäuschung. Die Figuren reden aneinander vorbei, missverstehen einander oder monologisieren. In ‚Lieutenant Gustl' und ‚Fräulein Else' wird fast die ganze Handlung in Assoziationen und inneres Selbstgespräch der Hauptfiguren verlegt; die Technik des inneren Monologs macht sie dem Leser zugänglich. Im ‚Reigen' sind die Episoden auf die sexuelle Begegnung reduziert. In zehn Dialogen wird jeweils ein Liebespaar vorgestellt; nach jeder Begegnung wird einer der beiden Partner ausgetauscht, bis sich der Reigen mit der Dirne schließt, mit der er auch begann. So zeigen sich Einsamkeit und Austauschbarkeit der Einzelnen.

Der innere Monolog ist eine Form des Erzählens, die den Bewusstseinsstand einer Figur unmittelbar wiedergeben will. Siehe auch S. 194.

Schnitzler sucht keinen Halt in neuer metaphysischer Bindung. Er besteht trotz aller Skepsis gegenüber der seelischen Verlässlichkeit der Menschen auf der Verantwortung jedes Einzelnen, der andere leiden macht. Hierauf beruht seine kritische Sichtweise. Er entlarvt Heuchelei und Fassade nicht nur im Persönlichen und Seelischen, sondern auch in gesellschaftlichen Konventionen, im Duellzwang, in der Unterdrückung der Frau oder im Antisemitismus. Mit dem Ersten Weltkrieg allerdings sieht er eine Zeit solcher Massenbewegung und Massenmanipulation beginnen, dass die persönliche Entscheidung vollends sinnlos wird. Darum handeln seine Texte von der Zeit vor 1914, in der Individualität zwar in Frage gestellt war, ein individueller moralischer Anspruch aber noch aufrechterhalten werden konnte.

Der Beginn der modernen Lyrik: George und Rilke

Stefan George (1868–1933) – Die Bildung einer künstlerischen Elite

Der Sohn eines Weinhändlers aus Bingen am Rhein fühlte sich von Jugend an zum Dichter berufen. Reisen in ganz Europa machten ihn mit den modernen Dichtern, vor allem mit den symbolistischen Lyrikern Frankreichs, bekannt. Der Versuch, den jungen Hofmannsthal für ein Dichterbündnis zu gewinnen, misslang. 1892 gründete George die Zeitschrift ‚Blätter für die Kunst' und scharte einen Kreis von Jüngern um sich, viele von ihnen junge Gelehrte, die ihren Meister kultisch verehrten. Nach dem Ende des Ersten Weltkriegs schrieb George nur noch wenige Gedichte, 1919 hörten die ‚Blätter für die Kunst' auf zu erscheinen. Gegen Ende seines Lebens zog sich George in die Schweiz zurück und schwieg zu den Ehrungen, mit denen ihn die Nationalsozialisten bedachten.

Georges schmales Werk besteht neben Übersetzungen fast ausschließlich aus Gedichtzyklen. Den ‚Hymnen' (1890) und den ‚Pilgerfahrten' (1891) folgte mit dem symbolischen Zyklus ‚Algabal' (1892), die vom spätrömischen Kaiser Heliogabal handeln, der erste Höhepunkt des Frühwerks. Ihm schlossen sich ‚Die Bücher der Hirten- und Preisgedichte, der Sagen und Sänge und der hängenden Gärten' an (1895). Seinen vollendeten Abschluss fand das Frühwerk im Zyklus ‚Das Jahr der Seele' (1897). Hier spiegelt sich ein melancholisches Ich in jugendstilhafter Landschaft.

War die erste Phase bestimmt vom Prinzip ‚l'art pour l'art' (die Kunst um der Kunst willen), so beanspruchte der Dichter in der nächsten Phase das Amt des Sehers, der der Gesellschaft eine antimoderne Ordnung aufzeigt. In diese Phase gehören die Zyklen ‚Der Teppich des Lebens und die Lieder von Traum und Tod mit einem Vorspiel' (1910), ‚Der siebente Ring' (1907) und ‚Der Stern des Bundes' (1914). Die im letzten Zyklus, ‚Das neue Reich' (1928), gesammelten Gedichte, die teilweise sehr viel früher entstanden, sollen u. a. den Ersten Weltkrieg deuten.

George teilt die Zeitkritik der Antimodernen, will aber nicht umstandslos zu Heimatkult und Nationalismus zurück, sondern eine dauernde Herrschaft des Geistes errichten. Unter dem Einfluss der französischen Symbolisten versteht er darunter zunächst ein wirklichkeitsfernes Reich hochstilisierter, strenger Schönheit. Eine eigene Rechtschreibung und Interpunktion, ein jugendstilhafter, stark stilisierter Druck und Buchschmuck sollen dieses Reich von der Welt der Banausen abgrenzen. Kultisches und magisches Denken soll der Kunstwelt ihre innere Einheit geben.

‚Algabal' beschreibt ein künstliches Reich kostbarer Schönheit, das der Willkür des einsamen Herrschers unterworfen ist, dem ein Menschenleben nichts, die schöne Gebärde alles bedeutet. Erscheint hier noch wilde Leidenschaft, freilich von strenger Form gebändigt, so durchzieht ‚Das Jahr der Seele' ein Gleichklang zwischen einem melancholischen Ich, das vergebens auf dauerndes Glück hofft, und einer jugendstilhaften, gebändigten Natur, die sich im immergleichen, jahreszeitlichen Zyklus wandelt.

Aus dem künstlerischen Reich wird in den folgenden Zyklen das kommende mythische Reich dauernder Ordnung, das der Dichter verkündet und das eine künstlerische Elite, Georges hierarchischer Orden, verwirklichen wird. Im ‚Siebenten Ring' verklärt George den früh verstorbenen jugendlichen Freund Maximin zum Messias des neuen Reiches, dessen Ordnung zunehmend durch mystische Verweise auf Volk und Natur begründet wird. Mit dem ‚Neuen Reich' übernimmt der Dichter nach dem Weltkrieg den einstmals abgelehnten Nationalismus der Antimoderne. Dem Charakter zeitkritischer Verkündigung entsprechend, erhält seine Lyrik nun häufig spruchhafte Form.

Rainer (eigentlich René) Maria Rilke (1875–1926) – Das Verweisen auf den Weltinnenraum

Der ungestillte gesellschaftliche und literarische Ehrgeiz seiner Mutter, deren Ehe mit einem Prager Bahnbeamten nach elf Jahren in die Brüche gegangen war, ihr Wunsch, ihn zum Ebenbild einer früh verstorbenen Tochter zu machen, war Ansporn für den jungen Rilke und bedrückte ihn. Die Bedeutung der Frauen in seinem Leben und seiner Dichtung und seine Lehre von der richtigen Liebe hängen mit diesem problematischen Mutterverhältnis zusammen.

Rilkes literarische Laufbahn begann mit tastenden, vom Naturalismus beeinflussten Versuchen in Lyrik, Kurzprosa und Kurzdramen. Die damals bekannte Schriftstellerin Lou Andreas-Salomé, mit der er von 1896 bis 1900 vorwiegend in München und Berlin zusammenlebte und auch später noch freundschaftlich verbunden blieb, half ihm, menschlich und künstlerisch zu reifen. 1901 heiratete er die Bildhauerin Clara Westhoff in der Worpsweder Künstlerkolonie bei Bremen. Doch schon im folgenden Jahr begann ein Wanderleben, dessen Mittelpunkt bis zum Beginn des Ersten Weltkriegs Paris war, wo Rilke zunächst als Sekretär des französischen Bildhauers Auguste Rodin arbeitete. In diesen Jahren erschienen neben der lange berühmten Dichtung aus rhythmisierter Prosa ‚Die Weise von Liebe und Tod des Cornets Christoph Rilke' (1904), neben Erzählungen (u.a. ‚Die Turnstunde', 1902) und Kurzdramen (u.a. das lyrische Drama ‚Die weiße Fürstin', 1899/1900) die ersten wichtigen Gedichtzyklen: ‚Das Buch der Bilder' (1902), ‚Das Stunden-Buch' (1905), ‚Neue Gedichte' (1907), ‚Der neuen Gedichte anderer Teil' (1908). Die Pariser Eindrücke wurden verarbeitet im Tagebuchroman ‚Die Aufzeichnungen des Malte Laurids Brigge' (1910).

Aus München, wohin Rilke sich nach dem Krieg flüchtete, vertrieb ihn der Terror, den das Militär während und nach der Zerschlagung der Räterepublik ausübte. Rilke lebte nun zumeist in der Schweiz, wo ein Gönner ihm den Schlossturm von Muzot im Wallis zeitweilig zur Verfügung stellte. Hier entstand das Spätwerk: Der Zyklus ‚Sonette an Orpheus' (1923) wurde geschrieben, der Zyklus ‚Duineser Elegien' (1923), schon vor dem Krieg auf Schloss Duino bei Triest begonnen, wurde vollendet.

Beim Dinggedicht handelt es sich um einen Gedichttypus, der seit der zweiten Hälfte des 19. Jahrhunderts anzutreffen ist. In einem Dinggedicht tritt das lyrische Ich zurück, der Gegenstand oder die Person wird möglichst distanziert oder objektiviert dargestellt.

Über Geheimlehren siehe S. 193, 206 und 232.

Vor Rilke finden sich Dinggedichte schon bei Eduard Mörike (‚Auf eine Lampe') und C. F. Meyer (‚Römischer Brunnen').

Spießbürgerlichen Konventionen, der Herrschaft des Geldes, des Besitzdenkens und der Technik stellt Rilke eine innere Welt entgegen. Diese innere Welt wird für ihn im Laufe der Zeit immer abstrakter. Zunächst sucht er sie im geheimnisvollen tschechischen Prag, dann, auf der Stufe des ‚Stunden-Buchs', in einem unfassbaren, erst noch werdenden Gott, schließlich, zur Zeit der ‚Neuen Gedichte', in einem überpersönlichen, immateriellen Innenraum, den er im Sinn esoterischer Lehren deutet. Der Innenraum wird zwar nicht genauer bestimmt, die Dichtung versucht aber, ein Gefühl von ihm zu vermitteln, wenn sie Personen und Dinge, vor allem Kunstgegenstände, beschreibt. Das geschieht in den sogenannten Dinggedichten. Hier erscheinen Personen und Gegenstände als deutlich umrissene, in der äußeren Welt angesiedelte, zugleich aber geht von ihnen eine Bewegung aus, die den Leser mitzieht zu dem, was die Dinge eigentlich sind, nämlich Erscheinungen aus einer inneren Welt. Man muss sich diese innere Welt nicht als etwas Subjektives vorstellen, etwas, das nur in Vorstellung und Gefühl existiert, sondern als einen objektiven Raum, an dem alle teilhaben, auch wenn sie es nicht wissen. Diese Auffassung geht auf die Geheimlehren zurück, die um 1900 eine Renaissance erlebten. Im Gleichgewicht zwischen äußerer Erscheinung und Verweis auf den Innenraum besteht die Schönheit der Kunstgegenstände. Gegenüber dem unbestimmten Innenraum verlieren die Ordnungen der Konventionen und des Besitzes ihre Geltung. Daher spürt Rilke im Schönen die tödliche Gleichgültigkeit gegenüber allen vorläufigen Sicherheiten, die auf solchen Ordnungen aufbauen.

Diese Antwort der Kunst versagt aber angesichts des Erlebnisses der modernen Großstadt. Der fiktive Tagebuchschreiber im ‚Malte Laurids Brigge', dem ersten Roman, der die Moderne formal und inhaltlich zum Thema hat, spürt intensiv, wie die Menschen unter Einsamkeit, Gleichgültigkeit und Sinnlosigkeit leiden. Um sich nicht ganz im Mitleiden aufzulösen, sucht er nun nicht mehr Halt im Schönen – die Großstadtwirklichkeit ist zu hässlich –, sondern er erinnert sich an seine Kindheit, um seine frühen Ängste noch einmal zu durchleben und sie nun, als gereifter Mensch, zu bewältigen. Dieser Versuch mündet in die Frage nach der Möglichkeit zwischenmenschlicher Bindung. So wie Rilke sie sieht, ist diese Bindung immer damit verbunden, dass einer den anderen auf das Bild festzulegen sucht, das er sich von ihm macht, um ihn so als festumrissenes Gegenüber geistig besitzen zu können. Dagegen wäre eine Liebe zu lernen, die dem anderen seine Freiheit lässt, weil sie in ihm den Verweis auf den Innenraum sieht und durch ihn hindurch auf diesen zielt.

In den beiden späten Zyklen versucht Rilke, mit Hilfe von Chiffren und mythischen Bildern das menschliche Dasein zu deuten. Die ‚Duineser Elegien' sind eine Klage über die Gespaltenheit des Daseins. Der Mensch ist angesiedelt in der vergänglichen äußeren Welt der Einsamkeit und der scheinhaften Bestimmungen, und er ist in seiner Sterblichkeit zugleich bezogen auf den dauernden, von jeder Bestimmung freien Innenraum, in dem auch die Toten anwesend sind. Nur der Engel, eine Symbolfigur der Vollkommenheit und Schönheit, aber auch der Gleichgültigkeit, empfindet diese Spaltung nicht. Dafür aber ist dem Dichter, eben weil er unter der Spaltung leidet, die brüderliche Liebe zu allem gegeben, was hinfällig in der äußeren Welt existiert, und in seiner Dichtung vermag er, es in der Bezogenheit auf den Innenraum zu zeigen und es damit zu bewahren. So erwächst aus der Klage selbst die freudige Bejahung der vergänglichen Welt. Von dieser Fähigkeit der Dichtung, die äußere Welt durch Verwandlung in ihr immaterielles Wesen zu bewahren, reden die ‚Sonette an Orpheus'. Dichtung – für sie steht Orpheus, der mythische Sänger – schafft somit überhaupt erst die uns zugängliche eigentliche Wirklichkeit.

BEGINN DER MODERNE

Zentrale Vorstellung: zwischen Individualität und Allverwobenheit

Geschichte

Geschichte ist Verfallsgeschichte. Das Ergebnis – Dekadenz – kann als eine wenn auch kränkliche Verfeinerung aufgewertet oder oder als Folge einer nicht selten als jüdisch angesehenen Großstadtkultur abgewertet werden.

Natur

Die Natur ist die sinnlich erfahrbare Allverwobenheit alles Seienden. Der Künstler ist fähig, diese wahrzunehmen. Da zur Allverwobenheit auch der Tod als Teil des Lebens gehört, kann sie auch als Leiden erfahren werden, das den Urgrund des Lebens ausmacht. In der Heimatkunst wird die Allverwobenheit auf den Volkszusammenhang verkürzt.
Leitwissenschaft: Biologie (von Evolution und Vererbung und vom Sozialdarwinismus zum Zusammenhang alles Seienden).

Gesellschaft

Die Gesellschaft ist beherrscht von Konkurrenzkampf und Massenpolitik, blind für Individualität wie für den Zusammenhang alles Seienden. Die Naturalisten suchen für eine kurze Periode die Arbeiter und kleinen Leute auf ihre Seite zu ziehen.

Der einzelne Mensch

Der künstlerische Mensch ist ein Außenseiter, der einerseits das ungeistige Berufsleben verachtet, andererseits darunter leidet, dass er nicht fähig ist, daran teilzunehmen. So macht er sich auf, nach neuen Bindungen zu suchen.

Zwischenmenschlicher Bezug

Die Bindungen in Familie und Gesellschaft sind zerstört. Die Künstler suchen Wege, um wieder Bindungen zu begründen. Die Lebensreformbewegung, an der Künstler und Literaten teilnehmen, erprobt alternative Lebensweisen.

Literatur

Verschiedene literarische Richtungen, die in unterschiedlicher Weise Traditionen aufnehmen bzw. sich von ihnen absetzen, konkurrieren miteinander. Von der Heimatkunst abgesehen, ist ihnen jedoch die genaue Beschreibung psychischer Vorgänge gemeinsam, teils durch innere Rede, teils durch Wiedergabe ihres körperlichen Ausdrucks. Zugleich soll die Allverwobenheit spürbar gemacht werden. Die Naturalisten entdecken das Hässliche als Ausdruck des Wahren.

Literarische Gattungen

Naturalisten wie Nichtnaturalisten wählen dramatische Kurzformen; bei beiden geht es um die Psyche des Menschen, bei den Naturalisten jedoch, um die Gesellschaft zu kritisieren, bei den anderen, um einen geheimnisvollen inneren Raum zu eröffnen. Enger noch berühren beide Gruppen sich in der Novelle, die ebenfalls psychologischer Analyse dient. Die nichtnaturalistische Lyrik schafft und beschreibt zugleich einen Raum der Kunst, in dem das geheimnisvolle Innere bewahrt ist. Die Naturalisten schreiben kaum Romane. Es entsteht aber der Heimatroman, der die gesunde dörfliche Welt der Großstadt gegenüberstellt, sowie ein moderner Romantyp, der die Psychologie untergehender Menschen oder Familien untersucht.

11 Die Entfaltung der Moderne (1910–1930)

AUF EINEN BLICK

Conrad Felixmüller
(1897–1977):
Der Tod des Dichters
Walter Rheiner, Öl auf
Leinwand, 1925.

Im Biedermeier blickt man aus dem Fenster gemütlich in die kultivierte Natur (s. S. 138). Die Dichter des Jungen Wien (s. S. 202 ff.) schreiben vom Menschen, der sehnsüchtig und ängstlich aus dem Fenster in die Welt der Gewöhnlichen blickt. Auf dem expressionistischen Bild wird der Dichter, die Morphiumspritze noch in der Hand, mit der er seinem Leben ein Ende gesetzt hat, durch das Fenster in den Sog der Großstadt gerissen. Die Blumen auf dem Fensterbrett, im Biedermeier eine liebevoll gepflegte Kleinform der Natur, stehen in unnatürlichem Licht. Weder sie noch der schwere Vorhang, mit dem man sich gegen Ende des 19. Jahrhunderts von der Außenwelt abschirmt (s. S. 165), können den Dichter schützen. Es ist, als berühre er mit seinem haltesuchenden Griff nach dem Vorhang auch den Mond – seit der Aufklärung in vielen Gedichten der treue Gefährte des Menschen; anders als der unnatürliche Himmel ist er hier das letzte Stück vertrauter Natur. Im Hintergrund erkennt man den Dom von Köln, Walter Rheiners Geburtsstadt. Doch der Bahnhof neben dem Dom und das Hotel im Vordergrund zeigen, dass dort kein bleibendes Zuhause mehr ist. Das Rot hinter den Fenstern erinnert an das apokalyptische Feuer, in dem die Künstler und Dichter des frühen Expressionismus die Großstädte untergehen lassen. Nun brennt es in den Häusern weiter, die Domstadt ist zur Hölle geworden. Hinter anderen Fenstern leuchtet ein alptraumhaftes bengalisches Licht; so anscheinend auch in dem Zimmer, aus dem es den Dichter hinausreißt. Am Hotel rast eine Straßenbahn vorbei wie ein höllisches Ungeheuer. Anders als bei den italienischen Futuristen, die Krieg und Technik verherrlichen und damit deutsche Autoren wie z. B. Ernst Jünger beeinflussen, ist die Technik hier nur bedrohlich. Der Blick des Verdammten, der nichts mehr wahrzunehmen scheint, ist sehnsüchtig zurückgewandt in die verlorene Geborgenheit des Hauses, hin zum Betrachter, der sich dort vielleicht noch sicher glaubt, zu Unrecht freilich. Der Körper des Sterbenden ist verdreht. Hektische Bewegungen, verrenkte Glieder und abgerissenes Sprechen sind im Frühexpressionismus noch Ausdruck stürmischen Aufruhrs. Hier ist der Körper kaum mehr vom Willen gesteuert; aus dem Rausch des frühen Expressionismus ist Sucht geworden. Die Hände sind übergroß und können doch nichts halten. Schwarzer Anzug, Manschetten und Eckenkragen deuten Vornehmheit an; doch das ist nur Schein, wie an den Schuhen zu erkennen ist, die an den Füßen schlottern, und am Fehlen einer Fliege, die zum Eckenkragen gehört.

BILD DER EPOCHE

Verschärfung der Krise

Um 1910 meldet sich die zweite Generation der Modernen zu Wort. Inzwischen ist die Fassade der nationalen Stärke und Gemeinsamkeit immer brüchiger geworden; umso krampfhafter wird sie aufrecht erhalten. Die Niederlage im Ersten Weltkrieg verstärkt eher noch den selbstgerechten Nationalismus, nicht zuletzt in so mächtigen Institutionen wie Justiz und Armee. Doch die Intellektuellen müssen nicht nur auf den Widerspruch zwischen nationalem Anspruch und Wirklichkeit reagieren. Die Industrialisierung ist inzwischen so weit fortgeschritten, dass die Menschen zu Sklaven der Maschinen zu werden scheinen. In den Großstädten erlebt man, wie das Leben anonymer Massen vom industriellen Arbeitsrhythmus bestimmt wird, von unpersönlicher Verwaltung, von der Hektik des modernen Verkehrswesens, von der Flut der Informationen, die einem jeden vom Film und von der jetzt voll entfalteten Massenpresse aufgedrängt werden. Die Wissenschaft scheint die Wirklichkeit der äußeren Welt wie die der Gefühle aufgelöst zu haben in Beziehungen und Abhängigkeiten ohne tieferen Zusammenhang. Das Massensterben im Krieg zerstört den Glauben an den Wert des Einzelmenschen. Alles in allem empfindet man den Bruch der geistigen Tradition noch stärker als früher.

Joseph Roth thematisiert diesen Verfall in seinen Romanen ,Radetzkymarsch' und ,Kapuzinergruft'. Siehe S. 259.

Für die in Österreich aufgewachsenen Schriftsteller kommt noch der Zerfall des Vielvölkerstaates im Jahr 1918 hinzu, der auf viele von ihnen wie ein Trauma wirkt.

Die Sensibleren unter den Zeitgenossen müssen sich also mit einer widersprüchlichen Erfahrung auseinandersetzen: Einerseits sehen sie sich einer starren gesellschaftlichen Fassade gegenüber, andererseits fühlen sie sich einem hektischen, fremden und übermächtigen Lebensrhythmus ausgeliefert. Zugleich scheinen sich äußere Wirklichkeit, aber auch das Ich ins Unfassbare aufzulösen.

Entfremdung

So kommt es zum Gefühl einer existentiellen Entfremdung. Die industrielle Gesellschaft tritt dem Einzelnen als etwas Fremdes gegenüber, und da er ihrem Rhythmus unterworfen ist, wird er sich selber fremd, während er sich zugleich vom Zusammenhang der Natur ausgeschlossen fühlt. Er fühlt sich also von Natur und Gesellschaft getrennt, ganz auf sich selbst zurückgeworfen und dazu noch innerlich gespalten. Die zusammenhanglose äußere Wirklichkeit wird sinnlos und bedrohlich. Einsamkeit, unbestimmte Angst und Verlust der Selbstgewissheit begleiten das Gefühl existentieller Entfremdung. Die eigene Welt, die einem fremd wird, kann lächerlich wirken. Als lächerliche und bedrohliche zugleich wird sie grotesk. Häufig wird sie deshalb auch satirisch dargestellt.

Literatur der Existenz

Das Grundgefühl der Epoche spricht sich aus in der Literatur der Existenz. Sie zeigt das Ausgeliefertsein des Einzelnen, der seine Selbstgewissheit verloren hat, an eine bedrohliche, sinnlose Welt. Krankheit und Gefangenschaft sind häufige Motive. Dadurch, dass die gewohnte Welt des Lesers ins Unheimliche oder Groteske verfremdet wird, wirkt diese Literatur oft unverständlich und schockierend. In reiner Form findet sich die Literatur der Existenz, abgesehen von dem Schweizer Robert Walser und den Österreichern Franz Kafka und Georg Trakl, nur selten. Auch die anderen literarischen Richtungen der Epoche gehen von der Erfahrung der Entfremdung aus, aber sie versuchen zugleich, mit dem Aufzeigen einer neuen Lebensperspektive darauf zu antworten.

Expressionistische Revolte

Ähnlich dem naturalistischen Protest zu Beginn der Moderne antworteten die Expressionisten mit einer literarischen Revolte der jungen Generation. Die Revolte soll vom Gefühl des Ausgeliefertseins befreien und darum umfassend sein. Sie ist gegen jegliche Herrschaft und jede Autorität gerichtet, insbesondere gegen den Vater, dann gegen die Erwachsenen überhaupt. Erwachsene gelten als bürgerlich. Der Begriff der Bürgerlichkeit bezieht sich dabei nicht auf eine soziale Schicht, sondern er soll die Haltung derjenigen treffen, die in der Welt der Fassade und der doppelten Moral gefangen sind und rücksichtslos, autoritär und opportunistisch nach dem vermeintlichen Glück in umgrenzter Idylle suchen. Die so verstandenen Bürgerlichen will man schockieren und entlarven, nicht zuletzt durch die Darstellung des Hässlichen und Ekelhaften. Glaubte die ältere Generation noch, einer untergehenden Epoche anzugehören, so prophezeien die frühen Expressionisten die Katastrophe, das Ende der sinnlosen Welt.

Die Darstellung des Hässlichen und Ekelhaften greift auf Tendenzen zurück, die im Naturalismus angelegt waren. Siehe S. 187 f.

Expressionistischer Rausch

Das Ich, das sich als ohnmächtig erfahren hat, soll im Revoltieren seine Allmacht verspüren. Bewegung ist alles: ‚Die Aktion', ‚Der Sturm' sind bezeichnende Titel expressionistischer Zeitschriften. Das Ich kann seine Allmacht nicht nur verspüren, wenn es entlarvt, schockiert und zerstört, sondern vor allem auch dann, wenn es sich in eine Ekstase hineinsteigert, in der es die Einheit mit dem ganzen Leben zu fühlen meint, nach der auch die ältere Generation suchte. Darum feiert man z. B. den schrankenlosen Sinnenrausch, der alle bürgerlichen Konventionen sprengt. Eine solche Ich-Steigerung ist freilich zugleich eine Eingrenzung des Menschen, nämlich auf elementare Sinnlichkeit. Diese gilt als noch nicht entfremdet. Der Rausch erfasst letztlich nicht einzelne Personen, sondern erstrebt die Verschmelzung mit dem Unendlichen. Darum schlägt die Ich-Steigerung, ebenso wie das Lebenspathos der Älteren, schließlich in Ich-Auflösung um. Sie wird weiterhin als Untergehen im Meer fantasiert, aber auch als Eingehen in den Mutterschoß der Erde, als Aufgehen in den Massen oder schlicht in kosmischer Unendlichkeit. Wie problematisch die Fantasien vom Sprengen aller Grenzen sind, zeigt sich darin, dass ihr diejenige vom Eingeschlossensein, bis hin zum Begrabensein, gegenüberstehen.

Einfluss des Futurismus

Der Akt des Revoltierens, in dem das Ich sich verspürt und steigert, wird zum Selbstzweck. Die Bewegung wird wichtiger als das Ziel. Vom ‚Futurismus' (Hauptvertreter: Filippo Tommaso Marinetti), dem italienischen Gegenstück des Expressionismus, lernen deutsche Autoren, den Rausch der Bewegung zu schätzen, die Schnelligkeit der Motoren und damit teilweise auch die sonst abgelehnte Technik. Von der anderen Seite des futuristischen Programms, der Forderung nach Zerstörung des Alten, übernehmen sie freilich nur das Aufbrechen sprachlicher Konventionen, nicht die präfaschistische Verherrlichung des Krieges. Allerdings kann der Wunsch nach rauschhaft elementarer Sinnlichkeit auch bei ihnen zur Rechtfertigung barbarischer Gewalt führen.

Am 20. Februar 1909 publizierte der junge italienische Jurist und Dichter Filippo Tommaso Marinetti in der französischen Zeitung ‚Le Figaro' sein ‚Futuristisches Manifest' und begründete damit die futuristische Bewegung.

Der neue Mensch des Expressionismus

Nach der Erfahrung des Ersten Weltkriegs will man dem Umsturz einen Neuaufbau folgen lassen, an die Stelle des entfremdeten soll der „neue Mensch" treten. Zunächst einmal wollen die Expressionisten den Menschen schlechthin, jenseits nationaler und sozialer Schranken. Tatsächlich beschreiben sie damit freilich den vorgesellschaftlichen, auf seine bloße Existenz oder auf Elementares reduzierten Einzelmenschen. Sie verlangen nun nach einem, der durch sein selbstloses Opfer die anderen aufrüttelt und sie empfänglich macht für den Wert des Menschseins schlechthin, für das also, was allen gemeinsam ist. Wer das vollbringt, gilt als der „neue Mensch". Er soll Brüderlichkeit herbeiführen und Entfremdung beenden. Ob ihm das tatsächlich gelingt, ist jedoch die Frage. Oft genug scheitert er an der Einsichtslosigkeit der Massen, die er doch befreien wollte. Oft ist auch das Selbstopfer als solches wichtiger als der konkrete Zweck. Um das Leiden an der Entfremdung, die Bereitschaft zum Selbstopfer und die Hoffnung auf eine neue, bessere Welt auszudrücken, verweisen die Schriftsteller öfter auf Christi Leidensweg und Verkündigung.

Ausdruck und Abstraktion im Expressionismus

Expression
(von lat. expressio = Ausdruck).

Expressionisten – der Begriff wurde zuerst auf die bildende Kunst, dann auf Literatur angewendet – wollen im Gegensatz zum impressionistischen Registrieren von Eindrücken den Ausdruck eines Inneren geben. Unter dem Innern verstehen sie das noch nicht entfremdete Wesen, also z.B. nicht bestimmte seelische Erfahrungen oder Deformierungen einzelner Menschen, sondern das Typische, das Menschliche an sich. Das allerdings ist eine abstrakte Gedankenkonstruktion. So kommt es, dass die Steigerung zum ekstatischen Gefühl verbunden ist mit dem entgegengesetzten Zug zur Abstraktion und Konstruktion, ein Zug, den die expressionistische Malerei sinnfällig macht.

Phasen des Expressionismus

Die Expressionisten versuchen, die Vorstellungen vom selbstständigen Einzelmenschen zu bewahren, allerdings indem sie unvermerkt den Einzelmenschen auf das reduzieren, was ihm noch zweifelsfrei zu eigen ist, auf bloße Existenz oder elementare Triebhaftigkeit. Vor diesem gemeinsamen Hintergrund heben sich verschiedene Phasen ab. Von etwa 1910 bis zum Beginn des Ersten Weltkriegs stehen antiautoritäre Revolte, Generationskonflikt und der Versuch zu schockieren im Vordergrund. Während des Krieges treten die Gedanken der Brüderlichkeit und des Opfers immer stärker hervor; die meisten Autoren verbinden sie mit utopischem Sozialismus oder pazifistischem Protest. Zugleich spaltet sich die kurzzeitige dadaistische Bewegung vom Expressionismus ab. Wahrend der frühe Expressionismus versucht, die Trennung zwischen Dichter und gesellschaftlich Handelndem im Pathos und in aggressiven Fantasien zu überwinden, erzwingt der Krieg eine konstruktivere Antwort, die jedoch auch nicht politisch konkret wird. Als sich in den ersten Jahren der Weimarer Republik die Wirklichkeitsferne der expressionistischen Revolte herausstellt, beginnen viele Autoren zu resignieren. Der Expressionismus fächert sich auf und verbindet sich mit den anderen Richtungen. Schweizer Autoren gerieten erst während des Weltkriegs in den Sog des Expressionismus, teilweise unter dem Einfluss deutscher Emigranten. Dafür dauerte die dort weniger radikale expressionistische Bewegung in der Schweiz etwas länger als in Deutschland und Österreich.

Dadaismus

Kabaretts spielten, wie bereits zu Zeiten Frank Wedekinds und dann später in der Weimarer Republik, eine wichtige Rolle als literarische Orte. Siehe S. 193, 217 und 219.

Der Dadaismus – der Name soll nichts bedeuten, vielleicht an kindliches Stammeln erinnern – entwickelte sich 1916 in Zürich in der Kabarettszene, die wesentlich von deutschen Emigranten bestimmt wurde. Ab 1920 begann er wieder zu zerfallen. Die Dadaisten (Hauptvertreter: Hugo Ball) verbinden die antiautoritäre Revolte zunächst mit Anarchismus und revoltieren dann gegen Sinn überhaupt. Sie mischen Kabarett, Dichterlesung und Ausstellung, um im sinnfreien, häufig parodistischen und grotesken Spiel mit Versatzstücken der Sprache und der Massenkultur zu schockieren. So entstehen Unsinnsgedichte, reine Klanggedichte und Geräuschkompositionen, Plakate, Collagen und Kunstobjekte. Die vor allem von Hans Arp ausgeübte Technik, persönliche Assoziationen niederzuschreiben, wird zum Prinzip des französischen, vom Dadaismus beeinflussten Surrealismus. Sie dient dann nicht mehr der Sinnzerstörung, sondern dem Ausdruck des Unbewussten.

Neue Sachlichkeit

In der Zeit zwischen der wirtschaftlichen Stabilisierung 1923/24 und der Weltwirtschaftskrise 1929/30 verändert sich das Grundgefühl der Epoche: Man erlebt die Herrschaft einer unpersönlichen, technisch planenden Sachlichkeit. Manche werten das positiv, fühlen sich unter dieser Herrschaft weniger entfremdet. Es findet sich eine verbreitete Neigung, die USA als Land des technischen Fortschritts zu verherrlichen, den selbstständigen Einzelmenschen in Gestalt des planenden Ingenieurs wieder auferstehen zu lassen und gesellschaftliche Probleme als eine Art lösbarer technischer Konstruktionsaufgabe zu betrachten. Diesen Geist atmen die vielgelesenen Heldenepen der Wissenschaft und Technik von Karl Aloys Schenzinger; seine Wurzeln liegen in der neuen Sachlichkeit, später kokettierte er mit dem Nationalsozialismus; seine wichtigsten Romane schrieb er erst vor und dann nach dem Zweiten Weltkrieg (,Anilin', 1936; ,Metall', 1939; ,Atom', 1950). Literarisch wichtiger wird die Neue Sachlichkeit erst, sobald sie zur desillusionierenden Beschreibung führt. Das geschieht in den letzten Jahren der Republik bei Hans Fallada und Irmgard Keun. Insgesamt folgt der Ekstase und dem Pathos des Expressionismus eine sachliche oder ironisch distanzierte Darstellungsweise. Die expressionistische Zerstörung der Idylle und die Tendenz zum unpersönlich Konstruktiven leben aber in ihr fort.

Zu Hans Fallada und Irmgard Keun siehe S. 244.

Kreativer als in der Literatur wirkt die neue Sachlichkeit im Kunstgewerbe. Die Kunstgewerbeschule ,Bauhaus' (1919–1933), zuerst in Weimar, dann in Dessau sollte nach dem Vorbild mittelalterlicher Bauhütten (Handwerkergemeinschaften beim Dombau) gemeinsames Leben und Arbeiten verwirklichen. Ziel war, wie bei Arts and Crafts, die Schönheit des Alltagslebens zu heben. Häuser und Einrichtungsgegenstände wurden auf einfache geometrische Formen zurückgeführt, die einerseits als menschliche Wesenformen gedeutet wurden – man stellte auch Analogien zwischen Farben, Tönen und Körperteilen her –, andererseits die industrielle Massenproduktion erleichterten, so dass die Produkte auch erschwinglich wurden. Damit wurde die konstruktive Seite des Jugendstils weitergeführt und das Ornamentale und Pflanzenhafte aufgegeben. Das Institut wurde von den Nazis geschlossen, im Bereich der Plakatkunst, also in Propaganda und Werbung, übernahmen die Nazis aber die Formensprache des Bauhauses.

Zu Arts and Crafts siehe S. 185.

Gesellschaftskritik und neue Bindung

Neben und nach dem Expressionismus entsteht eine umfangreiche und wichtige Literatur, die versucht, wieder ein Ganzes zu überblicken, in das der Einzelne eingebettet ist, sei dies ein gesellschaftlicher, sei es ein metaphysischer Zusammenhang. Hieran nimmt auch der Großteil der älteren Generation teil, die inzwischen zu festeren weltanschaulichen Positionen gefunden hat. Es lassen sich drei Tendenzen unterscheiden, die alle den kritischen Blick auf die Gegenwart voraussetzen. Die erste Gruppe sucht den Einzelnen an eine neue mythische oder mystische Ganzheit zu binden. Hierzu gehören Hugo von Hofmannsthal, Hermann Hesse, Robert Musil, Rainer Maria Rilke, Alfred Döblin, Hans Henny Jahnn. Das Verhältnis Thomas Manns zum Mythos ist ironisch gebrochen. Auch die abendländische Geistesgeschichte kann zu einem quasi mythischen Raum werden, in dem der Einzelne wieder Halt sucht, so zum Beispiel bei Rudolf Borchardt und Rudolf Alexander Schröder. Joseph Roth mythisiert nach seiner ersten sozialistischen Phase das alte Österreich. Eine zweite, linksbürgerliche Gruppe nimmt politisch Stellung. Dabei gehen die Autoren von massenpsychologischen oder soziologischen Analysen aus. Zu ihnen zählen Heinrich Mann, Karl Kraus, Kurt Tucholsky, Lion Feuchtwanger, Arnold Zweig, Ödön von Horváth, Oskar Maria Graf. Die dritte Gruppe schließlich wird von den Vertretern der proletarisch-revolutionären Literatur gebildet.

Proletarisch-revolutionäre Literatur

Die älteren Ansätze einer Arbeiterliteratur im Umkreis der SPD entwickeln sich nicht nennenswert weiter. Statt dessen aber wenden sich Schriftsteller der expressionistischen Generation, die den Ersten Weltkrieg erlebt haben, anarchistischen oder kommunistischen Positionen links von der SPD zu. Zu ihnen gehören Egon Erwin Kisch, Johannes R. Becher, Franz Jung, Ernst Toller, B. Traven (eigentlich Hermann Otto Feige), Erich Mühsam, Friedrich Wolf, Theodor Plievier. Aus der agitatorischen Arbeit für die KPD gehen Arbeiterschriftsteller wie Willi Bredel, Hans Marchwitza, Ludwig Turek und Erich Weinert hervor. Mitte der zwanziger Jahre beginnt Bertolt Brecht mit seinen marxistischen Studien. Es entsteht eine umfangreiche, vom Arbeiterlied über Romane und Autobiografien reichende Literatur mit häufig dokumentarischem Charakter. Theaterkollektive werden gegründet. Die literarische Praxis wird begleitet von einer Diskussion über das Verhältnis zwischen Intellektuellen und Arbeitern, Kunst und Politik, in welcher der Ungar Georg Lukács der führende Kopf ist.

Zu Theaterkollektiven siehe S. 217.

Antimoderne und völkischer Mythos

Auch die völkischen Antimodernen, denen sich nun zusätzliche Autoren anschließen, gehören zu denen, die Halt in überpersönlichen Bindungen suchen. Aus dem Idealbild des Aristokraten entwickelt sich nach dem Krieg dasjenige einer Elite heroisch-aristokratischer Ästheten. Der späte Stefan George zeichnet dieses Bild, Gottfried Benn tut es im Anschluss an seine expressionistischen Phase, ebenso Rudolf Binding sowie Ernst Jünger mit seinen Kriegsbüchern ,In Stahlgewittern. Aus dem Tagebuch eines Stoßtrupenführers' (1920) und ,Der Kampf als inneres Erlebnis' (1922). Das Verhältnis dieser Autoren zum Nationalsozialismus ist unterschiedlich: der Gedanke einer aristokratisch-ästhetischen Elite stand der nationalsozialistischen Praxis eher entgegen. Die Autoren, die sich der NS-Bewegung anschließen, führen das völkische Denken weiter zur Lehre von der rassischen Überlegenheit des Deutschtums. Diese Position, häufig verbunden mit Soldatenethos und dem Ideal eines undemokratischen Ständestaates, vertreten schon früh Erwin Guido Kolbenheyer (,Paracelsus', 1914–1924; ,Heroische Leidenschaften', 1927) und Hans Grimm (,Volk ohne Raum', 1926). Großen Erfolg hatten die vielen nationalsozialistischen Kriegsbücher wie etwa Werner Beumelburgs ,Gruppe Bosemüller. Der Roman des Frontsoldaten' (1930), die lehrten, dass die Nation im Feuer des Ersten Weltkriegs zusammengeschweißt worden war, bis die Juden und Kommunisten sie durch einen „Dolchstoß" in den Rücken zur Kapitulation zwangen.

Philosophische Grundlagen

Die Philosophie *Friedrich Nietzsches* beherrscht auch diese Epoche. Das existentielle Denken wird angeregt durch das erst spät beachtete Werk des Dänen *Sören Kierkegaard* (1813–1855), eines Zeitgenossen Schopenhauers. Kierkegaard geht vom einzelnen sterblichen Menschen aus, der seiner Existenz einen ewigen Sinn geben muss, will er nicht in Verzweiflung verfallen. Das kann er aber nicht aus eigener Kraft. Denn selbstständiges Denken kann zwischen zeitlicher Existenz und Ewigkeit nicht vermitteln. Es bleibt stecken in der Selbstbeobachtung, solange der Mensch sich als konkretes Wesen nicht aus dem Blick verlieren will, und gerade das soll er ja nicht. Der Mensch muss sich daher für den christlichen Glauben an einen ewigen Gott entscheiden, der in der zeitlichen Existenz mit all ihren leidvollen Bedingtheiten Gestalt gewann, der also durch sein Leben den für den Menschen unlösbaren Widerspruch gelöst hat. Die Weisen der Selbstbeobachtung, die Kierkegaard durchspielt, faszinierten bereits manche Autoren der älteren Generation. Jetzt fühlen sich viele von den Themen der Vereinzelung, der Angst und der persönlichen Entscheidung angesprochen.

Zu Friedrich Nietzsche siehe S.191f.

Erkenntnistheoretisch greift man, soweit man vom vereinzelten Menschen ausgeht, weiterhin auf den Empiriokritizismus zurück. Auch die Psychoanalyse *Sigmund Freuds* hat großen Einfluss; man versucht sie häufig massenpsychologisch zu erweitern. Auf der Suche nach neuen Bindungen wenden sich die Autoren den unterschiedlichsten religiösen und philosophischen Lehren zu; jeder sucht seine eigene Lösung. Die anarchistischen Autoren lernen von dem Franzosen *Pierre-Joseph Proudhon* und dem Russen *Michael Bakunin*, zwei Philosophen des 19. Jahrhunderts, die kommunistischen von *Marx* und *Engels,* teilweise auch von *Wladimir Iljitsch U. Lenin*, dem Kopf der sowjetischen Revolution. Die Antimodernen gehen auf den nationalsozialistisch und antisemitisch verfälschten Nietzsche zurück, daneben vor allem auf Langbehn und den pessimistischen Kulturphilosophen *Oswald Spengler.*

Zum Begriff des Empiriokritizismus siehe S.191.

Zu Marx und Engels siehe S.147 und 295.

Zu Langbehn siehe S.189.

LITERARISCHES LEBEN

Massenkultur

Das zahlreiche, nach Zerstreuung verlangende Großstadtpublikum lässt organisierte Massenkultur zum lohnenden Geschäft werden. Varietés, Revuen und Sportveranstaltungen werden für den Massenbesuch eingerichtet. Schlagermusik liegt in der Luft. Große Verlagshäuser wie Mosse, Ullstein und Scherl leben im Wesentlichen von Zeitschriften und Illustrierten; Reklame ist die Hauptsache, schöne Literatur ist Nebensache. Presse, Informations- und Unterhaltungsindustrie verschmelzen im Hugenberg-Konzern zu einem Imperium, das u. a. Zeitungen, Zeitschriften und Groschenhefte produziert und über Druckereien, eine Nachrichtenagentur und vor allem über die ,Ufa', Deutschlands größten Filmvertrieb, verfügt. Diesen konservativen bis reaktionären Unternehmungen steht auf der Seite der Linken nur die von Willi Münzenberg herausgegebene ,Arbeiter-Illustrierte Zeitung' gegenüber. Angesichts der Massenkultur müssen die Autoren einen neuen, einen auffälligen, provozierenden, spannenden Stil finden oder sich anderswie pressewirksam in Szene setzen. Theaterstücke stehen und fallen mit ihrer mehr oder weniger aufsehenerregenden Inszenierung.

Film

Technisch wird die Massenkultur ermöglicht durch die Schallplatte, den billigen Druck von Fotos in hohen Auflagen, durch den Hörfunk (ab 1923) und vor allem durch den zunächst noch stummen Film (erstes Kino in Deutschland 1910, erster abendfüllender Tonfilm ‚The Jazz Singer‘ 1927). Dass er das Fremde und Geheimnisvolle ganz realistisch vor Augen stellen kann, nähert den Film derjenigen Literatur an, die die gewohnte Welt verfremden will. Darum sind Autoren wie Kafka von ihm fasziniert. Die Expressionisten lassen sich von den hektischen Bewegungen der frühen ‚lebenden Bilder‘ mitreißen. Viele Schriftsteller versuchen sich als Verfasser von Drehbüchern. Bald werden die erfolgreichen Bücher der hohen Literatur auf die Leinwand gebracht. Filmische Darstellungstechniken gehen in die Schreibweise und die Bühneninszenierungen ein. Erwin Piscator und Bertolt Brecht haben die Möglichkeiten des neuen Mediums produktiv zu nutzen verstanden.

Die Prager fantastische Literatur regt den fantastischen Film an. 1913 wird ‚Der Student von Prag‘ (Regie: Stellan Rye) gedreht, der das romantische Motiv des Doppelgängers in das Prag von 1820 versetzt. ‚Das Cabinet des Dr. Caligari‘ (Regie: Robert Wiene) von 1920 spielt im Irrenhaus. Das Drehbuch stammt von Carl Mayer, dem ersten reinen Filmautor, und Hans Janowitz, Schulkamerad von Werfel und anderen Prager Autoren. Ein groteskes Dekor aus schiefen Linien, in dem alles gemalt ist, auch Licht und Schatten, schafft eine unwirkliche Traumwelt, die ‚Caligari‘ zu dem typischen expressionistischen Film macht. Der Klassiker des deutschen Stummfilms ist ‚Der Golem, wie er in die Welt kam‘ (1920) unter der Regie von Paul Wegener und seinem Assistenten Carl Boese. Das Drehbuch stammt von Wegener und Heinrich Galeen, die beide im Film mitspielten. Eine Vorform, ‚Der Golem‘ mit Wegener und Galeen als Regisseuren, entstand 1915, im gleichen Jahr, in dem Gustav Meyrinks gleichnamiger Roman erschien. Der Film spielt im jüdischen Getto des mittelalterlichen Prag und handelt von einem Halbmenschen, den Rabbi Judah Löw, ein berühmter Gelehrter, im 16. Jh. erschaffen haben soll. Galeen schrieb auch das Drehbuch zu ‚Nosferatu. Eine Symphonie des Grauens‘ (1922), dem ersten Dracula-Film (Regie: Friedrich Wilhelm Murnau).

Das Motiv des Doppelgängers findet sich z. B. in E.T.A. Hoffmanns Roman ‚Die Elixiere des Teufels‘. Siehe S.133.

Berlin

Das literarische Leben konzentriert sich mehr und mehr auf Berlin. Hier ist die Herausforderung durch die Massenkultur am größten, hier erlebt man am eindringlichsten den Widerspruch zwischen Geschäft und Kunst, ist man dem faszinierenden technischen Fortschritt am nächsten. Hier sind auch die sozialen Spannungen, ist der Widerspruch zwischen erstarrter nationalistischer Fassade und hektischem Lebensrhythmus am deutlichsten. Während die Antimoderne die Großstadt ablehnt, ist das Verhältnis der anderen Richtung zu ihr meist zwiespältig; im Expressionismus wird sie als Ungeheuer dargestellt.

Zeitschriften

Kennzeichnend für das rege literarische Leben und das starke gesellschaftskritische Engagement der Schriftsteller sind die vielen literarischen Zeitschriften, die alle zugleich politische Themen behandeln. Konservativ sind ‚Der Türmer‘, ‚Süddeutsche Monatshefte‘, ‚Hochland‘ und ‚Der Neue Merkur‘; republiktreu und linksbürgerlich ‚Die Weltbühne‘ (herausgegeben von Carl von Ossietzky und Kurt Tucholsky) und ‚Das Tage-Buch‘. Eine österreichische Zeitschrift, die dem Expressionismus nahe stand, war ‚Der Brenner‘. Das völkisch-antimoderne Denken fand das wichtigste seiner vielen Organe in der kulturpolitischen Zeitschrift ‚Die Tat‘. ‚Die Aktion‘ von Franz Pfemfert wandelte sich von einer literarischen Zeitschrift, an der die meisten Expressionisten mitarbeiteten, zu einer rein politischen, die anarchistische und marxistische Position zu verbinden suchte. Auch ‚Der Sturm‘, von Herwarth Walden (eigentlich Georg Levin) herausgegeben, der zunächst die expressionistischen Künste in ihrem Zusammenhang darstellte, vertrat später mehr und mehr eine kommunistische Politik. Angesichts der wachsenden nationalsozialistischen Bedrohung schlossen sich die kommunistischen Schriftsteller 1928 im BPRS (Bund Proletarisch-Revolutionärer Schriftsteller Deutschlands) zusammen, dessen theoretisches Organ, ‚Die Linkskurve‘, gegen faschistische, aber auch gegen linksbürgerliche Auffassungen polemisierte. Eine Sonderstellung nehmen ‚Die Zukunft‘ (Maximilian Harden) und ‚Die Fackel‘ (Karl Kraus) ein, zwei Zeitschriften, die von den Herausgebern größtenteils auch selbst geschrieben wurden und einen individuell-moralischen Standpunkt in Kunst und Politik vertreten.

Proletarisches Theater

Aus den alten Volksbühnen entstand die lose mit der SPD verbundene Volksbühnenbewegung, eine Theatergemeinschaft, die den Arbeitern neben Unterhaltung hauptsächlich klassische Bildung und auch nichtkommunistische Gesellschaftskritik anbot. Gegen dieses Programm bildete sich innerhalb und außerhalb der Volksbühnenbewegung eine linke Opposition, die teilweise vom sowjetrussischen ‚Proletkult‘ (Kurzbezeichnung für: proletarische Kultur) angeregt war, der durch eine neue, experimentelle Literatur das Klassenbewusstsein der Arbeiter heben wollte. So kam es u.a. zu Massenfestspielen mit Arbeiterschauspielern. Wegweisend waren die Inszenierungen Erwin Piscators: Die kollektiv erarbeiteten Stücke wurden teilweise von Arbeitern gespielt; bei den Aufführungen, die in politische Aktivitäten der linken Partein eingebunden waren, verwendete Piscator Bildprojektionen und Filme, um zu aktualisieren und zu dokumentieren, sowie die Simultanbühne, die im Nebeneinander mehrerer Spielorte das Nebeneinander der gesellschaftlichen Kraftzentren spiegelte.

Zur Volksbühne siehe S. 193.

Kabarett

Der expressionistische Protest kam auch dem Kabarett zugute, etwa dem ‚Neopathetischen Cabaret‘, das 1910 in Berlin entstand und dem u.a. Kurt Hiller, Georg Heym und Else Lasker-Schüler angehörten. 1916 gründeten die Dadaisten das ‚Cabaret Voltaire‘ in Zürich. Ihre Blüte erlebte die Kabarettkultur jedoch im Berlin der zwanziger Jahre. Fürs ‚Schall und Rauch‘ schrieben Joachim Ringelnatz (eigentlich Hans Bötticher) und Erich Mühsam, zwei Anarchisten aus der Münchner Boheme; die Chansons Kurt Tucholskys und Walter Mehrings, der 1920 das ‚Politische Kabarett‘ gründete, wurden hier vorgetragen.

THEORIE UND FORMEN DER LITERATUR

Montage

Montage
(frz. = Zusammen-
setzen, Aufbau;
von frz. monter =
steigen, montieren,
inszenieren).

Dem hektischen Lebensrhythmus einer zusammenhanglos scheinenden Welt ent-spricht die Literatur durch Montage. Mit diesem ursprünglich filmtechnischen Begriff ist die lose Reihung von Szenen oder Bildfolgen gemeint, die keinen, zumindest kei-nen sogleich erkennbaren handlungsgemäßen oder sachlichen Zusammenhang haben, sondern eher assoziativ oder symbolisch aufeinander verweisen. Die Montage, die in Lyrik, Dramatik und Prosa verwendet wird, erweckt den Eindruck gereihter Moment-aufnahmen; es scheint, als springe der Autor willkürlich, oft auch hektisch von einem Gegenstand zum anderen. Verwandt hiermit ist die Collage. Der Begriff stammt aus der darstellenden Kunst. Er bezeichnet das Aufkleben von Zeitungsausschnitten, Fotos, buntem Papier zu einem neuen Bild. Berühmt wurden die fotografischen Collagen John Heartfields (eigtl. Helmut Herzfeld), zu denen Kurt Tucholsky teilweise die Kom-mentare schrieb. In der Literatur bezeichnet man mit Collage die Reihung vorgeform-ten Sprachmaterials, von Zeitungsausschnitten oder gängigen Redewendungen, wie die Massenkultur sie zur Verfügung stellt.

Collage (von frz.
coller = kleben).

Expressionistisches Pathos

In Revolte und Ekstase versuchen die Expressionisten, die Massenkultur gleich-sam zu überschreien, und nähern sich ihr eben dadurch an: Die pathetische Gebärde, der plakathafte Aufruf, der reklamehafte Superlativ sollen den Leser aufrütteln. Dieses Pathos ist durch die Verbindung von Bewegung und Starre geprägt. Einerseits werden die strengen Formen aufgelöst, nichts soll den Sprachrausch hemmen, Verben heftiger Bewegung herrschen vor. Andererseits werden die Sätze verkürzt; Konjunktionen und Adjektive, also das, was verbindet und veranschaulicht, entfallen; die Substantive und Ausrufe stehen wie starre Blöcke nebeneinander, die Verben werden häufig substanti-viert. Alles soll ebenso mitreißend wie endgültig sein.

Das Lebenspathos
der Naturalisten
setzt sich hier fort.
Siehe S. 187.

Dokumentarstil

Auf der politischen Linken und bei den Autoren, die von der Neuen Sachlichkeit beeinflusst sind, will man die Leser durch dokumentarische Züge von seiner politi-schen Auffassung oder von seiner technisch-sachlichen Haltung überzeugen. Theater-stücken und Romanen wird statistisches Material zugrunde gelegt. Sie nähern sich so der Reportage an, die in einzelnen Fällen zu einer eigenwertigen literarischen Gattung mit künstlerischem Anspruch aufsteigt (Egon Erwin Kisch, Arthur Holitscher). Die zahlreichen Biografien und Geschichtsromane der Epoche bezeugen, wie sich doku-mentarisches mit psychologischem Interesse verbindet.

Lyrik des Expressionismus

Pathos, aber mehr noch die Reihung des Zusammenhanglosen kennzeichnen die Lyrik des Expressionismus. Ihre äußerste Verkürzung erreicht die lyrische Sprache bei August Stramm (‚Gedichte‘, 1913), während sich in Ernst Stadlers Langzeilen (‚Der Aufbruch‘, 1914) der Lebenskult der älteren Generation äußert, jetzt in der Form des gewaltsamen, lustvollen Aufbruchs. Insgesamt schwanken die expressionistischen Lyriker zwischen Einheitssehnsucht und Provokation. Mit pathetischer Gebärde ver-langt Johannes R. Becher (‚An Europa‘, 1916) nach Frieden und Brüderlichkeit. Nach Brüderlichkeit und Erbarmen in mystischer Einheit aller sehnt sich der Prager Franz

Werfel (,Gesänge aus den drei Reichen', 1917). Else Lasker-Schüler (,Die gesammelten Gedichte', 1917) beruft das Kindererlebnis von der Einheit der Welt. Gottfried Benn (,Morgue und andere Gedichte', 1912) verbirgt die Sehnsucht nach allgemeiner Verschmelzung unter der Parodie des Idyllischen und der Reduktion des Menschen auf die ekelerregende tote Materie. Georg Heym (,Der ewige Tag', 1911) verwandelt das Alltägliche provozierend ins dämonisch Mythische. Das Selbstverständnis des Expressionismus spricht aus den Titeln der Gedichtsammlungen; ,Menschheitsdämmerung. Symphonie jüngster Dichtung', 1920 herausgegeben von Kurt Pinthus, bietet eine heute noch gültige Auswahl. Andere typische Titel sind: ,Kameraden der Menschheit. Dichtungen zur Weltrevolution' (1918), herausgegeben von Ludwig Rubiner, und ,Verkündigung. Anthologie junger Lyrik' (1921), herausgegeben von Rudolf Kayser. Der Reihungsstil kennzeichnet auch die expressionismusnahe Lyrik Georg Trakls (,Die Dichtungen', 1917), der die existentielle Verzweiflung des Menschen in der entfremdeten Welt anspricht.

Zu Else Lasker-Schüler siehe S. 227 f.

Zu Gottfried Benn siehe S. 228 f.

Zu Georg Heym siehe S. 227.

Zu Georg Trakl siehe S. 224 f.

Lyrik neben und nach dem Expressionismus

Neben und nach dem Expressionismus versucht die Antimoderne, die antiken und klassischen Formen der Lyrik zu bewahren, z. B. Rudolf Alexander Schröder: ,Mitte des Lebens' (1930). Der späte Stefan George übernimmt das antimoderne Denken. Auch Karl Kraus wendet sich mit seiner Gedankenlyrik rückwärts, allerdings um durch Bewahrung der Sprache vor der Massenkultur die immer noch zukunftsweisenden bürgerlichen Freiheiten zu erhalten (,Worte in Versen', 9 Folgen, 1916–1930). Einen ganz eigenen Weg findet Rilke in seinem Spätwerk. Ein scheinbar lässiges Dahinreden kennzeichnet die nachexpressionistischen Gedichte Gottfried Benns (,Gesammelte Gedichte', 1927). Zusammen mit dem wehmütigen Benennen untergehender exotischer Schönheit und sinnleer gewordener Mythen kleidet es sich in einlullenden Rhythmus und kalkulierten Wohllaut.

Zum späten Stefan George siehe S. 204 f.

Zu Rilke siehe S. 205 f.

Kabarettistische und politische Lyrik

Von der Lyrik des Kabaretts und der politischen Linken gehen neue Impulse aus. Vor allem die Ballade ändert sich. Sie besingt, teilweise in der Tradition Wedekinds, die antibürgerlichen Nichthelden, die Außenseiter und Verachteten, oder sie feiert die Werke und Leiden der namenlosen Proletarier. Erich Weinert (,Politische Gedichte', 1928), der vom Kabarett zur Arbeiterdichtung kommt, schreibt satirische und agitatorische Gedichte, Balladen und Lieder (,Der rote Wedding'). Brecht, der sich vom Anarchisten zum Marxisten wandelt, schafft mit seinen Songs, Balladen und spruchhaften Gedichten (,Bertolt Brechts Hauspostille', 1927), dann auch in seinen Opern, neue ästhetische Formen politischer Lyrik. Johannes R. Becher (,Der große Plan', 1931) wird zum lyrischen Chronisten der kommunistischen Bewegung. Daneben steht das linksbürgerliche Kabarett. Kurt Tucholsky (,Fromme Gesänge', 1919; ,Das Lächeln der Mona Lisa', 1929; ,Deutschland, Deutschland über alles', 1929) kämpft in seinen Chansons witzig, aber mit zunehmender Verzweiflung gegen spießbürgerliches, nationalsozialistisches und obrigkeitsstaatliches Denken, insbesondere bei der reaktionären Justiz. Walter Mehring (,Das politische Cabaret', 1919; ,Das Ketzerbrevier', 1921) schreibt satirische Songs; er montiert Fetzen aus der Massensprache in seine Tempo-Gedichte, die dem hektischen Lebensrhythmus der Zeit entsprechen. Später werden Erich Kästners Chansons populär (,Herz auf Taille', 1928), die Sentimentalität hinter Sachlichkeit und Ironie verstecken.

Expressionistisches Drama

Die expressionistische Reduktion aufs abstrakt Typische führt beim Theater zu äußerster Vereinfachung des Bühnenbildes; man experimentiert mit Klang- und Lichteffekten. Oft haben die Figuren in den Stücken keine individuellen Namen. Das Drama kreist um die Frage, ob die metaphysische Wandlung des Einzelnen zum neuen Menschen glückt oder nicht, oder es zeigt, wie der neue Mensch an der Heuchelei der Spießbürger oder am Unverständnis der Massen scheitert. Man montiert die Stationen der Wandlung oder des Scheiterns zu Bildfolgen zusammen; dabei kommt es weniger auf bündige Handlung und geschlossenen Spannungsbogen als auf ausdruckskräftige, exemplarische Einzelszenen an. Reinhard Johannes Sorge (‚Der Bettler. Eine dramatische Sendung‘, 1912) und Walter Hasenclever (‚Der Sohn‘, 1914) gestalten den Vater-Sohn-Konflikt. Sorge sucht die Grenze zwischen Dichter und Handelndem zu überspringen, ohne dass eine Perspektive deutlich würde, Walter Hasenclever erweitert den Aufstand gegen den Vater zu einem Protest gegen staatliche Autorität. Georg Kaisers Stücke kreisen geradezu um die Folgenlosigkeit der guten Tat. Reinhard Goering sucht mit der ‚Seeschlacht‘ (1918) die furchtbare Erfahrung des technisierten Krieges zu bewältigen und endet doch beim rauschhaften Erlebnis. Bei den wichtigsten Autoren deuten sich schon die eigenen Wege an, die sie weitergehen werden: Ernst Barlach (‚Der arme Vetter‘, 1918; ‚Die echten Sedemunds‘, 1921) fragt nach der Möglichkeit der Annäherung an Gott, Kaiser nach einer Ethik in der Massengesellschaft, Toller nach den ethischen Folgerungen aus Krieg und gescheiterter Revolution (‚Masse Mensch‘, 1920; ‚Die Maschinenstürmer‘, 1922). Brechts frühes Stück ‚Baal‘ (1920) ist eine Parodie des Expressionismus, ihm in Form und Lebenskult aber verbunden.

Zu Georg Kaiser siehe S. 230 f.

Religiöses Drama

Einige Autoren versuchen, durch religiöse Bindung einen Weg aus Elend, Streit und Grausamkeit zu finden. Schon Hofmannsthals Stücke und Opern haben letztlich eine religiöse Grundlage in der geglaubten Ganzheit des Daseins. Das Ringen um Gott kennzeichnet die Dramen Barlachs (‚Die Sündflut‘, 1924; ‚Der blaue Boll‘, 1926), der sich rasch von der ethischen Unabhängigkeit des expressionistischen neuen Menschen löst. Hans Henny Jahnn geht vom christlichen auf mythisches Denken zurück (‚Pastor Ephraim Magnus‘, 1919; ‚Medea‘; erste Fassung 1926, zweite Fassung 1959; ‚Armut, Reichtum, Mensch und Tier‘, entstanden 1933).

Zu Hofmannsthal siehe S. 202 f.

Gesellschaftssatire in der Komödie

Der Fassadencharakter der Gesellschaft und das Schablonenhafte der Massenkultur fordern die satirische Komödie heraus, die der kritisierten Welt freilich keine Alternative gegenüberstellt. Diese Gesellschaftssatire beginnt mit Wedekinds späten Stücken. Ludwig Thoma (‚Moral‘, 1908) stellt sie noch in den Rahmen des traditionellen Volksstücks. Sternheims Bürgersatire verwendet expressionistische Stilmittel und Wertungen wie sprachliche Verkürzung und die Verherrlichung rücksichtsloser Lebenskraft, um die Kleinbürgergesinnung mit provozierendem Zynismus zu bejahen. Auch Brechts Heimkehrerstück ‚Trommeln in der Nacht‘ (1919) bezieht seine Stärke aus der Kleinbürgersatire. Bei Yvan Goll, eigentl. Isaac Lang (‚Methusalem oder Der ewige Bürger‘, 1924) verwandelt sie sich in die surrealistische Groteske. Karl Kraus gebraucht in seiner monumentalen grotesk-satirischen Revue ‚Die letzten Tage der Menschheit‘ (erste Fassung 1918/19, zweite Fassung 1922) die Zitatmontage, um die verlogene Sprache der Kriegsbejaher zu entlarven. Ernst Tollers groteske Darstellung der Inflationsgesellschaft in ‚Der entfesselte Wotan‘ (1923) zeigt schon den aufkom-

Zu Wedekinds späten Stücken siehe S. 201 f.

Zynismus (von griech. kynis-mós = Bissigkeit, von kyon = Hund).

menden Massenwahn, der nach dem Diktator ruft. Robert Musils ‚Vinzenz und die Freundin bedeutender Männer' (1924) spiegelt das stereotype Rollenverhalten in einer kommerzialisierten Welt. Carl Zuckmayers schwankhafter Rückblick auf den wilhelminischen Obrigkeitsstaat, ‚Der Hauptmann von Köpenick. Ein deutsches Märchen' (1931), endet versöhnlich.

Zeitstück, Volksstück, lehrhaftes Theater

Gesellschaftskritisch sind auch die ernsthaften Stücke. Die Standpunkte der Autoren reichen von linksbürgerlichen bis zu proletarisch revolutionären. Vorherrschend ist das reportagehafte Zeitstück; es erscheint als Zeitrevue aus gereihten Kurzszenen (Ernst Toller ‚Hoppla, wir leben!', 1927) oder als Debattenstück, das eine Gerichtsverhandlung vorführt oder doch den Zuschauer zum Richter über die Wechselreden macht (Peter Martin Lampel ‚Revolte im Erziehungshaus', 1928; Friedrich Wolf ‚Cyankali', 1929; ‚Die Matrosen von Cattaro', 1930). Seltener ist das traditionell gebaute historische Drama (Ferdinand Bruckner, eigentlich Theodor Tagger, Elisabeth von England', 1930). Das zunächst noch traditionelle Volksstück (Ludwig Thoma ‚Magdalena', 1912), das auch expressionistische Formen kennt (Else Lasker-Schüler ‚Die Wupper', 1909), wird von Marieluise Fleißer mit dem Zeitstück verbunden (‚Fegefeuer in Ingolstadt', 1926; ‚Pioniere in Ingolstadt', 1928, 1929). Fleißer zeigt, wie das bedrohte kleinbürgerliche Patriarchat der Provinz sich brutal behauptet. Ödön von Horváth treibt die hier vorgenommene Entmystifizierung des Volkstümlichen noch weiter. Mit ‚Mann ist Mann' und seinen beiden Opern beginnt das lehrhaft erzählende Theater Brechts, das unterschiedliche Elemente des zeitgenössischen Theaters mit distanzierter Gesellschaftskritik verbindet, ohne sich bei der oberflächlichen zeitgeschichtlichen Aktualität aufzuhalten.

Zu Horváth siehe S. 253.

Zu Brecht siehe S. 250 ff.

Erzählkrise

Die Erzählkrise, die in der vergangenen Epoche begann, verstärkt sich. Das einfache Beschreiben eines sich entwickelnden Zusammenhangs ist überholt angesichts des verlorenen Glaubens an sinnvolle Zusammenhänge überhaupt, insbesondere an die biografische Einheit des erlebenden Ich. Die Autoren führen neue Erzähltechniken ein bzw. führen die Neuerungen der vorangegangenen Epoche weiter (Montage; erlebte Rede; Reihung von Assoziationen; dokumentarische, belehrende, analysierende und essayistische Darstellung). Häufig wird, ausgesprochen oder unausgesprochen, das Problem des Erzählens im Text selbst reflektiert. Die äußere Handlung tritt demgegenüber zurück. Die Krise lässt das Erzählen also nicht versiegen, sondern sie fordert das Experiment mit neuen Formen heraus.

Sprachzweifel und Sprachskepsis hat um 1900 erstmals Hofmannsthal zum Ausdruck gebracht. Siehe S. 194 und 202 f.

Erzählung

Der geschlossene novellistische Spannungsbogen entspricht nicht mehr dem neuen Wirklichkeitsverständnis. Novellen im herkömmlichen Sinn, auch wenn viele den Begriff noch gebrauchen, werden nur noch von den epigonalen Autoren geschrieben. Das gilt auch für Stefan Zweig, der die Novellenform allerdings aktualisiert, insofern er Erkenntnisse Sigmund Freuds gebraucht, um den Konflikt zuzuspitzen. Am besten fasst man die neuen Kleinformen unter dem neutralen Begriff der Erzählung zusammen. Eine charakteristische neue Form ist die gedrängte, auf eine unerwartete Pointe hinzielende Kurzgeschichte, die zunächst für Leser der Massenpresse bestimmt ist.

Zum Begriff der
Entfremdung
siehe S. 210.

Die kleine Prosa des Schweizers Robert Walser (,Der Spaziergang. Erzählungen',
1917) ist noch teilweise der impressionistischen Skizze verpflichtet; sie beschreibt
Fremdheit, Sinnlosigkeit, Gleichgültigkeit, auf die der Erzähler mit ironischer Distanzierung, auch sich selbst gegenüber, reagiert. Nicht einmal mehr spielerische Ironie
herrscht in Franz Kafkas Erzählungen. Die beängstigende Sachlichkeit des Grotesken,
die sich hier ausbreitet, trifft genau die Erfahrung existentieller Entfremdung.

Viele Erzählungen kreisen um die Auflösung des isolierten Ich. Das kann, so wie
bei Albert Ehrenstein (,Tubutsch', 1911) und Carl Einstein (,Bebuquin oder Die Dilettanten des Wunders', 1912) mit der Provokation durch Satire und Groteske verbunden
sein. In Alfred Döblins ,Die Ermordung einer Butterblume' (1910) entsteht die Groteske aus dem Zusammenprall der fremden Dingwelt mit dem krankhaften Innern. Gottfried Benn beschreibt in ,Gehirne' (1916) das moderne Bewusstsein, dem alles außer
den isolierten Fakten fragwürdig geworden ist. Stefan Zweig, Franz Werfel und Arthur
Schnitzler bringen die verdrängten Gefühle zur Sprache. Stefans Zweigs Erzählungen
,Erstes Erlebnis. Vier Geschichten aus Kinderland' (1911) beschreiben die Verwirrung

Der Generationen-
konflikt ist ein
verbreitetes Thema
in der Literatur der
Zeit. Siehe S. 211, 212
und 226.

der kindlichen Psyche aufgrund der Begegnung mit der Sexualität. Werfels ,Nicht der
Mörder, der Ermordete ist schuldig' (1920) erweitert den Vater-Sohn-Konflikt zum
Protest gegen die patriarchalische Weltordnung, in Schnitzlers ,Fräulein Else' (1924)
führt der Ausbruch verdrängter Gefühle zum Selbstmord. Georg Heym (,Der Irre',
1913) und Carl Sternheim (,Busekow', 1913) suchen aus der Ich-Problematik in die
Ekstase auszuweichen. Robert Musil (,Die Amsel', 1928) flüchtet aus dem Labyrinth
eines fremd gewordenen Innern in einen Bereich mystischen Zusammenhangs. Hermann Hesse (,In der alten Sonne', 1908/1930; ,Klein und Wagner', 1919) verbindet den
älteren Gegensatz zwischen Außenseiter und Spießbürgerwelt mit dem Rückzug in
eine Welt des Innern, die manchmal eher sentimental idyllisch, manchmal eher faszinierend bedrohlich ist.

Das Bewusstsein, dass die private Idylle den gesellschaftlichen Umwälzungen nicht
standhalten kann, äußert sich bei Thomas Mann in wehmütiger Ironie (,Unordnung
und frühes Leid', 1925). Heinrich Mann und Bertolt Brecht wenden den Blick vom
Privaten ab; Mann analysiert sozialpsychologisch die Tendenz zum Totalitarismus

Die Neue Sachlichkeit
bildet die Gegen-
bewegung zum
Expressionismus.
Siehe S. 213.

(,Kobes', 1925), Brecht (,Die Bestie', 1928) entwickelt in seiner Kurzprosa einen sach-
lich-unpsychologischen Erzählstil; er wendet sich gegen das konventionelle Kunstverständnis, löst sich aber auch von der Neuen Sachlichkeit, der er seinen Erzählstil mit
verdankt.

Roman

Der Blick der Romanautoren kann sich auf die gesellschaftlichen Mächte richten,
denen der Einzelne ausgeliefert ist. Das Gefühl der Sinnlosigkeit kann bewirken, dass
an die Stelle sich entwickelnder Handlung die Darstellung des Immergleichen, manchmal des Absurden tritt. Robert Walser (,Der Gehülfe', 1908; ,Jakob von Gunten. Ein Tagebuch', 1908) und Franz Kafka (,Der Prozess', 1925; ,Das Schloss', 1926) beschreiben
heruntergekommene, surreal wirkende Institutionen, in die der Einzelne eingebunden
ist. Während Walsers labile Helden schließlich in eine ungewisse Freiheit entlassen
werden, bleiben die Menschen in Kafkas Romanen gefangen. Mit ,Therese. Chronik
eines Frauenlebens' (1928) stellt Arthur Schnitzler scheinbar einen geschlossenen Lebenslauf dar, tatsächlich aber den seelischen und gesellschaftlichen Niedergang einer
Frau, deren Leben in immergleicher Zufälligkeit und Vergeblichkeit verläuft. In Arnold
Zweigs Antikriegsroman ,Der Streit um den Sergeanten Grischa' (1927) verwandelt
sich die Absurdität der Institutionen und die Fremdheit herrschender Gewalt in kon-

kret benennbare und politisch kritisierbare Unmenschlichkeit. Heinrich Mann analysiert in ‚Der Untertan' (1918) satirisch die Opportunisten, die die menschenverachtende Herrschaft stärken, indem sie sich ihr anpassen.

Der Frage, wie der Mensch sein Leben einrichten soll in einer Zeit, welche die Zerstörung überkommener Werte und die Entfesselung sinnloser Gewalt erlebt hat, gehen die Autoren nach, indem sie die Form des Bildungsromans aufnehmen und zugleich auflösen. Zwischen der metaphysischen Sinngebung der Bildung und der Gesellschaft, in der sie anzuwenden wäre, herrscht eine unüberbrückbare Kluft. Alfred Döblins Helden lernen die Absage an jegliche Gewalt (‚Die drei Sprünge des Wang-Lun', 1915; ‚Berlin Alexanderplatz', 1929), die Helden Hesses werden von anderen in ihr fremdes Inneres eingeführt, wobei sie teilweise auch herrschende Gewaltmechanismen entdecken (‚Demian', 1919; ‚Der Steppenwolf', 1927). In beiden Fällen kommen die Gestalten nicht dazu, ihre neue Haltung in der Wirklichkeit zu bewähren. Die Rückkehr zum Kreatürlichen und die Beendigung einer Menschheitsgeschichte aus Kriegen und Untaten wird in Hans Henny Jahnns Roman ‚Perrudja' (1929) einem jungen, handlungsunfähigen Menschen aufgetragen. Thomas Mann entlässt seinen jungen Bildungsbürger aus dem ‚Zauberberg' (1924) in die tödliche Ungewissheit des Krieges. Musils philosophischer Roman ‚Der Mann ohne Eigenschaften' (1930) zeigt, wie eine ganze Gesellschaft an dem Versuch scheitert, ihre Friedensvorstellungen, denen eine gemeinsame, verbindliche Idee fehlt, in Wirklichkeit zu überführen, derweil alles auf den Krieg hintreibt.

Zum klassischer Bildungsroman bei Goethe siehe S. 101.

Zu Hans Henny Jahnn siehe S. 258 f.

AUTOREN

Literatur der Existenz: Walser, Trakl und Kafka

Robert Walser (1878–1956) – Das Bestehen auf der Bedeutungslosigkeit

Walser stammt aus einer kinderreichen Bieler Familie. Sein Vater war ein verarmter Kleinhändler, seine Mutter versank allmählich in Depression. Die schlechte wirtschaftliche Lage der Familie zwang ihn, mit vierzehn den Besuch des Progymnasiums abzubrechen. Er führte dann ein unstetes Wanderleben in der Schweiz und in Deutschland mit wechselnder Arbeit, meist als Büroangestellter. 1898 erschienen pseudonym seine ersten Gedichte, 1904 sein erstes Buch, ‚Fritz Kocher's Aufsätze', Essays in der Form nachgeahmter Schüleraufsätze. Die Romane ‚Geschwister Tanner' und ‚Der Gehülfe' erschienen 1907 und 1908. Ein Jahr darauf kam eine gesammelte Ausgabe der ‚Gedichte' heraus sowie der Roman ‚Jakob von Gunten. Ein Tagebuch'. Kurz vor dem Ersten Weltkrieg begannen Sammlungen seiner vielen kleinen Skizzen zu erscheinen, hauptsächlich über sein Leben als Wanderer und Spaziergänger: ‚Aufsätze' (1913), ‚Geschichten', ‚Kleine Dichtungen' (beide 1914), ‚Prosastücke' (1916), ‚Kleine Prosa', ‚Der Spaziergang', ‚Poetenleben' (alle drei 1917), ‚Komödie' (1919), ‚Seeland' (1920). Von den Texten der Jahre nach dem Ersten Weltkrieg fand nur noch der Prosaband ‚Die Rose' (1925) einen Verleger. Kurz vor der Mitte der zwanziger Jahre begann Walser, seine Schrift zu fast unleserlichen winzigen „Mikrogrammen" zu verkleinern. 1929 begab er sich in die Heilanstalt Waldau bei Bern, wo er weiterhin an seinen Texten arbeitete. Ab 1933, nachdem er gegen seinen Willen nach Herisau verlegt wurde, hörte er völlig mit dem Schreiben auf. Ab Ende des Zweiten Weltkriegs begann sein Freund und Vormund Carl Seelig, noch nicht erschienene Werke herauszugeben. Der Roman ‚Der Räuber' wurde erst 1972 veröffentlicht.

Walsers Erzähler gewinnen Abstand von der Welt, indem sie nur das beschreiben, was nichts Besonderes ist: das Kleine, Gewöhnliche, Alltägliche, Triviale. Dabei verliert die Welt ihren Zusammenhang und zerfällt in eine Summe von Einzelheiten. Der Erzähler redet im Ton einer scheinbar kindlichen Naivität, die einerseits die herrschenden Erwartungen an Wohlanständigkeit und Ordnung selbstverständlich zu akzeptieren scheint, andererseits nichts als selbstverständlich gegeben voraussetzt und damit alles kritisierbar werden lässt, auch die Floskeln, aus denen der Erzähler seine Rede drechselt. Dabei tun sich trotz des fehlenden Gesamtzusammenhangs überraschende, auch komische Bezüge zwischen Einzelheiten auf. So entstehen Karikaturen innerhalb einer absurden Welt in einer freilich liebevoll geschilderten Schweizer Landschaft.

Auch das Ich des Erzählers ist bedeutungslos, und doch dreht sich das Erzählen um ihn selbst, sein Aussehen, seine Meinungen. Dabei deutet alles auf Walsers eigenes Leben hin. Doch das ist ein Spiel, der Autor redet von sich selbst und versteckt sich zugleich hinter Masken, hinter Redefloskeln. Sein jeweiliger Erzähler ist der Außenseiter, der von sich berichtet und die anderen betrachtet, und zugleich der Unauffällige, der sich von niemandem festlegen lässt. Davor schützt ihn auch sein unablässiges Wandern. Der Ironie, mit der er die Welt beschreibt, hält die Selbstironie die Waage, mit der er sich selbst beschreibt. Walsers subversive Kritik richtet sich gegen alles, was sich über seine Belanglosigkeit hinaus aufplustern will. Das Belanglose aber wird zum Gegenstand einer Sprache von Musikalität und Rhythmus.

Georg Trakl (1887–1914) – Verzweiflung und Konstruktivismus

Der Sohn eines wohlhabenden Salzburger Eisenhändlers studierte Pharmazie, war aber aufgrund von Rauschgiftsucht und tiefen Depressionen zu regelmäßiger Arbeit als Apotheker nicht fähig. Die Depressionen gingen auf religiöse Schuldgefühle zurück, die mit dem Leiden an der Kälte der Mutter und mit einer inzestuösen Schwesterbeziehung zusammenhingen. 1906 erschienen Trakls erste lyrische Dramen und Prosaskizzen, 1909 die ersten Gedichte, ab 1910 entstand sein reifes Gedichtwerk. Zu Beginn des Ersten Weltkriegs als Militärapotheker eingezogen, erlebte er tief verzweifelt die Schlacht um Grodek in Galizien. Bald darauf starb er an einer Überdosis Kokain. Gedichtsammlungen erschienen erst nach seinem Tod: ‚Sebastian im Traum‘ (1915), ‚Die Dichtungen‘ (1917). 1939 wurden die Jugenddichtungen unter dem Titel ‚Der goldene Kelch‘ herausgegeben.

Trakls Gedichte folgen keinem Gedanken- oder Handlungsgang, keiner Gefühlsentwicklung eines einheitlichen Ich. Sie bestehen vielmehr aus aneinandergereihten Assoziationen, die immer wieder auf den Bereich der Schuld, der Schwermut, des Untergangs und der Sehnsucht nach Erlösung verweisen. Diesem Bereich verbunden sind Wörter, die die Vorstellung kalter, fremdartiger Schönheit suggerieren.

In einem langwierigen Arbeitsprozess streicht Trakl alles Persönliche und Eindeutige und reduziert die Aussagen auf wenige Vorstellungen, Gestalten, Landschaften; im Grunde arbeitet er mit einer begrenzten Zahl von Schlüsselwörtern. Diese Grundelemente, einfache Aussagen oder auch nur Benennungen, werden immer wieder neu kombiniert, bis die aneinandergereihten Elemente schließlich abstrakte Entsprechungen und Gegensätze bilden, die zudem durch musikalischen Rhythmus und Wohllaut miteinander verbunden sind. So entsteht anstelle eines folgerichtigen Nacheinanders das Nebeneinander eines strukturellen Feldes.

Der Leser gewinnt dadurch den Eindruck einer chaotischen und grauenerregenden Welt, die doch auf eine unverständliche Weise geordnet erscheint. Aus den Pausen zwischen den Aussagen und Benennungen, sozusagen aus der Leere des Sinnlosen heraus, scheint eine unpersönliche Trauer und fremdartige Schönheit zu reden.

Franz Kafka (1883–1924) – Der Untergang des Ich in der verwalteten Welt

Der Sohn eines Prager Kaufmanns arbeitete nach dem Abschluss seines Jurastudiums nacheinander bei zwei Versicherungsgesellschaften. 1908 erschienen seine ersten Erzählungen. Ungelöste psychische Konflikte beeinflussten sein Schreiben, die Prägung durch eine wenig liebesfähige Mutter und einen als übermächtig und zerstörend empfundenen Vater, der sich aus der Armut hatte emporarbeiten müssen und der die Eigenart seines Sohnes nicht verstand. Im ‚Brief an den Vater‘ (erst 1952 veröffentlicht), den dieser freilich nie erhielt, beschreibt Kafka seine Sicht des Vaterkonflikts. Die Geschichte einer unglücklichen Verlobung schlägt sich nieder in der Erzählung ‚Das Urteil‘ (1912) und im Roman ‚Der Prozess‘ (1925). Neben dem ‚Urteil‘ sind von den Erzählungen zu nennen: ‚Die Verwandlung‘ (1915), ‚Ein Landarzt‘ (1917), ‚Ein Bericht für eine Akademie‘ (1917), ‚In der Strafkolonie‘ (1919), ‚Ein Hungerkünstler‘ (1922) und ‚Josefine, oder das Volk der Mäuse‘ (1924). Ebenso wie ‚Der Prozess‘ blieb Kafkas erster Roman ‚Der Verschollene‘ (erschienen 1927) unvollendet. Das erste Kapitel des ‚Verschollenen‘ erschien schon 1913 gesondert unter dem Titel ‚Der Heizer‘. Der einzige abgeschlossene Roman ist ‚Das Schloss‘ (1926). Kafka starb nach langem Leiden an Kehlkopftuberkulose.

Kafka bewahrt und zerstört zugleich die Vorstellung von einem selbstständigen Ich. Er bewahrt es, indem er das Ideal der Selbstständigkeit noch überhöht: Seine Helden wollen in ihrer Einzigartigkeit anerkannt werden, sie wollen sich gänzlich unterscheiden von der Masse der Gleichförmigen und Angepassten und oft auch Unterdrückten. Oft nämlich sind die Menschen den willkürlichen Entscheidungen anonymer Mächte ausgeliefert, die nie selbst in den Blick kommen. Höchstens erscheint der untergeordnete Teil einer Verwaltungshierarchie, von der sinnlose, widersprüchliche Befehle ausgehen, die von brutalen Handlangern vollstreckt werden (‚Der Prozess‘, ‚Das Schloss‘).

Die Erzählperspektive verstärkt das Gefühl anonymer Übermacht. Häufig berichtet ein Erzähler nüchtern und distanziert in der Er-Form vom Helden. Der Erzähler weiß auch, was im Helden vorgeht. Über dessen Umwelt weiß er aber nicht mehr als dieser selbst, und das ist sehr wenig. Vergeblich versucht der Held, mit einem großen Aufwand an formaler Logik seine Umwelt zu verstehen. Der Leser nimmt an diesen Versuchen teil, scheinbar von einem objektiven, sachlichen Standpunkt aus, tatsächlich aber ebenso unwissend wie der Held. So erscheint die subjektive Erkenntnisschwäche als objektive Unerkennbarkeit.

Das verzweifelte Bemühen der Figuren, ihre Einzigartigkeit durchzusetzen und die absurde Welt zu durchschauen, wird nun aber von Kafka als existentielle, nicht weiter herleitbare Schuld dargestellt. Daher misslingt das Aufbegehren, in dem der Wunsch steckt, anders und besser zu sein als die unterdrückte Masse. Das erfolglose Aufbegehren endet im Verzicht, in erzwungener Selbstverleugnung, schließlich im Untergang. Allerdings erringen die Helden mit dem vergeblichen Protest in ihrer fiktiven Umwelt zunächst größtes Aufsehen und dann, nachdem sie häufig grotesker Lächerlichkeit oder der Verachtung verfallen, immerhin Mitleid und Parteinahme des Lesers. Hierdurch erscheinen sie, wenngleich nur als lächerliche, groteske und bemitleidete Gestalten, dann doch als ganz Besondere, denen sich alle Aufmerksamkeit und Anteilnahme zuwendet. So wird die Einzigartigkeit zerstört und paradoxerweise gerade darin bewahrt. Dieses Paradox drückt sich auch in den Tiergestalten Kafkas aus. Aus ihnen spricht der Wunsch, ausgenommen zu sein vom Gesetz der Alltagspflichten, das die Menschen unterdrückt und gleichförmig macht. Tiere können fraglos und gleichgültig ein eigenes Leben führen. Dafür bedeutet aber die „Verwandlung" zum Tier, aus der menschlichen Gemeinschaft ausgestoßen zu werden und einsam sterben zu müssen.

Paradox (von altgriech. para = gegen, dóxa = Meinung) ist ein unauflösbarer Widerspruch.

Weil seine Texte über eine existentielle Schuld belehren sollen, die nicht in einer einzelnen Verfehlung liegt, wählt Kafka oft die belehrende Gleichnisrede, die Parabel. Aus seinen Parabeln lassen sich aber keine eindeutigen Schlüsse und Lehren ziehen. Sie führen vielmehr ins Paradox und verweisen auf eine absurde Welt grotesker Geschehnisse. Hierin erscheint die reale Welt verfremdet und doch innerhalb der Moderne schrecklich vertraut: Kein anderer Autor der Epoche hat deren Grunderfahrung, nämlich Isolation, Unsicherheit des Ich und Fremdheit der Welt, deutlicher herausgearbeitet. Kafka durchlebte diese Grunderfahrung intensiver und auswegloser als andere, wie seine Tagebücher und Briefe erkennen lassen. Er durchlebte sie als Jude in einer antisemitischen Umwelt: Er fand keinen Halt mehr im orthodoxen jüdischen Glauben, aber konnte und wollte auch sein Judentum nicht preisgeben. Er durchlebte sie als deutschsprachiger Dichter im fremden tschechischen Sprachgebiet, als unselbstständiger Angestellter in einer verzweigten hierarchischen Verwaltung und nicht zuletzt als unselbstständiger Sohn, der sich nie vom Bild des übermächtigen Vaters lösen konnte.

Die Vater-Sohn-Problematik ist ein feststehendes Motiv der Literatur der Zeit. Siehe auch S. 211, 212 und 222.

Der Außenseiter als Kritiker: Kraus

Karl Kraus (1874–1936)

Kraus stammt aus einer reichen, nach Wien eingewanderten jüdischen Familie. Der Vater war Großkaufmann und Papierfabrikant. Während des später abgebrochenen Studiums zunächst der Rechte, dann der Philosophie und Literatur begann Kraus mit journalistischen Arbeiten. Da seine satirischen Angriffe oft nicht abgedruckt wurden, gründete er 1899 eine eigene Zeitschrift, ‚Die Fackel‘, deren Beiträge er ab 1912 alle selbst verfasste. Sie erschien bis zu seinem Tode. Sein Antikriegsstück ‚Die letzten Tage der Menschheit‘ kam 1918/19 in Sonderheften der ‚Fackel‘ heraus. Die meisten seiner Bücher enthalten Beiträge, die vorher in der ‚Fackel‘ erschienen waren. Neben den Lyrikbänden ‚Worte in Versen‘ (neun Folgen, 1916–1930) und den Aphorismen (u. a. ‚Sprüche und Widersprüche‘, 1909) sind vor allem seine Essays zu nennen. In der frühen Essaysammlung ‚Sittlichkeit und Kriminalität‘ (1908) verteidigt er das Privatleben gegen die öffentliche Neugier, in den wichtigsten weiteren Sammlungen setzt er sich grundsätzlich mit der journalistischen Sprache auseinander (‚Heine und die Folgen‘, 1910; ‚Nestroy und die Nachwelt‘, 1912; ‚Literatur und Lüge‘, 1929). Erst nach seinem Tod erschien die Schrift ‚Die dritte Walpurgisnacht‘ (1952), in der er die ersten Jahre der nationalsozialistischen Herrschaft kommentiert.

In Kraus findet eine Gesellschaft, die an die pompöse Fassade glaubt, ihren satirischen Kritiker. Er entlarvt sie vom Standpunkt des Außenseiters aus, zu dem der Intellektuelle, der als unabhängiger Einzelmensch selbstständig denken will, in der Moderne geworden ist. Aus erlittener und zugleich gesuchter Isolation heraus verteidigt er die Ideale der Klassik, die offiziell immer noch gelten: Selbstbestimmung des Einzelnen, Streben nach Humanität, Unabhängigkeit der Kunst von der Gesellschaft. Dabei gebraucht er die empörte Polemik und die satirische Vergrößerung des Details. Nebensächliche, scheinbar unwichtige Behauptungen, nicht zuletzt die Phrasen, über die man sonst hinweghört, werden beim Wort genommen, und es erweist sich, dass die offiziellen Ideale hier vergessen sind. In diesem Phrasendreschen liegt ein Potential an Unmenschlichkeit, dessen Ausbruch im Großen Kraus befürchtet. Seine Satire nimmt es ahnungsvoll vorweg.

Anlässe seines Kampfes sind moralische Heuchelei in Justiz und Presse sowie die Verknüpfung der Kunst mit Geschäft und Werbung im literarischen Klüngelwesen und in der Wiener Massenpresse. Im Ersten Weltkrieg sieht Kraus – er war einer der ganz wenigen Schriftsteller, die keinen Augenblick der Kriegsbegeisterung verfielen – seine Ahnungen bestätigt. ‚Die letzten Tage der Menschheit', ein großes Panorama des Krieges, reiht Momentaufnahmen und Dialoge, die häufig aus authentischen Zitaten montiert sind, aneinander. Zitatmontagen, Allegorien, groteske Verfremdungen sollen deutlich machen, dass sich im Untergang der Humanität etwas auswirkt, was sich schon lange hinter der Fassade und in der Phrase eingenistet hatte. In den folgenden Jahren versteht Kraus sich zunehmend als Hüter der reinen, ursprünglichen Sprache, die nicht von uneingestandenen Interessen besudelt ist.

Drei Lyriker: Heym, Lasker-Schüler, Benn

Georg Heym (1887–1912) – Entfremdung und Lebenskult

Der Sohn eines Staats- und Militäranwalts aus dem preußischen Schlesien studierte, hauptsächlich in Berlin, Jura und dann orientalische Sprachen, um Dolmetscher im diplomatischen Dienst zu werden. Als Fünfundzwanzigjähriger ertrank er beim Schlittschuhlaufen auf der Havel. Angeregt durch den ‚Neuen Club', eine Künstlergruppe, die im ‚Neopathetischen Cabaret' ihre Texte vortrug, schrieb er in seinen letzten beiden Lebensjahren Gedichte, welche die expressionistische Lyrik begründeten (‚Der ewige Tag', 1911; ‚Umbra vitae', 1912). 1913 erschien noch ein Band Erzählungen unter dem Titel ‚Der Dieb'.

In Heyms bewusst einfachen Gedichten scheint die Welt sinnlos und tot. Öde Weite kennzeichnet häufig die Landschaften, Enge und Erstarrung die Städte. Die Dinge gewinnen ein unheimliches Eigenleben, das Tote gewinnt dämonische Macht. Die Dingwelt kann sich zu dämonisch-mythischen Gestalten verdichten. Angesichts dieser grotesken Welt sehnt sich Heym nach dem intensiven, bewegten Leben. Doch bleibt die Lebenssehnsucht fast immer unerfüllt. Sie verwandelt sich daher in Aggression und Aufruhr: Die sinnlose Welt soll zerstört werden. Im Wunsch nach Krieg, Zerstörung und rauschhaftem Untergang liegt freilich wieder ein untergründiges Einverständnis mit dem Toten. In der industriellen Großstadt, die Heym besonders anzieht, sieht er beides, totenhafte Starre und tödlichen Aufruhr.

Else Lasker-Schüler (1869–1945) – Chiffren der verlorenen Einheit

Else Lasker-Schüler stammte aus einer wohlhabenden Elberfelder Kaufmannsfamilie. Lasker ist der Name ihres ersten Mannes. Seit der Jahrhundertwende lebte sie in der Berliner Boheme, bis 1912 verheiratet mit Georg Levin, der sich auf ihre Veranlassung hin Herwarth Walden nannte. Sie war die Hauptmitarbeiterin an seiner Zeitschrift ‚Sturm'. Die Lyrik ihrer ersten Schaffensperiode ist zusammengestellt in den ‚Gesammelten Gedichten' (1917). Daneben erschienen ihr wichtigstes Stück, ‚Die Wupper' (1909), Erzählungen wie ‚Das Peter Hille-Buch' (1906) und ‚Der Prinz von Theben' (1911), Sammlungen von Gedichten und kleiner Prosa (u. a. ‚Die Nächte Tino von Bagdads', 1907) und halb erzählte, halb in Briefform geschriebene Geschichten, unter ihnen ‚Der Malik. Eine Kaisergeschichte mit selbstgezeichneten Bildern' (1919). Zu ihrem jüdischen Erbe bekannte sich die Dichterin mit den ‚Hebräischen Balladen' (1913) und den Erzählungen ‚Der Wunderrabiner von Barcelona' (1921) und ‚Artur Aronymus. Die Geschichte meines Vaters' (1923). 1932 erschien ‚Konzert', die zweite Lyriksammlung. Im folgenden Jahr floh Lasker-Schüler vor dem Nationalsozialismus in die Schweiz. Ihre letzten Lebensjahre verbrachte sie in Palästina. Ihre späten Gedichte sind in der Sammlung ‚Mein blaues Klavier' (1943) enthalten.

In Lasker-Schülers Werk, auch im erzählerischen und dramatischen, geht es um den lyrischen Eindruck, vor allem um Trauer und Sehnsucht. Aus der Einsamkeit, unter der sie trotz vieler Bekanntschaften litt, und aus Enttäuschungen sehnt sie sich nach harmonischer Einheit. Ihre Dichtungen sind immer auf ein Du gerichtet, hoffend, dass es die Einheit gewährt, anklagend, weil es sie versagt. Zugleich wird die Einheit in dichterischer Verwandlung der Welt geschaffen mit einfachen Sätzen und wenigen chiffrenhaften Bildern, die Inneres und Äußeres, Gefühle und Dinge ohne weiteres in eins setzen, manchmal unbekümmert um grammatisch-logische Bezüge. Schließlich wird die Einheit als erreichte gezeigt: als Versöhnung der Religionen, als kosmische Entgrenzung von Ich und Du, als orientalisch-hebräische Märchenwelt, die aus der Stimmung des verlorenen Kindheitsparadieses lebt.

Gottfried Benn (1886–1956) – Todessehnsucht und Rettung in der Kunst

Benn stammt aus einer preußischen Pfarrersfamilie. Dass sein Vater ihm, der inzwischen Arzt geworden war, aus religiösen Gründen verbot, die Schmerzen seiner an Krebs leidenden Mutter zu lindern, wurde zu einer prägenden Erfahrung. Nach dem Studium der Medizin in Magdeburg und Berlin erlebte er den Ersten Weltkrieg als Militärarzt. Anschließend ließ er sich als Arzt in Berlin nieder. 1912 erschien sein erstes Bändchen expressionistischer Lyrik mit dem Titel ‚Morgue und andere Gedichte' (Morgue = Name des Pariser Leichenschauhauses). Es folgten die Bände ‚Söhne. Neue Gedichte' (1913), ‚Fleisch. Gesammelte Lyrik' (1917), ‚Schutt' (1924), ‚Betäubung' (1925), Spaltung. Neue Gedichte' (1925), ‚Gesammelte Gedichte' (1927). Daneben veröffentlichte er u. a. die sogenannten Rönne-Novellen unter dem Titel ‚Gehirne. Novellen' (1916), essayistische Erzählungen um einen Arzt namens Rönne, sowie das Stück ‚Der Vermessungsdirigent. Erkenntnistheoretisches Drama' (1919).

Ab 1930 schrieb Benn hauptsächlich Essays (u. a. ‚Zur Problematik des Dichterischen', ‚Der Aufbau der Persönlichkeit. Grundriss einer Genealogie des Ich', beide 1930). 1933 nahm er zunächst für den Nationalsozialismus Stellung (‚Der neue Staat und die Intellektuellen') und sagte sich los von den geflüchteten Schriftstellern (‚Antwort an die literarischen Emigranten'). Jedoch wurde er wegen der angeblichen Unmoral seiner frühen Gedichte bald von den Nazis angefeindet. Er konnte sich schließlich nur dadurch schützen, dass er 1934 wieder in den Militärdienst eintrat, wo er ihrem Zugriff weniger ausgesetzt war. 1938 erhielt er Veröffentlichungsverbot. Nach dem Zweiten Weltkrieg eröffnete Benn wieder eine Arztpraxis in Berlin. Nun entstand sein lyrisches Spätwerk: ‚Statische Gedichte' (1948), ‚Fragmente. Neue Gedichte' (1951), ‚Destillationen. Neue Gedichte' (1953), ‚Aprèslude' (1955). Daneben schrieb er Essays und künstlerische Kurzprosa. Zur letzteren gehört ‚Weinhaus Wolf', ‚Roman des Phänotyp', ‚Der Ptolemäer' (alle 1949). 1950 erschien sein Lebensrückblick ‚Doppelleben. Zwei Selbstdarstellungen'.

Der Pfarrerssohn erlebt die moderne Ich-Spaltung als Kluft zwischen Geist und Fleisch. Das so gespaltene Ich steht der äußeren Welt zudem fremd und hilflos gegenüber; ihr Wesen scheint der Erkenntnis nicht zugänglich. Trotz dieses erkenntnistheoretischen Pessimismus greift Benn die ebenfalls von diesen pessimistischen Prämissen ausgehende moderne Wissenschaft an. Zwar übernimmt er von ihr die Haltung nüchterner Sachlichkeit, doch ihn stört, dass die Wissenschaft mit der Frage nach dem Wesen auch die Ichproblematik ausklammert, dass sie sich um das Leiden des entfremdeten Menschen nicht kümmert und Belangloses untersucht. Der Arzt Rönne protestiert gegen diese Wissenschaft und zugleich gegen die Vernunft, die ihr vermeintlich zugrunde liegt. Daher sucht er sich der Vernunft und dem Geist zu entziehen und sehnt sich nach Rausch und Untergang. Bilder des Untergangs und des Todes beherrschen Benns frühe Lyrik. Sie sind schockierend realistisch und sachlich, aber auch untergründig lustvoll, insofern sie auf ein Leben verweisen, das vom Geist nicht beschwert ist. Als Gegenwelt zu Geist und Vernunft beruft Benn etwa Ursprüngliches und Unveränderbares, das er in Mythen und biologischen Anlagen sucht und mit verschwommenen Metaphern wie

z. B. „Blut" bezeichnet. Hieraus ist erklärlich, dass er die nationalsozialistische Machtübernahme zunächst begrüßte. Für kurze Zeit erhoffte er sich von ihr Erlösung von der Einsamkeit, die Schaffung einer von Entfremdung freien Gemeinschaft, die er nur als vordemokratische denken konnte, und die Züchtung eines neuen, aristokratischen Menschen, der ohne Ich-Spaltung und unbeschwert vom Nihilismus leben kann.

Auf die enttäuschten Hoffnungen antworten Resignation und Melancholie. Benn führt ein „Doppelleben": im äußeren Leben vorschriftsmäßig handelnd als unauffälliger Arzt, zugleich aber alles äußere Streben vornehm aristokratisch ablehnend, zurückgezogen lebend in demjenigen geistigen Bereich, den er nie aufgegeben hatte, in der Kunst. Die Kunst soll das banal Alltägliche, soll die Klischees der Massenkultur aufnehmen und mit Ewigem, Mythischem verbinden und so vergeistigen. Die Wehmut wird in weicher, melodisch gleitender Sprache ausgedrückt. So entsteht der Trost der Kunst: die Selbstergriffenheit über den kunstvollen Ausdruck ewigen Leidens in der banalen Welt.

> Der Begriff Nihilismus (von lat. nihil = nichts) bezeichnet eine Haltung, die auf der Verneinung jeglicher Erkenntnis-, Wert- und Gesellschaftsordnung basiert.

Drei Dramatiker: Sternheim, Kaiser, Toller

Carl Sternheim (1878–1942) – Der Bürger als abstoßender Held

Sternheim wuchs im Wesentlichen in Berlin auf, wo sein Vater, früher Bankier, dann Makler, dem Bankrott entgegentrieb. Dem Studium der Philosophie und Literaturgeschichte in München folgte ein unstetes Reiseleben, bis er sich 1907 mit seiner zweiten Frau, der er viele literarische Anregungen verdankte, in München niederließ. Angesichts des Nationalsozialismus und der Intoleranz, die in der Vorkriegszeit anwuchsen, zogen sich beide 1913 nach Belgien zurück. Als sie Belgien nach Ende des Ersten Weltkrieges verlassen mussten, siedelten sie sich in der Schweiz an. Nach naturalistischen und ästhetizistischen Anfängen fand Sternheim zu eigenständigen, hauptsächlich an Wedekind anknüpfenden Komödien, die er unter dem Titel ,Aus dem bürgerlichen Heldenleben' zusammenfasste. Zu ihnen gehören u. a. ,Die Kassette' (1912), die beiden Stücke ,Bürger Schippel' (1913) und ,Tabula rasa' (1919) sowie die „Maske"-Tetralogie, nämlich vier Komödien zur Geschichte einer Familie namens Maske (,Die Hose', 1911; ,Der Snob', 1914; ,1913', 1915; ,Das Fossil', 1922). Die Erzählungen (u. a. ,Busekow', 1913; ,Napoleon', 1915) erschienen gesammelt unter dem Titel ,Chronik von des zwanzigsten Jahrhunderts Beginn' (1918).

Nach dem Krieg wandte sich Sternheim auch mit zeitkritischen Schriften an die Öffentlichkeit (,Berlin oder Juste Milieu', 1920). Zeitkritisch ist auch der essayistische Roman ,Europa' (1920). Das Leiden an der politischen Entwicklung der Weimarer Republik untergrub vollends die labile seelische Gesundheit des Dichters. 1927, nach der Scheidung von seiner zweiten Frau, musste er in eine Nervenheilanstalt. 1930 kehrte er nach Belgien zurück. 1933 erhielt er Veröffentlichungsverbot in Deutschland. In Brüssel erlebte er noch die ersten Jahre des Zweiten Weltkriegs. Hochstehende Freunde sorgten dafür, dass die Nazis den Halbjuden nicht zur Kenntnis nahmen.

Sternheim träumt von dem völlig unabhängigen Menschen, der ganz aus seiner Natur heraus lebt und seine Individualität – die „eigene Nüance", wie Sternheim sagt – ohne innere Widersprüche verwirklicht. Dem stehen die Zwänge gesellschaftlicher Bindung entgegen, so in der bürgerlichen Gesellschaft der Zwang, den guten Ruf zu bewahren und sich dem ,juste milieu' anzupassen. Anders als Wedekind, der einen ganz ähnlichen Ausgangspunkt hat, fragte Sternheim kaum danach, unter welchen Bedingungen ein Miteinander der Individualisten möglich wäre, sondern nur danach, wie sich die „eigene Nüance" in der bürgerlichen Gesellschaft trotzdem durchsetzen lässt.

> ,juste milieu'
> (frz. = goldene Mitte).
>
> Zu Wedekind
> siehe S. 200 ff.

Sein Komödienheld schlägt die Gesellschaft mit ihren eigenen Mitteln. Er trägt eine „Maske", das heißt, er passt sich äußerlich an, um in Wirklichkeit ungestört seinen Interessen nachgehen zu können. Listig benutzt er die anderen Menschen als Mittel zum Erfolg, kühl berechnend behandelt er zwischenmenschliche Verhältnisse als Geldverhältnisse. Sein letztes Ziel sind Reichtum, Anerkennung und Macht, die allein das unabhängige, maskenfreie Selbstsein gestatten. Der Held ist nicht abstoßender als die anderen, sondern nur konsequenter und ehrlicher. Aber indem er ganz im Kampf um Erfolg und Aufstieg lebt, unterscheidet er sich auch nicht grundsätzlich von seinen Gegenspielern. Auch er verbirgt hinter der Fassade nur Egoismus und Machtwillen, allerdings gepaart mit Zynismus. Er vertauscht die Heuchelei, wo er ihrer nicht mehr bedarf, mit ehrlicher Brutalität. So werden Sternheims Komödien gegen seinen Willen zur beißenden, freilich auch ausweglosen Gesellschaftssatire. In ihren Helden begegnet eine verlogene Gesellschaft ihrem eigenen Wesen. Dadurch entstehen Szenen grotesker und überraschender Entlarvungskomik. Nicht die Helden werden entlarvt, sondern die herrschende Heuchelei, jegliche ideologische Beschönigung, schließlich auch die uneingestandenen Wünsche der Leser, die es durchaus genießen, dass der kühl berechnende Egoismus hier immer erfolgreich ist. Die künstlich zusammengedrängte Sprache dient dazu, das Wesentliche unverstellt herauszuarbeiten.

Georg Kaiser (1878–1945) – Die Suche nach der eigenen Tat

Der Sohn eines Magdeburger Versicherungskaufmanns arbeitete drei Jahre lang in Brasilien, von wo er 1901 zurückkehrte. Nach ersten neuromantischen Stücken, nach Parodien und Grotesken schrieb er seine großen expressionistischen Dramen. Zu ihnen gehören ‚Von morgens bis mitternachts' (1916), ‚Die Bürger von Calais' (1917) und die drei miteinander zusammenhängenden Stücke ‚Die Koralle' (1917), ‚Gas' (1918), ‚Gas. Zweiter Teil' (1920). Mit diesen und seinen vielen anderen Stücken wurde er zum meistgespielten Dramatiker der Epoche. Nach einem unsteten Leben, dessen aufwendiger Stil zu hohen Schulden führte, die ihn sogar ins Gefängnis brachten, ließ sich Kaiser 1921 in der Nähe Berlins nieder. Nun erschienen u. a. das Volksstück ‚Nebeneinander' (1923), die Komödie ‚Kolportage' (1924) und das Antikriegsstück ‚Die Lederköpfe' (1928). 1933 erhielt der Autor Aufführungs- und Veröffentlichungsverbot. 1938 flüchtete er über die Niederlande in die Schweiz. Zu den Exildramen gehören ‚Der Soldat Tanaka' (1940), ‚Das Floß der Medusa' (1945) und die Tragikomödie ‚Napoleon in New Orleans' (1950).

Kaiser fragt nach der Möglichkeit einer Tat, die das nichtentfremdete Wesen des Menschen an den Tag bringt, seine Individualität, die verdeckt ist durch Vermassung und durch die Herrschaft des anonymen Geldes, oder seine ursprüngliche Güte, die verschüttet ist unter Geld- und Machtgier. In den Stücken werden oft verschiedene Möglichkeiten modellhaft durchgespielt, verschiedene Haltungen gegeneinander abgewogen. Die Menschen sind häufig reduziert auf anonyme Massenwesen oder auf Repräsentanten bestimmter Haltungen. Die gedrängte und stilisierte Sprache der expressionistischen Dramen soll das Wesentliche aufzeigen, trägt aber durch ihre Einheitlichkeit zum Eindruck der Entindividualisierung bei.

Aus Kaisers Gedankenexperiment folgt, dass die auf Weltverbesserung zielende Tat scheitern muss. Individualität und Äußerliches, ursprüngliche Güte und materielle Interessen sind so eng miteinander verflochten, dass sie durch keine Berechnung und damit auch durch kein zweckgerichtetes Handeln mehr zu trennen sind. Absichten, auch die gutgemeinten, erreichen oft das Gegenteil des Gewollten; so entstehen tragikomische Situationen. Als akzeptable gute Tat bleibt nur diejenige übrig, die nicht auf das Gute zielt, sondern das Gute im Akt des Handelns ausdrückt. Sie ist denkbar als Verweigerung – so weigert sich der Held in den ‚Lederköpfen', weiterhin Werkzeug der Unterdrückung zu sein – oder als zweckfreies Selbstopfer wie in den ‚Bürgern von Calais‘. Das im Grunde überflüssige Opfer wird hier zum Ausdruck des guten ‚neuen Menschen‘ und damit zum Zeichen einer möglichen besseren Welt. Im ‚Floß der Medusa‘ folgt auf die Verweigerung noch das zweckfreie, aufs christliche Zeichen hin stilisierte Opfer. Auch der Doppelmord des ‚Soldaten Tanaka‘ ist keine zielgerichtete Tat, sondern spontaner Ausdruck verletzten Gerechtigkeitsgefühls. Erst in der Gerichtsverhandlung wird sie dem Soldaten als Zeichen einer revolutionären Herrschaftsumkehr bewusst. Das Zeichen bleibt folgenlos. In den ‚Gas‘-Stücken wird deutlich, dass Kaisers Vorstellung von der richtigen Tat keine Lösung für die Probleme des technologischen Fortschritts in der Massengesellschaft bietet, so treffend diese durch die entindividualisierte Darstellung auch beschrieben wird.

Ernst Toller (1893–1939) – Zwischen Gewaltlosigkeit und Revolution

Toller entstammt einer wohlhabenden bäuerlichen Handelsfamilie aus Posen. Als Freiwilliger zog er in den Ersten Weltkrieg, wurde nach einem Jahr wegen einer Erkrankung entlassen und studierte ab 1917 in München und Heidelberg Literatur und Staatswissenschaften. In dieser Zeit wandelte er sich zum Pazifisten und zum Verfechter eines herrschaftsfreien Sozialismus. 1918 beteiligte er sich am Münchner Munitionsarbeiterstreik und kam ins Gefängnis. Kurz darauf erschien ‚Die Wandlung‘ (1919), ein expressionistisches Drama, das seine eigene Entwicklung widerspiegelt. 1919 wurde er wegen seiner Beteiligung an der Münchner Räterepublik zu fünf Jahren Haft verurteilt.

Im Gefängnis schrieb er ‚Masse Mensch. Ein Stück aus der sozialen Revolution des zwanzigsten Jahrhunderts‘ (1920), ‚Die Maschinenstürmer. Drama aus der Zeit der Ludditenbewegung in England‘ (1922), die Tragö-die ‚Der deutsche Hinkemann‘ (1923, später: ‚Hinkemann‘) und die Komödie ‚Der entfesselte Wotan‘ (1924). Mit letztgenanntem, in der er schon die Massenpsychologie des Faschismus beschrieb, und mit ‚Hinkemann‘ löste er sich vom Expressionismus. 1924 erschien seine lyrische Gefängnisdichtung ‚Das Schwalbenbuch‘. Nach der Freilassung entstanden die beiden der Neuen Sachlichkeit nahestehenden Dramen ‚Hoppla, wir leben!‘ (1927) und ‚Feuer aus den Kesseln!‘ (1930). 1933 erschien der autobiografische Rückblick ‚Eine Jugend in Deutschland‘. Da hatten die Nazis den bekannten jüdischen Sozialisten schon ausgebürgert. 1934 zog er aus dem Schweizer Exil nach England. Dort arbeitete er an einem antifaschistischen Theater; zuletzt erschien auf Englisch das Märtyrerstück ‚Pastor Hall‘ (1939). Während einer Vortragsreise nahm sich Toller in den USA das Leben.

Die Spannung zwischen revolutionärem Anspruch und Gewaltablehnung, zwischen Mitleid mit den Ausgebeuteten und Gedemütigten und der Angst vor der Irrationalität der Massen bestimmt Tollers Werk. Für ihn erhebt sich die Frage, am deutlichsten in ‚Masse Mensch‘, wie der expressionistische ‚neue Mensch‘ die Massen zur befreienden Revolution führen kann, ohne sie zu sinnloser, selbstzerstörerischer Gewalt zu verführen. Toller findet keine klare Antwort. Doch das Bewusstsein dieses Problems macht ihn hellsichtig für die nationalsozialistische Demagogie, deren Gefahr er als einer der ersten erkennt.

Zum Begriff des neuen Menschen siehe S. 211f.

In dem Zeitstück ‚Hoppla, wir leben!‘, das Erwin Piscator inszenierte, wird die Frage der Gesellschaftsveränderung realistischer behandelt als in den früheren Stücken. Toller liefert kein Patentrezept. Die allegorische Figurenbehandlung des Expressionismus weiterführend, stellt er verschiedene Positionen nebeneinander. Der Zuschauer soll sie miteinander vergleichen, sie beurteilen und so zu einer selbstständigen, kritisch vertieften Haltung finden.

Große Prosaisten des 20. Jahrhunderts (1): Hesse, Döblin, Musil

Hermann Hesse (1877–1962) – Protest ohne Alternative

Zum Monte Verità siehe S. 193.

Hesse stammt aus einer schwäbischen Missionarsfamilie von strengem pietistischem Glauben. Als Fünfzehnjähriger entfloh er dem theologischen Seminar im Kloster Maulbronn und wurde schließlich Buchhändler in Tübingen und Basel. Ab 1904 lebte er als freier Schriftsteller am Bodensee, ab 1912 in der Schweiz. 1906, als er sich in der Lebensreform-Klinik auf dem Monte Verità einer Alkoholentziehungskur unterzog, wurde er in die dort gepflegten, aus der Romantik stammenden Geheimlehren eingeweiht, die seine Texte ebenso beeinflussten wie die Vorstellungen des Tiefenpsychologen C. G. Jung. Ab 1909 war er zwanzig Jahre lang in unterschiedlicher psychotherapeutischer Behandlung, meist bei Schülern C. G. Jungs. Zu den Werken der ersten Schaffensperiode zählen der Entwicklungsroman ‚Peter Camenzind' (1904), der Schulroman ‚Unterm Rad' (1906) und die Erzählung ‚In der alten Sonne' (1908,

zweite Fassung 1930). 1914 wurde Hesse nach kurzer Kriegsbegeisterung zum engagierten Pazifisten. Mit dem Roman ‚Demian. Die Geschichte einer Jugend von Emil Sinclair' (1919, Hesse wählte den Namen Sinclair als Pseudonym) versuchte er angesichts des Krieges, mit Hilfe der Tiefenpsychologie einen neuen Lebenssinn zu finden. Ab 1919 wohnte der Autor in Montagnola im Tessin. Lebensmystik und Jungs Tiefenpsychologie verbinden sich miteinander in den nun erscheinenden Romanen, zu denen ‚Siddharta. Eine indische Dichtung' (1922) und ‚Narziß und Goldmund' (1929/30) gehören. ‚Der Steppenwolf' (1927) ist außerdem zeitkritisch. Während der Hitlerzeit arbeitete Hesse an seinem späten Roman, in dem alle Linien seines Werkes zusammenlaufen: ‚Das Glasperlenspiel. Versuch einer Lebensbeschreibung des Magister Ludi Josef Knecht samt Knechts hinterlassenen Schriften' (1943).

‚Unterm Rad' gehört den eindrucksvollsten Schulgeschichten der damaligen Zeit. Schulgeschichten waren um 1900 ein weit verbreitetes Genre. Siehe S. 197 und 201.

Hesses Helden suchen aus der Welt der Gleichmacherei auszubrechen, aus den Bindungen der Familie, der Schule und der Arbeit, um als Außenseiter zu sich selbst zu finden. Lässt diese Welt sie nicht los, so zerbrechen sie (‚Unterm Rad', ‚In der alten Sonne'). Die sich lösen können, gelangen schließlich zu einer fragwürdigen Versöhnung: Entweder finden sie sich wie Camenzind in der biedermeierlichen Idylle wieder, in der sie sich resigniert bescheiden, oder sie erleben den rauschhaften Untergang im All-Leben, wie man ihn zu Beginn der Moderne suchte (‚Klein und Wagner'). Hinter dem Nebeneinander von einsichtsvoller Bescheidung und faszinierendem, tröstlich-schrecklichem Leben steht die ungelöste Spannung zwischen Geist und Sinnlichkeit, das Thema von ‚Narziß und Goldmund'. Bei dieser Spannung endet der Selbstfindungsweg in den späteren Romanen Hesses.

Harry Haller, der „Steppenwolf", ist Außenseiter in einer Welt, die von kleinbürgerlicher Enge wie von neusachlicher Technikgläubigkeit und Leistungsforderung bestimmt ist. Er versucht, sowohl die Entfremdung als auch die Spaltung zwischen Geist und Sinnlichkeit zu überwinden. In einem unwirklichen Halbweltmilieu, wo er mit seinen Gefühlen experimentieren kann, soll er das eisige Lachen lernen, mit dem man sich von der unmenschlichen Welt wie vom eigenen Leiden distanziert. Wer das versteht, kann sich vom Leben ergreifen lassen und zugleich unbeteiligt dabei zuschauen. Dem ‚Glasperlenspiel', das die Harmonie der überkommenen geistigen Werke ausdrückt, dient ein mönchartiger Orden in asketischer Bescheidung. Der große Glasperlenspieler Josef Knecht erkennt, dass das Spiel in dieser Lebens- und Geschichtsferne zwar bewahrt wird, aber auch erstarrt. Er tritt aus dem Orden aus, um als Erzieher zu wirken. Nach seinem plötzlichen Tod steht ein Schüler (und mit ihm der Leser) vor der Aufgabe, selbst Leben und geistiges Spiel miteinander zu verbinden.

Alfred Döblin (1878–1957) – Selbstverzicht und Selbstbewahrung

Döblin wurde im preußischen Stettin geboren. Sein Vater, der ein Zuschneideatelier betrieb, verließ 1888 die Familie, die daraufhin ärmlich in Berlin leben musste. Von 1900 bis 1905 studierte Döblin Medizin in Berlin und Freiburg i. Br., anschließend lebte er als Arzt in Berlin und schrieb psychiatrische Aufsätze. Zu Beginn des Ersten Weltkrieges meldete er sich freiwillig zum Militärdienst und wurde als Militärarzt im Elsass eingesetzt. Dem Krieg stand er schon bald zwiespältig gegenüber, halb mit Abscheu, halb mit nationalistischen Gefühlen. Während der Revolution von 1918/19 nahm er eine rätedemokratische Haltung ein, die er bis 1922 in politischen Schriften unter dem Pseudonym „Linke Poot" vertrat. Döblins expressionistische Erzählungen, zu denen ‚Die Ermordung einer Butterblume' (1910) gehört, sind von psychiatrischen Erfahrungen beeinflusst. Er veröffentlichte die meisten im ‚Sturm' seines Freundes Herwarth Walden. Der erste wichtige Roman, ‚Die drei Sprünge des Wang-Lun. Chinesischer Roman' (1915), geht auf ausgedehnte chinesische Studien zurück. Ihm folgten ‚Wadzeks Kampf mit der Dampfturbine' (1918) und ‚Wallenstein' (1920), Döblins historisch verfremdete Auseinandersetzung mit dem Weltkrieg.

Nach dem Krieg arbeitete er wieder als Berliner Arzt. Vom Versuch politischer Einwirkung hatte er sich schon bald enttäuscht abgewandt. Politische Desillusion und Kritik an der Technik prägen den Roman ‚Berge, Meer und Giganten' (1924). Danach erschien ‚Berlin Alexanderplatz. Die Geschichte vom Franz Biberkopf' (1929), der wohl bedeutendste deutsche Großstadtroman. 1933 musste der jüdische Antifaschist Deutschland verlassen. Im Exil – Döblin reiste über die Schweiz nach Frankreich und nach der französischen Niederlage weiter in die USA – schrieb er die Romane ‚Babylonische Wandrung oder Hochmut kommt vor dem Fall' (1934), ‚Pardon wird nicht gegeben' (1935), ‚Das Land ohne Tod' (1937/38) und den Revolutionsroman ‚November 1918' (1939–1950). 1945 kehrte Döblin im Dienst der französischen Zensurbehörde nach Deutschland zurück, lebte in Baden-Baden und Mainz, siedelte aber 1953 wieder nach Paris um. 1956 erscheint sein letzter Roman, ‚Hamlet oder Die lange Nacht nimmt ein Ende.'

Döblin geht aus von der Zerstörung der Natur durch die moderne Gesellschaft. Die Zerstörung zeigt sich im Kleinen, wenn ein tyrannischer Kaufmann, den sinnenhaftes Leben anekelt, eine Butterblume „ermordet". Sie zeigt sich im Großen, wenn im sich verselbstständigenden Prozess technischer Entwicklung der natürliche Lebenszusammenhang zerbricht, wodurch schließlich die ganze Menschheit bedroht wird (‚Berge, Meere und Giganten'). Angesichts dessen ruft Döblin nun aber nicht dazu auf, wieder den besonderen einzelnen Menschen aufzuwerten, sondern er hofft, dass die unvermeidliche, technische Entwicklung selbst wieder einen umfassenden Zusammenhang schaffen wird, der demjenigen der Natur entspräche.

Vom einzelnen Menschen jedenfalls ist nicht Selbstherrlichkeit gefordert, sondern Demut. Er soll aufgehen – damit nimmt Döblin das Lebenspathos der älteren Generation wieder auf – im sinnenhaften All-Leben. Daraus folgt die Lehre von der Passivität, vom Nichtwiderstehen, die in den ‚Drei Sprüngen des Wang-Lun' verkündet wird. Ihr gegenüber sieht das menschliche Machtstreben, das in der vorläufig nur zerstörenden Technik gipfelt, absurd und grotesk aus. Die Geschichte der Menschheit ist nur als närrische zu beschreiben (‚Babylonische Wandrung'). Lässt sich aber die Passivität noch aufrechterhalten in einer Welt, in der Menschen ausgebeutet und unterdrückt werden? Diese Frage, ebenfalls in den ‚Drei Sprüngen des Wang-Lun' gestellt, bleibt ohne Antwort. Die Spannung zwischen Selbstverzicht und nötiger Selbstbehauptung durchzieht Döblins Werk. Aus dem Zwiespalt, schuldig zu werden, entweder weil man das Gebot des Nicht-Handelns verletzt oder weil man dem Bösen (auch dem Faschismus) nicht widerstanden hat, rettet sich Döblin schließlich in den katholischen Glauben.

Auch ‚Berlin Alexanderplatz' steht in der Spannung zwischen Selbstverzicht und Selbstbewahrung. Einerseits wird der exemplarische Lernprozess eines einzelnen Menschen beschrieben, andererseits die unpersönliche Großstadt als lebendes Wesen im

Zum Begriff Lebenspathos siehe S. 187.

Die erlebte Rede ist
ein episches Stilmit-
tel. Gedanken oder
Bewusstseinsinhalte
einer Person werden
im Indikativ der drit-
ten Person und meist
im sogenannten
epischen Präteritum
wiedergegeben.

Der innere Monolog
wird zur Vermittlung
von Gedankenvor-
gängen gebraucht.
Eine literarische
Figur spricht sich im
inneren Monolog
direkt an, fragt sich,
macht sich Vorwürfe
usw.

Zu Ernst Mach
siehe S.191.

bewusstlosen Taumel des Untergangs. Innere Monologe und erlebte Rede, die vom persönlichen Ich zeugen, gehen über in unpersönliche Collagen und dokumentarfilm-artige Montagen. Der Außenseiter, der sich gegen die Gesellschaft stellt, sich hochmü-tig oder verzweifelt auf sein Ich zurückzieht, verfällt gerade darum den unpersönlichen Bezügen und wird zum Mitläufer des Verbrechens. Er kann sich nur bewahren, wenn er sich offenen Auges in die überpersönlichen Bezüge einordnet und sie zu verändern sucht. Der vieldeutige Schluss lässt freilich offen, wie das konkret geschehen soll.

Robert Musil (1880–1942) – Rationalität und Mystik

Der Sohn eines Ingenieurs aus Klagenfurt besuchte nach einer Militär-Realschule die Technische Militärakademie in Wien. 1898 brach er die Offizierslaufbahn ab, wurde Ma-schinenbauingenieur und studierte in Berlin Philosophie, Psychologie, Mathematik und Physik. 1908 promovierte er mit einer Arbeit über Ernst Mach. 1906 erschien der autobio-grafisch geprägte Roman ‚Die Verwirrungen des Zöglings Törleß‘. Nach dem Ersten Welt-krieg, in dem er zum Hauptmann avancierte, und nach wenigen Jahren als Zivilbeamter im Dienst des Militärs lebte er ab 1923 als frei-er Schriftsteller. Neben dem Schauspiel ‚Die Schwärmer‘ (1921) und der Komödie ‚Vin-zenz und die Freundin bedeutender Männer‘ (1924), schrieb er die Erzählungen ‚Grigia‘ (1921), ‚Die Portugiesin‘ (1923) und ‚Tonka‘ (1922), die er unter dem Titel ‚Drei Frauen‘ (1923) zusammenfasste. Eine Reihe kurzer Prosatexte, unter ihnen die Erzählung ‚Die Amsel‘ (1928), kam später unter dem Titel ‚Nachlass zu Lebzeiten‘ (1936) heraus. Von Musils Hauptwerk, dem unvollendeten Ro-man ‚Der Mann ohne Eigenschaften‘, erschien 1930 der erste Band. Erst 1952 wurde das gesamte Fragment in einer immer noch un-vollständigen Fassung herausgegeben. Eine vollständige Ausgabe erscheint 2009. 1938 emigrierte Musil in die Schweiz, wo er in völ-liger Mittellosigkeit bis zu seinem Tode am Roman weiterarbeitete.

Musils Werk lebt aus der Spannung zwischen technisch-wissenschaftlicher Rationalität, die Welt und Ich auflöst in einzelne messbare Daten und Funktionen, und der mysti-schen Erfahrung eines einheitlichen Ichs, das mit einer einheitlichen Welt untrennbar verbunden ist. Wer sich mit der Rationalität begnügt, verharrt an der Oberfläche der Dinge, er verbleibt, was die Gesellschaft betrifft, im Bereich der Fassade. Andererseits will der Ingenieur Musil die mystischen Erfahrungen mit technischer Präzision beschrei-ben. Sie werden daher psychologisch analysiert, obwohl technisches Denken ihre Un-fassbarkeit nicht auflösen kann. So kommt es zu einer Art mystischer Psychologie.

Diese Spannung ist im Schulroman ‚Die Verwirrung des Zöglings Törleß‘ verknüpft mit dem Pubertätsproblem, sich mit eigenen sexuellen Gefühlen, die jedoch als frem-de erfahren werden, auseinandersetzen zu müssen. Während diese Gefühle unter der Herrschaft von Fassade und Konvention bei einigen Schülern einen Ausweg im Sadis-mus suchen, löst der Konflikt in der Hauptfigur eine neue mystische Ich- und Welter-fahrung aus, die ihn seinen konventionell denkenden Lehrern entfremdet.

Auch ‚Der Mann ohne Eigenschaften‘ setzt die Spannung voraus zwischen einem Ich, das in Eigenschaften, in verfestigte Rollen- und Deutungsmerkmale zerfallen ist, und einem „anderen Zustand“ mystischer Einheit. Beides lässt sich nicht miteinander in Übereinstimmung bringen. Der „Möglichkeitssinn“ aber kann die Erfahrung dafür offen halten, dass das Relationsnetz, das die Eigenschaften bestimmt, auch ganz anders hätte sein können. Dieses Offenhalten, dem die ironisch-skeptische Distanz, die be-wusste Fremdheit gegenüber der gesellschaftlichen Wirklichkeit entspricht, führt zur vorläufigen, unabgeschlossenen Form des Romans. Der Roman demonstriert satirisch anhand der letzten Jahre der österreichisch-ungarischen Monarchie, wie eine Gesell-schaft, die keinen „Möglichkeitssinn“ besitzt, blind in Krieg und geistiges Chaos hin-einlebt. Die Donaumonarchie wird zum Beispiel für die moderne Welt schlechthin.

ENTFALTUNG DER MODERNE

Zentrale Vorstellung: Revolte, Opfer, Konstruktion oder erneute neue Bindung als Wege aus Entfremdung und Einsamkeit

Geschichte

Wo alles Zerstörung oder Neubeginn ist, wird Geschichte uninteressant. Für konservative bis völkische Kreise steht nationale Identität und damit Nationalgeschichte weiterhin im Zentrum des Interesses. Geschichte kann auch zu einem Feld spannender, oft psychologisch vertiefter Unterhaltung werden.

Natur

Die Natur ist weiterhin der Zusammenhang des Lebendigen, wird aber umgeformt bzw. zerstört durch Krieg oder industrielle Planung und Ausbeutung. Manche glauben an eine spirituelle Natur im Sinn romantischer Geheimlehren oder fernöstlicher Mystik.
Leitwissenschaft: Physik und Chemie, bes. Elektrochemie, sofern sie dazu dienen, Techniken des Krieges und der Kommunikation (Verkehrswesen, Telekommunikation, Film) zu entwickeln.

Gesellschaft

Die Gesellschaft ist bestimmt von der Hektik der Großstadt und der Standardisierung durch industrielle Produktion und Technik. All das wird mit einer unterschiedlichen Mischung aus Faszination und Abscheu beschrieben.

Der einzelne Mensch

Der Mensch ist einsam und sich selber fremd. Man kann in der Entfremdung verharren, mit den Expressionisten durch Revolte und Opfer aus ihr flüchten, sich wieder religiös oder mystisch zu binden suchen, sich völkisch auf der Rechten oder linkspolitisch engagieren oder sein Leben sachlich-technisch organisieren.

Zwischenmenschlicher Bezug

Es herrscht der Gegensatz zwischen dem empfindsamen Einzelnen und der standardisierten Masse. Er wäre aufzuheben durch eine künstlerisch-religiöse oder politisch-religiöse Erlösung der Massen, durch Rückbesinnung auf alte Bindungen oder durch neue Sachlichkeit.

Literatur

Die fremde Welt wird als grotesk verfremdete provozierend gespiegelt, die Hektik der Moderne wird mit neuen Techniken wie Montage und Collage wiedergegeben, Leser und Zuhörer sollen durch eine Mischung aus bewegtem Pathos und starren Sprachverkürzungen mitgerissen werden. Weiterhin wird das fremd gewordene Innere analysiert, teilweise in der Form des inneren Monologs, oder es wird eine geheimnisvolle spirituelle Wirklichkeit dargestellt. Daneben gibt es gesellschaftskritisches Schreiben, das satirisch, journalistisch, neusachlich sein kann.

Literarische Gattungen

Die Dramen sind zeitkritisch, das expressionistische Stationendrama verbindet Zeitkritik mit metaphysischen Fragen, Zeitstück und Volksstück äußern die Kritik belehrend, die Komödie tut es satirisch. Der Roman verbindet Psychologie teils mit Zeitkritik, teils mit der Darstellung einer als absurd empfundenen Welt. Daneben werden romanhafte Reportage und nüchtern konstatierende Zeitromane geschrieben. Die Erzählungen handeln häufig von der Auflösung Ich. Neben der pathetischen Lyrik des Expressionismus gibt es kabarettistische, zeitkritisch-satirische Gedichte und Balladen, aber weiterhin auch eine Lyrik, die Schönheit und eine geheimnisvolle andere Welt beschwören.

12 Nationalsozialismus und Exilliteratur (1930–1945)

AUF EINEN BLICK

Nürnberger Parteitag
der NSDAP, Lichtdom.

Die monumentale Anlage des Reichsparteitagsgeländes der NSDAP in Nürnberg wurde von Albert Speer als Herrschaftsarchitektur symmetrischer Ordnung und Einheit entworfen. Das Aufmarschgelände und die Tribünenanlage auf der Zeppelinwiese sind ganz auf die Beziehung zwischen dem Redner auf der Sprecherkanzel und der Masse abgestellt. Der Einzelnen konnte in der Menge untergehen und als Teil eines ungeheuren Ganzen wieder auferstehen. Als Gegengewicht gegen die Masse der angetretenen Soldaten ist der Redner umgeben von den Spitzen der Partei.

Auch die Toten gehören in den von Flakscheinwerfern erzeugten kriegerisch-religiösen Raum mit der Tribüne als einer Art Altar. Die Nazis hatten überall in Deutschland und in den eroberten Gebieten Totenburgen geplant: Erinnerungsstätten für die gefallenen deutschen Soldaten.

Die lange Pfeilerhalle, auf dem Foto durch viele riesige Fahnen verhängt (deren Hakenkreuze nicht erkennbar sind), wird durch zwei Steinkörper außerhalb des Bildes abgegrenzt. Bei vielen großen Bauten der Nazis wurde, wie auch bei den Bauten auf dem Reichsparteitagsgelände (nicht aber bei dieser Tribüne), Granit verwendet, denn die Bauten sollten, wie Hitler sagte, „in die Jahrtausende der Zukunft" hineinreichen. Der Granit wurde von KZ-Häftlingen gebrochen.

George Grosz (1893–1959):
Lower Manhattan,
Öl auf Leinwand, 1934.

George Grosz, in der Weimarer Zeit einer der führenden gesellschaftssatirischen Zeichner und Maler, änderte mit der Flucht in die USA, kurz vor Hitlers Machtergreifung, auch die Zielsetzung seiner Malerei. Für die Schilderung Nazideutschlands fehlte ihm, wie den anderen Emigranten auch, zunehmend die eigene Erfahrung. Die USA, die den Flüchtling aufgenommen hatte, konnte er nicht in gleichem Maß satirisch darstellen. Schließlich wird aus der satirischen Kritik einer bestimmten Gesellschaft ein pessimistischer Blick auf die Menschheit insgesamt; er führt zu Bildern des Weltuntergangs, der nicht, wie im frühen Expressionismus, mit teilweiser geheimer Zustimmung dargestellt wird.

,Lower Manhattan' gehört zu einer Reihe von Bildern des New Yorker Hafens, die, zu Beginn des USA-Aufenthalts gemalt, vom anfänglichen Glauben an die Erfüllung des amerikanischen Traums zeugen, mit dem Grosz aufgewachsen war. Der Zuschauer wird unmittelbar, ohne distanzierenden Vordergrund, mit der Hektik des Hafenlebens konfrontiert. Diese wird aber nicht expressionistisch kritisiert. Das Chaotische, die Dampfwolken in der schmutzigbraunen Stadt, auch die Flugzeuge, die ansonsten an Fritz Langs berühmten Film ,Metropolis' denken lassen: sie alle zeugen von einer Betriebsamkeit, die zur Zeit der Großen Depression wieder hoffen lässt. Auch die Hochhäuser drücken, wie in der Weimarer Zeit, den Glauben der Neuen Sachlichkeit an den amerikanisch inspirierten Fortschritt aus. Das weiße Woolworth-Gebäude hinter und über dem schmutzigen Alltag wirkt wie die Utopie des irdischen Paradieses, das Generationen christlicher europäischer Einwanderer in den USA aufzubauen hofften.

BILD DER EPOCHE

Zwang zur Politik

Seit der Weltwirtschaftskrise 1929/30, die zu großen Wahlerfolgen der NSDAP führte, begannen sich die Geister politisch deutlicher zu scheiden. Nicht nur, wie bisher, im Lager der Linken, sondern überall dort, wo man das Erbe von Aufklärung und Humanismus zu bewahren suchte, sah man sich zur Stellungnahme gegen den drohenden Nationalsozialismus herausgefordert. Zugleich zeigten sich Rückzugstendenzen. Viele, die von der Krise verunsichert, doch zugleich von allem Politischen angeekelt waren, flüchteten in die private Innerlichkeit. Auch dieser Rückzug freilich war eine politische Stellungnahme, er zeigte die Gleichgültigkeit gegenüber der bedrohten Republik.

Menschenbild des Nationalsozialismus

Zum Begriff Lebenspathos siehe S.187.

Der Nationalsozialismus schöpft aus verschiedenen Quellen. Er verbindet nationalistische und antisemitische Elemente aus dem Denken der Antimoderne mit einer darwinistischen Gesellschaftsvorstellung, die mit Lebenspathos aufgeladen wird, zu einer weltlichen Glaubenslehre. Diese Glaubenslehre fordert das heroische Selbstopfer des einzelnen Menschen um seines mythisch erhöhten Volkes willen, das sich erneuern muss. Nur das starke und kräftige Leben ist lebenswert, alles Kranke muss ausgerottet werden. Aber auch der Starke und Kräftige hat erst dann wirklich seinen Wert bewiesen, wenn er sich fürs Vaterland geopfert hat. Verkündigung der Erneuerung und Kult der gesunden und starken Jugend verbinden sich so mit der Feier des Untergangs.

Bolschewismus war ursprünglich ein neutraler Begriff für den Marxismus-Leninismus. später wurde er als Kampfbegriff gegen sämtliche Kommunistischen Parteien in Europa verwendet. In Deutschland hefteten insbesondere die Nationalsozialisten dem Begriff ein antisemitisches Vorzeichen an.

Im Einzelnen wird so argumentiert: Man erklärt die geschichtliche Entwicklung aus dem Kampf der menschlichen Rasse um die Herrschaft. Die höchststehende, weil schöpferische Rasse ist das Germanentum, das am reinsten vom deutschen Volk verkörpert wird. Es ist bedroht vor allem vom minderwertigen, parasitären Judentum, das sich sowohl der Kapitalspekulation als auch des sowjetischen Bolschewismus bedient, um die Weltherrschaft an sich zu reißen. Diese Rassenlehre wird überhöht durch das inhaltlose, mit religiöser Inbrunst aufgeladene Wort von der Blutsgemeinschaft des Volkes. Die angebliche Bedrohung der Rasse bzw. Blutsgemeinschaft rechtfertigt die Vertreibung (und später die Ausrottung) der Juden und einen Eroberungskrieg gegen Polen und die Sowjetunion, deren Land der überlegenen Rasse zusätzlichen „Lebensraum" bieten soll. Im Krieg soll das deutsche Volk zugleich seine inneren Konflikte überwinden und zu einer Schicksalsgemeinschaft werden. Nicht Demokratie, sondern nur eine ständische Ordnung mit einem unumschränkten Machthaber an der Spitze kann diese Gemeinschaft erhalten. Organisationen der Arbeiterschaft bedrohen sie und müssen aufgelöst bzw. in Organisationen des ganzen Volkes umgewandelt werden.

Der Deutsche, wie der Nationalsozialismus ihn haben will, ist vor allem Krieger. Zugleich fühlt er sich als Bauer, weil er sich den Sinn für die völkische Gemeinschaft bewahrt hat, der in der modernen Welt der Industrie und der Großstadt verloren geht. Der Krieger mit der bäurischen Gesinnung steht im Gegensatz zum Massenmenschen; er ist heldisches Individuum. Zugleich aber ist er auch ein opferbereites Nichts, in fraglosem Gehorsam seinem Führer unterworfen, glühend vor Bereitschaft, um des mythisierten Volkes willen zu sterben.

Inszenierung der Massen

Militärische Stärke und Gehorsam wurden in Massenaufmärschen demonstriert, den charakteristischen Kunstwerken des nationalsozialistischen Regimes. Dabei entwendete und veränderte man Symbole der Arbeiterbewegung (Fahnen, Lieder, Gruß mit erhobener Faust usw.). Die Nationalsozialisten verstanden es, dadurch bei vielen den berauschenden Eindruck der Gemeinsamkeit, Stärke und Sicherheit zu erwecken, der an die Begeisterung zu Beginn des Ersten Weltkrieges denken und die demütigende Niederlage vergessen ließ. Doch die von oben befohlene Einheit war nicht echt; die gesellschaftlichen Konflikte wurden nicht gelöst, sondern verleugnet. Die Fassade, gegen die alle bedeutenden Schriftsteller und Künstler seit Beginn der Moderne ankämpften, wurde zum verordneten künstlerischen Prinzip.

Exil

Die Gegner des Nationalsozialismus, sofern sie nicht zum Schweigen verurteilt, in Lager gesperrt oder ermordet wurden, mussten ins Exil gehen. Dort entstanden die wichtigsten Werke der Epoche. Das politische Spektrum der Exilanten reichte, sieht man von den wenigen Konservativen ab, vom liberalen Individualismus über linksbürgerliche Gesellschaftskritik und sozialdemokratischen Reformismus bis hin zu allen Spielarten revolutionär proletarischer Haltung. Dieses Spektrum ist so weit, dass von einer literarisch-politischen Einheitlichkeit der Exilautoren nicht die Rede sein kann. Gemeinsam war ihnen ein allgemeiner Antifaschismus und die Überzeugung, das andere, bessere Deutschland zu vertreten. In den ersten Jahren glaubten die meisten außerdem, das Exil sei nur ein kurzes Zwischenspiel, das ‚Dritte Reich' werde bald an innerer Schwäche zugrunde gehen. Viele teilten miteinander auch die Erfahrungen der Gefährdung, der Einsamkeit, des Ausgeliefertseins an seelenlose Bürokraten in fremden Ländern. Außerdem verloren sie weitgehend das deutschsprachige Publikum. Dadurch waren ihnen nicht nur ihre bisherigen Erwerbsmöglichkeiten genommen, sie waren auch des Echos beraubt, aus dem sie einen großen Teil ihres literarischen Selbstverständnisses und ihres Selbstwertgefühls bezogen. Nicht selten konnten ihre Arbeiten erst Jahre nach Kriegsende erscheinen.

Nichtfaschisten in Deutschland

Ähnlich breit wie das Spektrum der Exilliteratur ist dasjenige der unpolitischen oder nur versteckt kritischen Literatur innerhalb Deutschlands. Sie konnte teilweise noch längere Zeit und manchmal sogar mit Erfolg erscheinen, auch wenn die Autoren wegen ihrer politischen Ansichten gelegentlich verfolgt wurden, denn ihre Ablehnung des Nationalsozialismus schlug sich nur in Einzelfällen und auch dann nicht offen in ihrem literarischen Werk nieder. Es konnte sogar geschehen, dass Werke, die als Kritik an der Hitlerdiktatur gedacht waren, aufgrund ihrer konservativen Aussage und ihrer verhüllenden, gleichnishaften Sprache vom Regime in seinem Sinne gedeutet wurden.

Eine Reihe meist jüngerer Autoren (Oskar Loerke, Wilhelm Lehmann, Günter Eich, Peter Huchel, Hans Erich Nossack, Horst Lange), die teilweise der Existenzphilosophie nahestanden, konzentrierte sich auf den isolierten Einzelnen und sein Verhältnis zu einer geheimnisvollen Natur. Neben ihnen gehören zu den Nichtfaschisten diejenigen traditionsgebundenen Autoren, die Nationalsozialismus und Faschismus aus moralischer bzw. christlicher Überzeugung heraus ablehnten. Zu ihnen zählen u. a. Ricarda Huch, Reinhold Schneider, Elisabeth Langgässer, Marie Luise Kaschnitz, Gertrud von Le Fort, Rudolf Alexander Schröder, Stefan Andres,

Ernst Wiechert, Werner Bergengruen und Jochen Klepper. Hans Carossa passte sich zumindest äußerlich an. Für sie alle ist die teils erzwungene, aber mehr noch gewollte Kluft zwischen ihrer ablehnenden, in einzelnen Fällen sehr tapferen Lebenshaltung und ihrem unpolitischen Dichtungsverhältnis charakteristisch. Ernst Jünger und Gottfried Benn, die dem Nationalsozialismus zunächst zustimmten, zogen sich in den Schutz der Armee zurück.

Zu Gottfried Benns literarischen Anfängen siehe S. 228 f.

Innere Emigration

Viele der nichtfaschistischen Autoren empfanden ihren Rückzug ins Private und Innerliche als eine innere Emigration. Der Begriff wurde nach Kriegsende heftig diskutiert. Anlass dazu war der polemische, gegen Thomas Mann und andere Exilanten erhobene Vorwurf, sie hätten den bequemen Weg gewählt, anstatt, durch innere Emigration von der Unmenschlichkeit geschieden, bei ihrem unglücklichen Volk auszuharren. Ob man tatsächlich von einer inneren Emigration der Daheimgebliebenen reden kann, lässt sich nur im Einzelfall entscheiden. Dabei ist zu bedenken, ob aus der Flucht ins Private und Innerliche ein geistiger Widerstand oder bloßes Abstandnehmen spricht und ob nicht äußere Zusammenarbeit mit dem Regime die innere Ablehnung unglaubwürdig erscheinen lässt.

Zur Diskussion nach Kriegsende siehe S. 267.

Philosophische Grundlagen

Die Nationalsozialisten verbinden Elemente extrem nationalistisch-konservativer Auffassungen miteinander, vor allem solche aus den Lehren *Paul de Lagarde*s und *Julius Langbehns,* aus der Rassenlehre des Deutschengländers *Houston Stewart Chamberlain* und aus der nationalistisch und antisemitisch verfälschten Philosophie *Friedrich Nietzsches.* Ihr wichtigster Denker ist *Alfred Rosenberg.* Er versucht, die Einheit des Volkes aus einer angeblichen nordischen Rassenseele heraus zu begründen. Die Rassenseele schafft sich ihren eigenen Mythos, der dem alttestamentarischen jüdischen Glauben entgegengesetzt wird und der lebendig ist, solange die Menschen für ihn zu sterben bereit sind.

Zu den Vordenkern der Nationalsozialisten gehörten Langbehn und Nietzsche. Siehe S. 189 und 191 f.

Während im Exil vor allem diejenigen Traditionen der Weimarer Zeit weitergeführt werden, die auf Aufklärung oder Marxismus zurückgehen, ist die nichtfaschistische Literatur innerhalb Deutschlands verschiedenen antimodernen Auffassungen, dem Christentum oder der gegen Ende der zwanziger Jahre entstandenen Existenzphilosophie verpflichtet.

Die Existenzphilosophie, beeinflusst von *Sören Kierkegaard* und vertreten von *Martin Heidegger* und *Karl Jaspers,* geht nicht von abstrakten Wesensbestimmungen des Menschen aus, sondern vom Existenzerlebnis des Einzelmenschen. In solchen Erlebnissen, die letztlich auf das Innewerden seiner Sterblichkeit hinauslaufen, erfährt er sich in seiner Isolation, eben damit aber auch in seiner Freiheit von der Entfremdung. In der Todbezogenheit liegt das Wesen des Menschseins. Jaspers verlangt, dass der Einzelne sich bewusst zu sich selbst verhält als zu einem, der vergeblich auf eine absolute Einheit hin gespannt ist. Heidegger entwirft eine Lehre vom eigentlichen Sein im Gegensatz zum entfremdeten gesellschaftlichen. Das eigentliche Sein, vom schon immer vorhandenen Gesellschaftsbezug verdeckt, ist Sein zum Nichts, somit in sich selbst zeitlich und endlich. Der Mensch muss sich diese seine Endlichkeit als sein Wesen vor Augen halten, wenn er ganz er selbst werden will.

Zu Kierkegaard siehe S. 214 f.

Zum Begriff Entfremdung siehe S. 210.

LITERARISCHES LEBEN

Gleichschaltung der Literatur

Schon in der Weimarer Republik gab es eine gewisse Zensur von Theateraufführungen und Filmen, die dem konservativen Richterstand missfielen. Eingriffe der Zensur richteten sich z. B. gegen die gesellschaftskritischen Filme ‚Notschrei hinter Gittern' (1927), ‚Revolte im Erziehungshaus' (1930), ‚Im Westen nichts Neues' (1930), ‚Ins Dritte Reich' (1931), ‚Kuhle Wampe' (1932) oder gegen Theaterstücke wie Marieluise Fleißers ‚Fegefeuer in Ingolstadt' (1926), Peter Martin Lampels ‚Giftgas über Berlin' (1929), Friedrich Wolfs ‚Cyankali' (1929). Schon damals verfügten die Nationalsozialisten über eigene oder ihnen wohlwollende Verlage, Zeitschriften und Kulturorganisationen (z. B. Ehlert-Verlag, Hugenberg-Konzern). Diese Ansätze wurden nach der Machtergreifung Hitlers im Jahr 1933 zu einem umfassenden Zwangssystem ausgebaut.

Die Bücherverbrennungen des gleichen Jahres zeigen, dass das gesamte Schrifttum, das in den Traditionen der Aufklärung, des Pazifismus und des Sozialismus stand, verschwinden sollte. Man verbot die bisherigen Schriftstellerorganisationen oder besetzte sie um wie im Fall der Sektion ‚Dichtkunst' in der Akademie der Künste. Veröffentlichen durfte nur, wer von der ‚Reichsschrifttumskammer' zugelassen war. Dazu waren ‚arische' Abstammung und ein Treuebekenntnis zum nationalsozialistischen Staat erforderlich. Missliebige Autoren wurden spätestens ab 1935 verfolgt, ausgebürgert oder erhielten zumindest Veröffentlichungsverbot. Mehrere Zensurbehörden kontrollierten den literarischen Markt. Die Verlage und Zeitschriften wurden von Juden und Andersdenkenden ‚gesäubert' oder direkt von der Partei geleitet. Ab 1936 musste die bisherige Kunstkritik durch nationalsozialistische Kunstbetrachtung ersetzt werden.

Bücherverbrennungen wurden nicht von den Nationalsozialisten erfunden, sondern haben eine lange Tradition. Siehe S. 88.

Antifaschistische Literatur war damit ab 1933 mundtot gemacht. Sie existierte nur noch in Form von Aufklebern mit Kurzgedichten, von Flugblättern, illegalen Zeitschriften, getarnten Schriften und von Liedern. Bis 1938, dem Jahr des im Volksmund ‚Reichskristallnacht' genannten Judenpogroms und des österreichischen ‚Anschlusses', blieb die unpolitische nichtfaschistische Literatur noch weitgehend unbehelligt. In einigen Verlagen (Goverts, Rauch, Rowohlt, S. Fischer, Suhrkamp) und in Zeitschriften wie der ‚Neuen Rundschau', im ‚Hochland' und sogar im ‚Inneren Reich', das teilweise mit dem Nationalsozialismus sympathisierte, konnte sie bis in den Zweiten Weltkrieg hinein erscheinen.

Film im Nationalsozialismus

Abgesehen von einigen Filmen Veit Harlans (‚Jud Süß', 1940; ‚Kolberg', 1945), Karl Ritters (‚Ohm Krüger', 1940/41) und weniger anderer Regisseure waren über zwei Drittel der Spielfilme unpolitische Unterhaltungsfilme. Bei den Vorführungen waren sie jedoch immer von der Propaganda der Wochenschauen begleitet, so dass sie dennoch eine politische Funktion hatten. Sie dienten dem Eindruck einer wehrhaften Idylle: Im Reich wurde gelacht und geliebt wie eh und je in friedlichen Zeiten, während Partei und Armee die Feinde besiegten. Vor allem dienten Filme dokumentarischen Charakters der Propaganda. Diese musste nicht immer so abstoßend sein wie der antisemitische Hetzfilm ‚Der ewige Jude' (1940, Regie: Fritz Hippler, unter unmittelbarem Einfluss von Goebbels und Hitler).

Die Regisseurin Leni Riefenstahl war fasziniert von den technischen Möglichkeiten des Films. Von Anfang an arbeitete sie mit gekonnter Lichtregie und Montage. Insbesondere hatte sie erkannt, wie geeignet der Film war, sehr viel mehr als das Theater,

Die Filmproduktion war schon ab 1933 dem Reichsministerium für Volksaufklärung und Propaganda, letztlich Joseph Goebbels persönlich, untergeordnet und wurde durch Zensur und zunehmende wirtschaftlich-organisatorische Konzentration gänzlich reglementiert.

eine Menschenmasse als einheitliche Person darzustellen. Ihre Filme ‚Triumph des Willens' über den Nürnberger Reichsparteitag 1934 und ihre beiden Filme ‚Fest der Völker' und ‚Fest der Schönheit' (beide 1938) über die Olympiade von 1936 erhielten hohe internationale Auszeichnungen. In den Olympiade-Filmen, die den makellosen muskulösen Körper feiern, so wie ihn auch Bildhauer des Nationalsozialismus darstellten, erweitert sie die filmischen Techniken: Zeitlupe und Zeitraffer, Überblendungen, Kameraschwenk, Parallelfahrten von Kameras auf Schienen, Passagen aus der Untersicht, Unterwasserkamera, Nahaufnahmen mit der Handkamera.

Werbeplakat von 1936 für den sogenannten Volksempfänger, ein von Goebbels in Auftrag gegebener billiger Radioapparat. Der Volksempfänger war eines der wichtigsten Propagandainstrumente der Nationalsozialisten. Die Rundfunkgebühren finanzierten zu einem großen Teil das Reichsministerium für Volksaufklärung und Propaganda.

In ‚Triumph des Willens‘, dem Film über den Nürnberger Reichsparteitag von 1934, werden Mittelalterromantik, Technikbegeisterung und religiöser Charakter des Führerkults miteinander verbunden. Zu Beginn sieht man die Wolken, durch die Hitler, ein technologischer Messias, auf die Erde hinabschwebt, während das Flugzeug seinen Schatten auf die marschierenden Menschen wirft. Heute kennt jeder Flugreisende ähnliche Wolkenbilder, damals waren sie etwas gänzlich Neues und zeigten, zusammen mit dem Blick herunter auf die winzigen Menschen, die Macht moderner Technik, die immer auch schon Kriegstechnik war. Nach der Landung fährt Hitler umjubelt durch die mittelalterliche Stadt zu seinem Hotel. Der Film zeigt dann die choreographische Inszenierung der Massen, die wie ein einheitlicher Körper vom Willen ihres überlebensgroßen Führers bewegt werden. Dabei steigert sich die Bedeutung der Parteiredner von einem Tag zum anderen. Die Schlussparade findet vor dem Hintergrund der Nürnberger Frauenkirche statt.

Zeitschriften und Verlage im Exil

Es gelang den Exilautoren, rasch einen deutschen Literaturbetrieb im Ausland aufzubauen. Einige Verlage arbeiteten dort weiter, z.B. Malik bis 1935 in Prag, Bermann-Fischer in Wien und dann in Stockholm. Viele wichtige Autoren schrieben für die neugegründeten deutschen Abteilungen der Amsterdamer Verlage Querido und Allert de Lange. Ein anderes Zentrum waren die ‚Editions du Carrefour‘ des kommunistischen Verlegers Willi Münzenberg in Paris. Sowjetische Verlage veröffentlichten Bücher linksliberaler und kommunistischer Autoren. Auch Zeitungen und Zeitschriften, so die ‚Arbeiter-Illustrierten-Zeitung‘, die ‚Weltbühne‘ und das ‚Tagebuch‘, erschienen zunächst im Exil. Neue Zeitschriften wurden gegründet: ‚Die Sammlung‘, von Klaus Mann im Querido-Verlag herausgegeben, und ‚Neue Deutsche Blätter‘ von Anna Seghers, Oskar Maria Graf, Wieland Herzfelde und Jan Petersen im Malik-Verlag (beide bis 1935). In der Sowjetunion erschien ‚Das Wort‘ (1936–1939), herausgegeben von Bertolt Brecht, Willi Bredel und Lion Feuchtwanger.

Mit dem Einmarsch deutscher Truppen in die meisten europäischen Länder brach dort der deutschsprachige Literaturbetrieb zusammen. In den USA, wohin sich nun die meisten flüchteten, war das Interesse an deutscher Literatur verhältnismäßig gering. Erst 1944 konnte hier ein bemerkenswerter Exilverlag, nämlich ‚Aurora‘ gegründet werden. Immerhin aber entwickelte sich die ältere deutschjüdische Wochenschrift ‚Aufbau‘ (gegr. 1934 in New York) zur wichtigsten Zeitschrift dieser Periode. In Mexiko erschien die Zeitschrift ‚Freies Deutschland‘ (1941–1946), ein Sprachrohr kommunistischer Schriftsteller.

Volksfrontbemühungen

Kennzeichnend für die mittlere Periode des Exils (1935–1939) sind die starken Bemühungen um eine politische Einigung zwischen linksbürgerlichen Autoren wie Klaus oder Heinrich Mann sowie Sozialisten und Kommunisten. Man diskutierte darüber auf den drei ‚Internationalen Schriftstellerkongressen zur Verteidigung der Kultur‘ (1935, 1937, 1938 in Paris). In Paris wurde auch ein Ausschuss zur Vorbereitung einer antifaschistischen Volksfront gegründet. Diese Bemühungen, von der Zeitschrift ‚Das Wort‘ nachdrücklich unterstützt, scheiterten jedoch an der Uneinigkeit von SPD und KPD sowie daran, dass die Sowjetunion durch die stalinistischen Moskauer Prozesse und den Nichtangriffspakt zwischen Stalin und Hitler ihre Glaubwürdigkeit einbüßte.

Zu Heinrich Mann siehe S. 254 f.

THEORIE UND FORMEN DER LITERATUR

Zeitroman der Desillusion und historischer Roman vor 1933

Zur Neuen Sachlichkeit siehe S. 213.

In den letzten Jahren der Republik schreiben die desillusionierten Vertreter der Neuen Sachlichkeit Zeitromane (Romane über die Gesellschaft der Gegenwart und jüngsten Vergangenheit). Die krisenhafte Wirklichkeit wird dabei mit den Augen des machtlosen, vereinzelten Menschen gesehen, der zu den kleinen Leuten gehört, meist zu den Angestellten, und zur Untätigkeit, zur Selbstironie oder zu ohnmächtigem moralischem Protest verurteilt ist. Hans Fallada (eigentl. Rudolf Ditzen) schreibt mit ‚Kleiner Mann – was nun?‘ (1932) den typischen Angestelltenroman; geht es hier um das Schicksal eines Arbeitslosen, so in ‚Wer einmal aus dem Blechnapf frisst‘ (1934) um das Schicksal des entlassenen Strafgefangenen. Mit ‚Der ewige Spießer‘ (1930) zeich-

Zu Horváth siehe S. 253.

net Ödön von Horváth den rücksichtslosen Opportunisten, der bald zum Nazi und Mitläufer werden wird. In dem erst im Exil vollendeten Roman ‚Nach Mitternacht‘ (1937) stellt Irmgard Keun die Anfälligkeit eines kleinbürgerlichen Spießertums für

Zu Feuchtwanger siehe S. 260.

den Nationalsozialismus dar. In ‚Erfolg‘ (1930) warnt Lion Feuchtwanger vor dem Verfall des Rechtsbewusstseins und zeigt, wie Intellektuelle zu Gegner und Opfern des aufkommenden Nationalsozialismus werden. Feuchtwanger beschreibt die Zustände in Bayern, Erich Kästners ‚Fabian. Die Geschichte eines Moralisten‘ (1931) ist eine Satire auf die Verlogenheit und Unmenschlichkeit, die sich in der Hauptstadt Berlin breitgemacht haben. Die Situation der Frau zur Zeit von Krise und Arbeitslosigkeit beschreiben Marieluise Fleißer (‚Mehlreisende Frieda Geier‘, 1931) und Irmgard Keun (‚Das kunstseidene Mädchen‘, 1932).

Zu Joseph Roth siehe S. 259.

Aus gleicher desillusionierter Perspektive blickt Erich Maria Remarque (eigentlich Erich Paul Remark) in seinem Erfolgsroman ‚Im Westen nichts Neues‘ (1929) auf den Ersten Weltkrieg zurück, während Joseph Roth in ‚Radetzkymarsch‘ (1932) die innere Ordnung der untergegangenen österreichischen Monarchie als ebenso sinnlos wie unersetzbar darstellt. Nicht weniger pessimistisch ist die Flucht in die Vergangenheit: Historische Romane, in denen noch große Männer Geschichte machen, werden viel gelesen, beispielsweise Stefan Zweigs ‚Joseph Fouché. Bildnis eines politischen Menschen‘ (1932).

NS-Literatur: religiöser Charakter

Zu völkischem Mythos, siehe S. 214 und 238.

Die regimetreue Literatur sucht dem völkischen Mythos aus den zwanziger Jahren religiöse Autorität zu verleihen. Die Autoren schreiben im prophetischen oder raunenden Stil der Verkündigung, stilisieren die Hauptfiguren zu neuen Heiligen, stellen weltliche Bekehrungen oder Erleuchtungen dar. Begriffe wie Blut oder Volk erhalten den Rang christlicher Glaubensinhalte. Die Aufopferung des Einzelmenschen wird annehmbarer gemacht durch das Gefühl, in einer quasi religiösen Gemeinschaft aufgehoben zu sein.

NS-Literatur: Gattungen

Die *Romane* der nationalsozialistischen Literatur sind auf zwei große Themenkreise bezogen, auf das Bauerntum („Blut-und-Boden-Literatur") und auf den Krieg. Der Erste Weltkrieg, der angeblich durch den „Dolchstoß" der sozialistischen Arbeiter und der jüdischen Intellektuellen in den Rücken des kämpfenden Volkes verloren ging, wird im Kriegsroman positiv umgedeutet; das Erlebnis der Disziplin und der Frontkameradschaft nämlich soll damals alle zu einem einheitlichen Volk von Kriegern zusammengeschweißt haben. Das ist die Botschaft von Werner Beumelburgs ‚Die Gruppe Bosemüller. Der Roman des Frontsoldaten' (1930), Hans Zöberleins ‚Der Glaube an Deutschland. Ein Kriegserlebnis von Verdun bis zum Umsturz' (1931) und zahlreicher anderer Romane. Diese Einsicht, so beschreiben es die Romane der Parteigeschichte, hat die NSDAP gegen die Weimarer Republik durchgesetzt. Ein Vorläufer dieser Literatur ist die vielgelesene autobiographische Erzählung von Walter Flex ‚Der Wanderer zwischen beiden Welten. Ein Kriegserlebnis' (1915). Hier wird der Krieg zu einem Erlebnis religiöser Selbstfindung umgedeutet. Faschistische Vorläufer sind auch Ernst Jüngers Kriegstagebücher und sein Essay ‚Der Kampf als inneres Erlebnis' (1922); hier preist er die Schönheit der Materialschlachten und stilisiert den Rausch der Gewalt zu lebensphilosophisch überhöhter Selbstfindung, während er das Grauen durch einen bewusst nüchternen Stil zu verdrängen sucht.

Bauernromane wie ‚Das Geschlecht der Maechler' (1929–44) von Hermann Stehr, ‚Das Riesenspielzeug' (1934) von Emil Strauß und ‚Der Bannwald' (1939) von Joseph Georg Oberkofler führen die ältere Heimatkunst weiter. Hier steht das von Kommunisten und Juden bedrohte Bauerntum beispielhaft für die ganze Nation. Einmal gerettet, kann es wieder dem ewig gleichen Rhythmus der Natur gehorchen wie alle, die nicht in der Vereinzelung untergehen wollen. Dieser Rhythmus, nicht geschichtliche Veränderung, bestimmt das Leben sogar im historischen Roman – ein Beispiel ist Hans Friedrich Bluncks ‚Wolter von Plettenberg' (1938) –, der sich oft mit dem Bauern- oder Kriegsroman verbindet. Die Eroberung des Ostens wird gerechtfertigt als Verteidigung der Rasse und als Kolonisierung notwendigen bäuerlichen Lebensraums. Der Kult des vermeintlich ursprünglichen, lebensintensiven Bauerntums, das beispielhaft für die ganze Nation steht, umgibt mit mystischem Glanz die staatliche Forderung, neues, rassenreines Leben zu gebären. Die Autoren orientieren sich häufig an der Form des Entwicklungsromans: Sie folgen dem Weg eines Menschen – meist ist es der Autor selbst –, der ins Leben eingeführt wird und dabei die Richtigkeit der nationalsozialistischen Lehre erfährt. Die Lehre erhält so den Anschein des Authentischen.

Zur Heimatkunst siehe S. 189.

Lyrik – am prominentesten Joseph Weinhebers Gedichtsammlungen ‚Adel und Untergang' (1934) und ‚Späte Krone' (1936) – und *Drama* – Hanns Johsts ‚Schlageter' (1933) ist das bekannteste – feiern die naturhafte Kampfgemeinschaft und den fraglosen, heroischen Opfertod. In der Lyrik entspricht dem das Nebeneinander von gesungenem Gemeinschaftslied und streng stilisierter ‚hoher' Dichtung. Aus dem Drama entsteht nach 1933 das ‚Thingspiel', z. B. Richard Euringers ‚Deutsche Passion' (1933). Es wird auf Freilichtbühnen aufgeführt und vereinigt die Traditionen des Gesamtkunstwerks und religiöse Spiele des Mittelalters zu einem weltlichen Massengottesdienst.

Zum Begriff des Gesamtkunstwerks siehe S. 173.

Nichtfaschistische Literatur in Deutschland

Wichtigste Gattung der nichtfaschistischen Literatur ist die *Lyrik*. Hier flieht der einsame Mensch aus einer politisierten Gesellschaft in eine Natur, die noch magische Einheit kennt. Schon an den Titeln der Gedichtsammlungen zeigt sich der Bezug zur Natur: ‚Atem der Erde' (1930) und ‚Der Wald der Welt' (1934) von Oskar Loerke, ‚Der Knabenteich' (1932) von Peter Huchel, ‚Der grüne Gott' (1942) von Wilhelm Lehmann. Allerdings erscheint die Einheit immer rätselhafter, nur durch das geheimnisvolle Zeichen des Einzeldings erahnbar. Die Sprache wird dementsprechend immer unzugänglicher. In der Lyrik finden sich auch nennenswerte Beispiele antifaschistischer Literatur in Deutschland, beispielsweise Albrecht Haushofers ‚Moabiter Sonette' (1946). Zur intimen Selbstaussprache dient auch das Tagebuch. Ein Zeugnis geistigen

Naturlyrik erhält einen hohen Stellenwert zur Zeit des Dritten Reiches.

Widerstandes und unerschrockener Analyse ist das geheime Tagebuch des jüdischen Literaturwissenschaftlers Victor Klemperer, das erst 1995 unter dem Titel ‚Ich will Zeugnis ablegen bis zum letzten‘ erschien.

Roman und *Erzählung* sprechen ebenfalls von der Flucht aus der Gesellschaft auf eine Insel naturhaften Lebens, so in Ernst Wiecherts ‚Das einfache Leben‘ (1939). Sie eignen sich aber auch dazu, versteckte, gleichnishafte Kritik an der Diktatur zu üben. Dabei wird das historische Erzählen der zwanziger Jahre weitergeführt. Die Erzählungen ‚El Greco malt den Großinquisitor‘ (1936) von Stefan Andres und ‚Las Casas vor Karl V. Szenen aus der Konquistadorenzeit‘ von Reinhold Schneider (1938) sowie der Roman ‚Der Großtyrann und das Gericht‘ (1935) von Werner Bergengruen sind christliche Auseinandersetzungen mit der Figur des unmenschlichen Herrschers. In seiner Novelle ‚Wir sind Utopia‘ (1942) sucht Stefan Andres eine christliche Position jenseits von Nationalsozialismus und Kommunismus einzunehmen. In ‚Der Vater. Roman eines Königs‘ (1937) rechtfertigt Jochen Klepper hingegen Militarismus und Staatsräsondenken des preußischen „Soldatenkönigs“ Wilhelm I. als Ausdruck christlichen Gehorsams. Ernst Jünger sucht sich mit seinem Roman ‚Auf den Marmorklippen‘ (1939) in schwer durchschaubaren Allegorien vom Nationalsozialismus zu entfernen.

Expressionismusdebatte

Zu Anna Seghers
siehe S. 260 f.

Die wichtigste literaturhistorische Debatte der Exilzeit wurde 1937/38 in der Zeitschrift ‚Das Wort‘ ausgetragen und in Briefen zwischen Anna Seghers und Georg Lukács sowie in der erst später veröffentlichten Kritik Brechts an Lukács fortgesetzt. Es geht um die Brauchbarkeit der expressionistischen Schreibweise für eine antifaschistische Literatur.

Der Expressionismus, so Lukács, lasse im vordergründigen Geschehen nicht zugleich die tieferen gesellschaftlichen Zusammenhänge erscheinen; dieser Mangel habe zu chaotischer Zerrissenheit der Darstellung, zum Vorherrschen zufällig-persönlicher Eindrücke und zu leeren Formexperimenten geführt. Daher ließe sich vom Expressionismus her keine inhaltliche antifaschistische Zielvorstellung entwickeln. Man müsse vielmehr hinter die experimentelle Schreibweise der gesamten Moderne zu den großen gesellschaftskritischen Realisten des 19. Jahrhunderts (Keller, Balzac, Tolstoi) zurückkehren. Brecht hält dem entgegen, gerade die tieferen Zusammenhänge der völlig unpersönlich gewordenen Gesellschaft ließen sich mit den traditionellen, geschlossene Charaktere voraussetzenden Stilmitteln des Realismus nicht angemessen und zukunftweisend kritisieren. Die modernen Formen müssten auf eine solche Eignung hin überprüft und gegebenenfalls übernommen bzw. weiterentwickelt werden. Während Lukács das abgerundete künstlerische Werk verlangt und Dichter wie Heinrich von Kleist als Dekadente verurteilt, verteidigt Seghers diejenigen, die so sehr an ihrer Zeit litten, dass sie zu keiner Abklärung und Harmonisierung fähig waren.

Literarische Formen der Exilliteratur

Im politischen Schrifttum des Exils leben Gebrauchsformen der Weimarer Zeit wie Satire und Reportage weiter. Große Bedeutung gewinnt der politische und künstlerische Essay. Die Exilzeitungen verlangen geschliffene politische Analysen. Romane und Erzählungen, die sich am ehesten übersetzen und im fremdsprachigen Raum verbreiten lassen, werden zu den bevorzugten schönliterarischen Gattungen. Lyriker und Theaterautoren müssen dagegen meist für die Schublade arbeiten, denn die Lyrik verlangt ein sprachlich geschultes Publikum und verliert beim Übersetzen, und Theaterstücke lassen sich im Exil kaum erfolgreich aufführen; Ausnahmen wie einige wenige Aufführungen Bertolt Brechts in Zürich und Friedrich Wolfs Theaterarbeit in der Sowjetunion bestätigen diese Regel. Ebenso wie in der inneren Emigration versucht man auch im Exil häufig, den Hitlerstaat durch die gleichnishafte, meist historisch verfremdende Darstellung zu erfassen.

Roman des Exils

Die Exilanten versuchen zunächst, die Lage im ‚Dritten Reich' und während seiner unmittelbaren Weimarer Vorgeschichte realistisch zu beschreiben und zu analysieren. So entstehen die *Deutschlandromane*. Lion Feuchtwanger schildert in ‚Die Geschwister Oppenheim' (1933) das Schicksal einer jüdischen Großbürgerfamilie zur Zeit der nationalsozialistischen Machtergreifung. Willi Bredel verarbeitet in ‚Die Prüfung' (1934) seine Erlebnisse als Kommunist im Konzentrationslager Fuhlsbüttel. Oskar Maria Graf kritisiert in ‚Der Abgrund. Ein Zeitroman' (1936) die Uneinigkeit der Linken, insbesondere den allzu geringen Widerstand der SPD gegenüber den Nazis, in ‚Anton Sittinger' (1937) porträtiert Graf den Unpolitischen, der nichts als seine Ruhe haben möchte und eben dadurch zum Mitläufer wird. Ödön von Horváth beschreibt in ‚Jugend ohne Gott' (1938) eine Schulklasse, deren unchristliche Gefühlskälte sie zu kleinen potentiellen Nazis werden lässt. Anna Seghers schildert in ‚Das siebte Kreuz' (1942) die missglückte Flucht von sechs KZ-Häftlingen; nur einem von ihnen gelingt es, aus Nazi-Deutschland zu entkommen; das für seine Leiche vorgesehene Kreuz im KZ bleibt leer.

Da den Exilanten jedoch die unmittelbare Anschauung der deutschen Ereignisse fehlt und sie sich zudem allmählich auf ein längeres Leben im Ausland einstellen müssen, beginnen sie bald, im *Exilroman* auch ihre eigene Lage darzustellen. Klaus Manns ‚Der Vulkan. Roman unter Emigranten' (1939) beschreibt das Leben der ausgebürgerten Intellektuellen, Anna Seghers' ‚Transit' (spanisch 1944, deutsch 1948) die Lage der Flüchtlinge in dem von deutschen Truppen nicht besetzten Vichy-Frankreich; hier geht es um das Schicksal von Emigranten, die in Marseille darauf warten, das Land verlassen zu können.

Außerdem greifen die Autoren, teils in Fortführung eigener, früher begonnener Arbeiten, zum *historischen Roman*. Sie schildern die Gegenwart in historischem Gewand, so Bertolt Brecht in seinem Fragment gebliebenen Roman ‚Die Geschäfte des Herrn Julius Cäsar' (1957), oder sie zeichnen ein Gegenbild zur herrschenden Barbarei, so Heinrich Mann im Doppelroman ‚Die Jugend des Königs Henri Quatre' (1935) und ‚Die Vollendung des Königs Henri Quatre' (1938), oder sie stellen die geschichtlichen Wurzeln des Nationalsozialismus dar, so Arnold Zweig in ‚Erziehung vor Verdun' (1935) und ‚Einsetzung eines Königs' (1937).

Gegen Ende des Exils erweitert sich der historische Roman. Als *Roman der Epochenbilanz* dient er dem Versuch, eine größere geschichtliche Epoche in den Blick zu bekommen, die zum ‚Dritten Reich' hinzuführen schien. Anna Seghers betrachtet die Geschichte der Weimarer Zeit (‚Die Toten bleiben jung', 1949). In ‚Doktor Faustus' (1947) rechnet Thomas Mann, bis auf die Reformationszeit zurückgehend, mit dem Hochmut deutschen Bildungsbürgertums ab; das ist auch eine Selbstkritik. Hermann Broch (‚Der Tod des Vergil', 1945) und Hermann Hesse (‚Das Glasperlenspiel', 1943) fragen nach der moralischen Aufgabe und den Wirkungsmöglichkeiten des Künstlers in einer spätzeitlichen Kultur, während Thomas Mann mit seinem Roman ‚Joseph und seine Brüder' (1933–1943) bis dorthin zurückgeht, wo aus dem Mythos erstmals das individuelle Erleben von Geschichte entstand, das mit dem Massenleiden der nun endenden Epoche ebenfalls untergegangen ist.

Zu Heinrich Mann siehe S. 254 f.

Zu Arnold Zweig siehe S. 262.

Zu Hermann Broch siehe S. 257 f.

Erzählung im Exil

Thomas Manns Erzählung ‚Mario und der Zauberer‘ (1930), die er angesichts des italienischen Faschismus schon Jahre vor Hitlers Machtergreifung schrieb, zeigt die Hilflosigkeit einer nichtfaschistischen Haltung auf, die keine Alternative aufweisen kann. Im Exil entstehen zunächst Erzählungen unmittelbaren politischen Engagements, so ‚Der letzte Weg des Kolomann Wallisch‘ (1934) von Anna Seghers. Später versuchen die Autoren, ihre humanistische Haltung knapp, oft gleichnishaft zusammenzufassen, so Hermann Hesse in ‚Die unterbrochene Schulstunde‘ (1948), Thomas Mann in ‚Die vertauschten Köpfe‘ (1940) und Anna Seghers in ‚Der Ausflug der toten Mädchen‘ (1946). Brecht schafft neue Kurzformen des nachdenklich stimmenden Erzählens (‚Geschichten vom Herrn Keuner‘, 1930–57), das sowohl ins Aphoristische und Anekdotische übergehen kann (‚Me-ti. Buch der Wendungen‘, 1965) als auch in den belehrenden Dialog (‚Flüchtlingsgespräche‘, 1957).

Kritisches Volksstück und Exildrama

Zeitkritische Theaterstücke wurden in der Weimarer Republik hoch geschätzt. Siehe S. 221.

Zwischen der sich ankündigenden Weltwirtschaftskrise und dem Ende der österreichischen Republik erscheinen die zeitkritischen Volksstücke Ödön von Horváths, welche die Aggressivität des scheinbar gemütlichen Kleinbürgers entlarven: ‚Sladek der schwarze Reichswehrmann‘ (1929), ‚Italienische Nacht‘ (1931), ‚Geschichten aus dem Wiener Wald‘ (1931), ‚Glaube Liebe Hoffnung‘ (1932). Dabei verfremdet sich die Welt ins Groteske, ähnlich wie in Brechts Volksstück ‚Herr Puntila und sein Knecht Matti‘ (1948), das das Individuum auf den sozialen Typ zurückführt.

Die Exildramen lassen sich im Wesentlichen einteilen in das Zeitstück, zu dem auch die Darstellung des Exils gehört (Werfel), und das Parabelstück, das die Zeitprobleme auf eine allgemeine menschliche Problematik hin durchsichtig machen will (Kaiser). Zum Zeitstück gehören ‚Professor Mamlock‘ (1934) von Friedrich Wolf, das von einem jüdischen Arzt handelt, der lernen muss, dass gelebter Humanismus nicht vor den Nazis schützt; in ‚Pastor Hall‘ (1938) von Ernst Toller geht es um einen Pfarrer, der zum Märtyrer wird, weil er am Evangelium der Liebe festhält, und in ‚Winterschlacht‘ (1942) von Johannes R. Becher wird die Wandlung eines jungen Soldaten in der Schlacht vor Moskau beschrieben. Franz Werfel bringt mit ‚Jacobowsky und der Oberst. Komödie einer Tragödie‘ (1944) Exilanten auf die Bühne: Einem antisemitischen polnischen Oberst und einem polnischen Juden glückt die gemeinsame Flucht aus dem teilweise besetzten Frankreich nach England. Ein Parabelstück ist ‚Der Soldat Tanaka‘ (1940) von Georg Kaiser: Der japanische Soldat hat aus verletztem Ehr- und Rechtsgefühl seine Schwester, die von den Eltern aus Not an ein Bordell verkauft wurde, samt ihrem Freier erstochen; er könnte bei seiner Verurteilung um Gnade bitten, klagt stattdessen aber den Kaiser an und besiegelt so sein Schicksal.

Bertolt Brecht war schon in den letzten Jahren der Weimarer Republik vom Lehrstück marxistischen Inhalts – ‚Das Badener Lehrstück vom Einverständnis‘ (1929) stellt die fehlende Hilfsbereitschaft der Menschen angesichts des Todes zur Diskussion – zum dialektischen Theater marxistischer Methode gelangt, das keine Zuschauer verlangt, sondern der Diskussion der Darsteller untereinander dient – ‚Die Maßnahme‘ (1930) lässt die Darsteller darüber diskutieren, ob der junge Genosse, der die kommunistische Bewegung entscheidend gefährdet hat, hingerichtet werden soll. Diesen Weg zur grundsätzlichen moralischen Fragestellung setzt er im Exil fort. Dabei macht er aus der Not, die gesellschaftliche Entwicklung seines Heimatlandes nicht unmittelbar zu erleben und daher auf verhältnismäßig abstrakter Ebene argumentieren zu müssen, eine Tugend, indem er die gleichnishafte Darstellung des Parabelstücks mit

wissenschaftlich distanzierter Haltung verbindet (,Die heilige Johanna der Schlachthöfe', 1932; ,Mutter Courage und ihre Kinder', 1941; ,Leben des Galilei', 1943; ,Der gute
Mensch von Sezuan', 1943; ,Der kaukasische Kreidekreis', 1948).

Lyrik des Exils

Die Exillyrik führt die expressionistische und die politisch-agitatorische Tradition
fort. Manche ehemaligen Expressionisten greifen auf konventionellere Formen zurück,
so Johannes R. Becher (,Der Glückssucher und die sieben Lasten', 1938) und Paul Zech
(,Sonette aus dem Exil', 1948), es kann aber auch geschehen, dass die privaten Chiffren
unter dem Druck des Leides noch unzugänglicher werden, so bei Else Lasker-Schüler
(,Mein blaues Klavier', 1943). Bei einigen anderen jüdischen Autoren sind die persönlichen Assoziationen untrennbar mit dem Holocaust verbunden, so dass die oft
verschlossene, ganz persönliche Sprache immer auch das allgemeine jüdische Schicksal
beruft. Das gilt für Paul Celan (eigentl. Paul Anczell) (,Sand aus Urnen', 1948, und
,Mohn und Gedächtnis', 1952) und für Nelly Sachs (,In den Wohnungen des Todes',
1947, und ,Und niemand weiß weiter', 1957).

Klage, antifaschistische Agitation und der Versuch, das Gegenbild einer humanen
Gesellschaft zu entwerfen, kennzeichnen die formal konventionelle politische Lyrik
Bechers und Erich Weinerts (,Rufe in die Nacht', 1947). Brecht dagegen entwickelt
die lehrhaft-politische Lyrik weiter, indem er mit Hilfe eines lakonischen Pointen-
stils die Irrtümer und inneren Widersprüche seiner Gegner nicht benennt, sondern
kommentarlos aufzeigt (,Chinesische Gedichte', 1938; ,Svendborger Gedichte', 1939;
,Hollywood-Elegien', 1942). Erich Arendt (,Trug doch die Nacht den Albatros', 1951;
,Bergwindballade', 1952; ,Tolú', 1956) verbindet die teils expressionistische, teils konventionelle Formensprache mit erlebtem politischen Inhalt, den er aus dem Spanischen Bürgerkrieg und dem südamerikanischen Exil gewonnen hat, und mit einem
neuen, gesellschaftskritisch fundierten Naturbild. So gelangt er ebenfalls zu einer
eigenständigen, zeitgemäßen Dichtung.

Der Spanische Bür-
gerkrieg wurde 1936
bis 1939 zwischen
der demokratisch
gewählten republi-
kanischen Regierung
Spaniens und den
Putschisten unter
General Franco
geführt. Er endete
mit dem Francos
und dessen bis 1975
anhaltender Diktatur.

AUTOREN

Kunst und Marxismus: Brecht

Bertolt Brecht (1898–1956)

Der Sprössling einer angesehenen Augsburger Familie – Brechts Vater war kaufmännischer Direktor einer Papierfabrik – übte sich zunächst als Bürgerschreck und Bohemien. Nach einem bald abgebrochenen Studium an der Philosophischen Fakultät der Universität München wurde er freier Schriftsteller. Noch in der Schulzeit, in der er patriotische Gedichte und Aufsätze veröffentlichte, hatte er begonnen, das Kriegspathos zu verspotten. So auch in der ‚Legende vom toten Soldaten‘, die er 1918 schrieb, nachdem man ihn gegen Kriegsende noch eingezogen hatte. Ein Protest gegen das ordentliche, aber kriegsberauschte Bürgertum, ursprünglich auch Parodie eines expressionistischen Dichterdramas von Hanns Johst, ist sein erstes Stück: ‚Baal‘ (1919). Ihm folgten das Zeitstück ‚Trommeln in der Nacht‘ (1922), die Komödie um einen heimkehrenden Soldaten und ‚Im Dickicht der Städte. Der Kampf zweier Männer in der Riesenstadt Chicago‘ (1923).

1924 übersiedelte der Dichter nach Berlin. 1926 erschien ‚Mann ist Mann‘, ein Lustspiel, das zeigt, wie ein Mensch seine Individualität verliert und zu einer austauschbaren Kampfmaschine wird. 1927 arbeitete er mit an Erwin Piscators politischem Theater. Als Regisseur und Dramaturg entwickelte er in dieser Zeit die Konzeption des ‚epischen Theaters‘, das im Gegensatz zu demjenigen Piscators mehr in der grundsätzlichen Haltung als allein im agitatorischen Inhalt politisch ist. In Berlin erschienen ‚Bertolt Brechts Hauspostille. Mit Anleitungen, Gesangsnoten und einem Anhang‘ (1927) und ‚Aus einem Lesebuch für Städtebewohner‘ (1930), die ersten beiden Gedicht- bzw. Liedersammlungen. Weitere Lieder sind enthalten im Songspiel ‚Mahagonny‘ (1927; 1929 erweitert zur Oper ‚Aufstieg und Fall der Stadt Mahagonny‘) und in der ‚Dreigroschenoper‘ (1928), einer Bearbeitung von ‚The Beggar‘s Opera‘ (1728) des Engländers John Gay. Die Musik zu beiden Stücken schrieb Kurt Weill.

In der Mitte der zwanziger Jahre begann Brecht mit der Arbeit an seinen marxistischen Lehrstücken. Zu ihnen gehören ‚Das Badener Lehrstück vom Einverständnis‘ (1929, Musik von Paul Hindemith), die Schulopern ‚Der Jasager und der Neinsager‘ (1931; erste Fassung

des ‚Jasagers‘, 1930, mit der Musik von Kurt Weill), ‚Die Maßnahme‘ (1930, Musik von Hanns Eisler), ‚Die Ausnahme und die Regel‘ (1938, Musik von Paul Dessau 1948). Parallel dazu entstanden die großen Dramen ‚Die heilige Johanna der Schlachthöfe‘ (1932) und ‚Die Mutter. Leben der Revolutionärin Pelagea Wlassowa aus Twer‘ (1932, nach einem Roman des Russen Maxim Gorki) sowie der Film ‚Kuhle Wampe‘ (1932 mit Kürzungen freigegeben).

Sogleich nach dem Reichstagsbrand 1933 emigriert Brecht nach Dänemark. Dort kam zu seinen bisherigen Mitarbeiterinnen Elisabeth Hauptmann und Margarete Steffin noch die dänische Schauspielerin Ruth Berlau hinzu. Sie beteiligten sich zusammen mit anderen am Schreiben der Stücke und Prosatexte. In Dänemark entstanden die Komödie ‚Die Rundköpfe und die Spitzköpfe‘. Ein Gräuelmärchen‘ (1936), das Lehrstück ‚Die Horatier und die Kuriatier. Lehrstück über Dialektik für Kinder‘ (1936), das Montagestück ‚Furcht und Elend des Dritten Reiches‘ (1945), der Einakter ‚Die Gewehre der Frau Carrar‘ (1937) und das große Drama ‚Leben des Galilei‘ (1943, Musik von Hanns Eisler; weitere Fassungen: 1947, 1957). Unter dem Titel ‚Der Messingkauf‘ (1937/51) stellt Brecht die Lehre seines ‚epischen Theaters‘ in Dialogform zusammen. Sie wurde später ergänzt durch die Schrift ‚Kleines Organon für das Theater‘ (1949). Eine Auswahl der Lyrik dieser Lebensphase erschien unter dem Titel ‚Svendborger Gedichte‘ (1939).

Den Bedingungen des Exils entsprechend, wandte Brecht sich nun stärker der Prosa zu. Als erstes Prosawerk erschien der ‚Dreigroschenroman‘ (1934). Im dänischen Exil entstanden die meisten der ‚Geschichten vom Herrn Keuner‘ (1930–57), außerdem zwei Romanfragmente: ‚Die Geschäfte des Herrn Julius Cäsar‘ (1957) und der ‚Tui-Roman‘ (1967). Den Einfluss chinesischen Denkens bezeugen die Aphorismen, die im Fragment ‚Me-ti. Buch der Wendungen‘ (1965) gesammelt sind. Während der Phase sowjetischer Volksfrontpolitik beteiligte sich Brecht an der Herausgabe der Moskauer Zeitschrift ‚Das Wort‘. In der ‚Expressionismusdebatte‘ konnte er sich allerdings nicht gegen die dogmatische Verdammung aller Autoren durchsetzen,

Zum epischen Theater siehe S. 251 f.

Zur Expressionismusdebatte siehe S. 246.

die nach neuen, der Gegenwart angemessenen Formen politisch eingreifenden Schreibens suchten.

Die Niederlage der spanischen Republik und der Abschluss des Münchner Abkommens 1938 machten dem Dichter seine Gefährdung deutlich. Er flüchtete weiter nach Schweden und 1941, nach dem deutschen Einmarsch in Dänemark und Norwegen, über Finnland und die UdSSR in die USA. Das belehrende historische Stück ‚Mutter Courage und ihre Kinder. Eine Chronik aus dem Dreißigjährigen Krieg‘ (1941, Musik von Paul Dessau 1946) wurde in Schweden fertiggestellt, während die erste Fassung des „Parabelstücks“ ‚Der gute Mensch von Sezuan‘ (1943) entstand. In Finnland schrieb Brecht die ‚Flüchtlingsgespräche‘ (1957), das Volksstück ‚Herr Puntila und sein Knecht Matti‘ (1948, Musik von Paul Dessau 1949) und das antifaschistische Gangsterstück ‚Der aufhaltsame Aufstieg des Arturo Ui‘ (1941). In den USA, wo Brecht im Dienst des Hollywooder Filmkommerz lebte, der ihn abstieß, entstanden u. a. die Stücke ‚Schweyk im Zweiten Weltkrieg‘ (1957, Musik von Hanns Eisler) und ‚Der kaukasische Kreidekreis‘ (1948, Musik von Paul Dessau 1953/54). Hoffnungen, einige seiner Stücke hier aufgeführt zu sehen, erfüllten sich nicht. Stattdessen musste er sich vor John McCarthys Ausschuss für unamerikanische Umtriebe verantworten.

1947 übersiedelte Brecht nach Zürich. Dort entstand das Schauspiel ‚Die Tage der Commune‘ (1956, Musik von Hanns Eisler). Mit den ‚Kalendergeschichten‘ (1948) erschien eine Sammlung von Erzählungen, die meist aus der Exilzeit stammen. 1950 erhielt der Staatenlose die österreichische Staatsbürgerschaft. 1949 schon war er nach Ost-Berlin umgezogen, wo man ihm ein eigenes Theaterensemble, das „Berliner Ensemble“, zur Verfügung gestellt hatte. Eine der ersten Aufführungen war die Bearbeitung des ‚Hofmeisters‘ von Jakob Michael Reinhold Lenz (1950). Gegen große Widerstände versuchte der Stückeschreiber nun, seine Vorstellung vom ‚epischen Theater‘ zu verwirklichen. Seine Enttäuschung über die Haltung, welche die SED angesichts des Aufstandes vom 17. Juni 1953 annahm, spiegelt sich in den Gedichten ‚Buckower Elegien‘ (1953). Seine grundsätzliche Zustimmung zur Politik der DDR wurde dadurch aber nicht beeinträchtigt. 1967 erst erschien sein letztes großes Stück, ‚Turandot oder Der Kongress der Weißwäscher‘.

Zu J. M. R. Lenz siehe S. 87.

Brechts Anfänge

Die Angst vor drohender Vernichtung und Verlassenheit, die der junge Sanitäter im Ersten Weltkrieg erlebte, und der Hass auf Beschönigungen und hohles Pathos stehen am Anfang von Brechts Dichtung. Die bürgerliche Welt, aus der er stammt, scheint ihm grotesk: drohend, aber zugleich untergehend und lächerlich verlogen. Ihr setzt er mit dem Außenseiter Baal ein Symbol provozierend unverschämten Lebensgenusses entgegen, der noch über die Angst vor Tod und Einsamkeit hinwegträgt. Der Wunsch nach Lebensgenuss, an dem Brecht in seinem ganzen Werk festhält, lässt sich aber nicht befriedigen in einer Welt, in der auch im Frieden Krieg herrscht: der Kampf alle gegen alle. Das will Brecht den Zuschauern ins Bewusstsein bringen, aber auf sachliche, unpathetische Weise. (Er verbindet expressionistischen Lebenskult mit neusachlicher Ablehnung des Pathos.) Der neusachlichen Haltung wird dann die marxistische Theorie unterlegt. Während Brecht sich zunächst ausmalt, wie man durch Verzicht auf Besonderheit und durch Unauffälligmachen der drohenden Vernichtung entgehen könne, stellt sich ihm mit dem Übergang zum Marxismus die Frage, wie sich der Verzicht auf bürgerliche Identität und die Aufnahme ins revolutionäre Kollektiv, das einmal aus dem ewigen Kampf hinausführen soll, zueinander verhalten.

Zur neuen Sachlichkeit siehe S. 213.

Episches Theater

Aus dem Wunsch heraus, den Leser nicht mit Gefühlen zu überwältigen, sondern ihn zu eigenem Denken anzuspornen, hat Brecht einen neuen, für das Theater des 20. Jahrhunderts beispielgebenden experimentellen Stil geschaffen, der Lernmodelle liefert, keine Leitbilder. In diesem ‚epischen Theater‘ kommt es darauf an, die dramatische Handlung mit dem umfassenden gesellschaftlichen und geschichtlichen

Zusammenhang zu verbinden, so wie die epische Literatur, z. B. der große Roman, ihn erfasst. Das Theater soll in zweifacher, dialektischer Perspektive sowohl ein Stück Wirklichkeit zeigen, das den Zuschauer gefühlsmäßig anspricht, weil dieser es wiedererkennen kann, als auch den zugrunde liegenden Zusammenhang, den er distanziert und nüchtern analysieren soll. Nüchtern, weil es darum geht, alle Beschönigungen zu zerstören. In dieser Zweiseitigkeit, die nicht durch naturalistische Inszenierung und schauspielerische Einfühlung in die Figuren verwischt werden darf, besteht der ‚V-Effekt' (Verfremdungseffekt). Er verwandelt die expressionistische Verfremdung, die Antwort auf eine unverständlich gewordene Welt, in ein Mittel sowohl der Erkenntnis als auch des Kunstgenusses. Der Leser muss, oft verblüfft, über das scheinbar Selbstverständliche erneut nachdenken („Der Mensch denkt: Gott lenkt – Keine Red davon!" [‚Mutter Courage']). Genuss am Künstlerischen und soziales Lernen fallen in dieser Gebrauchsdichtung zusammen. Der einzelne Fall wird dabei zur Parabel (Gleichnis), die allerdings keine unantastbare Lehre veranschaulicht (auch da nicht, wo die Stücke politische Lehren enthalten), sondern dem Zuschauer als nützliches Modell dienen soll, das er mit seinen Erfahrungen konfrontieren und dabei auch verändern soll.

Die Lehrstücke, die anhand extrem zugespitzter Modelle das Problem vom Individuum und Kollektiv behandeln, sollten von Schülern und Arbeitern gespielt, dabei diskutiert und u. U. weiterentwickelt werden. Wie hier geht es auch in den späteren Stücken, in denen wieder traditionelle Heldenfiguren auftauchen, nicht um diese Gestalten und ihre Psyche, sondern um die exemplarischen Lernsituationen. Der Zuschauer muss entscheiden, ob die Helden sich richtig oder falsch verhalten. In den meisten Stücken, die ständig diskutiert und überarbeitet werden, nimmt Brecht zugleich Stellung zu aktuellen zeitgeschichtlichen und gesellschaftlichen Problemen, meist im Zusammenhang mit dem antifaschistischen Kampf.

Brechts Lyrik und Prosa

Bis zum Exil ist Brechts Lyrik von der kabarettistischen Tradition geprägt. Provozierend stellt er hier den Untergang der bürgerlichen Ordnung dar, die verlogen und grotesk erscheint. Die Bibelsprache wird parodiert. Während der Weimarer Zeit beginnt schon die Parteilyrik, die in den politischen Tageskampf eingreift, nicht immer ohne banale Vereinfachung. Wirkungsvoller als diese sind die antifaschistischen ‚Svendborger Gedichte', die ebenso wie die Dramen zum genussvollen Lernen gebraucht werden sollen. Hier entlarvt das unkommentierte Nebeneinander unterschiedlicher gesellschaftlicher oder geschichtlicher Perspektiven die Verlogenheit nationalsozialistischer, die Verkehrtheit fortschrittsfeindlicher Standpunkte. Ihnen werden Modelle eines solidarischen, humanen Handelns entgegengestellt. Aus dem kommentarlosen Nebeneinander entwickelt sich schließlich eine knappe, epigrammatisch auf die Pointe zugespitzte Lyrik, die von chinesischen Gedichten beeinflusst ist. In ihr spricht sich ein Ich aus, das repräsentativen Charakter hat. Neben den aggressiv-kritischen Gedichten entstehen jetzt Gedichte der Freundlichkeit. Dabei nimmt das Ich oft eine bestimmte Rolle an, etwa die des Gärtners oder des Weisen. Die melancholisch gestimmten ‚Buckower Elegien' machen, weiterhin im lakonischen Zeigestil, störende äußere Erlebnisse zu Anlässen des Nachdenkens.

In der Prosa lässt Brecht wie in den Stücken den ‚Helden' zurücktreten, um statt dessen einen Einzelfall als Modell des Allgemeinen erscheinen zu lassen. Ohne ausdrücklich zu belehren, will er durch pointiert erzählte, überraschende, jedoch typische Beispiele das Nachdenken des Lesers provozieren. Dabei wählt er öfter gleichnisartige Formen oder – so für die in ‚Me-ti' gesammelten Aphorismen – die exotische chinesische Verkleidung.

Aphorismus = „Gedankensplitter" (auch Sentenz, Bonmot oder Apercu).

Die Entlarvung des Spießbürgers: Horváth

Ödön von Horváth (1901–1938)

Der Sohn eines ungarischen Diplomaten wuchs auf in Belgrad, Budapest, Wien und München. Nach kurzem Studium der Philosophie und Germanistik in München wurde er freier Schriftsteller. 1926 zog er nach Berlin, wo sein erstes Volksstück erschien, ‚Revolte auf Côte 3018' (1927; umgearbeitet als ‚Die Bergbahn'). Es folgten die Komödie ‚Zur schönen Aussicht' (1927) und die beiden antifaschistischen Volksstücke ‚Sladek, der schwarze Reichswehrmann. Historie aus dem Zeitalter der Inflation' (1929) und ‚Italienische Nacht' (1931) sowie ‚Der ewige Spießer. Erbaulicher Roman' (1930). Die beiden nächsten Volksstücke, ‚Geschichten aus dem Wiener Wald' (1931) und ‚Kasimir und Karoline' (1932), konnten noch in Deutschland aufgeführt werden, ‚Glaube Liebe Hoffnung. Ein kleiner Totentanz' (1932) kam dort nicht mehr auf die Bühne. 1933 begann ein unstetes Reiseleben, meist außerhalb Deutschlands, von wo der Dichter 1936 endgültig ausgewiesen wurde. In diesen Jahren entstanden Dramen, die zumeist um die Emigrantenproblematik kreisen, unter ihnen die beiden ernsthaften Komödien ‚Figaro lässt sich scheiden' (1937) und ‚Don Juan kommt aus dem Krieg' (1952). 1938 musste Horváth auch Österreich verlassen. Im gleichen Jahr kamen in den Niederlanden seine beiden Romane ‚Jugend ohne Gott' und ‚Ein Kind unserer Zeit' heraus. Bei einem Aufenthalt in Paris wurde er von einem umstürzenden Baum erschlagen.

In seinen Volksstücken zeichnet Horváth die Zeit der Inflation, in der nicht nur die Vermögenswerte, sondern auch die menschlichen Werte leerer Schein geworden sind. Der Dichter stellt den heruntergekommenen Kleinbürger dieser Zeit als entfremdeten Menschen dar, der keine eigenen Gefühle und keine eigene Sprache mehr hat, nur noch einen „Bildungsjargon". Dieser Kleinbürger zitiert nämlich fortwährend aus dem Repertoire klassischer und nachklassischer Bildung. Die menschlichen Werte, die damit einmal verbunden waren, gelten für ihn aber nicht mehr. So schafft er lediglich eine kitschige Fassade sentimentaler Gemütlichkeit und Gutherzigkeit, hinter der nichts als berechnender Egoismus herrscht. Die aus Klischees und Redensarten zusammengesetzte Sprache lässt in den entscheidenden Situationen kein wirkliches Gespräch mehr zu.

Dem herrschenden Egoismus fallen vor allem die jungen, noch unbestimmt hoffenden Frauen zum Opfer. Im Grunde freilich leben alle einsam und unfrei auf den Tod hin. Dass die Stücke am Ende oft wieder in den Anfang übergehen, zeigt die Auswegslosigkeit der Situation an. Die verborgene Grausamkeit hinter der Fassade verweist auf die Anfälligkeit des damaligen Kleinbürgertums für den Nationalsozialismus. Im Exil sucht Horváth in der Besinnung auf Gott einen Sinn zu finden.

Große Prosaisten des 20. Jahrhunderts (2): H. Mann, Th. Mann, Broch, Jahnn, Roth, Feuchtwanger, Seghers, A. Zweig

Heinrich Mann (1871–1950) – Vom Ästhetentum zum europäischen Humanismus

Heinrich Mann war der Sohn eines reichen Lübecker Senators und einer Deutschbrasilianerin. Von der provinziellen Bürgerlichkeit seiner Heimatstadt abgestoßen, verließ er vor dem Abitur die Schule, begann eine Buchhändler-, dann eine Verlagslehre und wurde schließlich freier Schriftsteller. Gelegentlich lebte er in München, meist war er auf Reisen in Italien. Die ersten Veröffentlichungen stehen ganz im Zeichen der Neuromantik und der Künstlerthematik, verbunden mit konservativer, nationalistischer und antisemitischer Haltung. Allmählich schärfte sich aber sein Blick für soziale Probleme. 1900 erschien ‚Im Schlaraffenland‘. Ein Roman unter feinen Leuten‘, die satirische Darstellung einer dekadenten Gesellschaft. Den Lebenskult der Jahrhundertwende pflegte Mann in ‚Die Göttinnen oder Die drei Romane der Herzogin von Assy‘ (1903). Der Roman ‚Die Jagd nach Liebe‘ (1903) verbindet den Lebenskult mit neuromantischer Seelenanalyse des Künstlers und mit Kritik an der Herrschaft des Geldes. Vom Künstler wandte Mann sich ab mit der Novelle ‚Pippo Spano‘ (1905) und dem Roman ‚Zwischen den Rassen‘ (1907). Schon im Roman ‚Professor Unrat oder Das Ende eines Tyrannen‘ (1905) hatte er die Gesellschaft von einem moralischen Standpunkt aus kritisiert. Wichtigstes Zeugnis dieser neuen Haltung ist der Roman ‚Die kleine Stadt‘ (1909), den Mann als „das Hohelied der Demokratie" bezeichnete.

Ab etwa 1910 entstand das umfangreiche essayistische Werk, in dem der Autor sich zeit- und kulturkritisch äußerte. Hierzu gehören die beiden politischen Essays ‚Geist und Tat‘ (1911) und ‚Zola‘ (1915). Zur großen Abrechnung mit dem Kaiserreich wurde der satirische Zeitroman ‚Der Untertan‘ (1918),

Zu Volksfront-
bemühungen
siehe S. 243.

der ursprünglich den Untertitel ‚Geschichte der öffentlichen Seele unter Wilhelm II.‘ tragen sollte. Die beiden Romane ‚Die Armen‘ (1917) und ‚Der Kopf‘ (1925) setzen den Roman fort. Die konservativ-nationalistische Haltung, die Heinrichs Bruder Thomas im Ersten Weltkrieg einnahm, führte etwa ab 1915 zu einem tiefen Zerwürfnis zwischen beiden, das sich erst sieben Jahre später wieder aufzulösen begann. Unermüdlich, aber zunehmend desillusioniert, kämpfte Mann für Demokratie, Frieden und deutsch-französische Annäherung. Die Utopie praktizierter Menschlichkeit verbindet sich in den Romanen dieser Zeitspanne mit illusionslosem Realismus. Das sich anbahnende republikfeindliche Bündnis zwischen wirtschaftlicher und politischer Macht und kleinbürgerlichem Führerkult wird in der Novelle ‚Kobes‘ (1925) analysiert.

Kurz nach Hitlers Machtübernahme wurde Mann aus der ‚Akademie der Künste‘, deren Präsident er seit 1931 war, ausgeschlossen. Er ging nach Frankreich ins Exil, wo er sich erfolglos um ein antifaschistisches Bündnis bemühte. Hier entstanden die beiden Romane, die die Summe seines Denkens darstellen: ‚Die Jugend des Königs Henri Quatre‘ (1935) und ‚Die Vollendung des Königs Henri Quatre‘ (1938). 1940 flüchtete er vor den deutschen Truppen in die USA. Dort lebte er in zunehmender Armut, immer tätig als antifaschistischer Publizist und als Dichter. Er schrieb seinen Lebensrückblick ‚Ein Zeitalter wird besichtigt‘ (1946) und die Romane ‚Lidice‘ (1943), ‚Empfang bei der Welt‘ (1956), ‚Der Atem‘ (1949). Mann starb kurz vor der Abreise in die DDR, wo man ihn zum Präsidenten der neuen ‚Akademie der Künste‘ ernannt hatte.

Manns Denkens kreist um den Gegensatz zwischen Geist und Macht. Macht erscheint als Geldherrschaft und autoritärer Zwang, den Geist verkörpert zunächst der Außenseiter und Künstler. Diesen stößt die hässliche Machtwelt ab, er ersehnt dagegen das rauschhafte Leben, auch wenn er darin untergehen sollte. Doch der hochmütig und selbstgenügsam sich abwendende Künstler muss menschlich verarmen oder unter seiner Einsamkeit leiden. Daher sucht Mann nicht am Rausch des Lebens, sondern am demokratischen Leben des Volkes teilzuhaben. Aus der künstlerischen Machtkritik wird demokratische Machtkritik im Geiste der Aufklärung, vor allem der französischen. Hinzu kommt ein sozialpsychologisches Interesse: Mann analysiert die selbstunterdrückende Anpassung und damit die innere Schwäche und Lächerlichkeit der kleinen und großen Machthungrigen, die nach außen Härte und Stärke demonstrieren. Die Tyrannen sind innerlich Untertanen.

Das zeigt sich zuerst an ‚Professor Unrat'. Die Liebe, die den gefürchteten Schultyrannen überfällt, bringt seine verdrängten Triebregungen an den Tag und zeigt ihn als rachsüchtigen Untertanen. Aber nicht nur er wird entlarvt, sondern mit ihm das heuchlerische Bürgertum der Kleinstadt, das ihn schließlich opfert, um die Fassade der Wohlanständigkeit wiederherzustellen. Der Roman ‚Der Untertan' führt vor, wie ein Mensch Unterwerfung, Lieblosigkeit und Machtgier lernt. Insofern ist er ein Erziehungsroman, ein parodistischer freilich. Die lächerliche, geistlose Innenseite der Gewalt, die die äußerliche, unmenschliche Seite bedingt, wird satirisch dargestellt. Aus der Mischung von Lächerlichkeit und Bedrohlichkeit entsteht das Groteske, aber nicht als Ausdruck einer fremden, sondern als Ausdruck einer undemokratischen Gesellschaft. Mann bleibt nicht bei der Kritik stehen. In den ‚Henri Quatre'-Romanen stellt er dar, wie Geist – jetzt als selbstkritisches, skeptisches Wissen verstanden – mit legitimer Macht verbunden sein kann, nämlich auf der Grundlage der Menschenliebe. Diesmal wird die Tradition des Entwicklungsromans ohne Parodie weitergeführt. Als der Bescheidene, dem nichts Menschliches fremd ist, erlernt Heinrich die Macht der Güte. Mann stellte sie der barbarischen Gewalt seiner eigenen Zeit gegenüber. Macht der Güte heißt für ihn sowohl Macht durch Güte als auch, wenn gegenüber der Barbarei unvermeidlich, Macht um der Güte willen. Da Heinrich am Vorabend des Dreißigjährigen Kriegs ermordet wird, den er ahnt und den er verhindern wollte, bleibt sein Werk unvollendet, aber als Anspruch für künftige Generationen bestehen.

Thomas Mann (1875–1955) – Der schwierige Weg des Ästheten zu einer menschlichen Bürgerlichkeit

Der jüngere Bruder Heinrich Manns verließ 1893 das Gymnasium als angehender Obersekundaner und folgte der Mutter, die nach dem Tode ihres Mannes und der Auflösung des Lübecker Geschäfts nach München übergesiedelt war. Ein kurzes Volontariat bei einer Versicherungsgesellschaft beendete er, ganz wie sein Bruder ein konservativer Ästhet, um freier Schriftsteller zu werden. Die ersten Novellenbände erschienen: ‚Der kleine Herr Friedemann. Novellen' (1898) und ‚Tristan. Sechs Novellen' (1903, darunter ‚Tonio Kröger'), dazwischen der Roman, der Mann berühmt machte: ‚Buddenbrooks. Verfall einer Familie' (1901). 1909 wurde der Roman ‚Königliche Hoheit', 1912 die Novelle ‚Der Tod in Venedig' veröffentlicht.

Die künstlerische Rivalität zwischen den beiden Brüdern verwandelte sich in einen bitteren politischen Streit, als Thomas, der mit nationalistischen Tönen den Ersten Weltkrieg begrüßt hatte, sich vom ‚Zola'-Essay tief getroffen fühlte, mit dem der inzwischen politisch gewandelte Ältere die vom nationalen Machtrausch erfassten Intellektuellen scharf angriff. Der Jüngere antwortete mit den ‚Betrachtungen eines Unpolitischen' (1918), in denen er den Bruder als undeutschen, kulturlosen „Zivilisationsliteraten" abtat. Mit dem Roman ‚Der Zauberberg' (1924) sagte Thomas sich dann aber los von den zerstörerischen Kräften und bekannte sich zur Menschlichkeit. Die Versöhnung zwischen den Brüdern war von Dauer. Allerdings blieb Manns Vorstellung von Menschlichkeit eng an das Konservative, im Wortsinn: an das Bewahrende, geknüpft. Die Erzählung ‚Unordnung und frühes Leid' (1925) spiegelt die Angst vor der tiefen Gefährdung einer die alten Werte bewahrenden bürgerlichen Ordnung.

Dieser Konservatismus ließ sich nicht mit dem Nationalsozialismus vereinbaren. Mann hatte schon mit der Erzählung ‚Mario und der Zauberer. Ein tragisches Reiseerlebnis' (1930) auf den italienischen Faschismus geantwortet, den er bei Badeaufenthalten erlebt hatte. Auf seine Münchner Rede über ‚Leiden und Größe Richard Wagners' (1933) folgte eine solche Hetze, dass er es vorzog, von einem Auslandsaufenthalt nicht mehr zurückzukehren und in die Schweiz zu emigrieren. Nun näherte er sich auch politisch wieder seinem Bruder. In diesen Jahren erschienen die ersten drei Bände des Romanzyklus ‚Joseph und seine Brüder': ‚Die Geschichten Jaakobs'

Für die ‚Buddenbrooks' erhielt Thomas Mann 1929 den Nobelpreis.

(1933), ‚Der junge Joseph' (1934) und ‚Joseph in Ägypten' (1936). 1936 wurde Mann aus Deutschland ausgebürgert, 1938 übersiedelte er in die USA, wo er sich zugleich in dem Essay ‚Bruder Hitler' (1938, zuerst auf Englisch) mit Hitler als einem verkommenen Künstler auseinandersetzte.

In den USA, wo er als berühmter Schriftsteller ohne materielle Probleme leben konnte, tat er viel, um die humanistische antifaschistische Front zu stärken und die anderen emigrierten Schriftsteller zu unterstützen. Hier schrieb er unter dem Eindruck der Wirtschafts- und Sozialreformen des Präsidenten Roosevelt den letzten der Joseph-Romane, ‚Joseph, der Ernährer' (1943). Der Roman ‚Lotte in Weimar' (1939) zeugt von Manns lebenslanger verehrungsvoller Identifikation mit Goethe. Daneben entstanden die Erzählungen ‚Die vertauschten Köpfe. Eine indische Legende' (1940) und ‚Das Gesetz' (1944).

Künstlerroman, selbstkritischer Rückblick und zugleich ein Versuch, den Nationalsozialismus aus der deutschen Geistesgeschichte heraus zu verstehen, ist ‚Doktor Faustus. Das Leben des deutschen Tonsetzers Adrian Leverkühn, erzählt von einem Freunde' (1947). In der Bundesrepublik Deutschland wurde Mann dafür und für seine antifaschistischen Reden und Essays mit hässlicher Polemik überschüttet. Daher übersiedelte er, als es ihn wieder in ein deutschsprachiges Land trieb, 1954 in die Schweiz. Zu den letzten Werken gehören ‚Der Erwählte' (1951), die ironische Nacherzählung der Legende vom heiligen Gregorius, ‚Bekenntnisse des Hochstaplers Felix Krull. Der Memoiren erster Teil' (1954), der fragmentarische pikareske Roman, den Mann schon vor dem Ersten Weltkrieg begonnen hatte, sowie die Erzählung ‚Die Betrogene' (1953).

Seit der Romantik gehört die Künstlerproblematik zum festen Themenrepertoire der Literatur.

Gegensatz und Verwandtschaft zwischen Künstler und Bürger sind ursprünglich das Thema des Mannschen Werkes, wie es in ‚Tonio Kröger' formuliert wird. Der Bürger ist der banale, aber lebenstüchtige Alltagsmensch mit unbeschwerter Körperlichkeit. Der Künstler ist gespalten zwischen kühler Geistigkeit und verzehrenden sinnlichen Wünschen. Im Geistigen wie Sinnlichen will er Ausnahmemensch von dämonischer Größe sein, und doch sehnt er sich zugleich nach den „Wonnen der Gewöhnlichkeit", nach der entspannenden bürgerlichen Alltäglichkeit. So ist er sowohl unglücklicher Außenseiter als auch unglücklicher Bürger, unfähig, sich im Lebenskampf zu behaupten. Weil es zwischen Bürger und Künstler keine Liebe gibt – hier spiegelt sich wohl auch das Verhältnis zwischen Manns künstlerisch begabter Mutter und dem korrekten Geschäftsmann, seinem Vater –, ist der bürgerliche Künstler in sich selbst gespalten.

Den Weg vom Bürger zum Künstler zeichnet Mann in den ‚Buddenbrooks' nach. Eine alte Kaufmannsfamilie entfremdet sich allmählich ihrer materiellen Grundlage, der Firma, und löst sich in einzelne künstlerische Individuen auf, die ihre inneren Spannungen nicht mehr meistern können und zu lebensschwachen Außenseitern werden. Das letzte männliche Familienmitglied, der kleine Hanno, fürchtet Erwachsenwerden und Lieblosigkeit so sehr, dass er jede Lebenskraft verliert. Dieser Lebensangst hält Mann als Alternative ein bürgerliches Pflichtbewusstsein entgegen, das seinen Sinn in sich selbst hat. Der Preis an Selbstunterdrückung, an Verzicht auf gelebtes Leben, den dieses Pflichtbewusstsein verlangt, ist dann aber doch zu hoch. Im ‚Tod in Venedig' scheitert dementsprechend der Versuch des Künstlers, die erwünschte Ausnahmestellung allein durch Haltung zu gewinnen. Denn die Schönheit, um die sein Leben kreist, ist nur der gereinigte Widerschein des spannungsvollen, sinnlichen, liebes- und todessüchtigen Innern, das schließlich den äußeren Panzer der Haltung durchbricht. Dennoch wird Mann sich in Dichtung und Leben immer bemühen, in Pflichtbewusstsein und äußerer Form Halt zu finden, allerdings auf entspanntere Weise. Und er wird nach der liebevollen Verbindung zwischen Bürger- und Künstlertum suchen, während er sich durch ironisch-selbstironisches Spiel vom Bedrängenden der Problematik distanziert.

Im ‚Zauberberg' versetzt er einen schlichten Bürgersohn in ein abgeschiedenes Sanatorium, einen Raum der Zeitlosigkeit und Todesnähe. Hier lernt der junge Mann Sinnlichkeit, Todesangst und Todesfanatismus, aber auch Pflichtbewusstsein, Forderungen der Vernunft und Menschlichkeit kennen. Er beschließt, der Menschlichkeit zu dienen, dabei aber die dunklen Seiten nicht zu verdrängen, ohne die es kein verfeinertes und künstlerisches Bewusstsein gibt. So gebildet, wird er wieder in die äußere Zeit entlassen, in die Unmenschlichkeit des Ersten Weltkrieges.

Mit den Romanen über Joseph, den jüngsten Sohn des alttestamentarischen Jakob, geht Mann zu dem Zeitpunkt zurück, an dem sich im Mythos, der Überzeitliches und Immergleiches beschreibt, das Bewusstsein von der Besonderheit des Einzelmenschen ausbildet. Joseph ist Ausnahmemensch an dieser Grenze: Einerseits widerfährt ihm ein Schicksal, das dem von Göttern und anderen erwählten Menschen analog ist, andererseits ist er sich dessen bewusst und löst sich allmählich als Einzelner aus der mythischen Rolle. Joseph begründet somit Geschichte, die Geschichte einzelner Menschen. Zugleich entwickelt er sich zu einem Wirtschaftler, der schließlich „Ernährer" seines Volkes wird. So verbinden sich nicht nur Mythos und Geschichte, Gemeinsamkeit und Besonderheit miteinander, sondern auch Ausnahmemenschentum und praktisch-bürgerliche Lebenstüchtigkeit.

‚Doktor Faustus' ist zunächst die Lebensgeschichte eines Musikers, die der Lebensgeschichte des D. Johannes Faust aus dem frühneuzeitlichen Volksbuch entspricht. Sie wird erzählt von einem bürgerlichen Gelehrten, einem Vertreter harmonisch-vernünftiger Menschlichkeit. Der Künstler, den an der Musik die Mischung aus Geistigkeit und Sinnlichkeit fasziniert, infiziert sich willentlich mit Syphilis, um sich durch die Mischung von Sinnlichkeit und Todesnähe zum Ausnahmemenschen zu steigern. Höchste Kunst, aber eine der Endzeit und Verzweiflung, entsteht. In Hochmut, innerlicher Gebrochenheit und sinnlicher Todessehnsucht des hochgebildeten Menschen, der sich mit dem Bösen einlässt, spiegelt sich die Gefährdung sowohl Manns selber als auch der deutschen Intelligenz. Der Erzähler bildet hierzu einen Gegenpol. Seine naive Menschlichkeit aber bleibt dem Dämonischen gegenüber hilflos, eben weil sie es überhaupt nicht an sich heranlässt und damit auch nicht analysieren kann. Insofern vertritt auch er einen Teil der Deutschen unter dem Nationalsozialismus (anders als Thomas Mann selbst, der in ‚Bruder Hitler' gezeigt hatte, was es heißt, die Unmenschlichkeit als eine eigene Möglichkeit zu erkennen). Ständige zeitgeschichtliche Bezüge dieses nach musikalischen Prinzipien komponierten Romans verweisen auf die gesellschaftliche und geschichtliche Symbolbedeutung.

Zum frühen Faustbuch siehe S. 33.

Hermann Broch (1886–1951) – Zerfall der Werte und neuer Mythos

Der Sohn eines wohlhabenden Wiener Textilindustriellen trat in die väterliche Fabrik ein und studierte zugleich Physik und Philosophie. 1928 gab er die Industrielaufbahn auf und wurde freier Schriftsteller. Intensive theoretische Beschäftigungen mit Literatur, Kunst und Philosophie gingen dem Erscheinen seiner Romantrilogie ‚Die Schlafwandler' voraus (‚Pasenow oder Die Romantik', 1931; ‚Esch oder Die Anarchie', 1931; ‚Huguenau oder Die Sachlichkeit', 1932). Daneben schrieb Broch kunsttheoretische Abhandlungen und weitere Dichtungen. 1938, nach dem österreichischen Anschluss, wurde der jüdische Autor wegen seiner liberalen Auffassungen kurzzeitig verhaftet. Danach flüchtete er über Großbritannien in die USA. Hier arbeitete er u. a. an politischen und massenpsychologischen Untersuchungen. ‚Der Tod des Vergil' (1945), sein wichtigster Roman, wurde abgeschlossen. Es folgte der Roman ‚Die Schuldlosen' (1950), in den fast alle früher erschienenen Novellen eingearbeitet sind. 1957 erschien die dritte Fassung des ‚Bergromans' (erste Fassung 1935) unter dem Titel ‚Der Versucher'; 1967 kamen alle drei Fassungen unter dem von Broch vorgesehenen Titel ‚Demeter' heraus.

Die moderne Auflösung der Welt in Fakten und Beziehungen ohne tieferen Zusammenhang wird von Broch als Zerfall der verbindlichen religiösen Werte gedeutet. Jedes Lebensgebiet, etwa das Geschäft, die Kunst, der Sport, hat seine eigenen funktionellen Zwecke. Es gibt keinen allgemeingültigen Wert mehr, ja nicht einmal mehr eine allgemeingültige Wahrheit. Wertfreies, nur an Funktionalität und Effektivität ausgerichtetes Denken und Handeln sind aber zutiefst unmoralisch. An der Figur Huguenaus zeigt sich, wie diese unmoralische Haltung zur Herrschaft kommt. Dem Wertzerfall entsprechend, zerfällt in Brochs Romanen die Wirklichkeit in persönliche, unverbindliche Bewertungen. Alles wird relativ; es gibt keine eindeutige Perspektive mehr, unter der das Geschehen dargestellt werden könnte. Die Romanform löst sich in eine Mischung unterschiedlicher Gattungen auf. Doch gerade dort, wo sich alles auflöst, letztlich eben auch die Welt der isolierten Fakten, kann wieder eine gemeinsame Idee ahnbar werden, allerdings nur eine unbewusste, sprachlich nicht mehr fassbare. Das geschieht im Übergang der Epochen, in Traum und Todesnähe. Die neue Gemeinsamkeit ist unlösbar an die alles verbindende Liebe geknüpft.

Der innere Monolog wird zur Vermittlung von Gedankenvorgängen gebraucht. Eine literarische Figur spricht sich im inneren Monolog direkt an, fragt sich, macht sich Vorwürfe usw.

Der ‚Tod des Vergil‘ ist im inneren Monolog geschrieben. Der römische Dichter, der an der Schwelle zweier Epochen lebt, will zunächst sein großes Werk, die ‚Äneis‘, verbrennen, weil ihre schöne, aber wirkungslose Form die Gleichgültigkeit gegenüber dem menschlichen Leiden voraussetzt. Aber Vergil sieht ein, dass dieses Opfer seines Werkes selbst wieder lieblos wäre und der Menschheit auch noch das Bild des schönen Zusammenhangs entzöge. Im Gegensatz zum Zusammenhang, den die schöne Form der sich auflösenden Welt nur vorspielt, offenbart sich dem Sterbenden am Schluss die unfassbare Ganzheit von Tod und Liebe. Im mystischen Augenblick ist ihm alles anwesend, Vergangenes und Künftiges. Brochs lyrische Sprache, die musikalische Komposition des Romans und die Verwendung urbildlicher und mythischer Symbole sollen dem Leser diese Ganzheit nahe bringen.

Hans Henny Jahnn (1894–1959) – Pazifismus und Naturmythos

1915, kurz nach seinem Abitur, ging der Sohn eines Hamburger Schiffbauers als überzeugter Pazifist nach Norwegen, um nicht am Weltkrieg teilnehmen zu müssen. 1918 kehrte er zurück. Kurz darauf gründete er die neuheidnisch-musikalische Glaubensgemeinschaft ‚Ugrino‘, die eine Wiedergeburt aller Künste einleiten sollte. In den folgenden Jahren, in denen er als Orgelbauer und Leiter eines Musikverlages lebte, erschienen vor allem Dramen, darunter ‚Pastor Ephraim Magnus‘ (1919), ‚Der Arzt, sein Weib, sein Sohn‘ (1922), ‚Medea‘ (1926), zweite Fassung (1959). 1929 veröffentlichte er ‚Perrudja‘ (zweite, fragmentarische Fassung 1959), seinen ersten Roman.

1933 erhielt Jahnn Veröffentlichungsverbot und emigrierte zunächst in die Schweiz, im Jahr darauf nach Bornholm, wo er Landwirt, Pferdezüchter und Hormonforscher wurde. In dieser Zeit entstand sein wichtigstes Werk, die Romantrilogie ‚Fluss ohne Ufer‘ (‚Das Holzschiff‘, 1949; ‚Die Niederschrift des Gustav Anias Horn, nachdem er neunundvierzig Jahre alt geworden war‘, 1949/50; ‚Epilog‘, 1961 aus dem Nachlass). Auch die zweite Fassung des Dramas ‚Armut, Reichtum, Mensch und Tier‘ (1948, erste Fassung 1933) schrieb er im dänischen Exil. Als deutscher Staatsbürger wurde er dort nach dem Krieg enteignet. 1950 kehrte er endgültig nach Hamburg zurück, jetzt wieder als Musikverleger und inzwischen berühmter Orgelbauer. 1956 wurde sein Drama ‚Thomas Chatterton‘ uraufgeführt. Im gleichen Jahr erschienen sein letzter Roman, ‚Die Nacht aus Blei‘, und der Essay ‚Der Dichter im Atomzeitalter‘.

Jahnn will die Geschlechtlichkeit wieder mit einer heiligen Ordnung verbinden, aber nicht mit derjenigen des Christentums, das alles Geschlechtliche diffamiert hat, sondern mit derjenigen vorchristlicher nahöstlicher Mythen. Zwischen den Geschlechtern allerdings sieht der Autor Fremdheit und Grausamkeit. Davon relativ frei ist die

Geschwisterliebe. Letztlich aber suchen seine Helden sich selbst zu finden, indem sie über die Frauenliebe hinaus zum Ideal der Zwillingsbruderschaft gelangen, wie sie im Gilgamesch-Epos vorgebildet ist. Sie stellt eine über den Tod hinausgehende Freundschaft der Gleichen dar. Die Bejahung der im Mythos dargestellten menschlichen Kreatürlichkeit, die Wünsche nach Gleichheit und Todesüberwindung führen zu Jahnns Kritik an der Zerstörung der Natur, an Grausamkeit gegenüber Mensch und Tier, an Rassendiskriminierung und Krieg, nicht zuletzt zu seinem Kampf gegen die Atombewaffnung. Es gelingt ihm aber nicht, eine vorgegebene, mit Fremdheit und Kampf der Geschlechter verbundene Triebhaftigkeit mit diesem Ziel der Menschlichkeit zu verbinden.

In Jahnns expressionistischer Frühzeit geht es vor allem darum, das Verdrängte hervorzuholen und aus erstarrten gesellschaftlichen Strukturen, vor allem aus den Familien- und Geschlechterbeziehungen, herauszukommen. Dieser Aufbruch führt aber in Vergeblichkeit und Vergänglichkeit. Seit ‚Perrudja' betont der Autor stärker die humanen Ziele, wenngleich mit zunehmender Resignation. Romanhafte Darstellungstechniken wie innerer Monolog, Leitmotivik, mythisches Wiederholen, Mischung der Stilebenen und Perspektiven, dazu das Hereinnehmen des Unbewussten, kennzeichnen Jahnns Modernität.

Das Gilgamesch-Epos ist ein literarisches Werk aus dem babylonischen Raum und eine der ältesten überlieferten literarischen Dichtungen (wahrscheinlich 18. Jahrhundert v. Chr.). Das Epos erzählt von den Heldentaten Gilgameschs, thematisiert aber vor allem seine Suche nach Unsterblichkeit.

Joseph Roth (1894–1939) – Gesellschaftskritik und Heimatlosigkeit

Roth, geboren im galizischen Schwabendorf bei Brody, wuchs unter der ängstlichen Fürsorge seiner Mutter im großväterlichen Hause auf. Schon vor seiner Geburt war der Vater, den er nie kennenlernen sollte, geisteskrank geworden. Nach dem Studium der Germanistik und Philosophie in Lemberg und Wien wurde er Journalist, ab 1918 in Wien, ab 1921 in Berlin, als Zeitungskorrespondent freilich zumeist auf Reisen. Die frühe sozialistische Einstellung, die noch aus dem Roman ‚Hotel Savoy' (1924) spricht, wich ab 1925 nach einer ernüchternden Russlandreise der Angst vor der Zukunft. Sie zeigt sich zum ersten Mal in ‚Die Flucht ohne Ende' (1927), ein Bericht, der von der Heimkehr eines Österreichers aus russischer Kriegsgefangenschaft handelt, einer Heimkehr ohne Ziel. Der Roman ‚Rechts und Links' (1929) kritisiert das deutsche Bürgertum vor und nach dem Ersten Weltkrieg, der Trotzky-Roman ‚Der stumme Prophet' (1929, vollständig 1966) zieht eine pessimistische Bilanz der russischen Revolution. Die Romane ‚Hiob'. Roman eines einfachen Mannes' (1939) und ‚Radetzkymarsch' (1932) beschreiben den Niedergang der österreichischen Monarchie. Anfang 1933 emigrierte Roth nach Frankreich. Sein Ende ist vom Alkoholismus verdüstert. Die Romane ‚Die Kapuzinergruft' (1938) und ‚Die Geschichte von der 1002. Nacht' (1938) führen das Thema des zerfallenden alten Österreich weiter. Die Erzählung ‚Die Legende vom heiligen Trinker' (1939) wirft noch einmal einen heiteren Schimmer über die Melancholie des Heimatlosen.

Sehnsucht nach dem verstorbenen Vater und Sehnsucht nach dem alten Österreich verbinden sich in Roths Werk miteinander. In der ehemaligen Donaumonarchie versinnbildlichte der kaiserliche Patriarch die übernationale Einheit und garantiert die Gleichberechtigung der Juden. In der Erinnerung daran kann Roth das alte Österreich als ein Vaterland fantasieren, in dem er seinen festen Platz haben durfte, auch als Jude. Hieraus gewinnt er den kritischen Abstand zum modernen Gegeneinander unterschiedlicher nationaler und sozialer Gruppeninteressen. Zugleich aber sieht er Überlebtes und Ungerechtes an der früheren hierarchischen Gesellschaft. Dem melancholisch beschriebenen, unabwendbaren Zerfall der alten Vaterordnung steht die Wunschfantasie gegenüber, dass ein schwacher junger Mann und eine weich und freundlich gewordene, aber noch mit Autorität versehene Vaterfigur zueinander finden.

Lion Feuchtwanger (1884–1958) – Ein antifaschistischer Aufklärer

Der Sohn eines Münchner Fabrikanten studierte Philosophie, Germanistik und Geschichte in München und Berlin und lebte dann als Kritiker und freier Schriftsteller in München. In den frühen zwanziger Jahren schrieb er Theaterstücke, teilweise zusammen mit Bertolt Brecht. 1925 zog er um nach Berlin. Kurz zuvor hatte er mit dem Romanschreiben begonnen. Es entstanden die beiden historischen Romane ‚Die hässliche Herzogin Margarete Maultasch‘ (1923) und ‚Jud Süß‘ (1925). Im Zeitroman ‚Der Erfolg. Drei Jahre Geschichte einer Provinz‘ (1930) beschreibt Feuchtwanger das geistige Klima, in dem der Nationalsozialismus entstand. Der Roman wurde später zusammen mit ‚Die Geschwister Oppermann‘ (1933, zuerst: ‚Die Geschwister Oppenheim‘) und ‚Exil‘ (1940) zur Trilogie ‚Der Wartesaal‘ zusammengefasst. In der ‚Josephus‘-Trilogie (‚Der jüdische Krieg‘, 1932; ‚Die Söhne‘, 1935; ‚Der Tag wird kommen‘, 1945) lässt der Autor den jüdischen Geschichtsschreiber Flavius Josephus den Leidensweg seines Volkes unter den römischen Kaisern Vespasian, Titus und Domitian miterleben. 1933 ging Feuchtwanger, als bekannter jüdischer Antifaschist von den Nazis sogleich ausgebürgert, ins Exil nach Frankreich. 1940 gelang ihm die Flucht aus französischer Internierung in die USA. Das Schwergewicht seines dort entstandenen Spätwerks liegt auf den drei historischen Romanen ‚Waffen für Amerika‘ (1947, später: ‚Die Füchse im Weinberg‘), ‚Goya oder Der arge Weg der Erkenntnis‘ (1951) und ‚Narrenweisheit oder Tod und Verklärung des Jean-Jacques Rousseau‘ (1952).

Angesichts des Ersten Weltkriegs wird Feuchtwanger zum Pazifisten. Er übernimmt die buddhistische Lehre, nach der das Heil im Nicht-Tun und Nicht-Wollen liegt. Auch der Held von ‚Jud Süß‘ ringt sich zu einer solchen Haltung durch. Der Roman, in dem die Sozialpsychologie des Antisemitismus entworfen wird, schildert den Untergang eines jüdischen Hofbankiers, der zum Sündenbock für die volksfeindliche Politik seines Herzogs wird. Der nationalsozialistische Propagandaminister Goebbels ließ auf der Grundlage des Romans einen Film drehen, der dessen Tendenz ins Gegenteil verkehrt.

Zur neuen Sachlichkeit siehe S. 213.

In der sozialpsychologischen Analyse, die zunächst von der Neuen Sachlichkeit mitbestimmt ist, liegt Feuchtwangers eigentliche Stärke. Diese Analyse ist, seitdem er Bayern wegen des dort anwachsenden Nationalsozialismus verließ, mit der Verteidigung aufklärerischer Ideale (Vernunft, Fortschritt, Weltbürgertum) gegen den Nationalsozialismus verbunden, den die Zeitromane der ‚Wartesaal‘-Trilogie darstellen. Die Form des historischen Romans, die der Autor anschließend wieder aufnimmt, dient ihm dazu, im Spiegel der Vergangenheit die gesellschaftlichen Konflikte der Gegenwart zu untersuchen. Das Spätwerk ist auf die historischen Umwälzungen bezogen, mit denen sich das Denken der Aufklärung durchsetzte. In dieser Spiegelung werden die Aussichten und Probleme fortschrittlicher bzw. antifaschistischer Bewegungen dargestellt, der Weg Intellektueller zu einer sozialistischen Position, die Rolle der Kunst in der Zeit gesellschaftlichen Umbruchs.

Anna Seghers (1900–1983) – Ich-Suche und Parteilichkeit

Netty Reiling, Tochter eines Mainzer Kunsthändlers, studierte in Köln und Heidelberg Kunstgeschichte und Chinesisch und promovierte 1924 über die Darstellung des Judentums in den Bildern Rembrandts. Im gleichen Jahr erschien ihre erste Erzählung unter dem Pseudonym Antje Seghers; der Nachname stammte von einem niederländischen Maler. Zu ihrem ersten Erfolg wurde die Erzählung ‚Aufstand der Fischer von St. Barbara‘ (1928). Im gleichen Jahr trat sie in die KPD ein, im folgenden Jahr wurde sie Mitglied des Bundes proletarisch-revolutionärer Schriftsteller.

1933, nach kurzzeitiger Verhaftung, emigrierte Seghers nach Frankreich. Die Volksfrontpolitik der KPD bewirkte, dass der parteitreue Rigorismus, der die ersten kommunistischen Werke der Autorin kennzeichnet, sich nun lockerte. In Frankreich entstanden die Romane über Vorgeschichte und

Gegenwart des Nationalsozialismus: ‚Kopflohn. Roman aus einem deutschen Dorf im Spätsommer 1932' (1933), ‚Der Weg durch den Februar' (1935), ‚Die Rettung' (1937) und schließlich der berühmte KZ-Roman ‚Das siebte Kreuz. Roman aus Hitlerdeutschland' (1942). ‚Der Weg durch den Februar' behandelt ebenso wie die Erzählung ‚Der letzte Weg des Kolomann Wallisch' (1934) den österreichischen Arbeiteraufstand von 1934. Ohne unmittelbaren Bezug zum politischen Kampf sind ‚Die schönsten Sagen vom Räuber Woynok' (1938). Hier wie in vielen anderen späteren Erzählungen werden legendenhafte, vergangene Gestalten den Widrigkeiten der technisierten Gegenwart ausgesetzt.

1940 gelang es Seghers, aus dem besetzten Paris über Marseille aus Frankreich zu fliehen. 1941 kam sie nach Mexiko. Ihre Flucht bildet den Hintergrund für den Exilroman ‚Transit' (1944). In der Erzählung ‚Der Ausflug der toten Mädchen' (1946) sucht sie die unterschiedlichen Einstellungen der einstigen Schulkameradinnen zum ‚Dritten Reich' zu verstehen. ‚Wiedereinführung der Sklaverei in Guadelupe' (1948), ‚Das wirkliche Blau' (1967) und viele andere Erzählungen verdanken sich den südamerikanischen Eindrücken. 1947 übersiedelte Seghers in die DDR und wurde Vorsitzende des dortigen Schriftstellerverbandes. Hier schloss sie den Roman ‚Die Toten bleiben jung' (1949) ab, mit dem sie auf die deutsche Entwicklung seit dem Ende des Ersten Weltkrieges zurückblickt. In die Zeit nach dem Zweiten Weltkrieg führen die beiden Romane ‚Die Entscheidung' (1959) und ‚Das Vertrauen' (1968).

Im Zentrum von Seghers' Werk steht der Außenseiter auf der Suche nach sich selbst. Nach einem längeren Entscheidungsprozess beschließt er, sein Ich nicht in der Ferne zu suchen, sondern dort, wo er ist, in der Gemeinschaft klassenbewusster Arbeiter, die auch dort Stärke verleiht, wo sie besiegt wird. Dabei erleidet der Held eine Reihe von schicksalhaften Verwandlungen, die schließlich nur noch den „eisernen Bestand" seines Ichs, die Mitmenschlichkeit, übriglassen, sie damit aber auch zum Vorschein bringen. Während die Verwandlungen in den nicht direkt politischen Texten märchenhafter Art sind, werden sie im politischen Werk durch die Unterdrückung, meist vonseiten der Nationalsozialisten, erzwungen, die die bisherigen menschlichen Beziehungen zerstört. Dieses Erzählmodell wird vom Außenseiter auch auf andere Figuren übertragen, so dass der einzelne Held zunehmend verschwindet.

Die Sehnsucht nach Gemeinschaft ist von der Menschlichkeit nicht zu lösen. Die Gemeinschaft kann paradiesische, die vorbildlichen Vertreter des Proletariats können legendenhafte Züge erhalten. Diese Sehnsucht führt bei Seghers dazu, dass sie mit der Gemeinschaft der Kommunisten auch den Stalinismus und seine Folgen unkritisch akzeptiert; ihre Kritik richtet sich allein gegen den schematisch denkenden und handelnden Funktionär. Andererseits ist die Beschreibung nationalsozialistischer Charaktere psychologisch treffend: Bei ihnen bringen die Verwandlungen nur die Leere, das Fehlen eines festen Ich-Kerns ans Licht. Über die kommunistische Propaganda ihrer Zeit hinaus, die nur die sozialen Bedingungen des Nationalsozialismus kennt, kann Seghers in ihren Texten auch die beschädigte Psyche dieser Menschen im Alltagsleben zeigen. Ihre Personen sind vielschichtig, unbeschadet der politischen Tendenz.

Im ‚Aufstand der Fischer von St. Barbara' erzählt Seghers aus der Distanz und mit der Ausdruckskraft des Stummfilms. Vom gerade skizzierten Erzählmodell ist erst die Entscheidung des Außenseiters fürs Hierbleiben, noch nicht die Ich-Suche vorhanden. Anders als in den späteren Zeitromanen wird das Geschehen, hier: der Aufstand, ins zeitlos Typische erhöht. Die sachliche, oft von der filmischen Montage angeregte Erzählweise wird auch später beibehalten. Im ‚Siebten Kreuz' zeigt sich die Mitmenschlichkeit als wirksame gesellschaftliche Macht. ‚Transit' unterlegt der Ich-Suche mythische Gestalten und Geschehnisse und verleiht ihr damit überpersönliche Bedeutung. In den späteren Romanen weitet sich der Prozess persönlicher Entscheidung aus zu einem Generationen übergreifenden Lernprozess.

Zum Stummfilm siehe S. 216.

Arnold Zweig (1887–1968) – Die Psyche im Konfliktfeld gesellschaftlicher Interessen

Aus dem schlesischen Glogau, wo Zweig geboren wurde, mussten seine Eltern wegen eines antisemitischen Boykotts 1896 nach Kattowitz umziehen und ihr Handels- und Fuhrgeschäft mit einer Sattlerei tauschen. Diese und andere Demütigungen machen den Autor früh zum Zionisten (Verfechter eines religiös bestimmten jüdischen Staates in Palästina). Ab 1907 zog er von Universität zu Universität, um Germanistik, Philosophie und viele andere Fächer zu studieren. Der Liebesroman ‚Die Novellen um Claudia‘ (1912) verrät schon den Einfluss Sigmund Freuds, den Zweig zeitlebens verehrte. In dieser Zeit schrieb er vor allem Erzählungen, Essays und Dramen. Im Ersten Weltkrieg war er Soldat, zuerst begeistert, dann immer skeptischer und sozialkritischer. Nach dem Krieg ließ er sich in Starnberg nieder, wich aber 1923 angesichts nationalsozialistischer Drohungen nach Berlin aus. Sein Antikriegsroman ‚Der Streit um den Sergeanten Grischa‘ (1927; zuerst: ‚Alle gegen einen‘) wurde zu einem großen Erfolg. Mit ‚Junge Frau von 1914‘ folgte 1931 ein weiterer Weltkriegsroman. Der Roman ‚De Vriendt kehrt heim‘ (1932) stellt mit kritischer Sympathie die Problematik der zionistischen Einwanderung nach Palästina dar.

Nach dem Reichstagsbrand 1933 flüchtete Zweig über Frankreich nach Palästina. Hier revidierte er seinen Zionismus und begann mit marxistischen Studien. Isolation, Anfeindungen und Bedrohungen des deutschsprachigen Autors, der einen entstehenden israelischen Nationalismus kritisierte, ließen ihn 1948 in die DDR übersiedeln. In Exil und Nachkriegszeit wurden die beiden Kriegsromane zum unvollendeten Romanzyklus ‚Der große Krieg der weißen Männer‘ erweitert. Er besteht aus: ‚Die Zeit ist reif‘ (1957), ‚Junge Frau von 1914‘, ‚Erziehung vor Verdun‘ (1935), ‚Der Streit um den Sergeanten Grischa‘, ‚Die Feuerpause‘ (1954) und ‚Einsetzung eines Königs‘ (1937). In Palästina entstand ‚Das Beil von Wandsbek‘ (1943 auf hebräisch), ein Roman über das nationalsozialistische Deutschland. Selbstkritischer Lebensrückblick und Warnung vor dem Weiterwirken faschistischer Tendenzen auch außerhalb Deutschlands verbinden sich miteinander im Roman ‚Traum ist teuer‘ (1962).

Nach dem Erlebnis des Ersten Weltkriegs sucht Zweig sein frühes psychologisches Interesse mit pazifistischem und sozialem Engagement zu verbinden. Das gelingt überzeugend erst im ‚Grischa‘-Roman. Hier erleben wir einerseits die tiefe Menschlichkeit eines kleinen Mannes, sehen andererseits aus der Distanz, wie sich an diesem Fall eines Justizmordes ein Unrechtssystem offenbart. Zur Kritik am Unrecht gesellt sich später immer nachdrücklicher die Frage nach gesellschaftlichen Ursachen und wirtschaftlichen Interessen. Auch sie werden im Spiegel des Einzelschicksals dargestellt. In ‚Erziehung vor Verdun‘ lernt der jüdische Held, dass seine Forderung nach Gerechtigkeit unrealistisch bleibt, wenn er nicht nach den wirklichen gesellschaftlichen Interessen fragt. Der Roman zeigt, wie die Menschen im Krieg keineswegs auf einmal zu Helden werden, sondern sich weiter so verhalten wie in ihrem früheren Leben, das sie prägt.

NATIONALSOZIALISMUS UND EXILLITERATUR

Zentrale Vorstellung: Auseinandersetzung mit dem Nationalsozialismus oder Rückzug in Natur und Innerlichkeit

Geschichte

Für den Nationalsozialismus erzählt die Geschichte vom Kampf der Rassen gegeneinander. Dabei suchen die minderwertigen Rassen Selbstbewusstsein und Widerstandskraft der höherwertigen zu untergraben, was ihnen bei den einzelnen Nationen in unterschiedlicher Weise gelungen ist. Für die Marxisten erzählt die Geschichte von den Kämpfen der Klassen. Andere suchen im Christentum oder im Mythos eine Neubegründung humanistischen Geschichtsdenkens.

Natur

Für die Nationalsozialisten ist Natur eine Mischung aus mystischem Zusammenhang von Erde und Rasse und sozialdarwinistischem Kampf ums Dasein. Nach marxistischer Auffassung ändert sich, was Natur ist, im Laufe der Geschichte, in welcher der Mensch, der ebenfalls Teil der Natur ist, sie im Arbeitsprozess geistig und materiell immer stärker beherrscht. Andere halten fest am Naturzusammenhang romantischer Prägung.
Leitwissenschaft: alles, was hilft, Kriegstechnik und Propaganda voranzutreiben, sowie die Scheinwissenschaft Rassenbiologie.

Gesellschaft

Für die Nazis soll die Gesellschaft eine der Volksgenossen, für die Kommunisten soll sie eine der internationalen Arbeiterklasse werden. Im Schatten der Diktaturen Hitlers und Stalins werden unterschiedliche Utopien einer besseren Gesellschaft entworfen, manche sehnen sich nach der Gesellschaft vor dem 1. Weltkrieg.

Der einzelne Mensch

Für die Nazis ist nur der gesunde Mensch lebenswert, der bereit ist, sich im Kampf gegen die Minderwertigen für seine Nation zu opfern. Die Kommunisten verlangen unbedingten Gehorsam gegenüber der Partei. Andere suchen Halt im Christentum, in einer geheimnisvollen Natur oder in bildungsbürgerlicher Tradition.

Zwischenmenschlicher Bezug

Die Nazis verlangen kämpferische Solidarität der Volksgenossen, die Kommunisten kämpferische Solidarität der klassenbewussten Arbeiter und Intellektuellen. Andere begrenzen die Bezüge auf die naturnahe private Idylle. Wieder andere fordern christliche Opferbereitschaft und Nächstenliebe.

Literatur

Die Literatur feiert das heroische Opfer und / oder kritisiert Krieg, Diktatur und Ausrottung. Zumeist greift man auf traditionelle Formen zurück; formale Neuerungen, die der Entfremdung und Vereinzelung des modernen Menschen entsprechen, werden in der Expressionismusdebatte abgelehnt. Bertolt Brecht entwickelt jedoch aus dem neusachlichen Stil den Verfremdungseffekt. In der Lyrik entstehen Formen dunkler Rede, welche das unfassbare Grauen der Ausrottung von Menschen durch Menschen ausdrücken.

Literarische Gattungen

Die nationalsozialistische Literatur beschränkt sich im wesentlichen auf Kriegs- und Heimatroman. Die Exilanten schreiben kritische Deutschlandromane oder historische, aber auf die Gegenwart bezogene Romane, daneben Satiren, Reportagen und Essays. Die nichtfaschistische Literatur innerhalb Deutschlands bevorzugt den gleichnishaft verschlüsselten historischen Roman. Das Exildrama, vor allem kritisches Volksstück und Zeitstück, bevorzugt notgedrungen ebenfalls die gleichnishafte Form. Die Lyrik der Exilanten entwickelt die Traditionen des Expressionismus und der politischen Lyrik weiter.

13 Die Zeit des Kalten Krieges im Westen (1945–1975)

AUF EINEN BLICK

Blick vom
Rathausturm auf
Dresden nach dem
Luftangriff vom
12./13. Februar 1945,
Fotografie von
Richard Peter sen.

Die Figur im Vordergrund stellt die Güte dar (das gute Stadtregiment), eine der allegorischen Darstellungen von 16 Tugenden. Der Blick der Figur von oben auf die tote Stadt, die mit einer aufgebenden Bewegung der linken Hand dem Betrachter das Ergebnis menschlicher Vernichtungswut zu präsentieren scheint, hat zumeist zu einer christlichen Deutung geführt: Der Engel der Apokalypse verkündet das Jüngste Gericht. Der Fotograf selbst verstand sein Bild als Blick auf die Trümmer des Kapitalismus, denen nun ein neuer, sozialistischer Anfang folgen sollte, so wie es die erste Zeile der DDR-Nationalhymne ausdrückt: „Auferstanden aus Ruinen und der Zukunft zugewandt". Häufig wurde aufgerechnet nach dem Schema: alliiertes Unrecht gegen deutsches Unrecht. Andere sahen die Leiden der Zivilbevölkerung als gerechte Strafe an. Erst zu Beginn des 21. Jhs. konnten Leid und Schuld unabhängig voneinander betrachtet werden. Nur wenige waren imstande, schon kurz nach 1945 konkret über das Grauen der Bombennächte zu schreiben. Eine Ausnahme ist ‚Der Untergang' (1948) von Hans Erich Nossack, ein erzählerischer Bericht über die Zerstörung Hamburgs, eine andere ist Gert Ledigs Roman ‚Die Vergeltung' (1956), in dem das Grauen allerdings mit expressionistischen Mitteln beschrieben wird, die eine gewisse Distanzierung erlauben. Ledigs Roman wurde von der Kritik verworfen und bald vergessen. Heinrich Bölls Nachkriegsroman ‚Der Engel schwieg', der das Entsetzen nicht verschweigt, konnte erst 1992 erscheinen.

Mitglieder
der Kommune 1,
Foto von 1967.

Die Westberliner Kommune 1 (1967–1969) war die bekannteste der politischen Wohn-
gemeinschaften in der ersten, anarchistischen Phase der Studentenbewegung. Sie begann, sich aufzulösen, als die anarchistische Phase zu Ende ging und die Studentenbewegung sich in unterschiedlichen kommunistischen Kaderparteien organisierte. Das
Bild wurde zu der Zeit aufgenommen, als die Bewegung gerade sich zu radikalisieren
begann, also noch kurz bevor der Polizist, der den Studenten Benno Ohnesorg bei der
Schah-Demonstration durch einen Schuss aus kurzer Entfernung in den Hinterkopf
getötet hatte, unter höchst zweifelhaften Umständen freigesprochen wurde. Dadurch
sahen viele in der Studentenbewegung ihre Meinung bestätigt, dass die Bundesrepublik
kein Rechtsstaat war. Die Kommune 1 wollte provozieren. So hatte man geplant, im
April 1967 den amerikanischen Vizepräsidenten Hubert Humphrey bei einem Besuch
in Westberlin mit Pudding- und Mehlbeuteln zu bewerfen. Eine Provokation ist auch
dieses Bild. Man drückte den Medien, insbesondere der gegen die Studenten hetzen-
den Springer-Presse, nicht nur seine Verachtung aus, indem man seine nackte Rückseite
zeigte, man posierte darüber hinaus auch in der Stellung, in der Festgenommene von der
Polizei nach Waffen durchsucht werden. Vor allem provozierte die Nacktheit eine Gesellschaft, deren Sexualstrafrecht, was Kuppelei und Homosexualität betraf, aus der Nazizeit
stammte. Die Studentenbewegung übernahm von dem Psychoanalytiker Wilhelm Reich
die Auffassung, Sexualunterdrückung im privaten Alltag führe zum Faschismus.

BILD DER EPOCHE

Von 1945 bis zum Ende der fünfziger Jahre

Kein Nullpunkt

Die bedingungslose Kapitulation im Jahr 1945 wurde von vielen als geschichtlicher Nullpunkt empfunden. Tatsächlich aber gab es im kulturellen Leben sowohl Brüche als auch Kontinuität. Was vielen Zeitgenossen als Aufbruch und Neubeginn erschien, war oft noch eng mit der Vergangenheit verbunden. So konnten in der öffentlichen Verwaltung, vor allem in Justiz und Polizei, alte Parteigenossen ungestört weiterarbeiten. Das ließ sich damals aber kaum erkennen, weil die Vergangenheit alsbald weitgehend verdrängt wurde. Nach dem Schock des Krieges und angesichts der Anforderungen des Wiederaufbaus rückte die Auseinandersetzung mit dem nationalsozialistischen System zunächst in den Hintergrund.

Verdrängung der Vergangenheit

Erst die Studenten-
bewegung Anfang
der sechziger Jahre
forderte eine Aus-
einandersetzung der
Elterngeneration mit
der Vergangenheit.
Siehe S. 270.

Als Hitlers Wehrmacht kapitulierte, kündigte sich bereits der Kalte Krieg zwischen den beiden Supermächten USA und UdSSR an, der zur Teilung Deutschlands führte. In den Westzonen, seit 1949 Bundesrepublik Deutschland, fand eine durchgreifende Abrechnung mit dem Nationalsozialismus nicht statt. Im Zeichen des Kalten Krieges überlagerte ein undifferenzierter Antikommunismus die Auseinandersetzung mit der Vergangenheit. Das Beispiel der stalinistischen Diktatur und die Vertreibung von Millionen Deutscher aus dem Osten trugen erheblich dazu bei. Die These von einer deutschen Kollektivschuld und einem undemokratischen deutschen Nationalcharakter, vor allem von den USA vertreten, rief eher Trotzreaktionen hervor. Gleiches gilt für die vordergründigen und inkonsequenten Entnazifizierungsverfahren der Alliierten, die doch selbst dabei waren, alte politische und wirtschaftliche Machtstrukturen wieder herzustellen. So kam es in weiten Schichten zur Verdrängung der nationalsozialistischen Vergangenheit. Sie wurde mit einigen Rechtfertigungsformeln erledigt, während man alle Energie zunächst der Milderung der bittersten Not und dann dem Wiederaufbau der Wirtschaft widmete. Die Ängste und das für viele traumatische Erleben der Vergangenheit lebten aber untergründig weiter in der Angst vor dem Atomkrieg.

Unfassbarkeit

Zu Kafka
siehe S. 225 f.

Die daheim gebliebenen Autoren erlebten das Hitlerreich und seinen Untergang als etwas Unfassbares. Viele von ihnen waren Soldaten gewesen. Sie verstanden sozusagen die Welt nicht mehr. Franz Kafka wurde wiederentdeckt und als Dichter der bedrohlichen, sinnlosen Welt gedeutet. Mit ‚magischem Realismus' suchte man das Unfassbare, Dämonische hinter der modernen Wirklichkeit einzufangen, die man als seelenlose, technische Welt weiterhin ablehnte (z. B. Friedrich Georg Jünger, Ernst Kreuder, Elisabeth Langgässer). Große Wirkung erzielte Hermann Kasacks Roman ‚Die Stadt hinter dem Strom' (1947), der ein Totenreich beschreibt, das zum Symbol eines sinnlosen, mechanischen Daseins in einem totalitären Staat wird. Man las Rainer

Zu R. M. Rilke
siehe S. 205 f.

Maria Rilke, um sich zu einer geheimnisvollen Wirklichkeit hinter dem Alltäglichen hinführen zu lassen. Der isolierte Einzelne im Angesicht einer geheimnisvollen Natur war weiterhin ein Hauptthema vor allem der Lyrik (Wilhelm Lehmann). Die Schicksalsergebenheit, mit der man Nazistaat und Krieg ertragen hatte, fand sich bestätigt im

Zum frühen Benn
siehe S. 228 f.

pessimistischen Spätwerk Gottfried Benns, der ab 1948, als seine ‚Statischen Gedichte' erschienen, zum gefeierten Lyriker wurde.

Autoren des Exils und des Widerstandes

Während man die moderne westliche Literatur, von der man zwölf Jahre lang abgeschnitten war, begierig aufnahm, wurden die Exilautoren kaum beachtet, wenigstens soweit sie versuchten, geschichtliche Ursachen des Nationalsozialismus aufzuzeigen und ihn eben nicht als Unfassbares hinzunehmen. Denn damit störten sie die schon bald einsetzende Verdrängung. Ihrer Kritik begegnete man häufig mit Trotz. Nicht selten konnten ihre Schriften erst viele Jahre nach Kriegsende erscheinen. Allerdings fehlte den Autoren des Exils auch die Erfahrung des nationalsozialistischen Alltags zu Hause und an der Front, so dass das Publikum sich in ihren Geschichten nicht recht wiedererkennen konnte. Ähnliches gilt für diejenigen, die Zeugnis ablegen wollten vom Leiden unter der Unmenschlichkeit und vom Widerstand gegen sie. Sie berichteten teils aus eigenem Erleben, teils aufgrund von Dokumenten und Erzählungen, die sie zu mehr oder minder fiktiven Geschichten verarbeiteten. Damit stellten sie dem Publikum eine Welt vor Augen, die Welt der Gefängnisse und der Konzentrationslager, die die meisten früher nicht wahrgenommen hatten und die sie auch jetzt nur insoweit wahrzunehmen imstande waren, als sie ihr politisches Weltbild und ihr Selbstverständnis nicht ganz und gar verwerfen mussten.

Zur Exilliteratur siehe S. 239 und 246 ff.

Bezeichnend für die Kluft zwischen Exilanten und Daheimgebliebenen ist die Polemik gegen Thomas Mann. Nicht nur die Vertreter der ‚inneren Emigration‘ wehrten sich gegen seine Deutschlandkritik. Sein Roman ‚Doktor Faustus‘, in dem er den Weg in den Nationalsozialismus kritisch und selbstkritisch zu beschreiben suchte, stieß weithin auf Unverständnis. Sein literarischer Ruhm wurde dadurch jedoch kaum geschmälert.

Zu Thomas Mann und seinem Roman ‚Dr. Faustus‘ siehe S. 257.

An der Aufnahme der Werke, die von der Zeit des Nationalsozialismus handeln, lassen sich Selbstverständnis und Interesse des Publikums erkennen. Großen Erfolg hatte Carl Zuckmayers Stück ‚Des Teufels General‘ (Zürich 1946, Frankfurt a. M. 1947), in dem die Bindung des berühmten Kampffliegers Ernst Udet an Hitler als tragische Verstrickung eines ritterlichen Menschen erscheint. Ablehnend dagegen reagierten die meisten Kritiker auf Friedrich Wolfs zunächst viel gespieltes Stück ‚Professor Mamlock‘ (Warschau 1934), das den politischen Reifungsprozess eines zuerst naiven Mitläufers zum Gegner des Nationalsozialismus darstellt. Erfolgreich, weil sie das Menschliche in der alltäglichen Unmenschlichkeit zeigen, waren Anna Seghers' KZ-Roman ‚Das siebte Kreuz‘ (Mexiko 1942, Berlin 1946) und Theodor Plieviers dokumentarischer Roman ‚Stalingrad‘ (Moskau 1943/44, Berlin 1946). Die sozialistische Tendenz des ersten und die autoritätskritische des zweiten Romans sorgten jedoch dafür, dass sie schon in den fünfziger Jahren weniger beachtet wurden. Günther Weisenborns Stück aus dem Widerstand, ‚Die Illegalen‘ (1946), und sein Erinnerungsbuch ‚Memorial‘ (1947) fanden nur geringen Widerhall; sie stellten die Schicksalsergebenheit des Publikums allzu sehr in Frage.

Zu Friedrich Wolf siehe S. 248.

Existentielle und religiöse Selbstbesinnung

Bei den nichtexilierten Autoren, vor allem bei den jungen, die jetzt erst zu publizieren begannen (z. B. Heinrich Böll, Wolfgang Borchert, Wolfdietrich Schnurre), und bei denen der mittleren Generation, die in den dreißiger Jahren damit begonnen hatten (Alfred Andersch, Günter Eich, Peter Huchel, Hans Erich Nossack, Hans Werner Richter), rief die Niederlage Hitlerdeutschlands eine grundsätzliche Selbstbesinnung hervor. Diese konnte angesichts des für sie Unfassbaren zunächst nicht anders als subjektiv und existentiell sein. Die Existenzphilosophie, die schon älter war, entfaltete sich auch in anderen Ländern (vor allem in Frankreich: Jean-Paul Sartre, Albert Camus), wo das Gefühl der Unfassbarkeit nicht geringer war, und wirkte von dort auf

Zur Existenzphilosophie siehe S. 271.

Deutschland zurück. Vornehmlich die jüngsten Autoren, aber auch ältere wie Hans Erich Nossack, beschrieben die persönliche Entscheidung in existentiellen „Grenzsituationen" (Jaspers) angesichts des Todes. Alle überpersönlichen Werte schienen dieser skeptischen Generation ideologieverdächtig. Viele der älteren, nicht dem Nationalsozialismus verfallenen, aber traditionsgebundenen Autoren suchten dagegen Halt im Glauben (Stefan Andres, Werner Bergengruen, Marie Luise Kaschnitz, Elisabeth Langgässer, Gertrud von Le Fort, Rudolf Alexander Schröder, Ernst Wiechert). Eine große moralische Wirkung übte zunächst der Katholik Reinhold Schneider aus.

Zu Autoren unter dem Nationalsozialismus siehe S. 239 f.

Die Wienerin Ilse Aichinger, die als Halbjüdin der Vernichtung knapp entgangen war, veröffentlichte mit ‚Die größere Hoffnung' schon 1948 einen Roman, der auf autobiografischer Grundlage die Judenverfolgung darstellt, allerdings so, dass die äußere Wirklichkeit sich in eine innere verwandelt, die gerade im Verschwinden des Menschen, in der Auflösung ins Unsagbare noch die Hoffnung auf einen ganz anderen Zustand der Welt bewahrt.

Tradition der Innerlichkeit

Die existentielle und religiöse Selbstbestimmung angesichts des vermeintlich Unfassbaren endete häufig im traditionellen Ruf nach der Bewahrung unpolitischer Innerlichkeit. Man suchte aus dem äußeren Elend in die Gemeinschaft der Geistigen zu flüchten. Soweit politische Konsequenzen gefordert wurden, gründeten sie im Glauben an die Macht einer Geisteshaltung – ein Glaube, der sich bald als wirklichkeitsfern herausstellen sollte. Alfred Andersch und Hans Werner Richter hofften auf eine nicht näher bestimmte ideologiefreie sozialistische Haltung der europäischen Jugend, die eine Synthese von Kapitalismus und Sozialismus ermöglichen sollte. Reinhold Schneider hielt auch in den fünfziger Jahren aus christlicher Überzeugung an der Forderung nach einem entmilitarisierten Deutschland fest. Er wurde deswegen verleumdet oder totgeschwiegen. Für den traditionellen Rückzug in die geistige Welt und für die Ablehnung des Politischen steht neben vielen anderen Gottfried Benn.

Zum frühen Gottfried Benn siehe S. 228 f.

Protest ohne Alternative

Die jüngeren Autoren protestierten gegen das Übergewicht der Innerlichkeitstradition. Rückblickend sprachen sie vom erforderlichen „Kahlschlag" (Wolfgang Weyrauch, 1949) und von „Trümmerliteratur" (Heinrich Böll, 1952). Sie strebten nach provozierender und authentischer Wirklichkeitsdarstellung. Darin drückt sich nicht nur Protest, sondern auch der Wunsch aus, das normale menschliche Leben wiederzufinden. Wolfdietrich Schnurre forderte den „Auszug aus dem Elfenbeinturm" der Innerlichkeit (1949). Günter Eich nahm in seinem Gedicht ‚Inventur' (1947) eine Bestandsaufnahme des Lebensnotwendigen vor. Dabei gebrauchte er in kunstvoller Weise nur die einfachsten sprachlichen Formen. Tatsächlich hatten diese Schriftsteller aber außer ihrer allumfassenden Skepsis und dem vorwurfsvollen Aufzeigen des Elends keine wirkliche Alternative anzubieten. Hierin liegt die teilweise Berechtigung der damals gegen sie gerichteten Nihilismuskritik.

Der Begriff Nihilismus (von lat. nihil = „nichts") bezeichnet eine Haltung, die auf der Verneinung jeglicher Erkenntnis-, Wert- und Gesellschaftsordnung basiert.

Wolfgang Borchert: ‚Draußen vor der Tür'

Wolfgang Borcherts Stück ‚Draußen vor der Tür. Ein Stück, das kein Theater spielen und kein Publikum sehen will' (Hörspiel und Schauspiel, 1947) ist das wichtigste Beispiel der „Trümmerliteratur". Beckmann, der aus dem Krieg heimkehrt, aber keine Heimat mehr findet, erlebt stellvertretend für die junge Generation den Zusammenbruch aller Werte und bleibt allein mit seinen Schuldgefühlen und seinen Erinnerungen an den Krieg. Gott ist ein hilfloser alter Mann, die Davongekommenen wollen nicht bei der Verdrängung des Grauenhaften gestört werden, sogar die Natur, die gleichgültig dahinfließende Elbe, stößt den Heimkehrer aus. Mit expressionistischen Stilmitteln verwandelt Borchert die sinnlos und vulgär gewordene Welt ins Groteske. Das Stück zeigt die Stationen zunehmender Vereinsamung. Anstelle politischer Analyse steht hier die Anklage der verständnislosen, anpassungsbereiten Vätergeneration im Vordergrund. Dass das Stück die politische Dimension vermeidet, ohne deswegen an Provokation und Erschütterung zu verlieren, macht wohl den großen Erfolg aus, den es seinem Untertitel zum Trotz hatte.

Nonkonformismus und Vorläufigkeit

Zu Beginn der fünfziger Jahre wich der erste Schock einer tiefen Unsicherheit. Das gilt auch für die Autoren, die sich jetzt zu Wort meldeten und die den Krieg nur noch im Kindes- oder Jugendalter erlebt hatten: Ingeborg Bachmann, Günter Grass, Hans Magnus Enzensberger, Martin Walser. Man richtete sich nüchtern ein im vorläufigen, häufig als absurd verstandenen Leben. Zugleich wehrten sich viele Intellektuelle gegen den optimistischen Glauben an das Wirtschaftswunder, der nicht nur half, die Vergangenheit zu verdrängen, sondern auch sie selbst in Außenseiterpositionen zwang und ihnen eine geistige Heimat, in der sie ihre Identität finden konnten, versagte. Manche, wie Heinrich Böll, kritisierten auch die Wiederaufrüstung und wurden dafür als „heimatlose Linke" bezeichnet. Die Außenseiter machten aus der Not eine Tugend und erklärten sich zu skeptischen „Nonkonformisten". Damit distanzierten sie sich von einer Gesellschaft, in der sie sich wirkungslos und zugleich gefangen fühlten.

Zu Grass
siehe S. 285 f.

Zu Enzensberger
siehe S. 276 und 316.

Wolfgang Koeppen: ‚Tauben im Gras'

Wolfgang Koeppens Roman ‚Tauben im Gras' (1951) veranschaulicht den kritisch-skeptischen Nonkonformismus. Koeppen gehört zur mittleren Generation, die schon vor dem Krieg zu veröffentlichen begonnen hatte. Er teilte nicht die Nullpunkthaltung und knüpfte an die Assoziations- und Montagetechnik großer moderner Romanciers wie Alfred Döblin, des Iren James Joyce und des US-Amerikaners Dos Passos an. Abschnitte aus mehreren Erzählsträngen, die alle an einem Tag in München ablaufen, Zitate aus den Massenmedien und Assoziationen werden zusammenmontiert. Es gibt keinen einzelnen Helden, vielmehr werden etwa dreißig Personen vorgestellt, die alle miteinander in Berührung kommen, aber nicht zueinander finden. Sie sind aufeinander bezogen und doch vereinzelt und schutzlos wie „Tauben im Gras". Aus ihren Sorgen, aus Angst, Aggression und Einsamkeit fliehen sie in Vergessen und Selbstbetrug, in die Scheinwelt der Massenmedien. Koeppen zeigt, wie antidemokratisches Denken weiterlebt und wie gerade Beziehungslosigkeit und Lebensleere die Menschen miteinander verknüpfen. Der Romanschluss mit seiner Kriegsdrohung mündet in den Anfang, womit sich Ausweglosigkeit und Gefährdung anzeigen. Der intellektuelle Außenseiter, der Schriftsteller Philipp, kann den Zusammenhang von Gefangenschaft und Entfremdung diagnostizieren, sich ihm aber ebenfalls nicht entziehen. Die Hoffnung auf Mitmenschlichkeit, die in der privaten Liebesbeziehung einmal auftaucht, ist, wenn überhaupt, dann nicht in Deutschland zu verwirklichen.

Koeppen setzt die Tradition der Großstadtromane fort. Bekanntestes deutsches Beispiel dafür ist Döblins ‚Berlin Alexanderplatz'. Siehe S. 233.

Die sechziger und frühen siebziger Jahre

Neue Opposition

Offiziell war Vietnam seit 1954 in einen kommunistischen Norden und einen antikommunistischen Süden geteilt. Die USA unterstützten den Süden im Kampf gegen die Guerillatruppen aus dem Norden. Die offene Intervention der USA begann mit der Bombardierung Nordvietnams vom 2. März 1965. Am 8. März 1965 landeten die ersten regulären US-Kampftruppen im Land.

Gegen Ende der fünfziger Jahre kündigte sich das Ende des Wirtschaftswunders an. Der Bau der Berliner Mauer am 13. August 1961 beendete die Hoffnung, die Politik der DDR allein durch wirtschaftliche Überlegenheit beeinflussen zu können. Der Vietnamkrieg unterhöhlte die moralische Autorität der großen Wirtschaftsmacht USA, die in den Nachkriegsjahren unerschütterlich schien. Die jungen Menschen, die in den sechziger Jahren am geistigen Leben teilzunehmen begannen, konnten weder den Glauben an den wirtschaftlichen Erfolg noch den an das unpolitische Reich des Geistes teilen. Darüber hinaus zweifelten sie die Autorität der Älteren generell an. Denn auf ihre Fragen nach der Vergangenheit, die sie selbst kaum mehr erlebt hatten, erhielten sie oft nur unzureichende Antworten, woraufhin sie wiederum ihre Eltern oft schnell übereilt und überheblich selbstgerecht verurteilten. So kam es zu einem Generationskonflikt, der die Identitätsunsicherheit der Intellektuellen noch verstärkte. Politisch äußerte er sich in der Studentenbewegung. Diese erweiterte sich nach der Wirtschaftskrise 1966/67 und dem für manche enttäuschenden Kurs der Großen Koalition aus CDU/CSU und SPD zur sogenannten außerparlamentarischen Opposition. In diesem geistigen Klima begannen auch die inzwischen älteren Autoren der Nachkriegszeit, sich stärker der aktuellen Politik zuzuwenden.

Struktur und Alltäglichkeit

Es entwickelte sich eine Kritik, die auf das ‚System‘ zielte. Damit konnte die fehlende Abrechnung mit dem Nationalsozialismus gemeint sein, das autoritäre Erziehungssystem, die Bewusstseinsmanipulation durch die Massenmedien, die kapitalistische Wirtschaftsform, die Warengesellschaft oder auch die parlamentarische Demokratie, auf jeden Fall aber eine durchgehende gesellschaftliche Struktur. Aber auch die konventionellen Verständnis- und Denkweisen wurden kritisiert und sollten durch das Spiel mit sprachlichen Strukturen verändert werden. Man suchte das Alltägliche, das Normale und Durchschnittliche auf, um es in seiner Struktur sichtbar zu machen und zu verändern. Dabei erhoffte man sich auch neue Erfahrungen und eine neue, nicht durch das ‚System‘ festgelegte Identität.

Literatur zwischen Engagement und Sprachspiel

„Subkultur" („Unterkultur") grenzt sich bewusst und deutlich von den zentralen Normen der vorherrschenden, offiziellen Kultur ab.

So entstand ein breites Spektrum politischer oder unbestimmt oppositioneller Literatur. Es reicht vom Arrangement realer oder realitätsnaher Materialien der Zeitgeschichte über die engagierte Verarbeitung politischer Ereignisse der Gegenwart, die Beschreibung der Arbeitswelt, die Erprobung neuer Formen der Publikumsansprache bis hin zum hörerverwirrenden Spiel mit der Sprache. Die Pop-Kultur nahm, opponierend gegen die ‚hohe Kunst‘, Werbung und Massenliteratur auf. Daneben bezogen viele Autoren in Essays, Vorträgen, ja manchmal sogar im Wahlkampfreden politisch Stellung. Eine ‚Gegenöffentlichkeit‘ außerhalb der alles beherrschenden Medien, eine „Subkultur" außerhalb des bestimmenden Kulturbetriebs sollten aufgebaut werden. Hinter dem Engagement versteckt sich freilich auch Angst vor dem deprimierenden, ichzerstörenden Alltag der Massengesellschaft.

Österreich

Da Österreich von den Alliierten als das erste von Hitler überfallene Land angesehen worden war, hatte man die Vergangenheit dort leichter als in Deutschland verdrängen können. Es gab nach dem Krieg kaum ein Nullpunktbewusstsein. Das Romanschaffen Heimito von Doderers belegt beispielhaft die herrschende Meinung, man könne ohne weiteres an der eigenen Literaturtradition von vor 1938 anknüpfen. Das änderte sich zu Beginn der sechziger Jahre. Allerdings teilten die österreichischen Autoren weniger den Glauben vieler deutscher Kollegen, sie könnten gesellschaftlich eingreifen. Ihre Opposition richtet sich mehr gegen provinzielle Enge. Das Kabarett (Helmut Qualtinger, Georg Kreisler) zeigte das Makabre in der harmonischen Gemütlichkeit, die zum österreichischen Selbstverständnis gehört. Die ‚Wiener Gruppe' um Hans Carl Artmann suchte mit Sprachspielen und skurrilen Theaterszenen zu schockieren. Die Lyrik Ernst Jandls und Peter Handkes frühe Stücke bauen hierauf auf. Ende der sechziger Jahre verlagerte sich das literarische Zentrum von Wien nach Graz: In der Provinz äußerte sich der Protest gegen die Provinz.

Wieder einmal zeigte sich das Kabarett als wichtiger literarischer Ort, wie schon um 1900 und in der Weimarer Republik. Siehe S. 212 und 219.

Philosophische Grundlagen

Die Literatur der ersten Nachkriegszeit wird vom französischen Existentialismus Jean-Paul Sartres und Albert Camus' beeinflusst. Beide gehen wie Heidegger und Jaspers vom Existenzerlebnis des isolierten, todgeweihten Menschen aus, fragen dann aber nicht nach dem Sein, das ihm vorgegeben ist, sondern zielen auf das Problem der moralischen Entscheidung. Angesichts von Isolation und Todesbestimmtheit gibt es keine sinnvollen Alternativen des Handelns. Die Welt ist absurd. Nach *Sartre* (der sich später dem Marxismus annähert) lässt sich der unvermeidliche Ekel vor der eigenen Nichtigkeit durch die Einsicht überwinden, dass der Einzelne gar nicht anders kann, als sich für dies oder jenes Tun zu entscheiden; er ist sozusagen zur Freiheit der Wahl verurteilt, für die er freilich keine vorgegebenen Wertmaßstäbe vorfindet. Sieht er das ein, so kann er sich paradoxerweise dadurch als freier Mensch verwirklichen, dass er sich als die Summe seiner (frei gewählten) Handlungen begreift, die Verantwortung für das einmal gewählte Tun übernimmt und sich somit an seine Vergangenheit bindet. Damit ist auch die Zukunft nicht mehr gänzlich beliebig. Indem er sich in freier Wahl bindet und so entwirft, was künftig sein soll, übernimmt er auch Verantwortung für andere. *Camus* folgert aus dem Absurden, dass wir nur in beliebigen Rollen leben. Unsere Freiheit besteht in der inneren Distanz zu ihnen, mit der wir zugleich gegen sie protestieren. Im ständigen Protest, auch wenn wir die Sinnlosigkeit dadurch nie überwinden, verwirklichen wir unsere menschliche Würde und Freiheit und gelangen zu bewusstem, intensivem Leben.

Zu Heidegger und Jaspers siehe S. 240.

Die neue Opposition der sechziger und frühen siebziger Jahre folgt weitgehend dem Denken der ‚Frankfurter Schule', die hauptsächlich von *Theodor W. Adorno, Max Horkheimer* und dem Deutschamerikaner *Herbert Marcuse* vertreten wird. Sie gehen davon aus, dass die Warengesellschaft ebenso wie die „totalitäre" sozialistische Gesellschaft alles Individuelle austauschbar macht. Dies folgt aus einer „Dialektik der Aufklärung" (Horkheimer und Adorno): Die Vernunft wird eingesetzt, um die übermächtige Natur zu beherrschen; sie tut dies, indem sie alles berechenbar, quantifizierbar – und das heißt auch: vergleichbar und austauschbar – macht, schließlich auch den Menschen, der somit auf eine neue Art unfrei wird. Eine „kritische Theorie" der Kultur hat darzustellen, inwiefern Kultur uns dem Austauschbarkeitsprinzip unterwirft, so dass wir uns schon gar nichts anderes mehr vorstellen können als das, was alle tun, und inwiefern Kultur am unbestimmt Möglichen festhält, daran, dass alles auch ganz anders sein könnte. Im ersten Fall ist sie „affirmativ" (bestätigend), im zweiten wirkt sie verändernd auf die Gesellschaft zurück. Für Adorno mündet die Kritik der Warengesellschaft in eine Kunstkritik, die aufzeigt, wie die Kunstwerke sich der Austauschbarkeit verweigern. Marcuse fordert eine Kulturrevolution, die Verweigerung gegenüber der bestehenden Gesellschaft und den Aufbau einer Gegen- oder Subkultur.

Einer der ersten, die Sprachskepsis literarisch thematisierten, war Hofmannsthal. Siehe S. 202.

Die sprachkritische Literatur geht auf *Ludwig Wittgenstein* und den von ihm beeinflussten sogenannten ‚Wiener Kreis‘ zurück, der sich in den zwanziger Jahren bildete. Diese Philosophen lehren, dass unsere Erfahrung der Wirklichkeit immer durch Sätze, durch Aussagen über Wirkliches, vermittelt ist. Die unterschiedlichen Sätze lassen sich auf einfache Sätze zurückführen (Elementarsätze oder Protokollsätze), die Tatsachen logisch, eindeutig und unabhängig von anderen Sätzen beschreiben. Damit glaubten die Philosophen, alles metaphysische Spekulieren zugunsten logischer Sätze ausschalten zu können. Über den genauen Bezug der einfachen Sätze zur Wirklichkeit waren sie sich jedoch nicht einig. Wahrheit besteht für sie nun allerdings auch nicht in diesem Bezug, sondern in der widerspruchsfreien Vereinbarung des einzelnen Satzes mit dem Gesamtsystem aus Sätzen. Auf diese Weise verlagert sich die Wahrheitsfrage von der Analyse der Wirklichkeit zu derjenigen der Sprache. Folgerichtig fragt der späte Wittgenstein nicht mehr nach den einfachen Sätzen, sondern nach unserem Sprachgebrauch – wir gebrauchen die Sprache, indem wir ihre Elemente innerhalb von Rahmenregeln wie bei einem Spiel miteinander kombinieren –, durch den wir erst Wirklichkeit für uns schaffen.

LITERARISCHES LEBEN

Literaturbetrieb

Nach dem Zweiten Weltkrieg entwickelt sich die Literaturproduktion zu einem kapitalintensiven Geschäft, in dem immer härter kalkuliert wird. Für den Erfolg eines Buches ist es seitdem entscheidend, welche Summen für die Werbung ausgegeben werden, ob es später auch als Taschenbuch erscheint und in Warenhäusern verkauft wird, ob eine Buchgemeinschaft es vertreibt, ob es in Zeitungen, Radio und Fernsehen besprochen, ob es verfilmt wird. Das Verlagswesen konzentriert sich, Großverlage und Medienkonzerne entstehen, die die Literaturproduktion an die Erwartungen des Massenpublikums anpassen, die sie selber vorgeformt haben. Daneben versucht eine große Zahl von Kleinverlagen zu überleben, die es auch riskieren, unbekannte, anspruchsvolle Literatur herauszubringen. Die oft nur kurzlebigen Kleinverlage dienen den anderen als Markttester. Hat eines ihrer Bücher einen gewissen Erfolg, wird es von einem der großen Verlage übernommen. Andere Verlage behaupten sich dadurch, dass sie sich spezialisieren. Das Selbstverständnis der Schriftsteller wandelt sich entsprechend: Aus dem einsamen Künstler wird der selbstständige, aber schlecht verdienende Heimarbeiter. Eine von Marktforschern normierte häusliche Fließbandarbeit bestimmt insbesondere die Herstellung der sogenannten Groschenhefte, die in den sechziger und siebziger Jahren wöchentlich zu Hunderttausenden verkauft werden. Die Schriftstellerverbände, die nach 1945 entstanden waren, reagieren auf diese Entwicklung, indem sie sich 1969 zum ‚Verband deutscher Schriftsteller‘ vereinigen.

Zeitschriften

Die wichtigste Zeitschrift der ersten Nachkriegszeit war ‚Der Ruf. Unabhängige Blätter der jungen Generation' (1946–1949). Sie stand für Aufbruchshoffnung, Ideologiefreiheit und demokratischen Sozialismus. Bei Sozialismus dachte man zwar an Vergesellschaftung der Produktionsmittel, hatte aber gerade nicht die Sowjetunion vor Augen, sondern wünschte eher eine Weiterführung der Sozialreformen, wie der 1945 verstorbene amerikanische Präsident F. D. Roosevelt sie durchgeführt hatte (‚New Deal'). Im Jahre 1947 – inzwischen hatte der Kalte Krieg begonnen – wurden die beiden Herausgeber, Alfred Andersch und Hans Werner Richter, auf Druck der amerikanischen Militärregierung abgelöst. Die führende Literaturzeitschrift der Epoche waren die 1953 von Walter Höllerer und Hans Bender begründeten ‚Akzente'. Das Selbstverständnis der kulturrevolutionären neuen Opposition zeigte sich im ‚Kursbuch' (seit 1965), das Hans Magnus Enzensberger ins Leben gerufen hatte.

Literarische Gruppen

Nach dem Verbot des ‚Rufs' in seiner ursprünglichen Form gründete Hans Werner Richter die nach dem Entstehungsjahr benannte ‚Gruppe 47', in der neu verfasste Texte gegenseitig vorgelesen und kritisiert wurden. Fast alle wichtigen Autoren der fünfziger und sechziger Jahre nahmen daran teil. Die Angst vor ideologischer Vereinnahmung führte bald dazu, dass Politik weitgehend ausgespart wurde; sonst hätte man sich zwischen den Fronten des Kalten Krieges zerstritten. Allerdings gerieten die Autoren schließlich unter den Einfluss des Literaturbetriebs; Verleger und Starkritiker der Feuilletons beherrschten die Tagungen. Angesichts der allgemeinen Politisierung im Umkreis der Studentenbewegung löste sich die Gruppe 1967 auf.

Mit seiner Novelle ‚Das Treffen in Telgte' schrieb Günter Grass einen Nachruf auf die Gruppe.

Schon 1961 hatte sich, in bewusstem Gegensatz zur ‚Gruppe 47', die Dortmunder ‚Gruppe 61' gebildet, die die industrielle Arbeitswelt schildern wollte, und zwar nicht in der Tradition proletarisch-revolutionärer Dichtung der Weimarer Republik, sondern in Anknüpfung an die Industriedichtung zu Beginn des Jahrhunderts. Ihre wichtigsten Mitglieder waren Max von der Grün, Erika Runge, Günter Wallraff und Peter-Paul Zahl. 1969 spalte sich hiervon der ‚Werkkreis Literatur der Arbeitswelt' ab, der mit kollektiv hergestellter Dokumentarliteratur und mit journalistischen Mitteln politisch wirken wollte (Runge, Wallraff). Der ‚Werkkreis' verlor in der zweiten Hälfte der achtziger Jahre seine Bedeutung.

Beeinflusst waren diese Versuche auch von der in der DDR proklamierten Theorie des Sozialistischen Realismus. Siehe S. 297.

THEORIE UND FORMEN DER LITERATUR

Sprach- und Literaturskepsis

Die Nachkriegsautoren waren skeptisch gegenüber der deutschen Sprache geworden, die vom Nationalsozialismus missbraucht worden war. Sie wollten eine authentische, unideologische Sprache wiederfinden. Soweit sie darunter die normale, alltägliche Sprache ohne Pathos verstanden, blieben sie in der Form konventionell (Heinrich Böll). Oder sie banden sich wieder an ältere, vor allem expressionistische Formen (Wolfgang Borchert). Umgekehrt konnten die Autoren aber auch gerade gegenüber der alltäglichen Sprache skeptisch werden und sich durch eine verknappte, das Alltagsverständnis abweisende Sprache vom Unmenschlichen abzugrenzen suchen. Das gilt vor allem für die Lyrik, die Gattung der persönlichen Aussprache, und hier besonders deutlich für jüdische Autoren wie Nelly Sachs und Paul Celan, die gelernt hatten, im Gedicht ein letztes inneres Bollwerk gegen die tödliche Bedrohung zu finden. In der erzählenden Dichtung experimentierte der Außenseiter Arno Schmidt (‚Leviathan‘, 1949; ‚KAFF auch Mare Crisium‘, 1960) mit einer mehrschichtigen und doch ganz ich-bezogenen Sprache. Zur Sprachskepsis gesellte sich in den sechziger Jahren die Skepsis gegenüber fiktiver Literatur, weil diese vom Alltäglichen und von den gesellschaftlichen Tatsachen zu weit entfernt schien. Im ‚Kursbuch‘ wurde die schöne Literatur schließ-lich wegen ihrer gesellschaftlichen Wirkungslosigkeit sogar totgesagt.

Dokumentarischer Realismus

Sprach- und Literaturskepsis führten häufig zu einem dokumentarischen Realis-mus. Man montierte (tatsächlich oder scheinbar) vorgegebene Materialien zusammen, um den Eindruck des Authentischen zu erwecken oder etwas darzustellen, was unter bestimmten historischen Bedingungen hätte authentisch sein können. Die Materialien sollten nicht, wie in der dokumentarischen Literatur der zwanziger Jahre, anderswo geäußerte Thesen belegen, sondern für sich selber sprechen. Dabei sollte deutlich wer-den, wie der Mensch in vorgegebenen Schablonen des Handelns und Bewusstseins verschwindet, wenn er sich nicht bewusst mit ihnen auseinandersetzt. So konnte man Prosagedichte, Sprachübungen, Floskeln der Alltags- und Politikersprache zusammen-montieren, um zu zeigen, wie die vorgeformte Sprache unsere Alltagswahrnehmungen bestimmt (Jürgen Becker ‚Felder‘, 1964). Man konnte Geschichten und Parabeln, fikti-ve und wirkliche Dokumente mischen, um zu zeigen, wie der Einzelne zum bewusst-los angepassten Handlanger herrschender Unmenschlichkeit wird (Alexander Kluge ‚Lebensläufe‘, 1962, erweitert 1974). Alfred Andersch (‚Winterspelt‘, 1974) mischte wirkliche und fiktive Dokumente, um die Möglichkeit menschlichen Handelns in der Unmenschlichkeit des Zweiten Weltkrieges durchzuspielen. Auch im Gedicht, bei Helmut Heißenbüttel und in der politischen Lyrik, findet man die dokumentarische Technik. Besonderes Gewicht erhält sie im Dokumentartheater.

Zum Dokumentar-theater siehe S. 277.

Literatur der Arbeitswelt

Dokumentarischen Charakter hatte weitgehend auch die Literatur der Arbeitswelt. In den ‚Bottroper Protokollen‘ (1968) gab Erika Runge die Erzählungen von Menschen wieder, die die Wirtschaftskrise 1966/67 im Ruhrbergbau erlebt hatten. Günter Wallraff schilderte Arbeitsbedingungen, die er unter immer neuen Rollenverkleidungen am ei-genen Leib erfahren hatte (‚13 unerwünschte Reportagen‘, 1969; ‚Ganz unten‘, 1985; zusammen mit Bernt Engelmann: ‚Ihr da oben – wir da unten‘, 1973). Max von der Grüns Romane zeigen, wie Selbstverständnis und Privatleben der Arbeiter von den Zwängen ihrer Arbeit, vom Druck der Arbeitgeber, aber auch von gewerkschaftlichen Intrigen bestimmt werden (‚Irrlicht und Feuer‘, 1963; ‚Stellenweise Glatteis‘, 1973).

Lyrik als Beschwörung

Die Lyrik der ersten Nachkriegszeit sollte beschwören, das heißt, sie sollte entwe-der eine andere, geistigere Welt als die Wirklichkeit herbeirufen oder die schreckliche Vergangenheit bannen. Wie sieht Beschwörung in der erstgenannten Bedeutung aus? Gottfried Benn verlangt in seinem einflussreichen Vortrag ‚Probleme der Lyrik‘ (1951) nicht ohne Melancholie, dass moderne Lyrik angesichts des Verfalls aller anderen Werte den künstlerischen Akt zu ihrem Inhalt mache. Wie seine Gedichtsammlungen ‚Destillationen‘ (1953) und ‚Aprèslude‘ (1955) zeigen, beschwört er aber auch Ver-gangenheit, Vorvergangenheit und Mythos mitten im Alltäglichen. Wilhelm Lehmann

(‚Meine Gedichtbücher‘, 1957) sucht die Zeitlosigkeit von Mythos und Natur vor der Zivilisation zu retten. Jüngere Autoren dieser Richtung erstreben zugleich Offenheit, eine Mehrdeutigkeit, die sie ideologischer Vereinnahmung entziehen soll. Karl Krolow (‚Fremde Körper‘, 1959) schafft aus Realitätspartikeln ein neues, zugleich unverständliches und geheimnisvoll vertrautes Ganzes, das widersprüchliche Stimmungen evoziert. Günter Eich zitiert Sätze oder Symbole vergeistigender Beschwörung, zeigt aber, dass diese nicht oder nur unvollkommen gelingt, und konfrontiert sie, ohne Lösungen zu bieten, mit dem banal Alltäglichen oder Hässlichen. Das gilt auch für die „Kahlschlag“- Gedichte, die sein Gedichtband ‚Abgelegene Gehöfte‘ (1948) neben den älteren Naturgedichten versammelt. Ingeborg Bachmanns Gedichte (‚Die gestundete Zeit‘, 1953; ‚Anrufung des Großen Bären‘, 1956) leben aus der Unmöglichkeit, eine heile Natur zu beschwören. Ihr Wunsch nach Aufbruch, nach Erlösung vom Leiden an einer kalten deutschen Gegenwart, in welche die Vergangenheit drohend hineinragt, kann sich nicht mehr auf ein benennbares Anderes richten.

— Zu Günter Eichs ‚Inventur‘, einem der bekanntesten Kahlschlag-Gedichte, siehe S. 268.

Damit nähert sie sich denen, die die Vergangenheit zu bannen suchen. Rose Ausländer, die verfolgte und mehrfach emigrierte Jüdin, schafft sich eine Heimat in der Sprache, in der sie des Verlorenen gedenken kann (‚Blinder Sommer‘, 1965). Paul Celan (eigentlich Paul Anczell) sucht in seiner Lyrik das Schreckliche zu bannen, indem er der Toten gedenkt (‚Sprachgitter‘, 1959; ‚Die Niemandsrose‘, 1963; ‚Atemwende‘, 1967). Er redet in verkürzten, dem Uneingeweihten nur schwer verständlichen Anspielungen und persönlichen Assoziationen. Angesichts des Holocaust scheint kein tröstender Gott mehr denkbar, an den man sich betend, klagend richten könnte. Der Holocaust ist jenseits aller Worte. Über ihn kann paradoxerweise nur im Schweigen gesprochen werden, das an einem nicht mehr existierenden Partner gerichtet ist. Diesem Paradox entsprechend wird auf das Eigentliche dadurch verwiesen, dass die Gedichte Widersprüchliches und Unvereinbares miteinander in Beziehung setzen. Nelly Sachs (‚Glühende Rätsel‘, 1964/66) kann der Vernichtung gedenken, indem sie im Tod die mystische Verwandlung in ein geistig-kosmisches Reich sieht, das aber sprachlich nicht mehr zu fassen ist. Auch hier nähert sich die Sprache immer mehr dem Verstummen.

Für diese Dichtung bürgerte sich der Begriff „Holocaust“- Dichtung ein. Zu Paul Celan und Nelly Sachs siehe auch S. 249.

Experimentelle Lyrik

In den fünfziger Jahren entstand die ‚konkrete Poesie‘. Ihr Name, der von Eugen Gomringer (‚Konstellationen‘, 1953) populär gemacht wurde, erklärt sich daraus, dass die Autoren die Sprache nicht mehr als Zeichensystem benutzten, das auf die äußere Realität verweist, sondern als konkretes Material, das nichts anderes darstellt als seine eigene Struktur. Die Sprache wird reduziert auf kleine Elemente, auf Wortgruppen, einzelne Wörter, Silben, Laute, Buchstaben, die man spielerisch miteinander kombiniert. Auch das Druckbild wird zum Teil des Gedichts. Der Bedeutungszusammenhang dagegen verschwindet. Die Autoren wollen so das Bewusstsein von sprachlichen Normen befreien.

Wirksam wurde Lyrik dieser Art allerdings gerade dort, wo sie trotz solcher Sprachexperimente einen inhaltlichen Realitätsbezug bewahrte, etwa im schwarzen Humor Hans Carl Artmanns (‚ein lilienweißer brief aus lincolnshire, gedichte aus 21 jahren‘, 1969) oder in Ernst Jandls ironischen Wortspielen (‚Laut und Luise‘, 1966). Helmut Heißenbüttel (‚Das Textbuch‘, 1970) ging davon aus, dass sich die Welt nicht mehr vom Denken des einzelnen Menschen her verstehen lässt, sondern in verschiedene Sprachwelten auseinander gefallen ist. Die Elemente der selbstständig gewordenen Sprachwelten, häufig dokumentarische Zitate, werden miteinander kombiniert, um ideologische Verfestigungen aufzubrechen.

Politische Lyrik

Mit Hans Magnus Enzensbergers Gedichten ('Landessprache', 1960; 'Blindenschrift', 1964) setzte schon gegen Ende der fünfziger Jahre eine Gegenbewegung gegen Wirklichkeitsabkehr und Sprachspiel ein. Enzensberger schrieb in der Nachfolge Brechts politische Gedichte, allerdings nicht im marxistischen, sondern im ideologieskeptischen Sinn, nicht um einzugreifen, sondern um Verweigerung zu lehren. Dabei wurde seine Lyrik zum ironischen Spiel des Ohnmächtigen mit den tradierten Überzeugungen und Sprechweisen. Erich Fried hingegen nahm mit 'und Vietnam und' (1966) und 'Befreiung von der Flucht. Gedichte und Gegengedichte' (1968) wertend zu bestimmten Ereignissen Stellung, indem er im lakonischen Stil des späten Brecht offizielle Äußerungen und Meldungen kommentierte oder sie gegeneinander ausspielte. Am häufigsten gebrauchte er das Wortspiel, das unerwartete Perspektiven eröffnet, manchmal provoziert und so nachdenklich machen soll. So liegt also auch der politischen Lyrik ein ähnliches Spiel mit der Sprache zugrunde wie der experimentellen.

Neben dem politischen Gedicht finden sich politische Songs von Liedermachern wie Franz Josef Degenhardt ('Spiel nicht mit den Schmuddelkindern', 1967).

Hörspiel

In den fünfziger Jahren entwickelte sich das Hörspiel zu einer eigenständigen Kunstgattung. Es schafft aus Sprache und Geräuschen einen Fantasieraum, in dem innere Vorgänge wichtiger sind als äußere. Die Welt wird traumhaft geheimnisvoll. In dieser traumhaften Welt allerdings erleben die Figuren, aus ihrem gewohnten Leben aufgeschreckt, beispielhaft die angsterregende menschliche Einsamkeit und Unsicherheit. In Günter Eichs Hörspielen 'Geh nicht nach El Kuwehd' (1950) und 'Die Mädchen aus Viterbo' (1952) geht es darum, aus Träumen zu erwachen und sein Schicksal auf sich zu nehmen; in den 'Mädchen aus Viterbo' ist es der Abtransport ins KZ. Allerdings lassen gerade die Träume, eigentlich Albträume, das Entsetzliche überhaupt erst erkennen ('Träume', 1951). Auch Fred von Hoerschelmanns 'Das Schiff Esperanza' (1953) ist von der Erfahrung der Nazizeit geprägt. In dem Stück, das von Flüchtlingen handelt, die auf einer Sandbank dem sicheren Tod im Atlantik überlassen werden, geht es, wieder in einer geheimnisvollen Atmosphäre, um Menschenverachtung und Schuld, um unvermeidbares Schicksal und falsche Hoffnung. Der Überschwang der Liebe, der die patriarchalische Welt bedroht, wird in Ingeborg Bachmanns Hörspiel vom 'Guten Gott von Manhattan' (1958) mit dem Tode bestraft. So verbindet sich der traditionelle Rückzug in die Innerlichkeit mit dem Nachkriegsgefühl des Bedrohlichen oder gar Absurden. Auf komische Weise geschieht das in 'Herrn Walsers Raben' (1960) von Wolfgang Hildesheimer, einer Familienmordgeschichte, in der die Verwandten jedoch nicht ermordet, sondern in Raben verwandelt werden. In den sechziger Jahren entwickelt sich das Spiel mit den alltäglichen Sprachschablonen. Teils wird der unterdrückende oder verheimlichende Charakter der üblichen Redeweisen deutlich – so in Peter Handkes 'Hörspiel' (1968) –, teils wird das Spiel mit Sprache und Geräusch zum Selbstzweck.

Theater der Ausweglosigkeit

Kriegsdramen und zeithistorische Dramen, vor allem über die deutsche Spaltung, kennzeichnen das Theater in den ersten fünfzehn Jahren der Epoche. Die ihnen zugrunde liegende Haltung, das Gefühl der Schuld und Ausweglosigkeit, spricht jedoch am deutlichsten aus den Stücken, die gleichnishaft eine überzeitliche menschliche Problematik aufzeigen sollen. So bei den beiden Schweizern Max Frisch und Friedrich Dürrenmatt und bei Siegfried Lenz ('Zeit der Schuldlosen', 1961). Wolfgang Hildesheimer, der an das absurde Theater aus Frankreich anknüpft, führt in Hoff-

Zu Frisch und Dürrenmatt siehe S. 280 ff.

nungslosigkeit und Einsamkeit („Die Uhren', 1959; „Die Verspätung', 1961). Dürrenmatt lässt Menschen in einen unlösbaren Widerspruch geraten, um auszuprobieren, wie man sich darin verhalten kann. Frisch zeigt den ausweglosen Versuch, sich von dem Bild zu befreien, das die anderen einem Menschen aufzwingen. Die Politisierung in den sechziger Jahren unterbricht diese Tradition für kurze Zeit. Doch schon zu Beginn der siebziger Jahre greifen zuerst der Österreicher Thomas Bernhard („Ein Fest für Boris', 1970), dann Botho Strauß („Bekannte Gesichter, gemischte Gefühle', 1974) sie wieder auf und verstärken die Ausweglosigkeit.

Gesellschaftskritik und Identitätssuche auf der Bühne

In den sechziger Jahren entstehen Stücke, die Gesellschaftskritik üben, ohne auf allgemeinmenschliche, überzeitliche Modelle zurückzugreifen. Bei aller Gesellschaftskritik liegt aber das Augenmerk auf der Suche der Figuren nach ihrer Identität. Martin Walser beschreibt in „Eiche und Angora. Eine deutsche Chronik' (1962) satirisch den ungeschickten politischen Opportunisten, der mit seiner Anpassung immer ein wenig zu spät kommt. Peter Weiss verlangt in „Die Verfolgung und Ermordung Jean Paul Marats, dargestellt durch die Schauspielgruppe des Hospizes zu Charenton unter Anleitung des Herrn de Sade' (1964), dass mit der sozialen Revolution eine Befreiung der Sexualität und damit der Individualität einhergeht. In „Hölderlin' (1971) beschreibt er den Rückzug des revolutionär gesinnten Dichters in den Wahnsinn. Tankred Dorst fragt in „Toller' (1968) nach der Psyche des Künstlers in der Revolution. Adolf Muschg beschreibt in „Kellers Abend. Ein Stück aus dem 19. Jahrhundert' (1975) die seelischen Widersprüche des Radikaldemokraten, der sich inzwischen angepasst hat. Peter Handke greift die festgefahrenen Sprechweisen und mit ihnen die Verhaltensnormen an, die den Einzelnen seelisch verkrüppeln („Publikumsbeschimpfung', 1966; „Kaspar', 1968; „Der Ritt über den Bodensee', 1971).

Dokumentartheater

Politisierung und Literaturskepsis der sechziger Jahre führen zum Dokumentartheater, das im Wesentlichen auf die Vorbilder zurückgeht, die Erwin Piscator in den zwanziger Jahren schuf. Der dokumentarische Realismus dient jetzt dem Aufdecken verheimlichter oder verdrängter politischer und wirtschaftlicher Zusammenhänge, häufig im Rückgriff auf Gerichtsprotokolle. Rolf Hochhuth schreibt Geschichtsdramen, die das skandalöse Verhalten bekannter Personen anhand dokumentarischer Unterlagen entlarven sollen („Der Stellvertreter', 1963). Heinar Kipphardt („In der Sache J. Robert Oppenheimer', 1964) gibt die Gerichtsverhandlung gegen den Atomphysiker Oppenheimer wieder, um den Hörer über die Verantwortung des Naturwissenschaftlers für seine Erkenntnisse nachdenken zu lassen. Peter Weiss und Hans Magnus Enzensberger stellen keine individuellen Helden vor, sie bereiten authentisches Material zu einem Gleichnis für sozialhistorische Mechanismen auf. Weiss setzt ausgewählte und sprachlich überarbeitete Dokumente zu einem Modell zusammen, das die marxistische Analyse geschichtlicher Zusammenhänge bekräftigen soll („Die Ermittlung. Oratorium in 11 Gesängen', 1965; „Gesang vom lusitanischen Popanz', 1967). Am engsten hält sich Enzensberger an die authentischen Texte, wenn er die Gerichtsverhandlung gegen die Invasoren darstellt, die mit Unterstützung der USA 1961 Kuba zu erobern suchten („Das Verhör von Habana', 1970).

Zum Dokumentartheater Piscators siehe S. 217 und 250.

Volksstück

In den sechziger Jahren wird auch die Tradition des gesellschaftskritischen Volksstücks wieder aufgenommen. Es stellt die kleinen Leute aus der Provinz vor, die Umgangssprache bzw. Dialekt reden. Typisch ist ihre dumpfe, bewusstlose Unmenschlichkeit. Sie werden noch bissiger und karikierender gezeichnet als früher bei Ödön von Horváth und Marieluise Fleißer. Martin Sperr (,Jagdszenen aus Niederbayern', 1966) und Rainer Werner Fassbinder (,Katzelmacher', 1968) zeigen, wie Außenseiter verfolgt werden. In den frühen Stücken von Franz Xaver Kroetz (,Stallerhof', 1972) bleiben die Menschen einsam, unselbständig und gesprächsunfähig. Sie leben schablonenhaft dahin und werden in Selbstmord oder Verbrechen getrieben. Später gibt es bei ihm auch vorsichtig angedeutete Möglichkeiten eines Lernprozesses und einer positiven Lösung (,Oberösterreich', 1972; ,Mensch Meier', 1978). In ,Bremer Freiheit' (1971) zeigt Fassbinder, wie eine unterdrückte Frau, die sich nicht anders wehren kann, zur Mörderin wird.

Zum Volksstück bei Marieluise Fleißer und Horváth siehe S. 221 und 253.

Kurzgeschichte

In der frühen Nachkriegszeit bestimmt die Kurzgeschichte in der Tradition der US-amerikanischen ,short story' das Bild der erzählenden Formen. Sie erlaubt, sich auf einen entscheidenden, existenzerhellenden Augenblick im Leben eines Menschen zu konzentrieren und zugleich eine nüchterne Bestandsaufnahme seiner Alltagswelt vorzunehmen, die aufs Allereinfachste, ja Kreatürliche reduziert ist. Die Sprache ist einerseits lakonisch, signalisiert andererseits durch Kontrastierungen, Auslassungen, Andeutungen den inneren Zustand des Einzelnen. Die Geschichten sind geschrieben aus der Sicht der getretenen, unterdrückten kleinen Leute, des Landsers, des Flüchtlings. Sie werden nicht heroisiert, sie sind schwach, schuldig, aber nicht schlecht. Am Ende steht keine Lösung, keine Sicherheit, sondern Tod oder Weiterleben im Ungewissen, aber auch Hoffnung auf die brüderliche Geste in den kleinen Dingen des Lebens. Wolfdietrich Schnurres frühe Erzählungen, gesammelt unter dem Titel ,Die Rohrdommel ruft jeden Tag' (1950), handeln u. a. vom Krieg (,Auf der Flucht', 1945) oder vom Tod Gottes (,Das Begräbnis', 1947). Wolfgang Borcherts Titelgeschichte der Sammlung ,Die Hundeblume. Erzählungen aus unseren Tagen' (1947) und die Erzählung ,Nachts schlafen die Ratten doch' aus der zweiten Erzählsammlung ,An diesem Dienstag' (1947) handeln von den kleinen Dingen und Gesten, die Trost spenden etwa im Gefängnis und während der Verfolgung. Die Titelgeschichte von Bölls Sammlung ,Wanderer, kommst du nach Spa …' (1950) erzählt von einem Schwerverletzten, der das Notlazarett, in dem er behandelt wird und wohl sterben muss, als seine alte Schule wiedererkennt. In ,Der Zug war pünktlich' (1949) fährt ein Soldat an die Front, wo er Liebe und Menschlichkeit entdeckt, bevor er vermutlich sterben wird.

Roman

Der Roman ist weiterhin die wichtigste Gattung. Während die Vorkriegsautoren ihre letzten Romane vorlegen (Hans Henny Jahnn ,Die Nacht aus Blei', 1956; Ernst Jünger ,Heliopolis. Rückblick auf eine Stadt', 1949, zweite Fassung 1965; Thomas Mann ,Bekenntnisse des Hochstaplers Felix Krull', 1954), entwickeln die jungen Autoren der fünfziger Jahre den Nonkonformismus: Sie kritisieren, oft satirisch, die Gesellschaft der Gegenwart, die sich nicht von der nationalsozialistischen Vergangenheit gelöst hat, in der die Herzlosigkeit weiterlebt und die Individualität weiterhin nicht zählt, und sie suchen nach ihrer Identität im Alltag, in dem sie sich nicht zurechtfinden. Die Helden sind häufig am unteren Rand des Kleinbürgertums angesiedelt, oft auch vereinzelte

Zu Thomas Mann siehe S. 255 f.

Intellektuelle; der Blick der Autoren richtet sich von unten auf die Gesellschaft. Für Hans Erich Nossack (‚Spätestens im November‘, 1955) ist die Welt absurd geworden. Heinrich Böll verbindet Satire mit moralischem Engagement (‚Und sagte kein einziges Wort‘, 1953; ‚Billard um halbzehn‘, 1959; ‚Ansichten eines Clowns‘, 1963; ‚Gruppenbild mit Dame‘, 1971), Martin Walser verknüpft sie mit sozialpsychologischer Analyse des mittelständischen Individuums (‚Ehen in Philippsburg‘, 1957; ‚Halbzeit‘, 1960; ‚Die Gallistl‘sche Krankheit‘, 1972). Dass die Suche nach der Identität in einer standardisierten Welt nicht nur ein deutsches Problem ist, zeigen Max Frischs ‚Stiller‘ (1954) und ‚Homo faber‘ (1957). Bei Günter Grass wird aus der satirischen eine groteske Darstellung (‚Die Blechtrommel‘, 1959; ‚Hundejahre‘, 1963).

Zu Max Frisch siehe S. 281 f.

Zu Günter Grass siehe S. 285 f.

In den sechziger Jahren nehmen Schriftsteller wie Böll, Grass und Walser auch politisch Stellung. Die Arbeitswelt rückt in den Blick. Auf der anderen Seite herrscht eine Art sachlicher Resignation. Peter Handke registriert die Macht der Sprachschablonen über die Wirklichkeit (‚Die Angst des Tormanns beim Elfmeter‘, 1970). In der sogenannten ‚Kölner Schule‘ entsteht eine nüchterne, den Gefühlsausdruck aussparende Beschreibung des deprimierenden Alltags (Rolf Dieter Brinkmann ‚Keiner weiß mehr‘, 1968; Dieter Wellershoff ‚Die Schattengrenze‘, 1969). Sachlich, aber mit grotesken Zügen, beschreibt Elias Canetti in ‚Die Blendung‘, wie der Büchermensch in der korrupten Welt des Alltags untergeht. Sein früher Roman von 1935/36 wird erst in den sechziger Jahren bekannt. Thomas Bernhard schreibt Protokolle der Hoffnungslosigkeit (‚Verstörung‘, 1967; ‚Das Kalkwerk‘, 1970; ‚Korrektur‘, 1975). Nüchtern protokollierend, Teilaspekte sammelnd, zugleich durch ungewöhnliche Sprache verwirrend, tastet Uwe Johnson sich an die traurige gesamtdeutsche Wirklichkeit heran (‚Das dritte Buch über Achim‘, 1961).

Einige bringen die dokumentarische Richtung in den Epochenroman ein. Alfred Andersch, der in ‚Sansibar oder der letzte Grund‘ (1957) noch einmal das Thema der Flucht aus Nazideutschland aufgegriffen hatte, beschreibt in ‚Winterspelt‘ (1974) einen fiktiven, aber historisch möglichen Einzelfall, nämlich den Plan eines deutschen Offiziers, mit seinem Bataillon bei einem amerikanischen Angriff zu kapitulieren. Von diesem mehr aus Resignation als aus bewusstem Widerstand hervorgegangenen Plan aus soll die nationalsozialistische Epoche erhellt werden.

AUTOREN

Stimmen aus der Schweiz: Frisch und Dürrenmatt

Friedrich Dürrenmatt (1921–1990) – Gerechtigkeit in der verwalteten Welt

Dürrenmatt, der auch ein begabter Maler und Zeichner war, wuchs auf in einem protestantischen Pfarrhaus im Emmental, ging in Bern aufs Gymnasium und studierte in Bern und Zürich Literatur, Philosophie und Naturwissenschaften. Ab 1952 wohnte er in Neuchâtel. Nach dem frühen Drama ‚Es steht geschrieben‘ (1947, umgearbeitet als ‚Die Wiedertäufer‘, 1967) erschienen in rascher Folge die grotesk- oder tragikomischen Stücke, die ihn berühmt machten, darunter: ‚Romulus der Große. Eine ungeschichtliche historische Komödie‘ (1949, fünfte Fassung 1980), ‚Die Ehe des Herrn Mississippi‘ (1952, fünfte Fassung 1980), ‚Ein Engel kommt nach Babylon‘ (1953, dritte Fassung 1980), ‚Der Besuch der alten Dame. Eine tragische Komödie‘ (1956, zweite Fassung 1980), ‚Die Physiker‘ (1962, zweite Fassung 1980), ‚Der Meteor‘ (1966, zweite Fassung 1980), ‚Porträt eines Planeten‘ (1970), ‚Die Frist‘ (1977), ‚Achterloo‘ (1983, letzte Überarbeitung 1988). Daneben verfasste Dürrenmatt auch Hörspiele (‚Das Unternehmen der Wega‘, 1965) und bearbeitete fremde Stücke (‚Play Strindberg. Totentanz nach August Strindberg‘, 1969 und ‚Titus Andronicus. Eine Komödie nach Shakespeare‘, 1970). Gelegentlich arbeitete er an den Inszenierungen seiner Dramen mit, 1968/69 auch an der Direktion des Basler Theaters.

Seine Erzählungen reichen von der frühen makabren Kurzprosa (u. a. ‚Der Tunnel‘, 1952) über Kriminalgeschichten der fünfziger Jahre (‚Der Richter und sein Henker‘, 1950/51; ‚Der Verdacht, 1951/52; ‚Das Versprechen. Requiem auf den Kriminalroman‘, 1958) bis zu dem kleinen Roman ‚Grieche sucht Griechin. Eine Prosakomödie‘ (1955), der Erzählung ‚Die Panne. Eine noch mögliche Geschichte‘ (1956, als Hörspiel 1961, als Theaterstück 1979), der Novelle ‚Der Auftrag oder vom Beobachten des Beobachters der Beobachter‘ (1986) und dem späten Roman ‚Durcheinandertal‘ (1989). In theoretischen Schriften (u. a. ‚Theaterprobleme‘, 1955; ‚Abschied vom Theater‘, 1991) legte der Autor seine Auffassung von den Aufgaben des Theaters in unserer Zeit dar. Er sah sein Werk nie als abgeschlossen an. Für die Gesamtausgabe von 1980 hatte er von vielen seiner Werke Neufassungen hergestellt.

Kurz vor seinem Tod im Jahr 1990 hielt er die Lobrede bei einer Preisverleihung auf den früheren tschechischen Dissidenten und späteren Staatspräsidenten Vaclav Havel, in der er sich unter dem Titel ‚Die Schweiz – ein Gefängnis‘ kritisch und ironisch mit seinem Vaterland auseinandersetzte.

Dürrenmatt stellt einen Außenseiter, der Gerechtigkeit will, in eine untergehende Gesellschaft, die keine Werte mehr kennt und hinter vornehmer, rechtschaffener Fassade ihre Verbrechen und Laster verbirgt. Auf unerwartete Weise bekommt die Fassade einen Sprung. Sofern der Außenseiter nun Gerechtigkeit auch durchsetzen will, bewirkt er nur neue Ungerechtigkeit. Auf den ersten Blick sieht es so aus, als scheiterte er am Zufall. Dieser Zufall aber tritt regelmäßig ein. In ihm erscheint also ein Gesetz, und zwar das Gesetz der „schlimmstmöglichen Wendung" des Geschehens, schlimmstmöglich sowohl für den Gerechten als auch für die ganze Zivilisation.

Dürrenmatt sieht die Gesellschaft als ein anonym gewordenes Verwaltungssystem an, in dem keine persönliche Entscheidung und Verantwortung möglich sind, in dem es daher auch keine persönliche Schuld gibt. Die Menschen sind austauschbar. Das Schlechte liegt nicht in bestimmten Einzelmenschen, sondern in der Korruption und Verlogenheit, die von diesem System befördert werden, an das alle Einzelnen sich so angepasst haben, dass sie zu jeder Untat manipulierbar sind. Wer sich nicht mit der folgenlosen Wirksamkeit im kleinen, privaten Bereich begnügt, hat es letztlich mit der gesamten menschlichen Zivilisation als einem solchen System zu tun. Er kann versuchen, sie listig oder erpresserisch mit ihren eigenen Mitteln zu schlagen. Aber damit hat er sich, gewollt wie die alte Dame oder ungewollt wie Romulus, an ihre

Unmenschlichkeit angepasst und sie damit bestätigt. Diese Bestätigung äußert sich im Sieg der korrupten Zivilisation, der zufällig sein kann, aber immer folgerichtig ist. Man muss mitmachen. Man kann sich der untergehenden Gesellschaft nicht einmal entziehen, wie der Physiker Möbius es versucht, der sie damit vor den schrecklichen Konsequenzen seiner Wissenschaft zu retten versucht, denn es gibt keinen gesellschaftsfreien Raum außer im Tod. Ja, dem Schriftsteller Schwitters (,Der Meteor') gelingt es nicht einmal zu sterben. (Darum führt Dürrenmatts Forderung, sich auf das Nächstliegende zu beschränken und das Chaos des Ganzen auszuhalten, in seinen Texten nie zu einem glücklichen Leben. Das Glück, das nur außerhalb der Gesellschaft möglich wäre, ist unerreichbar.) So wird der Gerechte lächerlich und gefährlich zugleich in seinem Richteramt, aber auch tragisch, weil die Forderung nach Gerechtigkeit deswegen nicht weniger wert ist. Die Besinnung, die er bei Einzelnen auslösen kann, bleibt für das Ganze folgenlos. Die äußere Ordnung der Welt löst sich grotesk auf, Sinnlosigkeit wird sichtbar.

Max Frisch (1911–1991) – Identitätslosigkeit und Einsamkeit in der standardisierten Welt

Nach einigen Semestern Germanistik in Zürich durchwanderte der Architektensohn den Balkan und versuchte sich als Journalist und Autor. Ein wohlhabender Freund ermöglichte ihm das Studium der Architektur in Zürich (1936–1942), das mehrfach durch Einberufung zum Wehrdienst unterbrochen wurde. Anschließend eröffnete er ein Architekturbüro, das er 1955 wieder aufgab. Danach lebte er als freier Schriftsteller mit wechselnden Wohnsitzen im Tessin, in Rom (1960–1965 mit Ingeborg Bachmann), in Berlin und New York. Frischs frühe Werke, die schon alle zentralen Themen seiner späteren enthalten, blieben von den Zeitereignissen unberührt. Erst gegen Ende des Weltkriegs begann der Autor, und zwar in den Stücken ,Nun singen sie wieder. Versuch eines Requiems' (1945) und ,Als der Krieg zu Ende war' (1949), sich literarisch mit dem Krieg auseinanderzusetzen. Das Drama ,Die Chinesische Mauer. Eine Farce' (1946) warnt vor dem Atomkrieg. In dieser Zeit entwickelte er auch seine eigene literarische Formensprache. Den eben genannten Dramen folgten u. a. das Moritatenstück ,Graf Öderland' (1951, dritte Fassung 1961), die Komödie ,Don Juan oder Die Liebe zur Geometrie' (1953, zweite Fassung 1962), die beiden Parabelstücke ,Biedermann und die Brandstifter. Ein Lehrstück ohne Lehre' (1958, zuerst als Hörspiel 1953) und ,Andorra' (1961) sowie ,Biografie. Ein Spiel' (1967, zweite Fassung 1968). Ihnen stehen drei Romane zur Seite: ,Stiller' (1954), ,Homo faber. Ein Bericht' (1957) und ,Mein Name sei Gantenbein' (1964).

Nach 1945 setzte auch Frischs zeitkritische Essayistik ein. Dieses Engagement führte 1966/67 zum ,Zürcher Literaturstreit': Der Autor verteidigte die moderne Literatur gegenüber dem Vorwurf der Dekadenz und Unmoral, den der Literaturprofessor Emil Staiger erhoben hatte. Im Zusammenhang mit dieser Essayistik, die ab Mitte der sechziger Jahre manchmal auch im engeren Sinn politisch war, entstand ,Wilhelm Tell für die Schule' (1971), eine schweizkritische Neuerzählung des Tell-Stoffes. Kurz vor seinem Tod ergriff er noch einmal das Wort mit dem ironisch-doppelbödigen Beitrag ,Schweiz ohne Armee. Ein Palaver' (1989). Zwischen der Zeitkritik, die die Essayistik bestimmt, und der persönlichen Problematik, die in Frischs fiktiver Literatur vorherrscht, vermittelt das Tagebuch (,Tagebuch 1946–1949', 1950; ,Tagebuch 1966–1971', 1972). Das Spätwerk, das um 1975 einsetzt, ist gekennzeichnet durch zeitkritische Essays einerseits und andererseits durch fiktive Texte, die von privater Problematik handeln. In ,Montauk' (1975) verknüpfen sich scheinbar naives Erzählen sowie autobiografisches und tagebuchartiges Schreiben miteinander. Die Erzählung ,Der Mensch erscheint im Holozän' (1979) handelt vom einsamen Altern und Sterben. In einer letzten Stellungnahme vor seinem Tod, als sich herausstellte, dass er 43 Jahre lang von der Schweizer Polizei überwacht worden war, meinte er, mit der Schweiz verbände ihn nur noch der Reisepass.

Die Essays, in denen Frisch sich als demokratischer Bürger äußert, sind deutlich geschieden von den dichterischen Werken. Diese handeln von Menschen, die aus der standardisierten Welt, in der sie auf die immer gleichen Rollen festgelegt werden, auszubrechen suchen, um in einer ursprünglichen Welt, in der noch nicht alles durch Konvention, Literatur und Medien vorprogrammiert ist, ihr wirkliches Wesen zu finden. Zugleich freilich fürchten sie sich vor Unsicherheit und pflanzenhaft-sinnlichem Leben. Immer wieder wollen sie sich ihr Wesen von anderen, meist vom anderen Geschlecht, deuten lassen. Doch dabei müssen sie erfahren, dass jeder sie anders und doch wieder nur klischeehaft erlebt. Schließlich wäre ihr Wesen, hätten sie es gefunden, wieder etwas Bestimmtes, Festgelegtes. Sie können es daher gar nicht wirklich finden wollen, es sei denn im Unausgesprochenen. Einerseits wollen sie von anderen wissen, wer sie sind, andererseits besteht die Liebe, wie Frisch lehrt, gerade darin, dass man sich kein festes Bild vom anderen macht. So leben die Ausbrecher, die doch nicht ausbrechen wollen, in unbefriedigter Sehnsucht oder schließlich in Resignation und in Angst vor dem Tod, der sie aus einem unerfüllten Leben holt. Denn wer sich nie festlegen will, muss im Möglichen verharren. Das erfahren Frischs Gestalten als Lebensuntüchtigkeit – sie können sich für nichts engagieren und müssen vor den Ansprüchen anderer versagen – sowie als ständige Infragestellung ihrer selbst: Sie sind nur zufällig zu denen geworden, die sie sind; aber der Zufall lässt sich nicht mehr rückgängig machen, denn zusammen mit ihnen hat sich auch ihre ganze Umgebung gebildet, die sie festhält.

Frisch selbst sucht dem Festgelegtwerden durch das Schreiben zu entgehen, das Schreiben einerseits als Gespräch mit sich selbst über sich selbst, als endloses Ausprobieren von Rollen und Geschichten, die alle um das Eigentliche, Unausgesprochene kreisen, das Schreiben andererseits als produktives Tun in der Wirklichkeit. Ebenso wie der Autor verhalten sich auch die meisten seiner Romanhelden durch tagebuchartiges Schreiben zu sich selbst. Darum herrscht in seiner Prosa die Ich-Form, das Selbstgespräch, die Erinnerung, das Tagebuch vor. Allerdings sind die Menschen damit auch selbstbezogen, sie missverstehen einander und reden aneinander vorbei. Vor allem: Sie werden, auch wenn sie sich selbst nie finden, doch aneinander schuldig.

Während so im Privaten alles scheitert, lassen sich aus der Suche nach dem Eigentlichen, das nicht sprachlich festgelegt werden darf, doch gesellschaftliche Modelle entwickeln, wenngleich nur abstrakte. In ‚Andorra‘ führt die Missachtung des Verbotes, den anderen Menschen auf ein Bild festzulegen, zum Mord. Der ‚Biedermann‘ verstellt sich durch Redensarten den Blick auf die bedrohliche gesellschaftliche Wirklichkeit. Frisch zeigt auch, was nötig wäre, um dem privaten Scheitern wie der gesellschaftlichen Katastrophe zu entgehen: die bewusste Übernahme der Verantwortung gegenüber den anderen, die man immer hat, ob man will oder nicht. Dieser Forderung folgt der Autor, indem er sich demokratisch engagiert. So schlägt er schließlich doch einen Kreis von seiner Dichtung zu seinen Essays.

Exkurs: Formen des Komischen

Jemand wirkt dann *komisch*, wenn wir erleben, wie sein Anspruch auf geistige Selbstbestimmung plötzlich und unerwartet in sich zusammenfällt, so dass er als bloße Natur erscheint, dem Zufall, seinen Trieben ausgeliefert. Insofern steckt im Lachen immer ein Stück Auslachen. Die komische Person hingegen muss es gar nicht komisch finden, wenn sie ausrutscht, eine dumme Antwort gibt, ihren fein eingefädelten Plan plötzlich vor aller Augen misslingen sieht. Darum lachen wir umso weniger, je mehr wir uns mit der komischen Figur identifizieren.

Wenn die komische Person trotzdem lacht, sich sozusagen zugleich von außen sehen kann, dann hat sie *Humor*. Es kann geschehen, dass uns beim Lachen das Lachen vergeht. Bertolt Brechts Ballade ‚Apfelböck oder die Lilie auf dem Felde' beginnt so: „Im milden Lichte Johann Apfelböck / Erschlug den Vater und die Mutter sein." Die Aussage beansprucht einerseits, uns zu erheben, wenn vom „milden Lichte" die Rede ist, auch noch mit altmodisch-vornehmem Dativ-e und ebensolcher Nachstellung von „sein"; andererseits konfrontiert sie uns unerwartet mit dem Durchbruch brutaler Natur. Dieser Kontrast wirkt komisch; zugleich aber ist es bedrohlich, wenn das Umbringen der Eltern so selbstverständlich naturhaft ist wie das Scheinen der Sonne. Wenn das Komische in dieser Weise das Wert- und Selbstverständnis des Lesers bedroht, wird es *grotesk*. Das *Groteske* ist Ausdruck einer für den Zuschauer absurden Welt. Das Komische kann sich auch mit dem Tragischen verbinden. Das nebeneinander beider gibt es schon im Theater des 18. Jhs. Aber es wird erst zu einer notwendigen Verbindung, wenn der Zuschauer erlebt, dass er selbst im Grunde mitschuldig ist am Entstehen des bedrohlich *Grotesken*. Diese Form des *Tragikomischen* findet sich z.B. bei Frisch und Dürrenmatt. Für sie ist die Welt ebenso sinnlos und *absurd* geworden wie für die französischen Existenzialisten. Denn wenn alles sinnlos ist, ist die Schuld, den Tod so vieler anderer in Weltkrieg und Völkermord überlebt zu haben, weniger bedrückend. Aber im Gegensatz zu Ländern, die ihre tatkräftige Kollaboration mit Hitlerdeutschland verdrängt hatten, musste die Schweiz sich mit einer vergleichsweise geringen Schuld auseinandersetzen, so mit der peinlichen Rolle der Banken und der Auslieferung von Flüchtlingen. Daher konnten die beiden Schweizer das Gefühl zulassen, potentiell mitschuldig zu sein: Was in Deutschland geschah, hätte überall, hätte auch in der Schweiz passieren können. So kommt es, dass Frisch und Dürrenmatt nicht beim *Grotesken* stehen blieben, sondern gleichnishafte, für alle gültige Tragikomödien schreiben konnten.

Zu den französischen Existentialisten siehe S. 271.

Zwei Epiker der kleinen Leute: Böll und Grass

Heinrich Böll (1917–1985) – Die Menschenwürde des kleinen Mannes

Der Sohn eines Kölner Kunsttischlers wuchs in einer katholisch geprägten Familie auf. Nach einer abgebrochenen Buchhändlerlehre begann er 1939 mit dem Studium der Germanistik und Altphilologie. Im selben Jahr schon wurde er zum Wehrdienst einberufen und als Soldat an verschiedenen Fronten eingesetzt. Nach der Entlassung aus amerikanischer Kriegsgefangenschaft 1945 kehrte er nach Köln zurück, nahm das Studium formell wieder auf und lebte von wechselnden Arbeiten, zuletzt als Hilfskraft beim Statistischen Amt der Stadt Köln. Seit 1947 veröffentlichte er seine ersten Erzählungen und Kurzgeschichten: ‚Der Zug war pünktlich' (1949), ‚Wanderer, kommst du nach Spa …' (Sammelband, 1950), ‚Die schwarzen Schafe' (1951). Letztere war die erste prämierte Erzählung der Gruppe 47. Erst 1992 konnte sein Nachkriegsoman ‚Der Engel schwieg' erscheinen, 2004 wurde auch sein noch in der Vorkriegszeit entstandener Roman ‚Am Rande der Kirche' veröffentlicht. In beiden kritisiert er die katholische Amtskirche, ein zentrales Thema auch seines späteren Werkes.

In den fünfziger Jahren – ab 1951 war er freier Schriftsteller – wurde Böll zum repräsentativen Kritiker des zeitgenössischen Wohlstandsstrebens. Er schrieb sowohl satirisch (‚Nicht nur zur Weihnachtszeit. Eine humoristische Erzählung', 1952; ‚Doktor Murkes gesammeltes Schweigen und andere Satiren', 1958) als auch realistisch: die Romane ‚Wo warst du, Adam?' (1951), ‚Und sagte kein einziges Wort' (1953), ‚Haus ohne Hüter' (1954) und die Erzählung ‚Das Brot der frühen Jahre' (1955). Der Roman ‚Billard um halbzehn' (1959) verbindet Gegenwartskritik mit dem historischen Rückblick bis hin zum Kaiserreich. Sein Verständnis von den Aufgaben der Literatur legte Böll in den ‚Frankfurter Vorlesungen' (1966) dar.

Zur Gruppe 47 siehe S. 273.

Die Rote Armee
Fraktion (RAF) war
eine linksextremis-
tische terroristische
Vereinigung in der
Bundesrepublik
Deutschland. Sie wur-
de 1970 gegründet
nach dem Vorbild
der südamerikani-
schen Stadtguerilla.
Die Gruppe war
verantwortlich für
zahlreiche Morde,
Banküberfälle und
Sprengstoffattentate.
1998 erklärte sie ihre
Selbstauflösung.

Zu Beginn der sechziger Jahre verstärkte sich seine Kritik. In Aufsätzen und Essays erwies er sich als engagierter, manchmal aggressiver Demokrat (u. a. ‚Hierzulande. Aufsätze zur Zeit‘, 1963; ‚Aufsätze, Kritiken, Reden‘, 1969). Er beschrieb nun Außenseiter, die sich bewusst von der Gesellschaft abwenden, so im Roman ‚Ansichten eines Clowns‘ (1963), in den satirischen Erzählungen ‚Entfernung von der Truppe‘ (1964) und ‚Ende einer Dienstfahrt‘ (1966). Vertieft durch eine Art weltlicher Religiosität erscheint diese Haltung in seinem Epochenroman ‚Gruppenbild mit Dame‘ (1971). 1977 trat Böll aus der katholischen Kirche aus, die untergründigen religiösen Züge verstärkten sich jedoch in seinem Spätwerk.

Die Anfeindungen, denen der kritische Autor schon in den fünfziger Jahren ausgesetzt war, häuften sich, besonders als er 1972 Menschlichkeit auch gegenüber den Terroristen der RAF forderte. (Zugleich unterstützte er Dissidenten aus dem Osten.) Böll reagierte scharf. Auf die Anfeindungen der Springer-Presse antwortete er mit der Novelle ‚Die verlorene Ehre der Katharina Blum oder: Wie Gewalt entstehen und wohin sie führen kann‘ (1975), auf Schnüffelei mit den satirischen ‚Berichten zur Gesinnungslage der Nation‘ (1975), mit der Erzählung ‚Du fährst zu oft nach Heidelberg‘ (1977) und dem Roman ‚Fürsorgliche Belagerung‘ (1979). Sein publizistisches Werk wuchs weiter (‚Neue politische und literarische Schriften‘, 1973; ‚Einmischung erwünscht. Schriften zur Zeit‘, 1977). In seinem letzten Roman ‚Frauen vor Flusslandschaft‘ (1985) karikierte er das politische Bonn.

Böll sieht die Unmenschlichkeit, Autoritätshörigkeit und Sinnlosigkeit, die er im Krieg erfuhr, in anderer Form weiterleben. Er kritisiert die „Abfallgesellschaft", die sich nach Konsum und Status richtet, die Schwachen zur Seite stößt, die Untaten der Vergangenheit verdrängt und wieder aufrüstet, eine Gesellschaft, in der Menschen verbraucht werden, als wären sie Dinge. In der kalten bürokratischen Welt unpersönlicher und sinnloser Verordnungen sehnt er sich nach Gleichheit und Brüderlichkeit, nach spontaner, herrschaftsfreier Menschlichkeit. Am meisten hasst er die Heuchelei, das Christentum ständig im Munde zu führen, seinen Geist dagegen zu verleugnen. Er prangert die Verstrickung der Kirche in weltliche Interessen an.

Seine Helden sind die „schwarzen Schafe", kleine Leute, die sich verweigern, die nicht verdrängen wollen und die um ihren persönlichen Freiraum und ihre Würde kämpfen, manchmal listig, manchmal gewaltsam, manchmal wohl auch selbstgerecht. Ihr Bollwerk sind Familie und nachbarschaftlicher Zusammenhalt. Diese beiden sind jedoch vielfältig bedroht. Im Gegensatz zur öffentlichen Heuchelei, die die Form bewahrt und den Sinn vergisst, sucht der Autor dieses Bollwerk dem Sinn nach zu bewahren: Hans Schnier (‚Ansichten eines Clowns‘) fasst das Zusammenleben mit seiner Freundin als freiwillige eheliche Bindung auf, ihre Heirat mit einem katholischen Verbandsfunktionär als ehebrecherische Unterwerfung unter einen äußeren Zwang. Vor allem in den kleinen Dingen des Lebens, in der brüderlichen oder zärtlichen Geste oder auch im gemeinsamen Essen lebt für Böll das christliche Sakrament weiter, nicht z. B. aber in geheuchelter, anpasserischer Reue. In seinen satirischen Texten entlarvt Böll Erstarrung und Sinnlosigkeit der verwalteten Welt mit Hilfe des Verweigerers, des kleinen Mannes, der jedoch entweder zu den herrschenden Kreisen Zugang hat oder im Dienst einer bürokratischen Institution steht und sie ad absurdum führen kann. Diese satirische Kritik steht in fruchtbarer Spannung zur humoristischen Kritik, der auch die Verweigerer, die nicht unfehlbar sind, ausgesetzt werden.

Günter Grass (geboren 1927) – Angst und Lust beim Untergang des Kleinbürgertums

Grass ist nicht nur Schriftsteller, sondern auch Bildhauer, Grafiker und Maler. Er stammt aus Danzig, wo seine Eltern – die Mutter war kaschubisch-polnischer, der Vater deutscher Abstammung – ein Lebensmittelgeschäft führten. Als er Flakhelfer war, meldete sich der Fünfzehnjährige freiwillig zur Wehrmacht und wurde nach dem Arbeitsdienst als Siebzehnjähriger zur Waffen-SS eingezogen. 1946 wurde er aus amerikanischer Kriegsgefangenschaft entlassen. Dass er die Mitgliedschaft in der Waffen-SS, die er den amerikanischen Truppen bei der Gefangennahme nicht verschwiegen hatte, der Öffentlichkeit erst 2006 in seiner Autobiografie mitteilte, führte zu einer lebhaften Diskussion. Auf die Kritik antwortete Grass mit dem Buch ‚Dummer August‘ (2007).

Nach Arbeiten auf dem Lande und in einem Kaliberwerk absolvierte er ein Praktikum als Steinmetz. Von 1948 bis 1956 studierte er Bildhauerei in Düsseldorf und Berlin, daneben begann er mit schriftstellerischen Arbeiten: ‚Die Vorzüge der Windhühner‘. Gedichte, Prosa, Zeichnungen‘ (1956) und die absurden Theaterstücke ‚Onkel, Onkel‘ (1958) und ‚Die bösen Köche‘ (1961). 1959 erschien sein erster und wichtigster Roman: ‚Die Blechtrommel‘. Zusammen mit der Novelle ‚Katz und Maus‘ (1961) und dem Roman ‚Hundejahre‘ (1963) bildet er die ‚Danziger Trilogie‘. Gleichzeitig veröffentlichte Grass Gedichte (‚Gleisdreieck‘, 1960; ‚Ausgefragt‘, 1967).

In der Mitte der sechziger Jahre begann Grass, politisch Stellung zu nehmen. Mit dem Drama ‚Die Plebejer proben den Aufstand‘ (1966) kritisierte er Bertolt Brechts Haltung gegenüber dem Aufstand in der DDR vom 17. Juni 1953. Auch der Roman ‚Örtlich betäubt‘ (1969) und manche Gedichte aus dem Band ‚Ausgefragt‘ (1967) sind vom politischen Engagement geprägt, das sogar zu Wahlreden für die SPD führte. Die politischen Äußerungen dieser Periode sind gesammelt in: ‚Über das Selbstverständliche. Reden, Aufsätze, Offene Briefe, Kommentare‘ (1974), die literaturtheoretischen in: ‚Über meinen Lehrer Döblin und andere Vorträge‘ (1968). ‚Aus dem Tagebuch einer Schnecke‘ (1972) ist ein tagebuchartiger Roman, der ein Bekenntnis zur sozialdemokratischen Reformpolitik enthält. Nach seiner Teilnahme am letzten Wahlkampf

für den Kanzlerkandidaten Willy Brandt zog Grass sich aus der politischen Öffentlichkeit zunächst zurück. Nun erschienen wieder größere Prosaarbeiten: der Roman ‚Der Butt‘ (1977), die Erzählungen ‚Das Treffen in Telgte‘ (1979) und ‚Kopfgeburten oder Die Deutschen sterben aus‘ (1980) und schließlich der Roman ‚Die Rättin‘ (1986). Mit Zeichnungen und Notizen antwortete er auf das Elend der Dritten Welt, das er auf einer Indienreise erlebte (‚Zunge zeigen. Ein Tagebuch in Zeichnungen, Prosa und einem Gedicht‘, 1988) und auf die Umweltzerstörung (‚Totes Holz. Ein Nachruf‘, 1990).

Die Wiedervereinigung forderte Grass erneut zur politischen Stellungnahme heraus. In Reden und Interviews trat er für eine Konföderation beider deutscher Staaten ein anstelle der Einverleibung der DDR in die Bundesrepublik. In der umfangreichen Erzählung ‚Unkenrufe‘ (1992) spricht sich die Angst vor einer wirtschaftlichen Vereinnahmung Polens aus. Der Roman ‚Ein weites Feld‘ (1955) zieht Parallelen zwischen der deutschen Reichsgründung 1871 und der Wiedervereinigung.

1999 erschien ‚Mein Jahrhundert‘, eine Sammlung von Erinnerungen verschiedener fiktiver Personen, eine Geschichte zu jedem Jahr von 1900 bis 1999. Damit wendet er sich der Erinnerungsliteratur zu. Dazu gehört seine Autobiografie ‚Beim Häuten der Zwiebel. Erinnerungen‘ (2006), der Roman ‚Die Box. Dunkelkammergeschichten‘ (2008), in dem er, halb biografisch, halb fiktiv, seine Kinder über ihn reden lässt, und auch die Novelle ‚Im Krebsgang‘ (2002), in der er den Untergang des deutschen Flüchtlingsschiffes ‚Wilhelm Gustloff‘ im Jahr 1945 beschreibt. Mit dieser Beschreibung der größten Schiffskatastrophe im 2. Weltkrieg reiht Grass sich ein in die Reihe derer, die die traumatischen Kriegserinnerungen endlich zur Sprache bringen. Grass hat seine Romane schon lange mit Radierungen begleitet, in ‚Mein Jahrhundert‘ wird jede Geschichte mit einem Aquarell eingeleitet. Diese Verbindung von Sprache und Bild ist noch enger in ‚Fundsachen für Nichtleser‘ (1997), ein Buch, in dem er die alte Gattung des Emblems aufgreift und mit Wasserfarben malt und schreibt. Kohlezeichnungen und (zumeist erotische) Gedichte sind in ‚Letzte Tänze‘ (2003) vereint.

Die Wilhelm Gustloff, an deren Bord sich Tausende Flüchtlinge aus Ostpreußen befanden, wurde am 20. Januar 1945 von einem sowjetischen U-Boot versenkt. 9 000 Menschen kamen ums Leben.

Zum Emblem siehe S. 43.

Grass spiegelt das Große im Kleinen: die Welt in Danzig, die Gesellschaft im Kleinbürgertum, den Nationalsozialismus in einer Kleinhändlerfamilie (‚Die Blechtrommel‘), die Weltgeschichte in der Küche (‚Der Butt‘), die Erwachsenenwelt in derjenigen der Kinder (‚Danziger Trilogie‘). Sein Verhältnis zum kleinbürgerlichen Alltag, um den seine Texte kreisen, ist in sich widersprüchlich. Er findet hier Geborgenheit und Lebensfülle, wie sie bestimmte Frauengestalten verkörpern, aber auch Mitläufertum, unterschwellige Bereitschaft zur Gewalt, zum Anschluss an Ideologien, die aus der heillosen großen Welt stammen. Die Widersprüchlichkeit führt zu einer Figur wie Oskar Matzerath, dem Helden der ‚Blechtrommel‘, der als Dreijähriger aufhört zu wachsen: Er genießt einerseits kindliche Geborgenheit und Freiheit von Verantwortung, zeigt andererseits als schamloses, misstrauisches und noch unangepasstes Kind, freilich mit ausgereiftem Verstand, was die Erwachsenen hinter ihren Fassaden verbergen. Mit der Normalisierung 1945 hört das auf. Oskar entschließt sich, wieder zu wachsen. Da er aber, anders als seine Umgebung, die schuldhafte Vergangenheit nicht verdrängt, wird er zum leidenden Außenseiter, der sich nach der Kindheit zurücksehnt. In der Heilanstalt findet er ersatzweise Geborgenheit.

In sich widersprüchlich ist auch die Weise, wie Grass den kleinbürgerlichen Alltag behandelt: Er stellt ihn genüsslich dar, mit sinnenhafter Lust am Gegenständlichen, Kuriosen, Kulinarischen und Sexuellen, und er zeigt nicht minder genüsslich die Zerstörung der kleinbürgerlichen Sicherheiten und der übernommenen ideologischen Werte, nicht zuletzt der religiösen, aber auch des Heldenbildes wie in ‚Katz und Maus‘. So kommt es zu den wilden und schwelgerischen Spielen einer überbordenden Fantasie. Beide Seiten der widersprüchlichen Haltung überlagern einander in der Groteske, in der distanzierten und doch insgeheim von Betroffenheit bestimmten Darstellung dessen, was zugleich komisch und bedrohlich erscheint. Die Betroffenheit nimmt in dem Maße zu, in dem das Vertrauen in bergende, Leben spendende Frauenfiguren schwindet, die im ‚Butt‘ ein letztes Mal beschworen werden. Eine gewisse, mit Zweifel vermischte Sicherheit versprach auch das Engagement für „die Tante SPD“, solange die Partei nicht von einer männlich und bestimmt wirkenden Gestalt geführt wurde. Hier glaubte Grass auch die ideologiefeindliche Vorsicht zu finden, die ihn im ‚Butt‘ alle Sinngebungsversuche der Geschichte ablehnen lässt.

Seitdem bestimmen Melancholie (‚Tagebuch einer Schnecke‘), Unsicherheit und Angst vor Gewalt das literarische Werk. ‚Die Rättin‘ handelt vom Weltuntergang, Endzeitstimmung durchzieht die ‚Unkenrufe‘. Im ‚Weiten Feld‘ gibt es keine schützende Mutterfigur mehr; ihre Züge werden übernommen von einem Polizeiagenten, dem unzertrennlichen Begleiter des Intellektuellen, der von ihm beschützt, aber auch bevormundet und erpresst wird. Deutsche Geschichte, nur noch ein Fortwursteln, lässt kein genüssliches Beschreiben mehr zu. Wenn der Intellektuelle sich schließlich vom Polizeiagenten löst, verabschiedet er sich auch von der Geschichte. In ‚Mein Jahrhundert‘ sieht Grass auf eine Epoche der Kriege zurück – auch der Fotoapparat, durch den die Familienerinnerungen in der ‚Box‘ gefiltert werden, ist kriegsbeschädigt. Doch zugleich ist der Jahrhundertrückblick ein Gegenmodell zum Verschweigen, das die Nachkriegsgeneration an ihren Eltern erleben musste, so wie das Schweigen auch im ‚Krebsgang‘ durchbrochen wird. Denn die einzelnen Rückblicke sind keine unpersönliche Geschichtsschreibung, es wird genau das getan, was die Kriegsgeneration unterlassen hatte: Es wird persönlich, subjektiv gefärbt, konkret und „von unten“ erzählt. So entsteht ein Bild der Geschichte, wie die kleinen Leute sie erlebt haben.

Das Stilmittel der Groteske teilt Grass mit Dürrenmatt. Siehe S. 283.

DIE ZEIT DES KALTEN KRIEGES IM WESTEN

Zentrale Vorstellung: der Bruch mit zunächst weiter bestehenden Traditionen

Geschichte

Einerseits ist Geschichte begrenzt auf die Katastrophe des Nationalsozialismus, andererseits werden sowohl Mitschuld als auch Leiden weitgehend verdrängt. Die Mitschuld wird von einem Teil der Literatur und von der Studentenbewegung zur Sprache gebracht.

Natur

Die Naturauffassung ist weiterhin romantischer Tradition verpflichtet. Natur wird, sofern sie überhaupt interessiert, als magischer Zusammenhang gedacht oder, bei den Philosophen Horkheimer und Adorno, als Gegenbegriff zu einer alles standardisierenden Vernunft. Ein ökologisches Bewusstsein folgt daraus aber erst in der nächsten Periode.
Leitwissenschaft: Atomphysik.

Gesellschaft

Die Gesellschaft ist formal demokratisiert, folgt weitgehend aber nationalsozialistischer Vorstellung von Ordnung und unbefragter Autorität sowie traditionell christlicher Sexualmoral. Beide werden von der Studentenbewegung in Frage gestellt.

Der einzelne Mensch

Nach dem nationalsozialistischen Gruppenzwang betont man den Individualismus. So entsteht ein Konflikt zwischen den Ansprüchen des Individuums und den gesellschaftlichen Zwängen. Er verstärkt sich, als die Studentenbewegung sich dem Lustprinzip verschreibt.

Zwischenmenschlicher Bezug

Leitbild des Zusammenlebens ist die patriarchalische, christliche Familie. Dem setzt die Studentenbewegung zuerst die offene Partnerschaft in der Gruppe entgegen, später die Disziplin in der kommunistischen Kaderpartei.

Literatur

In der ersten Phase kann die Literatur sich im magischen Realismus von der Wirklichkeit abwenden, sie kann existenzielle Grenzsituationen in der Nazizeit aufsuchen, sie kann versuchen, das Grauen in dunkler Sprache auszusprechen, sie kann die Gegenwart aus existenzialistischer, nonkonformistischer oder unangepasst christlicher Sicht nüchtern konstatierend kritisieren. In der zweiten Phase wird die Literatur teils unmittelbar politisch, sei es dokumentierend, sei es provozierend, teils wendet man sich aus Skepsis gegenüber der propagandistisch missbrauchten Sprache dem (manchmal hintergründig kritischen) Sprachspiel zu. Die Hinwendung zu den unteren Gesellschaftsschichten wird in der zweiten Phase mit Arbeiterliteratur und Volksstück zum Programm. Zugleich suchen die Intellektuellen eine Identität, die über den historischen Riss der Nazizeit hinweg gültig bleibt.

Literarische Gattungen

Bevorzugt werden neben gesellschafts- und sprachkritischen Romanen zunächst Lyrik und Kurzgeschichten, in denen man die Katastrophe des 2. Weltkriegs religiös, existentialistisch, mit den Mitteln des magischen Realismus oder aber nüchtern konstatierend zu bewältigen sucht. Als neue Gattung entsteht das Hörspiel. Nach dem Erfolg der gleichnishaften, oft grotesken Stücke von Frisch und Dürrenmatt tritt zeitkritisches Theater in den Vordergrund, das häufig mit Mitteln des Dokumentarischen arbeitet. Die Lyrik, zunächst immer noch Beschwörung eines geheimnisvollen Zusammenhangs, entwickelt neue Formen: experimentelle und ideologiekritische Lyrik.

14   Die Zeit des Kalten Krieges in der DDR (1945–1975)

AUF EINEN BLICK

Fritz Cremer
(1906–1993):
Aufsteigender,
Bronze, 1966/67.

Ein Denkmal zur Erinnerung an die russische Oktoberrevolution 1917 sollte den Fortschritt der Menschen zur Freiheit trotz aller Rückschläge darstellen. Nur diese Figur
aber wurde fertiggestellt. Die Regierung der DDR machte das Werk den Vereinten
Nationen zum Geschenk; 1975 wurde es im Park am UNO-Hauptquartier in New
York aufgestellt. Der staatlich verordnete Fortschrittsoptimismus, den Fritz Cremer
hier versinnbildlicht, schloss jede tiefer gehende Kritik an der DDR aus, die ja gerade
den Fortschritt schlechthin zu verkörpern beanspruchte. Die Figur reizte den regime-
kritischen Liedermacher Wolf Biermann zu dem Gedicht ‚Fritz Cremer, Bronze: Der
Aufsteigende‘ (1968), das den Fortschrittsoptimismus radikal kritisiert. Es beginnt
mit dem Aussehen der Statue – „Der sieht ja aus, als stürze er“ – und bezeichnet das
Aufsteigen ironisch als Verstoß gegen die Naturgesetze: „Der hat Newtons berühmten
Apfel gegessen.“ Denn Newton soll zwar zur Erkenntnis der gegenseitigen Anziehung
der Himmelskörper gekommen sein, als ihm ein Apfel auf den Kopf fiel, doch ist die
Anziehung der Erde durch den Apfel zu gering, um die Erde mit dem Aufsteigenden
empor zu heben. Dann kommt eine Reihe von Fragen, die die offizielle Symbolik der
Figur anzweifeln:

Nun sagt uns nur noch das:

Wohin steigt dieser da?

Da oben, wohin er steigt
was ist da? Ist da überhaupt
oben?

Du, steigt er auf zu uns?
Oder steigt er von uns auf?

Geht uns der voran?
Oder verlässt er uns?

Verfolgt er wen?
Oder flieht er wen?

Macht er Fortschritte?
Oder macht er Karriere?

[…]

Steigt das da auf
Zur Freiheit, oder, was wir schon ahnten:
Zu den Fleischtöpfen?
Oder steigt da die Menschheit auf
Im Atompilz zu Gott und, was wir schon
ahnten:
Ins Nichts?

Damit greift Biermann den Glaube an die Möglichkeit des solidarischen, gänzlich un-
eigennützigen „neuen Menschen“ an; er fragt, ob die Verwirklichung des Sozialismus
nicht doch wieder Flucht und Verfolgung gebiert, ja ob am Ende der Klassenkämpfe
nicht die allgemeine Vernichtung steht anstelle des Sozialismus. Das Gedicht endet
mit der Zeile: „So viele Fragen um einen, der aufsteigt.“ Damit spielt Biermann auf
Bertolt Brechts Gedicht ‚Fragen eines lesenden Arbeiters‘ an, das auf die Unterdrückten hinweist, die in der Geschichtsschreibung übersehen werden. Gibt es auch bei der
Verwirklichung des Sozialismus wieder Unterdrückte, die der Fortschrittsoptimismus
übersieht?

BILD DER EPOCHE

Von 1945 bis zum Ende der fünfziger Jahre

Sozialismus von oben

Die Besatzungsmacht Sowjetunion und die KPD (nach der Zwangsvereinigung mit der SPD 1946 umbenannt in SED) rechneten durch Bestrafung und Enteignung von Kriegsverbrechern und aktiven Nazis sowie durch ‚Säuberung‘ des Justiz- und Bildungswesens bleibend mit dem Nationalsozialismus ab, allerdings weitgehend, vor allem in den sogenannten Waldheim-Prozessen, jenseits von rechtsstaatlichen Grundsätzen. Der Großgrundbesitz wurde unter Kleinbauern verteilt. Nach dem Beginn des Kalten Krieges und der Gründung der DDR im Jahr 1949 entschieden sich Besatzung und Partei, den Sozialismus aufzubauen. Die Wirtschaft wurde nun zunehmend gesamtstaatlich geplant und geleitet, die Landwirtschaft insbesondere genossenschaftlich organisiert. Auf eine breite Zustimmung konnte man dabei nicht bauen. Die Arbeiterbewegung als selbstständige politische Kraft war zerschlagen, die Bevölkerung zum Großteil nicht deutlich antifaschistisch, geschweige denn sozialistisch gesinnt, wenn sie auch durch die nationalsozialistische Niederlage ernüchtert war. Unter diesen Umständen schrieb eine autoritäre Parteibürokratie den Weg vor, der zum Sozialismus führen sollte. Die Übergriffe der Roten Armee, die Vertreibung der Deutschen aus den Gebieten jenseits von Oder und Neiße, die im Vergleich zu den Westzonen größeren Zerstörungen, die Reparationen, die an die verwüstete Sowjetunion gezahlt werden mussten: das alles machte diese Aufgabe nicht leicht. Dennoch war die Erziehung nicht ganz erfolglos. Man ging nicht, wie die Amerikaner, von einer deutschen Kollektivschuld aus, sondern sah die Schuld bei Großkapital, Großgrundbesitz und Militär; ihnen hatte, hieß es, die Arbeiterklasse Widerstand geleistet und sie zuletzt mit Hilfe der Sowjetunion besiegt. Dabei wurde die Arbeiterklasse mit der KPD gleichgesetzt, der Hitler-Stalin-Pakt wurde übersehen, die Vertreibung wurde beschönigt. Die Arbeiterklasse hatte gegen den internationalen Faschismus gekämpft, nicht zuletzt auch bei der Verteidigung der spanischen Republik gegen Franco. Der Nationalsozialismus war nur eine, wenn auch die mörderischste, unter den faschistischen Bewegungen, die Judenvernichtung der Nazis nur einer der Aspekte des Faschismus, im Grunde weniger wichtig als der Antikommunismus.

Es brauchte also keiner ein schlechtes Gewissen zu haben, wenn er sich, eventuell nachdem er vorher bereut hatte, nur uneingeschränkt zur Kommunistischen Partei bekannte. Damit reihte er sich ein in die Tradition des antifaschistischen Kampfes und erhielt so eine zusammenhängende Identität. So entstand ein Sozialismus des vermiedenen schlechten Gewissens, der durchaus zu einer moralisch integren Haltung führen konnte, die einer sich im Einzelfall in innerem Kampf erwerben musste. Allerdings musste er sich, als die Verbrechen des Stalinismus bekannt wurden, dann mit deren Verleugnung auseinandersetzen. Schließlich geriet die ganze Staatsmoral in Konflikt mit den Problemen der Mangelgesellschaft, und die Regierung bekam die nüchterne Wahrheit der marxistischen Erkenntnis zu spüren, dass die materiellen Interessen stärker wiegen als die Moral. Für diejenigen, die noch an die Reformierbarkeit der DDR geglaubt hatten, ging mit dem Ende des Staates jedoch auch ihre auf der sozialistischen Moral aufgebaute Identität in die Brüche.

Die Waldheimer Prozesse fanden 1950 in der sächsischen Kleinstadt Waldheim statt. Man verhandelte gegen Personen, denen vorgeworfen wurde, Kriegs- bzw. nationalsozialistische Verbrechen begangen zu haben. 3324 Angeklagte wurden verurteilt, überwiegend zu Freiheitsstrafen von 15 bis 25 Jahren.

Zur Vergangenheitsbewältigung in der Bundesrepublik siehe S. 266.

Kulturelles Erbe und neuer Mensch

In der sowjetisch besetzten Zone (SBZ) führte man zunächst die Volksfrontpolitik weiter: Man suchte möglichst viele Intellektuelle unter dem kleinsten gemeinsamen Nenner des Antifaschismus zu vereinigen. Damit verband sich der bis zum Schluss aufrechterhaltene Anspruch, dass die Literatur der Sowjetischen Besatzungszone (SBZ), später der DDR, all das bewahrte, was am kulturellen bürgerlichen Erbe positiv sei. Was man unter dem Erbe zu verstehen hatte, schrieb die Theorie des Sozialistischen Realismus vor, auf den die Schriftsteller verpflichtet wurden. Um den Aufbau des sozialistischen Staates zu unterstützen, mussten sie „Arbeitsfreude und Optimismus" verbreiten. So sollten sie zur Bildung des vorbildlichen „neuen Menschen" beitragen, der hoffnungsfroh seine ganze Kraft dem wirtschaftlichen und gesellschaftlichen Fortschritt widmet. Die künstlerischen Beschränkungen, die das Diktat des Sozialistischen Realismus mit sich führte, wirkten bis in die siebziger Jahre nach.

Zur Volksfrontpolitik der Weimarer Republik siehe S. 243.

Zur Theorie des Sozialistischen Realismus siehe S. 297.

Der Streit um ,Johann Faust'

Was diese Beschränkung gerade auch für marxistische Autoren in der ersten Hälfte der fünfziger Jahre bedeutete, zeigt der Streit um das Opernlibretto ,Johann Faust' (1952), das der marxistische Komponist Hanns Eisler geschrieben hatte, teilweise zusammen mit Brecht. Eisler greift ebenso wie Thomas Mann (,Doktor Faustus') auf den Faust des Volksbuches zurück, stellt ihn aber wieder in seine Zeit, die Zeit der Bürgerkriege. Faust ist ihm Beispiel eines Intellektuellen, der einen dritten Weg sucht: weder mit Luther auf der Seite der Fürsten noch mit Müntzer in der gefährlichen Illegalität. Der scheiternde Faust muss einsehen, dass er sich damit selbst betrogen hat, dass den Herrschenden dient, wer sich aus den Kämpfen der Klassen heraushalten will. Daraufhin wurde Eisler vorgeworfen, die humanistische Intelligenz zu verunglimpfen und den geschichtlichen Fortschritt pessimistisch zu unterschlagen. Dass seine Deutung Faustens derjenigen Goethes nicht entsprach, war ein zusätzlicher Grund für heftige Vorwürfe. Eisler fiel für Jahre in Ungnade und verzichtete darauf, die Oper zu komponieren.

Zu Thomas Manns Roman ,Dr. Faustus' siehe S. 257.

Zu Goethes ,Faust' siehe S. 107 f.

Einbürgerung der Exilliteratur

Bis in die Mitte der fünfziger Jahre war die Literatur der DDR wesentlich durch die antifaschistischen Schriftsteller geprägt, die aus dem Exil zurückkehrten (Alexander Abusch, Erich Arendt, Johannes R. Becher, Bertolt Brecht, Willi Bredel, Louis Fürnberg, Stephan Hermlin, Anna Seghers, Bodo Uhse, Erich Weinert, Friedrich Wolf, Arnold Zweig u. a.). Was sie in der Fremde geschrieben hatten, wurde in der SBZ, später der DDR, nach und nach veröffentlicht. Dem Volksfrontprogramm gemäß wurden auch die Werke derjenigen antifaschistischen Exilautoren, die sich nicht in der DDR niederließen, verbreitet und lebhaft diskutiert (Lion Feuchtwanger, Leonhard Frank, Oskar Maria Graf, Heinrich und Thomas Mann). Die Umstellung auf die von der Partei geforderte Schreibweise fiel allerdings vielen Rückkehrern schwer, lähmte sie oder schadete dem künstlerischen Wert ihres Schaffens. Auch Brecht musste sich gegenüber den kulturpolitischen Forderungen nach Verklärung der Gegenwart rechtfertigen.

Zum Umgang mit Exilliteratur und Exilautoren in der Bundesrepublik siehe S. 267.

Zu Lion Feuchtwanger siehe S. 260.

Zu Heinrich und Thomas Mann siehe S. 254 ff.

Antifaschismus

Ein großer Teil der Literatur, die in den fünfziger Jahren entstand, sollte der antifaschistischen Umerziehung dienen. Zunächst las man, wie im Westen, Anna Seghers' KZ-Roman ‚Das siebte Kreuz' (Mexiko 1942, Berlin 1946) und Theodor Plieviers dokumentarischen Roman ‚Stalingrad' (Moskau 1943/44, Berlin 1946), daneben Günter Weisenborns Stück aus dem Widerstand, ‚Die Illegalen' (1946) und sein Erinnerungsbuch ‚Memorial' (1947). Etwas spätere Werke wie Stephan Hermlins Erzählung ‚Die Zeit der Gemeinsamkeit' (1950) und Friedrich Wolfs Schauspiel ‚Wie Tiere des Waldes' (1948) wurden im Westen kaum noch bekannt. Neben Werken wie die genannten, die meistens das Wissen vom Widerstand gegen den Nationalsozialismus und vom Leiden unter ihm verbreiteten, traten solche, die zeigen, wie einer sich gegen ihn entscheidet. Zu den letzteren gehören Franz Fühmanns Erzählung ‚Kameraden' (1955) und Manfred Richters Stück ‚Die Insel Gottes' (1959), das vom Widerstand in Griechenland handelt. Harald Hausers Schauspiel ‚Am Ende der Nacht' (1955) und Anna Seghers' Roman ‚Die Entscheidung' (1959) verbinden die Antifaschismusthematik mit der Entscheidung für die DDR.

Bruno Apitz: ‚Nackt unter Wölfen'

Das erfolgreichste Beispiel antifaschistischer Literatur der fünfziger Jahre ist der Roman ‚Nackt unter Wölfen' (1958), in dem Bruno Apitz seine Erlebnisse im Konzentrationslager Buchenwald beschreibt. Ein Pole hat ein jüdisches Kind aus dem Vernichtungslager Auschwitz gerettet und in Buchenwald eingeschmuggelt. Eine Reihe von Häftlingen nimmt sich des Kindes an. Hierdurch aber wird die Tätigkeit des illegalen, meist aus Kommunisten bestehenden Lagerkomitees gefährdet, das in den letzten Tagen des Krieges den Aufstand vorbereitet. So geraten die Mitglieder des Lagerkomitees in einen kaum lösbaren Konflikt zwischen Gefühl und Berechnung, obwohl beide im Dienst der Menschlichkeit stehen. Sie entscheiden sich für die Rettung des Kindes. Dennoch gelingt auch der Aufstand, kurz bevor und während die amerikanische Armee die Gefangenen endgültig befreit. Die Menschlichkeit, die zu Solidarität und Tapferkeit befähigt, siegt über die unmenschlichen und uneinigen „Wölfe". In spannender, stilistisch nicht immer geglückter Darstellung werden hier Vorstellungen der Volksfront verwirklicht.

Zum Volksfrontgedanken siehe S. 243.

Geschichtlicher Rückblick

Etwa seit Mitte der fünfziger Jahre erscheinen Werke, die Ereignisse aus der proletarischen Geschichte aufgreifen, um die DDR als Vollendung dieser Geschichte zu legitimieren. Besonders populär wurden die Filmszenarien Willi Bredels und Michael Tschesno-Hells, ‚Ernst Thälmann – Sohn seiner Klasse' und ‚Ernst Thälmann – Führer seiner Klasse' (1953–1955), sowie Heiner Müllers und Hagen Müller-Stahls Stück ‚10 Tage, die die Welt erschütterten', das nach den Reportagen des amerikanischen Journalisten John Reed die russische Oktoberrevolution beschreibt. Außerdem dienten historische Darstellungen, besonders der Bauernkriege und der antinapoleonischen Bewegung, dazu, den Anspruch auf das bürgerliche Erbe zu begründen. Neben vielen Romanen mit Unterhaltungscharakter stehen Friedrich Wolfs letztes Schauspiel ‚Thomas Müntzer, der Mann mit der Regenbogenfahne' (1953), und Hedda Zinners Drama ‚Lützower' (1955). Andere Stücke wie Peter Hacks' Komödien ‚Die Schlacht bei Lobositz' (1956) und ‚Der Müller von Sanssouci' (1958) verweisen auf Gegensätze zwischen Herrschenden und Untertanen in der preußischen Geschichte.

Produktionsliteratur

Nach der zweiten Parteikonferenz der SED 1952 erhielten die Schriftsteller den Auftrag, den Aufbau des Sozialismus in der Industrie und auf dem Land zu beschreiben. So entstand in den fünfziger Jahren die sogenannte ‚Aufbauliteratur‘. Sie soll zeigen, wie sich mit der Entwicklung der Produktion auf dem Land und in der Industrie auch der neue, sozialistische Mensch entwickelt. Die authentische Geschichte des ‚Aktivisten‘ Hans Garbe, eines Maurers, der die Norm kontinuierlich übererfüllte, wird öfter aufgegriffen, sowohl im Roman (Eduard Claudius ‚Menschen an unserer Seite‘, 1951) als auch im Drama (Heiner Müller ‚Der Lohndrücker‘, 1957). Dramatische Bearbeitungen der Produktionsthematik erscheinen etwa seit Mitte der fünfziger Jahre. Bertolt Brecht nahm sich ebenfalls des Garbe-Themas an (‚Büsching‘-Fragment). Er inszenierte auch Erwin Strittmatters Landwirtschaftskomödie ‚Katzgraben‘.

Die sechziger und frühen siebziger Jahre

Bitterfelder Weg

Gegen Ende der fünfziger Jahre hatte die literarische Entwicklung unter dem Diktat des Sozialistischen Realismus ihren Tiefpunkt erreicht. Doch nun leitete die SED eine neue kulturpolitische Phase ein, nachdem sie die kritischen Stimmen, die sich im Zusammenhang mit der Entstalinisierung erhoben hatten, zum Schweigen gebracht hatte. Die Kultur sollte enger mit der sozialistischen Entwicklung, vor allem mit der Produktion, verbunden werden. Zu diesem Zweck begründete man den ‚Bitterfelder Weg‘ (der auch auf die ‚Gruppe 61‘ in der Bundesrepublik Deutschland einwirkte). Auf einer Konferenz in Bitterfeld 1959, zu der die SED Berufsschriftsteller und schreibende Arbeiter zusammengerufen hatte, wurde beschlossen: Arbeiter sollen verstärkt zum Schreiben angeregt werden (unter der Parole: „Greif zur Feder, Kumpel! Die sozialistische Nationalkultur braucht dich!“), Schriftsteller sollen sich durch längere Mitarbeit in Betrieben mit der Arbeitswelt vertraut machen. Daraufhin entstanden u. a. ‚Zirkel schreibender Arbeiter‘, in denen man Texte erstellte, vor allem ‚Brigadetagebücher‘, die die alltäglichen Vorkommnisse bei den Arbeitsbrigaden festhielten.

Zum Sozialistischen Realismus siehe S. 291 und 297.

Zur Gruppe 61 siehe S. 273.

Nationalkultur und Technokratie

Der Bau der Berliner Mauer im Jahr 1961 konsolidierte die DDR und führte zur endgültigen Absage an eine einheitliche deutsche Kultur – eine Entwicklung, die durch das Bitterfelder Programm einer „sozialistischen Nationalkultur“ schon vorbereitet war. Das ‚Neue Ökonomische System‘ (NÖS), auf dem 6. Parteitag der SED 1963 beschlossen, führte durch Rationalisierung, durch eine Dezentralisierung der Verantwortung und Berücksichtigung des Rentabilitätsprinzips zu spürbaren wirtschaftlichen Erfolgen. Diese Erfolge bildeten die Grundlage für ein verstärktes Selbstbewusstsein, das sich in der Auffassung ausdrückte, man habe eine „sozialistische Menschengemeinschaft“ (Walter Ulbricht) geschaffen, in der es keine wesentlichen gesellschaftlichen Unterschiede mehr gebe. Es gehe nur noch darum, die äußeren Lebensumstände zu verbessern. Kritischen Stimmen, die bezweifelten, dass nur noch „Auseinandersetzungen zwischen Gut und Besser“ denkbar seien, warf man Pessimismus und Skeptizismus vor. Ein technokratischer Fortschrittsglaube entwickelte sich, der sich im unreflektierten, pathetischen Lob der wissenschaftlich-technischen Entwicklung äußerte. Bürokratische Erstarrung durfte kritisiert werden, soweit sie diese Entwicklung behinderte.

Teilweise Rücknahme des Bitterfelder Weges

Die dokumentarische Literatur, die im Zusammenhang mit Bitterfeld entstand, entsprach nicht dem konservativen Wertmaßstab der Kulturfunktionäre. Auch war ihnen die unkontrollierte kulturpolitische Aktivität von unten nicht recht geheuer. Auf der zweiten Bitterfelder Konferenz 1964 forderte man daher die gesellschaftliche Erziehung durch das große Kunstwerk und beschnitt die spontanen Züge der Laienkunstbewegung wieder. Außerdem sollte die Literatur nun den Standpunkt des „Planers und Leiters" wiedergeben. Hierin zeigt sich, dass das technokratische Denken die technisch-wissenschaftliche Intelligenz letztendlich mehr schätzte als die Arbeiter. Die Arbeiter-Schreibzirkel galten inzwischen als Nachwuchsreservoir für Berufsautoren. Insgesamt wirkte der ‚Bitterfelder Weg' aber doch als eine Schule des Realismus für die DDR-Literatur. Der Arbeitsalltag wurde zu einem entscheidenden literarischen Thema, die Fixierung auf das Erbe schwächte sich etwas ab.

Problematische Einordnung des Einzelnen

Unter dem Einfluss des ‚Bitterfelder Weges' entstand in den sechziger Jahren die ‚Ankunftsliteratur', so genannt nach Brigitte Reimanns Buch ‚Ankunft im Alltag' (1961). Sie stellte dar, wie der Held sich allmählich zu sozialistischem Bewusstsein durcharbeitet und sich schließlich als gereifter Mensch in den realistisch beschriebenen Alltag einordnet. Gerade in den besten Romanen wird die Einordnung des Einzelnen aber auch in Frage gestellt (Erwin Strittmatter ‚Ole Bienkopp', 1963; Erik Neutsch ‚Spur der Steine', 1964; Hermann Kant ‚Die Aula', 1964; Christa Wolf ‚Der geteilte Himmel', 1963, und ‚Nachdenken über Christa T.', 1968). Zwar galten die Konflikte zwischen dem Einzelnen und der Gesellschaftsordnung als grundsätzlich lösbar; Naturbeschreibungen beschwören häufig eine umfassende Ordnung, in der auch das Kleine zu seinem Recht kommt. Das bedeutet aber nicht, dass keine tieferen Konflikte mehr auftauchten, auch nicht, dass sie allesamt schon gegenwärtig lösbar wären. Die differenziertere Sicht der Gegenwartsprobleme verlangte auch formale Neuerungen, die die Grenzen des traditionellen Sozialistischen Realismus sprengten, auch wenn er theoretisch weiterhin herrschend blieb. Schon früh hatte Uwe Johnson die Einordnung des Einzelnen nicht nur, wie später auch Christa Wolf, mit dem Problem des geteilten Deutschlands verbunden, er hatte zusammen mit der Einordnung auch alle verordneten Wahrheiten so in Frage gestellt, dass sogar der Bau seiner Sätze darüber brüchig wurde (‚Mutmaßungen über Jakob', 1959). Der Roman durfte in der DDR nicht erscheinen.

Zu Christa Wolf siehe S. 300, 314 f., 327 und 335.

Erinnerung an die Geschichte

Seit der Mitte der sechziger Jahre wurde der geschichtliche Rückblick persönlicher. Johannes Bobrowski schreibt in seinem gesamten Werk vom Unrecht, das in seiner masurischen Heimat an Polen und Juden verübt wurde, Jurek Becker vom Leiden im polnischen Ghetto (‚Jakob der Lügner', 1968). Etwa zur gleichen Zeit entstand eine Reihe von Autobiografien; zu nennen sind Eduard Claudius (‚Ruhelose Jahre', 1968) und Fritz Selbmann (‚Alternative, Bilanz, Credo', 1969). Daneben erschienen weiterhin die traditionellen historischen Romane. Zahlreiche Künstlerromane deuten das zunehmende Interesse der künstlerischen Intelligenz an ihrer eigenen gesellschaftlichen Situation an, das sich in den siebziger Jahren auch unmittelbar äußern wird.

Zu Jurek Becker siehe S. 300 und 314.

Kulturpolitische Umorientierung

Nach dem 8. Parteitag 1971 – kurz zuvor war Walter Ulbricht als Erster Sekretär der SED von Erich Honecker abgelöst worden – kam es zu einer kulturpolitischen Umorientierung. Die DDR band sich wirtschaftlich und politisch noch enger an die Sowjetunion, grenzte sich noch stärker von der Bundesrepublik Deutschland ab und trat der Vorstellung von einer einheitlichen deutschen Nation noch entschiedener entgegen. Hiermit war ein weiterer Zuwachs an Selbstvertrauen verbunden, der es erlaubte, Spannungen innerhalb der DDR-Gesellschaft einzugestehen. Dazu trug bei, dass das ‚Neue Ökonomische System' teilweise revidiert wurde, womit sich auch der technokratische Glaube an einen harmonischen Fortschritt abschwächte. An die Stelle des harmonisierenden Begriffs „sozialistische Menschengemeinschaft" trat dementsprechend derjenige der „sozialistischen Demokratie". Das alles führte dazu, dass gesellschaftliche Konflikte diskutiert werden durften, soweit die Partei ihre Herrschaft dadurch nicht bedroht fühlte. So kam es zu einem ständigen Wechsel zwischen nachgiebigerer und, wenn die Kritik zu weit ging, strengerer Kontrolle der Schriftsteller.

Kritische Fragen nach Selbstverwirklichung

Unter diesen Umständen entstand eine gegenwartsbezogene Literatur, die zwar auf einem sozialistischen Selbstverständnis beruhte, aber konfliktbewusst und formenreich war. Immer deutlicher wurde der uneingelöste Anspruch des Einzelnen auf Glück und Selbstverwirklichung im Alltag formuliert. Probleme, die nicht unmittelbar ausgesprochen werden durften, wurden poetisch angedeutet. Aufgrund dieser kritischeren und selbstbewussteren Haltung der Schriftsteller und der unsicheren, schwankenden kulturpolitischen Linie der Partei häuften sich die Reibungen. Oft konnten Texte, wenn überhaupt, nur noch im Westen gedruckt, Stücke nur noch dort aufgeführt werden. Die Auseinandersetzung erlebte ihren ersten Höhepunkt mit der Ausweisung Wolf Biermanns im Jahr 1976, die wesentlich dazu beitrug, dass die Partei bei vielen Intellektuellen, vor allem bei den jüngeren, ihren Kredit verspielt hatte. Den Protest nicht weniger Schriftsteller beantwortete sie mit abgestuften Bestrafungen.

Philosophische Grundlagen

Die Lehre von *Karl Marx* und *Friedrich Engels*, so wie sie in der Sowjetunion seit *Wladimir Iljitsch Lenin* ausgelegt wurde, bildet die Grundlage des offiziellen philosophischen Denkens. Im ersten Epochenabschnitt bestimmt auch *Jossif Wissarionowitsch Stalin* das Denken mit. Schöpferische Weiterentwicklungen wie die von *Robert Havemann* und *Ernst Bloch* wurden gestoppt. Havemann wurde seiner Professur enthoben, Bloch sah sich nach heftiger Kritik gezwungen, die DDR zu verlassen. Für die Ästhetik sind bis in die sechziger Jahre die Auffassungen von *Georg Lukács* maßgebend.

Zu Marx und Engels siehe S. 147.

LITERARISCHES LEBEN

Bildung und Kontrolle

Zum literarischen Leben in der Bundesrepublik siehe S. 272.

Während das kulturelle Leben im Westen vorwiegend durch den Marktmechanismus reguliert wird, war es in der DDR ebenso wie Politik und Wirtschaft im Wesentlichen von der Parteibürokratie bestimmt. Auf den Tagungen des Zentralkomitees und den Parteitagen der SED sowie den Tagungen des Schriftstellerverbandes wurden die Aufgaben der Literatur formuliert. Ziel war die „Literaturgesellschaft" (J. R. Becher), in der alle möglichst aktiv am öffentlichen Bildungsgespräch teilhaben sollten, das zugleich ein politisches Gespräch über die wünschenswerte gesellschaftliche Entwicklung war. Dieses Gespräch wurde nachhaltig gefördert (Ausbildung und Versorgung von Schriftstellern, Herstellung von Kontakten zwischen ihnen und dem Publikum, Produktion billiger Bücher, vielfältige Leseanregungen usw.). Man erreichte dadurch eine im Westen unvorstellbar breite Beschäftigung mit Literatur, auch mit anspruchsvoller, ein dementsprechend hohes Theaterinteresse und eine intensive öffentliche Literaturdiskussion. Allerdings galt das literarische Interesse nicht zum wenigsten der versteckten politischen Kritik, da es eine offene politische Diskussion nicht gab; und auch das Gespräch über Literatur und Bildung war nicht zwangsfrei. Die Literaturpolitiker gaben den Ton an. Sie schrieben den Schriftstellern, die freilich nicht immer ‚gehorsam' waren, Kunstverständnis und gesellschaftlichen Erziehungsauftrag vor und übten so eine Zensur aus, die es offiziell nicht gab. Die Art der Einwirkungen durch die Partei und die Kunstauffassung wandelten sich im Lauf der Zeit. Das offizielle Kunstverständnis erreichte aber nie das Niveau der fortgeschrittensten ästhetischen Positionen.

Organisation des Literaturbetriebs

Die ‚Hauptverwaltung Verlage und Buchhandel', die dem Ministerium für Kultur zugeordnet war, verteilte Druckkapazitäten und Papier, koordinierte und beaufsichtigte die Arbeit der Verlage, die staatseigen oder im Besitz von Massenorganisationen waren, und erteilte die Druckgenehmigung, ohne die kein Buch erscheinen durfte. Diese „Koordination" ersetzte hier den Marktmechanismus. Veröffentlichungen im Ausland, auch in der Bundesrepublik Deutschland, die nicht durch das ‚Büro für Urheberrechte' (ab 1966) genehmigt waren, standen unter Strafe. Die allermeisten Autoren waren im ‚Schriftstellerverband' organisiert. Das bedeutete finanzielle Hilfen (z. B. Aufträge, Stipendien, zeitlich begrenzte Tätigkeit als Dramaturg oder Lektor, soziale Privilegien), aber auch die Verpflichtung auf Parteivorschriften. Die gemeinsame Einordnung in den Schriftstellerverband bewirkte auch, dass zwar literaturpolitische Gruppen und Freundeskreise, aber keine ausgeprägten literarischen Schulen entstanden. Großen Einfluss hatte bis 1958 der ‚Kulturbund zur demokratischen Erneuerung Deutschlands', eine Massenorganisation mit etwa 3000 regionalen Gruppen, in denen sich gelegentlich oppositionelle Strömungen sammelten. Gewerkschaften und FDJ hatten ein dichtes Netz kultureller Institutionen, vor allem Bibliotheken, aufgebaut und veranstalteten Kunstwettbewerbe.

Emigration

Während einige wenige Autoren von der Bundesrepublik Deutschland in die DDR umzogen (Heinar Kipphardt 1949, Wolf Biermann 1953, Peter Hacks 1955), gab es zwei große Ausreisewellen aus der DDR. Zuerst gegen Ende der fünfziger Jahre. Nach dem Aufstand vom 17. Juni 1953 und der teilweisen Entstalinisierung auf dem 20. Parteitag der KPdSU im Februar 1956 war es möglich geworden, den engstirnigen kulturpolitischen Kurs der SED verhältnismäßig offen zu kritisieren. Nach den Konflikten in Polen und dem ungarischen Aufstand im Herbst 1956 griff man aber umso strenger wieder ein. Der Philosophiedozent Wolfgang Harich, der im ‚Kulturbund' wirkte, wurde zu zehn Jahren Zuchthaus verurteilt. Der Germanist und Schriftsteller Alfred Kantorowicz, ein ehemaliger Spanienkämpfer, der Philosoph Ernst Bloch, der Germanist Hans Mayer sahen sich gezwungen, das Land zu verlassen (1957, 1961 und 1963). Kipphardt reiste 1959 wieder aus, im selben Jahre wie Uwe Johnson. Die zweite Welle setzte nach der Ausweisung Wolf Biermanns 1976 ein. Zwischen den beiden Wellen reisten Peter Huchel (1971) und Manfred Bieler (1965 in die Tschechoslowakei, 1968 in die Bundesrepublik). Die (nicht immer freiwillige) Emigration schloss jedoch nicht aus, dass die meisten Schriftsteller weiterhin für eine sozialistische DDR eintraten, auch wenn ihnen die SED fremd geworden war.

Der Spanische Bürgerkrieg wurde 1936 bis 1939 zwischen der demokratisch gewählten republikanischen Regierung Spaniens und den Putschisten unter General Franco geführt. Er endete mit dem Sieg der Anhänger Francos und dessen bis 1975 anhaltender Diktatur.

Zu Wolf Biermann siehe S. 298 und 302.

THEORIE UND FORMEN DER LITERATUR

Sozialistischer Realismus

Der Wertmaßstab, an dem die Literatur gemessen und entsprechend gefördert oder behindert wird, ist der Sozialistische Realismus. So wie dieser zuerst 1934 in der Sowjetunion verbindlich formuliert wurde, verlangt er das Ausgehen von der marxistischen Geschichtsauffassung in ihrer stalinistischen Form, das unbedingte Eintreten für die revolutionäre, von der Partei geführte Arbeiterklasse und die Erziehung der Massen durch einen positiven, zur Identifikation einladenden Helden, möglichst aus dem Bereich der materiellen Produktion. Das Kunstwerk muss volkstümlich, das heißt, den Werktätigen angemessen und verständlich sein. Es muss eine positive Perspektive enthalten: Realistische Darstellungen der Gegenwart, die die bestehenden Konflikte nicht am Ende glücklich auflösen, sind verpönt.

Zum Sozialistischen Realismus siehe auch S. 291.

Außerdem wurden die Auffassungen übernommen, die Georg Lukács in der Expressionismusdebatte vorgetragen hatte. Sie galten unterschwellig auch weiter, nachdem Lukács wegen seiner Teilnahme am Ungarnaufstand 1956 als Revisionist gebrandmarkt worden war. Ihnen gemäß soll das Kunstwerk in sich harmonisch abgerundet sein und das Typische und Allgemeingültige im Besonderen, in der einzelnen Situation oder dem einzelnen Menschen widerspiegeln. Damit sind moderne Formen wie Montage oder Verfremdung, die die harmonische Einheit durchbrechen, ausgeschlossen. Wer diesem Maßstab nicht genügt, gilt als Formalist. Dem Formalisten, so lautet der Vorwurf, ist die Form wichtiger als der politisch richtige Inhalt. Insbesondere bricht er „neuerungssüchtig" mit dem humanistisch-klassischen Kulturerbe. Zu diesem Erbe, auf dessen Bewahrung die Schriftsteller verpflichtet wurden, gehören vor allem die Epochen der Aufklärung, der Klassik, des Vormärz und des Realismus. Dazu passen nicht die Romantik, nicht die große Literatur der Moderne (Marcel Proust, James Joyce, Franz Kafka, Samuel Beckett) und kaum die proletarisch-revolutionäre Literatur der zwanziger Jahre. In den siebziger Jahren verändert sich die Erbeauffassung und damit auch die Theorie des Sozialistischen Realismus.

Zur Expressionismusdebatte siehe S. 246.

Lyrik

Für diejenige Lyrik in der ersten Hälfte der fünfziger Jahre, die als antifaschistisch galt und zugleich hymnisch den sozialistischen Aufbau feierte, steht das künstlerisch unausgeglichene Spätwerk Johannes R. Bechers (‚Neue deutsche Volkslieder‘, 1950). Stefan Hermlin verstummt, nachdem er im ‚Mansfelder Oratorium‘ (1950) versucht hatte, moderne Formen in harmonisierende Produktionslyrik einzubringen. Bertolt Brecht schreibt zunächst weiterhin Warngedichte gegen den Faschismus (‚Der anachronistische Zug oder Freiheit und Democracy‘, 1947) und setzt sich dann kritisch, aber loyal mit der DDR auseinander (‚Buckower Elegien‘, 1953). Noch zur älteren Generation gehört Peter Huchel. Er bildet in seiner Naturlyrik aus realistischen Einzelheiten ein vieldeutiges Ganzes, in dem sich Naturbeschwörung und Zeitbezug miteinander verbinden (‚Gedichte‘, 1949). In dem Maß, in dem er sich von der DDR distanziert, entwickelt er eine immer schwierigere Chiffresprache (‚Chausseen, Chausseen‘, 1963). Johannes Bobrowskis Naturgedichte (‚Sarmatische Zeit‘, 1961; ‚Schattenland Ströme‘, 1966) benennen Elemente der Landschaft, die, mit der Farbe wehmütiger Kindheitserinnerung versehen, die schuldvolle Geschichte der Deutschen im europäischen Osten spürbar werden lassen. Günter Kunert ist einer der ersten, der vor dem Weiterwirken der nationalsozialistischen Vergangenheit warnt sowie vor dogmatischer Haltung und selbstzufriedenem Fortschrittsglauben. In einer an Brecht geschulten aphoristischen Kurzlyrik äußert er seine kritische Skepsis, seinen zunehmenden Pessimismus.

> Peter Huchel gehörte zu den traditionalistischen Schriftstellern, die bereits zur Zeit des Dritten Reiches Gedichtbände veröffentlichten. Siehe S. 245.

In den sechziger Jahren begann eine junge Generation von Lyrikern zu veröffentlichen (Biermann, Braun, Kirsch, Kunze u. a.). Sie bejahten die DDR, aber als einen Staat, der sich verändern muss, der zu verbessern ist aufgrund der persönlichen Glücksbedürfnisse der einzelnen Menschen. Das Ich spricht wieder in der Lyrik, allerdings nicht in Einsamkeit, sondern zu gemeinsamem Handeln auffordernd. Der Liedermacher Wolf Biermann (‚Die Drahtharfe. Balladen, Gedichte, Lieder‘, 1965; ‚Mit Marx- und Engelszungen‘, 1968, beide nur im Westen) verbindet Funktionärssatire mit der Kritik am Westen. Maßstab ist eine erhoffte glückliche Welt befreiter Sinnlichkeit. Volker Braun (‚Provokation für mich‘, 1965; ‚Wir und nicht sie‘, 1970) nimmt provozierend Stellung gegen das selbstzufriedene Verharren beim Erreichten. Er verlangt produktive, zum fortschrittlichen Handeln führende Unzufriedenheit, Selbsttätigkeit der Einzelnen und eine Partei, die Konflikte wagen und ertragen kann. Reiner Kunze wird nach dem Prager Frühling 1967/68 immer bitterer. In Brechts lapidarem Stil schreibt er Gedichte, deren unerwartete Pointen die Gewalt im Selbstverständlichen und Alltäglichen entlarven, ohne sie direkt zu benennen (‚Zimmerlautstärke‘, 1972, nur im Westen). Sarah Kirsch (‚Landaufenthalt‘, 1967) zieht sich weitgehend ins Persönliche zurück. Ihre Gedichte handeln von der Sehnsucht nach der bergenden Idylle, aber auch von der tieferen Angst, die immer wieder durchklingt, von Einsamkeit und Enttäuschung, die sie mit trotziger Selbstironie zu bewältigen sucht.

Drama

Die beiden wichtigsten der aus dem Exil heimkehrenden Dramatiker, Bertolt Brecht und Friedrich Wolf, fügten sich dem Diktat des Sozialistischen Realismus nicht. Wolf, in der Tradition des proletarisch-revolutionären Theaters der zwanziger Jahre stehend, kann nur mit seinem ‚Professor Mamlock‘ (1934) einige Anfangserfolge verbuchen, obwohl er in seinen Stücken die gewünschten Themen aufgreift: Antifaschismus (‚Wie Tiere des Waldes‘, 1948) und Produktion (‚Bürgermeister Anna‘, 1950). Brecht gewinnt nach längerer Zeit bleibenden Einfluss, auch wenn die Kritik an ihm nie ganz verstummt. Im ‚Kleinen Organon für das Theater‘ (1949) legt er, leicht nuanciert, noch einmal die Grundsätze seines epischen Theaters dar. Mit dem Stück ‚Die Tage der Commune' (1956) will er Lehren ziehen aus dem Scheitern der ersten ‚proletarischen' Revolution 1871 in Frankreich. ‚Turandot oder Der Kongress der Weißwäscher' (1967) beschreibt die willfährige Unterwerfung der Intellektuellen unter die Macht, von der sie ausgehalten werden.

Zu Brechts epischem Theater siehe S. 251f.

In den fünfziger Jahren entstand neben politischen, gegen die Bundesrepublik Deutschland gerichteten Satiren und historischen Stücken (Peter Hacks ‚Die Schlacht bei Lobositz', 1956) vor allem Produktionsliteratur. Sie stellt das Verhalten Einzelner im landwirtschaftlichen oder industriellen Arbeitsprozess dar, die den Weg zum Sozialismus suchen oder, wie in Wolfs ‚Bürgermeister Anna', um den richtigen Weg streiten. Erwin Strittmatters Landwirtschaftskomödie ‚Katzgraben' (verschiedene Fassungen 1953/58) lässt die Kleinbauern, von der Partei unterstützt, gegen den Widerstand des Großbauern die landwirtschaftliche Produktion vorwärtstreiben. Auf heftige Kritik stießen diejenigen Produktionsstücke, die keine Einfühlung in einen positiven Helden erlauben und die Konflikte nicht eindeutig als scheinbare darstellen und schließlich auflösen oder die bei allem Optimismus doch die menschlichen Kosten des sozialistischen Aufbaus nicht unterschlagen (Heiner Müller ‚Der Lohndrücker', 1958; Peter Hacks ‚Die Sorgen und die Macht', 1958). Müller untersucht am bekannten Fall des ‚Aktivisten' Garbe die Spannungen zwischen dem vorwärtstreibenden, aber noch nicht wirklich sozialistisch denkenden Individuum und der Arbeitsbrigade. Versöhnend, weil auch die Heldin mit ihrem falschen Bewusstsein in der DDR gar nicht anders kann, als letztlich doch das Richtige zu tun, ist Helmut Baierls Komödie ‚Frau Flinz' (1961).

In den sechziger und siebziger Jahren erschienen weiterhin Produktionsstücke. So Volker Brauns ‚Kipper Paul Bauch' (erste Fassung 1967, dritte Fassung 1972: ‚Die Kipper') und Heiner Müllers ‚Der Bau' (1965). Nach den harten Jahren des Aufbaus wurde der Wunsch nach Glück und Lust nun lauter. Kraftgestalten wie Moritz Tassow im gleichnamigen Stück von Peter Hacks (1961) kommen auf die Bühne. Die Tendenz zum Parabelhaften verstärkt sich (Volker Braun ‚Hinze und Kunze', 1973, zuerst mit dem Titel ‚Hans Faust', 1968). Seit der zweiten Hälfte der sechziger Jahre fällt die Wendung zum Mythos auf. Peter Hacks deutet die Gegenwartsprobleme nun als Beginn einer besseren Zukunft, die er, in der Art der Klassik, in mythischen Bildern vorwegnehmend beschreiben will. Diese Beschreibung wirkt als Forderung auf die Gegenwart zurück (‚Amphitryon', 1967; ‚Adam und Eva', 1972). Heiner Müller stellt im ‚Philoktet' (1968) modellhaft die staatliche Notwendigkeit und die persönliche Selbstbestimmung einander gegenüber. Eine Versöhnung beider ist nicht in Sicht. Sie steht vielmehr als grundsätzliche, bisher noch nicht erfüllte Forderung vor uns.

Peter Hacks und Heiner Müller interpretieren literarische Vorlagen neu; die Kleist-Komödie ‚Amphitryon' und Lessings ‚Philoktet'.

Erzählende Prosa und Antifaschismus

Die erzählende Prosa beginnt mit antifaschistischen Texten, beispielsweise den Erzählungen ‚Die Zeit der Gemeinsamkeit' (1950) von Stefan Hermlin und ‚Kameraden' (1955) von Franz Fühmann sowie dem Roman ‚Nackt unter Wölfen' (1958) von Bruno Apitz. Sie werden gelegentlich zu Epochenbilanzen erweitert, zu denen die Autoren schon während des Exils angesetzt hatten (Willi Bredel ‚Verwandte und Bekannte', Romantrilogie 1943/1953; Arnold Zweig ‚Der große Krieg der weißen Männer', Romanzyklus, 1927/1957; Anna Seghers ‚Die Toten bleiben jung', 1949). Seghers zeigt, wie die ermordeten Sozialisten in ihren Kindern weiterleben. Sie verbindet eine illusionslose Epochenbeschreibung und eine sozialpsychologisch eindrucksvolle Darstellung nationalsozialistischer Gestalten mit der Hoffnung auf den endgültigen Sieg der Arbeiterklasse.

Zu Apitz' ‚Nackt unter Wölfen' siehe S. 292.

Mit der Wendung zur Psyche des Einzelnen, die die Literatur in den sechziger Jahren vollzieht, schärft sich der Blick für Denk- und Verhaltensweisen der Mitläufer und Opfer des Nationalsozialismus im alltäglichen Leben. Die sozialpsychologische Analyse wird wichtiger als die Darstellung einer Entscheidungssituation. Mit der Erzählung ,Das Judenauto' (1952) deutete Fühmann diese Entwicklung bereits an. Man geht mehr oder weniger bewusst davon aus, dass der Nationalsozialismus mit der äußeren Abrechnung noch nicht überwunden ist. Hermann Kant (,Der Aufenthalt', 1977) lässt einen zu Unrecht angeklagten jungen deutschen Soldaten allmählich seine tiefere Schuld gegenüber dem polnischen Volk erkennen: Er hat Befehle ausgeführt und keinen Widerstand geleistet. Klaus Schlesinger (,Michael', 1971) zeigt, wie die innerlich unbearbeitete Vergangenheit das Verhältnis zwischen den Generationen vergiftet. Auch die eigene Psyche wird befragt: Von jetzt an haben viele Romane einen deutlichen autobiografischen Hintergrund. Johannes Bobrowski (,Levins Mühle. 34 Sätze über meinen Großvater', 1964) lässt im alltäglichen Detail die Wirkung von Nationalismus, Antisemitismus und Klassenkampf in Preußen um 1870 erkennen. Jurek Becker beschreibt in ,Jakob der Lügner' (1968) die seelischen Überlebensstrategien jüdischer Ghettobewohner angesichts der nationalsozialistischen Vernichtungsdrohung, im ,Boxer' (1976) ein überlebendes, aber seelisch zermürbtes Opfer des Nationalsozialismus, das sich nur noch in der Verweigerung bewahren kann. Auch Bobrowski fragt in der Erzählung ,Mäusefest'(1965) nach der Psyche des jüdischen Opfers. Am deutlichsten autobiografisch ist Christa Wolfs Roman ,Kindheitsmuster.

Zu Christa Wolfs
,Kindheitsmuster'
siehe S. 314 f.

Erzählende Prosa und Arbeitsalltag

Zu der antifaschistischen Prosa gesellen sich zu Beginn der fünfziger Jahre die Produktionsromane. Strittmatter (,Tinko', 1954) behandelt die Konflikte bei der Landwirtschaftsreform. Eduard Claudius regt mit seinem Garbe-Roman zu einer Reihe von Betriebsromanen an, die freilich ebenso konfliktscheu und klischeehaft wie die meisten Landromane bleiben. Als besondere Form entwickelt sich die Betriebsreportage (Franz Fühmann ,Kabelkran und Blauer Peter', 1961).

Zu Eduard Claudius
siehe S. 293.

Die ,Ankunftsromane', die in den sechziger Jahren zu erscheinen beginnen, beschreiben die geglückte Einordnung des Einzelnen in die Gesellschaft nach dem Schema des Entwicklungsromans. Zugleich entstehen Mischformen aus Roman und Reportage. Es war inzwischen deutlich geworden, dass die Einordnung nicht konfliktfrei erfolgen konnte. Hermann Kant (,Die Aula', 1965) erzählt, wie Menschen aus der Arbeiterklasse sich trotz aller Schwierigkeiten, auch vonseiten der Partei, Bildung erobern und damit ihren Platz in der „sozialistischen Menschengemeinschaft" finden. In anderen Romanen lösen sich die Konflikte nicht so leicht. ,Ole Bienkopp' (1963), Erwin Strittmatters leidenschaftlicher sozialistischer Neuerer auf dem Lande, scheitert an der Stumpfheit der anderen, an der Erstarrung der Parteibürokratie, aber auch an seinem Eigensinn. Bei Erik Neutsch (,Spur der Steine', 1964) verwandelt sich der tüchtige, aber rebellische Zimmermann in einen verantwortungsbewussten Sozialisten; aber der Parteifunktionär versagt moralisch, und die Kosten des Fortschritts werden nicht unterschlagen. In Christa Wolfs Roman ,Der geteilte Himmel' (1963) wird die Heldin durch die Probleme der deutschen Teilung zur Einsicht gezwungen, dass ihre Liebe keine Basis hat. Sie entscheidet sich für den Platz in der sozialistischen Gesellschaft. In Wolfs ,Nachdenken über Christa T.' (1968) vergegenwärtigt sich die Erzählerin die Lebensgeschichte ihrer toten Freundin. Diese wollte sich nicht anpassen, weil sie auf der Utopie bestand, sich in einem für sie sinnvollen Leben zu verwirklichen. Das ist aber (noch) nicht möglich. ,Der Weg nach Oobliadooh' (1966 im Westen, 1989 in der DDR) von Fritz Rudolf Fries beschreibt das Leben zweier ,Aussteiger', die sich dem normgerechten Leben in DDR und Bundesrepublik verweigern. Günter Kunerts gleichnishafte und pointierende Kurzprosa (,Tagträume. Prosa', 1964 nur im Westen) sucht den Leser zum Nachdenken über verdrängte Vergangenheit und öden, entfremdeten Arbeitsalltag zu bringen; dabei kommt die DDR nicht besser weg als die Bundesrepublik. Günter de Bruyn demaskiert in ,Buridans Esel' (1968) und ,Preisverleihung' (1972) satirisch den angepassten intellektuellen Karrieristen im leerlaufenden Berufsalltag.

DIE ZEIT DES KALTEN KRIEGES IN DER DDR

Zentrale Vorstellung: Erziehung zum sozialistischen Menschen

Geschichte

Im Zentrum der Geschichte der Klassenkämpfe steht die Katastrophe des Nationalsozialismus, die als eine Ausprägung des Klassenkampfs zwischen Proletariat und einer besonders aggressiven Spielart des Kapitalismus gedeutet wird. Letztlich steht der Sieg des Proletariats fest.

Natur

Es gilt die marxistische Naturauffassung (s. S. 147).
Leitwissenschaft: Gesellschafts- und Naturwissenschaften unter der gemeinsamen Perspektive des dialektischen Materialismus. Zur Zeit des NÖS suchte man die Kybernetik (Wissenschaft von den Steuerungssystemen) hier einzuordnen.

Gesellschaft

Die Gesellschaft ist auf dem Weg zum Sozialismus oder bereits angekommen. Eventuelle Unvollkommenheiten werden dadurch überwunden, dass die Partei die Bevölkerung erzieht.

Der einzelne Mensch

Im Sozialismus hat der einzelne Mensch die Möglichkeit, sich allseitig auszubilden.

Zwischenmenschlicher Bezug

Solidarität und und Bereitschaft zur Selbstkritik führten zu gegenseitiger Erziehung. Außenseiter sind erzieherisch zu integrieren.

Literatur

Die Literatur ist auf den Sozialistischen Realismus verpflichtet. Letzten Endes muss gesellschaftlicher und geschichtlicher Optimismus herrschen. Den formalen Neuerungen der Literatur des 20. Jhs. steht die Partei bzw. die Zensur skeptisch bis ablehnend gegenüber.

Literarische Gattungen

Die antifaschistischen Romane und Erzählungen werden später durch Beschreibungen des Arbeitslebens und die sogenannten Ankunftsromane ergänzt. Es entsteht aber auch eine DDR-kritische Prosa. Das Theater ergänzt die aus dem Exil stammenden Stücke durch Produktionsstücke, teilweise auch historische Dramen und gebraucht später häufig gleichnishaft verwendete mythische Stoffe. Das Naturgedicht lebt noch länger weiter als im Westen; neben Gedichte, die den sozialistischen Aufbau feiern, treten zunehmend solche, die das Glücksbedürfnis des Menschen einklagen und Selbstzufriedenheit kritisieren.

15 Sinnkrise und Identitätssuche (1975–1990)

AUF EINEN BLICK

Der Liedersänger Wolf Biermann, der Schriftsteller Heinrich Böll und der Journalist Günter Wallraff auf einer Pressekonferenz am 19. November 1976, drei Tage nach Biermanns Ausbürgerung aus der DDR.

Die lange vorbereitete Ausbürgerung des Liedermachers Wolf Biermanns aus der DDR anlässlich seines Konzertes in Köln 1976 führte zu umfangreichen Protesten von DDR-Schriftstellern. Immerhin war Biermann damals ein Sozialist, der die DDR bei aller Kritik für reformierbar hielt. Die Proteste und die harte Reaktion der Partei führten zu einer nicht wieder gut zu machenden Spaltung zwischen der Partei und Intellektuellen, die an der Reformierbarkeit der DDR zweifelten. Nicht wenige reisten aus. Vielen Bürgern der DDR wurde Biermann erst durch seine Ausweisung bekannt. Die Verhaftungen vieler Protestierender trugen zur Bildung der Dissidentenbewegung bei.

Neue Staatsgalerie
Stuttgart, von
James Stirling
vorgenommener
Erweiterungsbau der
Alten Staatsgalerie
1984.

Das postmoderne Werk, für das dieser Bau ein Beispiel ist, macht aus dem Verlust einer sinnvollen, zusammenhängenden Weltdeutung eine Tugend. Der Besucher steht nicht einer symmetrischen Fassade, vielleicht gar mit zentraler Eingangstreppe gegenüber. Die Front weicht vielmehr zurück, löst sich auf in Etagen und einzelne Gebäude, durch die und über die ihn Treppen und Rampen führen. Anstelle einer Zentralperspektive, die noch in der Klassik den Eindruck einer alles bestimmenden Ordnung vermittelte, laden wechselnde Perspektiven zu immer neuen Sichtweisen ein. Gegensätzliches wird miteinander verbunden: gerade Linien mit Wellenlinien, kalter Funktionalismus mit poppigen Farben. Im Innern werden unterschiedliche Stilformen zitiert, da ein Museum nach Stirlings Meinung auch in seiner Form Museum spielen soll. Damit wird der Historismus des 19. Jahrhunderts (s. S. 189 f.) ins Beliebige weitergeführt. Trotz alledem wirkt das Resultat als eine in sich widersprüchliche Einheit.

BILD DER EPOCHE

Krisengefühl im Westen: Freiheit und Unsicherheit

Die Rote Armee Fraktion (RAF) war eine linksextremistische terroristische Vereinigung in der Bundesrepublik Deutschland. Die Gruppe war verantwortlich für zahlreiche Morde, Banküberfälle und Sprengstoffattentate. 1998 erklärte sie ihre Selbstauflösung.

Zur Studentenbewegung siehe S. 265 und 270.

In den siebziger Jahren löste sich der Fortschrittsglaube, der die kulturrevolutionären Bewegungen der sechziger Jahre trotz aller ihrer Kritik getragen hatte, allmählich auf. Das lag nicht nur an wirtschaftlichen Rezessionserscheinungen seit 1973. Die von den Terroristen der RAF angegriffene Staatsmacht reagierte härter, als man erwartet hatte (vgl. Heinrich Böll ‚Die verlorene Ehre der Katharina Blum‘, 1974; Peter Schneider ‚… und schon bist du ein Verfassungsfeind. Das unerwartete Anschwellen der Personalakte des Lehrers Kleff‘, 1977; Peter O. Chotjewitz ‚Die Herren des Morgengrauens‘, 1978). Die neue Opposition zerfiel in eine Vielzahl von Splittergruppen. Positive Wirkungen der Studentenbewegung wie die Entkrampfung und Enttabuisierung im Umgang miteinander und die teilweise Auflösung der Vergangenheitsverdrängung wurden in der Enttäuschung nicht mehr wahrgenommen.

Doch in der politischen Enttäuschung verbarg sich ein umfassenderes Krisengefühl, das nicht nur Deutschland, sondern die ganze moderne Welt betraf. Neue, widersprüchliche Erfahrungen waren zu verarbeiten. Zunehmende Wahlmöglichkeiten (insbesondere für Frauen) in Ausbildung und Beruf, beim Konsum, im Verhältnis der Geschlechter erweiterten einerseits den Spielraum des Einzelnen, bedeuteten andererseits aber auch, dass man sich ständig auf neue Situationen einstellen, ständig umlernen, sich ständig zwischen unüberschaubar vielen Angeboten entscheiden musste. Bei den Älteren war kaum sachverständiger Rat zu finden. Die elektronische Revolution seit den achtziger Jahren hatte in noch nie dagewesener Schnelligkeit traditionelle berufliche Kenntnisse und traditionelle Fähigkeiten entwertet; auch das geänderte Verhältnis der Geschlechter stellte traditionelle moralische Normen in Frage. So führte die neue Freiheit auch eine neue Unsicherheit mit sich.

Die Frauen erkunden neue Möglichkeiten in der Gesellschaft. Im Zuge der Studentenbewegung entsteht auch eine Frauenbewegung. Siehe S. 311.

Die Unsicherheit wurde verstärkt durch das anwachsende Gefühl, einer unwägbaren globalen Bedrohung ausgesetzt zu sein, die den Siegen entsprang, die ungehemmte Naturwissenschaft und Technik über die Natur errungen hatten. Einerseits wuchsen die technischen Möglichkeiten, an denen jeder Einzelne teilhaben konnte, andererseits wurden von jedem auch neuartige Entscheidungen verlangt: Was muss ich tun, um zu einem gesunden Weiterleben, vielleicht sogar zum Überleben beizutragen? Solche Entscheidungen verlangen ein Wissen und einen Überblick, die ein Einzelner kaum besitzt, so dass er sich überfordert fühlen muss.

Zwei Reaktionsmöglichkeiten auf Freiheit und Unsicherheit machten sich seit Mitte der siebziger Jahre bemerkbar: Entweder kostete man die Freiheit aus, indem man neue und immer intensivere Erlebnisse suchte, sei es in immer stärkeren Reizen oder in Versuchen der Selbsterfahrung, oder man band sich an alte Werte, um der Unsicherheit zu entgehen.

Krisengefühl im Osten: Hoffnung und Enttäuschung

Unsicherheit, freilich anderer Art als im Westen, war seit Mitte der siebziger Jahre auch in der DDR zu verspüren. Die Wirtschaftskrise, die schließlich zum Zusammenbruch der DDR führen sollte, kündigte sich an; Hoffnungen auf wirtschaftliche Verbesserung wurden enttäuscht. Die Hochrüstung beider Militärblöcke weckte Ängste, auch die ökologischen Zerstörungen in der DDR drangen allmählich ins Bewusstsein (Monika Maron ‚Flugasche‘, 1981). Andererseits weckte die westliche Entspannungspolitik, die der Osten nicht einfach abweisen konnte, Hoffnungen auf mehr Freiheit;

dazu trug vor allem die ‚Konferenz für Sicherheit und Zusammenarbeit in Europa' 1975 in Helsinki bei, auf der sich auch die DDR zur Achtung der Menschenrechte verpflichtete.

Die Partei sah sich zu einem kulturpolitischen Zickzackkurs gezwungen, der das Wechselbad von Hoffnung und Enttäuschung nur noch fühlbarer werden ließ. Einerseits gewährte sie mehr Freiheiten, andererseits schlug sie umso härter zu, sobald sie die Grenzen überschritten glaubte. Die kritischen Intellektuellen ihrerseits nützten den größeren Spielraum immer stärker aus, immer deutlicher wurde der uneingelöste Anspruch auch der kleinen Leute auf Glück und Selbstverwirklichung im Alltag formuliert. So häuften sich die Reibungen. Oft konnten kritische Texte, wenn überhaupt, nur noch im Westen gedruckt, Stücke nur noch dort aufgeführt werden. Höhepunkt der Auseinandersetzung, aber auch erstes Zeichen dafür, dass die SED dabei war, fast überall ihre Glaubwürdigkeit zu verspielen, wurde die Ausweisung Wolf Biermanns im Jahr 1976. Viele Schriftsteller gingen in den Westen, u.a. Thomas Brasch (1976), Sarah Kirsch, Reiner Kunze, Jurek Becker (alle 1977) und Günter Kunert (1979). Andere, wie z.B. Stefan Heym, weigerten sich, die DDR zu verlassen, obwohl man es ihnen nahelegte. Der Auszug setzte sich in den achtziger Jahren fort; es gingen u.a. Klaus Schlesinger (1980), Wolfgang Hilbig (1985) und Monika Maron (1988). Eine gewisse kulturpolitische Liberalisierung seit Mitte der achtziger Jahre kam zu spät.

Schon 1972 hatte die Unterzeichnung des Grundlagenvertrages mit der Bundesrepublik Deutschland zwar die DDR aufgewertet, aber auch den innenpolitischen Spielraum der SED etwas eingeengt.

Zur Ausweisung Biermanns siehe S. 302.

Gegenseitige Annäherung der Schriftsteller

Die Schriftsteller in Ost und West teilen somit wesentliche Erfahrungen, wenn auch aus unterschiedlichen Ursachen, und sie reagieren ähnlich. Gemeinsame Kriegsangst führt zu den ersten öffentlichen Treffen von Schriftstellern aus beiden deutschen Staaten in den Jahren 1981 bis 1983. Häufig teilt man eine gewisse Protesthaltung: Regierungskritische und ökologisch denkende Intellektuelle des Westens nähren Sympathie für demokratische Dissidenten im Osten. Hier wie dort entwickelt sich feministisches Bewusstsein. Hier wie dort versucht man, sich von vorgegebenen oder vorgeschriebenen Denkmustern zu befreien, und damit findet man mehr und mehr zurück zum Eigenwert des Künstlerischen.

Selbstbesinnung im Ungewissen

Die Schriftsteller antworten auf die Erfahrung der Unsicherheit zunächst damit, dass sie sich auf sich selbst zu besinnen suchen. Die persönliche Problematik, oft verbunden mit dem Interesse für die banale Alltäglichkeit, wird wichtiger als das unmittelbar Politische, als die Kulturrevolution (im Westen) oder als die Identifikation mit den Arbeitern und Technikern (im Osten). Die Selbstbesinnung fördert beschädigte Individuen zutage, Irrtümer und Brüche eher als zusammenhängende, selbstbestimmte Lebensläufe, Zersplitterung eher als innere Geschlossenheit. Im Extremfall – so z.B. in Nicolas Borns Roman ‚Die erdabgewandte Seite der Geschichte' (1976) – hat der Einzelne nur noch ein einsames Selbst in einer fremden Welt als einzigen festen Bezugspunkt. Der Versuch, im Zweifel zu leben, vereint schließlich westliche Autoren wie Hans Magnus Enzensberger und den späten Günter Grass mit östlichen wie Heiner Müller und solchen wie Günter Kunert, die die DDR verlassen haben. Häufig verbergen sich in fiktiver Literatur autobiografische Züge.

Außenseitertum

Gegenüber der Gesellschaft akzeptieren die Schriftsteller die Position des vereinzelten Außenseiters. So können sie distanziert, sachlich und genau ihre Eindrücke vom Alltagsleben registrieren, ohne mit Rezepten für ein besseres Leben aufwarten zu müssen. Oder man fantasiert das Überleben in gesellschaftlichen Nischen, aber häufiger noch lässt man den Außenseiter an der standardisierten oder überwachten Gesellschaft scheitern. In der DDR wirkt diese Literatur als unmittelbare politische Kritik, führt sie doch das sozialistische Versprechen auf die freie Entfaltung der Menschen in solidarischer Gemeinschaft ad absurdum. Gerade der uneingelöste Anspruch auf Gemeinschaft schärft den Blick für die tatsächliche Fremdheit der Menschen untereinander. In der Beschreibung dieser Fremdheit können sich aber auch die westlichen Leser wiedererkennen. Hier zwei Beispiele für solche kritische DDR-Literatur.

Ulrich Plenzdorf: ‚Die neuen Leiden des jungen W.‘

Zum Begriff
Ankunftsliteratur
siehe S. 294.

Ein frühes und heftig diskutiertes Beispiel, das teilweise noch in der Tradition der ‚Ankunftsliteratur‘ steht, ist die Erzählung ‚Die neuen Leiden des jungen W.‘ (1972, als Theaterstück 1974) von Ulrich Plenzdorf. Die Erzählung stellt den Konflikt zwischen der Gründergeneration der DDR und den Jugendlichen dar, die den Ton erbaulicher Belehrung satt haben. Der Lehrling Edgar Wibeau bricht seine Ausbildung ab, zieht sich in eine Gartenlaube zurück und nimmt eine Beziehung zur Verlobten eines strebsamen Zeitgenossen auf. Schließlich verunglückt er tödlich bei technischen Versuchen in seiner Laube, noch bevor die Bemühungen seines ehemaligen Arbeitskollektivs geglückt sind, ihn wieder gesellschaftlich einzugliedern. Hier zeigt sich ein neues Verständnis vom kulturellen Erbe: Wibeau hat Goethes ‚Werther‘ gelesen, bezieht ihn auf sich, kommentiert den Roman und zitiert daraus. Den angepassten DDR-Bürgern ist der Klassiker jedoch fremd. So wird das klassische Erbe fruchtbar gemacht, es ist alles andere als ein gleichgültiger Schulstoff. Werthers bzw. Wibeaus Glücksanspruch, aber auch ihre Ichbezogenheit und die Gegenwart der DDR stehen einander gegenüber. Die Erzählung, im Jargon der Jugendlichen geschrieben, ist aufgespalten in den Kommentar des (toten) Helden, seine Tonbänder mit Werther-Zitaten und das Gespräch der Nachlebenden. Dabei lassen sich einerseits die Erlebnisse des Unangepassten unmittelbar nachvollziehen, andererseits lässt der distanzierende Kommentar vieles an Wibeaus Verhalten als bloße Provokation erkennen. Er will auffallen, von Natur aus etwas Besseres sein. Wibeau stirbt, als er auf dem Weg ist, seine Fähigkeiten für die anderen fruchtbar zu machen, seine Ichbezogenheit aber noch nicht überwunden hat.

Zum Erbebegriff
siehe S. 297.

Christoph Hein: ‚Der fremde Freund‘

Ganz ohne Hoffnung beschreibt Christoph Hein zehn Jahre später Entfremdung als das Normale in seiner Novelle ‚Der fremde Freund‘ (1982), im Westen zuerst unter dem Titel ‚Drachenblut‘ (1983) erschienen. Eine junge Ärztin berichtet sachlich und distanziert über einen gerade abgeschlossenen Lebensabschnitt. Es ist, als trüge sie wie Siegfried im Nibelungenlied eine undurchlässige Haut aus Drachenblut, aber nicht über ihrem Körper, sondern über ihren Gefühlen. Einsamkeit und Kontaktarmut, die sie nüchtern registriert, menschenleere Natur, die sie fotografierend auf abstrakte Formen reduziert: All das dringt nicht durch diese Haut bis in ihr Inneres, das seinerseits keine Möglichkeit erhält, sich zu äußern. So schützt sie sich davor, enttäuscht zu werden. In verschachtelten Rückblicken werden die Entstehung des Gefühlspanzers in Elternhaus und Schule wie auch seine ersten Risse in der Begegnung mit dem „fremden Freund“ angedeutet, einem Außenseiter, der immer wieder aus der Alltäglichkeit auszubrechen sucht. Doch nach dem sinnlosen Tod des immer fremd gebliebenen Freundes bei einer Schlägerei mit Jugendlichen, die sich nicht weniger als er nach wirklichem Leben sehnen, zieht die Ärztin sich wieder in die Gefühllosigkeit zurück. Am Schluss ist sie wieder die funktionierende Frau in der maschinell funktionierenden Gesellschaft. Nur im Traum leben die verdrängten Ängste und Wünsche weiter.

Kunst als Instrument der Kritik

Doch die Schriftsteller benutzen auch die neue Freiheit, die mit der Unsicherheit verbunden ist. Die Lust am Fantasieren, die Freude an der Kunst, das Experimentieren mit neuen Formen befreien sich von vorgegebenen oder selbstauferlegten politischen Zwängen. Das kann zur Flucht in die Kunst führen oder doch zum Versuch, in der Kunst den Halt zu finden, den man in der Wirklichkeit verloren hat; aber man kann auch mit Hilfe neuer literarischer Formen eigene und gesellschaftliche Widersprüche bis in ihre Verästelungen hinein darstellen. Dabei kommt es auf den Prozess der Wahrheitsfindung, nicht auf fertige Wahrheiten an. Zwei Werke können beispielhaft die kritische Kraft künstlerischen Experimentierens verdeutlichen.

Peter Weiss: ‚Die Ästhetik des Widerstands‘

In seinem monumentalen Romanessay ‚Die Ästhetik des Widerstands‘ verbindet Peter Weiss Identitätssuche und Resignation mit der Form des Epochenromans, den die Exilautoren entwickelt hatten. (Weiss war als Jugendlicher vor Hitler geflohen und lebte bis zu seinem Tod in Schweden.) Die Handlung reicht vom Spanischen Bürgerkrieg bis zum Ende des Zweiten Weltkriegs. Ein fiktiver Erzähler berichtet von einer Generation von Arbeitern und Intellektuellen, die vom Faschismus vertrieben und vom Stalinismus verraten wurden. Einerseits ist der Erzähler individuell, sein Leben ähnelt dem wirklichen Leben des Autors, andererseits verwandelt er sich zunehmend in ein kollektives Erinnern an die Leiden der Unterdrückten. Die Erzählung wird von geschichtsdeutenden und kunsttheoretischen Gesprächen begleitet – Weiss war auch Maler –, so dass schließlich Sequenzen aus der alten Geschichte der namenlosen Unterdrückten sichtbar werden, einer Geschichte, die nur noch ablesbar ist an der Kunst, und zwar gerade dort, wo diese ganz persönliche Leidenserfahrungen ausdrückt. Eine komplexe Montagetechnik lässt die Widersprüchlichkeit und Vieldeutigkeit der Geschichte spürbar werden. Erinnerung als ein Gang durch die Hölle des Leidens – Dantes ‚Divina Commedia‘ ist ein wichtiges Vorbild –, Widerstand gegen die Unmenschlichkeit und Analyse der Kunstwerke sind ein einziger, unabgeschlossener Prozess. In ihm erarbeitet sich der Autor seine Identität, er eröffnet aber keine Aussicht, dass sich die in der Kunst bewahrte Hoffnung auf das Ende der Unmenschlichkeit einmal erfüllen werde.

Zu Exilliteratur und Exilautoren siehe S. 247.

Uwe Johnson: ‚Jahrestage. Aus dem Leben der Gesine Cresspahl‘

In seiner umfassenden Roman-Chronik beschreibt Johnson den Alltag einer Deutschen in den USA vom August 1967 bis zum August 1968. Gedanken und Erinnerungen der Hauptperson, ihre wirklichen oder fantasierten Gespräche mit ihrer Tochter wie mit Verstorbenen, die von ihr gesammelten und ironisch kommentierten Zeitungsausschnitte, aber auch Beiträge des Erzählers bilden zusammen ein Mosaik, das die Romangegenwart der USA, die Nachkriegszeit in der DDR (aus der die Heldin ebenso kommt wie Johnson) und die Zeit des Nationalsozialismus nebeneinander stellt, ohne dass ein eindeutiger Zusammenhang entstünde. So wahrhaftig und genau die Hauptperson auch ihre Eindrücke registriert und sich zu erinnern sucht – ihr Versuch, sich dabei selbst zu finden, misslingt. Sie findet weder eine Heimat in der Erinnerung an die Hitler- und Stalin-Diktatur noch in den USA des Vietnamkriegs und der Rassen-unruhen. Sie findet keinen Weg zu eigenverantwortlichem Handeln in einer vernetzten Welt, in welcher der Einzelne, der hohlen Phrasen misstraut und nicht am Unrecht teilhaben will, sich machtlos fühlt. Dem Leser ist es aufgegeben, sich in die Gespräche einzuschalten, den unabgeschlossenen Prozess der Selbstfindung weiterzuführen, die inneren Widersprüche der Heldin, die Widersprüche zwischen ihrer eigenen Sichtwei-se und derjenigen des Erzählers und anderer Figuren, zwischen moralischem Anspruch und schlechter Wirklichkeit nachdenkend und fantasierend zu bearbeiten.

Nationale Identität und Regionalismus

Peter Weiss und Uwe Johnson waren Emigranten, die heimatlos zwischen verschie-denen Ländern, aber auch zwischen Gegenwart und Vergangenheit lebten. Das macht sie repräsentativ für eine verunsicherte Generation. Andere suchen sich umso fester in der Heimat zu verankern; der Erfolg der Fernsehserie ‚Heimat' (1984–2004) von Edgar Reitz oder auch eine neue Dialektdichtung machen das deutlich. Doch nicht nur in dieser Serie oder in der Dialektdichtung (z. B bei dem Bayern Herbert Achternbusch, aber auch bei dem Elsässer André Weckmann in Frankreich) können sich Rückzug und Kritik miteinander verbinden. Auch etwa im Protest gegen rücksichtslose Stadt-teilsanierungen oder in der Erforschung des Nationalsozialismus in der Provinz ver-bindet sich der Wunsch nach Geborgenheit und Dauer mit weiterlebender politischer Opposition. Durch Ökologie-, Anti-Atomkraft und Friedensbewegung reicht die Op-position zugleich übers Regionale hinaus. Dass Johnson die Mecklenburger Provinz mit New York konfrontiert, ist insofern zeittypisch. Auch in der DDR hatte ein Autor wie Günter de Bruyn gezeigt, wie gerade der Rückzug in die Provinz erlauben kann, geschichtliche Perspektiven zu öffnen und die gesellschaftliche Entwicklung am Detail kritisch zu untersuchen.

Neben der Rückbindung an die Region entwickelt sich die an die Nation. In diesem Zusammenhang kam es zum sogenannten Historikerstreit in der Mitte der achtziger Jahre. Einige Historiker hatten versucht, eine vom Nationalsozialismus unbelaste-te deutsche Identität zu konstruieren, vor allem dadurch, dass sie den Nationalsozi-alismus durch Gleichstellung mit anderen verbrecherischen Regimes, vor allem mit demjenigen Stalins, relativierten bzw. sogar entschuldigten. Dagegen nahmen andere Historiker und der Philosoph Jürgen Habermas Stellung.

Österreich, einst ein riesiger Vielvölkerstaat, wurde von einigen seiner bedeutenden Autoren als eine provinzielle Tourismus-Republik erlebt, wo man von moderner Ge-schichte abgeschnitten war, nicht zuletzt deswegen, weil der Nationalsozialismus nicht als Teil österreichischer Vergangenheit anerkannt wurde. Hier entstand frühzeitig eine Literatur, die von einer oft quälend intensiven Wahrnehmung in einer provinziellen Welt trostloser Kälte handelt. Diese Richtung führt von Thomas Bernhards Romanen und Theaterstücken und dem späteren Peter Handke bis hin zu Christoph Ransmayrs Expeditionen in die kalte Einsamkeit (‚Die letzte Welt', 1988; ‚Morbus Kitahara', 1995) und Gerhard Roths Ausgrabung des Schrecklichen im Untergrund dörflicher Welt (‚Landläufiger Tod', 1984). Am quälendsten erscheint die Provinz bei der Rumänien-deutschen Herta Müller, deren rumänische Heimat einerseits das Vertraute ist, ande-rerseits geprägt ist durch Diktatur und erdrückende Enge.

Offiziell war Vietnam seit 1954 in einen kommunistischen Norden und einen antikommunistischen Süden geteilt. Die USA unterstützten den Süden im Kampf gegen die Guerillatruppen aus dem Norden. Die offene Intervention der USA begann mit der Bombardierung Nordvietnams vom 2. März 1965. Am 8. März 1965 landeten die ersten regulären US-Kampf-truppen im Land.

Jürgen Habermas gehört zu den einflussreichsten deutschen Philoso-phen. Er zählt zu den bekanntesten Vertre-tern der Nachfolger der sogenannten Kri-tischen Theorie der ‚Frankfurter Schule' (siehe S. 271 f.).

Philosophische Grundlagen

Die neue Unsicherheit in Freiheit zu verwandeln, versucht eine aus Frankreich kommende philosophische Richtung (Neostrukturalismus oder Poststrukturalismus), die auch zum Konzept der postmodernen Literatur beiträgt. Die Vertreter dieser Denkrichtung, die auf Nietzsche, Heidegger und die Wiener Schule zurückgeht, identifizieren die Wirklichkeit nicht mehr mit einem Wesen, das den Erscheinungen zugrunde liegt, sondern mit den Strukturen unserer Rede. Wirklichkeit besteht demnach in der Weise, wie wir von ihr reden. Das bedeutet, dass die sprachlichen Zeichen nicht auf eine außersprachliche Wirklichkeit verweisen, so wie Erscheinungen auf ein Wesen verweisen, sondern nur auf andere sprachliche Zeichen.

Zur postmodernen Literatur siehe S. 311.

Zu Nietzsche siehe S. 191 f.

Zu Heidegger siehe S. 240 und 271.

Zur Wiener Schule siehe S. 272.

Die sprachstrukturelle Wirklichkeit wird nun als etwas Fremdes empfunden, das uns beherrscht. *Michel Foucault* lehrt, dass Herrschaft nicht auf sichtbarer Gewalt beruht, sondern auf sprachlichen Übereinkünften, aufgrund derer wir Eigenschaften, Verhaltensweisen, Menschen aus dem Kreis des Akzeptierten und Normalen ausgrenzen. Die so begründete Ordnung wird dann durch Disziplinierungsmaßnahmen durchgesetzt. Ließe sich ein selbstständiges Ich denken, dass sich vom Zwang solcher Konventionen befreit? Nein, antworten diese Philosophen, solch ein Ich zu fordern, war gerade der Fehler der Aufklärung. Denn es kann sich nur als selbstständiges Ich entwerfen, indem es seine Welt in irgendeine sprachliche Ordnung bringt, also indem es unterscheidet und ausgrenzt und sich so denkend zum Zentrum der Welt macht. Damit freilich dient es wiederum nur der Verfestigung der Sprachstrukturen. Gelänge es nachzuweisen, dass die sprachlichen Zeichen nie eindeutig sind, sondern notwendig in sich widersprüchlich, so wäre die Herrschaft des denkenden Subjekts und der eindeutigen Strukturen gebrochen, freilich um den Preis, dass wir immer im Reich der Sprache von einer Bedeutung zur sie ausschließenden anderen kämen, ohne uns an einer bestimmten festhalten zu können. Diesen Nachweis versucht *Jacques Derrida* zu erbringen. Foucault dagegen sucht die Widersprüche zwischen verschiedenen sprachlichen Übereinkünften auf, die Raum lassen für eine sinnenhafte Erfahrung, die kein sprechendes Ich mehr kennt.

Auch *François Lyotard* lehrt das Leben in der Widersprüchlichkeit, nun aber in geschichtsphilosophischer Bedeutung. Er kritisiert die Übereinkünfte, die Geschichte als das Werk eines herrschenden Subjekts deuten, sei es eines Politikers, einer Klasse, einer Nation, einer Kultur oder etwa des Geistes. Wollen wir Geschichte ohne Herrschaftsanspruch denken, dann müssen wir auf solche Überblicke verzichten, welche Geschichte als einen sinnvollen Prozess deuten, und stattdessen den ständigen Wettkampf widersprüchlicher Einzeldeutungen akzeptieren.

LITERARISCHES LEBEN

Massenmedien

Der „Literaturbetrieb" wird von nun ab ganz von den großen Zeitungen und dem Fernsehen bestimmt. Ohne Werbung durch die Massenmedien, ohne Mitarbeit an ihnen könnten die Autoren nicht leben. Hier wird über die Verleihung der inzwischen zahlreichen Literaturpreise berichtet, hier wird nicht nur schöne Literatur rezensiert, hier streiten auch die Rezensenten publikumswirksam miteinander. Kleinverlage ohne großes Werbebudget und die alten Literaturzeitschriften können demgegenüber kaum überleben. Die internationale Verflechtung der Massenmedien löst die Vorstellung von Nationalkulturen allmählich auf, vor allem im Bereich der Unterhaltungsindustrie. Literarische Erfolge hängen weitgehend davon ab, wie weit ein Buch ins Film- und Fernsehgeschäft eindringt. Die unselbstständige, von Marktforschern normierte Fließbandarbeit, die schon lange die Produktion der sogenannten Groschenhefte bestimmt, die wöchentlich zu Hunderttausenden verkauft wurden, wird nun von Serienfilmen, vor allem den sogenannten Telenovelas, im Fernsehen übernommen. Zugleich entsteht eine anspruchsvolle, in Museen gezeigte Kunst der Videofilme. Daneben eröffnete die Computerindustrie ein neues Feld der Produktion und des Verständnisses von Kunst. In Computerspielen sind die großen Linien bestimmter Szenarien festgelegt, innerhalb derer der Spieler selbstständig und vermeintlich kreativ einwirken kann.

Streit um den Bildungsbegriff

Das Bildungsideal der Klassik, die ästhetische Erziehung, wird aufgegeben. Siehe S. 95.

Die Massenmedien haben die im 18. Jahrhundert entstandene Trennung von hoher Kultur und Unterhaltungskultur unterlaufen; damit haben sie den traditionellen Bildungsbegriff, die Hinaufbildung zum eigentlichen Menschen anhand der Zeugnisse hoher Kultur, in Frage gestellt. Dies wurde 1972 vom Hessischen Kultusministerium zum Anlass genommen, ‚Rahmenrichtlinien‘ für Deutsch und Gesellschaftslehre zu formulieren, in denen Alltagstexte und Trivialliteratur aufgewertet und dafür viele Texte des nationalen Bildungskanons entfernt wurden; an die Stelle des alten Bildungsideals sollten Werte treten wie Konfliktfähigkeit und die Fähigkeit, kritisch „den Anspruch und die Bedeutung unterschiedlicher Texte im gesellschaftlichen Leben zu bestimmen". Daraufhin entbrannte ein heftiger Streit über Wesen und Aufgabe der Bildung überhaupt.

Der Erbebegriff wird nun erweitert, indem auch formal innovative Literatur als Vorbild gilt. Zum Erbebegriff der fünfziger Jahre siehe S. 297.

Zu Heinrich von Kleist siehe S. 135 f.

In der DDR gab es eine ähnliche Auseinandersetzung, die aber das geistige Selbstverständnis der Politiker und Intellektuellen noch stärker erschütterte. Der Anspruch der DDR, das humanistisch-klassische Erbe zu bewahren, war mit einem orthodoxen Bildungsverständnis verknüpft, das nicht nur Romantik und Moderne, sondern auch die moderne Unterhaltungskunst völlig abwertete. In den siebziger Jahren veränderte sich die Erbeauffassung und damit auch die Theorie des Sozialistischen Realismus, nachdem manche literarischen Werke sie faktisch vorher schon überwunden hatten. Es wurde anerkannt, dass man sich in einer veränderten Gegenwart die Vergangenheit nicht unverändert aneignen kann. Brechts Kunsttheorie wurde ernst genommen, die proletarisch-revolutionäre Literatur der zwanziger Jahre, aber auch Romantik und internationale Moderne wurden aufgewertet. Unharmonische, gebrochene Gestalten wie Heinrich von Kleist erschienen nunmehr in günstigerem Licht. Schließlich wurden die künstlerischen Normen insgesamt weniger verbindlich, auch wenn die Schriftsteller weiterhin auf sozialistische Parteilichkeit verpflichtet blieben. Der Einzelne wurde freier in der Wahl seiner Mittel; die positive, harmonische Lösung war nicht mehr unbedingt erforderlich. Zugleich öffnete man sich vorsichtig der westlichen Unterhaltungskultur, die die Jugendlichen aus dem Westfernsehen sowieso schon kannten und begeistert und unkritisch aufnahmen.

Schriftstellerorganisationen

1973 schloss sich der ‚Verband deutscher Schriftsteller‘ der Gewerkschaft ‚IG Druck und Papier‘ (seit 1989 ‚IG Medien‘) an. Dieser Zusammenschluss trug dazu bei, die wirtschaftliche Situation der Schriftsteller deutlich zu verbessern, war aber auch durch heftigen politisch-literarischen Streit geprägt. Ein anderer Verband, die westdeutsche Abteilung des internationalen PEN-Clubs, der für internationale Schriftstellerkontakte und für Meinungsfreiheit auf der ganzen Welt eintrat, war zunächst weniger zerstritten. Das änderte sich, als sich nach der Wiedervereinigung auch die beiden deutschen PEN-Zentren zusammenschließen sollten. Es gab heftigen Widerstand dagegen, mit möglichen Stasi-Informanten aus dem ostdeutschen PEN-Zentrum zusammenzutreffen. Erst 1998 wurden beide Zentren wieder vereinigt.

PEN (von engl. Poets, Essayists, Novelists; seit 1921).

Während die Schriftsteller im Osten unterdrückt, aber gegenüber der übrigen Bevölkerung auch in vielem privilegiert und von der Marktkonkurrenz verschont waren, reagierten die Schriftsteller im Westen auf nivellierende Arbeitsbedingungen der Medienkonzerne innerhalb des Konkurrenzsystems. Früher ähnelte ihre Lage eher derjenigen selbstständiger, wenn auch zumeist schlecht verdienender Heimarbeiter; von nun an – sieht man von den Erfolgsautoren ab – ähnelt sie eher derjenigen von Angestellten, die gewisse soziale Absicherungen verlangen.

Weibliche Gegenöffentlichkeit in der Bundesrepublik

In den siebziger Jahren führte die Frauenbewegung im Westen zu Versuchen, eine weibliche Öffentlichkeit für Literatur und Kunst zu schaffen. Männerkritische Frauenzeitschriften wie *Emma* (ab 1977) entstanden, ebenso frauenspezifische und von Frauen herausgegebene Kultur- und Literaturzeitschriften, weiterhin Frauenverlage, deren Produkte in eigenen Frauenbuchläden angeboten werden. Es entstanden weibliche Theater- und Musikgruppen, und neben Verfasserinnen einer besonderen Frauenliteratur, traten eine Reihe von Filmemacherinnen auf, die frauenspezifische Probleme behandelten.

Zur Frauenliteratur siehe S. 315.

THEORIE UND FORMEN DER LITERATUR

Postmoderne Literatur

Die internationale Krisenerfahrung schlug sich nieder in der Theorie von einer Literatur der postmodernen (nachmodernen) Epoche. Diese Bezeichnung, die auf das Denken der modernen französischen Philosophen zurückgeht ist missverständlich, denn in Wirklichkeit gibt es keine nachmoderne Epoche, sondern nur ein zunehmendes Krisenbewusstsein innerhalb der Moderne. Als postmodern bezeichnet man eine Literatur, die die Vieldeutigkeit steigert bis hin zur Verweigerung jeder zusammenhängenden Deutung; insbesondere vermeidet sie einen eindeutigen Erzählerstandpunkt. Sie spielt mit literarischen Formen und bezieht sich zitierend und imitierend auf frühere Texte und Textformen. Dabei löst sich der Zusammenhang historischer wie literarischer Geschichte auf in eine Vielzahl konkurrierender Geschichten. Diese Beschreibung kennzeichnet auch schon Texte älterer Autoren, insbesondere solche der großen Autoren der Moderne wie etwa James Joyce. Doch kennt die postmoderne Literatur im Gegensatz dazu keine Angst vorm Trivialen; sie benutzt auch die Schemata der Unterhaltungskunst und wird so, obwohl sinnverweigernd, gelegentlich für ein breites Publikum lesbar. Auf diese Weise unterläuft eine gelehrt-zitierende Literatur den Gegensatz zwischen unterhaltender und hoher Kultur. So konnte ein „gelehrter" Roman wie ‚Der Name der Rose' (1980) des Italieners Umberto Eco zu einem Welterfolg werden.

Zur modernen französischen Philosophie des Poststrukturalismus siehe S. 309.

Die Grenzen zwischen Unterhaltungs- und Hochliteratur werden fließend.

In der deutschsprachigen Literatur äußert sich postmodernes Schreiben am deutlichsten in den Romanen ‚Das Parfum. Die Geschichte eines Mörders‘ (1985) von Patrick Süskind, ‚Die letzte Welt‘ (1988) von Christoph Ransmayr und ‚Schlafes Bruder‘ (1992) von Robert Schneider, aber auch andere, wie der Roman ‚Ein weites Feld‘ (1995) von Günter Grass, und die Werke von Schädlich und Hilbig, tragen postmoderne Züge. Jüngere DDR-Autoren aus dem Berliner Stadtteil Prenzlau hatten schon vor dem Ende der DDR das sinnverweigernde Spiel mit der Sprache geübt. Ihr Sammelband ‚Berührung ist nur eine Randerscheinung‘ mit lyrischen Texten von Sascha Anderson, Peter Brasch, Stefan Döring, Uwe Kolbe u.a. erschien 1985 im Westen.

Zu Hans Joachim Schädlich und Wolfgang Hilbig siehe S. 319.

Patrick Süskind: ‚Das Parfum‘

Der Held des Romans ist ein hässliches Kind, das, weil ungeliebt und verstoßen, zum Nichts wird; es hat nicht einmal einen eigenen Geruch, dafür allerdings eine einzigartige Riechfähigkeit. Der Heranwachsende rächt sich, indem er 26 liebreizende Mädchen tötet und die Essenz ihrer Anziehungskraft in ein Parfüm verwandelt. Damit gewinnt er Macht über die Menschen, die dem Duft verfallen. Zunächst in Bildern des Tierischen beschrieben, wird er zum Kind und Heranwachsenden; schließlich, nach einem Aufenthalt in einer Höhle, einem inneren Reich der von ihm beherrschten platonischen Ideen, aus der er wie nach einer Neugeburt herauskommt, wird er zum allmächtigen Herrscher. Tatsächlich aber ist er immer noch ein Nichts, er hat ja nur die Essenz der Anziehungskraft anderer in sich aufgenommen. Erst als er sich mit dem Parfum beträufelt und von den anderen aus Liebe gefressen wird, ist er in den anderen, so wie vorher alle anderen durch ihren Geruch in ihm: kein Nichts mehr, sondern aufgelöst im Ganzen. Zum eigenständigen Menschen wird er jedoch nie. Postmoderne Ichlosigkeit erweist sich hier als Mischung aus Nichtigkeitsgefühl und Allmachtswunsch. Der Autor parodiert den Bildungsroman, er verbindet ihn mit Kriminal- und Schauerroman, und er spielt mit Hinweisen auf Platon und auf Thomas Manns Roman ‚Der Erwählte‘, selber schon eine parodierende Nacherzählung der Legende vom Heiligen Papst Gregor, der siebzehn Jahre ohne Nahrung auf einer einsamen Insel gelebt haben soll.

Der Roman bezieht sich auf Vorstellungen des griechischen Philosophen Platon. Siehe S. 14.

Zum Begriff des Bildungsromans siehe S. 101.

Exkurs: Zur Geschichte der Sinneshierarchie

Im Mittelalter galt das Gehör als der vornehmste Sinn, weil man mit dem Ohr Gottes Gebote vernimmt. Das Auge hingegen wird vom Licht göttlicher Wahrheit wie von der Sonne geblendet; der Adler symbolisiert eine dem Menschen nicht erreichbare Erkenntnis, weil es heißt, er könne in die Sonne schauen. (Das wirkt nach bis zu Nietzsche, der seinem Zarathustra einen Adler als Begleiter gibt.) Für die Aufklärung wird das Auge zum wichtigsten Sinn. Im künstlichen, vom Menschen ausgehenden Licht erkennt es die Einzelheiten und kann somit alles analysieren. Für Goethe wird das Auge zum erkennenden, aber auch die Schönheit der Welt genießenden Sinn. Gegenüber der Vorliebe der Wissenschaften fürs Auge wertet die Romantik das Ohr wieder auf, denn es vernimmt die geheime Harmonie der Natur hinter den Erscheinungen. Einige Dichter des ausgehenden 19. Jahrhunderts schätzen besonders den Geruchssinn, weil die Geruchswahrnehmung besonders intensiv und ganz unmittelbar ist; in ihr wird die unfassbare Stimmung erfahrbar, so als wirkten alle Sinneswahrnehmungen zusammen. Für die Gleichzeitigkeit bzw. Übereinstimmung verschiedener Sinneswahrnehmungen (Synästhesie) haben sich die Dichter seit der Romantik stärker interessiert. Süskind setzt den Geruch an die Stelle des Sehens, indem er die Nase zum Werkzeug wissenschaftlichen Analysierens und Systematisierens macht.

Autobiografisches Schreiben

Selbstbesinnung verlangt Erinnerung, vor allem Erinnerung an allzu gern Vergessenes. In der DDR gräbt Christa Wolf die Kindheit im nationalsozialistischen Alltag wieder aus (‚Kindheitsmuster‘, 1976). Stefan Heym setzt sich in seinem Roman ‚Collin‘ (1979, nur im Westen veröffentlicht) und in seiner Autobiografie ‚Nachruf‘ (1988) selbstkritisch mit dem Stalinismus auseinander. Selbst- und parteikritische, doch zugleich beschönigende Rückblicke stellen Stephan Hermlins Autobiografie ‚Abendlicht‘ (1979) und Erwin Strittmatters autobiografischer Roman ‚Der Laden‘ (1983–1992) dar, radikaler und schmerzhafter ist die Abrechnung bei Erich Loest (‚Durch die Erde ein Riss. Ein Lebenslauf‘, 1981, nur im Westen erschienen) und Franz Fühmann (‚Der Sturz des Engels. Erfahrungen mit Dichtung‘, 1982).

Auch im Westen schreibt die ältere Generation Autobiografien, so in der Bundesrepublik Günter Grass mit ‚Aus dem Tagebuch einer Schnecke‘ (1972) und Wolfgang Koeppen mit ‚Jugend‘ (1976), in der Schweiz Max Frisch mit ‚Montauk‘ (1975) und Elias Canetti, der geistig vor allem in Österreich verwurzelt ist, mit ‚Die gerettete Zunge. Geschichte einer Jugend‘ (1977). In Grass' Rückblick – er wird später noch eine weiter zurückreichende Autobiografie schreiben – fällt der Übergang von politischem Engagement zur Melancholie auf. Für zwei Autoren ist Schreiben nichts anderes als ein unabgeschlossener autobiografischer Weg zu sich selber: Hubert Fichte (‚Versuch über die Pubertät. Ein Roman‘, 1974) versuchte schon seit Mitte der sechziger Jahre, das an den Rand gedrängte Ich seiner Vergangenheit zu analysieren und die Erfahrungen mit äußerer und innerer Fremdheit in Romanen zu verallgemeinern und zu verbildlichen; der Österreicher Thomas Bernhard erarbeitet sich in fünf Bänden, die von einer leidvollen Außenseiter-Existenz berichten, eine gewisse Distanz zu sich selber und zu Österreich, die Selbstironie und Komik erlaubt (‚Die Ursache. Eine Andeutung‘, 1975; ‚Der Keller. Eine Entziehung‘, 1976; ‚Der Atem. Eine Entscheidung‘, 1978; ‚Die Kälte. Eine Isolation‘, 1981; ‚Ein Kind‘, 1982).

Ansonsten begrenzt sich die jüngere Generation auf die unmittelbare Auseinandersetzung mit den Eltern, zumeist im Hinblick auf ihre Haltung gegenüber dem Nationalsozialismus. Bernward Vespers sensible, aber auch selbstbefangene Abrechnung mit dem Vater (‚Die Reise. Ein Romanessay‘, 1977, entstanden 1970) ist noch ganz von der Studentenbewegung geprägt. Das gilt auch für Elisabeth Plessens Emanzipation vom aristokratischen Vater und seiner Familie (‚Mitteilung an den Adel‘, 1976). Nachdem man den politischen Absolutismus der achtundsechziger Bewegung verabschiedet hat – ein frühes und gewichtiges Zeugnis hierfür ist Peter Schneiders Erzählung ‚Lenz‘ (1973) –, wird auch die Auseinandersetzung mit den Eltern differenzierter. Christoph Meckel (‚Suchbild. Über meinen Vater‘, 1980) beschreibt nicht nur das Leben seines Vaters, sondern damit zugleich den Nationalkonservatismus eines ganzen bildungsbürgerlichen Milieus. Autoren wie Peter Härtling (‚Nachgetragene Liebe‘, 1980) und Ruth Rehmann (‚Der Mann auf der Kanzel. Fragen an einen Vater‘, 1979), die sich nicht von einem engstirnig herrschenden Vater haben lösen müssen, zeigten sich fähig, auch sich selber in Frage zu stellen.

Peter Handke hatte sich schon 1972 in ‚Wunschloses Unglück‘ mit der älteren Generation auseinandergesetzt, aber die Abrechnung mit seiner österreichischen Kindheitswelt ist zugleich ein liebevoller Abschied von der Mutter, deren unglückliches, entfremdetes Leben er beschreibt.

Zur Haltung der Älteren gegenüber dem Nationalsozialismus siehe S. 266.

Zum Bildungsbürgertum siehe S. 97.

Selbstbesinnung und Außenseitertum in der jüdischen Literatur

Die Überlebenden der Judenverfolgung können ihre traumatischen Erinnerungen, wenn überhaupt, nur formulieren, sofern sie in der dichterischen Darstellung zugleich davon Abstand gewinnen konnten. Vom traumatischen Erleben gezeichnet, bleiben sie Außenseiter auch in der Nachkriegsgesellschaft. Am ehesten ist das wohl in der andeutenden, die Wirklichkeit verwandelnden Sprache der Gedichte möglich. In der Prosa greift man zu Satire, versteckter Autobiografie oder man mischt Fiktion und Wirklichkeit. Edgar Hilsenrath, der in einem ukrainischen Ghetto überlebte, schreibt einen fiktiven Lebensrückblick eines SS-Mannes, der die Identität eines seiner Opfer angenommen hat, in der Form der bitteren Satire (‚Der Nazi & der Friseur‘, 1977, zuerst in englischer Übersetzung 1971). Der in Polen geborenen Jurek Becker, der als Achtjähriger nach der Befreiung aus dem KZ nach Ost-Berlin kam, wo er Deutsch lernte, gewinnt Abstand, indem er Wunschtraum und bittere Wahrheit in der Schwebe zu halten versucht (‚Jakob der Lügner‘, 1969). Der in Wien als Hanns Maier geborene Jean Améry konnte nach den Auschwitz-Prozessen wieder über seine Erfahrung von KZ und Folter schreiben, aber zunächst nur in der Form von Essays, in denen er sich streng von dem jungen Mann abgrenzt, der er damals war (‚Jenseits von Schuld und Sühne. Bewältigungsversuche eines Überwältigten‘, 1966). Sein einziger Roman ‚Lefeu oder der Abbruch‘ ist eigentlich eine Biografie seines Freundes, des Malers Erich Schmid.

In ‚Bronsteins Kinder‘ (1986) spricht Jurek Becker den Gegensatz der Generationen an. Eine jüngere Generation jüdischer Autoren weiß von dem Holocaust nur durch historische Dokumente und durch die Erzählungen der Alten. Diese Autoren müssen sich daher sowohl mit der historischen Katastrophe auseinandersetzen, die sie indirekt prägt, an die sie aber keine eigene Erinnerung haben, als auch mit der älteren Generation, auf deren Erzählungen sie angewiesen sind, von der sie sich aber auch absetzen wollen, um sich eine eigene, nicht ganz und gar auf die Judenverfolgung fixierte Identität zu erarbeiten. Barbara Honigmanns Figuren, die deutliche Züge der Verfasserin tragen, suchen sich im Selbstgespräch einer Identität zwischen den Kulturen, Nationen und Generationen, an der Grenze zwischen Minderheit und Mehrheit, an Stellen des Übergangs zu vergewissern (‚Roman von einem Kinde‘, 1986; ‚Eine Liebe aus Nichts‘, 1991; ‚Damals, dann und danach‘, 1999). In dem Roman ‚Gebürtig‘ (1992) zeichnet der Wiener Robert Schindel ein kritisches Bild der österreichischen Nachkriegsgesellschaft um einen Helden, der wieder Züge des Verfassers trägt. Ein Kaleidoskop von Binnenerzählungen, Tagebuchstellen, Briefwechseln macht die Judenverfolgung zu einem zugleich literarischen und aktuellen Ereignis, das weder den Opfern noch den Peinigern eine sichere Identität erlaubt. Esther Dischereits aus Fragmenten zusammengestellte Texte kreisen um eine Identität, die nur im Nachdenken über ihren fragmentarischen, in sich widersprüchlichen Charakter bestehen kann (‚Joëmis Tisch‘, 1988; 'Merryn', 1992).

Christa Wolf: ‚Kindheitsmuster‘

Was autobiografische Selbstbesinnung bedeuten kann, zeigt beispielhaft Wolfs romanhaftes Erinnerungsbuch. Schreibend wird ihr bewusst, wie das Kind Nelly vor 1945 typische Verhaltensweisen der ‚Angepassten‘ zeigt. Als Autorin unterbricht Wolf immer wieder das lineare Erzählen von der damaligen Zeit und gibt Erklärungen aus ihrer Erfahrung der siebziger Jahre, verdrängt aber nicht die peinlichen Situationen, in denen der junge Mensch versagt hat, in denen er nicht besser war als andere, die er später verachtete. Hierzu gehört eine fast selbstquälerische Aufrichtigkeit. Diese „subjektive Authentizität" verharrt jedoch nicht im Persönlichen, sondern deckt eine allge-

Unmittelbar nach dem Zweiten Weltkrieg gab es bei Paul Celan und Nelly Sachs schon Versuche, den Holocaust dichterisch zu bewältigen. Siehe S. 249 und 274.

Der Holocaust wird historisch.

meine innere Bereitschaft zur Gewalt auf, die durch die äußere Abrechnung mit dem Nationalsozialismus noch nicht erledigt ist. Ein allgemeines Verhaltensmuster – daher der Titel des Buches – wird deutlich. Das Kind identifiziert sich mit herrschender Unmenschlichkeit, lernt Hass und Härte und verlernt das Mitgefühl, weil es auf diese Weise die Angst vor dem Fremden binden kann und sich akzeptiert fühlt. Durch die Erinnerung, die freilich das Eingeständnis einer verfehlten Vergangenheit und einer tiefen Angst verlangt, lernt man dagegen, sich zu verändern. In solchem persönlich-allgemeinem Erinnerungsprozess nähert sich die Schreibende einem authentischen, von verfehlter Identifizierung freien Ich und zeigt zugleich den Weg zu einer humanen Gesellschaft, in der Gemeinsamkeit, Selbstsein und Menschlichkeit nicht mehr auseinanderfallen.

Frauenliteratur

Anfang der siebziger Jahre setzt im Westen die Woge der Frauenliteratur ein, das heißt einer Literatur von Frauen für Frauen mit dem Ziel, sich von einem männergeprägten Selbstverständnis zu lösen und die männergeprägte Sicht von Geschichte und Gesellschaft zu ändern. Ingeborg Bachmann, die diese Literatur vorbereitete, kreist um eine ungelöste Krise der Identität, der Liebe und der Sprache („Malina‘, 1971, Teil eines geplanten Romanzyklus ‚Todesarten‘, der 1995 aus dem Nachlass herausgegeben wurde).

Die jüngeren Autorinnen beginnen mit autobiografischer Selbstbesinnung. Der Versuch, sich von vertrauten Verhaltensmustern durch schonungslose Ehrlichkeit zu lösen, kennzeichnet die tagebuchartigen Aufzeichnungen von Karin Struck („Klassenliebe‘, 1973) und Verena Stefan („Häutungen‘, 1975). Die Österreicherin Brigitte Schwaiger („Wie kommt das Salz ins Meer?‘, 1977) beschreibt in einem autobiografischen Roman Versuche der Selbstverwirklichung in der stereotypen Welt kleinbürgerlichen Patriarchats. Ingeborg Drewitz („Gestern war Heute – Hundert Jahre Gegenwart‘, 1978) erweiterte den Blick und stellte die Veränderung der Frauenrolle im größeren geschichtlichen Zusammenhang dar. Andere ziehen bisher übersehene Frauen ans Licht, so wenn Karin Reschke („Verfolgte des Glücks‘, 1982) das Leben Henriette Vogels, der Geliebten Heinrich von Kleists beschreibt, um damit zugleich etwas von sich selber zu finden. Im Rahmen dieser Literatur entstanden schließlich auch Texte, die sich vom vordergründig Autobiografischen lösen und zugleich mit der Sprache experimentieren: Die Österreicherin Friederike Mayröcker („Das Herzzerreißende der Dinge‘, 1985) registriert Bewusstseinssprünge, so dass eine Sammlung widersprüchlicher Gedanken und Vorstellungen entsteht anstelle einer Geschichte, die nicht von Zusammenhang, sondern von Trennung und Brüchen handeln müsste. Anne Duden („Übergang‘, 1982) stellt sich der Fremdheit und Unheimlichkeit des eigenen Körpers und der eigenen Seele in einer bedrohlichen Welt. Nicht mehr nur bedrohlich, sondern gänzlich verfinstert ist die Welt der Österreicherin Elfriede Jelinek, die erbarmungslos die Zerstörung weiblicher Sexualität in einer Atmosphäre aus Hass, Dummheit und Mittelmäßigkeit beschreibt („Die Klavierspielerin‘, 1983).

In der DDR ist weibliche Selbstbesinnung zumeist nicht so unmittelbar autobiografisch wie im Westen; man sucht das Typische im gesellschaftlichen Zusammenhang zu fassen, sei es mit dokumentarischen Mitteln, wie es die von Maxie Wander herausgegebenen Protokolle zeigen („Guten Morgen, du Schöne. Frauen in der DDR‘, 1977), sei es, dass man um den Widerspruch zwischen den gesellschaftlichen Zwängen und dem Glücksanspruch der einzelnen kreist, wie sich an Brigitte Reimanns Romanfragment sehen lässt („Franziska Linkerhand‘, 1974) oder an den Erzählungen, in denen Helga

---

Der Frauenroman geht auf Sophie von La Roche zurück. Sie begründete das Genre im 18. Jahrhundert mit ihrem Roman „Geschichte des Fräuleins von Sternheim". Siehe S. 65.

Autobiografisches Schreiben ist typisch für die Literatur der Zeit. Siehe S. 313.

2004 erhielt Elfriede Jelinek den Nobelpreis für Literatur.

Königsdorf ironisch die Zwänge zu verplantem, rollengemäßem Leben skizziert (,Der Lauf der Dinge. Geschichten', 1982). In der Erzählung ,Respektloser Umgang' (1986) verbindet Königsdorf die Besinnung auf ihre Familiengeschichte mit derjenigen auf die Rolle in der Frau in der Wissenschaft. Irmtraud Morgner und Christa Wolf gehen zwar von ihren Frauenerfahrungen aus, schrieben aber im wesentlichen nichtautobiografische Romane und Erzählungen, die die Tradition erzählender Dichtung weiterführen.

Lyrik

Selbstbesinnung im alltäglichen Leben, aber auch eine Neubesinnung auf den Kunstcharakter, prägt die Lyrik seit den siebziger Jahren. Im Westen setzt sich Rolf-Dieter Brinkmann, von amerikanischer Pop-Art angeregt, schon in den sechziger Jahren mit der Wahrnehmung des Alltäglichen auseinander, wie Massenmedien und Massenkultur sie geprägt hatten (,Gras', 1970; ,Westwärts 1&2', 1975). Momentaufnahmen, Gedanken, Assoziationen werden unverbunden nebeneinandergestellt, nicht um eine neue, medienfreie Ursprünglichkeit zu gewinnen – die gibt es ebenso wenig mehr wie unberührte Natur –, sondern um Reize neu zu arrangieren und somit zu verfremden. Schließlich erscheint die ganze europäische Geschichte als Selbstzerstörungsprozess. In Brinkmanns Nachfolge suchten viele Autoren mit (oft nur scheinbar) einfachen Worten alltägliche Dinge, Gedanken und Gefühle zu erfassen, am erfolgreichsten Jürgen Theobaldy (,Drinks. Gedichte aus Rom', 1979). Aus dem Genuss des Alltäglichen wird bei ihm allmählich wieder der Genuss der schönen Form. Mit den Gedichten Ulla Hahns (,Herz über Kopf', 1981) kehrt die Frauenlyrik zur schönen Form des Leidens an der Liebe zurück.

Selbstbesinnung äußert sich auch in einer gedanklichen Lyrik, die in lakonischen, aber rhetorisch überlegt konstruierten Formulierungen die überraschende, gedankenweckende Pointe sucht. Diese Form, geeignet für Ironie und Selbstironie, erlaubt enttäuschten Lyrikern in West und Ost, die Leser auf ihre eigenen Selbsttäuschungen aufmerksam zu machen. Im ,Untergang der Titanic. Komödie' (1978) bearbeitete Hans Magnus Enzensberger seine politische Desillusionierung; der verlorene Glaube an politischen Fortschritt erlaubt Halt nur noch in der schönen, wirksamen Formulierung des umfassenden Zweifels. Im ironischen Spiel mit vorgegebenen Sprech- und Sehweisen zerstört er schließlich alle Sicherheiten außer der einen, dass er hohe und niedere Formen des Sprechens virtuos beherrscht. Günter Kunert (,Stillleben', 1982) beschreibt in kurzen Gedichten sein Erschrecken in einer untergehenden Welt, aber auch sein Erschrecken vor sich selbst; doch immer schimmert der Wunsch nach einer besseren Welt hindurch. Aus den Elementen einer erschreckenden Wirklichkeit, häufig aus ihrer Erinnerung, rekonstruiert Guntram Vesper (,Die Inseln im Landmeer', 1982, erweitert 1984) ein besseres und schöneres Leben im Reich der Sprache. Sarah Kirsch (,Erdreich', 1982; ,Erlkönigs Tochter', 1992; ,Das simple Leben', 1994) sucht gerne die Natur auf, aber nicht um in ihr Geborgenheit zu finden, sondern um sie als gestörte erkennbar zu machen. Sie reiht Eindrücke und Gedanken, aber auch verschiedene Weisen lyrischen Sprechens bruchlos aneinander, ohne den Lesern einen Halt zu geben; stattdessen können sie die zornige oder melancholische Heiterkeit mitfühlen, mit der Kirsch einer fremdgewordenen Welt gegenübersteht. Ebenso wie bei Kunert führt die gedanklich zugespitzte kleine Form bei Kirsch auch zu einer Kurzprosa, die man als Prosagedicht bezeichnen könnte.

Zur pointierenden kleinen Form gehört vor allem das Wortspiel. Bei einigen Autoren wird es zur wichtigsten Technik. Ebenso wie in seinen früheren Gedichten zeigt

Pop-Art (von engl. popular art) ist eine Kunstrichtung, vor allem in der Malerei, die Mitte der 1950er Jahre in England und den USA entstand. Die Motive sind der Alltagskultur, der Welt des Konsums, den Massenmedien und der Werbung entnommen.

Erich Fried (‚Das Nahe suchen‘, 1982), wie man aus Wortspielen den Gedanken ent-
bindet, nun aber nicht mehr im Dienst der schon vorher gewussten politischen Wahrheit, sondern im Versuch, im ganz Persönlichen Ansätze für ein richtiges Leben zu
finden. Der Rumäniendeutsche Oskar Pastior (‚Fleischeslust‘, 1976; ‚Der krimgotische
Fächer‘, 1978; ‚Zukunftsmusik‘, 1991), der als Journalist mit den verordneten Sprach-
formeln seines Regimes leben musste, entlarvt sprachspielend die Unmenschlichkeit
schablonenhaften Redens und schafft sich zugleich eine Kunstwelt aus vorgefundenem
Sprachmaterial.

Seit den achtziger Jahren sprechen sich Trauer und Unsicherheit auch in größeren
Gedichten aus, die teilweise allerdings nur Kleinformen aneinander reihen. So etwa
im ‚Untergang der Titanic‘, wenn Enzensberger das Thema des Untergangs variiert,
der durch seine historischen Wiederholungen zur „Komödie“ geworden ist. Der lange
Redefluss im Gedicht „Variationen auf kein Thema“ (in: ‚Falten und Fallen‘, 1994)
von Durs Grünbein entspricht seiner Darstellung des Menschenlebens als ständiger
Wiederholung des Immergleichen, Unpersönlichen und Sterilen, das doch im tödlich
Bedrohenden gründet.

Drama

Der Rückzug des Einzelnen auf sich selbst in einer bedrohlichen Welt lässt das
Gespräch verstummen. So entstehen Theaterstücke, in denen die Personen mehr mit
sich selber als miteinander reden, Stücke, die mehr von Einsamkeit und Tod als von
gemeinsamen Zielen handeln.

Für die Personen in den Stücken von Botho Strauß (‚Groß und klein – Szenen‘, 1978;
‚Kalldewey. Farce‘, 1981; ‚Schlusschor. Drei Akte‘, 1991) wächst das Gespräch sich entweder aus zum Streit zwischen den beiden Geschlechtern, oder es versandet in nichts-
sagendem, aber ununterbrochenem Alltagsgerede. Häufig stehen mythische Muster
Modell für die Handlung, aber nur um zu zeigen, dass sie ihre sinngebende Funktion
verloren haben, dass für das Irrationale, für Traum und Wahnsinn, kein Platz ist in
der technisch vermittelten Welt. Die Handlung selbst erstarrt in der Banalität, löst sich
auf in einzelne Szenen. Die Menschen müssen sich ihre Einsamkeit eingestehen, auch
wenn sie an der Sehnsucht nach einem verlorenen, besseren Zustand festhalten. Jenseits der Sprache jedoch, in Gestik und Spiel, entwickelt sich zwar kein sagbarer Sinn,
aber Lust an Fantastik und grotesker Komik, Einverständnis mit dem Irrationalen. Im
‚Schlusschor‘ versucht Strauß, den geschichtlichen Augenblick der deutschen Wiedervereinigung theaterspielend in Mythos zu verwandeln, so dass er einen mythischen
Grund erhält, jenseits von rationaler Sprache.

Den Glauben, im Irrationalen letztlich doch einen festen Grund zu finden, teilt der
Österreicher Thomas Bernhard nicht (‚Die Macht der Gewohnheit‘, 1974; ‚Immanuel
Kant‘, 1978; ‚Vor dem Ruhestand. Eine Komödie von deutscher Seele‘, 1979). Seine Personen, die nicht nur seelisch, sondern häufig auch körperlich krank oder verkrüppelt
sind, leben in engen Räumen zusammen, wo sie nicht handeln können, sondern miteinander reden müssen, aber sie reden aneinander vorbei. Sie sprechen von zerstörender
familiärer oder politischer Vergangenheit, um sich von ihr zu entlasten und sich an
allen anderen zu rächen, indem sie sie zum Zuhören zwingen. Kein Lebender, nur
manchmal ein schon verstorbener Künstler oder Philosoph, entgeht der Weltverach-
tung der „Geistmenschen“, die sich der banalen Gegenwart noch nicht angepasst haben, sich dafür aber aus ihrer Vergangenheit in ihr Sterben hineinreden. Der Zuschauer
kann den Kunstcharakter dieses Redens genießen, das sich in einen Rausch steigern
kann, während ihm zugleich gezeigt wird, dass es wie alle Kunst und Philosophie doch

nur tyrannische Eitelkeit ist. Verzweiflung und Rache, Sprachlust und entlarvte Eitelkeit münden in Szenen von grotesker Komik.

Zum Begriff
Produktionsliteratur
siehe S. 292 f.

Heiner Müller, von der Wirklichkeit der DDR enttäuscht, hört in den siebziger Jahren auf, Produktionsstücke zu schreiben, und verfasst stattdessen dramatische Texte, die ebenfalls zur Handlungsauflösung und zum Monologischen tendieren und die, deutlicher noch als bei Strauß und Bernhard, die Welt als Groteske darstellen (,Mauser', 1975, nur im Westen; ,Leben Gundlings Friedrich von Preußen Lessing Schlaf Traum Schrei', 1977; ,Hamletmaschine', 1977, nur im Westen; ,Wolokolamsker Chaussee', 1987). Er dramatisiert preußische Geschichte, Nationalsozialismus und Stalinismus, die als eine einzige blutige oder obszöne Posse erscheinen, in der immer wieder die Erziehung zu Dummheit und zynischer Unmenschlichkeit gesiegt hat. Auch wenn er Dramen der Antike und Shakespeares bearbeitet oder monologische Rollentexte schreibt (z. B. ,Hamletmaschine'), in denen nicht eine Person, sondern eher ein Verhaltensmuster sich ausspricht, will er nicht, wie Strauß, Geschichte letztlich wieder im Mythos begründen, sondern zeigen, wie jedes Mal Muster mythischer Grausamkeit sich gegen die Arbeit für den Fortschritt, ja gerade in ihr durchgesetzt haben. Nicht weniger verdächtig als Fortschrittsglaube ist ihm andererseits der Glaube an die Bildungstradition. Ihn zerstört er, wenn er Possenhaftes und Grausames in überkommenen Versformen erhabenen Sprechens ausdrückt. Der Gebrauch des Fantastischen hat eine ähnliche Funktion. Wenn z. B. Tote auf dem Theater weiterleben, wird deutlich, wie Tödliches aus der Vergangenheit die lebendige Gegenwart bestimmt. Müller will einem schockierten Publikum Anstöße zu Nachdenken und Veränderung geben, er will ihm aber nicht den Weg vorschreiben, wie eine bessere Welt doch noch zu erreichen wäre.

Erzählende Prosa im Osten

In den siebziger Jahren wendet sich die Prosa der DDR von der Beschäftigung mit den Arbeitern und Technikern ab, um stattdessen den erstickend engen Alltag der vielen darzustellen, die sich nicht zum Vorbild eignen. Erich Loest (,Es geht seinen Gang oder Mühen in unserer Ebene', 1978) beschreibt das Leben eines Ingenieurs, der, ein bequemer Durchschnittsmensch, von seiner ehrgeizigen Frau als Versager angesehen wird, obwohl er doch nur das Produkt seiner spießigen, selbstgerechten und autoritären Umwelt ist. Plenzdorfs Erzählung (,Die neuen Leiden des jungen W.', 1972), die durch den Verweis auf Goethes jugendliche Revolte die Berufung der DDR aufs klassische Erbe kritisiert, steht für eine Reihe von Texten, die die Unzufriedenheit der Jugendlichen mit ihrem Alltag artikulieren. Reiner Kunzes Prosaskizzen (,Die wunderbaren Jahre. Prosa', 1976, nur im Westen) öffnen dem Leser die Augen für die böse Komik des Ausbildungssystems, dem die Jugendlichen ausgesetzt sind. Alle diese Texte sollen zur Besserung herausfordern. Das gilt auch noch, wenn Christoph Hein mit schneidendem Realismus einen hoffnungslosen Alltag beschreibt (,Der fremde Freund. Novelle', 1982, im Westen 1983 unter dem Titel ,Drachenblut'; ,Horns Ende. Roman', 1985).

Zu Ulrich Plenzdorf
siehe S. 306.

Zu Christoph Hein
siehe S. 306 f.

Andere Autoren der DDR erweiterten den Alltag um eine geschichtliche Perspektive oder um Bereiche des Fantastischen. Wenn Günter de Bruyn einen Provinzlehrer und einen Literaturprofessor einander gegenüberstellt, so erzählt er nicht nur von Familienklatsch und Berufszwängen, sondern lässt zugleich hinter der Unehrlichkeit eines karrieresüchtigen Angepassten die Unehrlichkeit des von oben verordneten Geschichtsbildes erkennen (,Märkische Forschungen. Eine Erzählung für Freunde der Literaturgeschichte', 1978). Irmtraud Morgner (,Leben und Abenteuer der Trobadora Beatriz nach Zeugnissen ihrer Spielfrau Laura. Roman in dreizehn Büchern und sieben

Intermezzos', 1974; ,Amanda. Ein Hexenroman', 1983) erweitert den Alltag nicht nur um Geschichte (diesmal Geschichte der Frauenrolle), sie öffnet ihn auch für die Utopie eines besseren Lebens, in dem nicht nur Mann und Frau miteinander solidarisch sind, sondern in dem auch Alltagswelt und Wunschwelt einander nicht mehr ausschließen. Sie gebraucht die Technik der Montage, um beide Bereiche, patriarchalisch-bürokratische Ordnung und entfesselte weibliche Fantasie, realistisch beschriebenen Alltag und fantastische Traumwelt, unvermittelt nebeneinander zu stellen. Ihre Heldinnen sind dementsprechend in zwei Hälften gespalten: Arbeiterin und Frau im Ehealltag einerseits, geheimnisvolle Gestalt mit magischen, hexenhaften Fähigkeiten andererseits. Doch indem die Heldinnen die Grenzen zwischen beiden Bereichen immer wieder überschreiten und die bürokratische Ordnung verlachen, spannt ihr pikaresker Lebensweg Fäden zwischen kleinen Leuten und führenden Schichten, versöhnt Komik mit der Trennung zwischen Realistik und Fantastik; so nimmt die Kunst eine erhoffte dauerhafte Verbindung vorweg.

Pikarischer Roman (von span. picaro = Landstreicher) ist eine Bezeichnung für den Schelmenroman.

Weniger hoffnungsvoll ist Christa Wolf, aber auch sie hält noch am Utopischen fest, wenn sie den Alltag verlässt und tiefer in die Geschichte, ja bis zu ihrem mythischen Anfang geht. ,Kein Ort. Nirgends' (1979) beschreibt die Annäherung zweier Außenseiter. Beide, Heinrich von Kleist und die romantische Dichterin Karoline von Günderode, gehen an den Rollenvorstellungen und am Zweckdenken ihrer Zeit zugrunde, finden aber gerade darum auch einen letztlich sprachlosen Augenblick der Gemeinsamkeit, aus dem sich eine Utopie von Gleichberechtigung und Selbstverwirklichung der Geschlechter ableiten lässt. Im unbequemen Erinnern Kassandras, der griechischen Seherin, die den Untergang Trojas voraussagte (,Kassandra', 1983), lässt Wolf den Leser erleben, wie unsere Geschichte als Geschichte des Patriarchats und damit der Lügen und Kriege beginnt; die neue, menschliche Geschichte hat noch nicht begonnen, aber sie wäre um den Preis wahrhaftigen Erinnerns möglich.

Christa Wolf deutet antike Mythen wie die Figur der Kassandra und der Medea neu.

Mit den Prosaskizzen (,Versuchte Nähe', 1977, nur im Westen), mit denen Hans Joachim Schädlich den DDR-Alltag beschreibt, sucht er durch virtuose Sprache bei aller realistischen Genauigkeit der Darstellung künstlerische Distanz zu gewinnen. In seinem nach der Übersiedelung in den Westen geschriebenen fantastisch-historischen Roman ,Tallhover' (1986), der Lebensbeschreibung eines 136 Jahre alten Polizeispitzels, wird Funktionieren und Versagen fortdauernder Untertanengesinnung mit nüchterner Distanz zu Protokoll genommen. Ein Protokoll ohne einen Erzähler, also ohne einen Bericht, der die Sicht auf das Geschehen beeinflussen würde. Auch bei Wolfgang Hilbig (,Alte Abdeckerei. Erzählung', 1991; ,Ich. Roman', 1993), der schon vor seiner Übersiedlung in den Westen nur dort publizieren konnte, bleiben die Romanfiguren sich selbst überlassen, aber nun wird nicht das Äußere protokolliert, sondern ihr Denken, das erfolglos um die Frage kreist, wer sie eigentlich sind in ihrer Welt, die kafkaesk verfremdet ist, weil sie in irgendeiner Weise immer durch Verbrechen oder Unterdrückung bestimmt ist: Den einzigen Halt gibt die künstlerische Form.

Die Figur des Spitzels Tallhover taucht bei Günter Grass unter dem Namen Hoftaller auf. Siehe S. 335.

Die Rumäniendeutsche Herta Müller (,Barfüßiger Februar. Prosa', 1987; ,Herztier. Roman', 1994) ist durch die Erfahrung einer noch viel schlimmeren Diktatur geprägt als die Autoren aus der DDR. Die Angst hat ihr den kindlichen Blick fürs Kleinste nicht nur bewahrt, sondern geschärft, den sie nunmehr benutzt, um sich einer vorgeschriebenen Wirklichkeitswahrnehmung zu entziehen. Der mikroskopische Blick löst die Wirklichkeit auf, die dann poetisch, durch Bilder, Leitmotive, Assoziationen wieder zusammengesetzt wird. Die ständige Bedrohung wird dabei keineswegs ausgeblendet; dennoch entsteht so eine Welt, in der die Angst, in eine künstlerische Kraft verwandelt, erträglich wird.

2009 wurde Herta Müller der Nobelpreis für Literatur verliehen.

Erzählende Prosa im Westen

Gelangen die Autoren aus der DDR in ihrer Prosa von der sozialistischen Einordnung des Einzelnen zu einer neuen Wertschätzung des Ästhetischen, so kommen die westlichen Autoren vom autobiografischen Schreiben her zum gleichen Ziel. Immer häufiger schreibt man über das Schreiben. Der Österreicher Peter Handke (‚Die Wiederholung', 1986; ‚Versuch über den geglückten Tag. Ein Wintertagtraum', 1991; ‚Mein Jahr in der Niemandsbucht. Ein Märchen aus den neuen Zeiten', 1994) sucht seit den siebziger Jahren sein Schreiben autobiografisch zu beglaubigen. Sich erinnernd protokolliert er, was im Bewusstsein bei Wahrnehmung gerade des Unscheinbaren früher vorging und was jetzt bei der Beschreibung vorgeht. So lernt er, im Unscheinbaren das Aufschlussreiche zu sehen, und kann zugleich, wenn das Erzählen funktioniert, Augenblicke der Einheit von gegenwärtigem Ich und erinnerter Welt erleben. Indem er solch aufschließendem Unscheinbarem in der eigenen Vergangenheit nachspürt, dann auch auf Reisen in aller Herren Länder, sucht er vorsichtig, sich immer wieder entziehend, Beziehungen zu einer äußeren Welt zu knüpfen, die darauf aus ist, den Einzelnen zu vereinnahmen und abzustempeln. Diesen Vorgang lässt er entweder einen Ich-Erzähler vollziehen, der für den Verfasser steht, oder fiktive Figuren, die ebenfalls in Ich-Form berichten.

Ähnlich wie Handke stellt auch Brigitte Kronauer (‚Rita Münster', 1983; ‚Berittener Bogenschütze', 1986) der Vereinnahmung den plötzlichen erfüllten Augenblick gegenüber, der aber nicht in der Reflexion beim Schreiben stattfindet, sondern im Bezug zu einem Gegenüber. Eine selbstständige Identität aber lässt sich auf solchen Augenblicken nicht aufbauen, sie geben keinen dauernden Halt. Den gibt dagegen die strenge künstlerische Komposition und Distanz; die Autorin spielt mit den Romanfiguren, sie bringt aber ihr biografisches Ich nicht ins Spiel.

Grass hingegen verbindet zunächst Autor-Ich und Erzähler-Ich, wenn er in zunehmender Skepsis europäische und deutsche Geschichte umerzählt. Im ‚Butt' (1977) suchte er noch einen Gegenmythos zu schaffen, der eine andere, frauenbestimmte Geschichte begründen könnte anstelle unserer, auf Zerstörung hinauslaufenden. ‚Die Rättin' (1986) war nur noch ein Warn-Mythos vom Untergang der Menschheit und vom Ursprung der Rattenherrschaft. Im ‚Weiten Feld' (1995) ist das Autor-Ich wieder verschwunden; aus größerer Distanz wird so erzählt, wie der Schriftsteller hilflos und mitschuldig dem Untertanenstaat verbunden ist. Zugleich wird die Verwandlung einer unbefriedigenden politischen Wirklichkeit in Literatur zu einem entscheidenden Thema des Romans.

Nicht im Politischen, wohl aber im Privaten resigniert auch Martin Walser (‚Brandung', 1985; ‚Die Verteidigung der Kindheit', 1991). Die beschädigten Individuen aus dem Mittelstand, die er schon früher darstellte, wagen seit den ausgehenden siebziger Jahren nicht einmal mehr den Versuch, sich selbst zu verwirklichen. Auch Botho Strauss (‚Die Widmung', 1977; ‚Der junge Mann', 1984) beschreibt unglückliche, isolierte Individuen aus dem Mittelstand, aber nicht, indem er ein zusammenhängendes Leben nachzeichnet, sondern indem er einzelne Situationen beobachtet und bedenkt, oft aus ironischer Distanz. Dabei gibt sich Wirklichkeit auf einmal als eine Konstruktion aus literarisch vermittelten Sehweisen zu erkennen.

SINNKRISE UND IDENTITÄTSSUCHE

Zentrale Haltung: zwischen (selbst)kritischer Besinnung und Sinnverweigerung

Geschichte

Im Westen: Die Geschichte zeigt keine kontinuierliche Entwicklung und noch weniger einen Fortschritt; sie ist vielmehr durch Krisen und Katastrophen gekennzeichnet.
Im Osten: Es gilt die marxistische Auffassung von der Entwicklung zum Sozialismus. Ob und wie die sozialistischen Staaten dabei Fehler machen, wird diskutiert, so weit dies möglich ist.

Natur

Im Westen: Die Natur wird als dynamische Kombination von Informationssystemen gedacht, die einen Balancezustand stören und wieder herzustellen suchen. Leitwissenschaft: Informationstheorie und Biowissenschaften.
Im Osten: Nach marxistischer Auffassung verwandelt der Mensch die Natur durch die Erkenntnis ihrer Gesetze und lernt so, sie immer besser für seine Zwecke zu beherrschen. Daneben entwickelt sich aber die Erkenntnis der ökologischen Unkosten bei der Ausbeutung der Natur.

Gesellschaft

Im Westen wie im Osten sucht man aus der nationalsozialistischen Vergangenheit zu lernen. Dabei gilt im Osten durchgehend, im Westen gelegentlich die Utopie einer sozialistischen Gesellschaft. Entfremdung und Vereinzelung werden hier wie dort diskutiert, im Osten offiziell aber nur als westliche Verfallserscheinung.

Der einzelne Mensch

Der einzelne Mensch wird prinzipiell weiterhin als selbstständig gedacht, ist aber in ein System der Administration und Kontrolle eingebunden. Im Westen ist dieses System abstrakt und weitmaschig, im Osten wird es durch allgegenwärtige Bespitzelung aufrechterhalten.

Zwischenmenschlicher Bezug

Im Westen: zwischenmenschliche Bezüge werden zunehmend abstrakter. Bürgerbewegungen suchen dem entgegenzuwirken.
Im Osten: Erziehung zu klassenbewusster Solidarität, während Kleinräume persönlicher Beziehungen weitgehend intakt zu bleiben scheinen, tatsächlich aber oft von Spitzeln durchsetzt sind.

Literatur

Im Westen: Phänomene der Vereinzelung, Entfremdung, der missglückten Kommunikation werden kritisch oder konstatierend dargestellt. Man spielt mit Formen der Selbstdarstellung, so dass keine eindeutige Perspektive entsteht. Der Prozess der Selbstbesinnung ist wichtiger als das Ergebnis.
Im Osten: Die Lehre vom sozialistischen Realismus verlangt, dass durch die Besonderheit des Individuums hindurch seine Klassenzugehörigkeit erkennbar werde und dass die Literatur neben missglückter gesellschaftlicher Integration auch Beispiele geglückter Integration zeigt. Kritik an der sozialistischen Wirklichkeit darf sich nur auf vorläufige Randerscheinungen richten. Die Autoren suchen das teilweise zu unterlaufen.

Literarische Gattungen

Postmoderner Sinnverlust und autobiographisches Schreiben befördern die Tendenz, hohe und niedrige Literatur, Gattungsformen sowie Perspektiven miteinander zu vermischen, den Handlungszusammenhang zu lockern und ironisch auf andere Texte zu verweisen. Dazu kommt, dass die literarischen Gattungen in der Medienwelt immer stärker mit den Erzeugnissen anderer Medien verbunden sind (Das Buch zum Film, Fanfiction im Internet).

16   Neue Konflikte (1990 ff.)

AUF EINEN BLICK

a Gaskammer/Krematorium 2
b Gaskammer/Krematorium 3
c Gaskammer/Krematorium 4
d Gaskammer/Krematorium 5
e Bad/Entwässerungsanlage
   („Sauna")
f Effektenlager („Kanada")
g 1. prov. Gaskammer
   („Rotes Haus")
h 2. prov. Gaskammer
   („Weißes Haus")
i Kläranlage
j Zwinger für Diensthunde
k Küchenbaracke
l Wasserwerk
m Kiesgrube
n Kartoffellager
o Männer-HKB ⎤ Häftlings-
p Frauen-HKB ⎦ krankenbauten
q Entwesungsanlage
r Bahnhof Auschwitz
s „Rampe"
t Lagerkommandantur/
   SS-Kaserne
u Lazarett
v Blockführerstube
w Hauptwache/Lagertor
▦ Stacheldrahtzaun
   (teilw. elektrisch geladen)
▯ Verbrennungsgruben/
   Scheiterhaufen
▨ Massengrab
⊟ Entwässerungsgraben

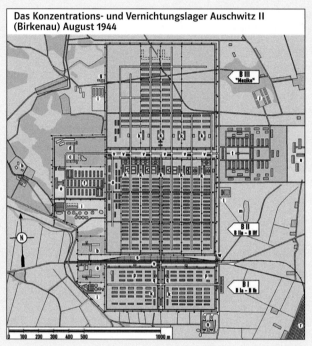

Das Konzentrations- und Vernichtungslager Auschwitz II (Birkenau) August 1944

B III „Mexiko"

B II B Ia – B IIf

B I B Ia – B Ib

0   100 200 300 400 500   1000 m

Belegung der Lagerblöcke

B I sowj. Kriegsgefangene/
     Männerlager bis
     August 1942, dann bis
     Januar 1945 Frauenlager

B II wechselnd belegte Block-
     abschnitte bis Januar 1945:
     u. a. Zigeuner- (Familien)
     lager, Theresienstädter
     Familienlager, Männer-
     lager, Männer-Quarantäne-
     lager, ungarische Juden
     (bes. Frauen)

B III bis Oktober 1944 Lager für
      jüdische Häftlinge (bes.
      Frauen aus Ungarn)

Grundriss des
Konzentrationslagers
Auschwitz-Birkenau.

Das Konzentrationslager Auschwitz steht für die Vernichtung des europäischen Judentums durch den Nationalsozialismus. Heute ist es Museum und Gedenkstätte für den Holocaust. Zeitzeugen werden allmählich rar, Gräuel und Schrecken des Nationalsozialismus abstrakt. Das bedeutet freilich auch, dass Auschwitz für die jungen Generationen als fester Bestandteil des deutschen Geschichtsunterrichts seinen Platz im Archiv historischen Wissens bekommt, quasi museal wird; so wie dieser Grundriss alle Einzelheiten des Lagers darstellt, aber nicht unmittelbar das Gefühl anspricht.

Das Berliner Reichs-
tagsgebäude, verhüllt
von Christo (*1935)
und Jeanne-Claude
Christo (1935–2009),
1995.

Das Berliner Reichstagsgebäude ist durch seine monumentale, für das ausgehende Kaiserreich typische Form und seine Geschichte, vor allem durch den Brand, den die Nazis zur Machtübernahme nutzten, mit historischer Bedeutung aufgeladen. Christos und Jeanne-Claudes Verpackungen des Reichstags nimmt ihm diese Bedeutung und macht ihn zu einem Gegenstand, der lediglich schön ist, auch wenn die Form immer noch erkennbar bleibt und jeder weiß, welche nationale Geschichte den Inhalt geprägt hat. Das Gebäude wird so zum Symbol eines Neuanfangs, zu einer Utopie, weil die Verhüllung neue Möglichkeiten eröffnet, ohne dass das Gebäude seine historische Identität verliert. In der Schönheit der „Verpackung", die das Gebäude in einen harmonischen, silberglänzenden Komplex verwandelt, liegt das Versprechen auf die bloße, allerdings käuflich nicht zu erwerbende Möglichkeit eines schöneren Lebens.

BILD DER EPOCHE

Globalisierung – Neue Konflikte und Standardisierung

Anstelle der beiden Weltkriege, die das Gesicht des 20. Jahrhunderts geformt hatten, traten spätestens mit dem Terrorangriff gegen das World Trade Center in New York 2001 neue Konflikte in den Blick, die das Krisenbewusstsein der vorangegangenen Epoche verstärken. Bald zeigte sich, dass die relative Stabilität zur Zeit des Kalten Krieges trügerisch war; örtlich begrenzte, aber mit globalen Konflikten verbundene Kriege brechen aus. Mit den großen Wanderungsbewegungen, die von der wirtschaftlichen Globalisierung hervorgerufen wurden, setzen kulturell-religiöse Konflikte innerhalb der westlichen Staaten ein; zugleich entwickeln sich Auseinandersetzungen zwischen diesen Staaten und antiwestlichen islamistischen Bewegungen. Die weltweite Finanzkrise, die 2008 ausbrach, und die Umweltzerstörung, die mittlerweile schon zur Veränderung des Erdklimas führt, verstärkten das Krisenbewusstsein weiter. Man erlebt die Auflösung nationaler, ethnischer, religiöser Grenzen; die fremde Kultur wird hautnah erlebt. Das schafft neue Möglichkeiten, vor allem aber neue Unsicherheit.

Zum Streit um den Bildungsbegriff siehe S. 310.

Der Computer, ohne den die wirtschaftliche Globalisierung so nicht möglich gewesen wäre, verändert auch die künstlerische Kultur. Über das Internet wird überall alles Mögliche an Information und Unterhaltung zugänglich. Der Streit über den Bildungsbegriff und den Wert der jeweiligen nationalen Klassik klingt ab, der Unterricht in Literatur und Kultur wird international vereinheitlicht und nivelliert. An die Stelle kreativer und reflektierter Auseinandersetzung mit Kulturtraditionen tritt das Abfragen von Wissenskomplexen. Während einerseits international standardisiert und nivelliert wird, verlangen die neuen Konflikte andererseits, dass kulturelle Unterschiede zu einem Gegenstand von Literatur und Forschung werden.

Die Literatur reagiert auf krisenhafte Veränderungen teils mit Resignation, teils mit Gesellschaftskritik, teils mit bloßer Wiedergabe des Faktischen. Vor allem aber versucht man, Identitätsentwürfe zu erarbeiten, die einen gewissen Halt innerhalb der Veränderungen zu geben vermögen, auch wenn sie immer nur vorläufig sein können. Einen gewissen Halt versprechen auch Handlungsmuster, die alten Mythen entlehnt sind, oder strenge lyrische Formen, auf die die Autoren nun häufiger zurückgreifen.

Die deutsche Wiedervereinigung

Die Euphorie, die die Wiedervereinigung ausgelöst hatte, dauerte nicht lange. Für viele im Osten wurde der erste Rausch des Kaufens und Reisens von der Erfahrung der Arbeitslosigkeit abgelöst. Zusammen mit der oft rücksichtslosen Eingliederung von Wirtschaft, Medien, Bildungswesen ins westliche System führt diese Erfahrung dazu, dass manche im Osten sich als Fremde im eigenen Land fühlten. Anderen hingegen, im Westen wie im Osten, ging die Abrechnung mit der SED-Herrschaft nicht weit genug. Dazu kamen die Erfahrungen der tiefgreifenden globalen Veränderungen, auf die man im Osten viel weniger vorbereitet war als im Westen. Was den einen wie eine Befreiung aus einem Gefängnis erschien, wirkte auf andere wie die Vertreibung aus einer gesicherten Welt. Die Menschen aus dem Osten erlebten einen doppelten Kulturkonflikt;

Zur Kritik an der Wiedervereinigung siehe S. 327, 329 und 335.

sie mussten sich mit der dominierenden Kultur der alten Bundesländer auseinandersetzen, zugleich waren sie sich untereinander über die Beurteilung ihrer Vergangenheit uneinig. Im Westen reagierte man nicht selten befremdet oder gar überheblich und abweisend auf die von früheren DDR-Bürgern geäußerten Enttäuschungen.

Ende der Nachkriegszeit

Mit dem Ende der DDR, des Staates, der sich durch seine Gegnerschaft gegenüber dem Nationalsozialismus gerechtfertigt hatte, sowie mit den neuen Kriegen begann das Ende der Nachkriegszeit. Doch erst um die Jahrtausendwende wurden die Kriegsverbrechen der „normalen" Soldaten diskutiert, ausgehend von der Ausstellung ‚Vernichtungskrieg. Verbrechen der Wehrmacht 1941 bis 1944' (1995 ff.), während andererseits nun erst die traumatischen Kriegserlebnisse der deutschen Zivilbevölkerung in größerem Maß zur Sprache kamen, angeregt von einem Aufsatz, in dem W. G. Sebald 1997 die ungenügende literarische Darstellung des Bombenkriegs bemängelte, sowie von dem 2002 erschienen Buch Jörg Friedrichs ‚Der Brand. Deutschland im Bombenkrieg 1940–1944'. Damit waren auch die am stärksten verdrängten Erfahrungsbereiche, sowohl derjenige der Täter wie der Opfer, öffentlich gemacht und ein lange dauernder Verdrängungsprozess abgeschlossen. Der Film ‚Der Untergang' (2004) über die letzten Tage des Dritten Reichs ist für die meisten schon ein Rückblick, der eine vergangene historische Epoche beschreibt.

Zur Verdrängung der Vergangenheit nach 1945 siehe S. 266.

Der zunehmende zeitliche Abstand zu den Verbrechen der Nazizeit kann dazu führen, dass das Gedenken zu äußerlicher Routine wird, die sich auch missbrauchen lässt. In Amerika prägte Norman Finkelstein den Begriff der „Holocaust Industry" (2000). Martin Walser hatte schon 1998 in seiner Dankrede bei der Entgegennahme des Friedenspreises des Deutschen Buchhandels von einer missbrauchten „Moralkeule" gesprochen, die gegen die Deutschen geschwungen werde. Die Rede rief viele empörte Reaktionen hervor, auch wenn sie nichts mit neonationalsozialistischer Geschichtsverleugnung und Schuldaufrechnung zu tun hat.

Die Historierung des Zweiten Weltkrieges zeigt sich auch in der Literatur, z. B. Schlinks ‚Der Vorleser'. Siehe S. 332.

Exkurs: Jugendprotest, Mode und Literaturgeschichte

Fast alle literarischen Epochen seit dem ‚Sturm und Drang' sind durch Protestbewegungen jugendlicher Intellektueller gekennzeichnet, die der Dynamik gesellschaftlicher Veränderung Rechnung tragen. Eine der bekannteren Gruppen des frühen 19. Jhs. nannte sich selbst ‚Das Junge Deutschland', und einige der Naturalisten nannten sich später ‚Das Jüngste Deutschland'. Zu diesen Bewegungen gehörte oft auch eine bestimmte Mode, z. B. in der Zeit des Sturm und Drang die Kleidung von Goethes Werther (gelbe Hose, gelbe Weste, blauer Rock). Vom Sturm und Drang bis zur Jugendkultur um 1900 trugen jugendliche Protestler den Schillerkragen, im Gegensatz zur Halsbinde des Adels. In der jugendlichen Boheme um 1900 schaffte man das Korsett ab, trug weite Kleider, Sandalen und langes Haar, so wie später wieder die Hippies von 1968. Im Gegensatz zum Lifestyle der Gegenwart ging es hier allerdings immer um die Betonung des Außenseitertums von Intellektuellen und gerade nicht darum, um keinen Preis Außenseiter zu sein.

Lifestyle

Schon seit langem gibt es einen eigenen Lebensstil in den Subkulturen jugendlicher Intellektueller. Mit ihm grenzen sie sich von der als erstarrt geltenden Erwachsenenwelt ab. Neu ist nun aber ein „Lifestyle", in dessen Zeichen eine eigene, globale Jugendkultur entsteht. Der „Lifestyle" wird von der Werbung geprägt und suggeriert, dass der Konsum von Markenkleidung oder von bestimmten Artikeln der Körperpflege oder gar, dass die Anwendung von Schönheitsoperationen ihn davor bewahrt, zum Außenseiter zu werden. Dazu gehört auch die Lektüre sogenannter Lifestyle-Magazine mit Hinweisen auf Restaurants, Diskotheken, Mode, Wellness- und Fitnessangebote.

LITERARISCHES LEBEN

Literatur im Internet

Das Internet standardisiert nicht nur, es fördert auch Kreativität, sofern es ermöglicht, Filme, Bilder, Texte und Musik ohne Vermittlung des Marktes zu veröffentlichen. Zu den Texten gehören Blogs (persönliche Notizen und Tagebuchaufzeichnungen), aber auch längere fiktive Texte. Eine umfangreiche Gattung macht die sogenannte Fanfiction aus: fiktive Geschichten (zumeist, aber nicht nur in Englisch), die von Figuren, Geschehnissen und Szenarien erfolgreicher Romane ausgehen. Die Autoren kritisieren und helfen einander. Aber auch erfolgreiche Autoren wie die Nobelpreisträgerin Elfriede Jelinek veröffentlichen manche ihrer Texte zuerst auf ihrer Homepage. Auch Literaturkritik, von spontanem Lob oder Tadel einzelner Leser bis zu ausgefeilten Rezensionen professioneller Kritiker, findet sich im Internet. Dabei kann auch manipuliert werden, etwa wenn lobende Beschreibungen, die scheinbar spontan von nichtprofessionellen Lesern geschrieben wurden, tatsächlich Auftragsarbeiten für Verlage sind.

Exkurs: Vom Konversationslexikon zum Internet

Seit dem 18. Jh. gibt es Konversationslexika; ihren Höhepunkt erlebten sie im ausgehenden 19. Jh. mit ‚Meyers Konversationslexikon‘ und dem ‚Brockhaus‘. Hier war das Wissen versammelt, auf das man zurückgreifen konnte, wenn man sich in der Konversation der Gebildeten behaupten wollte. Mit der zunehmenden kürzeren Verfallszeit des Wissens und dem Verschwinden einer dauerhaften Bildungstradition nimmt die Bedeutung der Konversationslexika ab; heute wird ihre Funktion weitgehend von dem umfangreichen, aber auch zufälligen und wissenschaftlich nicht gesicherten Informationsangebot des Internets übernommen.

Literatur als „Event"

Literatur und Kunst werden als „Event" vermarktet. Kunstausstellungen, literarische Lesungen, Literaturpreis-Wettbewerbe werden gut besucht, wenn sie als aufsehenerregend gelten. Sie sind dann Teil des „Lifestyle". Dabei geht es vor allem darum, die gerade „angesagten" Veranstaltungen und Autoren zu kennen. Das schließt natürlich nicht aus, dass die „Events" tatsächlich auch bedeutende Kunst vermitteln können. Zur Orientierungshilfe greift man auf Rezensionen zurück, aber mehr noch auf Fernsehsendungen wie ‚Das literarische Quartett‘ von Marcel Reich-Ranicki (2001 eingestellt), die Nachfolgesendung ‚Lesen‘ von Elke Heidenreich (zuerst im Fernsehen, seit 2008 im Internet) oder den ‚Literaturclub‘ mit Iris Radisch im Schweizer Fernsehen.

Hörbuch

Das Hörspiel etablierte sich nach dem Zweiten Weltkrieg als neue literarische Gattung. Siehe S. 276.

Seit der Einführung der CD um 1995 und vor allem, seitdem Musik und Sprache aus dem Internet heruntergeladen werden können, kommt es zu einem großen Erfolg der Hörbücher. Nicht nur Sachtexte, sondern auch fiktionale Texte werden vorgelesen. Auch das Hörspiel erlebt einen neuen Aufschwung. Dabei geht es, wenn überhaupt, nur am Rande um die Möglichkeit, sich Wissen ohne die Mühe des Lesens anzueignen. Wichtiger ist, dass man Hörbücher so wie Musik beim Joggen oder in der Bahn hören kann. Vor allem aber wird die neu entdeckte oder doch zumindest neu geschätzte Kunst des Vortragens herausgefordert. Dass Gedichte erst in der gekonnten Rezitation lebendig sind, tritt wieder ins allgemeine Bewusstsein.

Die Umwandlung des Literaturbetriebs der DDR

Die Wiedervereinigung bedeutete für den Literaturbetrieb der DDR zunächst einmal die Abschaffung der Zensur, und damit auch der vorauseilenden Selbstzensur der Autoren. Das bedeutete auch das Ende des sogenannten „Leselandes" DDR. Denn da die Zensur in der schönen Literatur weniger streng war als in den Medien, konnte in der schönen Literatur so manche Kritik, wenn auch oft nur zwischen den Zeilen, geäußert werden, die in den Medien nicht zu Wort kam. Das beförderte das Interesse des Publikums an schöner Literatur, was wiederum eine breite literarische Bildung gewährleistete, die der Westen so nicht kannte. Von den zwei deutschen Schriftstellerverbänden, den zwei PEN-Zentren und den zwei Börsenvereinen des Buchhandels blieb jeweils nur der westdeutsche übrig. Allein die Leipziger Buchmesse konnte sich neben der in Frankfurt a. M. behaupten. Die meisten DDR-Verlage, die sich in Staatseigentum befanden, wurden privatisiert; alle hatten mit großen wirtschaftlichen Schwierigkeiten zu kämpfen, viele gingen ein oder wurden von Westverlagen übernommen. Die finanzielle Lage vieler Autoren der früheren DDR verschlechterte sich dramatisch. Andererseits wurde nun in ganz Deutschland Literatur veröffentlicht, die vorher gar nicht, nur verstümmelt oder nur im Westen hatte erscheinen können.

Zum Leseland DDR siehe S. 296.

Vereinigungsdiskussion

Viele Schriftsteller nahmen Stellung für oder gegen die Wiedervereinigung. Martin Walser, der sie euphorisch begrüßte, hatte schon früher den Begriff der Heimatdichtung wieder positiv gedeutet und suchte nach der Wiedervereinigung in einem vieldiskutierten Essayband (‚Über Deutschland reden', 1989) mit Aufsätzen aus der Zeit um die Wiedervereinigung auch den Begriff der Nation aufzuwerten. Gerade im Streben nach politischer Einheit sah Günter Grass eine historische Gefahr (‚Ein Schnäppchen namens DDR. Letzte Reden vorm Glockengeläut', 1990; ‚Deutscher Lastenausgleich. Wider das dumpfe Einheitsgebot' 1990); er wünschte sich, ebenso wie Jürgen Habermas, Christoph Hein, Walter Jens und andere, eine deutsche Konföderation und warf den Politikern vor, dass sie mit der Art der Vereinigung einen Verfassungsbruch begingen. Günter de Bruyn (‚Jubelschreie, Trauergesänge. Deutsche Befindlichkeiten', 1991) bejahte grundsätzlich die Vereinigung trotz erster Bedenken. Eine lange Diskussion darüber, ob die Deutschen, angesichts ihrer Vergangenheit, nur eine Kulturnation oder auch eine politische Nation sein sollten, schloss sich an. Sie wurde weiter genährt durch Christa Wolfs Erzählung ‚Was bleibt' und durch einen Artikel, in dem Botho Strauß Geschichte im tragischen Mythos zu begründen suchte und diesen der banalen Massengesellschaft entgegenstellte, zu der er auch diejenigen rechnete, die vor einem neuen Nationalismus warnten (‚Anschwellender Bocksgesang', 1993).

Zu Botho Strauß siehe S. 317.

DDR-Autoren und Stasi

Die Schriftsteller, die die DDR verlassen hatten, aber auch zurückgebliebene wie Christa Wolf, Irmtraud Morgner, Christoph Hein, Helga Königsdorf, Volker Braun, Günter de Bruyn oder Heiner Müller, wurden im Westen aufmerksam gelesen, auch nach der Wiedervereinigung noch. Das lag nicht zuletzt daran, dass man sie als Kritiker der DDR las und durch sie die westliche Position bestätigt sah. Umso weniger verzieh man es dann der früher besonders geschätzten Christa Wolf, als sie 1989 zusammen mit anderen Autoren eine Eingliederung der DDR in die Bundesrepublik Deutschland ablehnte; westliche Journalisten reagierten mit Ironie, als sie in der Erzählung ‚Was bleibt' (1990) beschrieb, wie sie vom Ministerium für Staatssicherheit der DDR bespitzelt worden war; sie fühlten sich bestätigt, als Wolf 1993 nach Einsicht in ihre

Geheimdienstakten öffentlich machte, dass sie sich vor über dreißig Jahren als Inoffizielle Mitarbeiterin der Stasi verpflichtet hatte – nach drei Jahren hatte die Stasi allerdings auf ihre ergebnislose Mitarbeit verzichtet und sie wenige Jahre später selbst beobachten lassen. Vor allem die Entlarvung Sascha Andersons durch Wolf Biermann im Jahr 1991 führte zu heftigen Diskussionen; anders als im Fall der westlichen Gesinnungskritik an Christa Wolf stritten hier vor allem Autoren aus der DDR miteinander. So manche Autoren mussten erfahren, dass sie von engen Freunden und Verwandten bespitzelt worden waren. Allerdings haben keineswegs alle, die von der Stasi als „Inoffizielle Mitarbeiter" geführt wurden, tatsächlich Spitzeldienste geleistet.

Philosophische Grundlagen

Zu Philosophie und Literatur der sogenannten „Postmoderne" siehe S. 309 und 311.

Die Identitätssuche, die die postmodernen Philosophen noch abwiesen, hat sich als zentrales Thema durchgesetzt. Dabei kann man auf eine ältere, fast nur im angelsächsischen Raum geführte Diskussion zurückgreifen, die in Deutschland vor allem durch *Jürgen Habermas* eingeführt wurde. Demnach ist Identität nichts Vorgegebenes, das sich im Lauf der Zeit entfaltet. Vielmehr muss eine Ich-Identität, die sich als Kontinuität durchhält, ständig bearbeitet werden; der Mensch muss sich sozusagen immer wieder selbst erzählen, wer er eigentlich ist. Hierin liegt die Verwandtschaft mit der erzählenden Literatur. Erforderlich wird die ständige Bearbeitung dieses vertikalen Aspekts der Identität durch die wechselnden Anforderungen verschiedener horizontaler Identitätsaspekte, nämlich durch soziale Rollen: man ist gleichzeitig oder nacheinander Vater oder Mutter, Berufstätiger, jemand mit bestimmten Hobbys, Angehöriger einer bestimmten Religion usf. Diese Rollen, die vor allem in Abgrenzungen gegenüber anderen bestehen, stellen Ansprüche, die sich nicht immer ohne weiteres mit der Ich-Identität vereinen lassen. Vor allem Krisensituationen verlangen nach Identitätsarbeit, welche die verschiedenen Anforderungen ausbalanciert.

THEORIE UND FORMEN DER LITERATUR

Lyrik der Entgrenzung

Auflösung von Grenzen kann Befreiung bedeuten, aber auch Verlust gedeuteter Welt. Diese letztere Erfahrung bearbeitet die Lyrik, ohne allerdings neue Deutungen anzubieten.

Grenzauflösung gibt es in mehrfacher Hinsicht. Zunächst ist an die Öffnung der Grenze zwischen den beiden deutschen Ländern zu denken, die sich für manche östliche Autoren schon bald mit dem Gefühl der Ortlosigkeit verband. Volker Brauns vieldiskutiertes Gedicht ‚Das Eigentum‘ (1990) beruft enttäuschte, aber nicht aufgegebene Hoffnungen in Anspielung an Hölderlins Ode ‚Mein Eigentum‘ und Büchners Parole ‚Krieg den Palästen, Friede den Hütten‘; er zitiert die Aufforderung eines westdeutschen Journalisten, diejenigen, die noch an die Utopie des Sozialismus glaubten, sollten „bleiben, wo der Pfeffer wächst". Wer noch an der DDR festhält, obwohl es in ihr so winterlich war, hat keinen Ort mehr. Kurt Drawert (‚Frühjahrskollektion‘, 2002), Kerstin Hensel (‚Freistoß‘, 1995) und Thomas Rosenlöcher (‚Die Dresdner Kunstausübung‘, 1996) beschreiben ähnliche Erfahrungen.

> ‚Krieg den Hütten …‘ zitiert Büchners Streitschrift ‚Der Hessische Landbote‘ von 1834. Siehe S. 152 f.

Das Eigentum

Da bin ich noch: mein Land geht in den Westen.
KRIEG DEN HÜTTEN FRIEDE DEN PALÄSTEN.
Ich selber habe ihm den Tritt versetzt.
Es wirft sich weg und seine magre Zierde.
Dem Winter folgt der Sommer der Begierde.
Und ich kann bleiben wo der Pfeffer wächst.
Und unverständlich wird mein ganzer Text.
Was ich niemals besaß wird mir entrissen.
Was ich nicht lebte, werd ich ewig missen.
Die Hoffnung lag im Weg wie eine Falle.
Mein Eigentum, jetzt habt ihrs auf der Kralle.
Wann sag ich wieder mein und meine alle.

Grenzauflösung kann auch die Begegnung verschiedener Sprachen und Kulturen sein, wie sie von Dichtern aus Einwandererfamilien erprobt wird. So vor allem der aus Spanien stammende José F. A. Oliver, der den Zusammenstoß der Kulturen reflektiert (‚Gastling‘, 1993) und später mit einer Mischung aus verschiedenen Sprachen, mit literarischen Anspielungen und kühnen Wortschöpfungen eine dunkle Lyrik schreibt (‚fernlautmetz‘, 2000). Zehra Çirak, aus einer türkischen Einwandererfamilie stammend, spielt mit Gegensätzen, sieht die Wörter mit fremden Augen, entlockt ihnen dabei neue Bedeutungen und verwandelt Begriffe in konkrete Gegenstände (‚In Bewegung‘, 2008).

Grenzauflösung kann auch bedeuten – so bei Durs Grünbein –, Geist und Materie, Belebtes und Unbelebtes in ihrem unauflöslichen Widerspruch zu zeigen (‚Schädelbasislektionen‘, 1991). Dadurch konfrontiert Grünbein die Menschen mit ihrer Sterblichkeit, und von da aus, im Blick über nationale Grenzen und im Gespräch mit antiken Autoren, entlarvt er die Borniertheit, die sich darüber zu erheben sucht. Man könnte von einem naturwissenschaftlich und kulturgeschichtlich fundierten Existenzialismus sprechen. Im Gedicht *Geo* (aus ‚Falten und Fallen‘, 1994) denkt er bei Buddhafigu-

> Zum französischen Existenzialismus siehe S. 271.

ren zunächst nicht an deren religiöse Bedeutung, sondern an das Material, aus dem sie gemacht sind, damit an einen kriminellen Zusammenhang, der von der Wilderei in Afrika bis zur industriellen Verwertung des Elfenbeins in Hongkong reicht, aber auch an das unerwartete Ende der Belagerung Roms durch Hannibal, der mit seinen Kriegselefanten über die Alpen gezogen kam. Dann kann man freilich auch darüber nachdenken, ob die buddhistische Lehre nicht im Gegensatz steht zum Missbrauch der Tiere.

Geo
Dieser lächelnde kleine Kitsch-Buddha
    Aus zahngelbem Elfenbein
        Made in Hongkong erinnert fatal

An gewilderte Elefanten, Gewalt
    Afrikanischer Killer,
        Schleichwege, Geister, Schweigegeld

Und an Hannibals Umkehr: den Schlaf
    Dicht vor den Toren
        Des Ersten Rom.

    Thomas Kling (,Schädelmagie', 2002) löst die Grenzen auf zwischen Hochsprache, Jargon und Dialekten, zwischen dem Rhythmus klassischer Gedichte und der Prosa, zwischen Bildungswissen und Alltagserfahrung, intensiver Wahrnehmung, Technik und Geschichte. Häufig finden sich Beschreibungen von Landschaften, auch Stadtlandschaften, sowie Bildbeschreibungen; sie verwandeln Gesehenes in eine Sprache, die keine gedeutete Ganzheit mehr gibt, sondern alles Wahrgenommene und Gewusste so mischt und miteinander konfrontiert, dass eine existentielle Gestimmtheit entsteht.

Drama

    Die resignierende bzw. um die eigene Identität kreisende Haltung, die bei deutschen Schriftstellern vorherrscht, führt zum Rückblick oder zum nüchternen Konstatieren der Fakten. Dem Drama, das aufgrund seiner dialogischen Struktur auf die Diskussion angewiesen ist, kann diese Haltung wenig Impulse geben. Doch auch wenn das Drama davon ausgeht, dass tatsächliches, von Floskeln freies Gespräch nicht mehr möglich ist, kann es kritische Inhalte vermitteln. Dafür eignet sich die österreichische Tradition satirisch-provozierender Gesellschaftskritik.
    Auf der einen Seite wird das Gespräch ganz ausgeschlossen. Peter Handke schreibt ein Stück, in dem namenlose Personen kommen und gehen, ohne ein Wort miteinander zu reden (,Die Stunde, da wir nichts voneinander wussten', 1992); das Stück löst sich auf in Einzelszenen, die zwar fantasieanregend sind, aber keine Mitmenschlichkeit mehr erkennen lassen. Andererseits gibt es im Stück ,In den Alpen' (2002) von Elfriede Jelinek ein fast rauschhaftes Reden, aber keine Handlung. Das Stück, das auf das Unglück der Gletscherbahn in Kaprun im Jahr 2000 anspielt, als 155 Menschen verbrannten, ist eine Art Totentanz, in dem Tote und Lebende reden, aber eher monologisch für sich als miteinander. Die Reden bestehen größtenteils aus Zitaten der Werbung, der Heimatliteratur, und dem Volkslied. Dadurch soll gezeigt werden, was hinter der Kulisse sentimentalen Heimatkults oder touristischer Werbung steht: Profitgier, Naturzerstörung und die Ausschließung der Andersartigen, die in der Nazizeit als

Zwangsarbeiter in den Alpen missbraucht oder gleich getötet wurden. Ein langes Zitat aus einem Text von Paul Celan über das Wegdefinieren der Juden aus allem Alpenländischen dient als Gegenstück zu dem Sprachmüll der anderen. ‚Waikiki Beach‘ (1991) von Marlene Streeruwitz spielt in einem Abbruchhaus. Die Figuren sind austauschbare Charaktermasken. Ironisch wird Bildungswissen zitiert, das ebenso unbrauchbar geworden ist wie der herumstehende Müll. Am Schluss entlädt sich aufgestaute Wut in einem Gewaltexzess rechter Schläger, dem die Frauen zum Opfer fallen, während die Männer ihr provinzielles politisches Ränkespiel fortsetzen. Auch hier gibt es kein wirkliches Gespräch, keine persönliche Sprache und keine fortschreitende Handlung; es enthüllt sich lediglich die Kontinuität des Verbrechens.

Prosa: Autofiktion und fiktive Geschichtsschreibung

Das autobiografische Schreiben wird weitergeführt. Fiktive Literatur und Autobiografie nähern sich einander an in der Autofiktion. Autofiktion ist nicht fiktive Literatur, in der sich autobiografische Züge verbergen, sondern im Gegenteil, fiktive Literatur, die mit mehr oder weniger Recht herausstellt, dass sie auf persönlichen Erfahrungen des Verfassers beruht. Diese Art Literatur hat vor allem die Funktion, im Lebensrückblick eine durchgehende Identität herauszuarbeiten. Neben der Autofiktion gibt es auch Texte, die Geschichtsschreibung und Fiktion miteinander vermischen. Die Prosa tritt in den Vordergrund, denn Lebensrückblick und Darstellung geschichtlicher Zusammenhänge verlangen die Form des Romans oder der längeren Erzählung.

Autobiografisches Schreiben dominiert die siebziger Jahre weitgehend. Siehe S. 313.

Vor allem drei Konfliktbereiche werden autofiktiv und historisch behandelt: die Erinnerung an die Nazizeit, die Erinnerung an die DDR und die Erfahrungen der Einwanderer. Aber auch andere Bereiche werden mit ähnlichen Techniken beschrieben. So stellt Daniel Kehlmanns Roman ‚Die Vermessung der Welt‘ (2005) die Biografien des Mathematikers Carl Friedrich Gauß und des Forschungsreisenden Alexander von Humboldt einander gegenüber und damit zwei Weisen, den Konflikt zwischen Fremdem und Innerem zu bearbeiten.

Erinnerung an die Nazizeit

Die letzten Erinnerungsreste von Krieg und Nationalsozialismus werden zumeist autofiktional, teils auch autobiografisch behandelt. Dieter Forte bearbeitet in der Romantrilogie ‚Das Haus auf meinen Schultern‘ (1999) das Trauma des Bombenkrieges, indem er in einem Familienroman eine Identität konstruiert, die auch den sinnlosen Tod noch einschließt. Mit seiner Novelle ‚Im Krebsgang‘ erinnert Günter Grass sich selbst und die Leser an die Versenkung des Flüchtlingsschiffes ‚Wilhelm Gustloff‘ durch ein russisches U-Boot. Anstatt seinen Stellvertreter, den Erzähler, das Geschehen diskutieren zu lassen, stellt er zwei junge Männer einander gegenüber, von denen sich der eine in die Rolle des Neonazis, der andere in die Rolle des Juden versetzt, ein Rollenspiel, aus dem blutiger Ernst wird. Damit zeigt Grass zweierlei: dass die Geschichte eine in sich widerspruchsfreie Identität nicht zulässt und dass der Versuch, eine solche Identität zu leben, einen Rollenzwang ausübt, der zur Unversöhnlichkeit führt. Auch der Generationskonflikt, der seit 1968 mit der Erinnerung an die Vergangenheit verknüpft ist, wird hier angesprochen. Erst in seiner Autobiografie ‚Beim Häuten der Zwiebel‘ (2006) bekennt Grass sich dazu, dass er sich als Fünfzehnjähriger zur SS gemeldet hatte.

Die Wilhelm Gustloff, an deren Bord sich Tausende Flüchtlinge aus Ostpreußen befanden, wurde am 20. Januar 1945 von einem sowjetischen U-Boot versenkt. 9000 Menschen kamen ums Leben.

Zum Generationenkonflikt nach 1945 siehe S. 270.

Die traumatischen Erinnerungen unverstellt zur Sprache zu bringen, ist auch nach langer Zeit für die überlebenden jüdischen Opfer kaum möglich. Die in Wien geborene, in den USA als Germanistin lebende Ruth Klüger wurde durch den Schock eines

Zu Formen jüdischer
Literatur nach 1945
siehe S. 314.

Zu Historisierung und
Fiktionalisierung des
Nationalsozialismus
siehe S. 325.

Unfalls während eines Deutschlandaufenthalts auf einmal fähig niederzuschreiben, wie es ihr als junges Mädchen glückte, in den Vernichtungslagern geistig zu überleben (‚weiter leben. Eine Jugend‘, 1992). Ein anderes autobiografisches Zeugnis sind die Tagebücher des Romanistikprofessors Victor Klemperer (‚Ich will Zeugnis ablegen bis zum Letzten. 1933–1945‘, 1995 aus dem Nachlass veröffentlicht), der im Chaos nach der Zerbombung Dresdens der Gestapo entkommen konnte, kurz bevor er in ein Vernichtungslager abtransportiert werden sollte.

Wie die jüngere Generation jüdischer Autoren sich verhält, wurde oben beschrieben. Die jüngere Generation nichtjüdischer Autoren, setzt sich nun nicht mehr, wie die Achtundsechziger, vorwurfsvoll mit den Eltern auseinander, sondern stellt die Epoche des Nationalsozialismus in einer Mischung aus Fiktion und Geschichtsschreibung als Exempel für Verdrängung oder Empathieverlust dar. Für Winfried Georg Sebald steht der Holocaust beispielhaft für die „Schmerzensspuren der Geschichte", die wieder freizulegen sind, also für alle verdrängten Verbrechen gegen die Menschlichkeit. In ‚Austerlitz‘ (2001) beschreibt er, wie einer, der als Kind aus Prag vor dem Einmarsch der Deutschen nach England gebracht worden war, seine Kindheit wieder entdeckt, an die er sich viele Jahre lang nicht mehr erinnern konnte, und damit auch seine jüdische Identität rekonstruieren kann; zugleich stellt der Roman exemplarisch die Stätten nazistischer Unmenschlichkeit vor. In Kevin Vennemanns Roman ‚Nahe Jedenew‘ (2005) wird die Verfolgung jüdischer Menschen zur Allegorie für die Ausgrenzung von Mitmenschen. Marcel Beyer beschreibt in ‚Flughunde‘ (1995) die Geschichte der Familie Goebbels, so wie sie im gefühllosen Rückblick eines folternden Wissenschaftlers erscheint. Die detektivische Arbeit, mit der eine junge Generation Verschwiegenem auf die Spur zu kommen sucht, beschreibt Beyer in ‚Spione‘ (2000).

Bernhard Schlink: Der Vorleser

Auch der Erfolgsroman ‚Der Vorleser‘ (1995) von Bernhard Schlink lässt sich solcher fiktiven Geschichtsschreibung zurechnen. Der Kern der Handlung: Ein Junge hat ein Verhältnis mit einer älteren Frau, die sich von ihm seine Schullektüre vorlesen lässt; sie verlässt ihn, und er sieht sie erst wieder, als sie eines Verbrechens beschuldigt wird, dass sie nicht begangen hat; sie könnte ihre Unschuld beweisen, doch müsste sie dann eingestehen, dass sie Analphabetin ist, das aber verschweigt sie aus Scham. Das ist grob gezeichnet das Handlungsschema eines Kriminalromans, das nun mit Rückblicken auf die Nazizeit gefüllt wird: Die Frau ist frühere KZ-Wächterin, das ihr zu Last gelegte Verbrechen besteht darin, Lagerhäftlinge nicht aus einer brennenden Kirche befreit zu haben. Von den tagtäglichen Verbrechen der KZ-Wächter und von deren Sozialpsychologie erfährt der Leser nichts. Die Einführung der Nazi-Thematik lässt allerdings eine gewisse menschliche Problematik entstehen: Die Scham, Analphabetin zu sein, ist nicht geringer als die, ein Rädchen in der nationalsozialistischen Vernichtungsmaschine gewesen zu sein. Nachdem die Frau im Gefängnis lesen gelernt hat, holt die Erkenntnis dieser Schuld sie offensichtlich ein und sie begeht Selbstmord. Die Verwendung nationalsozialistischer Thematik in einer *Sex and Crime*-Geschichte verstärkt das Leserinteresse und beweist, dass die Nazizeit Geschichte geworden ist.

Elfriede Jelinek: Die Kinder der Toten

Ganz anders ist es bei der Österreicherin Elfriede Jelinek. Für sie lebt die Vergangenheit weiter, und zwar gerade deswegen, weil sie nicht erinnert wird. In ‚Die Kinder der Toten‘ (1995) beschreibt sie Österreich satirisch als Zwischenland zwischen Leben und Tod, das hinter der Sport- und Landschaftsreklame die grausame Gleichgültigkeit gegenüber der Judenvernichtung bewahrt hat. Diese grausame Gleichgültigkeit, zunächst gegenüber Juden und Frauen, dann gegenüber allen Menschen, reduziert alle auf ihre erbärmliche körperliche Materialität, die bei jedem Unfall oder Selbstmord, bei Vergewaltigung und Mord in makabrer Komik zum Vorschein kommt und das von der Reklame geprägte Selbstverständnis demontiert. Ja mehr noch, sie demontiert das abendländische Selbstverständnis vom Menschen als Geistwesen. Darum ist keiner mehr wirklich lebendig, darum mischen sich die Toten als Untote unter die nur scheinbar noch Lebenden; die Natur wird zur handelnden Person, die in gleichgültigem Scherz bei der Verwandlung der Lebenden in Tote mitspielt. Das sinnlose Sterben wiederholt sich endlos. Lebendig bleibt allein die Sprache, nicht nur als unaufhörliches Fließen, sondern auch dadurch, dass scheinbar willkürliche Wortspiele und eingeschobenen Zitate aus allen Medien auf einmal Verdrängtes offenbaren. Dabei verselbstständigt sich die Ironie auch gegenüber der moralischen Verurteilung, die Erzählerstimmen lassen sich nicht eindeutig fixieren, so dass sich hinter der Österreich-Kritik ein obszön-makabres Spiel mit dem Entsetzlichen als die eigentliche Wahrheit unserer Welt auftut, die sich gegen jede Erklärung sperrt und auch gegen jede vermeintliche Bewältigung im Gedenken.

Zusammenstoß der Kulturen

Die Literatur von Einwanderern der ersten und zweiten Generation stellt sich nicht nur dem Konflikt zwischen Herkunfts- und Ankunftskultur, sondern auch den Konflikten innerhalb der Kulturen. Denn die Begegnung mit einer neuen Kultur verschärft auch die Empfindung für die inneren Konflikte in der Herkunftskultur. Die Autoren müssen sich mit verschiedenen Identitätsvorgaben auseinandersetzen (z.B. mit der unterschiedlichen Frauenrolle in den beiden Kulturen, in der alten und der jungen Generation, in der Stadt und auf dem Land). Der Blick von außen kann auch Dinge kritisch in Frage stellen, die in der Ankunftskultur bislang als selbstverständlich erschienen, und die mitgebrachte Tradition des Erzählens und der Selbstaussage kann bereichernd auf die deutsche Tradition einwirken.

In Emine Sevgi Özdamar autofiktiver Romantrilogie (‚Das Leben ist eine Karawanserei / hat zwei Türen / aus einer kam ich rein / aus der anderen ging ich raus‘, 1992; ‚Die Brücke vom Goldenen Horn‘, 1998; ‚Seltsame Sterne starren zur Erde‘, 2003) beschreibt eine junge Frau ihr Leben zwischen der Türkei und Deutschland. In der Auseinandersetzung zwischen Kulturen, sozialen Gruppen, zwischen Vergangenheit und Gegenwart, zwischen Familientradition und sich verändernder Umwelt entsteht ein komplexes Bild der modernen türkischen Geschichte. Die Sprache bringt dem deutschen Leser Fremdes auf poetische Weise nahe und verfremdet Eigenes. Feridun Zaimoglu macht mit ‚Kanak Sprak. 24 Misstöne vom Rande der Gesellschaft‘ (1995) und ‚Abschaum. Die wahre Geschichte des Ertan Ongun‘ (1997) die Sprache deutschtürkischer Randgruppen literaturfähig. Die Japanerin Yoko Tawada, die in japanischer und deutscher Sprache schreibt, macht das Leben mit und zwischen zwei Kulturen, ihren Sprachen, ihren literarischen und theatralischen Formen zur Entdeckungsreise in einem geistigen Raum interkultureller Begegnung (‚Ein Gast‘, 1993; ‚Opium für Ovid. Ein Kopfkissenbuch für 22 Frauen‘, 2000).

Der Syrer Rafik Schami, der 1970 in die Bundesrepublik kam und seit 1977 auf Deutsch schreibt, schöpft aus orientalischen Märchen und aus der Tradition mündlichen Erzählens. In humoristisch-satirischer, oft märchenhaft verfremdeter Darstellung widmet er sich dem Leben der kleinen Leute, sowohl der Einwanderer in Deutschland als auch der kleinen Leute in Damaskus, die in wechselnden Diktaturen leben. Dabei wird die Sprache als geistiger Raum erfahren, in dem man seine Identität bewahren und zugleich den Identitätsentwürfen anderer begegnen kann. In seinen frühen Romanen werden märchenhafte Erzählungen durch eine Rahmengeschichte zusammengehalten (,Erzähler der Nacht', 1989; ,Der Ehrliche Lügner', 1992; ,Reise zwischen Nacht und Morgen', 1995). Sein Hauptwerk ,Die dunkle Seite der Liebe' (2004) ist eine Mischung aus Erzählsammlung, Kriminalroman, Geschichte eines autofiktiven Helden und eine Geschichte Syriens von 1870 bis 1970; thematischer Leitfaden ist der Gegensatz zwischen Liebe und Unterdrückung.

Zum Begriff
Autofiktion
siehe S. 331.

Galsan Tschinag lebt zumeist in der Mongolei, entweder bei seinem Stamm oder in der Hauptstadt Ulaanbaatar, schreibt aber seit seinem Studium in der DDR auf Deutsch. Seine häufig autofiktiven Erzählungen und Romane stellen das Leben der mongolischen Nomaden in der Auseinandersetzung mit der Natur und der modernen Welt dar, aber so, dass das Geschehen bei all seiner Härte eingebettet ist in das Weltbild des Schamanen, in dem alles eine große Einheit bildet (,Das Ende des Liedes', 1994; ,Der blaue Himmel', 1997). Der in Moskau geborene Wladimir Kaminer schreibt ebenfalls skurrile, häufig autofiktive Geschichten (,Die Reise nach Trulala', 2002).

Exkurs: Internationale Konfliktliteratur

Sowohl die jüdische Literatur als auch die Literatur der Kulturbegegnung stehen von Beginn an in einem internationalen Zusammenhang. Seit der Nazizeit gibt es eine Internationalität der jüdischen Literatur, die weniger in der Religion als im Holocaust ihren gemeinsamen Bezugspunkt hat. Ihr ist das Problem gemeinsam, wie die Auslöschung der Identität, das Ende jeglicher existenziellen Sicherheit in Sprache umgesetzt werden kann. Damit zeigt sich in besonderer Deutlichkeit gerade in dieser Literatur ein allgemeines Problem der Moderne, nämlich die Auflösung vorgegebener Identität. Dieses Problem, Verlust und Wiedergewinnung von Identität, verbindet die Literatur deutschsprachiger mit derjenigen anderssprachiger Juden, mit den Romanen des Ungarn Imre Kertész und des Tschechen Jiri Weil, den Erinnerungen des Italieners Primo Levi und des Polen Tadeusz Borowski.

Auch die Literatur der Kulturbegegnung setzt sich mit einem Problem auseinander, das nicht nur Deutschland betrifft, sondern noch stärker Länder wie Großbritannien und Frankreich, also Länder mit kontinuierlicher kolonialer Vergangenheit. Hier verarbeiten Autoren aus den ehemaligen Kolonien auf kreative Weise ihre Begegnung mit der Kultur der Kolonisten und ihre dementsprechende Auseinandersetzung mit der eigenen Kultur. Bei dem Nobelpreisträger Salman Rushdie etwa steht die Begegnung zwischen Indien und Großbritannien im Zentrum.

Dazu gehört auch die Erinnerung an verlorene, teilweise idealisierte Orte gelebter Multikulturalität. Für die jüdische Literatur ist das die Stadt Czernowitz in der Bukowina, die bis Ende des Ersten Weltkriegs österreichisch war. Hier lebten Ukrainer, Rumänen, Polen, Juden, Deutsche, Ungarn, Armenier bis zum Zweiten Weltkrieg zusammen. Deutsch war die Literatursprache, in der jüdische Autoren wie Paul Celan und Rose Ausländer schrieben. Rafik Schami stellt das vergangene Damaskus als einen multikulturellen Ort dar, an dem Muslime, Christen, Juden, Drusen jahrhundertelang friedlich nebeneinander gelebt hatten. Ja, sogar in der nichtjüdischen deutschen Literatur gibt es Orte idealisierter Multikulturalität, in der Romantrilogie von Dieter Forte z. B. ist es das Industriegebiet Oberbilk, ein Düsseldorfer Stadtteil; im literarischen Werk von Günter Grass hat das alte Danzig etwas von solcher Multikulturalität.

Vereinigungsliteratur

Günter Grass stellt im Roman ‚Ein weites Feld' (1995) die Wiedervereinigung in einen nationalgeschichtlichen Zusammenhang; deutsche Geschichte erscheint dabei als Wiederholung des Gleichen. Allegorien wie der Paternoster, der ständig rundlaufende Aufzug, zeigen die Wiederkehr des Gleichen im Neuen an. Der Held, der Aktenbote Theo Wuttke, wird Fonty genannt, weil er sich mit Fontane, dem Romancier der Zeit der deutschen Vereinigung von 1870/71, so sehr identifiziert, dass er von ihm kaum mehr zu unterscheiden ist. Mit dem unsterblichen Spitzel Hoftaller, der ihn stets begleitet, plaudert er sich durch die Zeit der Wiedervereinigung; dabei lässt sich nicht eindeutig sagen, wie weit Fonty sich mitschuldig gemacht hat an der Diktatur, wie weit er sie sabotierte. Mit dem Ende der Diktatur kommt keine bessere Welt, sondern die Herrschaft altbekannten Profitdenkens; es gibt kein Schwarz-Weiß. Fiktion und Wirklichkeit, Utopie und Anpassung verschlingen sich ineinander. Im Westen wurde der Roman politisch scharf kritisiert.

Auch Wolfgang Hilbig beruft einen weiteren, diesmal bis ins Mythische reichenden Zusammenhang. In der Erzählung ‚Alte Abdeckerei' (1991) verwandelt er eine ostdeutsche Industrielandschaft in einen Ort lebender Toter, an dem die Fäden deutscher Unheilsgeschichte zusammenlaufen. Ein Ort des Ekels und der Wut, bis sich die Erde auftut und die alte Abdeckerei, Ort der Vernichtung von Tieren und Menschen, verschlingt. Damit ist die unauflösliche Vermischung des Nationalsozialismus und Stalinismus mit der ostdeutschen Landschaft beendet, das Unheil lebt zwar untergründig weiter, ist nun aber als das Andere identifizierbar. Die Erzählung erweist sich als indirekter, bitterer Kommentar zur antifaschistischen Selbstdarstellung der DDR.

Andere Texte stellen die bis ins Körperliche reichende Identitätszerstörung dar, die mit dem Nebeneinander der beiden deutschen Staaten bzw. mit ihrer Vereinigung verbunden ist. So Christa Wolfs Erzählung ‚Leibhaftig' (2001), in welcher Niedergang und Ende der DDR mit einer körperlich-seelischen Krise verbunden werden. Wolfgang Hilbigs Roman „Ich" (1993) zeigt nicht nur, wie ein spitzelnder Schriftsteller in labyrinthischen Kellern unter Berlin die räumliche Orientierung verliert, sondern wie auch sein Ich zwischen Phantasie und Wirklichkeit zerfasert. Im stark autobiografischen Roman ‚Das Provisorium' (2000) beschreibt er, wie ein DDR-Schriftsteller mit Westvisum an der Begegnung mit der fremden Kultur zerbricht, heimatlos zwischen den beiden deutschen Ländern pendelt – am ehesten ist er im Bahnhof zuhause – und in den Alkohol flüchtet.

Zur Abrechnung mit dem Westen siehe S. 329.

In wieder anderen Texten setzen die jungen Autoren sich mit der Elterngeneration auseinander. In ‚Helden wie wir' (1996), einem grotesken Schelmenroman von Thomas Brussig, erfolgt die Maueröffnung nicht, weil das Volk eine friedliche Revolution durchgeführt, sondern weil der Held vor der Grenzpolizei seinen überdimensionierten Penis entblößt hat. Die sexuelle Revolution des Helden stürzt die Autoritäten von Familie und Politik, zeigt aber auch, dass persönliche und politische Perversion zusammenhängen. Helga Königsdorf (‚Gleich neben Afrika. Erzählung', 1992) war der Unterdrückung und unvermeidlichen Anpassung in der DDR schon länger durch ironische Distanzierung begegnet; diese ermöglicht es ihr, über der Kritik am Osten wie auch am Westen den kritischen Blick auf sich selbst nicht zu vergessen. Anders bei Monika Maron (‚Stille Zeile sechs', 1991) und dem jüngeren Kurt Drawert (‚Spiegelland', 1992). Sie rechnen in ihren autofiktiven Texten verbitterter noch, als es in der entsprechenden westlichen Literatur geschieht, mit den Vätern ab.

Zum autobiografischen Schreiben im Westen siehe S. 313.

Wie die Bewohner aus östlicher Provinz im westlichen Alltag von Konkurrenz, Geschäft und Arbeitslosigkeit ankommen, beschreibt Ingo Schulze in einem Roman aus neunundzwanzig Kurzgeschichten nach amerikanischem Vorbild ('Simple Storys. Ein Roman aus der ostdeutschen Provinz', 1998). Gefühle bleiben weitgehend ausgespart, die Menschen handeln wie auf Probe in dem Alltag, für den sie noch kein emotionales Deutungsmuster haben. Stattdessen wird der Umgang mit westlichen Waren genau beschrieben. Mit dem Roman 'Landnahme' (2004) erzählt Christoph Hein nicht vom Kulturschock eines „Ossis" im Westen, sondern vom Kulturschock eines Vertriebenenkindes, das aus Schlesien in den Osten kommt. Der Held, von fünf Beteiligten aus verschiedener Perspektive beschrieben, sinnt nicht auf Rache für die Feindseligkeit, die ihm und seinem Vater im Osten entgegenschlägt, er erkämpft sich Anerkennung, indem er, Verbindung mit dem Westen ausnützend, Reichtum und Macht erringt. Am Schluss des Romans sorgt der Sohn des Helden dafür, dass Farbige aus dem Zug des Karnevalsvereins entfernt werden, dessen Präsident sein Vater ist.

Mit dem Roman 'Der Turm' (2008) zeichnet Uwe Tellkamp ein umfassendes Gesellschaftsbild der letzten sieben Jahre DDR. Hier die sozialistische Mangelgesellschaft, die ihrem Ende zutreibt, dort der Fluchtraum einer Großfamilie aus der intellektuellen Oberschicht, in dem die Zeit stillzustehen scheint und die Schönheit verfallender Dinge sowie das Bildungsideal vergangener Zeit konserviert werden. Der Fluchtraum zerfällt, und mit dem Ende der DDR ist auch die Familie aufgelöst.

Zum Bildungsroman siehe S.101.

Zum Bildungsbürgertum siehe S.97.

Genaue Detailbeschreibungen lassen den Alltag wieder lebendig werden, wechselnde Perspektiven stellen Spannung zwischen dem Geschehen und den Erlebnisweisen der einzelnen Personen her. Der Roman ist als Familien- und Bildungsroman angelegt und zeigt zugleich das Ende des Bildungsbürgertums.

Prosa der leeren Existenz

Im Gegensatz zur autofiktiv-historischen Prosa stehen Texte jüngerer Autoren, die eine geschichts- und identitätslose Existenz beschreiben. In der sogenannten Pop-Literatur herrscht die Fassade des Lifestyle. Ein Beispiel hierfür ist der Roman 'Faserland' (1995) des Schweizers Christian Kracht. Judith Hermanns Berliner Geschichten ('Sommerhaus, später', 1998) reflektieren die Erfahrung, dass eine besondere Westberliner Identität, die sich vom Westen wie vom Osten abgrenzte, durch die Wiedervereinigung aufgelöst worden ist.

NEUE KONFLIKTE

Zentrale Haltung: zwischen Resignation, Kritik und vorläufigen Identitätsentwürfen

Geschichte

Die Geschichte ist geprägt durch die Auseinandersetzung zwischen ethnischen oder religiösen Kulturen, die, statt miteinander zu leben, einander meistens zu dominieren suchen.

Natur

Die Natur wird als dynamische Kombination von Informationssystemen gedacht, die einen Balancezustand stören und wieder herzustellen suchen. Dieses Gleichgewicht ist durch die menschliche Zivilisation empfindlich gestört.
Leitwissenschaft: Informationstheorie und Biowissenschaften.

Gesellschaft

Der gesellschaftliche Zusammenhang ist nicht nur durch die Auflösung tradierter Bindungen bedroht, sondern auch durch Terrorismus und internationale Kriminalität. Als Gegenmittel wird die allgemeine Überwachung verstärkt. Der innere Zusammenhang der Gesellschaft besteht hauptsächlich im Konsum.

Der einzelne Mensch

Der einzelne Mensch wird prinzipiell weiterhin als selbstständig gedacht, ist aber in ein abstraktes System der Administration und Kontrolle eingebunden, das allmählich enger geknüpft wird.

Zwischenmenschlicher Bezug

Zwischenmenschliche Bezüge werden zunehmend abstrakter, die Menschen fühlen sich vereinzelt. Konsum schafft Ablenkung, religiöse Subkulturen schaffen Identität durch kulturelle Abgrenzung und beanspruchen, einen sinnvollen, durch persönliche Bezüge geprägten Lebenszusammenhang anzubieten.

Literatur

Die Literatur reagiert zum Teil mit beißender Kritik (vor allem in Österreich), zum Teil mit Resignation oder mit historischer Rückbesinnung und unterschiedlichen Identitätsentwürfen oder auch mit kommentarloser Abbildung von Lifestyle-Kultur.

Literarische Gattungen

Die Grenzauflösungen der vorangegangenen Epoche verstärken sich.

Sachwortregister

Personenregister

Bildquellenverzeichnis:

Cover links oben: tabato/Image Source, Köln; **Cover links unten:** Mauritius Images (image-broker), Mittenwald; **Cover rechts:** imago, Berlin; **S. 8:** Ullstein Bild GmbH (Werner Otto), Berlin; **S. 9:** MEV Verlag GmbH, Augsburg; **S. 18:** cliché Bibliothèque municipale de Lyon, Ms. 1351 (f. 022 verso); **S. 19:** Staatsbibliothek (Gerald Raab (Msc.Patr.5, fol. 1v)), Bamberg; **S. 28:** AKG, Berlin; **S. 36:** AKG, Berlin; **S. 37:** AKG, Berlin; **S. 39:** AKG (Erich Lessing), Berlin; **S. 42:** BPK (Dietmar Katz), Berlin; **S. 54:** AKG, Berlin; **S. 56:** AKG, Berlin; **S. 57:** Wikimedia Foundation Inc. (gemeinfrei/Erbanor), St. Petersburg FL; **S. 78:** Deutsches Literaturarchiv Marbach; **S. 79:** Picture-Alliance (maxppp), Frankfurt; **S. 92:** AKG, Berlin; **S. 93:** Fotolia LLC (I-pics), New York; **S. 99:** BPK, Berlin;**S. 118:** AKG, Berlin; **S. 138:** AKG, Berlin; **S. 139:** AKG, Berlin; **S. 141:** BPK, Berlin; **S. 164:** AKG, Berlin; **S. 165:** AKG, Berlin; **S. 169:** BPK (SBB), Berlin; **S. 182:** BPK (Kupferstichkabinett, SMB/Jörg P. Anders), Berlin; **S. 184:** BPK, Berlin; **S. 185:** Deutsches Literatur-Archiv, Marbach; **S. 208:** AKG (Erich Lessing), Berlin/(c) VG Bild-Kunst, Bonn 2009; **S. 236:** Ullstein Bild GmbH (Max Ehlert), Berlin; **S. 237:** AKG, Berlin/(c) VG Bild-Kunst, Bonn 2009; **S. 242:** BPK, Berlin; **S. 264:** SLUB/Deutsche Fotothek (Richard Peter sen.), Dresden; **S. 265:** Süddeutsche Zeitung Photo (Hesterberg, Thomas), München; **S. 288:** BPK (Nationalgalerie, SMB), Berlin/(c)VG Bild-Kunst, Bonn 2009; **S. 302:** Presse- und Informationsamt der Bundesregierung (Lothar Schaack), Berlin; **S. 303:** Corbis (Richard Bryant/ Arcaid), Düsseldorf; **S. 322:** Wikimedia Foundation Inc. (Heromax, d. i. Max-Hinrich Heldt, Flensburg-Mürwik/CC-by-sa), St. Petersburg FL; **S. 323:** CHRISTO und JEANNE-CLAUDE: Wrapped Reichstag (Verhüllter Reichstag), Berlin 1971–95 (c) laif (Wolfgang Volz), Köln.

Textquellenverzeichnis:

S. 289: Wolf Biermann: „Fritz Cremer, Bronze: ‚Der Aufsteigende'" (1968), In: Wolf Biermann: Alle Gedichte. Kiepenheuer & Witsch, Köln 1995.
S. 329: Volker Braun: „Das Eigentum" (1990), In: Die Zickzackbrücke. Ein Abrisskalender. Mitteldeutscher Verlag, Halle 1992, S. 84.
S. 330: Durs Grünbein: „Geo", In: Durs Grünbein: Falten und Fallen. Suhrkamp Verlag, Frankfurt a. M., 1994.